KB240633

주희의 후기 철학

The latter Period Philosophy of Zhu Xi

지은이 **이불**(李紱: 1673~1750)은 자는 거래(巨來), 호는 목당(穆堂)이고 강서 임천(臨川) 출신이다. 강희 48년(1700)에 진사가 되고 공부시랑, 호부시랑을 거쳐 옹정제때 직예(直隸) 총독이 되었다. 주로 주자학에 맞서 양명학을 이론적으로 옹호하였지만, 양명학의 수양공부에는 그다지 관심이 없었다. 저서에『목당유고(穆堂類稿)』,『속고(續稿)』,『별고(別稿)』가 있다.

옮긴이 **조남호**(趙南浩, Cho Nam-Ho)는 서울대를 졸업하고, 서울대 법학연구단 연구원, 인천대 학술연구 교수를 거쳐 지금은 국제뇌교육대학원대학교에서 재직하고 있다. 저서로는『주희—중국철학의 중심』(2004),『그림으로 보는 이황의 성학십도』(2006)가 있고, 논문으로는「주희의 대혜 장구성 비판」,「주희의 태극 황극론 연구」,「하곡학의 특징」 등이 있다.

옮긴이 **강신주**(姜信珠, Kang Shin-Joo)는 서울대 철학과에서 석사를, 2002년에 연세대 철학과에서 장자 연구로 박사학위를 받았다. 현재 연세대, 경희대, 고전아카데미, 상상마당 등에서 철학을 강의하고 있으며 출판기획사 문사철에서 기획위원으로 활동하고 있다. 저서로는『장자—타자와의 소통과 주체의 변형』(2003),『노자—국가의 발견과 제국의 형이상학』(2004),『철학, 삶을 만나다』(2006),『공자와 맹자—유학의 변식은 무죄』(2006),『장자와 노자—도에 딴지 걸기』(2006),『회남자와 황제내경—하늘, 땅, 인간 그리고 과학』(2007),『장자—차이를 가로지르는 즐거운 모험』(2007) 등 다수가 있다.

주희의 후기 철학

1판 1쇄 인쇄 2009년 4월 20일
1판 1쇄 발행 2009년 4월 25일

지은이 / 이불
옮긴이 / 조남호, 강신주
펴낸이 / 박성모
펴낸곳 / 소명출판
등록 / 제13-522호
주소 / 137-878 서울시 서초구 서초동 1621-18 (란빌딩 1층)
대표전화 / (02) 585-7840
팩시밀리 / (02) 585-7848
somyong@korea.com / www.somyong.co.kr

ⓒ 2009, 한국학술진흥재단

값 49,000원

ISBN 978-89-5626-385-4 93150

주희의 후기철학

朱子晚年全論

이블 지음 | 조남호 강신주 옮김

◆ **일러두기**

1. 이 책은 이불의 『주자만년전론』(북경, 중화서국, 2000)을 번역하였다.
2. 『주자만년전론』은 주희에 관한 가장 최근 판본인 『주자전서』(상해, 상해고적, 2003)와 비교하면 온전하지 못하다. 많은 부분이 빠져 있다. 그 부분도 중요하지만, 그것은 다른 작업이어서 생략하였다.
3. 내용에서 앞 부분은 주희의 편지글이고, 뒷부분 ⚫은 이불의 평어이다.
4. 원문의 이해를 높이기 위해 각주는 되도록이면 줄이고 최소한도에 그쳤다.
5. 주희의 편지글은 『주희집』(사천, 사천교육출판사, 1996)을 참조하였다. 「여백공에게 답하다 81」은 여백공과의 81번째 편지라는 뜻이다. 주석 『주희집』 권34−32, 1180(51세)에서 34권 32번째 편지이고, 1180년 51세에 쓰여졌다는 말이다.
6. 본문 내용 중에 문장으로 ( )되어 있는 부분은 주희가 스스로 주를 단 것이다.
7. 각주에서 '[ ]' 표시로 묶인 부분은 『朱子大全箚疑輯補』의 여러 주석들을 나타낸다.

이 책을 번역하게 된 계기는 이불이란 학자를 만나면서부터이다. 주희의 후기 사상을 선집한 이불은 청대 양명학자로 양명학을 옹호하고 주자학을 비판하였다. 그 중에 명대 주자학자인 나흠순을 비판하였는데, 나의 논문은 그의 논점을 재검토하는 것이었다. 그런데다 나흠순에서 주희로 나 자신의 연구방향을 돌리던 시점이었다. 나흠순은 그리 사유가 깊지 못하여, 좀 더 근원적인 사유를 향하게 되었고, 결국은 주희에게로 도달하게 되었다. 그래서 주희의 어록인 『주자어류』를 읽게 되었다. 주희 문집도 어류처럼 읽으면 되겠구나 해서 이불의 『주자만년전론』을 번역하게 되었다. 그러나 너무나 어설픈 생각이었다. 막상 번역에 착수하자 문제는 곧장 드러나게 되었다. 엄청난 양과 방대한 고증, 그리고 한문 해석의 어려움 등이 암초로 작용하게 되었다. 번역이 쉽지 않으리라고 생각하였지만, 이차적인 연구서번역과는 비교가 안될 정도였다. 특히 고전 번역은 그야말로 넘기 어려운 장벽이었다. 그래서 팀을 만들고 각자가 번역을 해 와서 읽고 검토를 하였다. 그러면서 점차로 번역이 되어갔고, 결국은 번역을 마쳤지만 아직도 여전히 완전하지 못하다는 느낌이 든다. '완전한 번역이란 없고 끊임없이 번역하는 과정'이라는 말이 생각이 나고, '번역은 반역'이란 말도 이해하게 되었다.

번역을 하면서 얻은 것도 많다. 먼저 이글은 육구연의 사고를 주희의 사고에 맞추어 정당화하려는 사고이지만, 주희의 다양한 관심, 제자들과의 진진한 그러면서도 애정이 넘친 교류를 통하여 주희의 진면목을 알 수 있었다. 우리나라는 주자학의 나라이다. 그러면서도 정작 주희 문집에 대한 번역은 별로 많지 않은 상황이다. 이황의 『주자서절요』(퇴계학연구원)과 정조의 『주서백선』(혜안) 정도이다. 이러한 상황에서 이 글은 주자학에 대한 연구를 한 단계 끌어 올릴 수 있는 계기가 되리라 생각한다. 다음은 주희의 사고도 그렇지만, 육구연의 기개에 놀라게 되었다. 육구연의 도도한 상소문을 읽어 보면 그가 만만치 않은 인물임을 알게 될 것이다. 육구연의 기상에 대해 새로운 이해를 가지게 되었다. 아울러 현대 중국에서 주자학연구를 대표하는 진래(陳來)가 주희의 서신을 고증하면서 많은 참고를 하게 되었다는 것을 알게 되었다. 조선 후기의 이항노(李恒老)의 『주자대전차의집보』도 고증학적인 오류가 없지는 않지만, 주희의 서신을 이해하는데 커다란 도움이 되었다.

이 책을 번역하면서 많은 분들의 도움을 얻었다. 먼저 임부연·성광동·백민정 이 세 분이 없었다면 이 책은 번역되지 않았을 것이다. 기초적인 작업과 끊임없는 윤문은 이 분들 덕분이다. 그리고 박성규선생은 주희원문을 한글파일로 만들어 주셨다. 한글파일이 만들어졌기 때문에 작업이 쉽게 이루어질 수 있다. 그리고 이상돈 님은 마지막까지 교정을 보아서 좋은 글을 만들어 주셨다. 또한 이 책의 학문적 가치를 인정하고 적절한 조언을 해준 한국학술진흥재단 심사위원들에게도 감사를 드린다. 마지막으로 한국학술진흥재단과 소명출판에게 깊이 고마움을 느낀다. 한국학술진흥재단의 동서양명저 번역지원사업만큼은 한국

학술진흥재단의 존재의의를 여실히 보여준다. 이 사업이 좀 더 확충되기를 바란다. 오랜 시간 동안 이 책을 가지고 씨름을 해주신 소명출판 편집부 관계자 여러분께도 고마움을 표한다.

추위가 기승을 부리는 2009년 1월
녹토재에서 역자를 대표해서 조남호가 쓰다.

권2

권4

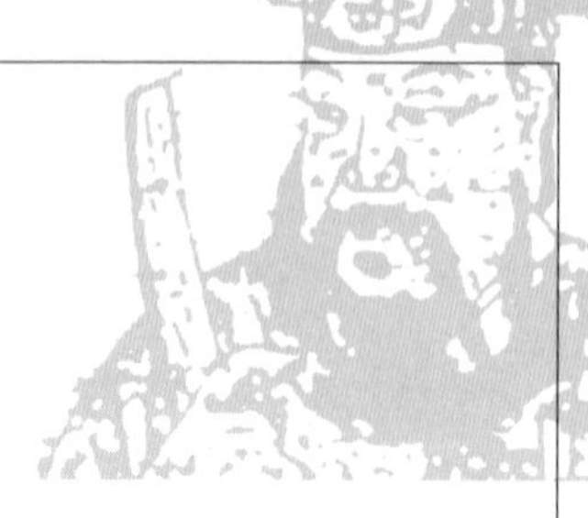

권5

권6

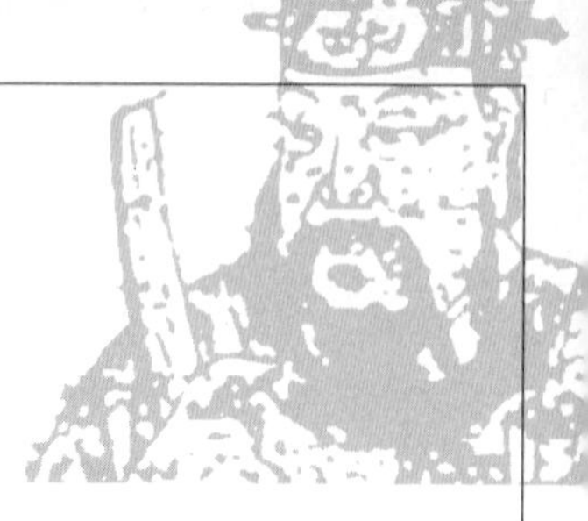

권8

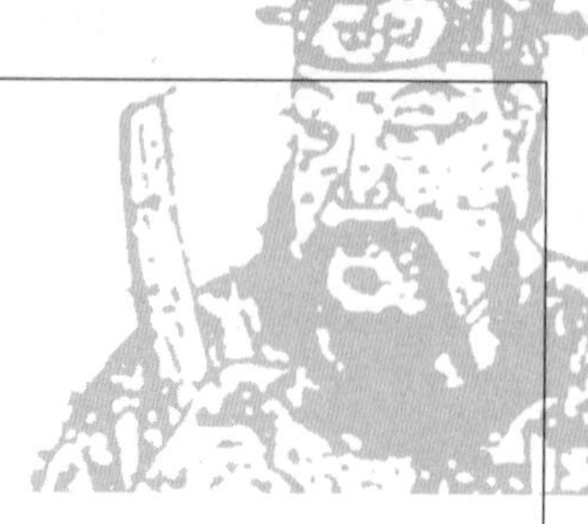

이불과 『주자만년전론』

이불(李紱)의 자는 거래(巨來)이고, 호는 목당(穆堂)이다. 그는 강희 48년(1709)에 진사가 되고, 후에 한림원 편수관을 거쳐 내각 학사, 직예성 총독을 지냈다. 그는 강희·옹정·건륭 삼대에 걸쳐 요직에 있었는데, 이것은 한인 관료로서는 상당히 특기할 만한 일이었다. 사상사적으로 이불이 중요한 이유는 그의 사상과 작업이 주희로 대표되는 이학(理學) 혹은 주자학, 육구연과 왕수인으로 대표되는 심학(心學), 그리고 청대에 유행하게 되는 고증학(考證學)의 경계선상에 위치하고 있기 때문이다. 물론 그는 단순한 절충주의적 사상을 가지고 있었던 것은 아니다. 그는 심학, 곧 양명학이라는 철학적 입장에서 주자학을 사유했던 사람이다. 그는 이런 사유의 결과로 양명학이 신유학의 핵심일 수밖에 없다는 통찰에 이르렀고, 이것을 논증하기 위해서 고증학의 선구가 될 만한 작업을 수행하게 되었던 것이다. 바로 그 결과물이 그의 기념비적인 저작인 『주자만년전론』이라고 할 수 있다.

이불의 저서에는 『목당초고(穆堂初稿)』 50권, 『목당별고(穆堂別稿)』 50권, 『주자만년전론』 8권, 『육자학보(陸子學譜)』 20권, 『육자연보(陸子年譜)』 3권, 『춘추일시(春秋一是)』 20권, 『춘추연보』 1권, 『주자불혹록(朱子不惑錄)』 1권, 『양명학록(陽明學錄)』, 『팔기지서(八旗志書)』, 『학부통변변(學蔀通辨辨)』 등이 있다.

『주자만년전론』은 이불이 옹정 9년(1731)에 완성하고, 이불의 제자인 이광형(李光型)·이광오(李光墺)·왕사준(王士俊)·동사공(董思恭) 4사람이 교감을 하고 만승항(萬承巷)이 교정을 하여, 무노헌(無怒軒)에서 옹정 13년(1735)에 인쇄하였다. 이불이 이 책에 들인 시간은 20년 정도일 만큼 애정을 쏟았다고 한다. 이 책은 모두 8권으로 되어 있다. 주희의 51세부터 71세까지의 편지 330편, 강의 1편, 서문 1편, 제기 8편, 발 6편, 제문 1편, 묘표 2편, 총 349편으로 이루어져 있다. 거기에 육구연의 편지와 연보 6편, 그리고 주희와의 편지와 기(記) 2편을 더해서 357편으로 이루어져 있다.

이 책을 지은 것은 왕양명의 『주자만년정론』을 계승한 작업이다. 왕양명은 자신의 주장이 주희와 다르지 않다고 하는 것을 증명하기 위해 『주자만년정론』을 지었다. 그러나 고증이 바르지 않아, 나흠순을 비롯한 많은 학자들로부터 비판을 받았다. 그래서 이불은 고증학에 입각하여 주희의 만년 글을 모으고 그것을 정리해낸 것이 『주자만년전론』이다.

주자만년정론이나 전론은 모두 주희와 육구연의 사상이 만년에는 같았다고 하는 주장에 기반하고 있다. 이러한 논의는 이미 원대 오징에 의해서 제기가 되고, 명대에 이르러서는 더욱 활발하였다. 그 속에서 정민정(程敏政)과 정동(程曈)의 두 입장으로 나뉘어졌다. 정민정은 "早異晚同"을, 정동은 "早異晚異"를 주장하였다. 이불은 이 둘을 절충하여 "주희와 육구연의 학문은 초기에는 같고 다른 점이 반반이었고 중기에는 다른 점이 적고 같은 점이 많았으며, 말기에 이르러서는 서로 일치하게 되었다"고 한다.

주자학의 많은 학자들은 이러한 주자만년정론식의 입장에 대해 비판적인 견해를 견지하였다. 나흠순은 주희와 육구연의 철학이 다를 뿐 아니라, 주자만년정론의 고증이 잘못되었음을 지적하였고, 진건은 『학부통변』을 지어, 주희와 육구연이 다름을 낱낱이 지적하였다. 이러한 견해는 청대에도 이어져, 손승택이 『고정주자만년정론』을 지으면서, 왕양명의 「주자만년정론」을 비판하였다.

이불의 『주자만년전론』은 이러한 선상에서 주자학의 반격을 막아내고, 육왕학의 기치를 세우려고 하는 작업에서 마련된 것이다. 그러나 이불의 고증학적인 작업은 여전히 문제를 남기고 말았다. 이불이 주장하는 주희와 육구연의 일치라고 하는 것이, 주희의 글에서 심이란 글자나, 함양이란 글자, 정좌수렴이란 단어가 나오면, 육구연과 같다고 하는 것은 전후 문맥을 파악하지 않고 억지로 갖다 붙여서 만든 작업에 불과한 것이 되었다(夏炘의 『述朱質疑』).

그리고 조선의 김창협은 다음과 같이 주자만년사상을 정리한다.

"주자가 만년에 오로지 맹자의 구방심장을 가지고 배우는 자들을 이끌어 깨우쳤으니, 이것이 이른바 노파심이 깊다는 것이다. 그러나 육상산과 왕양명의 무리 또한 이 말을 전면에 내세운 적이 없지만 그들의 뜻은 마침내 한낱 이 마음 찾기만을 일로 여기는 것이었고 독서하고 궁리하기를 더 이상 그와 병행하지 않았으니, 이는 주자가 사람을 가르친 뜻과 같지 않다. 털끝만한 차이에서 걷잡을 수 없는 잘못이 파생된 것이니, 또한 잘 살피지 않아서는 안될 것이다."(『農巖集』 권13 「答林德涵」)

이는 이불이 구방심을 근거로 주자와 육구연의 일치를 이야기하는 것에 대한 적실한 비판이라고 하겠다.

그럼에도 불구하고 이불의 『주자만년전론』은 두 가지 중요성을 지닌다. 첫째는 사상사적으로 이 책을 통해 우리는 신유학의 다양한 지류들의 합류와 분기를 규정할 수 있는 실마리를 얻게 될 것이다. 왜냐하면 이불의 이 역작은 주자학·양명학·고증학의 경계선상에 서 있기 때문이다. 비록 이불의 책이 양명학을 옹호하기 위해서 쓰여졌지만, 우리가 간과해서는 안 될 것은 그의 이런 작업은 자의적인 추측을 넘어서는 객관적인 고증학적 작업을 통해서 수행되었다는 점이다. 둘째는 철학적으로 이 책을 통해서 우리는 주희의 철학사상을 전면적으로 재고찰할 계기를 얻을 수 있다. 만약 말년의 주희의 사상이 육구연의 그것과 철학적 귀결을 같이한다는 주장, 다시 말해 주희가 말년에 '이(理)'중심의 사유에서 '심(心)'의 사유로 전화했다는 주장은 문제가 있지만, 주희의 철학사상은 부단한 자기비판을 통해서 변형되었던 역동성을 담보할 수 있을 것이다. 51세 이후의 주희의 거의 모든 글들을 검토했다는 점에서, 이불의 『주자만년전론』은 단순히 양명학을 옹호하기 위한 저작 이상이라고 할 수 있다. 왜냐하면 이 책은 글자 그대로 주희의 만년 사상에 대한 귀중하고 요긴한 선집본이기 때문이다. 기존의 주희의 편지글에 대한 선집으로는 대표적으로 이황의 『주자서절요』와 정조의 『주서백선』이 있다. 이 두 책은 기본적으로 주희의 사상도 소개하고 있지만, 더욱더 중요하게 다루고 있는 것은 주희의 인간관이라고 할 수 있다. 왜냐하면 이 두 책은 동시대인들과의 교류에서 주희의 인간됨과 그의 인간관을 소개하고 있기 때문이다. 다시 말해 이 두 책은 한편으로 주희가 엄밀하고 이론적인 학자이기도 하지만, 다른 한편으로는 다정다감하고 아울러 자신의 잘못을 인정하고 남을 배려할 줄 아는 겸손한 인간임을 강조하고 있다는 것이다. 이와는 달리 이불의 『주자만년전론』은 사상사적이고 철학적인 측면에 주목해서 주희를 다루고 있다. 특히 주희가 만년에 이전 자신의 사상을 반성하고 그것을 철학적으로 성찰하는 부분을 집중적으로 모아 놓고 있다. 물론 그가 뽑은 주희의 문장들은 이불이 주장하듯이 육구연과 일치하는 내용도 있지만, 그렇지 않은 부분도 있을 수 있다. 주지하다시피 이제까지의 주희의 철학사상에 대한 연구는 주로 '이기론(理氣論)' '인설(仁說)' '미발이발설(未發已發說)' 등과 같은 형이상학적인 부분에만 초점을 맞추고 있는데, 이것은 기존의 연구들이 거의 무반성적으로 주희의 철학을 40세를 전후로 해서 확정된 것이라고 전제하고 있기 때문에 가능했던 것이다. 그러나 이불이 뽑은 주희의 편지들과 자료들을 보면 우리는 주희가 계속해서 자신의 학설을 반성하고 그 결과 자신의 학설을 수정하고 있다는 것을 어렵지 않게 확인할 수 있다. 이 점에서 『주자만년전론』은, 주자가 만년에 어떻게 자신의 학설을 반성했는지를 알려주는 귀중한 자료인 동시에, 그 자체로도 끝없는 자기비판과 학자적 엄격함을 유지했던 한 위대한 철학자의 노력에 대한 증거라고도 할 수 있을 것이다.

주자만년전론서(朱子晚年全論序)

주자[1]와 육자[2]의 학문은 초기에는 같고 다른 점이 반반이었고 중기에는 다른 점이 적고 같은 점이 많았으며, 말기에 이르러서는 서로 일치하게 되었다. 주자가 육자의 학문을 평가한 것과 육자가 주자의 학문을 평가한 것은 초기에는(젊어서는) 의심과 신뢰가 반반이었고 중기에는(나이가 들어가면서는) 의심이 적고 신뢰가 많았는데, 말기에 이르러서는(나이가 지긋해져서는) 물과 기름처럼 서로를 용납하지 않았다. 육자의 학문

---

1) 주희(朱熹, 1130~1200) : 자는 원회(元晦)·중회(仲晦), 호는 회암(晦庵)이다. 복건성의 우계(尤溪)에서 태어나 숭안(崇安)과 건양(建陽)에서 오랫동안 살면서 강학하였다. 그래서 전통적으로 그의 학파를 민학(閩學)이라고 부른다.

2) 육구연(陸九淵, 1139~1193) : 자는 자정(子靜), 호는 존재(存齋), 시호는 문안(文安)이다. 무주(撫州) 김계(金溪) 출신이다. 강서(江西) 귀계(貴溪) 상산(象山)에서 강학하였으며, 스스로 상산옹(象山翁)이라 불렀다. 여조겸(呂祖謙)의 주선으로 신주(信州) 선산(船山) 아호사(鵝湖寺)에서 주자와 학문방법에 대해 논의하였고, 후일 주자의 초청으로 백록동(白鹿洞) 서원에서 의리(義利)의 차이에 대해 강의하였다. 그리고 만년에 주자와 '무극이태극(無極而太極)'에 대해 논변하였다.

은 처음부터 끝까지 '의리와 이익의 구분[義利之辨]'3)이라는 공자와 '방심을 구한다[求放心]'4)는 맹자의 가르침을 확고히 지켰다. 반면 주자는 초기에 불교와 도가 사상을 접했고 중기에는 장구를 연구했으나 말기에 비로소 '일심(一心)'을 구하려고 하였다. 그러므로 주자와 육자의 학문은 초기와 중기에는 같고 다른 점이 있었지만 말기에는 서로 일치하게 되었던 것이다. 대개 초기와 중기에 두 사람이 배운 것에는 같고 다른 점이 있었기 때문에, 그들이 상대방을 평가한 것에도 의심과 신뢰가 있을 수밖에 없었던 것이다. 말기에 이르러 그들이 배운 것은 서로 일치하지만 그들이 상대방을 평가한 것이 얼음과 숯처럼 서로를 들이지 않았던 이유는 무엇 때문일까? 초기에 두 선생은 서로 만나지 못했기 때문에 배움에도 같고 다른 점이 있고 상대방을 평가한 것에도 의심과 신뢰가 있었던 것 같다. 중기에는 자주 서로 만나서 배운 것도 점점 같아지고 상대방을 논하는 것도 역시 점점 부합하게 되었다. 주자는 항평보에게 보내는 서신에서 두 사람의 장점을 취하고 싶다고 말했고,5) 육자는 주자에게 보내는 서신에서 "강려의 모임이 아호의 모임보다 더 절실했다"6)고 말했는데, 이것이 바로 그 증거이다. 강려의 모임을 생각해 보면, 그 당시 주자의 나이는 52세였고 육자는 43세였다. 이때부터 또 11년이 지난 뒤에 육자가 세상을 떠났다. 이 11년 동안 두 사람은 다시 만나지 못했다. 처음에는 "무극과 태극의 논변"7)으로 논쟁을 시작했는데, 이어서 두 사람의 문인들이 각각 자신의 스승의 이론을 묵수하면서 한 방향으로 논의를 전개해서 논쟁을 심화시켰다. 그중 양 학파로부터 모두 배운 사람들은 양쪽을 오고가면서 배운 것을 전하려고 했지만 두

---

3) 『論語』「里仁」.

4) 『孟子』「告子 上」.

5) 『朱熹集』 권54—8 「答項平父 2」.

6) 『陸九淵集』 권2 「與朱元晦 1」. 『陸九淵集』의 쪽수는 中華書局 사본.

7) 『太極圖說』의 "무극이며 태극이다[無極而太極]"라는 표현에 대해 주희와 육구연이 논쟁한 것을 말한다.

선생의 뜻을 얻지 못해서 오히려 교각살우의 잘못을 범하게 되었다. 포현도[8])가 "독서와 강학이 인의를 가득 채운다"고 말한 것과 같은 것이다.[9]) 주자는 장경부[10])에게 『주례』를 고찰해보라고 했지만 육자는 이런 주자의 방법을 매우 못마땅하게 생각했다.[11]) 이에 주자는 육자를 가리켜 "돈오를 강조하는 선불교[頓悟之禪宗]"라고 했고, 육자는 주자를 가리켜 "지리한 세속적인 학문[支離之俗學]"이라고 했다. 그렇지만 실제로 두 선생의 학문은 이렇지 않다. 『주자만년정론』[12])은 육자가 이미 그 설명을 듣지는 못했지만 양명선생[13])이 선집해서 만든 것이다. 이 선집본은 34조로 되어 있는데, 이 중 말이 비슷하다고 해서 중기의 이론으로 잘못 들어가 있는 것은 단지 하숙경[14]) 한 사람에게 보낸 서신일 뿐이다. 나정암[15])이 『주자만년정론』의 잘못된 점을 지적하면서 자세히 논변하자,[16]) 무지한 진건[17])이 마침내 함부로 이 논을 모욕하게 되었다. 그렇

---

8) 포양(包揚)이다. 자는 현도(顯道), 호는 극당(克堂), 건양현(建陽縣) 출신이다. 포양은 육구연에게 배웠으나, 육구연이 죽자 자신의 제자들을 이끌고 주자의 문인이 되었다.

9) 『朱熹集』권51−26 「答曹立之 1」.

10) 장식(張栻, 1133~1180) : 자는 경부(敬父), 또는 흠부(欽夫), 호는 남헌(南軒)이다. 교정본에는 장경부라고 했는데, 다른 판본과 『陸象山先生全集』에는 유경부(劉敬夫)로 나와 있다. 유경부는 이름이 사충(思忠)이고, 건창(建昌) 남풍(南豐) 출신이다. 시호는 문안공(文安公)이다.

11) 『陸九淵集』권36 「연보」. 여기서의 이야기도 주례에 대한 논의라기보다는 주례의 주석에 대한 논의다. 육구연은 주석을 통한 이해에 대해 부정적으로 평가한다.

12) 왕수인은 주자와 자신의 사상이 서로 모순되지 않음을 보여 주기 위해 『주자만년정론(朱子晚年定論)』을 편찬하였다(1518).

13) 왕수인(王守仁, 1472~1528) : 자는 백안(伯安), 호는 양명(陽明)이다. 절강성(浙江省) 여요(餘姚) 출신이다. 훗날 회계산(會稽山) 양명동(陽明洞)에 집을 짓고 살면서 스스로를 양명자(陽明子)라고 불렀다. 명대 양명학(陽明學)의 선구자이다.

14) 하호(何鎬, 1128~1175) : 자는 숙경(叔京), 대계선생(臺溪先生)으로 불렸으며, 소무(邵武) 출신이다.

15) 나흠순(羅欽順, 1465~1547) : 자는 윤승(允升), 호는 정암(整庵)이다. 강서성(江西省) 태화(泰和) 출신이다. 홍치 6년에 진사에 급제하고 남경국자감사업(南京國子監事業)·남경이부상서(南京吏部尚書) 등을 역임하였다. 저서에는 『整菴存稿』, 『整菴續稿』, 『困知記』 등이 있다. 주자학의 입장에서 양명학을 비판하였다.

16) 『곤지기 부록(困知記 附錄)』「與王陽明書」.

17) 진건(陳建, 1497~1567) : 자는 정조(廷肇), 호는 청란(淸瀾)이다. 광동성(廣東省) 동완

지만 실제로 말기의 상호간의 변론은 모두 그러해서 비록 백가지 조목이라 하더라도 포괄할 수 없을 정도였다. 주자가 말기에 육자를 선사라고 비방했다고 말한다면, 비록 이런 말들이 길거리에 떠돌아다니는 뜬소문이라 할지라도, 과거를 보려는 세상의 지식인들은 모두 이 말을 믿을 수 있을 것이다. 만일 주자 말기의 논의가 모두 육자와 부합한다고 말한다면, 비록 학문에 뜻을 두고 그 가장자리에나마 거칠게 나아간 사람도 또한 이 말에 의심이 없을 수가 없다.

지금 상세히 『주자대전집』[18]을 고찰해보면, 학문을 논한 말기의 서신들 중 시기를 확실히 고증할 수 있는 357편의 서신들을 한 편으로 만들 수 있다.[19] 그 당시에 일어난 일, 벼슬살이와 물러남, 경전의 의미에 대한 강의, 그리고 상호 예절에 대해 쓰여진 것들은 대부분 포함시키지 않았지만, 말기에 학문에 대해 논의한 서신은 비록 한 조각의 서신이라도 남기지 않았고 육자를 비판하는 서신도 또한 모두 실었다. 이렇게 구성된 편을 『주자만년전론』이라고 명명했다. '말기[晚]'라고 말하면 논의가 정해졌음을 알 수 있고, '완전한[全]'이라 했으니 취사하여 다른 사람의 뜻을 따르지 않는 것이다. 아마도 진건의 무리들이 말참견을 할 수 있는 곳이 없을 것이다. 학문에 뜻을 둔 세상 사람들은 자기도 모르게 두 선생의 학문이 같음을 알고 그들이 일삼은 것이 장구를 읊조리는 것과 같은 지엽적인 것에 떨어지지 않음을 알게 되는데, 또한 작은 도움이 있을 수도 있겠다. 대개 세상 사람들이 주자와 육자의 학문의 같고 다름에 대한 이론들에 미혹된 지가 오래되었다. 세상 사람들로 하여

(東莞) 출신이다. 1532년 과거에 급제하고, 강서 임강부 교수가 되었다. 저서에는 『학부통변(學蔀通辨)』, 『치안요의(治安要議)』, 『황명계신록(皇明啓信錄)』 등이 있다. 『학부통변(學蔀通辨)』은 주자학을 옹호하는 입장에서 양명학의 논지를 조목조목 비판한 책이다.

18) 강희 27년 채방병(蔡方炳)·장미석(臧眉錫)이 간행한 『晦庵先生朱文公文集』을 가리킨다 『四庫全書總目』에도 『朱子大全集』이라고 한다.

19) 원래 주자의 글은 349편이고, 부록으로 육구연의 서신 연보 6편과 주자의 서신 1편 기문 1편을 합쳐서 357편이다.

금 육자를 배우게끔 하려면 반드시 이것을 따져야만 한다. 세상 사람들로 하여금 말기의 주자를 배우게끔 하는 것도 또한 마땅하지 않은 바가 없다. 주자를 배운다는 것은 곧 육자를 배운다는 것이니, 육자의 학문이란 반드시 그 이름에 한정될 필요가 없기 때문이다.

1732년 임천 이불[20]이 쓰다.

朱子與陸子之學, 早年異同參半, 中年異者少同者多, 至晚年則符節之相合也. 朱子論陸子之學, 陸子論朱子之學, 早年疑信參半, 中年疑者少信者多, 至晚年則冰炭之不相入也. 陸子之學, 自始至終確守孔子義利之辨與孟子求放心之旨, 而朱子早徘徊於佛老, 中鑽硏於章句, 晚始求之一心. 故早年中年猶有異同, 而晚則符節相合. 夫早年中年所學有異同, 因而所論者有疑信, 宜矣. 至於晚年, 所學者符節相合, 而所論者冰炭不相入, 何耶? 蓋早年兩先生未相見, 故學有異同而論有疑信. 中年屢相見, 故所學漸同而論亦漸合. 朱子與項平甫書, 欲兼取兩長. 陸子與朱子書, 謂康廬之集, 加款於鵝湖, 此其證也. 考康廬之集, 朱子年五十二歲, 陸子年四十三歲. 自是以往, 又十一年而陸子下世. 此十一年中, 兩先生不及再相見. 始啓爭於無極太極之辨, 繼附益以門人各守師說, 趨一偏而甚之. 其兼學於兩家者, 往來傳述, 不得先生之意而矯往過正, 如包顯道有讀書講學, 充塞仁義之語, 而朱子敎張敬夫考索周禮, 陸子頗不然之. 於是朱子指陸子爲頓悟之禪宗, 陸子指朱子爲支離之俗學, 實則兩先生之學皆不爾也. 朱子晚年定論, 陸子旣不及聞其說, 至陽明先生抄爲一篇, 凡三十四條, 中間因詞語相類而誤入中年之論者, 特何叔京一人耳. 羅整菴摘以相辨, 而無知之陳建遂肆狂詆, 其

---

20) 이불(李紱): 자는 거래(巨來)이고, 호는 목당(穆堂)이다. 그는 강희 48년(1709)에 진사가 되고, 후에 한림원 편수관을 거쳐 내각 학사, 직예성 총독을 지냈다. 그는 심학, 곧 양명학이라는 철학적 입장에서 주자학을 사유했던 사람이다. 그는 이런 사유의 결과로 양명학이 신유학의 핵심일 수밖에 없다는 통찰에 이르렀고, 이것을 논증하기 위해서 주자 말년의 서신들을 철저하게 고증하여 『朱子晚年全論』을 저술하였다.

實晩年相論皆然, 雖百條不能盡也. 夫謂朱子晩年譏陸子爲禪, 雖道聽塗說, 世俗科擧之士皆能信之. 謂朱子晩年之論盡與陸子合, 則雖有意爲學, 而粗涉其涯涘者, 亦不能無疑焉.

今詳考朱子大全集, 凡晩年論學之書, 確有年月可據者, 得三百五十七條, 共爲一編. 其時事出處, 講解經義與牽率應酬之作, 皆不採入, 而晩年論學之書, 則片紙不遺, 卽詆陸子者亦皆備載, 名曰朱子晩年全論. 曰晩, 則論之定可知. 曰全, 則無所取舍以遷就他人之意. 庶陳建之徒無所置喙, 而天下之有志於學者, 恍然知兩先生之學之同, 而識所從事不墮於章句口耳之末, 或亦有所補乎! 夫天下惑於朱陸異同之說也久矣. 欲天下人學陸子, 必且難之. 欲天下人學晩年之朱子, 宜無不可. 學朱子卽學陸子, 陸子固不必居其名也.

雍正壬子歲臨川李紱書.

교각주자만년전론서(校刻朱子晚年全論序)

도학의 논쟁 가운데 주자와 육자의 같고 다름에 대한 학문적 송사가 가장 심하다. 고찰해보면 주자와 육자의 차이점은 아호의 모임에서 시작되어서 '무극'에 대한 논변에서 가장 현격하게 갈라졌으며, 두 학파의 뛰어난 제자들과 그 밖의 제자들이 이를 따라함으로써 차이점을 형성하였던 것이다. 그렇지만 백록동의 경우라면 어떻게 주자와 육자의 생각에 같지 않음이 있을 수 있겠는가?

송나라로부터 원나라에 이르기까지 초려일파[1]는 육자를, 금화일파[2]는 주자를 존숭했지만, 어찌 일찍이 문호를 나누어서 다툰 적이 있었던

---

1) 원대 초기 오징(吳澄, 1239~1333)을 대표로 하는 학파. 주륙절충론(朱陸折衷論)을 주장하였다. 대표적인 인물로는 황택(黃澤)·오당(吳當)·원명선(元明善)·우집(虞集)·조방(趙汸) 등이 있다.
2) 원래는 남송(南宋)의 여조겸(呂祖謙, 1137~1181)을 중심으로 하는 학파를 가리키나, 여조겸의 제자인 왕백(王柏)·김리상(金履祥)·유관(柳貫)·송렴(宋濂)에 이르는 주자학을 존숭한 학파를 지칭한다. 무학(務學)이라고 불리기도 한다.

가? 유독 명나라 중엽에 이르러 『학부통변』3)과 『한벽록』4)과 같은 책들은 온 힘을 다해서 서로를 공격하기 시작했다. 아! 이것은 진실로 그 뜻이 육자에게 있었던 것이 아니라 세치의 혀를 함부로 놀려 권세가 있는 사람들에게 아첨하는 계책을 몰래 행한 것이니, 그 뜻이 또한 잔혹한 것이었다. 그 후에 경양(涇陽)5) · 경일(景逸)6)의 무리들도 또한 각각 서로 다투는 일이 있었지만, 뜻은 유폐를 구하려는 데 있었지 다른 뜻이 있었던 것은 아니었다. 아! 털끝만큼 아주 작은 것을 분석하였지만 진나라와 월나라 사이의 간격처럼 벌어지고 만 것은 도학의 범위 바깥으로까지 뻗어 나왔기에 가능할 수 있었던 것이다. 육자가 '방심(放心)을 구함'을 말한 경우라 해도 동시에 학문의 방법을 폐기해서는 안 된다고 말했고 또 주자도 '견문의 학습'을 말하면서 동시에 자신의 몸과 마음의 내면을 돌아봐야만 한다고 했으니, 주자의 학문이 어찌 지리하며 육자의 학문이 어찌 공허할 수 있겠는가! 명나라 유가인 녹건악(鹿乾嶽)7)의 다음과 같은 말은 매우 좋다. "다르다고 본다면 정씨 형제도 어찌 일찍이 다르지 않은 적이 있었겠는가? 같다고 본다면 주자와 육자가 어찌 일찍이 같지 않은 적이 있었겠는가? 사람들은 주자와 육자가 다른 이유만을 알 뿐 그들이 같은 이유는 알지 못하는데, 이것이 바로 도가 밝아지지

---

3) 명대 진건(陳建)의 저작이다. 前 · 後 · 續 · 終편 합해서 4편, 12권으로, 1548년에 만들어졌다. 전편에서는 왕양명의 『朱子晚年定論』을 비판하고, 후편에서는 양명학을, 겉으로는 유가이지만, 속으로는 불교라고 비판하고 있고, 속편에서는 불교를 비판하고 있고, 종편에서는 유학의 정통에 대해서 논의하고 있다.

4) 명대 정동(程曈)의 저작이다. 모두 10권이다. 그중 9권은 주자의 글 가운데 이단학문에 관련된 글을 수록하여, 육왕학을 배척하고 있다.

5) 고헌성(顧憲成, 1550~1612) : 자는 숙시(叔時), 호는 경양(涇陽), 무석(無錫) 출신이다. 동림서원(東林書院)을 설립하고 강학활동을 했으며, 이때 성립한 것이 동림당(東林黨)이 되었다. 세상에서 東林先生으로 불리웠다.

6) 고반룡(高攀龍, 1562~1626) : 자는 존지(存之) 또는 운종(云從), 경일(景逸)이다. 스승 고헌성(顧憲成)을 도와 동림학파(東林學派)를 일으켰으며, 고헌성과 함께 '고고(顧高)'로 불렸다.

7) 녹선계(鹿善継, 1575~1636) : 자는 백순(伯順), 호는 건악(乾岳)이고, 보정(保定) 출신이다. 만력 41년에 진사가 되었다. 북쪽에 양명학을 전파하는데 힘썼다.

않는 이유이다."

그렇다면 우리 스승 목당선생이 편찬한 『주자만년전론』도 진실로 어쩔 수 없어서 만들었던 것이다. 어떤 사람은 다음과 같이 물을 수도 있다. "왕양명선생이 일찍이 『주자만년정론』을 편찬했는데, 목당선생은 무엇 때문에 다시 이런 논의를 만들었는가?" 나는 다음과 같이 답하겠다. "양명선생이 편찬한 것은 소략한 것이 많지만, 선생이 편찬한 것은 매우 정밀하다. 또 양명선생이 편찬한 것에는 허점이 많으나, 선생이 편찬한 것은 완전하다. 그래서 선생은 육자와 양명선생의 적자일 뿐만 아니라 주자의 공신이기도 한 사람이다. 그러므로 '완전[全]'이라고 말한 것이다. 군더더기들을 제거하고 세월의 순서대로 차례대로 꿰었으니 (주자의 말년의 사유를) 손바닥 가리키는 것처럼 분명하고 여러 별들처럼 찬란하게 빛나게 하려 했으니 주자의 논의가 정해졌을 뿐만 아니라 또한 양명의 글에도 도움이 되니 결코 옛것을 답습한 것이 아니다." 또 어떤 사람은 다음과 같이 물을 수 있다. "육자로부터 주자를 구해냈으니, 선생은 육자를 높이고 주자를 낮추는 것 아닌가?" 나는 다음과 같이 답하겠다. "그렇지 않다. 선생의 뜻은 육자를 존숭하는 것만이 아니라 실제로는 주자를 논변하려는 것이다." 대개 주자와 육자의 동이에 대한 논변이 발생한 뒤부터 주자는 '도문학(道問學)'이요 육자는 '존덕성(尊德性)'이라고 말하여 두 사람이 흑백처럼 분명하게 나누어지는 것으로 보았다. 그렇지만 어찌 이런 사람들이 도를 존숭하는 공부에서 한쪽이라도 버릴 수 없음을 알겠는가? 주자는 『중용』을 주석하면서, '존덕성'이 도체의 커다람을 지극히 한 것이고 '도문학'은 도체의 세밀함을 극진히 한 것이라고 말했다. 지금 항평보에게 답하는 겨우 한 통의 서신에 따라서 두 선생의 노선을 가르고 있으니, 그렇다면 주자는 겨우 도체의 세밀함에 불과하고 육자는 바야흐로 도체의 커다람을 지극히 하는 것이니, 그렇다면 주자를 존숭함이 어디에 있겠는가! 형제들이 재산을 분할하는 경우를 비유로 든다면, 육자가 받은 것은 토지와 주택 및 큰 사업들이고 주자가 얻은 것은 보잘 것 없는 작은 물건들이 되는 셈이다. 그것이 이 세상의 사람들의 마음을 복종시키지 못하고 유가들의 공적인 의견을 확정짓지 못한다는 것은 자명하다.

목당선생이 스스로 지은 서문을 보면 다음과 같은 말이 있다. "전체와 대용으로 포괄하지 못하는 것이 없는 주자이기에 문채도 극치이고 내면에도 두루했는데, 반드시 문장과 암송이라는 지엽적인 것으로 귀착될 것이다." 아! 이것으로 선생의 마음을 알 수 있구나. 선생이 편찬한 이 책을 얻어 보존하여야 한다. 석문양(席文襄)[8]과 노정부(盧正夫)[9]가 전한 것은 모두 육자를 존숭하는 사람들이 뒤에 한 말이고, 진청란과 정계교[10]가 지은 것은 모두 육자를 헐뜯는 사람들의 간헐적인 학질과도 같은 것이다. 어찌 이들이 백록동에서 한 번 만남 이후 참성(參星)과 상성(商星)처럼 전혀 어긋나는 것은 진실로 없었으니,[11] 주자 말기의 정론은 백록동의 뜻과 같은 것인데, 어찌 시끄럽게 모여서 옳고 그름을 따지는 일에 빠져 있는가! 보잘 것 없는 나로서는 주자와 육자의 학문에 대해서 다르게 되는 그 이유를 파악하지 못했는데 어찌 같게 되는 그 이유를 헤아릴 수 있겠는가! 지금 이불선생이 책을 편한 예를 보면 주자 나이 51세로 시작하고 있고 나의 나이도 또한 51세인데, 어떻게 이

---

8) 석서(席書, 1461~1527) : 자는 문동(文同), 시호는 문양(文襄)이고, 수녕(遂寧) 출신이다. 왕양명의 문인이다. 홍치(弘治) 3년(1490)에 진사가 되었고, 예부상서(禮部尙書)를 역임하였다. 저서에 『大禮集議』가 있다고 한다.

9) 노격(盧格, 1424~1489) : 자는 정부(正夫)이고, 동양(東陽) 출신이다. 성화(成化) 17년(1481)에 진사가 되었고, 강서(江西) 도어사(道御使)를 역임하였다. 저서에 『荷亭集』이 있다고 한다.

10) 정동(程曈) : 자는 계교(啓曒), 호는 아산(莪山)이다. 휘주(徽州) 휴녕(休寧) 출신이다. 당시 주희와 육구연 학문의 같고 다름에 대한 논의가 활발하였는데, 휘주의 학자들은 각각 정민정(程敏政)과 정동의 두 입장으로 나뉘어졌다. 정민정은 "早異晩同"을, 정동은 "早異晩異"를 주장하였다. 저서에 『閑闢錄』, 『新安學係錄』, 『陽明傳習錄考』, 『朱子晩年定論考』, 『朱子早年定論』, 『新安經籍志』 등이 있다.

11) 참성은 서관백호칠숙(西官白虎七宿) 가운데 참숙(參宿)을 가리킨다. 상성은 동관창룡칠숙(東官蒼龍七宿) 가운데 심숙(心宿)을 가리킨다. 참성은 서쪽에 있고 상성은 동쪽에 있어 한쪽이 나오면 다른 한쪽은 사라진다는 뜻이다.

책을 읽어도 멍청하게 얻는 바가 없고 막연하여 들어가는 바가 없는가! 옛날 황태충(黃太沖)[12]은 다음과 같이 말했다고 한다. "주자는 경술년(1130)에 태어났는데, 나도 또한 경술년에 태어났다. 나는 경술이라는 이름으로 나의 문집에 이름을 붙였으니 부끄러움을 기록한 것이다." 태충의 말로 생각해본다면, 선생의 이 책만큼 나를 깨우침이 더 절실하고 나를 고동시켜 부끄러움을 알게 한 것은 없으니 감히 애쓰지 않을 수 있겠는가! 이에 외람되게도 이 책 앞에 몇 마디 말을 서문으로 쓰게 되었다.

제자 왕사준[13]이 삼가 쓴다. 1734년 음력 4월 초하루.

道學之聚訟, 唯朱陸異同爲甚. 考朱陸之所以異, 權輿於鵝湖之講, 冰炭於無極之辨, 兩家高第弟子因而成之. 若鹿洞, 則何不同之有?

由宋入元, 草廬一派尊陸, 金華一派尊朱, 然亦何嘗分門立戶以爭也? 獨至明之中葉, 如學蔀通辨閑闢錄諸書, 攻擊不遺餘力. 嗚呼! 此固意不在陸也, 肆三尺之喙, 以陰行其狐媚權貴人之計, 志亦憯矣. 洎後涇陽景逸輩亦各有牴牾, 則在捄其流弊, 非有他志耳. 嗟呼! 辨析在毫芒而分鑣同秦越, 此必岐出於道學之外而可也. 若陸子言求放心而云不廢學問之道, 朱子言習聞見而云必顧身心之內, 是朱學何嘗支離? 陸學何嘗空寂哉? 善乎! 明儒鹿乾嶽之論曰, 以爲異, 則程氏兄弟何嘗不異? 以爲同, 則朱陸何嘗不同? 人知朱陸之所以異, 而不知朱陸之所以同, 此道之所以不明也.

---

12) 황종희(黃宗羲, 1610~1695) : 자는 태충(太沖), 호는 남뢰(南雷) 또는 이주(梨洲)이다. 여요(餘姚) 출신이다. 명말청초의 정치가이자 사상가로 이름을 떨쳤다. 그의 학문은 박람(博覽)과 실증(實證)을 존중하고, 청나라 학문에 커다란 영향을 남겼다. 그의 저서로는 『明儒學案』, 『明夷待訪錄』이 널리 알려졌다. 특히 『명이대방록』은 청말(淸末) 혁명사상의 형성에도 영향을 주었다.
13) 왕사준(王士俊, 1691~1756) : 자는 작삼(灼三), 호는 서천(犀川)이고, 평월(平越) 출신이다. 옹정연간과 건륭연간에 이름이 알려졌다.

然則吾師穆堂先生所訂朱子晚年全論, 固有所不得已焉爾. 或曰, 王陽明先生嘗裒集朱子晚年定論, 先生何爲踵和之? 俊曰, 陽明之裒集多踈, 先生之考校獨密. 陽明之裒集多漏, 先生之薈蕞獨完, 非獨陸王之嫡派, 乃紫陽之功臣也, 故曰全也. 刪節繁苃, 鉤貫歲月, 瞭若指掌, 燦若列星, 而朱子之論定, 固有補乎姚江之書, 而非襲其舊也. 或曰, 援朱於陸, 先生得毋右陸而左朱乎? 俊曰, 不然也. 先生之意不特尊陸, 實以辨朱也. 蓋自朱陸異同之辨起, 謂朱子道問學, 謂陸子尊德性, 判若黔晳矣, 詎知尊道之功不容偏廢, 朱子註中庸, 謂尊德性極乎道體之大, 道問學盡乎道體之細. 今因答項平甫一書而畫分塗徑, 是朱子僅乎道體之細, 而陸子方極乎道體之大也. 尊朱子, 安乎哉! 譬之兄弟析産, 陸子所得者皆田宅鉅業, 朱子所得者零星什器, 其不足以服天下之人心而定儒林之公議也決矣.

觀先生自叙序之言, 曰, 以全體大用無不兼該之朱子, 文致周內, 必歸於口耳章句之末而後止. 嗚呼! 是可以見先生之心矣. 得先生是編而存之. 凡席文襄・盧正夫所傳, 皆尊陸者之牙後慧也. 陳淸瀾程啓曒所著, 皆詆陸者之隔日瘧也. 詎知鹿洞一會, 固無參商, 晚年定論, 猶鹿洞之志也, 何事呶呶聚訟爲哉? 抑以俊之淺陋, 于朱陸之學不得其所以異, 又烏測其所以同? 且今先生編書之例, 以朱子五十一歲爲率, 俊亦馬齒亦五十一歲矣, 抑何讀是編而茫然無所得, 漠然無所入也! 昔黃太冲有云, 朱子以庚戌生, 某亦以庚戌生. 某以庚戌名集, 所以志愧. 由太冲之言思之, 先生是編, 莫牖俊較切, 而動俊志愧矣, 敢不勉乎哉! 爰敢僭序數言于簡首.

受業王士俊敬書, 時雍正十有三年孟夏初吉.

주자만년전론발후(朱子晚年全論跋後)

　『주자만년전론』은 주자와 육자라는 두 명의 현인을 조정하기 위해서 쓰여진 것이 아니고, 주자 말년의 '본성'과 '천도'와 융석되는 취지를 밝히고 이런 가르침이 담긴 내용들을 모아서 눈앞에 나열해서 후세 사람들의 논의가 확정되기를 기대하면서 쓰여진 것이다. (이 책은) 말년의 주자의 이론을 모은 것이 수백 조목이 되기에 '학문의 자료[案]'라고도 할 수 있고, 주자 나이 51세 때부터 죽을 때까지의 세월을 다루고 있기에 '최종적 판단[斷]'이라고도 할 수 있다. 이 책은 주자 사상을 완전히 다루려고 해서 한 글자도 빼지 않았으니 주자에게 어떤 죄도 짓지 않았다고 할 수 있으며 또한 후세에도 이 책에 대한 비난이 없을 것이다. 단지 한 마디 말만 해도 그러한 까닭을 궁구할 수 있을 듯하다. 주자와 육자는 모두 성인의 자질을 가지고 있었는데, 왜 처음에는 서로 달랐는데 마지막에는 같게 되었을까? 대개 사람들은 모두 기질에 의해 제약되어 있지만, 오직 옛날과 지금의 성인만이 기질에 의해 제약되지 않고 단지

‘성(誠)’과 ‘명(明)’이라는 두 일을 가지고 있어 저절로 근본인 본성대로 살 수 있었다. 대개 ‘명’으로부터 ‘성’하게 된 사람은 증자였고 또 주자였다. ‘성’으로부터 ‘명’하게 된 사람은 안자였고 또 육자였다. 그렇지만 이 두 경우의 사람들이 알게 된 것은 매 한 가지이다. 지금 육자를 살펴보면, 그는 어릴 때부터 매우 영민했고, 50세가 되어서는 그의 마음은 『주역』과 같았고 『주역』은 그의 마음과 같아서 커다란 잘못이 없을 수 있었다. 무엇 때문인가? “‘성’으로부터 ‘명’하게 되는 것은 본성이라고 한다. 성하면 명하게 된다.”[1] 주자는 사태마다 정밀하게 살펴서, 비록 50세가 되었다고 할지라도 아직도 도달하지 못한 작은 간격이 있어서, 반드시 20년이 지나서야 얼음이 풀리는 것과 같은 상태가 될 수 있었다. 무엇 때문인가? “‘명’으로부터 ‘성’하게 되는 것을 가르침이라고 한다. 명하면 성하게 된다.” 옛날 증점이 아직 ‘일관(一貫)’을 듣지 못했을 때 그도 진실로 힘을 써서 오랫동안 사태상에서 이치를 구하려고 했으니, 어찌 주자의 ‘격물치지’의 근면함과 같지 않겠는가? 공자의 한 마디의 말을 듣고서야 그는 우리의 마음의 ‘충서’가 곧 도라는 것을 알게 된 것이다. 안자의 ‘멀지 않아 회복함’[2] ‘노여움을 옮기지 않고, 잘못을 반복하지 않음’[3]이 어찌 육자의 ‘스스로 경계하는 대책’과 ‘선으로 나아가고 잘못을 고침’[4]과 같은 것이 아니겠는가? 그렇다고 안자의 ‘돕지 않음’[5] ‘어리석은 것처럼 보임’[6] ‘서 있는 것이 우뚝함’[7]과 같은 경지를 선불교라고 할 수 있겠는가? 생각해보면 안자·증자·주자·육자의 학문은 모두 성인을 근본으로 하고 또한 그 자질도 성인의 자질이었는데, 단지

---

1) 『中庸章句』 21장.
2) 『周易』 「復卦」.
3) 『論語』 「雍也」.
4) 『周易』 「象辭」 「益卦」.
5) 『論語』 「先進」.
6) 『論語』 「爲政」.
7) 『論語』 「子罕」.

‘성’과 ‘명’이 기원하는 곳이 다를 뿐이다. 안자와 증자는 모두 공자의 제자들이었는데, 공자의 70명의 제자들에게는 동이의 논의가 없었고, 마침내 모두 공자의 도를 전했다. 설령 주자와 육자가 공자의 제자가 되어서 ‘일관’에 대한 공자의 말을 듣게 되더라도, 주자는 반드시 육자와 함께 들었을 것이고 “도에 가깝다”고 탄식하였을 것이며, 육자도 그러했을 것이다. 성현의 자질에는 각각의 유사함도 있고 또 공통의 유사함도 있겠지만, 그들은 모두 끊어진 학문을 위촉받은 사람들이다. 여곤8)이 정명도9)를 논하면서 그는 주자와 육자의 사이에 있다고 말한 적이 있다. 그렇다면 내가 주자는 증점을 닮았고 육상산은 안연을 닮았다고 말한 것은 새롭게 창안된 설이 아닐 것이다. 또 듣건대 자양(주자)이 말년에 채계통10)과 논의한 ‘본성’과 ‘천도’의 가르침에는『옹계록』이라고 부르던 책이 있었다고 하는데, 아쉽게도 세상에 전해지지 못하여 그 설명의 동이가 어떠한지를 알지 못한다.

1734년 음력 8월 상완의 제자 이광오11) · 이광형12)이 삼가 적는다.

朱子晚年全論者, 非爲朱陸兩賢調停也. 且以發明晚年性與天道融釋之旨, 會萃倂集, 羅列目前, 以待萬世人之論定爾. 夫彙其說至數百

---

8) 여곤(呂坤, 1536~1618) : 자는 숙간(叔簡), 호는 신오(新吾)이고, 하남(河南) 영능(寧陵) 출신이다. 형부시랑(刑部侍郎) 등을 역임하였다. 저서에『呻吟語』, 『去僞齋集』, 『陰符經注』등이 있다.

9) 정호(程顥, 1032~1085) : 자는 백순(伯淳), 명도(明道)선생이라고 일컫는다. 하남출신이다. 1057년에 진사가 되고 감찰어사가 되었다가, 왕안석과 뜻이 맞지 않아 외직에 나갔다가, 벼슬을 그만두고 집에서 독서를 하였다. 철종이 즉위하여 구법당이 정권을 장악하고, 조정에서 불렀지만 시행되기도 전에 죽었다. 동생인 정이(程頤)와 더불어 이정(二程)이라고 불린다.

10) 채원정(蔡元定, 1135~1198) : 자는 계통(季通), 호는 목암(牧菴), 시호는 문절(文節), 서산선생(西山先生)이라 불렸다. 건녕부(建寧府) 건양현(建陽縣) 출신이다.

11) 이광오(李光塢) : 자는 광경(廣卿)이고, 강희 60년(1721)에 진사가 되었다. 이광지(李光地)의 동생이다.

12) 이광형(李光型, ?~?) : 자는 용견(龍見)이고, 옹정 11년(1733)에 진사가 되었다. 이광지의 동생이다.

條之多, 可以爲案矣. 歷時二十年, 至于蓋棺, 可以爲斷矣. 論取其全, 不遺一字, 可以告無罪於朱子, 待來世而無譏矣. 獨有一語似當推原其所以然者, 朱與陸並有聖人之質, 顧何以始異而終同耶? 凡人皆累於氣質, 惟古今之聖人不爲氣質所累, 祇有誠明二事, 自本自根. 夫自明而誠者, 曾子也, 而亦朱子. 自誠而明者, 顔子也, 而亦陸子, 及其知之, 一也. 今觀陸子, 幼已敏悟, 至于知天命之年, 則心卽易, 易卽心, 而可以無大過矣. 何也? 自誠明謂之性, 誠則明矣. 朱子隨事精察, 雖至五十而猶一閒未達, 必再假之二十年而後冰融而凍釋, 何也? 自明誠謂之敎, 明則誠矣. 昔者曾子未聞一貫之時, 其眞積力久, 求之事事物物之閒, 豈非類朱子格致之勤歟? 及其聞聖人之一呼, 然後知吾心之忠恕卽是道也. 顔子之不遠復, 不遷怒, 不貳過, 豈非類陸子之自敬策與遷善改過歟? 而其非助如愚所立卓爾, 豈可以謂之禪乎? 顧顔曾朱陸, 學本聖人, 質亦聖人, 特誠明之所自不同耳. 顔曾並在大聖之門, 七十子無有異同之論, 而卒也俱傳孔子之道. 設朱陸亦及東魯之門, 吾知一貫之時, 朱必與聞, 而庶乎之嘆, 陸亦庶幾也. 且聖賢之質, 有各似, 又有兼似, 而皆爲絶學所寄之人. 如呂新吾之論明道, 謂其在朱陸之閒, 然則吾謂朱肖曾陸肖顔者, 亦不爲創也. 抑又聞之, 紫陽末年與蔡季通所談性與天道之旨, 有曰翁季錄者, 惜乎世未之見, 不知其說之同否何如也?

　時雍正十有三年壯月, 上浣受業李光墺光型謹識.

범례(凡例)

하나 : 주자의 나이의 경우 진건의 무리들은 초기와 말년을 망령되게
가리키고 있는데, 오류도 많고 정해진 기준도 없다(예를 들어 「하숙경에게
보내는 서신」은 39세에 쓴 것인데 초기에 쓴 글이라고 하고, 「항평보에게 답하는 서
신」은 54세 때 쓴 것인데 중기에 썼다고 하는 경우이다). 지금 생각건대 주자는
71세를 살았는데, 30세 이전을 초기라고 하고 31세부터 50세까지를 중
기라고 하고 51세부터 71세까지를 말년으로 정해야 한다. 이 책이 수록
하고 있는 자료는 모두 주자 나이 51세 이후의 글들이다.

하나 : 주자가 혼자 쓴 글은 『경』·『전』·『주』에 대한 해석 이외에
정집, 속집, 별집으로 분류되는 시문집이 있는데, 모두 112권이다. 『어
류』 140권은 모두 그의 제자들이 기록한 것이다. 이 책에서는 단지 『문
집』만 수록하였고, 『어류』는 언급하지 않았다. 옛날 윤화정[1]은 다음과
같이 말했다. "이천[2]의 학문은 『역전』에 있으므로, 다른 것을 구할 필

요가 없다. 『역전』은 그가 혼자 쓴 것이지만, 『어록』은 다른 사람들이 지은 것이다. 어떤 사람의 뜻을 다른 사람이 제대로 말할 수 있는 경우는 별로 없다.” 그러므로 나의 이 책도 또한 윤화정의 뜻을 본받아 오직 『문집』만을 수록하고 『어류』는 취급하지 않았다. 어떤 사람들은 주자가 윤화정의 말을 항상 반박하였다고도 하고, 또 유가들은 일찍이 『춘추』만을 다루고 『논어』를 폐기한 적이 없다고 말하곤 한다. 모르겠지만 주자도 또한 우연히 이런 말을 하였을 뿐이다. 『정씨유서』에서 주자가 쓴 서문을 보면, 그는 이천(伊川)의 말을 인용하면서 “나의 마음을 이해하지 못한다면, 다만 그 뜻만을 위하는 것이다”라고 했다.3) 또 그는 이천의 뜻을 밝히면서, 학자들이 성현들이 마음으로 전한 요체를 알지 못하고 언어에만 빠져 있다고 생각했었다. 작은 곳에서 실수하게 되면 그 오류는 말할 수 없이 커질 수밖에 없는 법이다. 그렇다면 내가 『어류』를 함께 수록하지 않은 것은 진실로 주자의 가르침을 삼가 준수한 것이다. 또한 이 책에서 수록된 자료들은 모두 주자가 직접 썼던 것을 취한 것이므로 확실해서 다시 의심할 것이 없으니, 옳은 것도 있고 그릇된 것도 있는 그의 제자들의 기록과는 다르다.

하나 : 주자가 문답한 서신들은 광범위하게 다른 일들도 언급하고 있어서, 걸핏하면 수백 수천 마디의 말이 되곤 한다. 이 책은 전적으로 학문을 논하는 부분만을 다루었고, 나머지 말은 모두 삭제하였다. 그렇지만 초기와 말년의 시기와 관련되는 것은 모두 보존하였다.

---

1) 윤돈(尹焞, 1070~1142) : 자는 언명(彦明), 호는 화정(和靖)이고, 하남 낙양(洛陽) 출신이다. 정호의 제자로 과거에 나아가지 않았으나 만년에 비서랑겸설서 등을 역임하였고, 진회와 대립하였다.
2) 정이(程頤, 1033~1107) : 자는 정숙(正叔), 이천선생(伊川先生)이라고 불렸으며, 하남(河南) 낙양(洛陽) 출신이다. 형 정호(程顥)와 함께 주돈이(周敦頤)에게 배웠고, 형과 함께 ‘이성자(二程子)’라 불리며 정주학(程朱學)의 창시자로 알려졌다.
3) 『朱熹集』 권75-18, 「程氏遺書後序」.

하나 : 이전 현인들의 글을 편찬할 때 감히 동그라미와 점을 붙여서 평론하여서는 안 된다. 이 책은 전적으로 주자와 육자가 배운 것이 같음을 논증하기 위한 것이다. 대개 학문에 대한 논의가 같은 경우는 모두 검은 동그라미를 붙였고, 초기와 말년의 시기와 관계된 것에는 검은 점을 붙였다. (이렇게 표시된 것을) 모아서 보고 각 자료의 말미에 몇 마디의 말을 붙여서 학문에 대한 논의가 같음을 밝혔고 초기와 말년 시기의 실상을 바로 잡았다.

하나 : 주자와 육자 사이의 '존덕성'과 '도문학'의 구분은 주자의 「항평보에게 답하는 서신」에서 시작된 것이다.[4] 그 후 포문숙[5]·원정숙[6]·오문정[7]과 같은 사람들과 조동산[8]·정사산[9]과 같은 선생들에게는 모두 이에 대한 주장들이 있었다. 이렇게 이루어진 주장들 중 책이 된 사례는 정황돈[10]의 『도일편』으로부터 시작되었고, 그 다음이 바로 왕양

---

4) 『朱熹集』 권54-8, 「答項平父 2」.
5) 포회(包恢, 1182~1268) : 자는 굉부(宏父), 호는 굉재(宏齋)이고, 건창(建昌) 남성(南成) 출신이다. 주희와 육구연에게 배웠다. 가정(嘉定) 13년 진사급제. 자정전 학사를 지냈고, 남성현(南城縣)의 후(侯)에 봉해졌다. 시호가 문숙(文肅)이다.
6) 원보(袁甫, ?~?) : 자는 광미(廣微), 호는 몽재(蒙齋)이고, 경원(慶元) 근현(지금의 절강성 寧波) 출신이고, 시호는 정숙(正肅)이다. 아버지는 육구연의 제자인 원섭(袁燮)이다. 벼슬은 이부시랑, 국자좨주 등을 역임하였다. 저서에 『蒙齋集』이 있다.
7) 오징(吳澄, 1249~1333) : 자는 유청(幼淸), 시호는 문정(文正)이고, 무주(撫州) 숭인현(崇仁縣) 출신이고, 처음에 초옥(草屋)에서 기거하였는데, 정문해(程文海)가 초려(草廬)라고 이름하였고 학자들이 그를 초려(草廬)선생이라 불렀다. 주자사전(朱子四傳) 제자로 정주학(程朱學)을 받들어 도문학(道問學)을 설파하였고, 동향 선배인 육상산(陸象山)의 덕행을 학문의 바탕으로 삼아야 한다 하여 주륙합일(朱陸合一)을 주장하였다. 저서로는 『五經纂言』, 『草廬精語』 등이 있다.
8) 조방(趙汸, 1319~1369) : 자는 자상(子常)이고, 안휘 휴령(休寧) 출신이다. 동산정사(東山精舍)를 짓고 살아서 동산선생이라고 부른다. 오징학파의 우집에게서 배웠다. 저서에 『春秋集傳』, 『春秋左氏傳補注』와 『東山存稿』가 있다.
9) 정옥(鄭玉, 1298~1357) : 자는 자미이고, 휘주 흡현(歙縣, 지금의 안휘성 흡현) 출신이다. 양간의 제자인 오돈(吳暾)에게서 배웠는데 육구연의 5전제자이다. 사산서원(師山書院)에서 강학을 했기 때문에 사산선생이라고 칭한다. 주륙조화론을 주장했다. 저서에 『師山集』이 있다.

명선생이 편집한 『주자만년정론』이다. 그렇지만 시기를 바로잡는 것이 모두 상세하지 않아서 다른 의견을 불러일으켰다. 이외 석문양공의 『명원록』, 노정부의 『하정변론』과 같은 책들은 단지 육자의 학문만을 밝히는 데 그쳤다. 하지만 진청란의 『학부통변』과 손북해(孫北海)[11]의 『고정주자만년정론』은 육자를 공격하고 주자를 존숭하려고 쓰여진 책이다. 그렇지만 진청란과 손북해는 말로는 주자를 존숭한다고 하면서도 그를 존숭하는 이유를 알지 못하고 있다. 그렇기 때문에 그들이 지은 책은 육자와 주자가 서로 비난하는 말들을 모으고 한두 가지 훈고의 말을 취하고 있을 뿐이다. 대개 주자가 말년에 학문의 방법은 마음에서 자득하는 데 있고 사람들을 가르치는 방법은 그들로 하여금 그들 자신의 마음에서 구하게끔 하는 데 있다고 말한 상당히 많은 구절들을 그들은 모두 버리고 취하지 않고 있다. 전체와 대용으로 포괄하지 못하는 것이 없는 주자이기에 문채도 극치이고 내면에도 두루했는데, 반드시 문장과 암송이라는 지엽적인 것으로 귀착될 것이니, 이들은 모두 주자의 죄인들이다. 나는 일찍이 『학부통변』에 대해 진건을 논박했던 적이 있다. 손북해도 진청란을 따르고 있으니 다시 변론할 필요가 없다. 또 정동(程瞳)[12]이라는 사람이 『한벽록』을 지었는데, 이것은 더욱더 보잘 것이 없다. 아호의 모임에 대해 말한 것을 보면 살필 만한 말이 없는데, 아마도 육자의 어록을 아직 보지도 못한 사람인 것 같다. 이곳 회땅에서 어떤 험담도 하고 싶지 않고 일소에 부칠 뿐이다.

　　이불이 다시 쓰다.

---

10) 정민정(程敏政, 1445~1499) : 자는 극근(克勤), 호는 황돈(篁墩)이고, 안휘 휴령(休寧) 출신이다. 1466년 과거에 급제, 편수 직강 등을 역임하다가 시험부정문제로 파직되고 은퇴하였다. 저서에 『道一編』, 『新安文獻志』, 『明文衡』, 『宋遺民錄』, 『眞西山心經附注』, 『宋紀受終考』, 『篁墩集』 등이 있다.
11) 손승택(孫承澤, 1592~1676) : 자는 이북(耳北), 호는 북해(北海)이다. 산동 익도(益都) 출신이다. 숭정연간에 진사가 되었고, 청나라에 벼슬하여 이부 좌시랑이 되었다.
12) 교각주자만년전론서(校刻朱子晚年全論序)의 주 10을 참조.

一：朱子年歲, 陳建輩妄指早晚, 參差無定. (如與何叔京書, 在三十九歲, 尚以爲早年, 答項平甫書在五十四歲, 尚以爲中年之類) 今按朱子得年七十一歲, 定以三十歲以前爲早年, 以三十一歲至五十歲爲中年, 以五十一歲至七十一歲爲晚年. 此書所錄, 皆在朱子五十一歲以後.

一：朱子自著之書, 自解經傳註而外, 詩文正續別三集, 共一百一十二卷. 其語類一百四十卷, 則皆門人所記. 此書所錄止於文集, 不及語類. 昔尹和靖謂伊川之學在易傳, 不必它求, 易傳所自作也, 語錄它人作也. 人之意, 它人能道者幾何哉? 故余此書亦昉和靖之意, 專錄文集, 不取語類. 或謂和靖語朱子嘗駁之, 謂孔門未嘗專治春秋, 遂廢論語, 不知朱子亦偶爲此言耳. 其自序程氏遺書, 則固引伊川之言, 謂不得某心, 徒爲彼意. 又發明伊川之意, 以爲學者未知心傳之要, 而滯於言語之間. 失之毫釐, 則其謬有不可勝言者. 然則不兼采語類, 固謹遵朱子之敎. 且亦取其出於朱子親筆, 確然無復可疑, 異於門人記錄, 有得而有失也.

一：朱子答問之書, 泛及它事, 動輒數百言或千言. 此書專爲論學, 餘語俱從刪節. 其有關繫年歲早晚者, 仍全存.

一：纂錄前賢之書, 不敢僭加圈點評論. 此書專爲證朱陸所學之同. 凡論學同處, 俱加密圈, 其關係年歲早晚者, 則加密點, 取便覽觀, 仍附數語於後, 發明所論之同與考訂年歲早晚之實.

一：朱陸尊德性道問學之分, 始於朱子答項平甫書. 嗣後若包文肅袁正肅吳文正諸公, 及趙東山鄭師山諸先生並有論述. 其著爲成書, 則自程篁墩道一編始, 次則王陽明先生所錄朱子晚年定論. 然考訂年月, 俱未詳細, 致滋異議. 此外若席文襄公鳴寃錄, 盧正夫荷亭辨論, 止於辨明陸學. 而陳淸瀾學蔀通辨, 孫北海考定朱子晚年定論, 則攻陸以尊朱. 其實陳孫二氏, 名爲尊朱, 而不知所以尊之者. 其爲書, 止取相詆之辭及抄撮一二訓詁之語, 凡朱子晚年所以爲學自得於心, 與所以敎人必求諸心者, 盈千萬言, 皆棄不取. 以全體大用無不兼該之朱子, 文致周

內, 必歸於口耳章句之末而後止, 是皆朱子之罪人也. 余嘗爲學蔀通辨
辨以駁陳氏矣. 孫氏從同, 無庸再辨. 又有程曈者, 作閑闢錄, 尤爲鄙
陋. 至謂鵝湖會講, 語無可考, 蓋陸子語錄, 亦未嘗見者. 自鄶無譏, 付
之一哂而已.

　　絿再識.

권1

여백공에게 답하다[答呂伯恭] 81[1]

   사람을 통해 서신을 받고서, 봄부터 몸이 더욱 가볍고 건강해져서 지팡이를 두고 천천히 걸을 수 있고 또한 산천을 노니는 즐거움이 있었다[2]고 듣게 되었습니다. 매우 다행입니다. 기록한 문장의 정본[3]의 경우 글이 간략하고 뜻이 올바르기에 되풀이하여 읽으면서 감탄했습니다. 이미 산 속에 보내 황자후[4]에게 예서로 써주기를 부탁했으니 도착하게

---

1) 『朱熹集』 권34−32, 1180(51세). 서신에 대한 연도 고증은 진래(陳來)의 『朱子書信編年考證』을 참고하였다.

2) **[翼增]** 명도(明道)가 지은 詩에 나오는 "꽃을 찾고 버드나무를 따라서 앞 냇가를 지나 노래[訪花隨柳過前川]"라는 구절에서 유래한 말이다. 『朱子晩年全論』의 각주는 조선시대 유학자들의 주석을 총정리한 『朱子大全箚疑輯補』를 충실히 반영하였다.

3) **[節要註]** 이 서신 이전에 주희(朱熹)는 여백공(呂伯恭)에게 『白鹿洞書院記』를 지으라고 했는데, 여기서 말한 정본(定本)은 여백공이 지은 이 글을 가리킨다.

4) **[翼增]** 황수(黃銖). 곡성(穀城)의 은자로 예서를 잘 썼다.

되면 바로 돌에 새기면 됩니다. 경부5)가 마침내 병에서 일어나지 못하였으니 매우 애통합니다. 아마도 처음에 병을 얻었을 때, 내리는 약을 잘못 먹어서 마침내 기가 텅 비고 상하게 되어 계속 견딜 수 없게 된 것 같습니다. 처음에 병을 얻었을 때 여러 일을 주청했지만 번번이 청이 거절되었고 또 도와주는 동료들도 없어서 매번 마음이 편하지 않아서 그렇게 된 것 같습니다. 비록 하늘의 운명이라고들 말하지만 또한 사람의 일도 그것을 초래할 수 있으니 이것이 더욱 애통할 따름입니다. ‘우뢰가 잦으면 위엄을 상실한다’6)는 가르침에 대해서는 삼가 그 조언을 듣도록 하겠습니다. 여러 가르침들이 모두 구구절절 합당하기에 마음속에 아로새기고자 합니다. 그렇지만 작은 서문의 설명은 다시 생각해야 할 것 같습니다. 이 사람이 사당 벼슬을 빨리 청하려고 하기에 오래 머물게 하고 싶지 않으니, 나중에 별도로 사람을 보내 가르침7)을 얻고자 합니다. 숙8)이 가르침을 받아서 고맙고 다행스러운 마음이 말할 수 없을 정도입니다. 바라건대 교과과정을 단속해주시고, 글을 읽는 이 외에도 계속 자신의 마음을 제어하는 큰 요체를 말해주셨으면 합니다. 그렇다면 이보다 다행스러운 일이 있겠습니까! 자수9)의 학생들 가운데 자를 정순으로 쓰는 홍국 만인걸10)이라는 사람이 있는데, 이 사람도 매

---

5) 장식(張栻, 1139~1180) : 자는 경부(敬夫) 또는 낙재(樂齋), 호는 남헌(南軒)이고, 한주(漢州) 면죽(綿竹) 출신이다. 장식은 주자에게 학문적 영향을 많이 주었는데, 특히 주자의 중화구설은 장식의 견해를 수용한 입장이었다. 저서로는 『南軒文集』, 『論語解』, 『孟子說』 등이 있다.

6) [箚疑] 이 구절은 『韓詩外傳』에 나오는데, 형벌이 너무 빈번히 시행되면 형벌의 위엄이 없어질 수밖에 없음을 비유한다.

7) [箚疑] 앞에서 말한 ‘小序’에 대한 여백공의 입장을 말한다.

8) 주자의 큰 아들인데, 여백공이 이 아이를 맡아서 가르치고 있었다.

9) 육구령(陸九齡, 1132~1180) : 자는 자수(子壽)이며, 복재(復齋)선생이라 불렸다. 저서에 『復齋文集』이 있다.

10) 만인걸(萬人傑, ?~?) : 자는 정순(正淳) 또는 정순(正純), 호는 지재(止齋)이고, 홍국군(興國軍) 대야현(大冶縣) 출신이다. 육구령의 홍국교수(興國敎授) 부임을 계기로 육구연에게 배우다가, 1180년경 남강(南康)에서 주자를 만나 주자의 학문을 배우게 되었다.

우 뛰어납니다. 그 사람과 이곳에서 서로 만나게 되었는데, 그는 자정도 사람들로 하여금 책을 읽고 강학하게끔 했다고 말했습니다. 최근 강서에 있는 친구도 또한 이렇게 말했습니다. 그렇다면 이것도 또한 모두 좋은 일입니다. 바쁘게 이렇게 글을 써서 상세한 것을 아직 말하지 못했습니다. 오직 도를 위해 자중하시기를 바랍니다.

人至辱手書, 得聞春來尊體益輕康健, 放杖徐行, 又有問花隨柳之樂. 甚慰. 記文定本, 辭約義正, 三復歎仰. 已送山間, 屬黃子厚隷書, 到卽入石矣. 欽夫竟不起疾, 極可痛傷. 蓋緣初得疾時, 誤服轉下之藥, 遂致虛損, 一向不可扶持. 從初得疾, 又緣奏請數事, 例遭譴却, 而同僚無助之者, 種種不快而然. 雖云天數, 亦人事有以致之, 此尤可痛耳. 雷頻失威之喩, 敬聞命矣. 諸喩皆一一切當, 謹當佩服. 但小序之說, 更有商量. 此人亟欲遣請祠者, 不欲稽留之, 別得奉扣耳. 塾蒙收拾敎誨, 感幸不可言. 望更賜程督, 文字之外, 因語及檢束身心大要. 幸甚! 幸甚! 子壽學生又有興國萬人傑字正淳者, 亦佳. 見來此相聚, 云子靜却敎人讀書講學. 近得江西朋友書亦云. 然此亦皆濟事也. 忽忽作此, 未及詳, 唯爲道珍重.

🔵 남헌이 죽었을 때는 순희 7년(1180)이었는데, 이때 주자의 나이는 51세였다. 그러므로 편찬한 『만년전론』은 이 서신을 시작으로 삼는다. 서신 말미에 "자정도 사람들로 하여금 책을 읽고 강학하게끔 했다"고 들었다는 말의 경우, 두 사람이 서로 비방한 것이 모두 전해지는 말의 오류에 근거한 것이기 때문에 그러한 비방을 전거로 삼을 수 없다는 것을 알 수 있다.

南軒之卒, 在淳熙七年, 時朱子五十一歲, 故所編晚年全論, 以此書爲始. 書末云聞子靜却敎人讀書講學, 則知彼此相譏, 皆因傳言之誤, 而未可爲據也.

여백공에게 답하다[答呂伯恭] 83[11]

흠부가 세상을 떠난 지 벌써 반년이 되었습니다. 매번 그를 생각할 때마다 비통하여 목이 메지 않았던 적이 없습니다. 동지들의 서신이 올 때마다 또한 서로를 조문하지 않은 적이 없었습니다. 이전에 사람이 와서 돌아간 이래로 지금까지 정수의 서신을 얻지 못했습니다. 오늘에야 다시 사람을 보내 제사를 지내게 했는데, 바람을 맞고 있자니 목이 메어 슬픔을 이길 수가 없었습니다. 생각해보니 이 세상에 단지 당신만이 이런 마음을 같이 하고 있습니다. 글을 여기까지 쓰자 눈물이 흐릅니다. 애통하구나! 애통하구나! 제문이 너무나 진실해서 그 안에는 다른 사람들이 결코 형용할 수 없는 곳이 있으니 탄복하지 않을 수 없습니다. 지금 이 사람이 가는데, 글을 한 편 가지고 있습니다. 삼가 바칩니다.

흠부는 이전 서신에서 "주희의 경전에 대한 여러 해설들을 보니 한가한 때에 이런 공부를 달성한 것도 천의(天意)임을 알겠다"고 했습니다. 이어서 그는 이전에 공부해서 서로를 기약했던 뜻을 간단히 기술하면서 오도(吾道)가 외롭고 곤궁해진 것을 탄식했으니, 이런 흠부에 대해서 밝게 드러낼 수 있는 바가 있을 수 없습니다. 당신이 쓴 흠부의 제문이 서술하고 있듯이, 그는 남의 말에 장점이 있으면 그것을 받아들여 말한 사람이 자신의 뜻을 다 발휘하도록 하고 편협한 사람에게 그것을 베풀었으니 경계한 바가 더욱 많았습니다. 평상시에 저는 그의 이런 절개를 탄복할 줄만 알았지 배울 수는 없었습니다. 지금 나이 들어도 이전의 병이 아직도 그대로인데, 그것을 치료할 수 있는 방법을 아직 알지 못합니다. 단지 이럴 뿐만 아니라 최근에는 많은 인간관계에서 매사에 조금 지나친 곳이 있음을 깨달았는데도, 내 자신을 어떻게 모든 방면에서 정당하게 만들어 허다한 굴곡이 없도록 할 수 있는지 알지 못하고 있습

---

11) 『朱熹集』 권34－34, 1180(51세).

니다. "번거로움을 견디고 더러움을 참으라"12)는 가르침은 삼가 받아들이도록 하겠습니다. 지금 대강은 관직의 일에 일찍이 게으른 적은 없지만, 때때로 게으른 마음이 들게 되는 것을 면하지 못했으니 무엇 때문에 스스로 이렇게 고통스럽게 하는지 모르겠습니다. 그러므로 일에는 항상된 마음은 있지만 돌아서면 곧 잃어버리는 경우도 있고, 자신의 마음을 매우 수고롭게 하지 않으려고 해서 다른 사람에게 맡기는 경우도 있고, 윗사람에게 말해도 따라주지 않고 아랫사람에게 가르쳐도 받아들여지지 않으니 마음이 어지러워져서 옛 것을 맹목적으로 따르고 마음이 느슨해지는 경우도 있습니다. 최근 두 달 동안 관직을 그만두겠다는 청이 허락되지도 않은 채로 정사를 돌보고 있습니다. 감히 이런 마음을 먹어서는 안 되는데, 또 함부로 망령된 행동13)을 하게 되어 귀양갈 것을 준비하고 있으니 감히 장기적인 계획을 세울 수 없습니다. 몸은 비록 관청의 숙소에 머물고 있지만 뜻은 장막 위에 깃든 제비와 같습니다. 일의 근본을 말한다면 천자에 의지해서 정사를 돌보아 백성들의 이익과 손해를 따지고는 싶지만, 앉아서 하는 생각은 합당함을 벗어나서 마침내 멈출 수가 없게 되니 내키는 대로 말하기14)를 면하지 못했습니다. 처음부터 끝까지 이것은 단지 하나의 병근일 뿐입니다. 재판의 경우에도 감히 적당히 할 수는 없는데, 사람들의 설명에는 잘못된 곳이 많아서, 마치 글방아이들이 논하는 제갈공명의 형정(刑政)과 유사합니다. 그렇지만 모든 것을 고식적으로 처리하고 간악한 인간을 보호하며 선량한 사람을 어지럽혀 유속(流俗)과 일시의 명예를 사고자 한다면, 평상시내 마음도 이것을 매우 부끄러워하며 또한 그것이 과연 어떻게 중도를얻을지 알지 못하겠습니다. 논한 것처럼 형주에서 교류하는 선비들15)이

---

12) 【箚疑】 다른 사람들의 과오를 용인하라는 여백공의 충고를 가리킨다.
13) 【記疑】 들어주지 않음에도 불구하고 주자가 다시 상소를 올린 일을 말한다.
14) 【箚疑】 주자가 상소를 올린 일을 말한다.
15) 【箚疑】 장식(張栻)의 문인(門人)들을 말한다.

힘을 얻지 못하고 있으니, 이는 진실로 매우 깊이 경계해야 할 일입니다. 그렇지만 그들이 흠부와 마찬가지로 힘을 얻지 못하고 지금도 습관적으로 반성하는 것은 바로 일찍이 스스로 힘을 얻어 본 적이 없기 때문이니, 이것이 더욱더 두려워할 만한 일입니다. 형께서는 이런 질병은 어떻게 고칠 수 있다고 생각하십니까? 다행히 한마디의 말로 긴요한 곳에서 가르침을 얻을 수만 있다면 이처럼 바라는 일이 있겠습니까!

자수 형제가 서신을 썼는데, 자정이 가을에 여부(廬阜)로 놀러오겠다고 약속했다고 합니다. 그렇지만 이때는 이미 주인이 바뀌어 있지 않을까16) 생각됩니다. 그 형제가 오늘날 어찌 쉽게 바뀐 것이겠습니까! 그렇지만 자정은 아직도 옛날의 뜻을 그대로 가지고 있는 것 같습니다. 자정의 문인이 자수에게 비록 이미 발걸음을 바꾸었다고 할지라도 아직 몸을 옮기지는 않았다17)고 했다는 말을 들었습니다. 그렇지만 그런 추세가 오래되면 반드시 스스로 돌아섬이 있을 수밖에 없을 것입니다. 아호에서 강론했을 때를 생각해보면 얼마나 대단한 기세였는데, 지금 10에서 7,8만을 제거하는 데 이르렀겠습니까?

원범이 비(碑)를 세우려고 했다는 설18)에 대해 일찍이 저는 그 내용을 들은 바가 있어서 그에게 다음과 같이 말했습니다. "나는 진실로 말할 것도 없고, 사람들이 그대를 비웃을까 두려울 따름이네." 그도 이미 이런 논의를 그친다고 생각했는데, 생각 밖으로 다시 그것을 한다고 하니, 그것을 들으니 제가 땀이 납니다. 다행히 그는 그만두라는 당신의 가르침을 받아서 그만두었습니다. 평상시에 성정이 강직해서 은미한 말과 넓은 비유로. 사람들을 선에 인도하지 못합니다. 그래서 사람들에게 있는 작은 오류를 보게 되는데, 매번 참고서 말하려고 하지 않지만 어쩔 수 없이 말하게 되면 거침없이 말을 내뱉아 반드시 일을 망치고 난 후

---

16) 【記疑】 주자가 남강(南康)의 지사를 그만두는 일을 말한다.
17) 【剳疑】 육구연이 선불교를 버리고 유학을 따르게 됨을 비유한다.
18) 【記疑】 원범은 주자를 기리기 위해서 비를 세우려고 하였다.

에야 그만두게 됩니다. 이것도 또한 제가 태양인이라는 또 다른 증거일 것입니다.

欽夫之逝, 忽忽半載. 每一念之, 未嘗不酸噎. 同志書來, 亦無不相弔者. 自向來人還, 至今不得定叟書. 今日方再遣人往致葬奠, 臨風哽愴, 殆不自勝. 計海內獨尊兄爲同此懷也. 援筆至此, 爲之落淚. 痛哉! 痛哉! 祭文眞實, 中有他人所形容不到處, 歎服. 今此人去, 亦有一篇, 謹錄呈.

蓋欽夫向來嘗有書來云, 見熹諸經說, 乃知閑中得就此業, 殆天意也. 因此畧述向來講學與所以相期之意, 而嘆吾道之孤且窮, 於欽夫則不能有所發明也. 盛文所敍, 從善受言, 使言者得自盡. 施于褊狹, 所警尤多, 平日亦知敬服渠此一節而不能學. 今老矣, 而舊病依然, 未知所以藥之也. 不唯如此, 近日覺得凡百應接, 每事須有些過當處, 不知如何整頓得此身心四亭八當, 無許多凹凸也. 耐煩忍垢之誨, 敬聞命矣. 今大綱固未嘗敢放倒, 但不免時有偸心, 以爲何爲自苦如此? 故事有經心而旋卽遺忘者, 亦有不敢甚勞心力而委之于人者, 亦有上說不從, 下敎不入, 而意思闌珊, 因循廢弛者. 此兩月來, 旣得不允指揮, 不敢作此念, 又爲狂妄之擧, 準備竄謫, 尤不敢爲久計. 身寄郡舍, 而意只似燕之巢於幕上也. 言事本只欲依元降指揮, 條具民間利病, 亦坐意思過當, 遂殺不住, 不免索性說了, 從頭徹尾, 只是此一箇病根也. 獄訟極不敢草草, 然人說亦多過處, 乃與塾子所論諸葛政刑相似. 然欲一切姑息, 保養姦凶, 以擾良善, 而沽流俗一時之譽, 則平生素心, 深竊恥之, 亦未知其果如何而得其中也. 所論荊州從遊之士, 多不得力, 此固當深警. 然彼猶是他人不得力, 今日循省, 乃是自己不曾得力, 此尤爲可懼也. 不知老兄看得此病合作如何醫治? 幸以一言就緊切處見敎, 千萬之望!

子壽兄弟得書, 子靜約秋涼來遊廬阜, 但恐此時已換却主人耳. 渠兄弟今日豈易得! 但子靜似猶有些舊來意思. 聞其門人說子壽, 言其雖已

轉步而未曾移身, 然其勢久之, 亦必自轉回. 思鵝湖講論時, 是甚氣勢,
今何止什去七八耶?

元範立碑之說, 向曾見告, 嘗語之云, 熹固不足道, 但恐人笑老兄耳.
意其已罷此議, 不謂乃復爲之, 聞之令人汗下. 幸已蒙喻止, 必且罷休
矣. 平生性直, 不解微詞廣譬. 道人於善, 故見人有小失, 每忍而不欲
言, 至於不得已而有言, 則衝口而出, 必至於傷事而後已. 此亦太陽之
餘證也.

⚫ 이 서신도 또한 주자가 51세 때 지은 것이다. 그렇지만 육자 형제
를 "오늘날 어찌 쉽게 얻겠는가!"라고 하거나 또 "아호의 기세 10중 7,8
을 제거했다"고 말한 것은 점점 같아짐을 말하고 있는 것이다.

此書亦朱子五十一歲所作. 然稱陸子兄弟今日豈易得! 又云鵝湖氣勢
十去七八, 所謂漸趨於同.

여백공에게 답하다[答呂伯恭] 89[19]

경부를 다시 제사지내는 문장[20]의 말뜻이 경솔했다고 평소 느꼈지만
고치지 못했습니다. 깨우쳐주신 뜻은 은근하면서도 매우 절실하니, 패
어를 새기니 어찌 감히 잊을 수가 있겠습니까? "넓고 크고 고르고 순수
하다"는 네 글자는 삼가 앉은 자리의 네 귀퉁이에 써서 평생 생각하겠
습니다. 품부받은 자질의 치우침을 이전에도 실제로는 제거하려고 힘을
쓴 적이 없는데, 어찌 감히 분수를 논의하겠습니까? 그렇지만 지금부터
감히 힘쓰지 않을 수 없게 되었으니, 바라건대 때때로 훈계하고 채찍질
해주십시오

---

19) 『朱熹集』 권34-40, 1180(51세).
20) 【箚疑】 장식(張栻) 제문(祭文)의 후편(後篇)을 말한다.

再祭敬夫之文, 語意輕脫, 尋亦覺之, 則已不及改矣. 誨諭之意, 微婉深切, 銘佩何敢忘也? 弘大平粹四字, 謹書坐隅, 以爲終身之念. 稟賦之偏, 前日實是不曾用力消磨, 豈敢便論分數? 然自今不敢不勉, 更望時有以提撕警策之也.

⚫ 두 번째 경부를 제사지낸 것도 또한 순희 7년(1180)이다. 스스로 "부여받은 자질이 치우쳤다"거나 "이전에도 실제로는 제거하려고 힘을 쓴 적이 없다"고 했는데, 바로 이 점에서 말기의 논의가 중기의 논의와 같지 않은 점이 반드시 있다는 것을 알 수 있다.

再祭敬夫, 亦在淳熙七年. 自謂賦質偏, 前日實是不曾用力消磨, 卽此知晚年之論, 必有不同於中年者矣.

여백공에게 답하다[答呂伯恭] 90[21]

자수가 죽었다는 말을 듣고 매우 애통하였습니다. 최근에 사람을 보내 묘에 술을 붓게 하였습니다. 오도(吾道)가 떨쳐지지 않으니 이것도 천명인가 봅니다. 어찌 하겠습니까?

흠부가 남긴 문장을 보고 베끼게끔 했는데, 그중에는 너무나 탁월해서 미칠 수 없는 곳이 있었습니다. 그렇지만 또한 반드시 전할 필요는 없는 구설(舊說)도 있었는데, 그래서 지금 그것은 베끼지 말라고 하였습니다. 매번 흠부의 책을 펼치면 슬퍼집니다. 다만 관직 임기의 종료를 기다리며 그의 묘소를 찾아가 곡을 하면서 이런 슬픔을 조금 드러내기도 합니다. 사람을 보내 석자중[22]을 맞이하여 경황없이 이곳을 맡겼지만,[23] 이것도 또한 작은 삼매경[24]이라고 할 수 있습니다. 아직 밝은 가

---

21) 『朱熹集』 권34−41, 1180(51세).
22) 석돈(石墪) : 자는 자중(子重), 호는 극재(克齋)이고, 대주(臺州) 임해현(臨海縣) 출신이다.

르침을 받들지는 못했습니다만, 도를 위해 자중해야 한다고 생각하고 있습니다. 이만 줄이도록 하겠습니다.

子壽云亡, 深可痛惜. 近遣人酹之. 吾道不振, 此天也. 奈何! 奈何!
欽夫遺文, 見令抄寫, 其間極有卓絶不可及處. 然亦有舊說不必傳者, 今便不令抄矣. 每一開卷, 令人慘然. 只俟解印, 徑往哭之, 小洩此哀也. 遣人迓子重, 草草附此, 此亦是小三昧矣. 未卽承晤, 惟千萬爲道自重, 不宣.

♣ 복재(육구령)도 또한 순희 7년(1180)에 죽었는데, 주자는 애통해하였다. "오도(吾道)가 떨쳐지지 않는구나"라고 하였으니, 그들의 교제가 친밀했음을 알 수 있다. 또 복재의 운수(運數)를 하늘에 돌렸으니, 주자가 그를 귀중하게 대우했음을 알 수 있다. 최근에 개정된 『고정연원록』에서는 상산과 아울러 복재를 삭제하였는데, 이것이 과연 주자의 마음과 합치하는 것이겠는가?

復齋亦卒於淳熙七年, 朱子痛之. 以爲吾道不振, 知其交之親. 歸其數於天, 知其待之重. 而近日有改定考亭淵源錄者, 去象山, 幷去復齋, 果合於朱子之心乎?

여백공에게 답하다[答呂伯恭] 93[25)]

서신으로나마 엎드려 받듭니다. 근래 보내주신 서신의 필적이 가볍고 날카로우며 전에 비해 다른 점이 있으니 매우 기쁘게 생각하고 있습

---

23) 【箚疑】 석자중은 주자의 후임자로 남강군으로 부임하러 오고 있었다.
24) 【箚疑】 한림학사(翰林學士)가 하직을 하고 관문을 나가는 것을 말한다.
25) 『朱熹集』 권34−44, 1181(52세).

니다. 연일 봄날이 화사하니 날마다 더욱 건강하시리라 생각합니다. 저의 질병은 다행히 심한 지경에 이르지 않고, 굶주린 백성 역시 다행히 아직은 유랑하는 상태에 이르지 않았으며, 군량미도 버틸 만하다고 생각합니다. 근래 계속해서 비와 눈이 내리니, 보리는 높이 솟고 땅은 기름져서 사람들의 마음이 삶을 즐길 수 있다는 희망을 가질 수 있을 듯합니다. 석자중(石子重)이 오지 않은 것은 한탄스럽군요. 오 지사(吳守)는 윤달 초에 이르면 도착할 수 있으니, 도착하면 곧 임무를 교대하고 남쪽으로 돌아갈 것입니다. 작년의 가뭄은 매우 심한 것이었는데, 다행히도 조정의 관심을 일찍 얻어 모든 부처에 아뢰고 청한 내용들이 다 받아들여졌기 때문에 커다란 낭패에 이르지 않을 수 있었습니다. 이것은 국가의 계획에서 손해되는 바가 얼마 안 되면서도 그 이익이 매우 넓습니다. 이런 과정에서 주참정26)이 조절하고 보호해준 힘이 많았습니다.

흠부의 유문(遺文)은 추려내어 베끼고 붙일 것을 기다리고 있습니다. 자정이 여기에 도달한지27) 며칠이 지났으며 그대가 지은 자수의 묘지명도 이미 보았습니다. 순서대로 서술하여 밝게 드러내는 데 극진하게 공을 들였으며, 마지막 장은 미묘하고 은근하여 깊이 생각한 곳을 더욱 볼 수 있었으니, 감탄스러웠습니다. 자정의 근래 강론은 역시 예전과 같지 않습니다. 하지만 끝내 아직 완전히 부합하지 않는 곳이 있습니다. 다행히 그가 헤아리기를 좋아하니, 진정 서로에게 도움이 있습니다. 「시설(詩說)」, 『대사기(大事記)』는 서신으로 가르침을 간절히 구하고자 합니다. 자약은 다른 글을 언급하지 않는데 아마 예전과 다르지 않을 것입니다. 정말 멀리 떨어져 있어 간절하게 바라오니, 도를 위해 자중하십시오

便中伏奉. 近書筆蹟輕利, 視前有異, 深以爲喜. 比日春和, 伏想日益

---

26) 주필대를 말한다.
27) 육구연은 1181년 2월에 죽은 맏형 육구령의 지명(誌銘)을 써달라고 부탁하기 위해 주자를 찾아왔으며, 육구연은 주자의 요청으로 백록동서원에서 강연을 하였다.

佳健. 熹疾病幸不至劇, 饑民亦幸未至流徙, 軍食想可支吾. 比連得雨雪, 麥秀土膏, 人情似有樂生之望矣. 子重不來, 可恨! 吳守度閏月初可到, 到卽合符而南矣. 去年之旱非常, 幸賴朝廷留意得早, 諸處奏請悉皆應副, 故得不致大段狼狽. 此於國計所損幾何, 而其利甚博. 此間卽是周參政調護之力爲多也.

欽夫遺文, 俟抄出寄去. 子靜到此數日, 所作子壽埋銘已見之. 敍述發明, 此極有功, 卒章微婉, 尤見用意深處, 歎服! 歎服! 子靜近日講論比舊亦不同. 但終有未盡合處. 幸其却好商量, 亦彼此有益也. 詩說大事記便中切幸垂示. 子約不及別書, 意不殊前. 正遠切冀, 爲道自重.

● 육자는 순희 8년(1181)에 남강에서 주자를 방문하였는데, 그때 주자는 52세였다. 이미 "강론은 역시 예전과 같지 않습니다"라고 말하고 또 "서로에게 도움이 있습니다"라고 말한 것은 의심나는 건 적어지고 믿게 된 건 많아져서 점차 동일한 견해로 나아갔기 때문이다.

陸子以淳熙八年訪朱子于南康, 時朱子五十二歲. 旣曰講論比舊不同, 又曰彼此有益, 蓋疑者少, 信者多, 而漸趨于同也.

여백공에게 답하다[答呂伯恭] 94[28)

제가 한번 벼슬을 하여 2년이 지났는데 공사(公私)에 도움되는 것도 없으면서 정신은 피폐하고 학업은 황폐해졌으니, 이미 지난 일에 대한 후회는 이루 다 말할 수 없을 정도입니다. 작년 가을과 겨울의 재이(災異)와 상해(傷害) 이후 물러남을 구할 수 없다가 이번 봄에 이르러서는 결국 강서(江西)의 명[29)을 받았으며, 또 후임자를 기다리다 윤달 27일에

---

28) 『朱熹集』 권34−45, 1181(52세).
29) 주자는 남강군지사의 임기를 다 마친 순희(淳熙) 8년(신축, 1181) 3월에 조웅(趙雄)과

이르러 비로소 임무를 교대하고 돌아오기 시작해서 4월 19일에야 집에 이르렀습니다.[30] 비록 다행스럽게 어깨의 짐을 덜어놓았지만, 또 어지럽고 번거로운 인사(人事)와 늙은이와 어린이들의 병환으로 고통을 겪고 있으니 아직 좋은 상황이 있을 수는 없습니다. 하지만 대체로는 이미 마음이 청량(淸凉)한 경지 속에 들어갔습니다.

돌아오는 도중에 『중용』을 보고서는 구설(舊說)에 힘을 낭비한 곳을 알고 대략 수정을 가하니 전보다 조금 낫습니다. 다른 서적 역시 이와 같이 할 생각입니다. 의리는 끝이 없고 지식은 한계가 있습니다. 언어 사이에서 의리를 구하는 일도 오히려 틀림이 없을 수 없는데 하물며 그것을 체득하여 사업 속으로 드러내는 것에 있어서이겠습니까! 점차 사정이 안정되어 처음부터 하나하나 정돈해간다면 반드시 더욱 멀리 나아갈 것입니다.

자정의 지난날 학문 규모[31]는 결국 그가 학문하는 병을 논하는 데 있었으니, 그는 "이와 같으면 곧 단지 의견일 뿐입니다" "이와 같으면 곧 단지 의론일 뿐입니다" "이와 같으면 곧 단지 정본(定本)일 뿐입니다"라고 많이 말했습니다. 저는 그에게 "이미 사색하면 의견이 없을 수 없고, 이미 강학하면 의논이 없을 수 없습니다. 학문의 규모를 통론한다면 역시 어찌 정본[32]이 없을 수 있겠습니까? 다만 사람의 재질과 병통에 따

진준경(陳俊卿)의 추천으로 제거강남서로상평차염공사(提擧江南西路常平茶鹽公事)에 제수된다.

30) 주자는 윤 3월 27일 후임자와 사무인계를 마친 뒤 귀로에 오르는데, 그 도중에 백록동서원에서 송별회가 열렸고 여러 문인(門人) 및 지기(知己)들과 여산(廬山)을 유람했으며 강주(江州) 염계서원을 들려 참배하기도 하였다. 제자 황간(黃榦) 등과 함께 건주(建州) 숭안현(崇安縣)에 돌아온 것이 4월 19일이다.

31) [刊補] 1175년 아호사(鵝湖寺)의 만남에서 주자와 논쟁을 벌이던 때의 논의를 가리킨다. 여기서 '규모(規模)'는 아래 나오는 '정본(定本)'과 마찬가지로 학문의 기본적인 표준이나 규범을 뜻한다.

32) 주자에게 '定本'은 학자가 성인의 道를 배우기 위해 따라야 할 절대적인 준칙 또는 규범을 가리킨다. 가령 주자는 인륜이나 학문방법의 대원칙 등을 '定本'의 사례로 들고 있다. 『朱子語類』 8-8, 124-27 참조.

라 그를 치료한다면 곧 정본이 있을 수 없을 뿐입니다"라고 했습니다. 그러자 그는 도리어 "바로 대부분이 삿된[邪] 의견이자 쓸데없는[閑] 논의이기 때문에 배우는 사람의 병이 되는 것입니다"라고 했습니다. 저는 "이런 식으로 한다면 스스로 꾸짖음이 너무 지나친 것입니다. 모름지기 '한(閑)' '사(邪)'자를 붙이는 것이 명확해야 사람들로 하여금 선적(禪的)인 이해를 하지 않도록 할 수 있을 뿐입니다. 또 사람을 가르칠 때 먼저 정본부터 세우는 걸 염려할지라도 도리어 형이상학적인 측면에서 정돈해야만 비로소 정본이 없다는 도리를 말할 수 있습니다. 지금 이처럼 모두 물리친다면 선불교를 하지 않는 사람이 드물 것입니다"라고 말했습니다. 그는 비록 "네"라고 했지만 끝내 또한 이치를 다 궁구하지 못했습니다.

보내주신 서신에서 "전적으로 옳다"는 말씀은 어찌 자정이 감당할 바이겠습니까? 그의 공부가 지극한 데 이르지 않았다면 곧 이는 일찍이 공부를 온전하게 한 적이 없는 것이니, 단지 아직 이르지 않은 데 그칠 뿐이 아닙니다. 자정의 병이 반드시 "남은 간파하되 이치를 간파하지 못하는 것"은 아니라고 생각합니다.[33] 당연히 그는 원래부터 선적인 의사를 갖고 있었고 또 매우 과도하게 주장했으므로, 자신이 선(禪)이 아님을 말했지만 여러 학생들이 그 뜻을 잘못 이해하였기 때문에 그 유폐가 이 지경에 이르게 되었습니다. 가령 그대가 서신에서 가르쳐 준 진정기(陳正己)[34] 역시 선(禪)에 빠졌다고 비난을 듣고 있는데, 저는 아직 그 사람을 알지 못해서, 과연 그가 그러한지 모르겠습니다. 무릇 갈래가 복잡하고 동쪽에서 나와 서쪽으로 사라지게 되면 손으로 잡을 곳이 없으며, 최고 경지의 성현(聖賢)을 따르고자 해도 그런 모양의 흔적이 없습

---

33) 【箚疑】 여조겸이 자정의 병폐를 "남은 간파하되 이치를 간파하지 못하는 것"이라 하면서도 그가 배운 바가 "전적으로 옳으며" 단지 "지극한데 도달하지 않았을 뿐"이라고 두둔한 것에 대한 주자의 비판이다.

34) 진정기(陳正己) : 진암(陳黯)의 후손이다. 자는 돈인(敦仁)이며 소흥 2년(1132) 진사가 되었고, 홍주교수(洪州教授)를 지냈다.

니다. 바야흐로 호남(湖南)[35]에 갔다 돌아오는 길에 자정을 지나치게 되면 다시 그와 자세히 헤아리고 바로 잡고자 했었습니다. 그런데 뜻하지 않게 다시 차질이 생겼으니, 그가 끝내 어찌 되었는지 모르고 있습니다. 하지만 그의 좋은 점은 절로 가릴 수 없으니 공경하고 탄복할 만합니다. 다른 때에 혹 자정과 함께 그대를 찾아뵙고 서로 격론을 벌이는 게 더 좋을 것입니다. 서신을 보내 의견 내시길 기다리겠습니다. 혹 다가오는 봄에야 비로소 움직일 수 있을 듯합니다.

경부의 유문은 일찍이 베껴 쓰지 못하고 아침저녁으로 대략 순서를 정돈해서 쓰기를 기다리면서도 도리어 원본을 보내니 시정해주시기 바랍니다. 첨체인(詹體仁)[36]이 새로 판각한 흠부의 『논어(論語)』 『論語解』를 보내왔는데, 구본(舊本)에 비해 매우 뛰어났습니다. 만약 하늘이 경부의 생명을 연장시켰다면 또한 마땅히 이 상태에 머물지는 않았을 것이니 사람을 더욱 아프고 슬프게 만듭니다.

熹一出兩年, 無補公私, 而精神困弊, 學業荒廢, 旣往之悔, 有不可言者. 自去年秋冬災傷之後, 不能求去, 以及今春, 遂有江西之命, 又俟代者, 至閏月二十七日, 方得合符而歸, 以四月十九日至家. 雖幸息肩, 又苦人事紛冗, 老幼病患, 未能有好況. 然大槪已是入淸涼境界中矣.

道中看中庸, 覺得舊說有費力處, 略加修訂, 稍覺勝前. 計他書亦須如此. 義理無窮, 知識有限. 求之言語之間, 尙乃不能無差, 況體之身見諸事業哉! 稍定從頭整頓一過, 會須更畧長進也.

子靜舊日規模, 終在其論爲學之病, 多說如此卽只是意見如此卽只是議論如此卽只是定本. 熹因與說旣是思索, 卽不容無意見, 旣是講學, 卽不容無議論. 統論爲學規模, 亦豈容無定本? 但隨人材質病痛而藥救之, 卽不可有定本

耳. 渠却云正爲多是邪意見, 閑義論, 故爲學者之病. 熹云如此, 卽是自家呵叱亦過分了. 須著閑字邪字, 方始分明, 不敎人作禪會耳. 又敎人恐須先立定本, 却就上面整頓, 方始說得無定本底道理. 今如此一槪揮斥, 其不爲禪學者幾希矣. 渠雖唯唯, 然終亦未竟窮也.

來喩十分是當之說, 豈所敢當? 功夫未到, 則乃是全不曾下功夫, 不但未到而已也. 子靜之病, 恐未必是看人不看理. 自是渠合下有些禪底意思, 又是主張太過, 須說我不是禪, 而諸生錯會了, 故其流至此. 如所喩陳正己, 亦其所詞以爲溺于禪者, 熹未識之, 不知其果然否也. 大抵兩頭三緖, 東出西沒, 無提撮處, 從上聖賢, 無此樣轍. 方擬湖南歸途過之, 再與子細商訂. 偶復蹉跌, 未知久遠竟如何也. 然其好處自不可掩覆, 可敬服也. 他時或約與俱詣見, 相與劇論尤佳. 俟寄書扣之. 或是來春始可動也.

敬夫遺文不曾謄得, 俟旦夕略爲整次寫出, 却幷寄元本, 求是正也. 詹體仁寄得新刻欽夫論語來, 比舊本甚不干事. 若天假之年, 又應不止於此, 令人益傷悼也.

🦎 이 서신이 서술한 내용에서 비록 의론이 아직 합하지 않았음을 알수 있지만 그의 좋은 곳을 숨길 수 없고 공경하여 탄복할 만하다고 말하고 있다. 훗날 주자에게 그릇되게 달라붙은 진건(陳建)·여유량(呂留良)[37] 같은 무리들은 육자에 대해 번번이 제멋대로 무례하게 대하니 참으로 이른바 '거리낌이 없는 소인'들이다. 또 주자가 말한 '의견' '의론' '정본'은 모두 없을 수 없는 것들이지만, 만년에 주자는 자신을 하나하나 논박해갔다. 가령 「유자징[38]에게 답하는 서신 16」에서는 쓸데없는 강론의 잘못

---

37) 여유량(呂留良, 1629~1683) : 명말청초의 뛰어난 학자로 자는 장생(庄生) 또는 용회(用晦), 호는 만촌(晩村) 또는 치옹(耻翁), 남양포의(南陽布衣), 숭주(崇州) 숭덕현(崇德縣) 출신이다. 저서로는 『呂晩村文集』, 『東庄詩存』 등이 있다.

38) 유청지(劉淸之, 1134~1190) : 자는 자징(子澄)이며, 임강군(臨江軍) 청강(淸江) 출신이다. 소흥 27년(1157)에 진사가 되었다. 주희를 따라 『소삭』을 편집하였다.

됨을 극력 말했다. 「이회숙에게 답하는 서신」에서는 곧 "쓸데없이 많은 안배를 깨뜨리고 쓸데없이 많은 언어를 제거하여 단지 '조즉존(操則存)' 한 구절만 보라"고 했다. 주자는 「서숭보에게 답하는 서신」에서 "따로 표적을 세워서는 안 된다"고 하였다. 이 모두 육자의 말과 서로 부합하니, 정말로 육자의 말을 바꿀 수 없도다.

此書所述, 雖覺議論未合, 然必稱其好處不可掩, 可敬服. 後之謬附于朱子, 如陳建呂留良輩, 於陸子輒敢狂妄無禮, 眞所謂無忌憚之小人也. 且朱子所謂意見議論定本, 俱不可無者, 晚年逐一自己駁去. 如答劉子澄第十六書, 極言閒講論之非. 答李晦叔則云罷却許多閒安排, 除却許多閒言語, 只看操則存一句. 其答徐崇父則云不可別立標的. 皆與陸子言相合, 則信乎, 陸子之言不可易也.

유자징에게 답하다[答劉子澄] 7[39)

7월 21일, 저는 머리를 조아려 자징통수 봉상로형 · 첨총간 · 장참의[40)에게 거듭 절을 드립니다. 두 번 보내주신 수첩은 진정 위안이 되었습니다. 날이 가을에 접어듦에 따라 다시 서늘한데, 존체에 만복이 깃들기를 바랍니다. 저는 5월 중에 조정지가 가는 길에 편지를 부쳤는데 이미 도달했을 것입니다. 슬프고 괴로운 나머지 마음의 기운이 막히고 거기다 부스럼과 수중다리 등의 여러 병들이 서로 공격하고 또 하루라도 평안한 날이 없었으니, 아마 다시는 오래 버틸 수 없을 것입니다. 예전에 제가 학문할 때는 자신을 반성하는 일에 게을렀으니 여러 가지 되돌아보면 후

---

39) 『朱熹集』 권35 – 15, 1182(53세).

40) [刊補] 통수(通守)는 통판(通判)이고 봉상(奉常)은 태상(太常)으로서, 자징의 신구(新舊) 직책을 뜻한다.

　　[翼增] 첨(詹)은 당시 호광(湖廣)의 총령(總領)이었으며, 장(章)은 영첨장(穎詹章)인 듯하고, 이 두 사람은 모두 포성(浦城)의 성족(姓族)이었다.

회할 만한 일이 많습니다. 논의하거나 저술한 글 역시 이런 병에 걸려 대개 착실처가 없었습니다. 머리를 돌려 회고해보면 막막하고, 오랜 세월의 공부로도 치료하고 다스려 줄 수 있는 바가 아니라고 생각하니 더욱 언짢습니다. 이전에는 그래도 경부와 백공41)이 때때로 서신을 보내 경계해주어서, 제가 경계하고 반성할 수 있었습니다. 두 친구가 죽은 후42) 이런 말들은 전혀 듣지 못하게 되어 습관에 젖고 나태해졌으니, 어찌 이런 지경에 이르지 않을 수 있겠습니까? 이제 그대 유청지에게 거는 기대가 깊으니, 지금부터 그대가 서신을 보내 더욱 통렬하게 나를 깨우치는 일이 '군자가 사람을 사랑'43)하는 뜻이 될 것입니다.

허생44)의 애초 생각이 자유롭고 걸림이 없었으므로, 바야흐로 이곳에 오게 해서 제 자식을 가르치려 했습니다. 지금 그가 이미 결혼을 했다고 하니 이 일45) 역시 어그러지게 되었습니다. 홀로 궁벽한 산에 앉아 있고 임한 스승과 외우(畏友)가 없다면 소인으로 돌아가지 않는 경우가 거의 없을 것입니다. 어찌해야 합니까, 어찌해야 합니까?

七月二十一日, 熹頓首再拜, 子澄通守奉常老兄詹總幹章參議. 兩致手帖, 良以爲慰. 比日秋以復凉, 伏惟尊候萬福. 熹五月間, 因曹挺之行附書, 想已達矣. 悲惱之餘, 心氣間作, 加以瘡痏諸病交攻, 更無一日寧帖, 恐不復能支久矣. 日前爲學緩於反已, 追思凡百, 多可悔者, 所論著文字, 亦坐此病, 多無著實處. 回首茫然, 計非歲月功夫所能救治, 以此愈不自快. 前時猶得敬夫伯恭時惠規益, 得以警省. 二友云亡, 耳中絶

---

41) 여조겸(呂祖謙, 1137~1181) : 자는 백공(伯恭)이며 동래(東萊)선생이라 불렸다. 장식·주자 등과 교유하였으며 주자와 함께 『近思錄』을 편찬하였다. 저서로는 『東萊集』, 『大事記』, 『呂氏家塾讀持記』 등이 있다.
42) 장식은 1180년(주자 51세)에, 여조겸은 1181년(주자 52세)에 사망하였다.
43) 『禮記』「檀弓上」.
44) 【劉補】 허순지(許順之)를 가리킨다.
45) 허순지로 하여금 가르치게 하려고 한 일. 그가 장가를 들어 생활에 걸림이 있게 되서 이 일을 할 수 없게 되었다는 말이다.

不聞此等語, 因循媮墮, 安得不至於此? 今乃深有望於吾子澄, 自此惠
書痛加鐫誨, 乃君子愛人之意也.

許生初意其飄然無累, 方欲要之來此敎小兒. 今聞其旣授室, 此事又差
池矣. 塊坐窮山, 無嚴師畏友之益, 其不爲小人之歸也鮮矣. 奈何! 奈何!

❀ 이 서신은 장남헌과 여동래가 이미 죽은 후에 쓰인 것이니 본래
주자 만년의 정론이다. 서신에서 '자징통수(子澄通守)'라고 부른 것은 그
가 악주(鄂州)를 맡고 있는 때였기 때문이다. 중간에 보이는 회오(悔悟)는
매우 절실하다. 학문하는 방법을 묻는 문인에게 육자가 답한 내용은 단
지 '자신에게 절실히 하기' '자기 반성하기' '허물 고치기' '선으로 옮기
기'였다. 지금 이 서신 역시 자신을 반성하는데 게을렀음을 후회하고
있으니 두 사람의 의견이 같음을 증명하기에 충분하다.

此書張呂旣亡之後, 自是晚年定論. 書稱子澄通守, 蓋其判鄂州時也.
中間悔悟, 至爲深切. 陸子答門人問爲學, 只是切已自反改過遷善, 今
此書亦以緩於反已爲悔, 足証其同.

유자징에게 답하다[答劉子澄] 9[46)

세속의 시끄러움[47)은 늘상 그런 모습이니, 비록 '분서갱유'의 화를
불러일으킨다 할지라도 어찌 말할 만한 일이 될 수 있겠습니까? 도리어
오도(吾道)를 계승할 만한 사람이 없다는 사실이 극히 근심만 할 뿐입니
다. 보내주신 글을 읽어보니 세속과 더불어 옳고 그름을 다투어 견주려
는 뜻이 절실하게 있는데, 저는 굳이 이럴 필요는 없다고 생각합니다.
만약 강학의 공부를 해서 진정으로 도달한 경지가 있게 되면 자연히 이

---

46) 『朱熹集』 권35-17, 1184(55세).
47) 당시 도학자(道學者)들을 비난하던 목소리를 가리킨다.

른바 "남이 알아주지 않아도 화내지 않는다"[48]는 공자의 말씀이 빈말이 아님을 깨달을 것입니다. 지금 그대는 도리어 단지 사람들이 옛 서적을 희롱하는 걸 배우고 그들처럼 범속하지 않게 세월을 보내려고 하고 있으니,[49] 그렇기 때문에 강학 공부에 있어 진정 힘을 얻는 곳이 전혀 없게 되는 것입니다. 또한 마음으로는 자신이 사물을 즐기다가 뜻을 잃고[玩物喪志] 있음을 알면서도 결연하게 버리지 못하고 있으니, 매우 애석할 만합니다. 또한 이미 '사물을 즐기다가 뜻을 잃었다'고 했다면 곧 명도선생이 말한 '염주세기[數珠]'[50]와도 같지 않으니, 명도선생이 이런 말을 한 것은 뜻을 잃을까 두려워해서일 뿐입니다.[51] 『반범외사(班范外事)』의 편찬[52]이 그대 자신에게 어떤 이익이 되는지, 세상의 교육에 어떤 도움이 되는지 알지 못하면서 여기에다 몸과 마음을 매몰시켜서 벗어나지 못하니 진정 미혹됨이 없겠습니까? 육자정의 무리는 고원하게 바라보고 크게 말하면서 우리 무리가 애쓰며 마음 쓰는 걸 몰래 비웃고 있습니다. 또한 나 지사의 현명함이 이와 같아 그와 함께 벼슬하고 서로 좋아하면서도, 그 부족한 부분을 보충해주지 못하고 오히려 그 넘치는 부분을 더해주며 그것을 좇아 거기에 자신을 빠뜨린 것[53]은 진정 무엇 때문입니까? 수년 동안 오도(吾道)는 불행하여 오래된 벗들이 시들어

---

48) 『論語』 「學而」.

49) [記疑] 여기서 주자는 자징이 문장(文章)에 빠져 그와 관련한 옛 서적이나 희롱하고 작문(作文)하는 고인(古人)처럼 지내려 한다고 비판하고 있다.

50) 사려(思慮)의 분난(紛亂)을 다잡기 위해 형체도 없는 '中'을 항상 생각하는 것보다 하나로 꿰어진 염주를 세는 게 더 낫다는 정호의 말을 가리킨다. 『二程遺書』 권2 上 −88에 보인다.

51) 주자는 여기서 유청지 스스로 문장에 빠진 자신의 병폐를 '사물을 즐기다가 뜻을 잃었다'고 진단하면서도 거기서 벗어나지 못하고, 밖으로 문장을 향해 날뛰는 자신의 병폐를 심지(心志)를 잃지 않으려 정호가 말한 수주(數珠)의 뜻과 견주어 정당화하려는 태도를 비판하고 있다.

52) 유청지는 평소 반고(班固)와 범엽(范曄)의 글 읽기를 좋아해서 『班范外事』를 편찬하려 하였다.

53) [記疑] 나원(羅願)이 본래 문장에 능한데 유청지가 그를 도학(道學)으로 보충해주지 않고 오히려 문장으로 더해주고 자신도 문장에 빠져 있음을 비판한 내용이다.

죽었으니 제가 소망하는 바는 오도를 함께 지탱하는 사람으로 그대를 받들어 의지하는 것뿐입니다. 그런데도 지금 이처럼 제가 슬픈 마음으로 계획도 잃고 한탄스레 여러 날을 보내며 마음속에 품어야 할 바를 알지 못하도록 하였으니, 자징은 제 말을 자세히 귀담아 들어서 고치지 않으려는지요? 그렇게 하지 않으면 끝장이 나서 다시는 지금 세대에서 가망이 없을 것입니다. 어찌 하겠습니까?『소학』의 글은 반대로 이것[54]과 비할 바가 아니니 일찍 완성해주십시오. 정사(精舍)를 소재로 한 시의 집필[55]도 할 만한 일이니 역시 일찍 부쳐 주셔도 무방합니다. 나 지사의 문장은 옛날에 뜻을 두었다고 할 만합니다.『사단기(社壇記)』는 이미 베껴서 보내드리니, 이것은 그럴 듯해 보이기만 합니다. 이것은 문서 형식의 글로서 고문도 금문도 아닌데, 이것이 얼마나 도(道)를 어지럽히는지 알지 못하고 사람들은 끊임없이 구하면서 끝내 깨닫지 못하니 단지 가소로울 뿐입니다.

공도[56]는 근래 건창(建昌)에 와서 장가들었다고 듣고 한 번 보기를 매우 바랐는데 그러지 못했습니다. 어쩌면 좋겠습니까? 서신을 통해 그가 내면으로 향하는 공부를 해서 또다시 길을 어긋나는 일이 없도록 권했습니다. 노형(老兄)께서는 이미 오래된 채무를 다 갚으시고, 또 먹을 만한 나물과 밥도 있고, 또한 이미 무덤 구덩이를 파고 관을 사두었으니 '일을 다 마친 즐거운 사람'이라 할 만합니다. 저의 경우 빚도 다 갚지 못하고 식량도 부족하니, 장래에 사록관의 직책을 오랫동안 구해야만 비로소 도랑이나 골짜기에 시체로 버려지는 일을 면할 수 있을 것입니다. 덕의 수렴[儉德][57] 역시 바야흐로 힘을 쓰고 있는데, 다만 그것이 이

---

54) 앞의『班范外事』를 가리킨다.
55) 주자는 유청지에게 지난해(1183, 주자 54세) 완성한 무이정사(武夷精舍)에 대한 시를 위촉하였다.
56) 유맹용(劉孟容) : 자는 공도(公度)이며, 융흥(隆興) 출신이다. 유자징(劉子澄)의 친척이다. 유자징과 육구연에게 배웠다.
57) 【箚疑】『주역』 비괘(否卦)의 상(象)에 "군자는 덕을 수렴함으로써 난(難)을 피한다[君

미 늦었다는 게 애석할 뿐입니다. 민(閩)에 들어가서 서로 만나자는 생각은 매우 좋습니다. 저는 본디 쇠약하고 고달프지만, 노형께서는 이런 지경에 아직 이르지 않았으리라 생각합니다. 하지만 보내주신 서신을 보니 설득하심이 진정 경외할 만하므로, 진실로 한번 다시 회합할 것을 도모하지 않을 수 없습니다. 다만 제공께서 공의(公議)에 밀려 어쩔 수 없이 서로 그대를 잡아당기는 경우가 있어 혹 이 약속을 깨뜨릴까봐 걱정할 뿐입니다. 하지만 만약 이치에 맞는 지극한 말을 해서 공의를 힘써 떠받친다면 그 공이 적지 않을 것이니, 또한 감히 제 개인적인 계획이 달성되지 않음을 한탄스러워 하지 않을 것입니다.

世俗啾喧, 自其常態, 正使能致焚坑之禍, 亦何足道! 却是自家這裏無人接續, 極爲可憂耳. 讀所寄文字, 切切然有與世俗爭較曲直之意, 竊謂不必如此. 若講學功夫, 實有所到, 自然見得聖人所謂不知不慍不是虛語. 今却只爲學人弄故紙, 要得似他不俗過了光陰, 所以於此都無實得力處. 又且心知其爲玩物喪志, 而不能決然舍棄, 此爲深可惜者. 且旣謂之玩物喪志, 便與河南數珠不同, 彼其爲此, 正是恐喪志耳. 班范外事, 不知編得於己分有何所益, 於世敎有何所補, 而埋沒身心於此, 不得超脫, 亦無惑乎? 子靜之徒, 高視大言, 而竊笑吾徒之枉用心也. 且羅守之賢如此, 與之同官相好, 乃不能補其所不足, 而反益其所有餘, 又從而自陷焉, 亦獨何哉? 數年來, 此道不幸, 朋舊凋喪, 區區所望, 以共扶此道者, 尙賴吾子澄耳. 今乃如此令人悼心失圖, 悵然累日, 不知所以爲懷, 不審子澄能俯聽愚言而改之乎? 不然則已矣, 無復有望于此世矣. 奈何? 奈何? 小學書却非此比, 幸早成之. 精舍詩拈筆可就, 亦不妨早見寄也. 羅守之文, 可謂有意于古矣. 社壇記已寫送, 似矣. 此是狀體文章, 不古不今, 不知是何亂道而人來求不已, 殊不可曉, 但可笑耳.

子以儉德辟難]"고 하였으니, '검(儉)'이란 수렴한다는 뜻이다.

公度聞近到建昌娶婦, 甚念一見之而不可得, 奈何! 奈何! 因書更勸
其向裏做工夫, 莫又錯了路頭也. 老兄宿逋已盡償, 又有粢飯可吃, 又
已穿壙買棺, 可謂了事快活人. 如僕則債未盡償, 食米不足, 將來不免
永作祠官, 方免溝壑. 儉德亦方用力, 但惜乎其已晚耳. 有意入閩相見,
甚善. 熹固衰憊, 意老兄未至此. 然觀來書, 說得亦可畏, 誠不可不謀一
再會合. 但恐諸公迫於公議, 有不得已而相挽者, 或能敗此約耳. 然若
能遂吐至言, 力扶公議, 其功不細, 又不敢以私計不遂爲恨也.

🌑 이것 역시 장남헌과 여동래가 사망한 이후의 서신이기 때문에 "오
래된 벗들이 시들어 죽었으니"라고 했다. '정사시(精舍詩)'는 순희 10년
(1183)에 무이정사(武夷精舍)가 낙성되었을 때 스스로 도가(櫂歌)[58]를 짓고
또 자징이 시에 제목을 지을 것을 바란 일을 가리킨다. 이 서신에서 삼가
'옛 서적을 희롱하고' '사물을 즐기다가 뜻을 잃는' 것을 경계하였으니
육자의 설과 매우 부합한다. 서신 끝에 나 지사를 언급한 것은 자징이
악주(鄂州)를 맡을 때로서 순희 10년 전후이고 주자 나이 54,5세 때다.

此亦張呂亡後之書, 故云朋舊凋喪. 精舍詩指武夷精舍, 蓋以淳熙十
年落成, 自作櫂歌, 又欲子澄題詩也. 此書兢兢以弄故紙玩物喪志爲戒,
深合於陸子之說. 書末及羅守, 蓋子澄判鄂時, 在淳熙十年前後, 朱子
五十四五歲時也.

유자징에게 보내다[與劉子澄] 10[59]

보내 주신 서신에서 실없이 농담한다고 하셨는데, 본래 말을 잘 꾸미
려다 그렇게 된 것입니다. 이런 일은 보통 있는 것입니다. 그러나 스스

---

58) 『朱熹集』 권9 「淳熙甲辰仲春, 精舍間居, 戲作武夷櫂歌十首, 呈諸同遊, 相與一笑」.
59) 『朱熹集』 권35 - 18, 1184(55세).

로 이처럼 희롱하고 업신여기는 의도를 가지고 그것을 근본으로 삼아 일상에서 두루 사용하고 저절로 익숙해지면, 어떤 일이 부닥쳤을 때 희롱하고 업신여기는 마음이 자기도 모르게 나오게 됩니다. 또한 감정이 진실하고 말이 교묘한 것이 남을 사랑하는 데 주안점을 둔다면 의리를 해치지 않는다고 스스로 생각하는 바람에 다시 더 막으려고 하지 않아 이런 상황에 이르게 된 것입니다. 이것은 아마도 일을 그르칠 뿐만 아니라 도리어 매우 심하게 마음을 해칩니다. 과거 횡거선생[60]께서 일찍이 그것을 말하였습니다.(『근사록』四에 보인다)[61] 이것은 마땅히 통렬하게 고쳐야지, 느긋하게 해서는 안 됩니다. 근래에 듣고 아는 것을 진실되게 행하여 다른 사람을 대단히 기뻐하게 한 것이 평소 내가 이해하고 말하는 내용과 다르다는 것을 깨닫게 되었으니, 이는 알아야만 하고 힘써야만 할 것입니다. 잡박의 병폐를 또한 작은 일이라고 소홀히 생각하여 사람의 뜻을 잃게 하기에는 충분하지 않다고 여기고, 또한 이것이 자기의 병통임을 자각하지 못하고 도리어 인정에 부합하는 일로 풀어가려고 하니, 이것 역시 작은 병폐가 아니라 큰 병통으로서 반드시 철저하게 끊어내야 합니다. 사람들은 늙기도 전에 먼저 쇠약해지니, 남은 날이 얼마나 되겠습니까? 그런데도 여기에 시간과 힘을 소비하고, 도리어 자기 심신에 힘을 쏟지 않는다면 어찌 매우 전도되고 미혹되지 않겠습니까? 『소학』의 글은 이것과 다른 종류이므로, 다만 며칠 동안만 공부하면 곧 판별할 수 있게 됩니다. 다행히 일찍 이룬다면 인편으로 보내십시오

계장은 매우 얻기 어려운 사람인데 근래에는 무슨 공부를 하고 있습니까? 반드시 자기에게 절실한 곳에서 힘을 써야만 실제로 진보처가 있

---

60) 장재(張載, 1020~1077) : 자는 자후(子厚)이며, 북송 때의 미현(郿縣) 횡거진(橫渠鎭) 출신이다. 횡거(橫渠) 지방에서 강학했기 때문에 橫渠先生이라 부르고, 제자들이 대부분 관중(關中) 사람이기 때문에 그의 학문을 관학(關學)이라고 부른다. 저서로는 『正蒙』, 「西銘」, 『易說』 등이 있다.

61) 『近思錄』 권4－66.

을 것입니다. 여기 배우는 사람들 중에서 크게 가르칠 만한 사람은 많지는 않지만,62) 그러나 한두 명 정도는 거둔다면 혹 우리 학문에 도움이 될 것입니다.63)

所喩戲謔, 本欲詞之巧而然. 此固有之. 然亦是自家有此玩侮之意, 以爲之根, 而日用之間, 流轉運用, 機械活熟, 致得臨事不覺出來, 又自以爲情信詞巧, 主於愛人, 可以無害於義理, 故不復更加防遏, 以至於此. 蓋不惟害事, 而所以害於心術者尤深. 昔橫渠先生嘗言之矣. (見之近思四) 此當痛改, 不可緩也. 近覺所聞所知, 眞實行得, 令人大段歡喜, 與尋常會得說得不同, 此不可不知, 不可不勉也. 博雜之病, 亦是把做小事忽畧了, 以爲不足以喪人之志, 又不自知是自家病痛, 却以應副人情爲解, 此亦是大病, 非小病, 須痛斬截也. 吾人未老先衰, 餘日幾何? 而費日力於此, 却於自家身心上都不著力, 豈不是顚倒迷惑之甚耶? 小學書却與此殊科, 只用數日工夫便可辦, 幸早成之, 便中遣寄也.

季章甚不易, 比來作何功夫. 須更切己用力, 乃有實頭進步處耳. 此間學者, 未有大段可分付者, 然亦有一二, 將來零星湊合, 或可大家扶持也.

◉ 아홉 번째 서신은 이미 장남헌과 여동래 두 선생께서 돌아가신 뒤이며, 이것은 열 번째 서신이다. 이 서신에서 또 "아직 늙기도 전에 먼저 쇠약해지니 남은 날이 얼마나 되겠습니까?"라는 말이 있으니, 당연히 주자 말기다. 주자는 일찍이 육자가 오직 실천[踐履]하려는 것을 나무랐는데, 여기서는 곧 "진실로 행하는 것"과 "평소에 이해했던 것"이 같지 않다고 말하고, 또한 잡박한 것을 제거하고 자기의 심신에서 힘을 쓰려고 했으니, 이미 육자의 "오직 실천에만 전념한다"는 가르침과 부합된다.

---

62) 【記疑】 영성(零星)은 자잘한 나머지를 말한다. 주합(湊合)은 모으다는 의미이다.
63) 【箚疑】 부(扶)는 오도(吾道)를 보존하는 것을 말한다.

第九書已是張呂二先生亡後, 此第十書也. 篇中又有未老先衰, 餘日幾何之語, 自是晚年. 朱子嘗譏陸子專務踐履, 此乃云謂眞實行得與尋常會得不同, 又欲去博雜而着力自己身心, 已合於陸子專務踐履之敎矣.

유자징에게 보내다[與劉子澄] 11[64]

치재(治財)·청송(聽訟)·망사(望祀)에 대해 가르쳐 주신 것은 매우 좋습니다. 판각된 책에 모두 도움이 되었지만,『소학』은 애석하게도 너무 급작스레 판각하느라 또 윤색도 하지 못했습니다. 근래 대략 고쳤는데, 매 장의 첫머리를 책이나 사람의 이름에 근거해서 더했으며, 또한 따로 제사(題詞)와 운어(韻語)를 만들어[65] 대체로 어린 아이들이 배우기 편하게 하였습니다. 지금 기록한 것을 대충 한 번 살펴보았는데, 다른 날 여유가 있으면 빠뜨려진 고사들을 보충하기 바랍니다.[66]『나원문집』을 나중에 판각하게 되면, 각각 한두 본을 구하고 싶습니다.

나원이 이런 수준에 머물게 된 것은 매우 애석합니다. 그가 도를 신봉함이 미치지 못한 것은 또한 본래 문장을 짓고 암송하는 것을 너무 중시했기 때문입니다. 그 후로도 여기에 맛을 들여, 줄곧 그만두려 하지 않은 것은 이것을 오로지 금기로 지목하지 않았기 때문입니다. 만약 이 도리가 중요하다는 것을 깨달아서 만 가지 단서를 끊어버리고 앞으로 향하게 된다면, 어찌 다시 주저함이 있겠습니까? 근래 몇 년 동안 도학(道學)은 밖으로는 세상 사람들에게 공격을 당하고, 안으로는 오당(吾黨)에게 붕괴되었습니다. 무주에서 백공이 죽은 다음에 수많은 괴설들이 나왔습니다. 자약의 경우 완전히 차이 나는 말을 따로 하고 있으니, 이

---

64)『朱熹集』권35－19, 1185(56세).
65) [箚疑] 원형이정(元亨利貞) 등등을 말한다.
66) [箚疑]『小學』에서 고사가 빠져있는 것을 말한다.

는 전혀 공자와 맹자의 규모가 아니며 오히려 관중67)과 상앙68)의 견식이라고 생각됩니다. 이 점은 저를 놀라고 탄식하게 합니다. 그러나 또한 백공 자신에게 일을 맺고 끊는 맛이 없는 병통이 있어서 이와 같이 되었고 또 사람들을 한탄하게 만들었습니다.69) 자정은 모두70) 선(禪)이지만, 도리어 수많은 공리(功利)와 술수(術數)는 없어서 지금 배우는 사람들의 마음을 수렴하는데 힘이 없지는 않습니다. 그러나 결국에는 근거하는 것이 없기 때문에 일을 그르칠 듯 싶습니다.71) 작년에 사람들에 의해서 억지로 「장려화찬(張呂畵贊)」72)과 「경부집서(敬夫集序)」73)를 지었는데, 지금 함께 기록하여 보냅니다. 무주의 배우는 사람들은 별로 즐거워하지 않습니다.

    喩及治財聽訟望祀之意, 甚善. 所刻之書皆有益, 但小學惜乎太遽, 又不蒙潤色耳. 近略修改, 每章之首加以本書或本人名字, 又別爲題詞韻語, 庶便童習, 今謾錄去一觀, 它日有暇, 終望爲補故事之缺也. 羅集等異時刻就, 各求一二本.

    端良止此, 極可傷惜, 信道不及, 亦是合下看得記誦詞章太重了. 後來

---

67) 관중(管仲, ?~B.C. 645) : 춘추시대 제(齊)나라의 재상(宰相)이다. 환공을 도와 군사력의 강화, 상업·수공업의 육성을 통하여 부국강병을 꾀하였다. 대외적으로는 동방이나 중원(中原)의 제후(諸侯)와 9번 회맹(會盟)하여 환공에 대한 제후의 신뢰를 얻게 하였다. 저서로는 『管子』가 있다.

68) 상앙(商鞅, ?~B.C. 338) : 전국시대 진(秦)나라의 정치가이다. 위구(衛鞅) 또는 공손구(公孫鞅)이라고도 한다. 원래 위(衛)나라 출신이었으나, 진나라로 가서 효공(孝公)에게 채용되었다. 여러 방면에 걸친 대개혁을 단행함으로써 후일 진제국(秦帝國) 성립의 기반을 세웠다. 그 공적으로 열후(列侯)에 봉해지고 상(商)을 봉토로 받으면서 상앙이라 불렀다. 저서로는 『商君書』가 있다.

69) [箚疑] 관중과 상앙이 견식이 있다고 여겨 공자와 맹자의 규모에 섞는 것을 말한다. 이것은 마치 진흙을 가져다가 물에 섞어 하나로 만드는 것과 같다.

70) [翼增] 일체(一切)라는 의미와 같다.

71) [翼增] 육구연의 학문은 오로지 마음에 주안점을 두었고, 강학을 폐하였다. 그러므로 체는 있지만 용은 없기 때문에 끝내 근거할 수 있는 것이 없게 된다.

72) 『朱熹集』 권85-43 「張敬夫畵象贊」, 권85-44 「呂伯恭畵象贊」.

73) 『朱熹集』 권76-10 「張南軒文集序」.

又於此得味, 所以一向不肯放下, 未必專爲禁忌指目也. 若使見得此道
理重, 便斬作萬段, 亦須向前, 豈容復有顧慮耶? 近年道學, 外面被俗人
攻擊, 裏面被吾黨作壞. 婺州自伯恭死後, 百怪都出, 至如子約, 別說一
般差異底話, 全然不是孔孟規模, 却做管商見識. 令人駭歎. 然亦是伯恭
自有些拖泥帶水, 致得如此, 又令人追恨也. 子靜一味是禪, 却無許多功
利術數, 目下收歛得學者身心, 不爲無力, 然其下稍無所据依, 恐亦未免
害事也. 去年被人强作張呂畫贊及敬夫集序, 今幷錄呈. 婺州學者, 甚不
樂也.

🌑 나원74)은 악주를 다스렸고, 유자징은 벼슬이 통판(通判)이었다. 나
원은 순희 11년(1184)에 관직에서 죽었으니, 나원의 『가전』에 보인다. 이
서신에서 "나원이 이런 수준에 머물러" 애통하다고 말했는데 이것은 나
원이 죽은 것이다. 이때 주자 나이 56세이다. 시신에서 육자를 "배우는
사람들의 신심을 수렴하는데 힘이 없지는 않습니다"라고 칭하였는데,
진실로 그러하다. 그가 선(禪)이라고 여겨서 꾸짖은 것은 옳지 않다. 육
자는 추호도 선(禪)이 아니다. 말에는 반드시 근거가 있어야 하며, 망령
되이 다른 사람에게 죄를 물을 수 없다. 근거하는 것이 마음에 있는데
어찌 서책에 기대는 것이 (근거의) 유무가 되겠는가? 또 육자는 완전히
책을 읽지 않은 사람이 아닌데 장구(章句)로 그를 업신여기기는 어려울
듯싶다. 그러나 나원이 장구를 너무 중하게 보는 것을 애석해하고, 동래
가 진흙을 끌어 물에 대었다고 말하면서도 유독 육자가 배우는 사람들
이 신심을 수렴하는 데는 쓸모가 있다고 여겼으니, 주자의 견해가 또한
점차 육자와 부합되고 있는 것이다.

羅願守鄂, 子澄爲判. 願以淳熙十一年卒于官. 見願家傳. 此書云端

---

74) 나원(羅願, 1136~1184) : 자는 단량(端良), 호는 존재(存齋), 신안(新安) 출신이다. 음
사(蔭仕)로 벼슬길에 올라, 장추통판·남검주지주·악주지주 등을 역임하였다. 저서로
『爾雅翼』가 있다.

良止此可傷, 是願卒也. 是年朱子五十六歲. 書中稱陸子收斂學者身心,
不爲無力, 則信然矣. 其詆以爲禪則未然. 陸子無一毫是禪. 言須有據,
妄坐他人不得也. 据依在心, 豈靠書冊爲有無? 且陸子並非不讀書者,
恐難以章句傲之. 然惜羅願看得章句太重, 又謂東萊拖泥帶水, 而獨以
陸子收斂學者身心爲有力, 所見亦漸合矣.

유자징에게 보내다[與劉子澄] 12[75)

　　백공이 병이 없을 때 사학(史學)을 즐겨 말했는데, 그래서 그가 죽은
뒤 그의 제자들은 (역사에 대한) 한결같은 악평과 소인배의 의론을 무분
별하게 이야기 합니다. 왕도를 천시하고 패도를 높여 이익을 꾀하고 공
로를 계산하는 것은 다시 들어서는 안 됩니다. 자약은 자기의 주장을
세우지 못하고 "내 형이 일찍이 그것을 말했다"라고 말할 뿐 이어서, 중
간에 힘을 다해 배척함을 면치 못합니다. 지금 다행히도 조금 안정되었
지만, 강력히 명령할 수 없는 것은 항복의 깃대를 세우도록 하지 못하
는 것과 같습니다. 다만 어제 무(婺) 지역 사람이 서신에서 "자약이 오월
에 현기증이 생기고, 계속해서 장기가 좋지 않아 혹 불찰을 하거나 하
고 혹 멈추기도 합니다"라고 말한 것을 얻었습니다. 길이 멀어 안부서
신을 얻지 못해 그가 매우 생각납니다. 자정이 답신하는 말을 보내왔는
데, 말뜻이 원만하고 거침이 없어 막힌 곳이 없습니다. 역시 그가 얻은
효험이지만 약간의 선(禪)의 경향을 면치 못합니다. 지난번 답서에서는
그것을 빗대어서 "조금은 선의 경향이 있다"고 했는데, 그는 전혀 굴복
하지 않았습니다. 그러나 진실로 이와 같다면 숨길 수 없습니다.[76)

---

75) 『朱熹集』 권35-20, 1185(56세).
76) [記疑] 총령(葱嶺)은 인도의 산 이름이다. 이것은 육구연이 선불교를 하는 것을 나무
　　라는 말이다. 거(渠)는 육구연을 가리킨다. 육구연은 이 말을 듣고서도 결코 굴복하지

요즘 건창에서 땅을 울리고, 미간을 찌푸리고, 눈을 부릅뜨고, 온갖 괴이한 것들이 함께 나온다고 말씀하시니 매우 걱정되고 두렵습니다. 그도 본래 좋은 뜻이었지만, 다만 부합되지 않는 것은 사의(私意)를 주로 삼았기 때문이며, 게다가 강학(講學)과 함양(涵養)을 하지 않고 곧장 이와 같이 광망스럽게 행동했기 때문입니다. 세상의 풍속은 도도히 흐르기 때문에 할 말도 없습니다. 학문에 뜻을 둔 사람들이 이 설에 끌려간다면 진실로 오도(吾道)의 불행이 될 것입니다.

伯恭無恙時, 愛說史學, 身後爲後生輩糊塗說出一般惡口小家議論, 賤王尊霸, 謀利計功, 更不可聽. 子約立脚不住, 亦曰吾兄蓋嘗言之云爾, 中間不免極力排之. 今幸少定, 然其彊不可令者, 猶未肯竪降幡也. 但昨日得婺人書云子約五月間得眩瞀之疾, 繼以藏府不安, 或作或止地遠未得安信, 甚令人念之也. 子靜寄得對語來, 語意圓轉渾浩, 無凝滯處. 亦是渠所得效驗, 但不免些禪底意思. 昨答書戲之云這些子恐是葱嶺帶來渠嶺不伏, 然實是如此, 諱不得也.

近日建昌說得動地, 撐眉弩眼, 百怪俱出, 甚可憂懼. 渠亦本是好意, 但不合只以私意爲主, 更不講學涵養, 直做得如此狂妄. 世俗滔滔, 無話可說. 有志于學者, 又爲此說引去, 眞吾道之不幸也.

● 육자가 순서대로 정치에 관해 임금에게 아뢴 것은 순희 11년(1184) 겨울에 있었다. 상주문을 주자에게 보낸 것은 12년(1185) 봄이다. 육자가 대답한 말을 살펴보면 지금 본집에 있는데 모두 선의 뜻은 없다. 지금 원편에 부록으로 실었으니, 배우는 사람들이 차분한 마음으로 본다면 변론을 쓸 필요가 없을 것이다.

陸子輪對, 在淳熙十一年冬. 寄奏篇與朱子, 在十二年春. 考陸子對

않았다. 그러나 진실로 이와 같다면, 꺼릴 수가 없다.

語, 現在本集, 並無禪意. 今附錄于左, 學者平心觀之, 無庸置辨.

육자임칙국산정관수대차자[陸子任勅局删定官輪對箚子]77)

하나

제가『서경』의「모」의 위대한 가르침을 읽어보니, 임금과 신하 사이에
는 모두 탄식과 부정으로 서로 논변하면서 각각 자신의 뜻을 다 드러내
어 어떤 거리낌과 의심도 없었습니다. 이로부터 임금을 섬기는 의리에서
신하가 자신의 마음을 다하지 않은 적이 없다는 것을 알았습니다. 당태
종이 즉위하자 위징78)은 상서우승이 되었는데, 당파에 아첨하고 외척을
가까이 한다는 이유로 위징을 헐뜯는 사람이 있었습니다. 태종은 온언
박79)으로 하여금 감찰하고 심문하도록 하였는데, 사실이 아니었습니다.
이때 온언박은 태종에게 다음과 같이 말했습니다. "위징은 신하된 자로
서 형적(形迹)을 드러내거나 의심을 멀리하지는 못했으니, 비록 그의 마
음에는 사사로움이 없더라도 책임을 물어야만 합니다."80) 태종은 온언
박으로 하여금 위징에게 책임을 묻도록 하면서 "지금부터는 마땅히 형
적을 보존하도록 하라"고 말했습니다. 그러자 위징은 궁궐로 들어와서
다음과 같이 말했습니다. "제가 듣기에 임금과 신하는 덕을 함께 한다고
했는데, 이것을 한 몸이라고 말합니다. 그래서 임금과 신하는 마땅히 서
로 성(誠)을 다해야 합니다. 만약 임금이나 신하가 단지 자신의 형적만을

---

77)『陸九淵集』권18「删定官輪對箚子」

78) 위징(魏徵, 580~643) : 자는 현성(玄成)이고, 거록(鉅鹿) 곡성(曲城 : 지금의 하북성 거
록현) 출신이다. 당태종의 신임을 받았다.『禮記』를 개편하여『類禮』를 지었다. 시호는
문정(文貞)이다.

79) 온언박(溫彦博, 573~636) : 온대아(溫大雅)의 아우이다. 당나라 태종 때 정복된 돌궐
의 백성들을 황하 남쪽으로 이주시켜야 한다고 주장하였고, 당태종은 이를 받아들였
다. 시호는 공(恭)이다.

80)『舊唐書』권71.

보존한다면, 국가의 번성함과 쇠퇴함을 아직 기약할 수 없을 것입니다." 태종이 이 말을 듣고 놀라서 "짐이 이미 나의 조치를 후회하고 있도다" 라고 말했습니다. 몇 년이 지나지 않아, 오랑캐의 우두머리들이 칼을 차고 태종을 호위하게 되었고, 바깥문을 닫지 않아도 상인 무리들이 도성으로 들어오지 않고 밖에서 머물게 된 것은 우연이 아니라고 할 수 있습니다. 당 태종은 진실로 폐하의 도가 되기에 충분하지 않습니다. 그렇지만 임금과 신하 사이에 일체감이 진실로 이와 같았기 때문에 훌륭한 업적을 남길 수 있었던 것입니다. 폐하는 하늘이 내린 지혜와 용기 그리고 두터움으로 아랫사람들을 포용하니 멀리로는 요·순에 미치는 것이 진실로 어렵지 않을 것입니다. 그렇지만 태종께서 재위에 오르신 지 20여 년이 되었는데도 아직 이룬 업적이 없으십니다. 빼앗긴 영토도 아직 수복하지 못했고, 원수에 대한 수치심도 아직 갚지 못했고, 백성들을 기르고 가르치는 것도 실망스럽기 그지없습니다. 그런데도 정치를 담당하는 사람들은 지금 여유롭고 자기만족에 빠져 있는 것 같습니다. 이들은 문서를 작성하고 회의를 하는 사이에 틈을 내어 청탁해서 도움을 받으려는 사람과 맞장구치면서 수작(酬酢)하길 게을리 하지 않으며, 비 내리고 햇볕 나는 것이 때에 맞는다는 말을 하면서 마치 태평함을 노래하는 뜻이 있는 듯이 하는데, 저는 미혹된 일이라고 생각합니다. 저는 진실로 옛 것을 맹목적으로 따르고 익숙한 것을 즐기는 자세가 오래되어 그러한 경향에 깊이 젖어들면 비록 폐하의 강건함으로도 또한 이런 것들을 없앨 수 없게 될까 두렵습니다. 난조와 봉황이 높이 날 수 있는 까닭은 여섯 날개가 있어서입니다. 저는 폐하께서 오늘 올린 글들을 이렇게 만족스러운 것으로 여기지 마시고, 널리 천하의 인재들을 구해서 함께 도를 논하고 나라를 다스리는 임무를 제시하시기를 바랍니다. 그렇게 하면 장차 요임금과 순임금의 조정에 대해서도 부끄러움이 없을 것이고, 당태종도 진실로 폐하와 견주어 말할 수 없을 것입니다. 성지(聖旨)를 기다려 거취를 정하고자 합니다.

둘

한 무제의 『책현량조』를 읽다가 이른바 '임무는 크고 지키는 것은 무겁다'는 구절에 이르러서 저는 항상 "한무제와 같은 사람이 어떻게 '임무는 크고 지키는 것은 무겁다'는 것을 알았는가!"라고 탄식하였습니다. 진나라 이래로 정치를 이야기하는 사람은 한나라와 당나라를 언급합니다. 한나라와 당나라의 정치는, 비록 그때의 왕들이 현군이었다고 할지라도, 또한 단지 임시방편적으로 해결하는 정치에 불과해서 확실히 도에 뜻을 두는 경우는 없었습니다. 임시방편적으로 해결하는 정치에 크고 무겁게 여길 것이 무엇이 있겠습니까? 지금 폐하는 확실히 도에 뜻을 두고 계시니, 진실로 '임무는 크고 지키는 것은 무겁다'고 말할 만합니다. 도는 천하에 있으니 진실로 소멸될 수는 없습니다. 하지만 사람이 도를 넓힐 수 있지 도가 사람을 넓히는 것은 아닙니다.[81] 지금 폐하를 도울 수 있는 신하들이 주변에 없으니, 저는 폐하가 자신의 뜻을 이룰 수 없을까 걱정스럽습니다. 폐하의 뜻이 이루어지지 않는다면, 그 정치의 공이 서지 않았는데도 세월만 흘러가서 순식간에 한나라와 당나라의 현군들보다 못하게 될 것입니다. 신묘한 용이 큰 바다를 버리고 바람과 구름을 풀어 놓고서 작은 연못에서 잔고기들과 재주를 겨룰 수는 없는 법입니다. 저는 폐하께서 덕을 높이시고 도를 즐기는 성실함을 더욱 수행하시어 처음 뜻을 이루기를 바랍니다. 이것이 어찌 지금 천하의 행복일 뿐이겠습니까! 영원히 광채를 빛낼 것입니다. 성지(聖旨)를 기다려 거취를 정하고자 합니다.

셋

저는 일찍이 일 중에는 사람을 아는 것만큼 매우 어려운 것은 없고, 일 중에는 사람을 아는 것만큼 매우 큰 것은 없다고 생각했습니다. 군

---

81) 『論語』「衛靈公」.

주가 진실로 사람을 알 수 있다면, 천하에는 남은 일이 없게 됩니다. 관중이 세 번 싸워 세 번 패하고 세 번이나 군주에게 추방되었지만, 포숙은 무엇을 보고 환공으로 하여금 관중을 죽이고 싶은 원망을 풀고 관중을 풀어주어 재상으로 삼게 하였던 것일까요?[82] 한신은 집이 가난하고 업적이 없어서 등용되어 관리가 될 수 없었고, 스스로 생계를 영위하지 못해서 다른 사람에게 모욕을 당했으며, 빨래하는 노파에게 기식(寄食)하였기에 다리 밑으로 기어가는 수모를 당했습니다.[83] 소상국(소하)은 무엇을 보고 한 고조를 보잘 것 없는 병졸 속에서 발탁해서 재계하고 단을 지어 그에게 예를 치루게끔 한 것일까요?[84] 육손은 오나라의 젊은 서생에 불과했는데, 여몽은 무엇을 보고 손권으로 하여금 나이든 많은 장수들을 제치고 그를 등용하도록 한 것일까요?[85] 제갈공명은 남양의 농부였지만 홀로 고고하게 자신이 위대하다고 생각했던 사람일 뿐이었는데, 서서는 무엇을 보고 유비로 하여금 몸소 가서 그를 살피게 한 것일까요?[86] 이 네 사람은, 이미 드러난 공적으로 보자면, 어린 아이들도 이 네 사람이 비상한 지식인들이라는 것을 알고 있습니다. 곤궁해서 때를 만나지 못했을 때 저는 일반 사람들의 인식으로는 그들을 알아볼 수 있는 이치가 없다고 생각합니다. 사람들의 지식은 마치 사다리를 오르는 것과 같습니다. 한 단계 더 올라가면 보는 것이 더욱 넓어집니다. 윗사람은 아랫사람이 보는 것을 겸할 수 있지만, 아랫사람은 윗사람이 보는 것과 같을 수가 없는 법입니다. 폐하께서 진실로 가만히 앉아 이 도에 나아가서 옛날이나 지금의 사람들의 품성을 마음 속에 명확하게 하신다면, 이 네 사람의 일이 어찌 폐하의 도가 되기에 충분하겠습니까? 만약 봉황의 날개를 닭과 오리의 무리들 속에서 굽히시고 매일 보잘 것

---

82) 『사기(史記)』 권32 「齊太公世家」 第二.
83) 『사기』 권92 「淮陰侯列傳」 第三十二.
84) 위의 책, 같은 면.
85) 『삼국지(三國志)』 권13 「吳誌」 육손(陸遜).
86) 『삼국지』 권5 「蜀誌」 제갈량(諸葛亮).

없는 사람들과 함께 일을 하고, 그들의 세속적인 안목을 믿으시고, 옛날과 지금을 판단하시고 인물들을 평가하신다면, 이것은 제가 감히 아는 바가 아닙니다. 성지(聖旨)를 기다려 거취를 정하고자 합니다.

넷

저는 일찍이 천하의 일에는 지극한 것을 세워야 되는 것과 점진적으로 변화되어야 할 것이 있다고 말했습니다. 취지의 오류와 의론의 오류는 오직 깨닫지 못했기 때문이지, 깨닫는다면 고쳐질 수 있습니다. 그러므로 방향을 정하고 규모를 세우는 것은 오랜 시간을 기다리는 것이 아닙니다. 이것이 바로 이른바 지극한 것을 세워야 한다는 것입니다. 오랜 폐단을 지닌 풍속을 구제하고 오랫동안 무너진 법도를 바로잡는 것은, 비록 순임금이나 주공이 다시 살아난다고 할지라도 하루아침에 그 뜻처럼 다할 수 없는 법입니다. 그 방향이 이미 정해지고 규모가 이미 세워졌다면, 천천히 도모하고 점차로 다스려서 많은 시간을 두고 변화시켜야지 커다란 변화를 기대할 수 있으니, 이것이 바로 이른바 점진적으로 변화되어야 할 것입니다. 동지의 때에 양기가 바로 응하는데, 이것이 지극한 것을 세운 것의 효험입니다. 아주 추운 겨울이 하루아침에 아주 더운 여름이 될 수 없는데, 이것이 바로 점진적인 변화의 효험입니다. 모든 일 중 천리에 부합되지 않고 인심에 맞지 않는 일들은 반드시 천하를 해치게 될 것인데, 그 효험이 드러날 때에는 어리석은 사람이나 현명한 사람에 관계없이 모든 사람들이 그것이 잘못되었다는 것을 알게 됩니다. 그렇지만 어떤 경우 지혜가 이치를 밝히지 못하고 국량이 외물을 포용하지 못해서 하루아침에 그 분노를 이기지 못하고 갑자기 제도를 변화시키면, 그 폐해가 종종 이전보다 더 심한 경우가 있었습니다. 뒷사람들은 그것을 경계해서 제도를 변화시키는 이치는 없다고 말하지만, 이것은 "뜨거운 국물에 입을 데어 찬 나물도 불면서 먹는 경우"87)나 "밥 먹을 때 목이 메어 밥을 먹지 않는 경우"라고 할 수 있습니다. 진나라와 한나라 이래 정치의 도가 어지러워져서 옛날에 대해 부끄러움을 달게 품는 경우가 있는데, 그 병통은 바로 여기에 있는 것입니다.

1172년에 저의 과거 시험 대책의 제일 앞 편은 대개 옛일의 옳고 그름은 처음부터 논의하기 어렵지 않지만 현재를 논의할 때는 대부분 빈말과 같아서 일의 실정과는 멀고 형세에도 막혀서 시행될 수 없다고 말하고 있습니다. 마지막 장에서 저는 다음과 같이 말했습니다. "그렇다면 삼대의 정치는 끝내 회복될 수 없다는 것인가? 한 아름이 되는 나무도 작은 싹이 자라서 된 것이고, 한 여름의 더위도 추운 겨울이 변화해서 된 것이다. 삼대의 정치가 어찌 끝내 회복될 수 없겠는가? 단지 점진적으로 해야지 급격하게 해서는 안 될 뿐이다. 더러운 것을 포용할 수 있는 국량이 있고, 양자강을 건널 수 있는 용기가 있고, 먼 것을 버리지 않는 지혜가 있고, 붕당이 사라지는 공정함이 있다면, 삼대를 회복하는 데 어찌 어려움이 있겠습니까?" 저는 지금 폐하를 위해서 다시 읊어 드리고자 합니다. 성지(聖旨)를 기다려 거취를 정하고자 합니다.

다섯

신이 듣기로, 임금은 세세한 일을 몸소 다루지 않는다고 합니다. 그러므로 고요는 노래를 이어서 번잡함의 경계를 불렀고, 주공은 일어나서 정치를 세우고, 문왕은 모든 말과 모든 옥사와 모든 일에 관여하지 않았다고 하였습니다. 당나라의 덕종이 몸소 벼슬아치를 골라 기읍(畿邑)을 주재하려, 유혼[88]은 "폐하께서는 신하를 선택하여 성덕을 보완해야 하며, 신하는 수도의 장관을 선발하여 대화(大化)를 받들어야 하며, 수도의 장관은 관아의 우두머리로써 세세한 일을 몸소 처리할 것을 구해야 합니다. 수도의 장관을 대신하여 관아의 우두머리를 선택하는 일

---

87) 『진서(晉書)』「列傳」第29.
88) 유혼(柳渾, 715~789) : 자는 이광(夷曠)이며, 양양(襄陽)출신이다. 진사가 되어 감찰어사 원주자사(袁州刺史), 문하평장사(門下平章事)를 역임하였다.

은 폐하가 해야할 일이 아닙니다"라고 말하였습니다. 이 말은 진실로 고요와 주공의 취지를 얻었습니다. 지금 천하의 쌀과 소금과 같은 세밀한 업무가 간혹 모두 위로 임금의 귀를 얽매이게 하고 있습니다. 신은, 폐하가 비록 고요와 주공과 같은 신하를 얻는다 하더라도 그들과 더불어 국가의 경영을 논의할 겨를이 없으리라고 생각합니다.

순자는 "임금이 핵심 업무를 좋아하면 만사가 상세해지고, 임금이 상세함을 좋아하면 만사가 황폐해진다"[89]고 하였습니다. 신이 오늘날의 일을 보니, 관아의 우두머리에게 마땅히 요구할 일이 있으면 그는 "나는 그 일을 스스로 행할 수 없다"고 하고, 고을의 수령에게 요구할 일이 있으면 수령 역시 "나는 그 일을 스스로 행할 수 없다"고 하니, 미루어 올라가 그러지 않은 경우가 없습니다. 회람용 문서가 돌면 서로 견제하게 되니 그들은 "사사로움을 막는 방법"이라고 하지만 사사로움을 행하는 사람은 바야흐로 이에 의지하여 간악하고 사특한 마음을 숨겨 사람들이 꾸짖을 수 없게 합니다. 오직 충성을 다하고 힘을 다 쓰는 사람은 그 직책을 받들고자 하여도 사이가 막히고 끊어져서 고통을 겪다가 자신의 뜻을 달성하지 못합니다. 영명하신 폐하가 위에서 노심초사하고 계신데도 천하에 실제 달성되는 일이 모두 폐하의 뜻대로 되지 못함은 상세함을 좋아하는 잘못이 아니겠습니까? 이것은 "취지가 어긋나고 의론이 잘못되어 변란을 일으킬 수 있는" 것이라고 신이 말한 바입니다. 신은 반드시 이러한 잘못을 깊이 고치신 다음에야 도를 구하는 뜻을 완수하고 남을 알아보는 지혜를 다 발휘할 수 있으리라 생각합니다. 폐하께서는 비록 팔짱을 끼고서 아무 일을 안 하셔도 만사가 상세해질 것입니다. 신은 충성스런 마음 이길 수 없습니다. 성지(聖旨)를 기다려 거취를 정하고자 합니다.

---

89) 『荀子』「王霸」.

一

臣讀典謨大訓, 見其君臣之間, 都兪吁咈, 相與論辯, 各極其意, 了無忌諱嫌疑. 於是知事君之義, 當無所不用其情. 唐太宗卽位, 魏徵爲尙書右丞, 或毁徵以阿黨親戚者. 太宗使溫彦博按訊, 非是. 彦博言, 徵爲人臣, 不能著形迹, 遠嫌疑, 心雖無私, 亦有可責. 太宗使彦博責徵, 且曰, 自今宜存形迹. 徵入見曰, 臣聞君臣同德, 是謂一體, 宜相與盡誠. 若上下但存形迹, 則邦之興衰, 未可知也. 太宗矍然曰, 吾已悔之. 數年之後, 蠻夷君長, 帶刀宿衛, 外戶不閉, 商旅野宿, 非偶然也. 唐太宗固未足爲陛下道. 然其君臣之間, 一能如此, 卽著成效. 陛下天錫智勇, 隆寬盡下, 遠追堯舜, 誠不爲難. 而臨御二十餘年, 未有太宗數年之效. 版圖未歸, 讐恥未復, 生聚敎訓之實, 可爲寒心. 執事者, 方雍雍于于, 以文書期會之隙, 與造請乞憐之人, 俯仰夂酬酢而不倦, 道雨暘時, 若有詠頌太平之意, 臣竊惑之. 臣誠恐因循玩習之久, 薰蒸浸漬之深, 雖陛下之剛健, 亦不能不消蝕也. 鸞鳳之所以能高飛者, 在六翮. 臣願陛下毋以今日所進爲如是足矣, 而博求天下之俊傑, 相與擧論道經邦之職, 將見無愧於唐虞之朝, 而唐之太宗, 誠不足爲陛下道矣. 取進止.

二

臣讀漢武帝策賢良詔, 至所謂任大而守重, 常竊嘆曰, 漢武亦安知所謂任大而守重者! 自秦而降, 言治者稱漢唐. 漢唐之治, 雖其賢君, 亦不過因陋就簡, 無卓然志於道者. 因陋就簡, 何大何重之有? 今陛下獨卓然有志於道, 眞所謂任大而守重. 道在天下, 固不可磨減. 然人能弘道, 非道弘人. 今陛下羽翼未成, 則臣恐陛下此志, 亦不能以自遂. 陛下此志不遂, 則宜其治功之不立, 日月逾邁, 而駸駸然反出漢唐賢君之下也. 神龍棄滄海, 釋風雲, 而與鯢鰍校技於尺澤, 理必不如. 臣願陛下益致尊德樂道之誠, 以遂初志, 則豈惟今天下之幸, 千古有光矣. 取進止.

三

臣嘗謂事之至難, 莫如知人. 事之至大, 亦莫如知人. 人主誠能知人, 則天下無餘事矣. 管仲嘗三戰三北, 三見逐於君, 鮑叔何所見而遽使小白置彎弓之怨, 釋囚拘而相之? 韓信家貧無行, 不得推擇爲吏, 不能自業, 見厭於人, 寄食於漂母, 受辱於胯下, 蕭相國何所見而必使漢王拔於亡卒之中, 齋戒設壇而拜之? 陸遜吳中年少書生耳, 呂蒙何所見而必使孫仲謀度越諸老將而用之? 諸葛孔明, 南陽耕夫, 偃蹇爲大者耳, 徐庶何所見而必欲屈蜀先主枉駕顧之? 此四人者, 自其已成之效觀之, 童子知其非常士也. 當其困窮未遇之時, 臣謂常人之識, 必無能知之理. 人之知識, 若登梯然. 進一級, 則所見愈廣. 上者能兼下之所見, 下者必不能如上之所見. 陛下誠能坐進此道, 使古今人品瞭然於心目, 則四子之事, 又豈足爲陛下道哉! 若猶屈鳳翼於雞鶩之群, 日與瑣瑣者共事, 信其俗耳庸目, 以是非古今, 臧否人物, 則非臣之所敢知也. 取進止.

四

臣嘗謂天下之事, 有可立至者, 有當馴致者. 旨趣之差, 議論之失, 是惟不悟, 悟則可以立改. 故定趨向, 立規模, 不待悠久, 此則所謂可立至者. 至如救宿弊之風俗, 正久隳之法度, 雖大舜周公復生, 亦不能一旦盡如其意. 惟其趨嚮旣定, 規模旣立, 徐圖漸治, 磨以歲月, 乃可望其丕變, 此則所謂當馴致之者. 日至之時, 陽氣卽應, 此立至之驗也. 大冬不能一日以爲大夏, 此馴致之驗也. 凡事不合天理, 不當人心者, 必害天下, 效驗之著, 無愚智皆知其非. 然或智不燭理, 量不容物, 一旦不勝其忿, 驟爲變更, 其禍敗往往甚於前日. 後人懲之, 乃謂無可變更之理, 眞所謂懲羹吹虀, 因噎廢食者也. 自秦漢以來, 治道龐雜, 而甘心懷愧於前古者, 病正坐此.

歲在壬辰, 臣省試對策首篇, 大抵言古事是非, 初不難論, 但論於今日, 多類空言, 事體遼絶, 形勢隔塞, 無可施行. 末章有云, 然則三代之

政, 其終不復矣乎? 合抱之木, 萌蘗之生長也. 大夏之暑, 大冬之推移
也. 三代之政, 豈終不可復哉? 顧當爲之以漸而不可驟耳. 有包荒之量,
有馮河之勇, 有不遐遺之明, 有朋亡之公, 於復三代乎何有? 臣乃今日
復爲陛下誦之. 取進止.

五

臣聞人主不親細事. 故皐陶賡歌, 致叢脞之戒, 周公作立政, 稱文王
罔攸兼于庶言庶獄庶事. 唐德宗親擇吏宰畿邑, 柳渾曰陛下當擇臣輩
以輔聖德, 臣當選京兆尹以承大化, 尹當求令長以親細事. 代尹擇令,
非陛下所宜. 此言誠得皐陶周公之旨. 今天下米鹽靡密之務, 往往皆上
累宸聽. 臣謂陛下雖得皐陶周公, 亦何暇與之論道經邦哉?

荀卿子曰主好要, 則百事詳, 主好詳, 則百事荒. 臣觀今日之事, 有宜
責之令者, 令則曰我不得自行其事, 有宜責之守者, 守亦曰我不得自行
其事, 推而上之莫不皆然. 文移回復, 互相牽制, 其說曰所以防私, 而行
私者, 方藉是以藏姦伏慝, 使人不可致詰. 惟盡忠竭力之人, 欲擧其職,
則苦於隔絶而不得以遂志. 以陛下之英明, 焦勞於上, 而事實之在天下
者, 皆不能如陛下之志, 則豈非好詳之過邪? 此臣所謂旨趣之差, 議論
之失, 而可以立變者也. 臣謂必深懲此失, 然後能遂求道之志, 致知人
之明. 陛下雖垂拱無爲, 而百事詳矣. 臣不勝拳拳. 取進止.

유자징에게 보내다[與劉子澄] 13[90]

그대가 형양(衡陽)을 담당하도록 명령이 바뀌었는데, 그 연유를 모르
겠습니다. 오늘 갑자기 소훈직(蘇訓直)[91] 역시 따로 내직의 명령을 받았

---

90) 『朱熹集』 권35-21, 1186(57세).
91) 소자(蘇眣) : 자는 훈직(訓直)이며, 천주(泉州) 동안현(同安縣) 출신이다.

다고 들었습니다. 이는 쓰고 버리는 때에 의심이 없을 수 없게 합니다.[92] 어떻게 처신하실런지 모르겠습니다. 반드시 정론이 있도록 해야지 경솔하게 다루어서는 안 된다고 봅니다.

학관에서의 문답은 매우 훌륭하니, 증군 또한 쉽게 얻을 수 없는 사람입니다. 다만 배움에서 모름지기 적당하게 보존하고 주재하는 곳이 있어야만 이러한 것들이 비로소 도움을 얻게 될 뿐입니다. 자로가 기질을 변화시킬 수 없다고 한 논의를 말하는 것은 어렵지 않으나 진정 행하는 것이 쉽지 않을까 두려워 한 것이며, 이런 까닭으로 가벼운 말을 나무랐을 뿐입니다. 주자는 "성인의 교육은 사람들이 자신의 악을 스스로 바꾸어 스스로 그 중(中)에 이르도록 할 뿐이다"[93]라고 하였습니다. 제 생각에 자로와 같은 사람은 "그 악을 바꿀 수 있다"고 말할 수 있습니다. 하지만 가령 "그 중(中)에 이른다"고 하는 구절의 공부는 비록 공자께서 매번 끌어다 일깨워줘도 그 힘쓸 곳이 있음을 자로가 아직 깨닫지 못하였습니다. 남이 백 번 노력할 때 자신이 천 번 노력한다면[94] 끝내 반드시 이를 수 있지만, 마땅히 하늘을 오르는 듯이 허황되게 하면 결국 미칠 수 없습니다. 두 가지 논의는 바로 저절로 같지 않으니 또한 무슨 의심이 있겠습니까?

『대학』을 근래 다시 보았는데 바야흐로 손을 써서 공부해야 할 곳을 깨달았습니다. 두둑을 넘어 가로 질러가는 듯하니, 예전의 인식은 참으로 절실하지 못하여 도(道)를 어지럽히고 사람을 잘못 인도하였습니다. 장식(張栻)[95]의 생질이 쉽게 얻을 수 없는 바를 배우려 하니 기뻐할 만합니다. 다만 『대학장구』를 읽으면 커다란 진보가 없으니 모름지기 내면을 향하여 참된 실천공부를 찾아야 하는 것이 나을 것입니다. 직경[96]

---

92) 【箚疑】 '취사지제(取舍之際)'는 소훈직을 취하고 자징을 버린 것을 말한다.

93) 『通書』「師」第七.

94) 『中庸章句』 20장.

95) 호굉(胡宏)의 제자이자 호남학파를 대변하는 사상가로서 주자와 교분을 나누면서 큰 영향을 준다.

이 지난 겨울 잠시 돌아갔다가 지금 이미 돌아왔습니다. 인경97) 역시 찾아와 방문하여 여기에 있는데 마음 역시 매우 좋습니다. 인편이 고하러 가니 이 서신을 다시 지어 붙이되 하고 싶은 말을 다하지는 못하였습니다. 다만 정말 호남으로 가려고 하신다면 서로 더욱 멀어지게 되니 저를 매우 초라하게 합니다.98) 송헌락(宋憲樂)99)은 선을 좋아하고 백성을 사랑하니 함께 일할 만합니다. 그의 세 아들도 자못 배움에 뜻을 두었습니다. 다만 이전에는 사우를 얻지 못하였는데 지금 그곳에서 또한 대계100)를 예우하는지는 분명치 않습니다. 그곳에 이르면 힘써 함께 구하여 발탁하는 것 역시 하나의 일입니다.

衡陽改命, 不省所由. 今日忽聞蘇訓直又有別與近次之命. 此於取舍之際, 不無可疑. 不審何以處之? 計必有定論, 不容草草也.

學館答問甚佳, 曾君亦不易得. 但所學須有的當存主處, 此等始爲有助耳. 子路不能變化氣質之論, 言之不難, 政懼行之不易, 是以難輕言耳. 周子有言, 聖人之敎, 使人自易其惡, 自至其中而已爾. 竊意如子路者, 可謂能易其惡矣. 若至其中一節功夫, 則雖夫子每每提撕, 然未見其有用力處也. 人百己千者, 終可必至, 宜若登天, 則終不可及. 兩論正自不同, 又何疑耶?

大學近再看過, 方見得下手用功處. 路陌徑直, 日前看得誠是不切, 亂道誤人也. 張甥向學不易得, 可喜. 但讀大學章句, 恐無長進, 須向裏

---

96) 황간(黃幹, 1152~1221) : 자는 직경(直卿)이며, 복주 민현(閩縣) 출신이다. 면재(勉齋) 선생으로 불렸다.

97) 황동(黃東) : 자는 인경(仁卿)이며, 민(閩)현 출신이다.

98) 【記疑】 호남지행(湖南之行)은 호남에 속해 있던 형주에 자징이 지사로 부임한 것을 말한다.

99) 송약수(宋若水)가 복건제거(福建提擧)로 임무하고 있을 때 주자와 관계가 매우 친밀하여 함께 사창법(社倉法)을 세웠으며 그의 아들 송심지(宋深之) 등은 그 당시 주자에게 학문을 배웠다.

100) 송약수가 대계를 스승으로 맞이하였다고 한다.

面尋討實下手處乃佳耳. 直卿去冬暫歸, 今已復來. 仁卿亦來相訪, 見
在此, 意思亦甚好也. 便人告行, 復作此附之, 未能盡所欲言. 但念果爲
湖南之行, 卽相望益遠, 令人作惡耳. 宋憲樂善愛民, 可與共事. 諸子頗
有意向學. 但前此未得師友, 今在彼又爲戴溪鶻突. 若到彼可力與救拔,
亦一事也.

● 이 서신 앞머리에서 "형양으로 명이 바뀌다"고 한 것은 자징이 악
(鄂)의 판관이었다가 형주의 지사로 옮긴 일이니 순희 12년(1185)과 순희
13년(1186)의 일이다. 순희 11년(1184)에는 아직 그가 악(鄂)에서 『나원문집
(羅願文集)』을 판각하였기 때문에 그러한 사실을 알 수 있다. 이때 주자
의 나이는 56~57세였다. 하지만 스스로 "『대학』을 근래 다시 보았는데
바야흐로 손을 써서 공부해야 할 곳을 깨달았습니다. 예전의 인식은 참
으로 절실하지 못하여 도를 어지럽히고 사람을 잘못 인도하였습니다"
라고 말하고 또한 "장식(張栻)의 생질이 다만 『대학장구』를 읽으면 커다
란 진보가 없으니 모름지기 내면을 향하여 착수처를 찾아야 합니다"라
고 하였으니, 이미 장구의 훈고가 무익함을 알고 있는 것이며 자신에게
절실하고 스스로 닦는 육자의 학문과 부합한다.

此書首言衡陽改命, 是子澄由鄂判遷衡守, 是淳熙十二三年也. 蓋十
一年尙在鄂刻羅願文集, 故知之也. 是時朱子年五十六七歲矣. 然自謂
大學近再看過, 方見得下手用功處, 日前看得誠是不切, 亂道誤人, 又
云張甥但讀大學章句, 恐無長進, 須向裏面尋下手處, 蓋已知章句訓詁
之無益, 而合於陸子切己自修之學矣.

유자징에게 보내다[與劉子澄] 14[101]

심부름꾼이 와서 보내주신 서신을 받고서 그대가 군(郡)에 이르렀을 때의 여러 정황을 들을 수 있었으니 매우 위안이 되고 기뻤습니다. 서신을 드리고 난 뒤로 가을은 깊어 가는데 날씨는 더워졌습니다. 삼가 존후에 만복이 깃들기를 바랍니다. 보내신 글 앞쪽에 "필히 멀리 있는 사람의 기대에도 크게 부응할 수 있을 것이다"라고 하였는데, 무슨 말씀이신지 모르겠습니다. 이제 몇 달이 지나고 상하 역시 반드시 이미 서로 평안해졌을 것입니다. 술을 살 수 있는 공문서[102]를 결국 어떻게 처리할지 송약수 역시 생각해야 할 바입니다.

천하의 일에는 매우 상세해야 할 경우가 있습니다. 조자직[103]은 여기서[104] 임(臨)·정(汀) 지역의 소금법이 갖는 이익의 병폐를 모두 남김없이 조사하여 찾았는데, 결국 제사(諸司)의 논의가 일치하지 않아 그만두게 되었으니 매우 애석합니다. 하지만 역시 그는 원래 조사(漕司)의 생각의 과실에 관여하지 않았으니 오직 그 사람을 탓해서는 안 됩니다. 벼슬살이가 학업을 닦는데 도움이 되지 않는다는 것은 만약 속된 학문의 측면에서 말한다면 진정 그렇습니다. 만약 성인의 문하에서 말하는 '덕에 나아가고 학업을 닦는 것'으로 논한다면 오히려 애초에 일상생활 밖에 있지 않으며 단지 문서를 관리하는 일[105]이 곧 덕에 나아가고 학업을

---

101) 『朱熹集』 권35-22, 1186(57세).
102) 【節疑】 '주인(酒引)'은 술을 사는 사람은 반드시 관인을 얻은 다음에야 살 수 있다는 것을 말한다. 인은 대개 관표이다.
103) 조여우(趙汝愚, 1140~1196) : 자는 자직(子直), 시호는 충정(忠定)이며, 요주(饒州) 여간(余干) 출신이다. 1194년 영종이 즉위하고, 조여우는 공로를 인정받아 재상이 되었다. 이때 주자는 조여우에 의해 시강(侍講)에 임명되었다. 그러나 외척 한탁주(韓侂胄)의 책모에 의해 조여우는 쫓겨나고, 형주로 가는 도중 병에 걸려 죽었다.
104) 【節補】 '조자직재차(趙子直在此)'에서 조자직은 복건의 관료로 촉지역의 병졸들을 옮기고 있었는데, 이 곳이란 이곳에 있을 때를 말한다.
105) 【節疑】 압문자(押文字)는 공적인 업무를 결재한다는 것을 말한다.

닦는 자리가 되니, 반드시 특이한 소식을 엮어내고서야 학업을 닦았다고 여길 필요는 없습니다. 근래에 예전 학문 방식이 실제로는 외면을 향해 떠다니는 폐단이 있어서 스스로를 그르쳤을 뿐만 아니라 남도 그르친 것 역시 적지 않음을 깨달았습니다. 바야흐로 따로 하나의 단서를 찾았는데 간략하고 명백한 듯하여, 비로소 문자와 언어 이외에 진정 따로 마음을 쓸 곳이 있음을 알게 되었습니다. 얼굴을 맞대고 논하지 못하는 것이 안타깝습니다.

절강 중의 뒷일은 대단히 지리하고[106) 치우쳐서 단지 애매모호함에 그치지 않고 매우 사람이 말하기 어렵도록 합니다. 단지 매우 두려워하면서 통렬히 스스로 경계하고 성찰해보면, 오로지 구설(舊說)에 집착해서 판단하지는 않을 것입니다.

使至, 辱誨示, 得聞到郡諸況, 深用慰喜. 信後秋深益熱. 恭惟尊候萬福. 條敎所先, 必有以大慰遠人之望者, 不審謂何. 今旣累月, 上下亦必已相安矣. 酒引竟作如何處置, 宋憲亦當可商量.

天下事有極要委曲者. 趙子直在此講求臨汀鹽法利病甚悉, 竟以諸司議論不一而罷, 甚可惜. 然亦是渠合下不與漕司商量之過, 不可專罪

---

106) '지리(支離)'라는 말이 '번잡하고 산만하다'는 의미라면, '이간(易簡)'하다는 말은 이와는 반대로 '평이하고 쉽다'는 의미다. 육구연(陸九淵)은 주자의 철학을 '지리(支離)'하다고 규정짓고, 반면 자신의 철학을 '이간(易簡)'하다고 말한다. 육구연이 보았을 때, '지리'한 수양 방법이 바로 주자의 '격물치지(格物致知)'라면, '간이'한 수양 방법은 '먼저 그 큰 것에 서서[先立乎其大者]' '마음을 보존하는[存心]' 공부였다. 그에게 있어 '지리'와 '이간'은 기본적으로 주체의 자기 수양의 방법의 성격을 규정짓는 용어다. 주체의 자기 수양은 외부의 사물이나 사태를 매개로 가능할 수도 있고, 아니면 그런 매개 없이 주체의 자기 결단으로 가능할 수도 있다. 육구연은 전자를 '지리'하다고 비판하면서, 후자를 '간이'한 것이라고 긍정한다. 어차피 수양은 주체의 자기 변화라면 결국 그것은 주체의 결단과 비약을 통해서만 가능하다는 것이다. 이와는 대조적으로 주자는 사물이나 사태를 매개로 하지 않은 자기 수양의 방법은 기본적으로 '유아론적'일 수 있는 가능성에 노출되어 있다고 본다. 그러나 물론 주자가 육구연이 권고하는 수양의 방법을 전적으로 부정한 것은 아니다. 단지 그는 육구연의 수양의 방법은 모든 사람에게 통용되는 보편적인 수양 방법으로는 부적절하다고 본 것이다.

它人也. 居官無修業之益, 若以俗學言之, 誠是如此. 若論聖門所謂德業者, 却初不在日用之外, 只押文字便是進德修業地頭, 不必編綴異聞乃爲修業也. 近覺向來爲學, 實有向外浮泛之弊, 不惟自誤, 而誤人亦不少. 方別尋得一頭緖, 似差簡約端的, 始知文字言語之外, 眞別有用心處. 恨未得面論也.

浙中後來事體, 大段支離乖僻, 恐不止似正似邪而已, 極令人難說. 只得皇恐痛自警省, 恐未可專執舊說以爲取舍也.

● 서신 머리에 "자징께서 군에 도달했다"고 하였는데 이는 순희 13년(1186)의 일이며, 주자는 이해에 57세였다. "단지 문서를 관리하는 일이 곧 덕에 나아가고 자신의 역할을 충실히 하는 것"이라고 한 것은 "사람의 실정, 사태의 추세, 사물의 이치에서 공부하라"[107]고 한 육자의 말과 같다. "스스로 그르치다" "남을 그르치다" 등의 말은 뉘우침이 매우 절실하며, "언어와 문자 밖에 따로 마음 쓸 곳이 있다"고 함은 곧 전적으로 육자의 논의와 서로 부합한다.

書首云子澄到郡, 乃淳熙十三年事, 朱子是年五十七歲矣. 押文字便是進德修業, 卽陸子所謂在人情事勢物理上做工夫也. 自誤誤人等語, 悔悟深切, 而言語文字之外別有用心處, 卽全與陸子之論相合.

유자징에게 보내다[與劉子澄] 15[108]

노형께서 무사히 돌아가시고,[109] 또한 사록(祠祿)의 자리를 얻어 녹봉에 보태 다시는 의식(衣食)을 걱정하지 않으면서 문을 닫고 독서를 하니

---

107) 『陸九淵集』 권35 「어록」.
108) 『朱熹集』 권35-23, 1188(59세).
109) 【箚疑】 '귀래(歸來)'는 호남의 역참관직에서 물러나 돌아온 것을 말한다.

즐거워할 만합니다. 근래 일상의 일은 또 어떠하신지요? 장차 잡다한 인식을 줄이고[110] 내면을 향해 공부를 하는 것이 좋습니다. 저는 병으로 날로 쇠잔해지지만 이러한 의미는 오히려 더욱 분명하고 친절하게 되는 듯합니다. 설 전에 『통서』를 보았는데 '기(幾)'[111]자에 대해 매우 힘써 말해서 조금은 사람을 경계하여 계발시키는 곳이 있었습니다. 가까이는 공사(公私)와 사정(邪正), 멀리는 존폐와 흥망을 단지 여기서 간파하면 곧 사태가 잘 돌아갈 것입니다. 이것은 일상생활에서 제일 친절한 공부로서 정조(精粗)와 현미(顯微)가 일시에 관통됩니다. 요·순이 말한 '정밀하게 하고 한결같이 하라[惟精惟一]'[112]와 공자가 말한 '자기를 이겨 예로 돌아가라'는 바로 이 일입니다. 미나리를 먹다 맛이 좋아[113] 그대에게 바치고자 합니다.

老兄歸來無事, 又得祠祿添助俸餘, 無復衣食之累, 杜門讀書, 有足樂者. 不審比來日用事復如何? 且省雜看, 向裏做些功夫爲善. 熹病雖日衰, 然此意思却似看得轉見分明親切. 歲前看通書, 極力說箇幾字, 儘有警發人處. 近則公私邪正, 遠則廢興存亡, 只於此處看破便斡轉了. 此是日用第一親切功夫, 精粗隱顯一時穿透. 堯舜所謂惟精惟一, 孔子所謂克己復禮, 便是此事. 食芹而美, 甚欲獻之吾君也.

● "잡다한 인식을 줄이고 내면을 향해 공부를 하라"고 말한 것은 곧 육자가 말하는 '방심을 구하라[求放心]'다. 이 서신은 자징 스스로 형주의 지사로부터 사록관의 관직을 구하여 돌아올 때 지은 것이니, 주자는 60세였다. '기'자를 친절한 공부로 삼는 것 또한 마음을 다스리는 학문이다.

---

110) 【箚疑】 '잡간(雜看)'은 다양한 책들을 보는 것을 말한다.
111) 『通書』 「誠幾德」 第3.
112) 『書經』 「大禹謨」.
113) 『論語』 「顔淵」.

省雜看, 向裏做工夫, 卽陸子所謂求放心也. 此書蓋子澄自衡守乞祠
以歸時作, 朱子年六十歲矣. 以幾字爲親切工夫, 亦是治心之學.

유자징에게 보내다[與劉子澄] 16[114]

홍경궁에서의 옛 시[115]에 화답하는 것을 받아보고, 세 번이나 거듭
감탄했습니다. 그러나 신발이 발에 맞는 것과 같은 부합됨, 지금 어찌
감히 이와 같은 일이 있기를 바라겠습니까? 괴음[116]에서의 시문과 강론
하신 책이 모두 좋습니다. 계장은 대개 이른바 절실하게 묻고 가까운
데서 생각[117]하는 학문을 하는 자로서, 진실로 쉽게 얻을 수 없는 사람
입니다. 다만 급하고 편협한 점이 있어, 도리를 깨우쳐 이르는 곳은 완
전히 이르지만 이르지 못하는 곳은 또한 완전히 이르지 못합니다. 생각
해보건대 모두 책을 읽지 않고 문장의 뜻을 이해했다고 하는데, 비록
이해했다고 하더라도 이 또한 먼저 자기의 생각을 앞세워 판단해서 멋
대로 주장하니, 보내 주신 서신에서 말씀하신 병통이 있습니다. 경양은
또 매우 느긋하고 게을러서 짐작컨대 자기에게도 절실하지 않습니다.
공도는 지난번에 보았는데 자질이 남보다 매우 뛰어나지만, 다만 나중
에 도량이 좁고 인색한 것을 알았습니다. 지금은 또 어떠한지요?
　책을 따라 보면서, 각각 제 견해를 종이 뒷면에 적어 놓았으니 청컨대
다시 자세하게 생각해보십시오 이와 같은 강론을 처음 들었을 때는 마땅
히 유익함이 있다고 생각했기 때문에 일찍이 문목을 교환하면서, 여러
학생들이 조목별로 답하도록 하였습니다. 지금에 와서 살펴보니, 묻는 사

---

114) 『朱熹集』 권35－24, 1188(59세).
115) [箚疑] 선생께서 홍경에서 사록관 직에 있을 때의 시를 말한다.
116) [標補] 유자징이 관직을 그만두고 형주에 돌아와서 정사(精舍)를 짓고 거처하면서
　　배우는 사람들이 오게 하였다.
117) 『論語』「子張」.

람은 본디 의심하는 바가 없었고 대답하는 사람은 애초에 소견이 없어서 대부분 임기응변으로 시험에 응해 답지를 채웠으니, 이와 같이 강론하는 것은 도움이 되지 않을 듯합니다. 또한 자기에만 절실히 하는 병통이 있으니, 일상생활의 공부가 단지 본인만 착실하게 앞을 향해 가고 스스로 취하고 마는데 있으면, 본래 다른 사람과 의논할 필요도 없으며 또한 다른 사람의 말에 참견받지도 않습니다. 가령 뜻을 같이 하는 사람을 경계하여 깨닫게 하고자 한다면 단지 마땅히 화두(話頭)를 제기하여 그로 하여금 생각하고 반성하게 해야 합니다. 듣는 자도 또한 마땅히 깊이 반성하고 정신을 일으켜 세워 자기 위치에서 노력해야지, 다시 말을 지어 논의하고 응대해서는 안 됩니다. 만약 사람에게 병이 생기면 빨리 약을 구해야 합니다. 이미 약을 구했으면 빨리 복용해야지, 다시 이 병에 대해 설명하는 말을 해서도, 또 이 약에 대해 감탄하고 칭찬하는 말을 해서도 안 됩니다. 이제 장차118) 실천하고 실행하려 할 때에 도리어 쓸 데 없는 말을 하는 셈입니다. 바야흐로 말할 때 뜻은 그 말 가운데 있지 행함에 있지 않게 되니, 이것은 다만 도움이 되지 않을 뿐만 아니라 도리어 해가 됩니다. 저의 생각으로 보면, (그와) 같지 않아야 할 것 같으니, 성현의 책을 가지고 모두 한 조목을 강론하고 연구하면서 의문이 있으면 바로 묻고 견해가 있으면 바로 답하며, 의문이 없고 견해가 없으면 반드시 학과 과정에 얽매일 필요가 없습니다. 이와 같으면 실제로 공부하게 되며, 쓸 데 없는 말로 왜곡시키지는 않을 듯한데, 노형께서는 어떻게 생각하시는지요?

承寄示所和鴻慶宮舊詩, 三復感歎. 但麻鞵之契, 今何敢望有如此事耶? 槐陰詩文, 講卷皆佳. 季章蓋所謂爲切問近思之學者, 眞不易得. 但似有迫切狹吝之意, 見得道理到處十分到, 不到處亦十分不到, 想見都不讀書理會文義, 雖理會, 亦是先將己意向前擬斷, 扭捏主張, 所以有

---

118) 【箚疑】 여기서부터는 책 속에서 병통에 대해 문답한 것을 말한다.

來喩云云之病. 景陽又忒寬慢, 自己分上想見是不親切也. 公度向時得見, 資質儘過諸人, 但後來覺得亦有局促私吝之意, 不知今又如何也?

卷子隨看, 各以鄙見批在紙背, 請更詳之. 似此講論, 初聞之以爲當有益, 故嘗往來問目, 欲令諸生條對. 以今觀之, 則問者本無所疑, 而答者初無所見, 多是臨時應課塞白, 似此講論恐無所益. 又有一種切己病痛, 日用功夫, 只在當人著實向前, 自家了取, 本不用與人商量, 亦非他人言說所能干預. 縱欲警覺同志, 只合擧起話頭, 令其思省. 其聞之者, 亦只合猛省提掇, 向自己分上著力, 不當更著言語論量應對. 如人有病, 只合急急求藥. 旣得藥, 只合急急服餌, 不當更著言語形容此病, 更著言語贊歎此藥也. 今將實踐履事, 却作閑言語說了. 方其說時, 意在於說而不在於行, 此恐不惟無益而又反有害也. 以愚見觀之, 似不若, 將聖賢之書, 大家講究一件, 有疑卽問, 有見卽答, 無疑無見者, 不必拘以課程. 如此却以實有功夫, 不枉了閑言語, 不知老兄以爲如何也?

❀ '화두를 제기한다'는 것은 "활을 당기고 쏘지 않는다"[119]는 것을 말한다. 그러나 만약 이 말이 육자에게서 나왔다면 비난하며 신(禪)이라 여겼을 것이다. 지난번에 육자는 쓸데없는 의론을 기뻐하지 않았는데, 바로 이러한 일 때문이니 다만 자기가 깊이 반성하고 정신을 일으켜 세워야 할 뿐이다. 주자가 여기에 이르러서, 비로소 쓸데없는 말이 이익이 없고 해가 된다는 것을 알았다. 그리고 '실제로 일을 실천해야지' 쓸데없는 말을 해서는 안 된다고 하는 말은 완전히 육자가 사람들을 가르치는 방법이다.

擧起話頭, 所謂引而不發也. 然使此言出於陸子, 則詆爲禪矣. 向來陸子不喜閑議論, 正爲此事, 只當自己猛省提掇耳. 朱子至是, 始知閑言語無益而有害. 而實踐履事, 不可作閑言語說了, 則全是陸子敎人之法.

---

119)『孟子』「盡心 上」.

육자정에게 붙이다[寄陸子靜] 1120)

주차(奏箚)하신 것121)을 보내주시니, 지극한 논의를 들을 수 있어 매우 깊이 위안이 됩니다. 그 규모가 크고 근원의 흐름이 깊고 멀어, 어찌 진부하고 어리석은 유생들이 헤아릴 수 있겠습니까? 임금의 명에 대답하여 백성에게 알리실 때, 임금께서는 어떤 말을 이해하셨는지요? 저의 사사로운 근심은 바로 "많은 소들이 외면하는"122) 어려움을 면하지 못할 것 같습니다. 그러나 저에게 또한 무슨 병이 있는지요? 말씀이 원만하며 뜻이 살아 있고 물이 넘쳐흐르듯 하니, 이른 경지가 깊고 함양이 두터움을 알 수 있어서 더욱 탄복하게 됩니다. 그러나 위의 한 길을 향해서 아직 돌이키지 못하고 사람들이 의심하는 것을 아직 면하지 못함은 아마도 불가의 뜻을 가져왔기 때문일 것입니다. 어떻게 생각하십니까? 어떻게 생각하십니까? 크게 웃을 일이지요

저는 쇠약해져 병이 더욱 침범해오는데, 다행히 사록직을 얻어 마침내 희이[陳搏]의 바로 아래 후손이 되었으니 진실로 스스로 축하할 일이라고 생각합니다. 그러나 향이 타오르는 도교의 사원에 백성을 교화하는 덕이 더해지지 않는다면 사람들로 하여금 개탄하게 하지 않을 수 없을 뿐입니다.

奏篇垂寄, 得聞至論, 慰沃良深. 其規模宏大, 而源流深遠, 豈腐儒鄙生所能窺測? 不知對揚之際, 上於何語有領會? 區區私憂, 正恐不免萬牛回首之歎. 然於我亦何病? 語圓意活, 渾浩流轉, 有以見所造之深, 所養之厚, 益加歎服. 但向上一路未曾撥轉處, 未免使人疑著, 恐是葱嶺帶來耳. 如何? 如何? 一笑.

---

120) 『朱熹集』 권36-6, 1185(56세).
121) [節補] 육자정이 임금께 올린 주차인데, 선생께서 구해서 보고 이와 같이 평한 것이다.
122) [翼增] 임금의 마음을 돌이키기 어렵다는 뜻으로 보인다.

熹衰病益侵, 幸叨祠祿, 遂爲希夷直下諸孫, 良以自慶. 但香火之地,
聲敎未加, 不能不使人慨歎耳.

⚫ 임금에게 대답한 말이 절실하고 바른데, 불가의 뜻을 가지고 왔다
는 것이 어느 곳인지 알지 못하겠다. 이미 유자징에게 보내는 열두 번
째 서신 뒤에 견해를 덧붙여 놓았다. 함께 듣고 보면 변론할 필요가 없
을 것이다. 그러나 육자가 주차(奏箚)한 것을 "규모가 크다" "근원의 흐
름이 매우 멀다"고 칭하고, 또 "이른 경지가 깊다" "함양한 것이 두텁
다"라고 말한다면, 육자에게 기울어진 것이 또한 지극하다.

　對語切實正大, 不知何處是葱嶺帶來. 已附見於與劉子澄第十二書
後. 公聽並觀, 無庸置辨. 然稱陸子所奏規模宏大, 源流深遠, 又曰所造
深, 所養厚, 則傾倒亦至矣.

육자정에게 답하다[答陸子靜] 2[123)

　지난번에 일찍이 외임을 자처하는 청이 있었지만 아직 이루지 못했
다고 들었습니다. 지금은 어떻게 정해졌는지요? 잠깐 머물러 계시는지
요? 배우는 사람들이 나중에 다시 누구를 얻을 수 있겠습니까? 현도가
서신을 써서 "일찍이 깨달았다"고 한 것을 봤는데 이미 도달한 것은 아
닌지요? 자연[124]을 지난 겨울에 서로 만났는데 기질이 굳세고 의연하
여, 매우 쉽게 얻을 수 없는 인물이었습니다. 그러나 그 치우친 곳은 또
한 매우 일에 방해가 됩니다. 비록 일찍이 간곡히 권하였지만, 아마도

---

123) 『朱熹集』 권36-7, 1186(57세).
124) 부몽천(傅夢泉)을 말한다. 약수(若水)선생이라고도 불리며 남강군(南康軍) 건창현
　　(建昌縣) 출신이다. 그는 육구연에게서 배웠는데, 육구연은 그를 자신의 제자들 중 최
　　고의 인물로 간주했었다.

반드시 그렇다고 여기지는 않는 것 같습니다. 지금 생각건대 이부(吏部)에 이르러서, 반드시 이미 서로 보았다면, 또한 일찍이 통렬하게 병든 곳을 지적해주었습니까? 도리가 비록 매우 정미하지만, 처음에는 눈과 귀로 보고 듣는 것 밖에 있지 않으며 시비와 흑백은 곧 바로 앞에 있습니다. 여기서 살피지 않고 곧 생각의 너머에서 현묘함을 따로 구하려 한다면 또한 이미 잘못입니다.

저는 병으로 매일 쇠약해져서 작년에는 재앙과 근심이 적지 않았습니다. 요 며칠에 병든 몸은 바야흐로 대략이나마 내 몸을 지탱할 만하지만 날이 갈수록 더욱 정신이 없어지니, 아마도 끝내 세상에 오래 있을 수 없을 듯 합니다. 다행인 것은 근래 평상시 공부에 자뭇 깨우쳐 힘이 생기니, 다시 지난날의 지리한 병통이 없을 것입니다. 편안히 대면해서 논의할 수 없는 것이 한스럽습니다. 다른 날 서로 만나 뵙게 될지 모르겠지만, 다시 의견 차이가 있지는 않을 것 같습니다.

昨聞嘗有丐外之請, 而復未遂. 今定何如? 莫且宿留否? 學者後來更得何人? 顯道得書云嘗詣見, 不知已到未? 子淵去冬相見, 氣質剛毅, 極不易得. 但其偏處, 亦甚害事. 雖嘗苦口, 恐未必以爲然. 今想到部, 必已相見, 亦嘗痛與砭劑否? 道理雖極精微, 然初不在耳目見聞之外, 是非黑白, 卽在面前. 此而不察, 乃欲別求玄妙於意慮之表, 亦已誤矣.

熹病衰日侵, 去年災患亦不少. 此數日來, 病軀方似畧可支吾, 然精神耗減日甚一日, 恐終非能久於世者. 所幸邇來日用功夫頗覺有力, 無復向來支離之病. 甚恨未得從容面論, 未知異時相見, 尙復有異同否耳!

🔵 이 서신은 순희 13년(1186), 주자 나이 57세에 있었다. 서신 말미에 말한 것이 점점 육자와 같은 곳으로 나아가고 있다.

此書在淳熙十三年, 朱子年五十七歲. 書末所云, 漸趨於同.

육자정에게 답하다[答陸子靜] 3[125]

이미 오랫동안 휴식하니, 모든 것이 더욱 아름답다고 생각됩니다. 배우는 무리들이 사방에서 오고 다른 사람에게까지 미치는 까닭은, 도학을 가르치는 것에 있지 벼슬하는데 있지 않습니다.[126] 보내주신 서신에서 "이익과 욕심이 깊은 고질이다"라고 말씀하신 것에 더 이상 할 말이 없습니다. 제가 걱정하는 것은, 도리어 가벼이 고원한 논의를 하고 내외(內外)와 정조(精粗)의 구별을 제멋대로 해서 양심(良心)과 일상을 둘로 나누고서, 성현의 말씀을 반드시 모두 믿을 수는 없다고 생각하면서 용모와 말의 기세를 깊이 살피지 않는 것에 있습니다. 이러한 주장은 어그러지고 어수선해서 장차 오도(吾道)에 크게 해를 입힐 것입니다. 다른 때를 기다리지 않아도 이미 말류의 폐단이 되었습니다. 모르겠지만 그대도 일찍이 이것을 근심하였는지요? 이 일은 평소의 자그마한 문장의 의미 차이와는 비교할 수 없습니다. 한스러운 것은 서로 멀리 떨어져 있어 대면하고 논의할 수 없는 것이니, 공연히 근심만 더할 뿐입니다.

이자[127]는 매우 드물게도 학문에 향할 줄 알았지만, 또한 점점 고원함을 좋아하게 됨을 느꼈습니다. 제 생각에는 우선 착실하게 눈앞의 도리를 보려고 해야 사물이 분명해지고, 장차 장군 가문의 내력을 잃지 않게 되어 쓰임이 있게 될 것입니다. 만약 이와 같이 현묘한 것을 말한다면, 아마도 두 가지 일에 성취하는 바가 없을 것입니다.[128] 타고난 기질을 훼손하여 전혀 쓸데없는 노력을 하지 않았던 자기 아버지를 닮지 못하게 된 것 아닌가 애석할 뿐입니다.

---

125) 『朱熹集』 권36-8, 1187(58세).
126) 【節疑】 '재차이불재피(在此而不在彼)'에서 '차'는 제자들을 가르침을 말하고, '피'는 출사함을 말한다.
127) 【節補】 '이자(李子)'는 「象山年譜」에 보이는 이운(李雲)이다.
128) 【節疑】 '양무소성(兩無所成)'은 지식인으로나 군인으로나 모두 업적을 이룬 것이 없음을 말한다.

稅駕已久, 諸況想益佳. 學徒四來, 所以及人者, 在此而不在彼矣. 來
書所謂利慾深痼者, 已無可言. 區區所憂, 却在一種輕爲高論, 妄生內
外精粗之別, 以良心日用分爲兩截, 謂聖賢之言不必盡信, 而容貌詞氣
之間不必深察者. 此其爲說, 乖戾狼悖, 將有大爲吾道之害者. 不待他
時, 末流之弊矣. 不審明者, 亦嘗以是爲憂乎? 此事不比尋常小小文義
異同. 恨相去遠, 無由面論, 徒增耿耿耳.

李子甚不易, 知向學, 但亦漸覺好高. 鄙意且欲其著實看得目前道理,
事物分明, 將來不失將家之舊, 庶幾有用. 若便如此談玄說妙, 却恐兩
無所成. 可惜壞却天生氣質, 却未必如乃翁樸實頭, 無有許多勞攘耳.

● "이미 오랫동안 휴식하였다"는 것은 아마 육자가 사록관에 임명
되어[129] 집으로 돌아갔던 것인데, 순희 14년(1187)에 있던 일이다. 서신
에서 말이 서로 합치되지 않은 듯하다. 그러나 "양심과 일상을 둘로 나
누어서는 안 된다"고 말한 것은 곧 육자가 "사람의 실정과 사태의 추세
에서 공부하라"고 말한 것이다.[130] "성현의 말씀은 마땅히 믿어야 한
다"고 말한 것은 곧 육자가 "내게서 조작하는 것이 완전히 없어야 한
다"고 말한 것이다. "용모와 말의 기세를 마땅히 살펴야 한다"고 말한
것은 곧 육자가 사람들에게 아홉 가지 용모에 힘쓰도록 한 것이다. "그
대도 또한 근심하였는지 모르겠습니다"고 말한 것은 부자연과 포현도
등 육자의 문인들을 가리켜서 너무 고원한 것을 입론한다고 말한 것인
데, 바로 그날 이후 서로 나무라는 근원이 되었다. 이씨의 아들은 이름
이 운인데 훗날 이름난 장수가 되었다.

按稅駕已久, 蓋陸子奉祠還家也, 在淳熙十四年. 書中語似不相合.
然謂不可將良心日用分爲兩截. 卽陸子所謂人情事勢上做工夫也. 謂
聖賢之言當信, 卽陸子所謂在我全無杜撰也. 謂容貌詞氣當察, 卽陸子

---

129) 육구연은 순희 13년(1186) 11월에 주관태주숭도관(主管台州崇道觀)에 임명되었다.
130)『二程遺書』권19-54

敎人用功於九容也. 至謂不審明者, 亦以爲憂, 蓋指陸子門人如傅子淵
包顯道等, 持論太高, 此正日後互譏之根. 李氏子名雲, 後爲名將.

육자정에게 답하다[答陸子靜] 4[131]

배우는 사람의 병통은 참으로 논의하신 바와 같습니다. 다만 또한 반드시 자기가 공평무사하고 매우 자세하게 깨달아야 비로소 사람들의 병을 치료할 수 있습니다. 만약 스스로 한 곳에 치우침을 면하지 못한다면, 치료하러 다녀도 도리어 병을 키우게 될 것입니다.

육구소[132] 형에게 보내는 서신에서 가르쳐 주신 것은 말만 많았지 이치가 명확하지 않았습니다. 지금 또한 당시 그대께서 무슨 말씀을 하셨는지 기억할 수 없습니다. 혹시 실제로 이런 병통이 있을지 모르니, 조목조목 분석해서 가르쳐 주신다면 매우 다행일 것입니다. 마음을 비우고 기다릴테니, 서신을 통해 보여 주시면 다행이겠습니다. 만약 온당치 못한 것이 있다면 다시 세밀하게 논의해야지, 육구소처럼 보내주신 글을 갑자기 끊어서는[133] 안 됩니다.

學者病痛, 誠如所論. 但亦須自家見得平正深密, 方能藥人之病. 若自不免於一偏, 恐醫來醫去, 反能益其病也.

所諭與令兄書, 辭費而理不明, 今亦不記當時作何等語. 或恐實有此病, 承許條析見敎, 何幸如之, 虛心以俟, 幸因便見示. 如有未安, 却得

---

131) 『朱熹集』 권36-9, 1188(59세).

132) 육구소(陸九韶): 남송의 학자이며, 자는 자미(子美)이고 사산거사(梭山居士)라고 불렸다. 주자와 『太極圖說』의 진위여부를 둘러싸고 논쟁을 벌였다. 저서로는 『梭山日記』, 『梭山文集』 등이 있다.

133) [箚疑] '거단래장(遽斷來章)'는 육구령이 옳다고 여기지 않아서 그만 논쟁을 그치자는 말이다. 주자를 배척해서 다시 논쟁하지 말자는 것이다.

細論, 未可便似居士兄遽斷來章也.

⚫ 생각해보면 두 선생의 '무극'과 '태극'에 대한 논변134)은 여기로 부터 시작되었다. 지금 육자가 주자에게 보낸 서신을 뒤에 붙인다.
按兩先生無極太極之辨始此. 今附陸子與朱子書於後.

주원회에게 답하다[與朱元晦]135)

황과 이 두 학생이 돌아왔는데 정월 14일의 서신을 가지고 와서 존형의 새해 동정을 자세히 알게 되어 매우 위안이 되었지만 질문을 이을 수가 없었습니다. 잠깐 사이에 또 시간이 흐르니 날이 갈수록 향리로 마음이 내달립니다. 이미 주사(奏事)의 임무로 조정에 나아갔다고 들었는데, 어느 때에야 군주의 명령에 답하여 그 뜻을 백성들에게 펼 수 있겠습니까? 평소의 생각을 크게 펴서 현명한 군주에게 충언을 하고 군주의 진심을 움직이고 깨우쳐 천하를 행복하게 하시리라 생각합니다. 아직 이 메마른 마음을 적셔줄 그 후의 일을 듣지 못한 것이 한이 됩니다. 바깥에서 들려오는 말로는 조정에 머물러 군주와 강독하고 있다고 하는데, 진정으로 그런지 아직 모르겠습니다. 만일 진실로 그렇다면 이보다 더 다행스러운 일이 있겠습니까?

---

134) '무극(無極)'과 '태극(太極)'에 대한 논쟁은 표면적으로 주돈이(周敦頤)의 『太極圖說』의 진위 여부에 대한 논쟁인 것 같다. 그렇지만 이 논변은 사실 주자의 철학체계와 육구연의 철학체계 사이의 대립에서 기인한 것이다. 주자는 『太極圖說』을 통해서 태극(太極) 혹은 리(理)가 인간뿐만 아니라 다른 모든 개별자들에도 내재되어 있다는 전거를 발견하고, 이를 통해서 '외부의 사태에 나아가 내면의 앎을 이룬다[格物致知]'는 공부법을 정당화할 수 있었다. 주자의 공부법이 '번잡하고 산만하다[支離]'고 비판했던 육구연이 『太極圖說』을 부정하는 이유는 바로 그가 주자의 '격물치지' 공부법을 그 기초에서부터 붕괴시키려고 했기 때문이다.
135) 『陸九淵集』 권2.

향리 사람 팽세창이 어떤 산 하나를 얻었는데, 그 산은 신 지역의 서쪽 경계에 있습니다. 지금 제가 머물고 있는 낡은 두 정사로부터 거리가 그리 멀지 않으며 실제로 용호산의 마루에 해당합니다. 커다란 언덕이 우뚝 솟아 있는데, 땅을 파고 있는 코끼리와 같아서 상산[136])이라고 불립니다. 산 속에 들판의 둑처럼 되어 있고 좋은 땅과 맑은 연못이 있어서 평야와 차이가 없습니다. 계곡의 물은 합류해서 폭포처럼 흐르고, 그 드리워진 물줄기는 수 리나 뻗쳐 있습니다. 그 물줄기 양 쪽에는 뱀처럼 서린 소나무와 기이한 암석들이 있어서 신비하기까지 합니다. 그 중간에 우거진 수풀이 있는데, 옥과 같은 얼음과 눈이 기울어져 쏟아지니 그 사이에 흩날리는 물방울들이 띠처럼 비추어지고 있습니다. 봄이나 여름에 그 물줄기는 장대해서 그 위세가 마치 성난 우뢰와 같다고 합니다. 나무와 돌은 사다리가 되어 그것들을 따라서 살펴보면 이 곳의 아름다운 경치는 옥연이나 와룡과 비교해서 쉽게 우열을 가릴 수 없을 정도입니다. 작년에 팽세창이 이곳에 오두막 한 채를 짓고 서로 만나게 되었는데, 저도 그 옆에 정사를 지었습니다. 봄 동안 조카 하나와 자식 둘을 거느리고 이 정사에서 책을 읽었습니다. 또 저는 아름다운 곳을 발견해서 작은 집을 짓고 머물고 있습니다. 이곳은 앞으로는 민산의 만겹의 기봉들을 바라보고 있고 뒤로는 팽 지역과 여 지역으로 흐르는 두 계곡이 있습니다. 학생들도 점점 이 옆에 오두막을 짓고 서로 강습합니다. 이 '이치'가 그 때문에 나날이 밝아져서 자연을 즐기는 즐거움[137])은 천년 전이나 지금이나 마찬가지인 듯 합니다.

저는 이전에 두 번 직접 가르침을 받았는데, 강려의 회합이 아호의 회합[138])보다 더 정성스러웠던 것 같습니다. 그렇지만 그 당시 저는 우

---

136) **[翼增]** '상산(象山)'이란 명칭은 신주 귀계현의 남쪽 산의 모양이 코끼리와 같아서 이름 붙여진 것이다. 육구연은 무주의 금계에 묵고 있었는데, 이곳으로 옮겨 상산에 집을 짓고 책을 읽었다.

137) 『論語』「先進」.

138) 아호(鵝湖)의 모임은 1175년, 주자와 육구연의 철학적 입장 차이를 중재하기 위해서

둔하고 견식이 좁아 아직 문채를 이루지 못하여 표현할 방법이 없어서 매우 부끄러움을 느꼈습니다. 그렇지만 요새 날마다 조금씩 나아져서 이제 노형을 직접 뵙고 깨우침의 도움을 받아서 남은 가르침을 다하기를 매우 깊이 바라고 있습니다. 그런데 지금 이것을 할 수 없으니 높은 산에 올라서 흐르는 강물을 굽어보며 매번 한탄하기만 합니다. 작년에 노형이 제 형에게 보낸 서신을 보니, 남풍의 일에 능통한 사람을 통해서 참람히도 저를 바꾸어 놓았다고 되어 있습니다. 그래서 저는 다시 서신을 써서 저의 질문을 다하고자 하니 이보다 더 다행스러운 일은 없을 것 같습니다. 옛날의 성현들은 오직 '이치'만을 보았습니다. 요와 순과 같은 성인들도 풀베고 나무하는 이들에게 물었고, 증자가 죽을 때 그는 등을 들고 있는 동자(童子)에게서 배웠다고 합니다. 몽괘 구이에는 "며느리를 맞아들이면 길하다"라는 구절이 있습니다. 진실로 '이치'에 합당하면 비록 아녀자와 어린아이의 말이라고 할지라도 버릴 수는 없는 법입니다. 맹자는 "『서경』의 말을 모두 믿는다면 『서경』이 없는 것만 못할 것이다. 나는 「무성」에서 두세 조목을 취할 뿐이다"[139]라고 했습니다. 만일 이치에 어긋난다면 그것이 비록 옛 서적에 나온다고 할지라도 모두 믿어서는 안 될 것입니다. 지혜로운 자라도 천 번을 생각하

여조겸의 주도로 아호사(鵝湖寺)에서 열렸던 모임이다. 그러나 이 모임은 여조겸의 뜻과는 달리 서로의 입장 차이만을 드러낸 채 별다른 결실이 없이 끝났다고 한다. 1181년 주자가 남강군 지사로 있을 때, 육구연은 주자를 방문해서 백록동서원(白鹿洞書院)에서 강의했다. 그리고 이때 육구연은 주자와 만나게 되는 데, 이것을 강려(康廬)의 모임이라고 말한다. 보통 강려의 모임에서 주자는 육구연의 입장을 어느 정도 수용했다고 평가되기도 하지만, 이것은 사실과 다른 것이다. 주자의 사상적 발전 과정을 살펴보면, 그는 아호의 모임에서 드러낸 자신의 입장을 결코 폐기한 적이 없기 때문이다. 따라서 백록동서원에서의 모임이 부드러웠던 이유는, 주자나 육구연 모두 상대방에게 결코 자신의 철학적 입장을 설득시킬 수 없다는 것을 알고 있었기 때문이라고 할 수 있다. 이 점에서 '이치[理]'를 중심으로 자신의 철학 체계를 구성했던 주자는 결코 '마음[心]'을 중심으로 자신의 철학 체계를 구성했던 육구연을 인정하지 않았다고 보는 것이 타당할 것이다.

139) 『孟子』 「盡心 下」.

다 보면 혹 한 번의 잘못이 있고 어리석은 자라도 천 번을 생각하다 보면 혹 한 번의 옳음이 있을 수 있는데, 어찌 사람의 말을 가볍게 여길 수 있겠습니까?

사산 형은 다음과 같이 말했습니다. "『태극도설』은 『통서』와 같지 않아서 아마도 주자(周子)[140]가 쓴 것이 아닐 것이다. 그렇지 않다면 아마 그의 학문이 완성되지 않았을 때 쓰여진 저작일 것이다. 그렇지 않다면 다른 사람의 글을 주자가 적어 놓았는데 후인들이 이를 살피지 않은 것일 것이다. 대개 『통서』 「이성명」은 '중에서 그쳐야 한다. 음양과 오행이 만물을 생성시키는데, 다섯 가지 다른 것은 두 가지로 수렴되고 이 두 가지 근본은 하나로 수렴된다. 하나라고도 하고 중이라고 하는 것이 바로 태극이다'라고 되어있는데, 일찍이 그 위에 무극이라는 글자를 붙인 적이 없다. 「동정」 장은 오행은 음양이고 음양은 태극이라고 말했지만, 무극이라는 글자는 없다. 설령 『태극도설』이 그가 진한 것이든 아니면 그가 어렸을 때 지은 것이든 간에, 『통서』를 지을 때에는 무극을 말하지 않았으니, 이것은 그가 이미 그런 설명의 그릇됨을 알았기 때문일 것이다." 이런 저의 형의 말은 가볍게 여겨서는 안 될 것입니다. 그런데 노형께서는 다음과 같이 말했습니다. "사산은 성질이 급해서 다른 사람의 글을 볼 때 그것의 실정을 파악하지 못했으면서도 자신의 뜻을 펼치려고 하니 그래서 가볍게 논의를 전개하고 쓸데없이 많은 설명을 만들지만, 아직까지 반드시 '이치'에 합당하지 않을 것이다." 『대학』에는 "자신에게 악이 없어진 후에 다른 사람의 악을 미워하라"[141]는 말이 있습니다. 옛날과 지금, 어짊과 어리석음, 현명함과 불초함에 상관없이 사람이란 모두 말이고, 문자입니다. 노형께서 제 형에게 보낸 서신을 보니

---

140) 주돈이(周敦頤, 1017~1073) : 북송 때의 도주(道州) 영도(營道) 사람으로 염계(濂溪) 선생이라 불렸다. 자는 무숙(茂叔)이고 본명은 돈실(敦實)이었지만 영종(英宗)의 구휘(舊諱)를 피하여 이름을 고쳤다. 그는 정호와 정자를 가르쳤는데, 항상 공자와 안자가 무엇을 좋아했는지 찾도록 했다고 한다. 저서로는 『通書』, 『太極圖說』가 있다.

141) 『大學章句』 7장.

노형께서는 이미 이런 말을 감당할 수도 없으면서, 무슨 이유로 저의 형을 책망하시는 것입니까?

노형께서는 제 형에게 보내는 서신에서 다음과 같이 말했습니다. "무극을 이야기하지 않는다면, 태극은 하나의 사물과 같아져서 모든 변화의 근본이 되기에 충분하지 않다. 태극을 말하지 않는다면, 무극은 공허함에 빠져 모든 변화의 근본이 될 수 없다." 대개 태극이라는 것은 실제로 이런 '이치'가 있기에 성인이 그것을 따라 밝힌 것일 뿐이지, 공허한 말로 논의를 세워서 후대 사람들로 하여금 말과 글로 장난치게끔 한 것은 아닙니다. 태극이 모든 변화의 근본이 되는 것은 본래 정해져 있는 것이지, 그것이 충분하건 그렇지 않건 잘 작동하건 잘 작동하지 않은 것이 어찌 사람이 말하고 말하지 않은 것 때문이겠습니까? 『역대전』에는 '역에는 태극이 있다'라는 말이 있습니다. 성인이 '유(有)'라고 말했는데, 지금 '무(無)'라고 말하는 것은 무슨 이유입니까? 『역대전』을 지을 때 무극을 말하지 않았다고 하더라도 어찌 태극이 하나의 개별자와 같아져서 모든 변화의 근본이 되기에 충분하지 않을 수 있겠습니까? 「홍범」의 다섯 번째 황극은 구주 가운데에 있지만 무극을 말하지는 않고 있다고 하더라도, 어찌 태극이 하나의 사물과 같아져서 모든 변화의 근본이 되기에 충분하지 않을 수 있겠습니까? 태극은 진실로 스스로 있는데, 노형께서는 말하고 또 말해서 더욱 혼란을 초래하고 있습니다. 이것이야말로 "가볍게 논의를 전개하고 쓸데없이 많은 설명을 만들지만, 아직까지 반드시 '이치'에 합당하지 않을 것이다"는 노형의 말에 해당하는 것입니다. 노형께서는 "문구마다 논의하라" 혹은 "글자마다 논의하라"고 외친지 오래되어서, 이제는 더욱 정교하고 정밀해지고 표현하는 것이 정확해져서 의심을 깨우치고 미혹된 것을 분별할 수 있게 되었습니다. 그런데도 도리어 이와 같이 빠뜨리시는 것이 있으니, 마땅히 스스로를 반성하는 것이 좋겠습니다.

뒤의 서신에서 노형께서는 다음과 같이 말했습니다. "무극은 무형이라는 것이고, 태극은 '이치'가 있다는 것이다. 염계선생은 학자들이 태극을 별도로 하나의 사물로 착각할까봐 두려워서 무극 두 글자를 써서 이 점을 밝혔다." 『역대전』에는 '형이상을 도라고 한다'고, 또 '일음일양을 도라고 한다'고 하였습니다. 일음일양이 이미 형이상인데, 하물며 태극이야 말해서 무엇하겠습니까? 문의(文義)를 깨우친 사람은 모두 그것을 알고 있습니다. 『역대전』이 있었던 이후로 지금까지 천여 년 동안 태극을 하나의 사물로 착각했던 사람이 있었다는 것을 들어본 적이 없습니다. 설령 이런 오류에 빠진 어리석은 사람이 있다고 할지라도, 단지 세 모퉁이로 돌이킬 수 없는 것일 뿐인데,142) 어찌 번거롭게 염계선생께서 특별히 태극 위에 무극 두 글자를 덧붙여서 이 점을 밝혔겠습니까? 게다가 극(極)이라는 글자는 형(形)이라는 글자로 풀어서는 안 됩니다. 대개 극이라는 글자는 중을 의미합니다. 그래서 만약 무극을 이야기한다면 무중(無中)을 이야기하는 것이 되는데, 이것이 어찌 옳은 것이겠습니까? 만약 학자들이 구체적인 세계에 빠질까 두려워 그것을 해석하려고 한다면, 마땅히 '상천(上天) 일'을 말하고 그 아래에서 그것을 찬탄해서 '소리도 없고 냄새도 없다'고 말한 『시경』143)처럼 한다면, 옳을 것입니다. 어찌 무극이라는 글자를 태극 위에 붙이는 것이 마땅한 일이겠습니까? 노형께서는 염계가 목백장144)에게서 태극도를 얻었고, 백장이 전한 것은 진희이145)로부터 나왔다고 하였는데, 이것에는 반드시 근거가 있습니다. 희이의 학문은 노자의 학문입니다. 무극이라는 두 글자는 『노자』「지기웅」장146)에 나오는 것으로, 우리 성인들의 책에는 결단코

---

142) 『論語』「述而」.
143) 『詩經』「大雅」.
144) 목수(穆修, 979~1032) : 자는 백장(伯長)이고, 운주(鄆州 : 지금의 산동성)출신이다. 진단에게서 배웠다. 1009년에 진사가 되었고, 태주사리참군(泰州司理參軍), 양주문학참군(潁州文學參軍)을 역임하였다. 저서에 『하남목공집(河南穆公集)』이 있다.
145) 진단(陳摶) : 자는 도남(圖南), 호는 희이(希夷)이다.
146) 백서본(帛書本) 72장, 왕필본(王弼本) 28장.

없는 것입니다. 『노자』는 첫 장에서 '무명은 천지의 시작이고, 유명은 만물의 어머니다'라고 하고, 마침내는 그것을 동일화시켜버립니다. 이 것이 바로 노자의 핵심 가르침입니다. '무극이면서 태극이다'라는 것이 바로 이런 노자의 가르침입니다. 노자의 학문은 바르지 않고 '이치'를 이해한 것이 분명하지 않은 것도 그 가려진 곳이 바로 여기에 있기 때문입니다. 노형께서는 우리 학문에 힘쓰시는 것이 깊고 오래되었는데도, 오히려 이것을 구별할 수 없는 것은 무엇 때문입니까? 『통서』의 "중에서 그쳐야 한다"[147]는 말은 이것과는 분명히 같지 않은 것인데도, 노형께서는 오히려 이것을 살피지 않는 것은 무엇 때문입니까? 『태극도설』은 무극이라는 두 글자를 제일 앞에 두었지만, 『통서』는 끝날 때까지 한 번도 무극이라는 글자를 언급하지 않고 있는데, 이정(二程)의 주장과 말은 매우 많지만 일찍이 무극이라는 글자는 언급한 적이 없었습니다. 설령 그 처음에 이 「태극도」가 있었다고 할지라도 그 뒤에 일찍이 무극이라는 글자를 언급하지 않았다는 것을 보면, 염계선생이 도에 나아갔기 때문에 그것을 옳지 않다고 여겼다는 것을 알 수 있습니다. 노형께서는 주석들을 고증하여 바로잡는 일에 존신(尊信)을 표현하였음에도 이와 같은 상황에 이르렀으니 아마도 아직 훌륭한 조술자가 되지 못한 것 같습니다. 반청일[148]의 시문은 볼만한 것이 있지만, 그가 어찌 염계선생을 이해할 수 있었겠습니까? 명도와 이천은 직접 염계선생을 스승으로 삼았는데, 당시에는 반청일의 주변에 모여들었던 유명한 현자들도 또한 적지 않았다고 합니다. 염계선생에 대한 기록은 모두 이 반청일에게 귀속되는 것인데, 염계선생의 후손들이 염계의 학문을 잇지 못했음을 알 수가 있습니다. 그런데도 노형께서는 어찌 반청일의 기록을

---

147) 『통서(通書)』 「理性命」.

148) 반흥사(潘興嗣, 1023~1100) : 자는 연지(延之)이고, 남창(南昌) 신건(新建) 출신이다. 주돈이의 친구이면서, 왕안석(王安石) 증공(曾鞏)과 교류하였다. 음사로 관직에 나아가, 덕화(德化) 위(尉)를 역임하였다. 저서에 『西山文集』이 있다.

그렇게 독실하게 믿으시는 것입니까? 제 형의 말을 가볍게 여겨서는 안 될 것 같습니다.

맹자가 묵자인 이지와 논변할 때는 그들의 '차등 없이 사랑하라'는 말에 근거하였고,[149] 허행과 논변할 때 "백성들과 함께 농사를 짓는다"는 그의 말에 근거하였고,[150] 고자와 논변할 때는 '마땅함의 기준은 외부에 있다'는 그의 말과 "사람의 본성에는 선과 불선의 차이가 없다"는 그의 말에 근거하여서,[151] 일찍이 건성으로 헤아리는 말을 한 적이 없었습니다. 그런데 노형의 논변은 이와는 다른 것 같습니다. 제가 지금 논의하고 있는 것은 모두 노형의 서신에 들어 있는 핵심적인 말에 근거하고 있기 때문에 덜거나 줄일 수가 없습니다. 만일 노형이 건성으로 한 말로 바로잡을 것이 있어도 또한 증거가 부족하니, 바로 이것이 이른바 "백성들은 이제야 되갚을 수가 있었다"[152]는 것입니다.

형의 서신은 다음과 같이 되어 있습니다. "사산은 마음을 너그럽게 하고 뜻을 부드럽게 하여 두 사람의 말을 반복해서 보아, 내가 말한 것이 내가 한 것으로부터 나온 것처럼 해서 조금이라도 의심이 없도록 해야 한다. 그런 뒤에야 말을 하고 논의를 세워서 그 옳고 그름을 판단하게 된다면, 그 변론은 번잡해지지 않고 의미가 있는 곳이 파악되지 않음이 없게 될 것이다." 지금 저의 형이 그 설명의 그릇됨을 깊이 의심하고 있는데, 어찌 상대방의 말이 상대방에서 나온 것처럼 해서 조금의 의심도 없게 할 수 있겠습니까? 만일 상대방의 말이 상대방에서 나온 것처럼 해서 조금의 의심도 없도록 한다면 옳지 않는 바가 없을 텐데, 이런 경우 어찌 세울 만한 주장이나 논박할 만한 그릇됨이 있을 수 있겠습니까? 형의 이 말이야말로 조급함에 영향을 받고 있어서 아직 정교

---

149) 『孟子』 「滕文公 上」.
150) 위의 글.
151) 『孟子』 「告子 上」.
152) 『孟子』 「梁惠王 下」.

하지 않은 것 아닙니까? 또 형은 다음과 같이 말했습니다. "한 번 조급한 뜻으로 찾으려고 한다면 의미를 살피는 데 정교할 수 없고 아울러 상대방의 마음에 대해서도 다하지 못하는 것이 있게 될 것이다. 이런 경우 논의가 어지러워져서 비록 오류가 없으려고 할지라도 그렇게 될 수 없는 법이다." 이 말은 아마도 형 자신에게 해당하는 말일 것입니다.

이전에 남강에서 형이 해석하신 "고자는 말에서 얻지 못한다면 마음에서도 구해서는 안 된다"는 구절을 논해보면 옳지 않는 것 같습니다. 형은 제게 평정한 마음으로 살펴보라고 하셨습니다. 그래서 저는 그때 다음과 같이 말한 적이 있습니다. 갑과 을이 논변을 하고 있고 각자가 자신의 설명이 옳다고 하는 경우, 갑은 을이 평정한 마음을 갖기를 바라고, 을도 또한 갑이 평정한 마음을 갖기를 바랄 것입니다. 평정한 마음에 대한 설명은 아마도 해명하기 어렵기 때문에 사태에 입각해서 그 이치를 논하는 것이 타당할 것입니다. 지금 이런 '조급함'에 대한 설명과 '마음을 너그럽게 하고 뜻을 부드럽게 함'에 대한 설명이 바로 이와 같은 유일 것입니다. 사태의 이치를 논의할 때, 이와 같은 설명들로 타인을 압박해서는 안 될 것 같습니다. 그래야 사태의 이치를 분명하게 밝힐 수 있을 것입니다. 육구소 형의 기품은 너그럽기 때문에 글을 볼 때도 간략하게 보지 않고 반드시 여유를 가지고 음미하고 오랫동안 의미를 헤아렸을 것입니다. 지금 '조급함'으로 제 형을 규정한다면, 비록 다른 사람이라고 할지라도 이해하지 못할 것입니다. 옳음과 그름을 논변하고 그릇됨과 옳음을 구별하고 의심스러운 것을 해결하는 데는 진실로 명확하고 명백함을 귀하게 여겨야 합니다. 그렇기 때문에 헤아리고 논박하고 주장하는 글에 대해 원컨대 형이 가볍게 여기지 않기를 바랍니다.

사산 형이 다시 변론하지 않았던 이유는 존형께서 자신을 잡으려는 뜻이 매우 확고해서 타인의 말을 매우 소홀하게 보며 논쟁에서 이기기를 추구하기만 하지 학문에 도움되는 것을 구하지 않았기 때문이라고 합니다. 그러나 저는 존형이 그렇다고 생각하지 않습니다. 형께서는 평상시 친구들을 정성스럽게 대하고 그들로부터 자신을 바로잡고 닦는 이로움을 구하려고 한 것도 또한 매우 지극합니다. 유독 여러 암컷들 사이에 홀로 수컷처럼 있기 때문에, 사람들이 형에게 참된 말을 올리지 못할 뿐만 아니라 또한 아직 참된 말을 할 수 있는 사람도 없는 것 같습니다. 그러므로 논의가 함부로 나오는 것은 아마도 이런 형세 때문인 것 같습니다. 이전에 서로 모여서 매번 형이 제게 기대하셨던 것에 부응할 수 없었던 것을 부끄럽게 여겼는데, 지금은 제 스스로 조금 향상된 것이 있다고 말할 만하니, 장차 다시 만나서 가르침을 받고 싶습니다. 지금 존형께서 시국에 쓰임을 받고 있어 진퇴의 길이 다르니 다시 만날 것을 기약할 수가 없습니다. 또 저의 생각을 토로할 기회를 얻어서 이처럼 소견을 구구하게 부치니 저의 의견을 옳다고 여기지 않는다면, 거리끼지 말고 가르쳐 주십시오.

진정 길이 머니 나라를 위하여 자애하시고 정치적으로 중요한 지위에 쓰이게 됨을 기다려 천하에 은택을 베풀어 주시길 바랄 뿐입니다.

黃易二生歸, 奉正月十四日書, 備承改歲動息, 慰浣之劇, 不得嗣問. 俟又經時, 日深馳鄕, 聞已赴闕奏事, 何日對敭? 伏想大攄素蘊, 爲明主忠言, 動悟淵衷, 以幸天下. 恨未得卽聞緖餘, 沃此傾渴. 外間傳聞, 留中講讀, 未知信否? 誠得如此, 豈勝慶幸!

鄕人彭世昌得一山, 在信之西境, 距敝廬兩舍而近, 實龍虎山之宗. 巨陵特起, 㟏然如象, 名曰象山. 山間自爲原塢, 良田淸池, 無異平野. 山澗合爲瀑流, 垂注數里. 兩崖有蟠松怪石, 却畧偓塞, 中爲茂林, 瓊瑤氷雪, 傾倒激射, 飛灑映帶於其閒, 春夏流壯, 勢如奔雷. 木石自爲階梯, 可沿以觀, 佳處與玉淵, 臥龍未易優劣. 往歲彭子結一廬以相延, 某亦自爲精舍於其側. 春間携一姪二息, 讀書其上. 又得勝處, 爲方丈以居. 前把閩山, 奇峯萬疊, 後帶二溪, 下赴彭蠡. 學子亦稍稍結茅其傍,相從講習. 此理爲之日明, 舞雩詠歸, 千載同樂.

　某昔年兩得侍教, 康廬之集, 加款於鵝湖, 然猶鹵莽淺陋, 未能成章, 無以相發, 甚自媿也. 比日少進, 甚思一侍函丈, 當有啓助, 以卒餘敎. 尙此未能, 登高臨流, 每用悵惘. 往歲覽尊兄與梭山家兄書, 嘗因南豐便人, 僭易致區區, 蒙復書許以卒請, 不勝幸甚. 古之聖賢, 惟理是視. 堯舜之聖, 而詢於蒭蕘, 曾子之易簀, 蓋得於執燭之童子. 蒙九二曰, 納婦吉. 苟當於理, 雖婦人孺子之言所不棄也. 孟子曰, 盡信書, 不如無書. 吾於武成, 取二三策而已矣. 或乖理致, 雖出古書, 不敢盡信也. 智者千慮, 或有一失, 愚者千慮, 或有一得, 人言豈可忽哉?

　梭山兄謂, 太極圖說與通書不類, 疑非周子所爲. 不然, 則或是其學未成時所作. 不然, 則或是傳他人之文, 後人不辨也. 蓋通書理性命章言中焉止矣. 二氣五行, 化生萬物, 五殊二實, 二本則一. 曰一, 曰中, 卽太極也. 未嘗於其上加無極字. 動靜章言五行陰陽, 陰陽太極, 亦無無極之文. 假令太極圖說是其所傳, 或其少時所作, 則作通書時, 不言無極, 蓋已知其說之非矣. 此言殆未可忽也. 兄謂, 梭山急迫, 看人文字, 未能盡彼之情, 而欲遽申己意, 是以輕於立論, 徒爲多說, 而未必果當於理. 大學曰, 無諸己而後非諸人. 人無古今智愚賢不肖, 皆言也, 皆文字也. 觀兄與梭山之書, 已不能酬斯言矣, 尙何以責梭山哉?

　尊兄向與梭山書云, 不言無極, 則太極同於一物, 而不足爲萬化根本. 不言太極, 則無極淪於空寂, 而不能爲萬化根本. 夫太極者, 實有是理, 聖人從而發明之耳, 非以空言立論, 使後人簸弄於頰舌紙筆之間也. 其爲萬化根本, 固自素定, 其足不足, 能不能, 豈以人言不言之故邪? 易大傳曰易有太極. 聖人言有, 今乃言無, 何也? 作大傳時不言無極, 太極何嘗同於一物, 而不足爲萬化根本邪? 洪範五皇極, 列在九疇之中, 不言無極, 太極亦何嘗同於一物, 而不足爲萬化根本邪? 太極固自若也. 尊兄只管言來言去, 轉加糊塗, 此眞所謂輕於立論, 徒爲多說, 而未必果當於理也. 兄號句句而論字字而議有年矣, 宜益工益密, 立言精確, 足以悟疑辨惑, 乃反疎脫如此, 宜有以自反矣.

後書又謂無極卽是無形, 太極卽是有理. 周先生恐學者錯認太極別爲一物, 故着無極二字以明之. 易大傳曰形而上者謂之道, 又曰一陰一陽之謂道, 一陰一陽已是形而上者, 況太極乎? 曉文義者擧知之矣. 自有大傳, 至今幾年, 未聞有錯認太極別爲一物者. 設有愚謬至此, 奚啻不能以三隅反, 何足尙煩老先生特地於太極上加無極二字以曉之乎? 且極字亦不可以形字釋之. 蓋極者, 中也. 言無極, 則是猶言無中也, 是奚可哉? 若懼學者泥於形器而申釋之, 則宜如詩言上天之載, 而於下贊之曰無聲無臭, 可也. 豈宜以無極字加於太極之上? 朱子發謂濂溪得太極圖於穆伯長, 伯長之傳出於陳希夷, 其必有效. 希夷之學, 老氏之學也. 無極二字, 出於老子知其雄章, 吾聖人之書所無有也. 老子首章言無名天地之始, 有名萬物之母, 而卒同之, 此老氏之宗旨也, 無極而太極, 卽是此旨. 老氏學之不正, 見理不明, 所蔽在此. 兄於此學, 用力之深, 爲日之久. 曾此之不能辨, 何也? 通書中焉止矣之言, 與此昭然不類, 而兄曾不之察, 何也? 太極圖說以無極二字冠首, 而通書終篇未嘗一及無極字. 二程言論文字至多, 亦未嘗一及無極字. 假令其初, 實有是圖, 觀其後來未嘗一及無極字, 可見其道之進, 而不自以爲是也. 兄今考訂註釋, 表顯尊信, 如此其至, 恐未得爲善祖述者也. 潘淸逸詩文可見矣, 彼豈能知濂溪者? 明道伊川, 親師承濂溪, 當時名賢居潘右者亦復不少, 濂溪之誌, 卒屬於潘, 可見其子孫之不能世其學也, 兄何據之篤乎? 梭山兄之言, 恐未宜忽也.

孟子與墨者夷之辨, 則據其愛無差等之言. 與許行辨, 則據其與民並耕之言. 與告子辨, 則據其義外與人性無分於善不善之言, 未嘗泛爲料度之說. 兄之論辨則異於是. 如某今者所論, 則皆據尊兄書中要語, 不敢增損, 或稍用尊兄泛辭以相繩糾者, 亦差有證據, 抑所謂夫民, 今而後得反之也.

兄書令梭山寬心游意, 反復二家之言, 必使於其所說如出於吾之所爲者, 而無纖芥之疑, 然後可以發言立論, 而斷其可否, 則其爲辨也不煩, 而理之所在無不得矣. 彼方深疑其說之非, 則又安能使之如出於其所爲者, 而無纖芥之疑哉? 若其如出於吾之所爲者, 而無纖芥之疑, 則無不可矣. 尙何論之可立否之可斷哉? 兄之此言, 無乃亦少傷於急迫而未精邪? 兄又謂一以急迫之意求之, 則於察理已不能精, 而於彼之情又不詳盡, 則徒爲紛紛, 雖欲不差, 不可得矣. 殆夫子自道也.

向在南康, 論兄所解告子不得於言, 勿求於心一章非是. 兄令某平心觀之. 某嘗答曰, 甲與乙辨, 方各是其說, 甲則曰願某乙平心也, 乙亦曰願某甲平心也, 平心之說, 恐難明白, 不若據事論理可也. 今此急迫之說, 寬心游意之說, 正相類耳. 論事理, 不必以此等壓之, 然後可明也. 梭山氣稟寬緩, 觀書未嘗草草, 必優游諷詠, 耐久紬繹. 今以急迫指之, 雖他人亦未喩也. 夫辨是非, 別邪正, 決疑似, 固貴於峻潔明白, 若乃料度羅織文致之辭, 願兄無易之也.

梭山兄所以不復辨者, 蓋以兄執己之意甚固, 而視人之言甚忽, 求勝不求益也, 某則以爲不然. 尊兄平日惓惓於朋友, 求箴規切磨之益, 蓋亦甚至. 獨羣雌孤雄, 人非惟不敢以忠言進於左右, 亦未有能爲忠言者, 言論之橫出, 其勢然耳. 向來相聚, 每以不能副兄所期爲媿, 比者自謂少進, 方將圖合并而承敎. 今兄爲時所用, 進退殊路, 合并未可期也. 又蒙許其吐露, 輒寓此少見區區, 尊意不以爲然, 幸不憚下敎.

政遠, 惟爲國保愛, 倚需柄用, 以澤天下.

🄫 육자의 연보를 보면 이 서신은 순희 15년(1188)에 쓰인 것인데, 이 때 주자의 나이는 59세이고 육자의 나이는 50세였다.

按陸子年譜, 此書在淳熙十五年戊申歲. 時朱子年五十九, 陸子年五十.

육자정에게 답하다[答陸子靜] 5[153)]

　십일월 팔일 저는 머리를 조아려서 두 번 절하고 숭도감승 자정에게 올립니다. 지금 여름에 옥산에서 인편을 통해 서신을 받았는데, 그때 도성에 들어갔다 다시 집으로 돌아온 것은 질병이 많았기 때문입니다. 또 인편이 없었기 때문에 바로 답신을 보낼 수가 없었습니다. 그렇지만 그대의 덕과 의로움 그리고 상산이란 곳의 자연의 아름다움을 생각해보면, 일찍이 서쪽을 보고 크게 탄식하지 않을 수가 없었습니다. 최근에 겨울이 너무 따뜻합니다. 그대에게 만복이 깃들고, 여러 동학들과 또 그대의 아들과 조카들이 모여서 행복하고 편안하고, 배우러 오는 학자들도 또한 뛰어나기를 공손히 바랍니다.

　저는 이 두 해에 경황이 없어서[154)] 공사(公私) 모두 제대로 처리하지 못했으니 그저 매우 부끄럽습니다. 뜻밖에 오늘 조정의 부름을 받았지만[155)] 이전에 입은 은혜를 생각해보면 이미 너무 은혜를 입었기에 감히 조정에 나갈 수가 없었는데, 이 일이 권력을 잡은 이들의 비방을 낳게 했습니다. 그래서 이미 사람을 보내 조정에 하소연을 해서 벼슬을 면하려고 하였습니다. 만일 그렇게 되지 못한다면, 마땅히 힘을 다해 청해서 제 뜻대로 되기를 기약하려고 합니다. 문을 닫고 헛되이 녹미를 받아 보잘 것 없는 학문을 연구하는 것이 저에게 어울리는 것 같습니다. 한스러운 것은 황제의 은혜가 두터운데도 그것을 갚을 길이 없어서 죽어서도 한이 남을 것 같다는 점입니다.

　이전 서신에서 자세히 가르쳐주신 것을 저는 감히 받들지 못하겠습니다. 그대는 다음과 같이 말했습니다. "옛날의 성현들은 오직 이치만을

---

153) 『朱熹集』 권36－10, 1188(59세).
154) **【翼增】** 1187년 7월 강서제형을 제수받았지만 수차례 사록을 청하였다. 이때에 비로소 대궐에 들어갔다가 돌아왔다.
155) **【節補】** 우몽수소(又蒙收召)는 1188년 9월 임지로 나간 것을 말한다.

보았습니다. 말이 이치에 맞는다면 비록 아녀자들이나 어린아이들의 말이라도 버리는 바가 없었습니다. 만일 이치에 어긋난다면 그것이 비록 옛 책에서 나왔다고 할지라도 모두 믿어서는 안 될 것입니다.” 이 논의는 매우 온당해서 세속적인 선비들의 천한 견해가 미칠 수 있는 바가 아닙니다. 그렇지만 저는 “말은 선택하기 어렵지 않지만, 이치에는 아직 쉽게 이해한 바가 없다”고 말하고자 합니다. 만약 이치에 대해 실제로 본 바가 있다면, 다른 사람의 말의 옳고 그름에 대해 흑백을 구분하는 것처럼 쉽게 구분할 수 있을 뿐만 아니라, 그 사람의 현명함과 그렇지 않음을 조사하지 않고서도 버릴 것은 버리고 취할 것을 취할 수 있을 것입니다. 불행히도 내가 말한 ‘이치’라는 것이 단지 내 자신의 사사로운 견해에서 나온 것이라면, 아마도 그 취하고 버릴 것이 여러 말들을 절충하는 것으로 충분하지 않을 것입니다. 하물며 이치에 아직 밝지 못해서 다른 사람의 말에 대해 또한 그 뜻을 다 알지 못하는 경우에 있어서이겠습니까? 또 이런 경우 어찌 옛 책을 비방하고 믿을 만한 것이 못 된다고 해서 단지 자신의 생각으로 판단한 것을 따를 수 있겠습니까?

보내주신 서신은 반복해서 무극과 태극에 대해 자세하게 논변하고 있습니다. 그렇지만 제가 보건대 복희씨가 『역』을 만들었을 때 일획 이하에 그리고 문왕이 역을 풀 때 건원 이하에 모두 일찍이 태극에 대해 말한 적이 없지만, 공자가 그것을 말했습니다. 공자가 『주역』을 찬했을 때 태극 이하에 일찍이 무극에 대해 말한 적이 없지만 염계선생이 그것을 말했습니다. 대저 앞 성인과 뒷 성인이 어찌 같은 노선에 있지 않겠습니까? 만약 여기에서 태극의 진체(眞體)를 실제로 환하게 깨닫는다면, 말하지 않는 사람이 적지 않고 말한 사람이 많지 않음을 알 수 있습니다. 어찌 이와 같이 분분한데 이르렀습니까? 지금은 이미 그렇지 않으니, 곧 내가 말한 이치가 아마도 여러 말들을 절충하기에 아직 충분하지 않을 수도 있습니다. 또한 하물며 다른 사람의 말을 다 이해하지 못하는 것이 어찌 하나 둘 뿐이겠습니까? 이미 제가 비루하지 않다고 가르치시려고 하니, 저도 또한 감히 저의 뜻을 표현하지 않을 수가 없습니다.

『역전』의 태극이란 것이 무엇입니까? 곧 양의·사상·팔괘의 이치는 이 세 가지 앞에 갖추어져 있지만 이 세 가지 안에 함축되어 있습니다. 성인의 뜻은 바로 궁극적인 지극을 부를 만한 이름이 없기 때문에 다만 그것을 '태극'이라 부른 것이라는 입장으로서, "천하의 지극함을 다 들어도 이것에 더할 수가 없다"고 말한 것과 같은 것이지, 처음부터 '중'으로 그것을 규정하지는 않았습니다. 북극의 '극', 옥극의 '극', 황극156)의 '극', 민극의 '극'에 대해, 비록 여러 유가들이 '중'으로 해석하는 경우가 있다고 할지라도, 이것은 이런 것들의 '극'이 항상 이런 것들 안에 있기 때문이지, '극'자를 '중'으로 푼 것은 아닙니다. '극'이라는 것은 단지 지극을 가리킬 뿐입니다. 형체가 있는 것으로 말한다면, 그 사방팔면이 모두 모여들어서 이 쌓인 곳에 이르면 다시 갈 곳이 없게 됩니다. 이로부터 사방팔면으로 미루어나가면 모두 앞과 뒤가 없이 가지런합니다. 그러므로 '극'이라고 말할 뿐입니다. 뒷사람들은 그 가운데에 머물면서 사방에 대응했기 때문에 그 자리를 가리켜 '중'이라고 말한 것이지, '극'의 뜻을 '중'이라고 푼 것은 아닙니다. 태극의 경우에는 처음부터 말할 만한 모양이나 장소가 없어서 단지 이 이치가 지극하기 때문에 '극'이라고 말했을 뿐입니다. 지금 '중'으로 그것을 규정한다면, 이것이 바로 제가 말한 "이치에도 아직 밝지 않고 다른 사람의 말도 다 이해하지 못한다"는 뜻 중 첫 번째의 것입니다.

『통서』「이성명」장의 경우, 처음 두 구절은 '이치'를 말하고, 다음 세 구절은 '본성'을 말하고, 그 다음 여덟 구절은 '천명'을 말하고 있습니다. 「이성명」장 안에 이 세 글자가 없기 때문에 특별히 이 세 글자로 이 장에 이름을 붙여서 표현한 것이라면, 「이성명」장 안의 말들은 진실로

---

156) 『書經』「洪範」에 나오는 구주(九疇) 중 가운데에 분류된 것.

각각 이미 속하는 곳이 있는 것입니다. 이른바 '영'이나 '일'이 바로 태극이고, 이른바 '중'은 기품이 '중'을 얻은 것인데, '강선' '강악' '유선' '유악'과 함께 다섯 가지 성을 구성하고 오행에 속하는 것이지만, 처음부터 이것을 태극이라고 여긴 적은 없습니다. 또 '중에서 멈춘다'고 말했고, 또 아래에 '이기와 오행이 만물을 낳고 변화시킨다'에 귀속되는 말들도 또한 다시 어떤 문자의 의미가 되겠습니까? 지금 보내주신 가르침은 '중'을 가리켜 태극이라고 삼고, 또 그것을 아래 문장에 귀속시킨다면, 이것도 바로 제가 말한 "이치에도 아직 밝지 않고 다른 사람의 말도 다 이해하지 못한다"는 뜻 중 두 번째의 것입니다.

만약 무극 두 글자를 논한다면, 주재[주돈이]는 명확하게 도의 모습을 보고 항상된 실정을 드러내어 옆 사람들의 시비를 돌아보지 않고 자신의 득실을 따지지 않으며 용감하게 앞으로 나아가 사람들이 감히 설명하지 못한 도리를 표현해내서, 뒤의 학자들로 하여금 태극의 신비함이 있음과 없음에 속하지 않고 장소와 형체에 귀착되지 않는다는 것을 분명하게 보게끔 하였습니다. 만약 이것을 간파할 수 있다면, 염계선생이 수많은 성인들 이래로 전해지지 않았던 비밀을 진실로 얻어서 그대의 말처럼 "얽은 집 아래의 집, 포개진 침상 위의 침상"과 같은 것이 아님을 알 수 있을 것입니다. 지금 그대가 반드시 그렇지 않다고 하니, 이것도 바로 제가 말한 "이치에도 아직 밝지 않고 다른 사람의 말도 다 이해하지 못한다"는 뜻 중 세 번째의 것입니다

『역전』의 경우 이미 '형이상의 측면을 도라고 말한다'고 했고, 또 '일음일양을 도라고 말한다'고 했는데, 이것이 어찌 음양을 형이상이라고 말한 것이겠습니까? 바로 한 번 음하고 한 번 양하는 것이 비록 형체적인 것에 속한다고 할지라도 한 번 음하고 한 번 양하는 이유가 바로 도체가 하는 것임을 알 수 있기 때문입니다. 그러므로 도체의 지극함을 말하는 경우 태극이라고 말하고, 태극의 작용함을 말하는 경우 '도'라고 하는 것입니다. 비록 두 가지 이름이 있다고 할지라도 처음부터 구별되

는 두 가지 몸체가 있었던 것은 아닙니다. 주자[주돈이]가 무극이라고 말한 까닭은 바로 그것에 장소도 형체도 없기 때문에, 사물들 앞에 있지만 사물들 뒤에도 서있지 않은 적이 없다고 여겼고, 음양의 바깥에 있지만 음양 안에 작용하지 않은 적이 없다고 여겼고, 모든 것을 관통하는 온전한 도체가 어느 곳이나 없는 경우가 없지만 처음부터 말할 만한 소리, 냄새, 그림자, 메아리와 같은 감각적인 징후가 없다고 여겼기 때문입니다. 지금 무극이 그렇지 않다고 매우 심하게 비판한다면, 이것은 단지 태극이 형상과 장소를 가지고 있다고 여기는 것입니다. 바로 음양을 형이상이라고 본다면, 이것도 또한 도와 기의 구분에 어두운 것일 뿐입니다. 또 '형이상'의 위에 다시 '하물며 태극에 있어서랴'라는 말이 있게 된다면, 이것은 도 위에 별도의 하나의 사물이 있어서 그것을 태극으로 여기는 것입니다. 이것도 바로 제가 말한 "이치에도 아직 밝지 않고 다른 사람의 말도 다 이해하지 못한다"는 뜻 중 네 번째의 것입니다

제가 이전에 무극을 말하지 않으면 태극은 하나의 사물과 같아져서 모든 변화의 근본이 되기에 충분하지 않고, 태극을 말하지 않으면 무극은 공적함에 빠져서 모든 변화의 근본이 되기에 충분하지 않다'고 했는데, 이것은 주자의 뜻을 미루어본 것입니다. 당시에 만약 이와 같이 두 가지로 논의하지 않았다면, 주자[주돈이]의 독자들은 말의 뜻을 오해해서 반드시 치우친 견해라는 병통이 있게 될 것입니다. 다른 사람이 '있다'고 말하는 것을 들으면 실제로 있다고 말하고, 다른 사람들이 없다고 말하는 것을 보면 곧 진짜로 없다고 말할 따름입니다. 제 스스로는 이와 같이 주자[주돈이]의 뜻을 설명하면 매우 분명하며 단지 도를 아는 사람들은 아마도 너무 주자의 뜻을 심하게 드러냈다고 싫어할 수도 있다고 생각했습니다. 하지만 노형 같은 분이 오히려 저의 이런 해석을 온당하지 않아서 알기 어렵다고 여기리라 생각하지는 않았습니다. 바라건대 제 서신의 상하 문맥으로 자세히 살펴보시면, 어찌 태극이 사람이 말한다고 해서 늘어나고 줄어듦이 있다고 말하는 것이겠습니까? 이것

도 바로 제가 말한 "이치에도 아직 밝지 않고 다른 사람의 말도 다 이해하지 못한다"는 뜻 중 다섯 번째의 것입니다.

보내주신 서신은 또 "『역전』은 분명히 역에는 태극이 있다고 말했는데, 지금 그대는 무(無)를 말하는 것은 무엇 때문입니까?"라고 말하고 있습니다. 이것은 더욱 그대에게서 바랄 수 있는 질문은 아닙니다. 올해 여름 어떤 사람과 『역』에 대해 논의한 적이 있는데, 그 사람의 논의가 바로 그대와 같았습니다. 당시에 그 사람과 대화하면서 웃음을 참을 수가 없어서, 잘못을 지적받는 데까지 이르게 되었던 적이 있습니다. 저 세속적인 유가들은 융통성이 없고 경직되어 있기 때문에, 말을 따라 바로 해석을 만들어 내는 것도 괴이한 일이라고 할 수 없을 것입니다. 그대는 평상시 스스로를 어떻게 보고 있기에 이런 말을 하십니까? 그대는 『역전』이 말한 '있음'이 진실로 양의·사상·팔괘에 정해진 자리가 있고, 천지·오행·만물에는 정해진 형태가 있다는 것과 같다고 말하고 있는 것입니까? 주자[주돈이]가 말한 '없음'이 진실로 공허하고 단멸해서 사물을 낳는 이치가 없다는 것을 의미하는 것입니까? 이것도 바로 제가 말한 "이치에도 아직 밝지 않고 다른 사람의 말도 다 이해하지 못한다"는 뜻 중 여섯 번째의 것입니다

노자의 "무극으로 다시 돌아간다"[157]는 말에서 '무극'은 바로 무궁의 의미인데, 장자가 "무궁의 문으로 들어가서 무극의 들에서 노닌다"[158]고 말한 것과 같은 것이지, 주자가 말한 뜻과 같은 것이 아닙니다. 지금 이것을 인용해서 주자(周子)의 말이 실제로 노자로부터 나왔다고 말한다면, 이것도 바로 제가 말한 "이치에도 아직 밝지 않고 다른 사람의 말도 다 이해하지 못한다"는 뜻 중 일곱 번째의 것입니다

그대의 학문은 방외(方外)를 초월해 있으니 진실로 이 세간의 언어로 따지거나 이 세간의 의견으로 헤아리기가 쉽지 않습니다. 지금 저의 의

---

157) 『道德經』 28장.
158) 『莊子』 「在囿」.

견으로 논의해보았으니, 전에 진술한 것처럼 아직 부합되지 않는 것이 있으면 또한 다시 대답을 듣고 싶습니다. 그렇지만 단지 논의만 분분하고 세상 사람들이 비웃게 될까봐 두렵습니다. 이미 이런 사태를 생각해보았지만, 만약 말하지 않는다면 학자들이 끝내 수정을 받을 수 없을 것입니다. 이 두 가지 경우를 비교해보면, 현재 사람들에게 비웃음을 받는 것이 낫지 후대 사람들에게 죄를 지을 수는 없습니다. 그러므로 끝내 멈추지 못하고 저의 뜻을 마침내 진술하게 되었습니다. 그대는 어떻게 생각하시는지요?

十一月八日, 熹頓首再拜, 上啓子靜崇道監丞老兄. 今夏在玉山便中得書, 時以入都, 旋復還舍, 疾病多故. 又苦無便, 不能卽報. 然懷想德義, 與夫象山泉石之勝, 未嘗不西望太息也. 比日冬溫過甚, 恭惟尊候萬福, 諸賢兄令子姪眷集, 以次康寧, 來學之士, 亦各佳勝.

熹兩年冗擾, 無補公私, 第深愧歎. 不謂今者又蒙收召, 顧前所被, 已極叨蹤, 不敢昌進, 以速龍斷之譏, 已遣人申堂懇免矣. 萬一未遂, 所當力請, 以得爲期. 杜門竊廩, 溫繹陋學, 足了此生. 所恨上恩深厚, 無路報塞, 死有餘憾也.

前書誨諭之悉, 敢不承敎. 所謂古之聖賢, 惟理是視. 言當於理, 雖婦人孺子, 有所不棄. 或乖理致, 雖出古書, 不敢盡信. 此論甚當, 非世儒淺見所及也. 但熹竊謂言不難擇, 而理未易明. 若於理實有所見, 則於人言之是非, 不翅黑白之易辨, 固不待訊其人之賢否而爲去取. 不幸而吾之所謂理者, 或但出於一己之私見, 則恐其所取舍, 未足以爲羣言之折衷也. 況理旣未明, 則於人之言, 恐亦未免有未盡其意者, 又安可以遽絀古書爲不足信, 而直任胸臆之所裁乎?

來書反復其於無極太極之辨, 詳矣. 然以熹觀之, 伏羲作易, 自一畫以下, 文王演易, 自乾元以下, 皆未嘗言太極也, 而孔子言之. 孔子贊易, 自太極以下未嘗言無極也, 而周子言之. 夫先聖後聖, 豈不同條而共貫哉? 若於此有以灼然實見太極之眞體, 則知不言者不爲少, 而言之者不爲多矣, 何至若此之紛紛哉? 今旣不然, 則吾之所謂理者, 恐其未足以爲羣言之折衷, 又況於人之言有所不盡者, 又非一二而已乎! 旣蒙不鄙而敎之, 熹亦不敢不盡其愚也.

且夫大傳之太極者, 何也? 卽兩儀四象八卦之理, 具於三者之先, 而蘊於三者之內者也. 聖人之意, 正以其究竟至極, 無名可名, 故特謂之太極. 猶曰, 擧天下之至極, 無以加此云爾, 初不以其中而命之也. 至如北極之極, 屋極之極, 皇極之極, 民極之極, 諸儒雖有解爲中者, 蓋以此物之極, 常在此物之中, 非指極字而訓之以中也. 極者, 至極而已. 以有形者言之, 則其四方八面合輳將來, 到此築底, 更無去處. 從此推出四方八面, 都無向背, 一切停勻, 故謂之極耳. 後人以其居中而能應四外, 故指其處, 而以中言之, 非以其義爲可訓中也. 至於太極, 則又初無形象方所之可言, 但以此理至極而謂之極耳. 今乃以中名之, 則是所謂理有未明, 而不能盡乎人言之意者, 一也.

通書理性命章, 其首二句言理, 次三句言性, 次八句言命, 故其章內無此三字, 而特以三字名其章以表之, 則章內之言, 固已各有所屬矣. 蓋其所謂靈, 所謂一者, 乃爲太極, 而所謂中者, 乃氣稟之得中, 與剛善剛惡柔善柔惡者爲五性, 而屬乎五行, 初未嘗以是爲太極也. 且曰, 中焉止矣, 而又下屬於二氣五行, 化生萬物之云, 是亦復成何等文字義理乎? 今來諭乃指其中者爲太極而屬之下文, 則又理有未明, 而不能盡乎人言之意者, 二也.

若論無極二字, 乃是周子灼見道體, 逈出常情, 不顧旁人是非, 不計自己得失, 勇往直前, 說出人不敢說底道理, 令後之學者曉然見得太極之妙, 不屬有無, 不落方體. 若於此看得破, 方見得此老眞得千聖以來不傳之秘, 非但架屋下之屋, 疊牀上之牀而已也. 今必以爲未然, 是又理有未明, 而不能盡乎人言之意者, 三也.

至於大傳旣曰形而上者謂之道矣. 而又曰一陰一陽之謂道. 此豈眞

以陰陽爲形而上者哉? 正所以見一陰一陽雖屬形器, 然其所以一陰而
一陽者, 是乃道體之所爲也. 故語道體之至極, 則謂之太極. 語太極之
流行, 則謂之道. 雖有二名, 初無兩體. 周子所以謂之無極, 正以其無方
所, 無形狀, 以爲在無物之前, 而未嘗不立於有物之後. 以爲在陰陽之
外, 而未嘗不行乎陰陽之中. 以爲通貫全體, 無乎不在, 則又初無聲臭
影響之可言也. 今乃深詆無極之不然, 則是直以太極爲有形狀, 有方所
矣. 直以陰陽爲形而上者, 則又昧於道器之分矣. 又於形而上者之上,
復有況太極乎之語, 則是又以道上別有一物爲太極矣. 此又理有未明,
而不能盡乎人言之意者, 四也.

至熹前書所謂不言無極, 則太極同於一物, 而不足爲萬化根本. 不言
太極, 則無極淪於空寂, 而不能爲萬化根本, 乃是推本周子之意, 以爲
當時若不如此兩下說破, 則讀者錯認語意, 必有偏見之病. 聞人說有,
卽謂之實有, 見人說無, 卽謂之眞無耳. 自謂如此說得周子之意, 已是
大煞分明, 只恐知道者厭其漏洩之過甚, 不謂如老兄者, 乃猶以爲未穩
而難曉也. 請以熹書上下文意詳之, 豈謂太極可以人言而爲加損者哉?
是又理有未明, 而不能盡乎人言之意者, 五也.

來書又謂大傳明言易有太極, 今乃言無, 何耶? 此尤非所望於高明者.
今夏因與人言易, 其人之論正如此. 當時對之, 不覺失笑, 遂至被劾. 彼
俗儒膠固, 隨語生解, 不足深怪. 老兄平日自視爲如何, 而亦爲此言耶?
老兄且謂大傳之所謂有, 果如兩儀四象八卦之有定位, 天地五行萬物
之有常形耶? 周子之所謂無, 是果虛空斷滅, 都無生物之理耶? 此又理
有未明, 而不能盡乎人言之意者, 六也.

老子復歸於無極, 無極乃無窮之義, 如莊生入無窮之門, 以遊無極之
野云爾, 非若周子所言之意也. 今乃引之, 而謂周子之言實出乎彼此,
又理有未明, 而不能盡乎人言之意者, 七也.

高明之學, 超出方外, 固未易以世間言語論量, 意見測度. 今且以愚
見執方論之, 則其未合有如前所陳者, 亦欲奉報, 又恐徒爲紛紛, 重使

世俗觀笑. 旣而思之, 若遂不言, 則恐學者終無所取正, 較是二者, 寧可見笑於今人, 不可得罪於後世. 是以終不獲已而竟陳之, 不識老兄以爲如何?

● 살펴보니, 이 글은 오직 주자[주돈이]가 학문을 논한 서신만 편집하고 있다. 경서의 의리를 변별하고 분석한 내용을 모두 싣지 않은 것은 그것이 신기에 너무 많고 또한 오직 학술의 동이에 관련된 것이 아니기 때문이다. 무극·태극의 논변 역시 경서의 의리와 관련되기 때문에 편입되어서는 안 된다. 하지만 두 선생의 학문이 같고 다른 단서가 실제 이 몇 통의 서신 왕복으로부터 발생했으며, 육자의 답서 역시 학술에 대해 논의하고 있으니 진정 내버릴 수 없다. 또한 오늘날 과거를 보는 선비는 단지 난숙한 시절의 문장 풍속과 경서의 뜻을 풀어서 밝히는 것만 알고 선유(先儒)의 글에 대해서는 전혀 눈길을 주지 않고 있다.『육자전서(陸子全書)』는 본래 많이 유포되지 않았고, 『주자대전집(朱子大全集)』159)의 경우도 소장하는 사람이 드물다. 명예를 좋아하는 선비가 우연히 한 부를 사더라도 또한 고각(高閣)에 둘 뿐이니, 한번이라도 온전히 본 사람을 찾아도 천명 중에 한명도 얻기 힘들다. 길에서 들은 말을 바로 길에서 이야기 하면서도160) 입을 바르게 하고는 "주자와 육자가 태극과 무극에 대해 논변했다"고 하는데, 시험삼아 주자가 논의한 바는 어떠하며 육자가 논의한 것은 어떠한지 물어보면, 모두 입을 다물고 답변하지 못한다. 그러므로 특별히 몇 통의 서신을 편입하여 세속의 학자가 볼 수 있도록 한다. 그 논의 중 무엇이 옳고 그른지는 보는 사람이 스스로 알 것이다. 무릇 시비(是非)의 마음은 사람이 모두 갖고 있으며, 이 마음이 같고 이 이치가

---

159)『주자대전집』은 두 종류가 있는데, 하나는 청(淸) 강희(康熙) 6년 복건(福建) 채지당 각본(采芝堂刻本)인데 잔본(殘本)만 남아 있고, 다른 하나는 강희 27년 채방병(蔡方炳)·장미석(臧眉錫)이 간행한 판본이다. 이불이 인용한 판본은 후자이다. 후자는 사고전서(四庫全書)의 저본(底本)이 되었다.
160) 좋은 말을 마음에 깊이 새기지 않는다는 뜻.

같으니 보는 바 역시 같다. 오직 치우친 선입견을 가슴에 가로놓아서는 안되며, 공평한 마음으로 보고 세심한 마음으로 살피기를 힘쓰면, 흑백 (黑白)처럼 밝아지니 하나의 말이라도 버려두어서는 안 된다. 지금 육구연의 답서(答書)를 뒤에 붙인다.

육자의 답서는 다음과 같이 말하고 있다.

여름에 서신을 받았는데, 그대가 임금과 면대[161]했다는 말을 듣고 매우 기뻤습니다. 모함[162]이 갑자기 일어나서 더욱 놀라고 한숨을 쉬게 됩니다. 현자의 진퇴는 여유로워 넉넉함이 있는데, 매우 애석한 점은 세상의 도일 뿐입니다. 마을의 집으로 돌아오고 여러 번 서신을 보내고 싶었는데, 매번 번거로운 일로 빼앗기고 다만 달려가고자 하는 마음만 쌓여가고 있었습니다. 강덕공이 보낸 사람이 이르러서 11월 8일의 서신을 받들게 되어 상세한 행동거지를 모두 듣게 되니 매우 크게 위안이 되었습니다. 근자에 집에 도착한 관보(官報)를 보고 임금의 명령을 알게 되었는데, 사직이 허락되지 않았으니 모름지기 다시 한 번 벗어날 방법은 없는 것인가요? 우리의 진퇴는 스스로 대의를 지니고 있으니 어찌 단지 혐의를 피하고 원망을 두려워한 것일 뿐이겠습니까? 전일에 얼굴을 대할 때 반드시 직책이 허락하는 한계에서 멈추지는 않았어야 했는데 지극한 말씀을 들을 수 없었던 일이 안타깝습니다. 후일의 서신에서 혹시 가르침을 주실 수 있는지요?

앞 서신에서 조목별로 분석한 견해는 바로 예전에 존형이 바라던 바를 저버린 것이었는데 근래 조금 진보하게 되어 비로소 스스로 죄에서 벗어나기를 도모할 뿐입니다. 보내신 서신에서 가르쳐 주시고 거듭 타일러 주시니 커다란 행복 이루 다 말할 수 없습니다. 어리석은 제 마음에 무언가 걸리는 게 있으면 의리상 모두 다 개진을 해야지 단지 멈추

---

161) 임금과 대면하는 것.
162) 임율이 모함한 일을 가리킴.

어선 안 된다고 하는 점은 역시 존형께서 가르쳐주시는 본래 의미일 것입니다. 근자에 절강에 있는 후배 학자가 서신을 보내서 충고를 했는데, 저희 두 사람이 익힌 바가 이미 성숙하여 끝내 서로 도움이 될 수 없으니 그냥 놔둔 채 논의하지 말고 후세가 스스로 선택하도록 기다리는 게 더 낫다고 하더군요. 참으로 어리석은 말입니다. 이 후배는 평범하고 견문이 좁아 속된 학문에 빠져서 이처럼 어그러졌으니 참으로 불쌍합니다. "사람은 도(道)를 넓힐 수 있으나, 도가 사람을 넓히는 것은 아니다"163)라고 하였습니다. 이 이치는 우주 속에서 원래 사람의 총명과 어리석음, 행위와 비행위 때문에 더하거나 줄거나 하지 않습니다. 하지만 사람이 사람답게 되는 데는 또한 그 직분이 있습니다. 천상(天象)을 드리우고 만물을 덮는 것은 하늘의 직분이고, 형체를 이루고 만물을 싣는 것은 땅의 직분입니다. 천지의 도리를 재량하여 성취하고 천지의 마땅함으로 돕는 것은 임금의 직분입니다. 맹자는 "어려서는 배우고 커서는 행하려 한다"164)고 하였습니다. 이른바 행한다는 것은 그 배운 바를 행하여 임금의 잘못된 마음을 바로 잡아서 임금을 합당한 길로 끌어들여 그 임금과 함께 도를 논하고 국가를 경영하며 음양을 다스려서 이 도가 천하에 통달하도록 하는 것입니다. 이른바 배운다 함은 사부와 친우를 따라 독서하고 옛 것을 상고하면서 배우고 묻고 생각하고 분별하여 이 도를 밝히는 것입니다. 그러므로 어려서는 도를 배우고 커서는 도를 행하는 것이 사군자(士君子)의 직분입니다. 우리는 모두 일정한 스승 없이 동료의 말이 어지러이 섞여있는 가운데 돌고 있으면서 굽어보고 우러러 보며 헤아려 찾고 있으니, 비록 스스로는 그 이치가 이미 밝혀졌다고 생각한다 하더라도 어찌 사사로운 견해와 편파적인 말이 아님을 알 수 있겠습니까? 만일 부화뇌동하여 한번 부르면 모두 화답해서 그 잘못을 아무도 알지 못하게 되는 경우가 매우 두려워해야 할 일입니다. 서

---

163) 『論語』「衛靈公」.
164) 『孟子』「梁惠王 下」.

로 의심하며 일치하지 않는 것이 얼마나 다행입니까? 동지 사이에 의당 각자 마음 속에 품을 바를 다 드러내고 힘써 서로 갈고 닦아서 하나의 올바른 자리에 돌아갈 것을 기약해야 합니다. 위대한 순임금이 위대한 이유는 남과 함께 선을 하고 남에게서 취하여 선하기를 즐겨했기 때문입니다. 순임금은 하나의 선한 말을 듣고 하나의 선행을 보게 되면 마치 강하(江河)를 터뜨리면 성대하게 흘러나와 막을 수 없는 것과 같았습니다.165) 우리의 뜻은 무엇을 구하는 것이겠습니까? 오직 올바름일 뿐입니다. 옛날의 밝은 말과 선한 논의를 정성스레 가슴 속에 간직하고 잃지 않아 천하와 그것을 공유하는 것을 즐기는 것으로 올바름을 삼습니다. 이제 하루아침에 갈고 닦아서 자신의 잘못을 알면 전일에 익힌 바를 버리되 기세는 마땅히 마치 빠진 함정에서 나오고 가시나무를 피하듯이 해서 새로워지기만을 생각하여 마치 강하를 터뜨린 것과 같이 되면 바라던 바를 얻어 그 뜻을 이루게 됩니다. 사사로운 작은 지식과 비루한 관습을 가지고 부끄러움보다 영화를 앞세우는 인물이 어찌 이를 알 수 있겠습니까? "밝지 않으면 베풀지 않는다"166)고, 옛날의 밝은 교훈이 있으니 감히 알려드립니다.

존형께서 평일에 논하신 글은 증남풍의 엄격하고 강건함을 매우 취하였습니다. 남강에서 이별하기 전 하루 밤 존형의 글을 읽고서 그 뜻을 얻은 내용이 반드시 간략하면서도 강건하여 힘이 있음을 보고서 매번 절실하게 경탄하고 감복하였습니다. 일찍이 그대의 재주와 지력의 능력이 이와 같으니 그 취한 바 역시 이와 같으리라 생각하였습니다. 이제 보내주신 서신을 보았는데, 다만 글이 얽혀있고 기상이 좁아 그 분별한 곳도 모두 억지로 끌어다가 합치시키고 변명하는 데 매우 힘써 결국 명백하지 않으니, 무극에 얽매여 오히려 그 재주를 괴롭힌 것이 아닌지요? 그렇지 않다면, 존형의 고명함으로 스스로 그 설을 보면 역

---

165) 『孟子』「盡心 上」.
166) 『中庸章句』 20장.

시 마치 흑백이 쉽게 분별되는 것과 같아야 할 것입니다. 존형께서는 일찍이 진동보[167]를 깨우치며 "현자가 백 척의 장대 끝에서 한 걸음 더 나아가려 할 때, 장차 삼대 이하의 인물에 대해 글을 지어 기력을 빼면서 한(漢)·당(唐)을 위해 변명하지 않는다면 곧 다시 깨끗하고 자유로운 상태가 될 것입니다"[168]라고 하였습니다. 지금 역시 존형께서 한 걸음 더 나아가려 할 때, 맹자 이하의 학술을 짓고 기력을 덜어 무극 두 글자를 위해 변명하지 않는다면 곧 다시 깨끗하고 자유로운 상태가 될 것입니다. 옛 사람은 바탕이 참되고 교묘한 지식을 숭상하지 않았으며, 말과 논의가 아직 상세하지 않더라도 실제 일이 먼저 드러났으니, "아는 것을 안다 하고 모르는 것을 모른다고 하였습니다."[169] 이른바 "먼저 안 사람이 뒤에 안 사람을 깨우치고 먼저 깨친 사람이 뒤에 깨친 사람을 깨우친다"[170]고 하는 말은 그 사실로써 그 사실을 깨닫는 것입니다. 그러므로 말은 그 일에 나아가고 일은 그 말에 나아가니, 이른바 "말은 행실을 돌보고 행실은 말을 돌본다"[171]는 말입니다. 주나라의 도가 쇠퇴하니 꾸미는 문장의 모습이 날로 득세하여 사실은 의견에 잠기고 경전의 가르침은 변설에서 가리었습니다. 교묘하게 베끼는 글쓰기를 생각하고 그럴 듯하게 빌려 쓰기를 의존하면서 조목별로 나누어 스스로 믿을 만하다고 여기고 그것을 익숙하게 해서 스스로 안주할 만하다고 생각하였습니다. 뛰어난 식견을 지니 자공은 또한 공자를 만나 가르침을 받고도 이처럼 많이 배워서 알게 되는 식견을 벗어나지 못하였으니, 공자가 묻지 않았다면 그는 본디 평안하여 의심이 없었을 것입니다. "행동

---

167) 진량(陳亮, 1143~1194): 자는 동보(同甫), 호는 용천(龍川)이며, 절강성 영강(永康) 출신이다. 사공주의(事功主義)를 주장했으며, 후대의 경세치용(經世致用)의 학문에 영향을 주었다. 저서로는 『龍川文集』이 있다.
168) 『朱熹集』 권36-17, 「答陳同甫 6」.
169) 『論語』「爲政」.
170) 『孟子』「萬章 上」.
171) 『論語』「爲政」.

을 앞세우라"172)는 가르침과 "나는 말이 없고자 한다"173)는 가르침으로 자공을 깨우친 적이 여러 번인데도 그는 끝내 깨닫지 못했습니다. 안자가 죽자 그 전승은 진정 증자에게 있었음은 이미 볼 수 있습니다. 존형의 재주는 자공과 비교한다면 어떠한지요? 오늘날의 병폐는 자공보다 심합니다. 그대가 진정 이런 병폐를 깊이 알 수 있다면 보내주신 서신의 7조목의 설은 당연히 조목별의 분석을 기다리지 않더라도 저절로 풀어질 것입니다. 하지만 서로 거리가 수 백리이니 벗어나더라도 혹 스스로 극복할 수 없고 구습에 젖어 돌아가게 되면 남은 한(恨)을 없앨 수 없게 되니 청컨대 마침내 이 점을 통달하십시요.

보내신 서신에서는 본래 '무극' 두 자를 주장하고 명리(明理)로 말을 하셨는데, 그 요점은 "이 곳에서 태극의 진체(眞體)를 실제로 환하게 깨닫는다"입니다. 저는 존형께서 아직 태극을 실제 깨닫지 못하고 있다고 생각합니다. 만일 실제 태극을 깨달았다면 위에는 '무극'이란 글자를 반드시 더해서는 안 되며 아래에는 '진체'라는 글자를 반드시 붙여서는 안 됩니다. 윗면에 '무극'이란 글자를 더한다면 바로 포개진 침상의 침상이며, 아래에 '진체'라는 글자를 덧붙이면 바로 얽은 집 아래의 집입니다. 헛된 견해와 참된 견해는 그 말이 본디 같지 않습니다. 또한 존형께서는 "극(極)이란 바로 그 구경과 지극을 이름할 수 있는 이름이 없기 때문에 다만 그것을 태극이라 부른 것이니, 오히려 천하의 지극함을 들어도 여기에 더할 게 없을 뿐이라고 말하는 것과 같다"고 하셨습니다. 이와 같다면 또한 하필 윗면에 다시 '무극'이란 글자를 더할 필요가 있겠습니까? 만일 그 방향과 장소가 없으며 형상이 없음을 말하고자 생각하신다면 앞의 서신에서 본래 말한 것처럼 마땅히 『시경』에서처럼 '상천의 일(上天之載)'이라고 말하고 그 아래서 그것을 찬미하여 '소리도 없고 냄새도 없네(無聲無臭)'라고 한다면 괜찮지만, 어찌 무극이란 글자를

---

172) 『論語』「爲政」.
173) 『論語』「陽貨」.

태극의 위에다 더해야만 합니까? 「계사(繫辭)」에서 '신(神)은 방향이 없다'고 하였으니, 어찌 '무신(無神)'이라 말할 수 있습니까? '역(易)에 체(體)가 없다'고 말하니, 어찌 '무역(無易)'이라 할 수 있습니까? 노자는 무(無)로 천지의 시작을 삼고 유(有)로 만물의 부모로 여겼으며, 상무(常無)로 오묘함을 보고 상유(常有)로 밝음을 보았으니, 무(無)자를 위에다 걸어 놓는다면 바로 노자의 학문이니 어찌 숨길 수 있습니까? 오직 그 폐단은 여기에 있으므로 그 유폐는 방종한 술수가 되어 거리낌이 없게 됩니다. 이 이치는 우주가 본래 갖고 있는 것이니 어찌 무(無)를 말할 수 있습니까? 만일 무(無)라고 여긴다면 임금은 임금답지 못하고 신하는 신하답지 못하며 어버이는 어버이답지 못하고 자식은 자식답지 못할 것입니다. 양주는 아직 무군(無君)을 내세운 것이 아닌데도 맹자는 그에 대해 '무군(無君)'이라 했으며, 묵적은 아직 갑자기 무부(無父)를 내세운 것이 아닌데도 맹자는 그에 대해 '무부(無父)'라고 했으니,174) 이것이 바로 맹자가 지언(知言)175)이 되는 까닭입니다. 극(極) 또한 이 리(理)이며 중(中) 역시 이 리(理)입니다. 오거(五居)와 구주(九疇)의 중앙을 '황극(皇極)'이라 하니, 어찌 그 중(中)으로 명명한 것이 아니겠습니까? 백성은 천지의 중(中)을 받아 태어나고 『시경』은 "나의 백성을 세우니, 너의 극(極) 아님이 없네"176)라고 하였으니, 어찌 그 중(中)으로 명명한 것이 아니겠습니까? 『중용』에서 "중(中)이란 천하의 큰 근본이며 화(和)란 천하의 보편적인 길이다. 중화를 다하면 천지가 자리잡고 만물이 자란다"177)고 하였으니, 이 이치는 지극하니 이 밖에 어찌 또 태극이 있겠습니까?

극을 중이라고 여기면 이치를 밝히지 못한 것이 되고, 극을 형이라고 여기면 곧 이치를 밝힌 것입니까? 글자에는 진실로 한 글자에 수많은

---

174) 『孟子』「滕文公 下」.
175) 『孟子』「公孫丑 上」.
176) 『詩經』「周頌」 '思文'.
177) 『中庸章句』 1장.

뜻이 있는데, 글자를 쓸 경우 전일한 뜻이 있는 경우도 있고, 여러 가지 뜻을 겸한 경우도 있습니다. 그런데 글자가 가리키는 것에는 허와 실이 있습니다. 허자의 경우 단지 자의(字義)를 논하고, 실자의 경우 가리키는 실제를 논합니다. 가리키고 있는 실제를 논해보면, 자의에 구속되지 않는 것이 있습니다. 예컨대 '원'이라는 글자에는 '시작하다' '길다(어른이다)' '크다'의 뜻이 있습니다. 곤괘 오효의 '원길'과 둔괘의 '원형'은 허자여서 오로지 '크다'의 의미가 되므로 다른 뜻으로 대신해서는 안 됩니다. '건원'의 '원'자의 경우는 실자입니다. 그것이 가리키는 실제를 논해보면, 「문언」에서 '선'과 '인'이라고 말한 것이 모두 '원'인데, 어찌 글자의 뜻으로 구속할 수 있겠습니까? '극'자 또한 이와 같아서, 태극·황극은 곧 실자이며, 가리키는 실제가 어찌 두 가지가 있음을 용납하겠습니까! 우주를 가득 채우고 있는 것은 이 이치 아닌 것이 없으니, 어찌 자의(字義)로 구속할 수 있겠습니까? 중은 지극한 이치인데, 어찌 일찍이 지극한 뜻을 겸하지 않았겠습니까? 『대학』과 「문언」은 모두 '지지(知至)'라고 말했는데, 지(知)라는 것은 곧 이 이치입니다. 『역』을 읽고 말하는 자들은 "태극을 아는 것은 지지(知至)다"고 말하고 「홍범」을 읽고 말하는 자들은 "황극을 알면, 곧 지지(知至)다"라고 말하는데 어찌 옳지 않겠습니까? 대개 모두 리(理)를 가리킨다면, 극·중·지라고 말해지는 것은 그 실제 하나입니다. "하나가 지극히 많은 경우에도 흉하고, 하나가 지극히 적어도 흉하다"[178]에서 두 '극'자는 곧 허자이고 오로지 '지극하다'라는 뜻입니다. 가령 "극은 지극할 뿐이다"라고 해서 여기에서 '뿐이다'의 글자를 사용한 것은 제대로 쓰인 것입니다. 존형께서는 훈고와 문의에 정통한 사람이라고 칭해지는데, 어찌 여기에서 오히려 미혹되셨습니까? 이치에 밝지 못하고 너무 천착해서 도리어 잘못 되신 것은 아니겠는지요?

---

178) 「洪範」.

다만 음양을 형기로 여겨 도라 할 수 없다고 하신 대목은 더욱 가르침을 받아들일 수 없습니다. 『역』의 도는 일음일양하는 것일 뿐입니다. 선후·시종·동정·회명·상하·진퇴·왕래·합벽·영허·소장·존비·귀천·표리·은현·향배·순역·존망·득상·출입·행장이 어디를 가더라도 한 번 음하고 한 번 양하지 않는 것이겠습니까? 홀수와 짝수가 서로 이어지고 끊임없이 변화하기 때문에, "그 도는 빠르게 옮기고, 변하고 움직여서 고정되지 않으며, 세상에 두루 흘러 상하에 고정됨이 없으며, 강함과 부드러움이 서로 바뀌어서 오직 가는 곳마다 변화한다"[179]고 말합니다. 「설괘」에서는 "음양에서 변화를 관찰하여 괘를 세우고, 강유에서 나타내어 효를 만들었다. 도덕에서 화순하여 의에 이치가 있게 되고, 이치를 궁구하고 성을 다하여 명에 이른다"고 하였습니다. 또 "옛날 성인이 『역』을 지을 때, 장차 성명의 이치를 따르려 하셨다. 그래서 하늘의 도를 세워 음과 양이라 하였고, 땅의 도를 세워 부드러움과 강함이라 하였고, 사람의 도를 세워 인과 의라 하였다"고 하였습니다. 「계사·하」에서는 또 "『역』이라는 책은 넓고 커서 모두 갖추고 있다. 하늘의 도와 사람의 도, 땅의 도를 갖추고 있다. 삼재를 겸하여 두 배로 하니 여섯 획이다. 여섯 획이란 다른 것이 아니라, 삼재의 도이다"라고 하였습니다. 지금 음양을 도가 아니라 단지 형기라고 말한다면, 누가 도기(道器)의 구분에 어두운 셈이겠습니까?

어려운 변론에는 요령이 있고 언사에도 취지가 있습니다. 변론을 하면서 핵심을 잃고, 언사를 보고서도 취지를 파악하지 못하면 모두 밝지 않은 것입니다. 지난번 서신의 변론에서 그 핵심은 '무극' 두 글자에 있었습니다. 존형께서 굳은 의지로 주장하시면서 곡진하게 말씀을 꾸미셨는데, 이미 무형으로 풀이하셨습니다. 또 "주자[주돈이]께서 배우는 사람들이 태극을 별도의 한 사물로 잘못 이해할까봐 '무극' 두 글자를 덧붙

---

179) 『周易』「繫辭 下」.

여서 밝히셨다"고 말씀하셨습니다. 저는 이 점에 대해 그대가 단지 억지로 유래를 말씀하신다는 것을 알았으니, 아마도 옳은 일은 아닌 듯싶습니다. 그러므로 이전 서신에서 『역전』의 '일음일양을 도라 말한다'와 '형이상을 일러 도라 한다'는 두 구절을 인용하여 글의 뜻을 거칠게 아는 자들도 또한 일음일양이 곧 형이상자라고 아셨고 반드시 태극을 별도의 한 사물로 잘못 이해하는 데 이르지 않는다는 것을 아셨기 때문에, "하물며 태극에서 있어서랴?"라고 말씀하셨습니다. 그것이 가리켜 의미하는 것은 본래 명백한데도 형께서는 일찍이 살피지 않으시고, 곧 반드시 도 위에 별도의 한 사물이 있다고 여겨 태극이라고 잘못 보았습니다. 『통서』에서 "중은 화이고, 중절은 천하의 달도이며 성인의 일이다. 그러므로 성인은 가르침을 세우고, 평범한 사람들은 스스로 자기의 악함을 바꾸어 중을 이루는데 그친다"180)라고 하였습니다. 주자[주돈이]가 이와 같이 중을 말한 것은 또한 가볍게 한 것이 아닌데 이것 밖에 어찌 다른 별도의 도리가 있어 허자에 견줄 수 없겠습니까? 「이성명」 장 다섯 구에서 거론한 것에서 단지 『통서』에서는 '중'과 '일'을 말하고 '무극'을 말하지 않았다는 것을 보려고 할 뿐입니다. '중에서 그친다'라는 한 구절에서는 문장을 끊어 뜻을 취하는 것을 꺼려하지 않으시고, 형께서는 반드시 왜곡해서 아래 문장에 연결지으셨습니다. 형께서 변론하신 것은 가리키는 뜻을 잃으신 것이 대개 이와 같습니다. "『서경』을 모두 믿는 것은 『서경』이 없는 것만 못하다"고 했는데, 저는 실제 맹자의 말씀을 깊이 믿습니다. 지난번 서신에서 이 단락을 풀이하면서 또한 대부분 옛 책에서 근거를 대셨는데, 유독 무극에 대한 설은 믿지 않으셨습니다. 형께서는 갑자기 앉아서 옛 책들이 믿을 수 없다고 곧바로 물리치셨는데, 형의 그것은 엄밀한 해석인가요! 『대전』, 「홍범」, 『모시』, 『주례』와 『태극도설』 중 어느 것이 오래되었습니까? '극'을 '형'으로 여겨

---

180) 『通書』 「師」 第7.

서 '중'이 될 수 없다고 말하고, '일음일양'을 '기'로 여겨 도가 될 수 없다고 말했는데, 이것은 차라리 옛 책을 잠시 물리쳐서 믿을 수 없다고 여기기보다는 오히려 몰래 자기 뜻에 따라 판단한 것은 아닙니까?

보내주신 서신에서 "만약 무극 두 글자를 논하게 되면, 곧 주재[주돈이]께서 도체를 환히 본 것이며, 항상된 감정을 멀리 쫓아서, 옆 사람들의 시비를 따지지 않고, 자기의 득실을 계교하지 않고, 바로 앞을 향해 용감하게 나아가서 다른 사람들이 감히 말할 수 없는 도리를 말씀하셨다"라고 했습니다. 또 "주재[주돈이]께서 무극이라고 말씀하신 까닭은 바로 그것이 공간을 차지하거나 형태가 있는 것이 아니기 때문이라고 여기셨습니다"라고 말씀하셨습니다. 확실히 이와 같이 알지 못하는 사람들에게 감히 말할 수 없는 것이 있어서 태극의 위에 덧붙였다면 우리 유학에서는 이와 같이 말하는 것을 절대 긍정하지 않을 뿐입니다. 무릇 건괘는 확연하니 사람들에게 쉬움을 보여주었고, 곤괘는 부드러우니 사람들에게 간략함을 보여주었습니다. 태극이 어찌 일찍이 사람들에게 숨겨져 있었겠습니까? 그대가 두 번이나 무와 유를 말씀하셨는데, 지나치게 많은 것을 누설하신 것 아닌지 모르겠습니다. 예컨대 "태극의 진체(眞體)는 전할 수 없는 비밀이고 만물 이전에 있으며 음양의 밖이고 유무(有無)에 속하지 않으며 방체(方體)에 떨어지지 않고 상정(常情)에서 멀리 벗어나 있으며 방외(方外)를 초월해 있다"고 하신 말씀은 일찍이 선종을 배워서 이와 같이 말씀하신 것이 아닙니까? 평소 이미 사사롭게 그 설을 취하고 스스로 뛰어나다고 여기고, 배우는 자를 가르칠 때에 또한 자주 이것을 비밀스럽게 만들고 문의(文義)를 많이 말한 것, 이것이 누설(漏洩)의 설이 나오는 연유입니다. 실재를 가지고 논해본다면, 두 가지 모두 착실하지 않고, 피차가 단지 분란스런 말단의 설일 뿐입니다. 기질이 아름답지 못한 자는 여기에 기대어 그 간사함을 신묘하게 하는 일을 즐기면서, 얼마간 조금이라도 기질이 좋은 학자들을 얽어 매고 있음을 알지 못합니다. 이미 자기를 병들게 하고, 또 남을 병들게 하는 것은 사소한 잘못이 아닙니다. 형께서는 여기에 오래 물들지 마시고 거듭 스스로 돌이켜 보십시오.

저의 성심을 이와 같이 모두 다 발휘했는데, 세속의 사람들은 무지하여 반드시 불손하다고 말할 것입니다. 『서경』에 "네 마음에 거스리는 말이 있으면, 반드시 도에서 구하여라"181)는 말이 있으니, 이는 진실로 그대가 즐겨 들어야 할 바입니다. 만약 의심나는 것이 있으면 거리끼지 말고 가르쳐 주십시오. 진정으로 갈 길이 머니, 부디 나라를 위해 자중자애(自重自愛)하십시오.

按是編專輯朱子論學之書. 凡辨析經書義理者, 俱不載入, 以其不勝載, 且非專爲學術異同之所關也. 無極太極之辨, 亦係論經書義理, 不當編入. 然兩先生異同之端, 實由此數書往復而起, 而陸子答書, 亦論及學術, 則亦不容舍置. 又今時科擧之士, 止知有爛時文俗講章, 凡儒先之書, 槪未寓目. 陸子全書固未甚流布, 卽朱子大全集, 藏者亦稀. 其有好名之士, 偶購一部, 亦庋之高閣而已, 求其能全閱一過者, 千不得一. 道聽塗說, 矢口云朱陸辨太極無極, 試扣以朱子所論如何, 陸子所論如何, 則皆喑而莫能答也. 故特編入數書, 俾世俗學者得覽觀焉. 其議論之孰得孰失, 則覽者自知. 蓋是非之心, 人皆有之, 此心同, 此理同, 卽所見亦同. 惟勿以先入之偏私橫於胸中, 務平心而觀之, 細心而察之, 則瞭如黑白, 無庸置一辭矣. 今附陸子答書於後.

陸子答書云, 伏自夏中拜書, 尋聞得對, 方深贊喜. 冒疾遽興, 重爲駭嘆. 賢者進退, 綽綽有裕, 所甚惜者, 爲世道耳. 承還里第, 屢欲致書, 每以冗奪, 徒積傾馳. 江德功人至, 奉十一月八日書, 備承作止之詳, 慰浣良劇. 比閱邸報, 竊知召命, 不容辭免, 莫須更一出否? 吾人進退, 自有大義, 豈直避嫌畏譏而已哉! 前日面對, 必不止於職守所及, 恨不得

---

181) 『書經』 「太甲 下」.

與聞至言. 後便儻可垂敎否?

前書條析所見, 正以疇昔負兄所期, 比日少進, 方圖自贖耳. 來書誨之諄複, 不勝幸甚. 愚心有所未安, 義當展盡, 不容但已, 亦尊兄敎之之本意也. 近淅間有後生, 貽書見規, 以爲吾二人者, 所習各已成熟, 終不能以相爲, 莫若置之勿論, 以俟天下後世之自擇. 鄙哉言乎! 此輩凡陋, 沉溺俗學, 悖戾如此, 亦可憐也! 人能弘道, 非道弘人. 此理在宇宙間, 固不以人之明不明, 行不行而加損. 然人之爲人, 則抑有其職矣. 垂象而覆物者, 天之職也. 成形而載物者, 地之職也. 裁成天地之道, 輔相天地之宜, 以左右民者, 人君之職也. 孟子曰幼而學之, 壯而欲行之, 所謂行之者, 行其所學以格君心之非, 引其君於當道, 與其君論道經邦, 爕理陰陽, 使斯道達乎天下也. 所謂學之者, 從師親友, 讀書考古, 學問思辨, 以明此道也. 故少而學道, 壯而行道者, 士君子之職也. 吾人皆無常師, 周旋於羣言淆亂之中, 俯仰參求, 雖自謂其理已明, 安知非私見詖說? 若雷同相從, 一唱百和, 莫知其非, 此所甚可懼也. 何幸而有相疑不合, 在同志之間, 正宜各盡所懷, 力相切磋, 期歸于一是之地. 大舜之所以爲大者, 善與人同, 樂取諸人以爲善, 聞一善言, 見一善行, 若決江河, 沛然莫之能禦. 吾人之志, 當何求哉? 惟其是而已矣. 疇昔明言善議, 拳拳服膺而勿失, 樂與天下共之者, 以爲是也. 今一旦以切磋而知其非, 則棄前日之所習, 勢當如出陷穽, 如避荊棘, 惟新之念, 若決江河, 是得所欲而遂其志也. 此豈小智之私, 鄙陋之習, 榮勝恥負者所能知哉? 弗明弗措, 古有明訓, 敢悉布之.

尊兄平日論文, 甚取曾南豐之嚴健. 南康爲別前一夕, 讀尊兄之文, 見其得意者, 必簡健有力, 每切敬服. 嘗謂尊兄才力如此, 故所取亦如此. 今閱來書, 但見文辭繳繞, 氣象褊迫, 其致辨處類皆遷就牽合, 甚費分疎, 終不明白, 無乃爲無極所累, 反困其才邪? 不然, 以尊兄之高明, 自視其說, 亦當如白黑之易辨矣. 尊兄嘗曉陳同父云, 欲賢者百尺竿頭進取一步, 將來不作三代以下人物, 省得氣力爲漢唐分疎, 卽更脫灑磊

落. 今亦欲得尊兄進取一步, 莫作孟子以下學術, 省得氣力爲無極二字
分疎, 亦更脫灑磊落. 古人質實, 不尙智巧, 言論未詳, 事實先著, 知之
爲知之, 不知爲不知. 所謂先知覺後知, 先覺覺後覺者, 以其事實, 覺其
事實, 故言卽其事, 事卽其言, 所謂言顧行, 行顧言. 周道之衰, 文貌日
勝, 事實湮於意見. 典訓蕪於辨說, 揣量模寫之工, 依倣假借之似, 其條
畫足以自信, 其習熟足以自安. 以子貢之達, 又得夫子而師承之, 尙不
免此多學而識之之見, 非夫子叩之, 彼固晏然而無疑. 先行之訓, 予欲
無言之訓, 所以覺之者屢矣, 而終不悟. 顏子旣沒, 其傳固在曾子, 蓋可
觀已. 尊兄之才, 未知其與子貢如何, 今日之病, 則有深於子貢者. 尊兄
誠能深知此病, 則來書七條之說, 當不待條析而自解矣. 然相去數百里,
脫或未能自克, 淹回舊習, 則不能遣恨, 請卒條之.

　　來書本是主張無極二字, 而以明理爲說, 其要則曰於此有以灼然實
見太極之眞體. 某竊謂尊兄未曾實見太極, 若實見太極, 上面必不更加
無極字, 下面必不加着眞體字. 上面加無極字, 正是疊床上之床, 下面
着眞體字, 正是架屋下之屋. 虛見之與實見, 其言固自不同也. 又謂極
者, 正以其究竟至極, 無名可名, 故特謂之太極, 猶曰舉天下之至極無
以加此云耳. 就令如此, 又何必更於上面加無極字也? 若謂欲言其無方
所, 無形狀, 則前書固言, 宜如詩言上天之載, 而於其下贊之曰無聲無
臭可也, 豈宜以無極字加於太極之上? 繫辭言神無方矣, 豈可言無神?
言易無體矣, 豈可言無易? 老氏以無爲天地之始, 以有爲萬物之母, 以
常無觀妙, 以常有觀徼, 直將無字搭在上面, 正是老氏之學, 豈可諱也?
惟其所蔽在此, 故其流爲任術數, 爲無忌憚. 此理乃宇宙之所固有, 豈
可言無? 若以爲無, 則君不君臣不臣父不父子不子矣. 楊朱未遽無君,
而孟子以爲無君, 墨翟未遽無父, 而孟子以爲無父, 此其所以爲知言也.
極亦此理也, 中亦此理也. 五居九疇之中而曰皇極, 豈非以其中而命之
乎? 民受天地之中以生, 而詩言立我烝民, 莫匪爾極, 豈非以其中命之
乎? 中庸曰中也者, 天下之大本也, 和也者, 天下之達道也. 致中和, 天

地位焉, 萬物育焉. 此理至矣, 外此豈更復有太極哉?

以極爲中, 則爲不明理, 以極爲形, 乃爲明理乎? 字義固有一字而數義者, 用字則有專一義者, 有兼數義者. 而字之指歸, 又有虛實, 虛字則但當論字義, 實字則當論所指之實. 論其所指之實, 則有非字義所能拘者. 如元字有始義, 有長義, 有大義. 坤五之元吉, 屯之元亨, 則是虛字, 專爲大義, 不可復以他義參之. 如乾元之元, 則是實字. 論其所指之實, 則文言所謂善, 所謂仁, 皆元也, 亦豈可以字義拘之哉? 極字亦如此, 太極皇極, 乃是實字, 所指之實, 豈容有二! 充塞宇宙, 無非此理, 豈容以字義拘之乎? 中卽至理, 何嘗不兼至義? 大學文言皆言知至, 所謂至者, 卽此理也. 語讀易者曰, 能知太極, 卽是知至. 語讀洪範者, 曰能知皇極, 卽是知至, 夫豈不可? 蓋同指此理, 則曰極曰中曰至, 其實一也. 一極備凶, 一極無凶, 此兩極字, 乃是虛字, 專爲至義, 却使得極者, 至極而已, 於此用而已字, 方用得當. 尊兄最號爲精通詁訓文義者, 何爲尙惑於此? 無乃理有未明, 正以太泥而反失之乎!

至如直以陰陽爲形器而不得爲道, 此尤不敢聞命. 易之爲道, 一陰一陽而已. 先後始終動靜晦明上下進退往來闔闢盈虛消長尊卑貴賤表裏隱顯向背順逆存亡得喪出入行藏, 何適而非一陰一陽哉? 奇耦相尋, 變化無窮, 故曰其爲道也屢遷, 變動不居, 周流六虛, 上下無常, 剛柔相易, 不可爲典要, 惟變所適. 說卦曰觀變於陰陽而立卦, 發揮於剛柔而生爻, 和順於道德而理於義, 窮理盡性以至於命. 又曰昔者, 聖人之作易也, 將以順性命之理. 是以立天之道, 曰陰與陽. 立

地之道, 曰柔與剛. 立人之道, 曰仁與義. 下繫亦曰易之爲書也, 廣大悉備. 有天道焉, 有人道焉, 有地道焉. 兼三才而兩之, 故六. 六者, 非他也, 三才之道也. 今顧以陰陽爲非道而直謂之形器, 其孰爲昧於道器之分哉?

辨難有要領, 言辭有指歸. 爲辨而失要領, 觀言而迷指歸, 皆不明也. 前書之辨, 其要領在無極二字. 尊兄確意主張, 曲爲飾說, 旣以無形釋

之, 又謂周子恐學者錯認太極別爲一物, 故着無極二字以明之. 某於此見得尊兄只是强說來由, 恐無是事. 故前書擧大傳一陰一陽之謂道, 形而上者謂之道兩句, 以見粗識文義者, 亦知一陰一陽卽是形而上者, 必不至錯認太極別爲一物, 故曰況太極乎? 此其指歸, 本自明白, 而兄曾不之察, 乃必見誣以道上別有一物爲太極. 通書曰中者, 和也, 中節也, 天下之達道也, 聖人之事也. 故聖人立敎, 俾人自易其惡, 自致其中而止矣. 周子之言中如此, 亦不輕矣, 外此豈更別有道理, 乃不得比盧字乎? 所擧理性命章五句, 但欲見通書言中言一而不言無極耳. 中焉止矣一句, 不妨自是斷章, 兄必見誣以屬之下文. 兄之爲辨, 失其指歸, 大率類此. 盡信書, 不如無書, 某實深信孟子之言. 前書釋此段, 亦多援據古書, 獨頗不信無極之說耳. 兄遽坐以直黜古書爲不足信, 兄其深文矣哉! 大傳洪範毛詩周禮, 與太極圖說孰古? 以極爲形而謂不得爲中, 以一陰一陽爲器而謂不得爲道, 此無乃少黜古書爲不足信, 而微任胸臆之所裁乎?

來書謂若論無極二字, 乃是周子灼見道體, 逈出常情, 不顧旁人是非, 不計自己得失, 勇往直前, 說出人不敢說底道理. 又謂周子所以謂之無極, 正以其無方所, 無形狀. 誠令如此, 不知人有甚不敢道處, 但加之太極之上, 則吾聖門正不肯如此道耳. 夫乾確然示人易矣, 夫坤隤然示人簡矣, 太極亦曷嘗隱於人哉? 尊兄兩下說無說有, 不知漏洩得多少. 如所謂太極眞體, 不傳之秘, 無物之前, 陰陽之外, 不屬有無, 不落方體, 逈出常情, 超出方外等語, 莫是曾學禪宗, 所得如此. 平時旣私其說以自高妙, 及敎學者, 則又往往秘此, 而多說文義, 此漏洩之說所從出也. 以實論之, 兩頭都無着實, 彼此只是葛藤末說. 氣質不美者樂寄此以神其姦, 不知繫絆多少好氣質底學者. 旣以病己, 又以病人, 殆非一言一行之過, 兄其毋以久習於此而重自反也.

區區之忠, 竭盡如此, 流俗無知, 必謂不遜. 書曰有言逆于汝心, 必求諸道, 諒在高明, 正所樂聞, 若猶有疑, 願不憚下敎. 政遠, 惟爲國自愛.

◉ 주자와 육자 두 선생이 무극과 태극을 논변한 여러 서신을 살펴보고서, 나는 일찍이 두 선생은 논변하지 않을 수 있었다고 생각했다. 왜냐하면 대개 그 이치를 변론한 것이 아니라, 곧 그 말을 논변했을 뿐이기 때문이다. 예컨대 "태극 위에 무극이 따로 있다"고 말한다면, 비록 주자라 하더라도 옳다고 여길 수 없을 것이다. 예컨대 "태극은 형체가 없지만 이치가 있다"고 한다면 육자는 틀렸다고 생각하지 않을 것이다. 그러므로 두 선생께서 깨우친 이치는 진실로 모두 같다. 육자는 그 말을 논변해서, "형체가 없지만, 이치가 있다"고 말한 것은 무극을 말한 것이 아니라, 시경에서 '상천(上天)의 일이여'라고 말하고, 찬미하며 '소리도 없고 냄새도 없다'고 말한 것에 해당한다. 또 "신은 방소가 없고, 역은 고정된 모습이 없다"고 말한 것은 단지 방소가 없다고 말해야지 신이 없다고 말해서는 안되고, 단지 체가 없다고 말해야지 역이 없다고 말해서는 안 된다. 주자의 경우 '무극이태극'을 말하면서 오히려 "행하지 않아도 행해지고, 이루지 않고서도 이뤄진다"고 했으니, 육자의 논의가 '자연스러운'데 비해, 주자의 경우는 '억지로 맞추려고 했을' 뿐이다.

이 서신의 말을 논하면서 다른 서신의 논리에까지 함께 미쳐, "음양은 곧 형이하자이고, 음양은 도가 아니며, 일음일양하는 이유가 곧 도라고 말한다"고 한다면 이것은 잘못이다. 형이상은 형체가 없는 것 이상을 말한 것이고, 형이하는 형체가 있는 것 이하를 말한 것이다. 음양은 이치가 기에 행해져서 굴신왕래하는 것이다. 보아도 보이지 않고 들어도 들리지 않는 것을 형이하자라고 말할 수 있는가? "일음일양하는 이유를 곧 도라고 말한다"고 하는 경우, '일음일양을 도라 말한다'라는 구절 앞에 '소이(所以)'이라는 두 글자를 첨가한 것이다. 예컨대 '소이(所以)' 두 글자를 첨가한다면, '하늘의 도를 세우는 것을 음과 양이라 말한다'182)의 경우, 또한 "하늘의 도를 세우는 것을 음과 양이 되는 까닭이

---

182) 『周易』「說卦傳」.

다”라고 말하겠는가? 예컨대 “하늘의 도를 세우는 것을 음과 양이 되는 까닭이다”라고 말한다면, 또 장차 “사람의 도를 세우는 것을 인과 의가 되는 까닭이다”라고 말하겠는가? 이것은 모두 생각하지 않아도 그럴 수 없다는 것을 알 수 있다. 대개 육자가 “신묘해서 구체적 공간을 차지하지 않고, 변화해서 고정된 모습을 갖지 않는다”(앞의 번역 참고)고 말한 것과 “음양은 이미 형이상자이다”라고 한 말들은 모두 매우 타당한데도, 주자는 결단코 그것을 따르지 않았다.

육자는 『서경』을 인용해서 “네 마음에 거슬리는 말이 있으면, 반드시 도에서 구해야 한다”라고 말했지만, 주자는 “보내온 서신대로 도에서 구해보았지만 볼 수 없었고, 말의 뜻이 어그러지고, 기상이 경솔한 것을 볼 수 있었습니다”라고 말했는데, 오히려 지나친 것이 아니겠는가? 그러나 육자의 서신 끝머리 여러 줄은 점점 엄해져서, 또한 성심껏 말했지만 방법이 좋지 못했다. 이 동이(同異)의 단서가 날로 심해져서 부화뇌동하는 자들이 갈수록 더욱 그 뜻을 잃어버리고 합할 수 없게 되었으니 어찌 애석하지 않겠는가!

按朱陸兩先生辨無極太極數書, 余嘗謂兩先生可以無辨, 蓋非辨其理, 乃辨其辭耳. 如謂太極之上, 別有無極, 雖朱子不能以爲是. 如謂太極無形而有理, 卽陸子未嘗以爲非, 是兩先生所見之理, 固皆同也. 至陸子辨其辭, 謂無形而有理, 不當言無極, 當如詩言上天之載, 而贊之曰無聲無臭. 又謂神無方而易無體, 止可言無方, 不可言無神, 止可言無體, 不可言無易. 朱子則謂無極而太極, 猶云莫之爲而爲, 莫之致而致, 則似陸子之論爲自然, 而朱子爲委曲遷就耳.

乃因論此書之辭, 幷及他書之理, 謂陰陽乃形而下者, 陰陽非道, 所以一陰一陽者乃謂之道, 此則誤矣. 形而上, 謂自無形以上者也. 形而下, 謂自有形以下者也. 陰陽者, 理行乎氣而屈伸往來者也. 視之不見, 聽之不聞, 而可謂之形而下者乎? 謂所以一陰一陽乃謂之道, 則一陰一陽之謂道句首當添所以二字矣. 如添所以二字, 則立天之道曰陰與陽,

亦將曰立天之道曰所以陰與陽乎? 如立天之道曰所以陰與陽, 亦將曰
立人之道曰所以仁與義乎? 此皆不待思索而知其不可者也. 蓋陸子所
謂神無方, 易無體, 及陰陽已是形而上者等語, 皆極平允, 而朱子必不
從之.

陸子引書謂有言逆於汝心, 必求諸道, 而朱子謂以來書求之於道而
未之見, 但見其詞義差舛, 氣象粗率, 無乃過乎? 然陸子書末數行, 稍傷
峻急, 亦忠告而道之未善, 此異同之端所以日滋, 而附和者愈轉而愈失,
幾於不可合併, 豈不惜哉!

육자정에게 답하다[答陸子靜] 6[183]

보내주신 서신은 말했습니다. "절강 지역의 후학들이 제게 서신을 써
서, 저희 두 사람이 익힌 것이 각각 이미 성숙되어서 결코 서로에게 도
움이 될 수 없으니 논의하지 말고 천하의 후예들이 스스로 선택하기를
기다리는 것만 못하다고 경계하였습니다. 비루하구나! 경계하는 말이.
이 무리들은 세속적이고 평범해서 세속적인 학문에 빠져, 어긋남이 이
와 같으니 연민의 마음을 품을 만합니다."

저는 생각합니다. 천하의 이치에는 옳은 것도 있고 그릇된 것도 있으
니 학자들은 반드시 밝게 구별해야만 합니다. 그 사람들이 이야기한 것
은 진실로 온당한 것이라고 할 수 없습니다. 그렇지만 대개 변론이란
것은 반드시 마음을 평정하게 하고 기운을 조화롭게 해서 자세하게 살
펴보아야 하고 반복해서 생각하여 실제로 옳은 것을 힘써서 구해야, 결
론을 가지게 될 것입니다. 만일 그럴 수 없어서 단지 조급하고 급박한
마음에 지엽적이고 번잡하고 거친 말들을 늘어놓아 분노로 가득 차서

---

183) 『朱熹集』 권36 – 11, 1189(60세).

마음이 평정되지 않는 기운을 드러내게 된다면, 오히려 안정되고 화평하며 너그럽고 유구(悠久)하게 말하여 마치 군자와 덕 있는 사람의 유의(遺意)를 가지고 있는 사람들과 같지 않을 것입니다.

보내주신 서신은 말했습니다. "사람이 도를 넓힐 수 있다"는 구절에서부터 "감히 모두 펼쳐보입니다"는 구절까지.

저는 생각합니다. 이 단락에서 말한 것은 규모가 매우 크고 가리키는 의미가 정밀하고 친절합니다. 또 "비록 스스로 그 이치를 명확히 안다고 할지라도, 어떻게 그것이 사사로운 견해나 가려진 설명이 아니라는 것을 알 수 있겠습니까?"라고 말하신 것, 그리고 순임금의 '선함이 다른 사람과 같다'라고 하신 것은 더욱 타당한 말이십니다. 제가 비록 매우 어리석지만 감히 가르침을 받지 않을 수 있겠습니까? 그렇지만 "잘못이라는 것을 알지 못하고 한결같은 옳음으로 귀결한다"라고 말하신 경우, 진실로 어디에서 해결되어야 할지 아직 모르겠습니다. 저는 이 지점에서는 그대가 깊이 살펴서 그 말을 실천하기를 바랄 뿐입니다.

보내주신 서신은 말했습니다. "옛 사람들은 소박하고 내실있었다"는 구절에서부터 "바라건대 모두 조목으로 나누고자 합니다"는 구절까지

제가 이 설명을 상세히 보았는데, 대개 사실에 힘쓰고 공허한 말을 숭상하지 않아서 그 뜻이 매우 아름답습니다. 그렇지만 논의하신 '무극' 두 글자의 경우, 제가 진실로 이미 말하지 않는 자가 적지 않고 말한 자가 많지 않다고 말했던 것입니다. 만약 잘못되었다고 생각하셔서 무시하신다면 그것은 사실에 대해서는 아직 해로움이 있는 것이 아닙니다. 그렇지만 그대의 형제들이 옛 사람의 가리키신 뜻을 보지 못하고 이유 없이 이것에 대해 헛된 논변을 짓고 많은 말들로 서너 번 서신을 교환해도 그치지 않으니 그 막혀있음이 또한 매우 심합니다. 그 사이에 있는 중요한 절목을 자세히 살펴보면, 응대하려는 뜻이 없고 단지 한결같이 업신여겨 꾸짖고 허세를 부려 위협하며 논변에서 승리하기를 바라고 있습니다. 아직 안자와 증자의 기상에 대해 논의하지도 않으면서도

자공은 아마도 이와 같지 않았을 것이라고 하시니, 아직 이와 같은 이유로 자공을 경시해서는[184] 안 될 것 같습니다.

보내주신 서신은 말했습니다. "그대는 아직 일찍이"라는 구절에서부터 "진실로 같지 않음을 무릅쓴다"는 구절까지.

저는 또한 그대에게 태극이 무극에 근본하고 있지만 그 실체가 있다는 것을 알지 못하기에 '중'으로 '극'을 풀이한 것이고, 또 음양을 형이상의 도라고 여기고 있다고 말했습니다. 공허한 견해와 실제적인 견해 사이의 말들은 진실로 같을 수가 없는 법입니다.

보내주신 서신은 말했습니다. "노자는 무(無)로써"라는 구절에서부터 "피합니다"라는 구절까지.

저는 노자가 말한 유무(有無)를 살펴보니, 그는 유무를 두 가지로 구별된다고 생각하고 있고, 반면 주자가 말한 유무를 살펴보면, 염계선생은 유무를 하나로 보고 있어서, 두 사람의 생각은 남과 북, 물과 불이 서로 대립되는 것과 같이 다릅니다. 바라건대 자세하게 살펴보시면 그렇게 쉽게 염계선생을 비판하실 수 없을 것입니다.

보내주신 서신은 말했습니다. "이 이치는"이라는 구절에서부터 "자식답다"라는 구절까지.

바라건대 제가 이전에 보낸 서신을 다시 자세히 보시면, 언제 '무리'라는 두 글자가 있었습니까?

보내주신 서신은 말했습니다. "극 또한 이러한"이라는 구절에서부터 "극이겠는가!"라는 구절까지.

'극'은 이 이치의 지극함을 말하는 것이고, '중'은 이 이치의 치우치지 않음을 묘사하는 것입니다. 비록 모두 이 이치이지만, 그 개념의 뜻에는 각각 해당하는 바가 있습니다. 비록 성현들이라도 그것을 말할 때, 또한 잘못 뒤섞어 쓸 수 없는 것입니다. 만약 '황극'의 '극', '민극'의

---

184) 【箚疑】 피(彼)는 자공(子貢)을 가리킨다.

‘극’이 표준의 의미라면, 이쪽에 세워서 저쪽에서도 보아 바라보는 방향에서 정중앙을 취하도록 하는 것이라고 말하는 것이지, ‘중’으로 그것을 명명한 것이 아니라고 말하는 것과 같습니다. ‘입아증민(立我烝民)’[185]이라고 했을 때 ‘입(立)’이라는 글자는 ‘입(粒)’이라는 글자와 통용되는 것입니다. 그래서 『서경』에서 말한 ‘백성들이 쌀밥을 먹으니 그의 극 아닌 것이 없다’에서, ‘그’는 후직을 가리켜 말하는 것입니다. 따라서 이 구절은 ‘우리 백성들로 하여금 쌀밥을 먹도록 한 것은 그대 후직이 세운 것 아님이 없으니, 이것은 소망스런 일이다’라고 말하는 것입니다. ‘이’자는 천지를 가리키는 것이 아니고, ‘극’자는 받은 바의 중을 가리키는 것이 아닙니다. (이런 의미는 더욱 명백한데도 논변에서의 승리를 구하는데 급급하기에 아래위 문장을 살펴볼 겨를이 없는 것입니다. 이 한 가지 조목을 미루어 본다면, 그 나머지 것도 쉽게 알 수 있습니다.) ‘중이라는 것은 천하의 큰 근본이다’라는 것은 희노애락의 미발의 때[186]에 이 이치가 완전해서 치우침이 없다는 것을 말하는 것입니다. 태극은 진실로 치우침이 없기에 모든 변화의 근본이 될 수 있고 그것이 명명됨이 ‘지극’의 ‘극’이 되고 아울러 ‘표준’의 의미도 가지게 되었던 것이지, 처음부터 ‘중’으로 명명했던 것은 아닙니다.

　보내주신 서신은 말했습니다. “극을 중으로 생각한다”는 구절에서부터 “이치를 밝힌 것인가?”라는 구절까지.

　그대는 스스로 ‘극’을 ‘중’으로 풀고 있지만, 저는 일찍이 ‘극’을 ‘형’으로 푼 적이 없습니다. 만약 이런 말과 같다면 이것은 자기는 문장의 의미에도 밝지 못하면서 다른 사람도 또한 밝지 못하다고 말하는 것과 같습니다. 바라건대 다시 자세히 살펴보십시오

　보내주신 서신은 말했습니다. 『대학』과 「문언」이 모두 ‘지지(知至)’라고 말합니다.

---

185) 『詩經』「周頌」‘思文’.
186) 『中庸章句』 1장.

제가 살펴보니 '지지(知至)'라는 두 글자는 비록 글자는 같다고 할지라도, 『대학』의 경우 '지(知)'라는 글자가 명사라면 '지(至)'라는 글자는 동사로 쓰이고 있어서, 이 두 글자 중 전자가 중요하다면 후자는 이에 비해 가볍습니다. 그래서 이 '지지'는 "마음이 아는 것에 이르지 않은 것이 없다"는 것을 의미하는 것입니다. 「문언」의 경우 '지(知)'라는 글자가 동사라면 '지(至)'라는 글자는 명사여서, 두 글자 중 전자가 가볍고 후자가 무겁습니다. 그래서 이 '지지'는 "마땅히 지극한 바의 경지를 아는 바가 있다"는 것을 의미하는 것입니다. 두 의미가 이미 이렇게 같지 않고, 또한 '태극'을 '지극'이라고 하는 것과도 서로 유사한 것이 아니니, 바라건대 다시 살펴보시기 바랍니다. (이 뜻은 여러 설명들 중 가장 분명한 것입니다. 바라건대 시험삼아 이것에 나아가 미루어본다면, 보내주신 서신에는 잘못이 없을 수 없음이 종종 이와 같음을 아셔야 합니다.)

보내주신 서신은 말했습니다. "단지 음양을 형기로 여긴다"는 구절에서부터 "도와 기의 구분이겠습니까?"라는 구절까지.

만일 음양을 형이상이라고 생각한다면 형이하는 또한 어떤 것이겠습니까? 이에 대해 가르침을 보내주시기를 바랍니다. 저의 의견과 제가 들은 바에 따르면 "형상이 있는 것은 모두 기(器)입니다. 이런 기가 되는 이유의 이치가 바로 도입니다." 이와 같다면 보내주신 서신에서 말한 '시작과 끝' '어두움과 밝음' '홀수와 짝수'는 모두 음양이 작용한 것의 기이고, 단지 이런 기가 되는 까닭의 이치는 눈이 밝게 보는 것, 귀가 잘 듣는 것, 아버지가 자애로운 것, 자식이 효성스러운 것과 같이 도가 되는 것입니다. 이와 같이 구별하면 조금은 명백한 것 같은데, 그대는 어떻게 생각하시는지요? (이 한 조목은 매우 분명하니 간절히 바라건대 대략적이나마 생각해본다면 제 말이 무리한 것이 아님을 알 수 있을 것이고, 그 나머지의 사항들도 또한 유추해볼 수 있을 것입니다.)

보내주신 서신은 말했습니다. "『통서』에서 말하기를"이라는 구절에서부터 "이와 같습니다"라는 구절까지.

주자는 '중'을 말하면서 이것을 '화'라는 글자로 풀었고, 또 '중절'을 말하였고, 또 '달도'를 말하였습니다.[187) 염계선생이 글을 알지 못하는 사람이 아닌데, 그의 말이 『중용』과 현격하게 모순된다면 반드시 주장이 있을 것입니다. 대개 이 '중'이라는 글자는 기품의 작용이라는 측면에서 그것이 지나치고 모자란 곳이 없다는 것을 말할 뿐이지, 본체가 아직 발하지 않을 때 치우치거나 기울어지지 않는다는 것을 말한 것은 아니니, 어찌 이것 때문에 '극'을 '중'으로 풀 수 있겠습니까? 보내주신 서신이 경전을 인용할 때는 반드시 전체 장을 사용해야만 합니다. 비록 이것이 번거롭다고 하더라도 귀찮아하셔서는 안 됩니다. 그대가 인용한 『통서』를 보면 단지 '중에서 그쳐야 한다'는 구절 이하만을 취하고 있으니, 이것이 어찌 그릇된 것이 아니겠습니까? 그대는 본래 주자를 믿지 않기에 설령 『통서』를 그릇되게 인용한다고 할지라도, 아직 해롭다고 할 수는 없지만, 어찌 이런 작은 오류를 싫어하면서도 도리어 스스로는 고치지 않는 잘못을 범하는 것입니까?

보내주신 서신은 말했습니다. "『역전』"이라는 구절에서부터 "어느 것이 오래되었는가?"라는 구절까지.

『역전』·「홍범」·『시경』·『예기』는 모두 '극'을 말하고 있지만, 일찍이 '극'을 '중'이라고 말한 적은 없습니다. 이전 유가들은 이 극처가 항상 사물들의 중심에 있고 네 방향에서 바라보고 있는 곳으로 여겨 그 안에서 바름을 취했기 때문에, '중'이라고 해석했습니다. 아마도 아직 크게 오류가 있는 것 같지는 않습니다. 그런데 후인들은 마침내 '극'을 '중'이라고 여기게 되었으니, 이것은 이전 유가들의 본래 뜻을 알지 못한 것입니다. 『이아』는 옛날과 지금의 여러 유가들이 훈고한 것을 모아서 만든 책이어서, 그 사이에 오류가 없을 수가 없습니다. 그래서 이 책을 근거로 옛날의 전거로 삼을 수는 없습니다. 또한 하물며 그 책 속에

---

187) 『通書』 「師」 第7.

서도 '극'을 '지'로 해석하고, '은제'를 '중'이라고 해석한 것만 있지, 처음부터 '극'을 '중'이라고 해석한 것이 없는데 있어서이겠습니까?

보내주신 서신은 말했습니다. "또 말하기를 주자가"라는 구절에서부터 "말할 수 없을 따름이다"라는 구절까지. (앞에서 '만약 말하고자 한다면'이라는 구절에서부터 '태극 위에'라는 구절까지 말했다.)

'무극이면서 태극이다'라는 말은 "하지 않아도 되고 이루지 않아도 도래한다"는 말과 같습니다. 또 '하지 않는 함'이라고 말하는 것과 같이 모두 말의 흐름상 당연한 것이어서, 별도로 하나의 사물이 있다는 것을 말하는 것은 아닙니다. (이전에 흠부가 이런 이야기를 하는 것을 보고 그것은 단지 군더더기에 불과한 것이라고 의심하였지만, 지금 바로 드러내 보고서야 비로소 흠부가 깊이 생각하였음을 알았습니다.) 그 뜻은 "황극·민극·옥극에 장소나 형체가 있는 것과는 다르지만 단지 지극한 이 이치만은 있을 뿐임"을 말하는 것입니다. 만약 이 뜻을 알게 된다면, 성인의 문하에서 어찌 도를 어겨서 긍정하지 않음이 있겠습니까? '상천의 일'이라는 구절이 바로 유(有)에 나아가 무(無)를 말하는 것이고, '무극이면서 태극이다'라는 구절은 무(無)에 나아가 유(有)를 말하는 것입니다. 만약 실제로 이해한다면 곧 유(有)도 말할 수 있고 무(無)를 말할 수도 있는데, 어느 것이 우선하든지 간에, 모두 장애가 되지 않을 것입니다. 지금 이처럼 집착하고 억지로 분별하시면 일찍이 "헛된 말을 숭상하지 않고 전적으로 사실에만 힘써야 한다"고 말씀하셨는데, 도리어 어찌 이와 같을 수 있다는 말입니까?

보내주신 서신은 말했습니다. "대저 건괘는"이라는 구절에서부터 "스스로 돌아보아야 한다"는 구절에까지.

태극은 본래 일찍이 사람들에게 숨겨져 있지 않습니다. 그렇지만 태극을 아는 사람은 적습니다. 종종 단지 선불교 학자들 중 밝고 영묘해서 작용할 수 있는 것을 인식해서 이것을 '태극'이라고 부르는 사람들이 있습니다. 그들은 태극이 천지만물의 본연의 이치이고 영원히 부수

어질 수 없는 것임을 알지 못합니다. '상정(常情)에서 멀리 벗어나 있다'는 것과 같은 말은 단지 세속에서 쓰는 말이지 선불교에서 독점할 수 있는 말은 아니기 때문에 유가들도 회피할 필요가 없는 것입니다. 하물며 지금처럼 우연히 말한 것에 있어서이겠습니까? 주재[주돈이]가 본 것과 말한 것은 선불교의 도리도 아니고, 다른 사람이 은밀히 선불교의 설명을 신봉해서 사용하면서도 얼굴과 안색을 바꾸어 그 유래한 바를 겉으로 회피하려고 하는 것과 같은 것은 아닙니다. "그 설을 사사롭게 취하고 스스로 대단하다 여기며 또한 그것을 숨긴다"고 말하거나, "여기에 기대어 그 간사함을 신묘하게 만든다"고 말하거나 "얼마간 조금이라도 기질이 좋은 학자들을 얽어맨다"고 그대가 말한 것은, 이 세상에 이와 같은 말에 해당하는 사람이 있다고 말하시는 것 같습니다. 제가 비록 생각이 없다고 할지라도 스스로 반성해보아도 저는 이런 말과 어울리지 않습니다.

보내주신 서신은 『서경』을 인용하면서 말했습니다. "너의 마음에 거스르는 말이 있다면, 반드시 도에서 구하여라."

이것은 성인의 말이지만 당신의 뜻은 감히 받아들일 수 없습니다. 그렇지만 보내주신 서신의 도에서 구하려고 해도 아직 그것을 보지 못했습니다. 단지 그 말의 뜻이 어긋나고 기상이 거칠고 경솔해서 성현들의 말씀과는 매우 다른 것 같았습니다. 그러므로 저는 비천하게 제가 들은 것에 편안해서 감히 옛날의 걸음걸이를 가볍게 버려 그대의 독단적인 견해를 따를 수가 없습니다. 또 저는 최근에 마음을 평정하게 해야 한다는 설명이 있었다는 것을 기억하고 있는데, 그대의 이전 서신은 "갑과 을이 논변을 할 때 각각 자신의 설명을 옳다고 여깁니다. 갑의 경우 을이 마음을 평정하게 하기를 바란다고 말할 것이고, 을도 또한 갑이 마음을 평정하게 하기를 바란다고 말할 것입니다. 마음을 평정하게 한다는 설명은 아마도 명백하기 어려운 것 같아서 사태에 입각해서 이치를 논하는 것이 좋은 것만 못합니다"라고 말했는데, 이 말은 매우 훌륭합니다. 그렇지만 제가 말한 마음을 평정하게 한다는 것은 단지 갑으로 하여금 을의 견해를 잡도록 하고 을로 하여금 갑의 설명을 지키도록 하는 것이 아니고 또 사태의 옳고 그름을 논의하지 말라고 말하는 것도 아닙니다. 단지 두 사람이 잠시 자신은 옳고 남은 그르다는 뜻을 제쳐 둔 뒤에야 사태에 입각해서 이치를 논의해서 실제적인 옳고 그름을 이 해할 수 있기를 바란 것입니다. 이것은 '의심나는 재판을 진행하는 사람은 마땅히 자신의 마음을 공정하게 해야 한다'고 말하는 것과 같습니다. 이 말은 거짓된 사람을 정직한 사람으로 바꾸거나 정직한 사람을 거짓된 사람으로 바꾸어야 한다는 것을 말하는 것도 아니고 그 거짓됨 과 정직함을 논의하지 말자는 것을 말하는 것이 아닙니다. 단지 먼저 자신의 뜻이 긍정하고 부정하는 것을 중시하지 않은 뒤에야 양쪽이 진 술하는 말들을 살펴서 판단하고 다양한 증거를 널리 구해서 마침내 그 정직함과 거짓됨의 마땅함을 얻을 수 있을 것입니다. 지금 경박한 마음 으로 분노의 기운을 가지고 자신은 옳고 남은 그르다는 마음을 잠시 제 쳐두고서 의리의 타당함과 부당함을 평가하려 하지 않는다면, 비록 흑 과 백이 쉽게 보이는 것과 같이 명확히 구별된다고 할지라도, 아마도 오류를 아직 면하지 못할 것입니다. 하물며 그 오류가 아주 미묘한 것 에 있어서 장차 누군가 그것을 절충하려고 할 때 오류를 범하지 않을 수 있겠습니까?

보내주신 서신은 말했습니다. "서신 끝부분"이란 구절에서부터 "문장 인가?"라는 구절까지.

그 사이에 강덕공이 그대의 세 번째 대책 서신을 보내주면서 다음과 같이 말한 별지[188]가 있었습니다. "육자정의 대책 세 번째 편은 모두 손 수 점을 찍어 교열했는데, 저로 하여금[189] 봉해서 선생님께 바치도록 시켰습니다. 그는 먼저 서신을 쓰려고 하였지만 제가 떠나려고 하자 쓰

---

188) 【箚疑】 서신의 별지(別紙)를 말한다.
189) 【箚疑】 묵(默)은 강덕공의 이름이다.

지 않았습니다." (이것도 덕공 본인의 말이다.) 보내주신 가르침이 무엇 때문에 이런지 모르겠습니다. 이런 세세한 일들은 말할 것이 없고, 세상 사람들의 폄하와 찬양도 또한 생각할 필요가 없는 것입니다. 그렇지만 그대의 언행이 이처럼 같지 않은 것은 의심을 살만 합니다. (덕공도 또한 이것이 여러 사람들이 대답한 것이라면 여기에 성명이 있어야 한다는 것을 알았을 것이지만, 단지 이것은 그대가 붙이도록 한 것이라고만 말했습니다.)

저는 이미 이렇게 쓰고 그 사이를 자세히 보니 오히려 아직도 다 말하지 못한 곳이 있습니다. 대개 그대의 형제들이 함께 이런 논의를 세웠지만 논의를 세운 이유는 같지 않습니다. 자미(子美) 존형은 천성적인 자질이 질박하고 진중하지만, 당시에 이러한 이치를 간파하는 것에 아직 미진한 부분이 있어서 자세하게 궁구할 수 없었는데도 곧바로 논의를 세워, 자신하는 것이 너무 지나쳐서 마침내는 회신을 하지 않았던 것입니다. 그러므로 그의 견해에는 문제점이 있었다고 할지라도, 그의 뜻에는 다른 이유가 없었습니다. 그렇지만 그대는 먼저 하나의 설명을 세우고 유약과 자공을 넘어서려고 하며, 최근의 주자[주돈이]와 정자 제공(諸公)을 살피지 않고, 그들의 말에 대해서 옳고 그름을 불문하고, 한결같이 흠을 찾아서 옳지 않은 것을 따지려고만 합니다. 설령 그대의 말이 전적으로 문제가 없다고 할지라도, 이런 뜻은 애초에 이미 좋지 않은 것입니다. 하물며 그대의 말은 경솔하고 거칠기만 한데 어찌 문제가 없을 수가 있겠습니까? 공자와 같은 성인은 진실로 많이 배워서 된 것이 아닙니다. 그렇지만 공자가 옛 것을 좋아해서[190) 빨리 구하려고 하였다고 말한 것을 보면, 실제로 그는 일찍이 많이 배우지 않은 적이 없었습니다. 그렇지만 그렇게 많이 배우는 중에 '하나로 관통한다'[191) 는 경우가 있었습니다. 만일 그대와 같이 내실이 없이 함부로 짓는다면, 비록 '하나'가 있다고 할지라도 관통할 대상이 없게 될 것인데, 어찌 공

---

190) 『論語』「述而」.
191) 『論語』「里仁」.

자처럼 될 수가 있겠습니까? 안자와 증자는 홀로 공자의 가르침을 받았는데, 바로 그들은 박문과 약례으로 실천과 인식이 모두 경지에 이르렀기에, 그대와 같이 내실이 없이 함부로 짓지는 않았던 것입니다. 자공이 비록 도통(道統)을 아직 계승하지 못했다고 할지라도 그가 알고 있는 것은 지금 사람들보다 못한 것이 아닌 것 같지만, 단지 그 당시에는 개종할 만한 선불교가 아직 없었을 뿐입니다. 염계선생과 이천선생이 태어난 것은 시대가 비록 맹자의 뒤라고 할지라도, 그들의 도에는 약속하지 않아도 부합되는 것이 있었습니다. 보내주신 서신을 반복해서 보니, 그대는 그들이 말한 것에 대해 아직도 이해하지 못하는 것이 많이 있는 것 같습니다. 아마도 스스로 안연과 증자라고 처신하면서 그들을 경시해서는 안 될 것입니다. 안자마저도 능력이 있는데도 능력이 없는 사람에게 물었고, 많이 아는데도 적게 아는 자에게 물었고, "가지고 있으면서도 없는 듯 보였고 차 있으면서도 비어있는 듯이 보였고, 자신에게 잘못을 범했어도 따지 않았습니다."192) 증자는 하루에 세 가지로 자신을 반성해서, 남을 위해 도모할 때 충실하지 못했는가, 친구와 사귈 때 믿음직스럽지 못했는가, 전해온 가르침에 대해 학습하지 못했는가를 생각했으니,193) 그 지혜가 저와 같이 높은데도 예는 이와 같이 낮추니194) 어찌 그에게 조금이라도 스스로 만족하며 억지로 논변해서 이기려는 마음이 있었겠습니까? 보내주신 서신에는 가르침을 받으려는 뜻이 매우 지극하여 그 서신의 끝부분에 "의심나는 것이 있으면 가르침을 내려주시는 것을 꺼리지 말아주십시오"라는 말이 있는데, 저는 이 말을 감히 감당하지 못하겠습니다. 그렇지만 저의 의견도 또한 그대 때문에 기울어지지 않을 수가 없었습니다. 그대는 어떻게 생각하시는지 모르겠습니다. 만약 '아직 그렇지 않다'고 말한다면, 우리들은 해가 자기 길을 가

---

192) 『論語』「泰伯」.
193) 『論語』「學而」.
194) 『周易』「繫辭 上」.

고 달이 자기 길을 가는 것처럼 각각 자신들이 들은 것을 존중하고, 자신들이 아는 것을 행하는 것도 또한 괜찮을 것 같아, 다시는 반드시 같아져야 한다고 바라지 않도록 하지요. 말이 이에 이르니, 두터운 탄식이 깊어지지만 살펴보시기를 바랍니다.

최근에 『국사』「염계전」은 이 『태극도설』을 기재하고 있는데, "무극으로부터 태극이 된다"고 말하고 있습니다. 만약 염계의 책에 실제로 '로부터[自]'나 '된다[爲]'라는 두 글자가 있다면 진실로 그대가 말한 것과 같아서 감히 변론할 수가 없습니다. 그렇지만 『국사』「염계전」이 이 두 글자를 함부로 첨가했기에, 본래 이런 글자의 의미가 없었다는 것을 더욱더 분명하게 알 수 있으니, 시험 삼아 생각해보십시오.

來書云, 浙間後生, 貽書見規, 以爲吾二人者, 所習各已成熟, 終不能以相爲, 莫若置之勿論, 以俟天下後世之自擇. 鄙哉, 言乎! 此輩凡陋, 沈溺俗學, 悖戾如此, 亦可憐也.

熹謂, 天下之理, 有是有非, 正學者所當明辨. 或者之說, 誠爲未當. 然凡辨論者, 亦須平心和氣, 子細消詳, 反復商量, 務求實是, 乃有歸著. 如不能然, 而但於匆遽急迫之中, 肆支蔓躁率之詞, 以逞其忿懟不平之氣, 則恐反不若或者之言安靜和平, 寬洪悠久, 猶有君子長者之遺意也.

來書云, 人能弘道, 止敢悉布之.

熹按, 此段所說, 規模宏大, 而指意精切. 如曰, 雖自謂其理已明, 安知非私見蔽說? 及引大舜善與人同等語, 尤爲的當. 熹雖至愚, 敢不承教? 但所謂莫知其非, 歸於一是者, 未知果安所決. 區區於此, 亦願明者有以深察而實踐其言也.

來書云, 古人質實, 止請卒條之.

熹詳此說, 蓋欲專務事實, 不尙空言, 其意甚美. 但今所論無極二字, 熹固已謂不言不爲少, 言之不爲多矣. 若以爲非, 則且置之, 其於事實,亦未有害. 而賢昆仲不見古人指意, 乃獨無故於此創爲浮辨, 累數百言, 三四往返而不能已, 其爲湮蕪亦已甚矣. 而細考其間, 緊要節目, 並無酬酢, 只是一味慢罵虛喝, 必欲取勝. 未論顔曾氣象, 只子貢恐亦不肯如此, 恐未可遽以此而輕彼也.

來書云, 尊兄未嘗, 止固冒不同也.

熹亦謂老兄, 正爲未識太極之本無極而有其體, 故必以中訓極, 而又以陰陽爲形而上者之道, 虛見之與實見, 其言果不同也.

來書云, 老氏以無, 止諱也.

熹詳老氏之言有無, 以有無爲二, 周子之言有無, 以有無爲一, 正如南北水火之相反. 更請子細著眼, 未可容易譏評也.

來書云, 此理乃, 止子矣.

更請詳看熹前書, 曾有無理二字否?

來書云, 極亦此, 止極哉.

極, 是名此理之至極. 中, 是狀此理之不偏. 雖然同是此理, 然其名義各有攸當. 雖聖賢言之, 亦未嘗敢有所差互也. 若皇極之極, 民極之極, 乃爲標準之意. 猶曰立於此而示於彼, 使其有所向望而取正焉耳. 非以其中而命之也. 立我烝民, 立與粒通. 卽書所謂烝民乃粒, 莫匪爾極, 則爾指后稷而言. 蓋曰使我衆人, 皆得粒食, 莫非爾后稷之所立者是望耳. 爾字不指天地. 極字亦非指所受之中. (此義尤明白, 似是急於求勝, 更不暇考上下文. 推此一條, 其餘可見.) 中者, 天下之大本, 乃以喜怒哀樂之未發, 此理渾然無所偏倚而言. 太極固無所偏倚, 而爲萬化之本, 然其得名自爲至極之極, 而兼有標準之義, 初不以中而得名也.

來書云, 以極爲中, 止理乎.

老兄自以中訓極, 熹未嘗以形訓極也. 今若此言, 則是己不曉文義, 而謂他人亦不曉也. 請更詳之.

來書云, 大學文言皆言知至.

熹詳知至二字雖同, 而在大學, 則知爲實字, 至爲虛字, 兩字上重而下輕, 蓋曰心之所知, 無不到耳. 在文言, 則知爲虛字, 至爲實字, 兩字上輕而下重, 蓋曰有以知其所當至之地耳. 兩義旣自不同, 而與太極之爲至極者, 又皆不相似, 請更詳之. (此義在諸說中亦最分明, 請試就此推之, 當知來書未能無失, 往往類此.)

來書云, 直以陰陽爲形器, 止道器之分哉.

若以陰陽爲形而上者, 則形而下者復是何物? 更請見敎. 若熹愚見與其所聞, 則曰, 凡有形有象者, 皆器也. 其所以爲是器之理者, 則道也. 如是, 則來書所謂始終晦明奇偶之屬, 皆陰陽所爲之器. 獨其所以爲是器之理, 如目之明, 耳之聰, 父之慈, 子之孝, 乃爲道耳. 如此分別, 似差明白, 不知尊意以爲如何? (此一條亦極分明, 切望要畧加思索, 便見愚言不爲無理, 而其餘亦可以類推矣.)

來書云, 通書曰, 止類此.

周子言中而以和釋之, 又曰中節, 又曰達道, 彼非不識字者, 而其言顯與中庸相戾, 則亦必有說矣. 蓋此中字, 是就氣稟發用而言其無過不及處耳, 非直指本體未發, 無所偏倚者而言也. 豈可以此而訓極爲中也哉? 來書引經必盡全章, 雖煩不厭, 而所引通書, 乃獨截自中焉止矣而下, 此安得爲不愧? 老兄本自不信周子, 政使誤引通書, 亦未爲害, 何必諱此小失, 而反爲不改之過乎?

來書云, 大傳, 止執古.

大傳洪範詩禮皆言極而已, 未嘗謂極爲中也. 先儒以此極處, 常在物之中央, 而爲四方之所面, 內而取正, 故因以中釋之, 蓋亦未爲甚失. 而後人遂以極爲中, 則又不識先儒之本意矣. 爾雅乃是纂集古今諸儒訓詁以成書, 其間蓋亦不能無愧, 不足据以爲古. 又況其間但有以極訓至, 以殷齊訓中, 初未嘗以極爲中乎!

來書云, 又謂周子, 止道耳. (前又云, 若謂欲言, 止之上.)

無極而太極, 猶曰莫之爲而爲, 莫之致而至. 又如曰無爲之爲, 皆語勢之當然, 非謂別有一物也. (向見欽夫有此說, 嘗疑其贅, 今乃正使得著, 方知

欽夫之慮遠也.)　其意則固若曰非如皇極民極屋極之有方所形象,　而但有
此理之至極耳.　若曉此意,　則於聖門有何違叛而不肯道乎?　上天之載,
是就有中說無.　無極而太極,　是就無中說有.　若實見得,　卽說有說無,　或
先或後,　都無妨碍.　今必如此拘泥,　强生分別,　曾謂不尙空言,　專務事
實,　而反如此乎?

　來書云,　夫乾,　止自反也.

　太極固未嘗隱於人,　然人之識太極者則少矣.　往往只是於禪學中認
得箇昭昭靈靈能作用底,　便謂此是太極.　而不知所謂太極,　乃天地萬物
本然之理,　亙古亙今,　攧撲不破者也.　迥出常情等語,　只是俗談,　卽非禪
家所能專有,　不應儒者反當迴避.　況今雖偶然道著,　而其所見所說,　卽
非禪家道理,　非如他人陰實祖用其說,　而改頭換面,　陽諱其所自來也.
如曰私其說以自妙,　而又秘之.　又曰寄此以神其奸,　又曰繫絆多少好氣
質底學者,　則恐世間自有此人可當此語.　熹雖無狀,　自省得與此語不相
似也.

　來書引書云,　有言逆于汝心,　必求諸道.

　此聖言也,　敢不承教.　但以來書求之於道而未之見,　但見其詞義差舛,
氣象粗率,　似與聖賢不甚相近.　是以竊自安其淺陋之習聞,　而未敢輕舍故
步,　以追高明之獨見耳.　又記頃年嘗有平心之說,　而前書見諭曰甲與乙辨,
方各自是其說.　甲則曰願乙平心也.　乙亦曰願甲平心也.　平心之說,　恐難
明白,　不若據事論理可也.　此言美矣!　然熹所謂平心者,　非直使甲操乙之
見,　乙守甲之說也,　亦非謂都不論事之是非也.　但欲兩家姑暫置其是己非
彼之意,　然後可以據事論理,　而終得其是非之實.　如謂治疑獄者當公其心,
非謂便可使曲者爲直,　改直者爲曲也,　亦非謂都不問其曲直也.　但不可先
以己意之向背爲主,　然後可以審聽兩造之辭,　旁求參伍之驗,　而終得其曲
直之當耳.　今以粗淺之心,　挾忿懟之氣,　不肯暫置其是己非彼之心,　而欲
評義理之得失,　則雖有判然如黑白之易見者,　猶恐未免於誤,　況其差有在
於毫釐之間者,　又將誰使折其衷而能不謬也哉!

來書云, 書尾, 止文耶?

中間江德功封示三策書中有小帖云陸子靜策三篇, 皆親手點對, 令默封納, 先欲作書, 臨行不肯作. (此並是德功本語) 不知來喩何故乃爾? 此細事不足言, 世俗毀譽, 亦何足計! 但賢者言行不同如此, 爲可疑耳. (德功亦必知是諸生所答, 自有姓名, 但云是老兄所付令寄來耳.)

熹已具此, 而細看其間, 亦尙有說未盡處. 大抵老兄昆仲同立此論, 而其所以立論之意不同. 子美尊兄自是天資質實重厚, 當時看得此理有未盡處, 不能子細推究, 便立議論, 因而自信太過, 遂不可回. 見雖有病, 意實無他. 老兄却是先立一說, 務要突過有若子貢以上, 更不數近世周程諸公, 故於其言, 不問是非, 一例吹毛求疵, 須要討不是處. 正使說得十分無病, 此意却先不好了, 況其言之粗率又不能無病乎? 夫子之聖, 固非以多學而得之. 然觀其好古敏求, 實亦未嘗不多學, 但其中自有一以貫之處耳. 若只如此空疎杜撰, 則雖有一而無可貫矣, 又何足以爲孔子乎? 顏曾所以獨得聖學之傳, 正爲其博文約禮, 足目俱到, 亦不是只如此空疎杜撰也. 子貢雖未得承道統, 然其所知似亦不在今人之後, 但未有禪學可改換耳. 周程之生, 時世雖在孟子之下, 然其道則有不約而合者. 反覆來書, 竊恐老兄於其所言多有未解者, 恐皆未可遽以顏曾自處而輕之也. 顏子以能問於不能, 以多問於寡, 有若無, 實若虛, 犯而不校. 曾子三省其身, 惟恐謀之不忠, 交之不信, 傳之不習, 其智之崇如彼, 而禮之卑如此, 豈有一毫自滿自足, 强辯取勝之心乎? 來書之意, 所以見教者甚至, 而其末乃有若猶有疑不憚下敎之言. 熹固不敢當此. 然區區鄙見, 亦不敢不爲老兄傾倒也. 不審尊意以爲如何? 如曰未然, 則我日斯邁, 而月斯征, 各尊所聞, 各行所知, 亦可矣, 無復可望於必同也. 言及於此, 悚息之深, 千萬幸察.

近見國史濂溪傳載此圖說, 乃云自無極而爲太極. 若使濂溪本書實有自爲兩字, 則信如老兄所言, 不敢辨矣. 然因渠添此二字, 却見得本無此字之意, 愈益分明, 請試思之.

🔅 살펴보니, 마지막 한 조목은 이미 승복한 듯하다. 또한 곧바로 자(自)·위(爲) 두 글자는 본래 없었는데 단지 역사가가 끼워 넣었다고 단정하고 있지만 어디에 근거해서 본래 없었음을 알았는지, 어디에 근거해서 끼워 넣어졌음을 알게 되었는지 알지 못하겠다. 나는 당시에 유전되는 원본에 실제로 자(自)·위(爲) 두 글자가 있어서 역사가가 반드시 덧붙여 고칠 필요가 없었을 것이라고 생각한다. 지금 서악 화산의 위에 현재 있는 진단(陳搏)의 「무극도」는 도가의 설로서 태극 위에 실제로 무극이 있다.

또 살펴보니, 주자가 이 서신에 답한 뒤에 육자 또한 답서에서 말하였다. 지난날 경연의 자리에 임명되었을 때 선비들이 서로 경축하면서 우리의 도가 실행되기를 간절히 기다렸는데, 현인을 세우는 예의를 다시 궁구하지 않아 사람들이 거듭 한탄하게 만들었습니다. 새 천자가 즉위하여 천하가 주시하였으나 파면하고 등용하며 승진하고 물리치는 인사에 대개 인정이 아직 깨닫지 못하는 경우가 많아서 뭇 소인배들이 떼로 몰려들어 씩씩거리며 화를 내었습니다. 진정 윗사람이 국가를 근심하는 마음을 거듭 삼가지 않을 수 없습니다. 저는 5월 그믐날 형문의 명령을 받았는데 명령이 내린 날은 실제 3월 28일이니, 황원장의 임무가 끝나서 그를 대체하려면 아직도 3년 반이 남았습니다. 원컨대 가르침을 주십시오.

초봄에 차병(借兵)의 임무에서 돌아와 보내주신 소식을 받고서 해가 바뀐 뒤의 동정을 모두 알게 되니 매우 위안이 되었습니다. 오직 헤아리지 않아서 조금이나마 어리석은 충성을 바치면서도 성찰하지 않고 도리어 갈등을 빚게 되어, 자신을 억누름이 비정하고 잘못을 꾸짖음이 깊어지니 몹시 두려웠습니다. 예전에 그대께서 조리를 따져 분석하길 촉구하고, 또한 '차라리 그대 형이 갑자기 서신을 끊는 것만 못하다'는 경계를 주셨으니, 매우 다행입니다. 별지에서 '나는 날마다 이에 힘쓰고 달마다 이에 가니, 각자 들은 바를 존중하고 아는 바를 행하면 되지 반드시 같아지길 다시 바라지 않는다'고 하셨는데, 존형께서 갑자기 이런 말을 하신 것은 매우 소망스런 바가 아니라고 생각합니다. "'군자의 지나감은 마치 일식과 월식 같습니다.'195) 지나칠 때 사람들이 모두 그것을 보는데, 다시 그러면 사람들이 모두 우러러 봅니다. 박식한 사람이 지나갈 경우 비록 조그마한 침과 약이라도 오래 지나면 스스로 깨닫게 되니, 지금 존형께선 이 점에 의문이 풀렸으리라 믿습니다. 원컨대 남은 덕으로 나머지 가르침을 마쳐 주십시오."

또 살펴보니, 주자가 육자에 무극을 논한 제2답서는 순회 16년(1189) 봄 정월에 상산정사에 도착하였다. 육자는 차병(借兵)의 일로 벼슬살이 하다가 근래에 돌아와 서신을 받았는데, "각자 들은 바를 존중한다" 등의 말을 보고서는 실의에 빠져 곧바로 답신을 쓰지 않았다. 그런데 이해는 나이든 황제가 직위를 물려서 광종이 즉위하였다. 3월에는 선생이 형문의 군대를 맡으라는 조서가 있었는데, 5월이 되어서야 비로소 명령을 받들었다. 인사의 응대가 자못 번거로워 7월에 이르러서야 비로소 이 서신을 지었다. 주자는 8월에 곧바로 답신을 지어서 "형문의 명령은 사람의 마음을 조금 위안시킵니다. 오늘날의 계획은 치우치고 고원하지만 오히려 혹 뜻을 실행할 수 있을 것이니 이를 싫어하지 않으리라 생각합니다. 3년 반 사이에 소장(消長)의 기세는 또한 미리 헤아릴 수 없습니다. 유행을 멈춤은 진정 사람의 힘이 할 수 있는 바가 아닙니다. 그대가 상산에서 땅을 개간해서 집 짓는196) 공에 더욱 실마리가 있고 배우러 오는 학자들이 더욱 많아진다고 들었는데, 그 사이에 한번 가서 멋진 광경을 보지 못함이 안타깝습니다. 저의 초봄 서신은 말의 기운이 거칠고 경망하니, 이미 발송하자마자 곧 그러함을 알고 후회하였지만 이미 어쩔 수 없었습니다"라고 운운하였다. 이 서신은 『상산연보』에 보

---

195) 『孟子』「公孫丑 下」.
196) 『朱子晚年全論』에는 開闢架造로 되어 있는데, 『陸九淵集』에는 墾闢架鑿으로 되어 있어, 후자를 따랐다.

이는데『주자대전집』은 싣지 않았다. 주자가 스스로 후회하는 말은『주자문집』을 편집하는 사람이 반드시 삭제하여 제거하였다.

소희 3년(1192) 육자는 형문군에 있었는데, 여름 4월에 주자는 또한 서신으로 자신이 알고 있는 이대(李大)를 천거하여 군대에 나가도록 하였으니 그 대략의 내용은 다음의『상산연보』에 보인다. "작년에 고마운 서신의 위문을 받고서 곧바로 서간을 붙여 감사드리려 했습니다. 그 뒤 많은 군사와 서쪽으로 떠났다고 들었으니, 서로 바라봄이 더욱 멀어져서 문안을 드리지 못했습니다. (주자는 8월에 서신을 부쳤는데, 육자는 9월에 형문으로 부임하였다.) 근자에 신유안197)이 경유하면서 호남 붕우의 서신을 얻고서야 정치와 교육이 함께 유행하고 지식인과 백성이 감화된다고 알았으니, 매우 위안이 됩니다. 저는 근심과 고통의 결과 (2년 동안 맏아들 숙(塾)의 상(喪) 때문에 장(漳)군을 떠났다.) 질병이 더욱 침투하고 육체와 정신이 모두 병들어 옛 시절과 같은 상태는 아닙니다. 건양에 돌아와서는 계획을 빠져 헤매었습니다. 하나의 자그마한 집을 짓는데 1년이 지나도 만들지 못하고 노고만 많아져 그만두려 해도 그러지 못하였습니다. 이대(李大)가 이곳에 와서 사태의 본말을 다 보았으니 반드시 제대로 말을 할 수 있을 것입니다. 그는 군대를 따르려는 계획을 해서 그대의 문하에 달려가고자 하니, 번거로움을 덜고서 이 서신을 부치게 되어 다른 것을 언급할 겨를이 없습니다. 진정 갈 길이 머니 도를 위해 자중하여 학자들을 행복하게 해주시기를 간절히 바랍니다. 그 가운데 배움을 좋아하는 사람이 자못 있는지요? 협주의 곽옹(郭雍)198)의 저서는 자못 많은데 모두 보았는지요? 그가『역』의 수(數)에 대해 논의한 바가 자못 상세한데 그대는 어찌 생각하는지 모르겠습니다. 근래의 저서를 다행스

---

197) 신기질(辛棄疾, 1140~1207) : 자는 유안(幼安), 시호는 충민(忠敏)이며, 역성(歷城) 출신이다. 사(詞)를 잘 지었으므로, 사람들은 소식(蘇軾)과 그를 합쳐 '소신(蘇辛)'이라 칭하였다. 저서로는『稼軒集』이 있다.
198) 곽옹 : 자는 자화(子和)이며 호는 백운(白雲)선생이다. 그는 남송시대에 유명한 역학가(易學家)였다.

럽게 한 둘 보여 주었는데, 자세하고도 훌륭했습니다.” 이 서신 역시
『대전집』에 수록되지 않았다.199) 서신 가운데 “정치와 교육이 함께 유
행하고 사(士)와 백성이 감화된다”와 “도를 위해 자중하여 학자들을 행
복하게 해주십시오”라는 말이 있는데도, 『문집』을 편록한 사람이 소속
된 문호의 견해가 비루하여 육자를 이기려는 마음 지니기를 힘썼으니
육자를 인정한 내용은 또한 반드시 삭제하여 남기지 않았다. 가령 「육
종정공가문서(陸從政公家問序)」와 이 서신이 그러하다.

按, 末一條似已服矣. 又直斷爲本無自爲二字, 特作史者添入, 弟不
知何所據而知爲本無, 何所據而知爲渠添也? 竊意當時流傳原本, 實有
自爲二字, 而作史者未必添改. 今西嶽華山之上, 現有陳希夷無極圖,
蓋道家之說, 太極之上, 實又有無極也.

又按, 朱子答此書後, 陸子又有答書云, 往歲經筵之除, 士類胥慶, 延
跂以俟吾道之行, 乃復不究起賢之禮, 使人重爲慨歎. 新天子卽位, 海
內屬目, 然罷行陟黜, 率多人情之所未諭者, 羣小騈肩而騁, 氣息怫然.
諒不能不重勤長者憂國之懷. 某五月晦日拜荊門之命, 命下之日, 實三
月二十八日, 替黃元章闕, 尙三年半. 願有以敎之.

首春借兵之還, 伏領賜報, 備承改歲動息, 慰沃之劇. 惟其不度, 稍獻
愚忠, 未嘗省察, 反成唐突, 謙抑非情, 督過深矣, 不勝惶恐. 向蒙尊兄
促其條析, 且有無若令兄遽斷來書之戒, 深以爲幸. 別紙所謂, 我日斯
邁, 而月斯征, 各尊所聞, 各行所知, 亦可矣, 無復望其必同也 不謂尊
兄遽作此語, 甚非所望. 君子之過也, 如日月之食焉. 過也, 人皆見之,
及其更也, 人皆仰之. 通人之過, 雖微箴藥, 久當自悟, 諒今尊兄必渙然
於此矣. 願依末光以卒餘敎.

又按, 朱子答陸子論無極第二書, 以淳熙十六年己酉歲春正月至象
山精舍. 陸子以借兵之役出山, 比還得書, 見各尊所聞等語, 爲之憮然,

未卽作復書. 而是歲壽皇內禪, 光宗卽位. 三月詔先生知荊門軍, 五月
始拜命. 人事應酬頗煩, 至七月始作此書. 而朱子於八月卽作報書云,
荊門之命, 少慰人意. 今日之計, 惟僻且遠, 猶或可以行志, 想不以是爲
厭. 三年有半之間, 消長之勢, 又未可以預料. 流行坎止, 亦非人力之所
能爲也. 聞象山開闢架造之功, 益有緖, 來學者亦益甚, 恨不得一至其
間, 觀奇覽勝. 某首春之書, 詞氣粗率, 旣發卽知悔之, 然已不及云云.
此書見象山年譜, 而朱子大全集不載. 蓋凡朱子自悔之語, 編朱子文集
者, 必削而去之.

紹熙三年, 陸子在荊門軍, 夏四月, 朱子又以書薦其所識李大來從戎,
其畧附見象山年譜云, 去歲辱惠書慰問, 尋卽附狀致謝. 其後聞千騎西
去, 相望益遠, 無從致問. (朱子以八月寄書, 而陸子以九月赴荊門) 近辛幼安
經由及得湖南朋友書, 乃知政教並流, 士民化服, 甚慰! 某憂苦之餘, (二
年, 以長子塾之喪去漳郡也) 疾病益侵, 形神俱瘁, 非復昔時. 歸來建陽, 失
於計度. 作一小屋, 朞年不成, 勞苦百端, 欲罷不可. 李大來此, 備見本
末, 必能具言也. 渠欲爲從戎之計, 因走門下, 撥冗附此, 未暇他及. 政
遠, 切祈爲道自重, 以幸學者. 彼中頗有好學者否? 峽州郭文著書頗多,
悉見之否? 其論易數頗詳, 不知尊意以爲如何也? 近著幸示一二, 有委
倂及. 此書亦未收入大全集. 蓋書中有政教並流, 士民化服, 及爲道自
重, 以幸學者之語, 編錄文集者, 門戶鄙見, 務持勝心, 凡推許陸子者,
亦必削而不存. 如陸從政公家問序及此書是也.

첨체인에게 답하다[答詹體仁]200)

호상(湘)에 있는 학자들201)의 병폐는 진실로 가르침 대로입니다. 하지

---

200) 『朱熹集』 권38-31.
201) 호상학(湖湘學) 혹은 호남학(湖南學)은 호굉(胡宏, 1106~1162)에 의해 시작되었던

만 오늘날의 학자들도 이와 같은 경우가 대부분입니다. 말만 하고 행동하지 않는 그 경우는 본디 잘못인데, 또 단지 실천만을 말하고 궁리(窮理)에 힘쓰지 않는 경우도 역시 적은 병폐는 아닙니다. 흠부는 예전에 이런 종류의 사람들을 구제한다고 생각했습니다. 그러므로 그 설이 지나치게 자유로워서 마침내 지속적인 병폐를 열었습니다. 오늘 진정 그대에게 의존하여 그것을 구제하는 바가 있습니다. 학문함은 자신의 역량 안의 일인데, 고원한 것을 보자마자 자신을 자랑하여 곧 실제에 힘쓰지 않으니 어떤 것이 오늘날 자신을 반성하는 정당한 공부라고 다시 말할 수 있겠습니까? 독서(讀書)는 의미 설명을 삼가는 것이 우선이고, 수신(修身)은 법도를 따르는 것이 요체입니다. 허황되고 쓸데없는 허다한 말들을 제거해야만 평온함에 가까울 뿐입니다. 어떻게 생각하시는지 모르겠습니다.

湘中學者之病, 誠如來教. 然今時學者, 大抵亦多如此. 其言而不行者, 固失之, 又有一種只說踐履而不務窮理, 亦非小病. 欽夫往時, 蓋謂救此一種人, 故其說有太快處, 以啓流傳之弊. 今日正賴高明有以救之也. 爲學是分內事, 纔見高自標致, 便是不務實了, 更說甚的今日正當反躬下學? 讀書則以謹訓說爲先, 脩身則以循規矩爲要, 除却許多懸空閑說, 庶幾平穩耳. 不審意以爲如何?

학파로서, 주자는 장식과의 교유를 통해 호남학에 접하게 된다. 호남학의 학설과 조우하면서 주자는 자신의 사유를 다듬게 되는데, 이런 사유의 집결체가 바로 그의 유명한 '중화구설(中和舊說)'이다. 호남학의 핵심은 다음과 같은 두 가지 주장에 있다. 첫째, 본성이 본체이고 마음은 그 작용이다[性體心用]. 둘째, 수양은 이미 발현된 마음에서 선의 단서를 찾아서 그것을 존양하는 것이다[致察存養]. 그러나 호남학의 이런 주장에서는 커다란 문제점이 있다. 그것은 바로 '마음[心]', 혹은 '주체'의 위상과 관련된 문제다. 마음이 본성의 작용이라는 주장과 발현된 마음에서 선의 단서를 찾아 그것을 존양하라는 주장에는, 기본적으로 수양을 결단하고 수양을 실천하는 주체가 원초적으로 결여되어 있다. 이런 문제의식을 가지고 주자는 자신의 중화구설을 폐기하고 자신의 '중화신설(中和新說)'을 정립하게 되는 것이다.

● 호상에 있는 학자들은 모두 흠부의 제자들이다. "남헌은 예전에"라고 한 것은 흠부가 이때 이미 사망했기 때문이니, 주자는 확실히 만년이다. 하지만 쓸데없는 허다한 말을 제거하여 말만 하고 행동하지 않는 병폐를 구제하려 한 것은 육자의 가르침과 이미 부합한다. 또한 살펴보니, 여기서 체인은 자(字)인데『고정연원록(考亭淵源錄)』은 원선(元善)이라고 잘못 생각했다.202)

湘中學者, 皆欽夫弟子. 欽夫往時云云, 蓋南軒是時已沒, 而朱子確爲晩年矣. 然欲除却許多閑說, 以救言而不行之病, 已合於陸子之敎. 又按此體仁字也, 考亭淵源錄誤以爲元善.

범문숙203)에게 답하다[答范文叔] 1204)

『대학』의 순서는 진실로 치지(致知)가 우선합니다. 그래서 이천선생께서도 치지하면서 경(敬)에 있지 않는 자가 있지 않다205)는 것을 드러내셨으니, 힘써야 할 본령의 절실한 곳을 더욱 볼 수 있습니다. 지금 보내주신 서신을 읽고서 주일(主一)을 알았습니다. 대개 힘을 들이게 되면 치지의 학문에는 마땅히 어려움이 없는데도 오히려 다시 그 설명을 구하려고 하는 것은 무엇 때문입니까? 제가 예전에『대학』을 읽고 일찍이 설명을 했는데,206) 매번 천박하고 고루하다고 여겨 마음이 편치 못했습니다. 근래에 잘못을 고쳐 잡으니 조금 명백해졌습니다. 가까운 벗들 중에 목판

---

202) 이불의 주석이 틀리다. 자가 원선이고, 이름이 체인이다.
203) 범중보(范仲黼 : 자는 문숙(文叔)이며, 성도(成都) 출신이다. 범조우(范祖禹)의 후손이다. 통직랑(通直郎)・국자박사(國子博士)・허국공부교수(許國公府敎授)・저작랑(著作郎)・지팽주(知彭州) 등을 역임했다. 장식의 문인이다. 월주선생(月舟先生)이라고도 칭한다.
204)『朱熹集』권38-38, 1189(60세).
205)『二程遺書』권3-98.
206)【箚疑】『章句』와『或問』을 가리킨다.

에 새긴 자가 있는데, 지금 한 통을 보내니 바라건대 살펴봐 주십시오. 혹시 온당치 않는 것이 있으면 가르쳐 주시기를 바랍니다. 그러나 절대 남에게 보여서 옳지 못하다는 죄를 더욱 더하지 않도록 하십시오.

大學之序, 固以致知爲先, 而程子發明未有致知而不在敬者, 尤見用力本領親切處. 今讀來喩, 知於主一. 蓋嘗用功, 則致知之學宜無難矣, 而尙欲更求其說, 何耶? 熹舊讀大學之書, 嘗爲之說, 每以淺陋, 有所未安. 近加訂正, 似稍明白. 親知有取以鋟木者, 今內一通, 幸試考之. 或有未當, 却望誨喩. 然切告勿以示人, 益重不韙之罪也.

❀ 『대학』을 개정한 것은 만년 때의 일이며, 두 번째 서신에도 『대학』을 개정했다는 말이 있다. "남에게 보이지 말라"고 한 것은 본래 '위학'으로 몰려 금지 당했을 때이기 때문이다. 세 번째 서신의 "외롭고 위태롭다"라는 말에서 더욱 명백해진다. 그러나 "치지는 반드시 경에 있다"고 말하고, 두 번째 서신에서 "도의는 이 마음을 벗어나지 않는다"고 말한 것은 이미 육자의 설과 부합한다.

改大學是晩年事, 而第二書亦有改大學之語. 勿以示人, 自是禁僞學時. 第三書孤危之語尤明白. 然謂致知必在於敬, 而第二書謂道義不外此心, 已合於陸子之說.

범문숙에게 답하다[答范文叔] 2207)

책을 읽다가 자기도 모르게 의심이 생기는데,208) 이것은 괴이할 것이 없습니다. 왜냐하면 과거에는 경전을 해석하는데 정설이 없었으므로209)

---

207) 『朱熹集』 권38−39, 1195(66세).
208) [刊補] 범문숙의 서신에 있는 말이다.

여러 선생210)들의 말씀이 더러 같지 않았기 때문에, 책을 읽을 때 의심이 없을 수 없었습니다. 근래에는 여러 학설이 모두 나오고 강론하는 자들도 많아 자연히 의심할 바가 없습니다. 그러나 반복해서 음미하고 성현의 본 뜻과 도의의 실체가 이 마음에서 벗어나지 않게 된다는 것을 알면 저절로 향유할 수 있을 것입니다. 윤화정의 문인이 그 스승을 찬미하며211) "위대하구나, 성인의 교훈이여. 육경의 편찬이여, 귀가 순해지고 마음으로 얻게 되면 마치 자기 말을 외는 것과 같도다"212)라고 하였습니다. 마땅히 이와 같은 경지에 이르러야 비로소 책을 읽는 것이라고 할 수 있습니다.

『대학』을 근래 옛 편집본을 보고 다시 여러 곳을 고쳐, 지금 한 통을 보내니 예전 본을 참조해서 제 뜻을 보아주십시오.

讀書不覺有疑, 此無足怪. 蓋往年, 經無定說, 諸先生所發或不同, 故讀書不能無疑. 比年以來, 衆說盡出, 講者亦多, 自是無所致疑, 但要反復玩味, 認得聖賢本意, 道義實體不外此心, 便自有受用處耳. 尹和靖門人贊其師曰, 丕哉, 聖謨, 六經之編, 耳順心得, 如誦己言. 要當至此地位, 始是讀書人耳.

大學近閱舊編, 復改數處, 今往一通, 試以舊本參之, 當見鄙意也.

---

209) [刊補] 선배들이 경전을 해석하는데 각각 달랐기 때문에, 일정하게 확정된 설명이 없었다.
210) [翼增] 이정(二程) 문인들을 가리키는 말이다.
211) [翼增] 『淵源錄』의 여계중(呂稽中)이 편찬한 묘지의 말인데 문장이 조금 다르다.
212) 『宋名臣言行錄外集』 권9.

범문숙에게 답하다[答范文叔] 3[213]

춘풍당의 기념문(記)[214]에 대한 부탁을 이미 오래 전에 승낙했는데, 어찌 감히 그것을 잊겠습니까? 그러나 요즈음 외롭고 위태로운 몸이 되어, 당대에 미움을 받는 것이 날이 갈수록 더욱 심해짐을 깨닫고, 마침내 입을 다물고 남에게 한 마디 말도 하지 못하고 있습니다. 이것은 비단 화를 두려워해서일 뿐만이 아니라 의리상 당연한 것입니다. 게다가 이런 공허한 말은 현실에는 유익함이 없고 단지 장난과 같을 뿐이니, 구차하게 문자로 치장하는 것[215]은 한갓 외물에 끌려 뜻을 잃어버릴 뿐입니다. 만약 자기를 위한 절실한 공부를 논한다면 어찌 이러한 것들이 도움이 될 수 있겠습니까? 그러나 인(仁)을 행하는 것은 자신으로부터 말미암는 것[216]이니 또 어찌 타인의 도움을 기다리겠습니까? 하물며 명도선생의 기상이 이와 같아서 인의 그림자에서조차도 떠나지 않았다는 것은 말해 무엇하겠습니까? 지금 그러한 모습 밖에서 그 유사한 형체만을 겉으로 보고 완미하는 것과 그 분[217]이 도달하신 경지를 깊이 살펴 본인이 직접 그 경지에 이르는 것 가운데 실제를 따져 볼 때 어느 것이 낫겠습니까? 제가 생각하기에 인을 행하는 핵심은 진실로 성인의 말을 벗어나지 않습니다. 가령 자하가 "널리 배우고 뜻을 독실히 하고 간절하게 묻고 가까운 것에서부터 생각한다"[218]고 말한 것과 공자가 "자기를 이겨 예로 돌아간다"[219]라고 한 것과 "공경충서를 해야 한다"[220]는

---

213) 『朱熹集』 권38-40, 1195(66세).
214) [記疑] 범문숙이 춘풍이라는 명칭으로 당명을 짓고 선생께 기(記)를 구했다.
215) [箚疑] 문자로 꾸미는 것을 말한다.
216) 『論語』「顔淵」.
217) [箚疑] 명도선생의 마음을 말한다.
218) 『論語』「子張」.
219) 『論語』「顔淵」.
220) [刊補] 『朱子大全』의 「仁說」에서 『論語』의 거처하는 곳에서 공손하고 일을 처리할 때는 경건하고, 남에게 충정을 다하고 외물에 대해서는 서를 다한다는 구절을 인용한

것에서 힘써야 할 처음과 끝을 모두 볼 수 있을 것입니다. 아무쪼록 깊이 음미하여 여기에 공부를 더한다면 저의 기대에 위로가 될 수 있을 것이니, 공부란 본래 언어와 문자 사이에 있는 것이 아닙니다.

春風堂記, 久已奉諾, 安敢忘之! 但近覺孤危之迹, 爲當世所憤疾, 日以益甚, 遂絶口不敢爲人出一語. 非獨畏禍, 亦義理之當然也. 兼亦覺得此等空言無益於實, 僅同戲劇, 區區裝點, 是亦徒爲玩物喪志而已. 若論爲己切實功夫, 豈此等所能助? 而爲仁由己, 亦何待它人之助耶? 況明道先生氣象如此, 乃是不違仁之影子. 今於影外旁觀, 而玩其形似, 孰若深察其心之所到, 而身詣之之爲實耶? 竊謂爲仁之要, 固不出乎聖賢之言, 若子夏所謂博學篤志, 切問近思, 夫子所謂克己復禮, 所謂恭敬忠恕, 可以備見其用力之始終矣. 幸深味乎此而實加功焉, 則爲有以慰區區之望, 固不在于言語文字之間而已也.

❀ "외롭고 위태롭다" "화를 당할까 두렵다" 등의 말은 본래 위학(僞學)으로 몰려 금지 당했을 때의 상황이다. 이때 주자 나이 70세(1199)였다. "헛된 말은 도움이 되지 않는다" "외물에 끌려 뜻을 잃는다"221) 등의 말은 어찌 만년의 정론이 아니겠는가?

孤危畏禍等語, 自是禁僞學時情景. 是時朱子年七十矣. 空言無益, 玩物喪志等語, 豈非晚年定論?

것이다.
221) 『書經』 권11 「周書」.

황문숙222)에게 보내다[與黃文叔]223)

저는 깊은 산중에 있으면서 명성을 들은 지 오랩니다. 만나 뵙지 못한 것224)을 매번 속으로 안타까워합니다. 작년에 왕명을 받고 북으로 가다,225) 길에서 새로 즉위하신 천자226)께서 그대를 어질게 여겨 언로에 발탁하셨다는 소리를 들었습니다. 비로소 선한 무리들과 함께 매우 기뻐하고 다행스럽게 여겼는데, 하루 이틀도 채 안되어 벌써 지방관으로 나가게 됐다는 명227)을 들었습니다. 저는 이때, 또한 다시 분개하며 크게 탄식했습니다. 왜냐하면 그대를 위해서 이 일을 애석해 할 뿐만 아니라, 또한 조정을 위해서 이러한 조치를 애석하게 여겼기 때문입니다. 또 스스로 한번 볼 수 있는 기회를 잃은 것을 한탄하고, 또 분명히 우리 도가 앞으로는 행해지지 못하리라는 것을 알게 되었습니다. 일찍이 두 달이 안 돼서 파직되어 집으로 돌아왔는데 문득 서신을 받고 반복해 읽다 보니 정신이 번쩍 들만큼 기대 이상입니다. 매우 다행입니다. 그러나 지나치게 겸손히 예를 표하시며 실제보다 더 칭찬하시고 뛰어난 인물에 저를 견주시니, 식견이 얕고 보잘 것 없는 제가 감당할 수 없습니다. 옛날 성현들이 처한 어렵고 쉬움을 논한 데228)서 그대의 뜻을 알 수 있었습니다. 저의 경우는 대개 스스로 헤아리지 못하고 망령되이 여기에 뜻을 두었습니다.229) 그러나 배우고도 아직 도를 듣지 못했고

---

222) 황도(黃度, 1138~1213) : 자는 문숙(文叔)이며, 신창(新昌) 출신이다. 효종 융흥(隆興) 원년(1163)에 진사가 되었다. 그는 「僞學逆黨籍」에 올라 있다.

223) 『朱熹集』 권38－46, 1195(66세).

224) 【箚疑】『詩經·菁莪』의 이미 군자를 보면 내 마음이 기뻐한다는 구절이다.

225) 【節要註】 영종초 호남에서 부름을 받고 나아간 것이다.

226) 【記疑】 영종(寧宗)을 말한다.

227) 【節要註】 문숙이 장차 장주에 대해 논의하고 있었는데 장주가 (거짓으로) 임금의 필적으로 평강부 지사를 제수하자, 문숙이 사퇴하고 돌아갔다.

228) 【記疑】 임금을 얻어 도를 행할 때, 처하는 것의 어려움을 말한 것이다.

229) 【記疑】 이것은 임금을 얻어 도를 행하는 것이다.

말에도 힘이 실리지 않았으며, 정신이 온전하지 못해 사람들을 감동시
키고 깨우치기에 부족했습니다. 지금 더욱 나이가 들어 쇠약하고 병든
몸은 더욱 심해져 아침저녁으로 죽음에 임박하니, 이 마음을 비록 잊지
는 않았지만 또한 장래에 대한 희망도 다시 있지 않습니다. 생각건대
지금 국운이 한참 홍하여 임금의 덕이 날로 새롭고 나라를 영속시키려
고 도모하니,230) 반드시 명철한 사람231)과 함께 상의해야 할 것입니다.
그렇다면 이른바 전일함을 다하여 하늘을 감동시키는 것232)이 곧 그대
의 일입니다. 그대는 또한 순임금이 말한 '인심' '도심'이 어떠한 것인
지를 살펴야 합니다. 그래서 반드시 정밀하게 그것을 가려 인심의 섞임
이 있게 해서는 안 됩니다. 견고히 지켜서 도심의 순수함을 잃지 않으
면, 처음부터 끝까지 한결같이 할 수 있어, 이윤이 하늘을 감동시켰던
것이 자기에게 있게 됩니다. 임금을 바로 잡고 나라를 안정시켜, 이 백
성들을 영원토록 보호한다면 이 일 역시 위대하지 않겠습니까! 제 견해
는 이와 같은데, 그대께서는 어떻게 생각하십니까? 조주부(趙主簿)가 천
태로 돌아가면서 여기에 들른 것을 감사하게 생각하지만, 하고 싶은 말
을 다하지 못했습니다. 서로 천리나 멀리 떨어져서 아득하니 만날 기약
이 없습니다. 오직 바라건대 때에 맞게 자중해서 이 시대가 그대에게
의지하게 된다면 매우 다행일 것입니다.

　熹跧伏窮山, 聞執事之名舊矣. 未獲旣見, 每竊恨焉. 去歲趨召北歸,
道聞新天子以執事爲賢, 擢居言路, 方與善類同深喜幸, 而未一二日, 已
聞出守之命. 熹于是時, 亦復慨然浩歎. 蓋不唯爲執事惜此事會, 亦爲朝
廷惜此擧措, 且自恨其失一見之便, 而又決知吾道之將不行矣! 曾未兩
月, 果已罷遣還家, 忽奉手敎之辱, 三復醒然過望, 幸甚! 然而執禮過謙,

---

230) 『書經』 「太甲 上」.
231) [翼增] 명철한 사람은 문숙을 가리킨다.
232) [節補] 문숙의 서신에 있는 말이다.

稱道浮實, 比擬非倫, 則非淺陋之所敢當也. 至論古昔聖賢所處之難易,
則執事之意可知矣. 如熹之愚, 蓋嘗不自揆度, 而妄竊有志於此. 然學未
聞道, 言語無力, 精神不專, 不足以動人悟物. 今益老矣, 衰病益侵, 旦暮
且死, 此心雖不敢忘, 亦無復有望於將來矣. 顧今運祚方隆, 聖德日新,
有永之圖, 必將與明者慮之. 則夫所謂致一以格天者, 乃執事事也. 執事
其亦察乎舜之所謂人心道心者爲如何? 擇之必精, 而不使其有人心之
雜. 守之必固, 而無失乎道心之純, 則始終惟一, 而伊尹之所以格天者在
我矣. 於以正君定國, 而大庇斯人於無窮, 豈不偉哉! 鄙見如此, 不識執
事以爲如何? 因趙主簿歸天台, 寓此爲謝, 不能盡所欲言. 相望千里, 邈
無晤見之期, 惟冀以時自重, 使斯世猶有賴焉, 則幸甚.

🌑 아침저녁으로 죽음에 임박하다는 말은 본래 만년 때의 일이다. 인
심도심을 간곡히 말한 것으로 볼 때 당연히 심학이다.
　旦暮且死之語, 自是晩年. 而諄諄於人心道心, 自是心學.

임정부233)에게 답하다[答林正夫]234)

그대의 높은 풍모를 우러러 본 것이 진실로 하루 아침의 일이 아닙니
다. 중간에 비록 다행히 동료의 인연으로 다시 만났지만, 매우 바빠서
가르침의 말을 받들 수가 없었던 일이 지금도 안타깝습니다. 만나고 돌
아온 뒤 병이 들어 인사(人事)는 모두 못하게 되어 문안을 드리는 글을
쓸 수가 없었지만 매번 그대를 아주 그리워했습니다. 지금 이곳에 양통
로235)가 와서 그대의 서신을 받게 되었습니다. 더 답신을 미루는 것은

---

233) 임식(林湜, 1132~1202): 자는 정보(正甫), 복건성 장계(長溪) 출신이다. 진사가 되어
　　부양위(富陽尉) · 감찰어사 · 호북전운부사(湖北轉運副使) 등을 역임했다.
234) 『朱熹集』 권38 - 48, 1199(70세).

제가 어리석다고 할지라도 감당할 수 없는 것이고, 제게 예를 보여주신 것이 지나치게 공손하여 저로 하여금 두렵고 삼가게 해서 피할 곳이 없도록 만드셨습니다. 비록 그렇다고 할지라도 그대가 보내온 뜻이 어찌 하늘과 태양에 맹세하며 명성과 이익의 시장에서 서로를 필요로 하는 것과 같겠습니까? 하물며 오늘날의 상황에서 말하자면 저는 그대의 지극한 정성과 독실한 호학(好學)을 충분히 볼 수 있었습니다. 그러므로 저는 고루함을 숨길 수 없어서 스스로 그대의 아랫사람에 속하고 싶습니다. 일찍이 명도선생에게서 다음과 같은 말을 들었습니다. '불탑을 보는 사람은 머리를 들어 주시하고 고원하게 이야기하는 것보다는 고개를 숙여 계단을 밟고 점점 나아가는 것이 좋다.' 외면을 보는 자가 비록 그것의 높고 화려함이 아름다움이라는 것을 알 수 있다고 할지라도, 그것은 그 안에 들어갈 수 있는 자가 진실로 나의 것이 되도록 해서 그 여러 층의 구조가 유래하는 바를 깊이 살필 수 있는 것보다 못한 것입니다. 지금의 입장에서 말한다면, 성현들의 말은 모두 서책에 있지만, 그것으로 천하의 후세들을 가르치려는 사람들은 진실로 이미 남은 힘을 모두 써버렸습니다. 최근에 한두 명의 선각자들이 이 때문에 그 출구를 가리키고 그 계단을 드러냈는데, 그 뒤의 학자들이 이것을 따라 나간다면 매우 쉬워 어렵지 않았을 것입니다. 그런데도 여기에 뜻을 둔 사람들 중 어떤 사람들은 이르지 못한 사람도 있지만, 그 문제점은 한결같이 외면만을 보아 유사한 것을 대략 본 다음에 곧 자신은 이미 보았다고 말해서 결국 그 안으로 다시 들어가서 진실로 존재하는 것을 힘써 연구하려는 계책을 실천하지 못했다는 데 있습니다. 이것이 바로 그것에 대해 갑자기 말하며 비록 기뻐할 만한 것을 안다고 할지라도 그 맛을 깊게 할 수 없어서 마침내 중도에 그만두어 완성할 수 없는 이유입

---

235) 양즙(楊楫) : 자는 통로(通老), 호는 열당(悅党)이고, 복주(福州) 장계(長溪)출신이다. 양간(楊簡)·양방(楊方)과 함께 삼양(三楊)이라 불리웠다. 1178년에 진사가 되어 강서 판운(江西判運)을 역임하였다. 저서에 『열당문집(悅党文集)』이 있다.

니다. 가만히 생각해보면 그대는 깊게 배웠고 바르게 지켰기 때문에, 가슴에 품고 있던 포부가 이미 조정에서 시행되어 실제적인 논의에서 드러나고 있는데,236) 이 점에서 그대는 저의 말을 기다릴 필요는 없을 것입니다. 그렇지만 그대의 질문을 이미 받았으니 그대의 수고를 헛되이할 수도 없고, 또 제가 가진 것이라고는 단지 이와 같은 것에 지나지 않으니, 만약 그대가 아래 사람에게 알리지 않고 일을 담당하는 사람의 선택만을 들으려고 한다면, 제가 편안히 여길 수 없는 바가 있을 것이기 때문에 감히 이렇게 다 이야기 했습니다. 어떻게 할지 결정하십시오 가르침을 기다리도록 하겠습니다. 저는 마음을 비우고 기다려서 그대의 뜻을 받들도록 하겠습니다.

덕수가 불행히도 멀리 유배237)되어 저의 마음이 몹시 아픕니다. 저는 그가 평상시 손님들에게 읊조린 말을 들었는데, 그는 매번 이런 말을 스스로 확신하고 있었습니다. 지금 그는 원하던 것을 얻었지만, 이것과 연루된 것이 얕지는 않는 것 같습니다.

저는 숨을 쉴 때 힘이 들어서 오랫동안 책상에 앉아 있을 수 없습니다. 그래서 글 쓰는 것이 소략하고 하고 싶은 말도 아직 다하지 못했습니다. 바람을 맞으며 목을 빼고 슬프게 바라보는 마음 헤아릴 길이 없으니, 그대는 이것을 살펴주시기를 바랍니다.

仰慕高風, 固非一日. 中間雖幸寅緣再見, 然苦忽忽不得款奉誨語, 至今以爲恨也. 歸來抱病, 人事盡廢, 無緣奉記, 以候起居, 每深馳跂. 今玆楊通老, 來忽奉手誨之辱, 假借期許, 旣非愚昧之所敢當, 而執禮

---

236) **[翼增]** 임정부가 어사가 되어 상소문을 올렸다. 황제가 재상에게 권력을 주려고 하나 그것을 받는 사람들은 모두 소인들이며, 황제가 간관들에게 귀를 기울이지만 탄핵하는 받는 사람들은 모두 군자라고 상소를 올려서, 다스림과 어지러움의 큼이 이것만한 것이 없음을 밝혔는데, 상소문에는 시국에 대한 논의가 많았다.

237) 유광조는 자신이 편찬한 「涪城學記」로 인해 간의(諫議) 장부(張釜)에게 탄핵받아 방주(房州)에 유배되었다.

過恭尤使人恐懼跼蹐而無所避也. 雖然高明之所以見屬之意, 豈若世
之指天誓日, 而相要於聲利之場者哉? 況在今日而言之, 尤足以見誠之
至而好之篤, 是以不敢隱其固陋, 而願自附于下風焉. 蓋嘗聞之先生君
子, 觀浮圖者, 仰首注視而高談, 不若俯首曆階而漸進. 蓋觀於外者, 雖
足以識其崇高鉅麗之爲美, 孰若入於其中者, 能使眞爲我有, 而又可以
深察其層累結架之所由哉! 自今而言, 聖賢之言, 具在方冊, 其所以幸
教天下後世者, 固已不遺餘力. 而近世一二先覺, 又爲之指其門戶, 表
其梯級, 而先後之學者, 由是而之焉, 宜亦甚易而無難矣. 而有志焉者,
或不能以有所至, 病在一觀其外, 粗覘彷彿, 而便謂吾已見之, 遂無復
入於其中, 以爲眞有而力究之計. 此所以驟而語之, 雖知可悅, 而無以
深得其味, 遂至半途而廢, 而卒不能以有成耳. 竊計高明所學之深, 所
守之正, 其所蘊蓄, 蓋已施之朝廷而見於議論之實, 于此宜不待於愚言
矣. 然旣蒙下問, 不可以虛辱. 而熹之所有, 不過如此. 若不以告於門
下, 以聽職事者之朵擇, 則又有非區區之所敢安者, 是以敢悉布之. 可
否之決, 更俟來敎, 熹所虛佇而仰承也.

德脩崎嶇遠謫, 令人動心. 然聞其平居對客誦言, 固每以此自必, 乃
今爲得所願, 然所關繫則不淺矣.

熹氣痞, 不能久伏几案. 作字草草, 且亦未能究其所欲言. 臨風引領,
悵想亡量, 惟高明察之.

◉ 이것도 또한 "실천을 우선시하고 앎을 뒤로 하는"[238] 설명이다.
서신 끝부분에 덕수의 유배를 언급하고 있는 것으로 보아, 이 서신은

---

[238] 선행후지(先行後知)란 '윤리적인 실천을 우선시하고 이론적인 앎을 뒤로 한다'는 주
장이다. 이론적 앎이 사태와 사물에 대한 객관적인 거리를 전제로 하는 것과는 달리,
윤리적 실천은 기본적으로 사태와 사물과의 밀접한 관계를 전제로 하는 것이다. 그러
나 신유학에서 이론적 앎은 그 대상이 기본적으로 윤리적 법칙이나 이와 관련된 것일
수밖에 없다는 점에서, 이론적 앎은 윤리적인 실천에 대한 필요조건에 불과한 것이다.
바로 이 점에서 육구연이 주자의 공부방법을 '지리(支離)'하다고 평가했던 것이다.

주자 만년의 정론이다. 덕수가 유배되었을 때, 주자는 1198년으로 자신이 늙었음을 알려주고 있다. '다음해도 맑다면 내 나이 70일 것이다'라는 말이 덕수에게 보내는 첫 번째 서신에 보인다.

此亦先行後知之說. 而篇末及德脩之謫, 則晩年定論也. 德脩謫時, 朱子亦以是年告老. 明年得淸, 則七十矣, 見與德脩第一書.

허순지[239]에게 답하다[答許順之] 2[240]

저는 쇠약해지고 늙었지만 다행히 편안해지고 있습니다. 그렇지만 체질이 허약해서 이전 때를 회복하지 못하고, 마음의 힘도 또한 아직 회복하지 못해 전혀 생각을 할 수 없습니다. 이전에 배웠던 것도 모두 황폐해져서 드러낼 것이 없습니다. 돌이켜 구해보면 존양[241]해서 힘쓰는 경우에 아직 경지를 얻지 못한 것 같아서 매우 두렵게 생각하고 있습니다. 이곳에 있는 우리 친구들은 이 점에 대해 도리어 충분히 공부하는 것 같습니다. 단지 아직 글과 문장에 대해 통달하지 못했을 때,[242] 그 사이에 또 아직 철저하지 못한 것이 있는 경우에는, 그렇다면 마땅히 사물과 명수(名數) 상에서 작게라도 공부를 해야 합니다. 이미 정조(精粗)와 본말(本末)의 차이가 없어야 하니, 이것도 또한 소홀히 생각할 수 없는 것입니다.

「상례」에 뜻을 두신 것은 매우 훌륭한 일입니다. 그렇지만 그 도수는 또한 쉽게 알 수 없는 것이 있습니다. 만약 슬프고 공경하는 실제 내용

---

239) 허승(許升) 또는 허승지(許升之, ?~1185) : 자는 순지(順之), 호는 존재(存齋)이며, 천주(泉州) 동안현(同安縣) 출신이다.

240) 『朱熹集』 권39−11.

241) 존양이란 마음을 보존[存心]하고 본성을 기르는[養性] 것을 의미한다.

242) [記疑] 글을 지을 때는 반드시 뜻을 세우고 해야 한다. '사명'이란 뜻을 세움을 말하는 것이다.

은, 우리 친구들도 평소 아는 것이니, 마땅히 더욱 남은 흥취가 있을 것입니다. 최근에 『횡거어록』을 얻어서 보았는데, "「곡례」는 천지와 오장, 혼백과 심장이 그 일243)에 깃들어 있는 것이다"라는 말이 있었습니다. 이 말을 생각해보면, 충분히 「상례」에 대해 밝히실 것이 있을 것입니다.

『기문』 중에 고친 것은 매우 좋습니다. 그렇지만 구분해서 설명한 것을 저는 아직 모두 이해할 수 없습니다. 제 생각은 '마음이 체가 되는 것은 은미한데, 마음에 힘을 쓸 줄 모르는 자들은 사물에 대한 욕망에 끌려도 그것을 알지 못한다'고 말하고 싶습니다. 나머지 것들은 모두 보여주신 것과 같으면 될 것 같습니다. 아마도 '그 힘을 쓸 수 없다'는 말에는 문제점이 있는 것처럼 보여서, 진실로 여러 맹인들이 코끼리를 더듬는 것과 같아 보입니다. 깨우친 자가 본다면 비웃을 수도 있을 것 같습니다.

熹衰老, 幸向安. 然體氣虛弱, 非復昔時, 心力亦未復, 都不敢思慮. 舊業荒廢, 無所發明, 反而求之, 似於存養用力處未有地位, 甚以自懼耳. 如吾友於此, 却已有餘. 第未能達於詞命之間, 恐其間亦未有徹底處, 却宜於事物名數上着少工夫. 蓋旣無精粗本末之異, 卽此亦不可忽也.

喪禮留意甚佳, 但其度數亦不易曉. 若哀敬之實, 則吾友素知之矣, 當益有餘味也. 近得橫渠語錄有云, 曲禮乃天地五藏魂魄心府寓於其事. 試思此語, 亦足以發耳.

記文如所改, 甚善. 但所辨說未能盡曉. 熹欲云心之爲體亦微矣, 彼不知用力於此者, 固狗於物欲而不自知. 餘卽悉如來示. 蓋不能用其力之語, 亦似有病了, 眞如衆盲摸象. 達者見之, 可付一笑.

◉ 주자 스스로 "쇠약하고 늙었다"고 말했으니, 이 서신은 만년에 쓰

---

243) **[翼增]** 「曲禮」에 있는 일을 말한다.

인 것이다. 그렇지만 존양하지만 아직 경지에 이르지 않은 것을 주자가 두려워한 것은 이미 육자의 설명과 부합되는 것이다.

自云衰老, 自是晩年. 然以存養未有地位爲懼, 已合於陸子之說.

허순지에게 답하다[答許順之] 24[244]

집안은 편안하신지요?[245] 그대는 담박함을 즐겨 이웃끼리 서로 돕고 가정사를 경영하고 계신 것 같습니다. 자신을 닦고 가정을 고르게 하는 것 이것이 바로 학문이니, 다시 어느 곳에 마음을 별도로 두려고 하시는지요? 저는 기존의 습관을 맹목적으로 좇고 구차하게 생활하였는데 이제는 늙어서 덕에 나아가고 학업을 닦는 공부도 진전이 없게 되었으니, 이 점에 대해[246] 매번 부끄러움을 느끼고 있습니다. 서로 만났을 때 별로 할 말이 없었던 것 같은데, 헤어진 뒤에 반드시 생각해보아야 할 무한한 이야기가 있음을 깨닫곤 하였습니다. 이 때문에 바람을 맞으며 매번 깊게 그대를 그리워할 뿐입니다.

閣中安好? 想亦能甘淡泊, 相助經家務也. 脩身齊家, 只此是學, 更欲別於何處留心耶? 熹因循苟且, 今將老矣, 而進脩之功, 畧不加進, 於此每有愧焉. 相見似無可說, 別後又覺得有無限說話合商量. 以此臨風, 每深懷想耳.

⊛ 이것은 육자가 말한 '인정·사세·물리의 측면에서 공부하라'는 가르침과 같은 것이다. 유자징에게 답하는 일곱 번째 서신에서 비로소

---

244) 『朱熹集』 권39-33, 1173(44세).
245) [記疑] 허순지의 처가 주희의 친척을 의심했었다.
246) [箚疑] 수신제가를 말한다.

허승(許升)이 결혼하였다는 것을 들을 수 있기 때문에 이 서신에서 말한 "집안은 편안하시지요?"라는 말은 그 뒤의 일일 것이다. 또한 '늙었다'는 말이 있는 것으로 보아, 이 서신은 마땅히 주자 만년에 귀속시켜야 된다는 것은 의심의 여지가 없다.

此卽陸子人情事勢物理上做工夫也. 答劉子澄第七書始聞許生授室, 此言閣中安好, 又在其後. 且有老矣之語, 當屬晩年無疑.

허순지에게 답하다[答許順之] 26[247)

보내주신 여러 조목들 중 온당하지 않다고 생각하는 것은 이미 서신 말미에 실어두었습니다. 대개 예전에 불교와 도교가 우리 유학과 유사한 것을 가지고 공자와 맹자의 참됨을 어지럽힌 경우가 많았기 때문에 제게는 매번 지나치게 고원한 폐단이 있었습니다. 최근 그것이 그르다는 것을 깨달았지만 아직 다 바꾸지는 못했습니다. 그렇지만 때때로 깨우친 경우가 있어서 점점 편안하고 온당한 곳으로 나아갔습니다. 그대의 경우 이런 문제점은 더욱 심각하니, 마땅히 통렬하게 성찰해서 휘어진 것을 바로잡아야만 할 것입니다. 등위(鄧尉)는 이처럼 자신을 유지하고 다른 사람을 아끼니 매우 얻기 어려운 사람입니다. 그렇지만 지금의 학자들은 경솔하게 크게 말을 해서 먼저 공손하고 양보하는 마음을 파괴하고 있으니 이것은 작은 문제점이 아닙니다. 만약 실제로 자신을 위하는 뜻[248)이 있다면 먼저 이런 문제점을 제거한 뒤에 가능할 것입니다.

---

247) 『朱熹集』 권39-35, 1174(45세).
248) 『論語』 「憲問」에서 공자는 '옛날의 학자는 자신을 위했는데, 지금 학자들은 남을 위한다[古之學者爲己, 今之學者爲人]'고 말했다. 주자는 『四書集注』에서 정이(程頤)의 말을 인용하여, 다음과 같이 말했다. "자신을 위한다는 것은 자신의 마음에 흡족하기를 바라는 것을 말한다. 반면 남을 위한다는 것은 남에게 알려지기를 바라는 것을 말한다[爲己, 欲得之於己也. 爲人, 欲見知於人也]."

所示數條, 鄙意未有安者, 已具紙尾. 大抵舊來多以佛老之似, 亂孔
孟之眞, 故每有過高之弊. 近年方覺其非, 而亦未能盡革, 但時有所覺,
漸趨平穩耳. 順之此病尤深, 當痛省察矯揉也. 鄧尉持己愛人如此, 甚
不易得. 但今時學者, 輕率大言, 先將恭敬退讓之心壞了, 不是小病. 若
實有爲己之意, 先去此病, 然後可耳.

☯ "유사한 것으로 참된 것을 어지럽혔는데, 최근에 그것이 그르다는
것을 알았지만 아직 다 바꾸지는 못했다"는 말은 주자가 스스로 그런
문제점을 가지고 있다는 것을 말한 것이다. 또 "순지의 경우에는 이런
문제점이 더욱 심각하다"고 말한 것으로 보아 이 서신이 논의하고 있는
것이 육자를 가리키지 않는다는 것을 알 수 있다. 그렇지만 자신을 위
한다는 주자의 말은 육자의 가르침과 부합하는 것이다. 순지에게 보내
는 서신은 모두 27편인데, 이 서신은 스물여섯 번째 서신이다. '예전'이
나 '최근' 등과 같은 말이 있는 것으로 보아, 주자 만년에 쓰여진 것임
을 알 수 있다.

以似亂眞, 近覺其非, 而未能盡革, 是朱子自謂有其病也. 又謂順之
此病尤深, 是此書所論不指陸子也. 然爲己之說, 合於陸子矣. 與順之
書, 共二十七首, 此書第二十六, 又有舊來近年等語, 自是晚年.

임택지[249]에게 답하다[答林擇之] 20[250]

"사람이 태어나서 고요한 때"라고 인용한 것에서 '고요함'이라는 글
자를 어떻게 보는지 모르겠습니다. 아마도 이것은 아직 사물에 감응하

---

249) 임용중(林用中) : 자는 택지(擇之), 또는 경중(敬中)이다. 별호는 동병(東屛)이고, 초
   당선생(草堂先生)으로 불렸다. 복주고전현(福州古田縣) 출신이다.
250) 『朱熹集』 권43-42, 1169(40세).

지 않은 때를 가리켜 말하고 있는 것 같습니다. 이런 때에 이 마음은 혼연하여서 천리가 온전히 갖추어져 있으며, "중이라는 것은 본성의 모습을 형용하는 것"251)이라는 이천선생의 말은 바로 여기서 볼 수 있습니다. 그렇지만『중용』과「악기」의 말에는 소략함과 내밀함252)의 차이가 있습니다.『중용』은 철두철미하게 자신을 삼가는 공부를 말하고 있는데, '경(敬)하여 잘못이 없으며, 평상시에 함양한다'는 뜻을 말하는 것입니다.「악기」는 바로 좋아함과 싫어함에 절도가 없는 곳을 말하면서 "자신을 돌이키지 않으면 천리는 소멸된다"고 설명하고 있습니다. 아직 사물에 감응하지 않을 때253) 만약 주재하는 것이 없다면 그 고요한 때에 편안할 수 없는 것, 이것이 곧 스스로 천성을 어둡게 하는 것이지 자신과 관계하는 사물이 자신을 유인했기 때문에 오류를 범하게 되는 것이 아닙니다. '중'과 '화'라는 두 글자는 모두 도의 본체와 작용이고, 사람으로 말한다면 미발과 이발254)을 가리킵니다. 그렇지만 만약 신독(愼獨)할 수 없다면 비록 사물이 아직 이르지 않았더라도, 이미 어지럽고 혼란되어서 미발의 때를 회복할 수 없으니 이미 이른바 '중'을 이룰 수도 없으며, 마음이 발할 때도 반드시 어긋나게 되어 이른바 '화'라는 것을 이룰 수 없습니다. 오직 삼가고 두려워하여 잠시라도 떠나지 않아야

---

251)『二程文集』권10「與呂大臨論中書」.

252)【記疑】중용은 내밀한데 반해 악기는 소략하다.

253)【箚疑】호오의 감정이 아직 생겨나기 이전을 말한다.

254) '미발(未發)'과 '이발(已發)'이라는 개념은『中庸』에서 유래한 것들이다. 원래는 '희노애락(喜怒哀樂)'이라는 감정에 대해 '아직 드러나지 않은' 경우를 미발(未發)이라고 하고, 반면 '이미 드러난' 경우를 이발(已發)이라고 한다. 그러나 신유학은 이 '미발'과 '이발'을 감정뿐만 아니라 인간의 사유작용 일반에 확장하여 사용한다. '미발'과 '이발' 개념이 철학적으로 중요한 이유는 이 두 개념이 매우 섬세하게 인간의 마음을 분석할 수 있는 이론적 도구를 제공하고 있기 때문이다. 특히 중요한 것은 '미발'이라는 개념이다. '미발'은 사태와 사물이 아직 주체에게 도래하지 않아서 사유가 생기지 않는 공간이다. 따라서 주자가 미발에서의 공부를 긍정했을 때, 그것은 주체의 순수한 자기 반성의 영역을 긍정했던 것에 다름 아닌 것이다. 이 반성의 영역은 마음을 보존하는[存心] 영역이라는 점에서, 본성을 기르는[養性]이기도 하다는 점이 중요하다. 따라서 주자가 '미발'이라고 말할 때, 그는 항상 '본성[性]'을 언급하게 된 것이다.

'중화'를 이룰 수 있고, '대본'과 '달도'도 나 자신에게 있게 될 것입니다. 이런 도에 대해 두 선생(명도와 이천)은 반복해서 말했는데, "미발의 때에 중이라고 말하는 것을 체인하면 이발의 때에 화라고 말하는 것을 얻을 수가 있다"[255]는 귀산의 말은 두 선생의 말과 가까운 것 같지만, 아직 문제점을 면하지 못한 것 같습니다. 이전에 이선생[李侗][256]이 이 것을 가장 상세하게 말했는데, 뒤에 본 것이 같지 않아서, 다시 생각하 지 못했습니다. 그런데 지금 그의 가르침이 사람에게 매우 친절해서 그 자세한 것을 모두 이미 기억할 수가 없는 것이 한이 됩니다. 그는 "사람 에게는 희노애락이 없는 때가 있는데, 그런 상태를 미발이라고 할 수 있지만 주재하는 것이 없다고 말해서는 안 된다"[257]라고 말했고, 또 "이룬다는 글자는 군대를 이룬다고 할 때의 이룬다는 의미다"[258]라고 말했고, 또 "먼저 신독(愼獨)을 말한 이후에 중화에 이를 수 있다"고 말 했습니다. 이런 뜻도 이미 그는 일찍이 말했지만 당시에는 아직 이해할 수가 없었고, 뒤에는 또 깊이 생각하지 않아서 오류를 범하게 되었으니, 이것은 제가 이 어른을 저버린 것입니다. '치'라는 글자와 '위'라는 글 자는 성인이 아니라면 말할 수 없으니, 단지 이렇게 보아야 또한 저절 로 이해할 수 있습니다. 무궁한 의미를 포괄해서 말하고 처음부터 힘을 쓰지 않으니, 이것이 바로 성인의 경지에 도달하기 어려운 이유입니다.

所引人生而靜, 不知如何看靜字? 恐此亦指未感物而言耳. 蓋當此之 時, 此心渾然, 天理全具, 所謂中者, 狀性之體, 正於此見之. 但中庸樂 記之言, 有疎密之異. 中庸徹頭徹尾, 說箇謹獨工夫, 卽所謂敬而無失

---

255) 『龜山集』 권12 「語錄三·餘杭所聞」.
256) 이통(李侗 :1093~1163) : 양시의 제자인 나종언의 제자로서 자는 원중(愿中)이다. 주 자 청년기에 커다란 영향을 미쳤으며 연평(延平)선생으로 불린다. 주자는 그의 어록을 모아서 『延平答問』을 편찬하였다.
257) 『南嶽倡酬集』 20.
258) 위의 책.

平日涵養之意. 樂記却直到好惡無節處, 方說不能反躬, 天理滅矣, 殊
不知未感物時, 若無主宰, 則亦不能安其靜, 只此便自昏了天性, 不待
交物之引然後差也. 蓋中和二字, 皆道之體用. 以人言之, 則未發已發
之謂, 但不能愼獨, 則雖事物未至, 固已紛綸膠擾, 無復未發之時, 旣無
以致夫所謂中, 而其發必乖, 又無以致夫所謂和, 惟其戒謹恐懼, 不敢
須臾離, 然後中和可致, 而大本達道乃在我矣. 此道也, 二先生蓋屢言
之. 而龜山所謂未發之際, 能體所謂中. 已發之際, 能得所謂和. 此語爲
近之, 然未免有病. 舊聞李先生論此最詳, 後來所見不同, 遂不復致思.
今乃知其爲人深切, 然恨已不能盡記其曲折矣. 如云人固有無所喜怒
哀樂之時. 然謂之未發, 則不可言無主也. 又云致字如致師之致. 又如
先言愼獨, 然後及中和. 此意亦嘗言之, 但當時旣不領畧, 後來又不深
思, 遂成蹉過, 孤負此翁耳. 致與位字, 非聖人不能言, 只此以觀之, 亦
自可見. 蓋包括無窮意義而言之, 初不費力, 此其所以難及耳.

⊛ 아직 사물에 감응하지 않을 때 만약 주재하는 것이 없다면 곧 스
스로 어두워져서 사물과 관계할 때를 기다리지 않고서도 잘못된 것이
다. 이것은 '큰 것에 먼저 선다'는 맹자의 설명259)이자, 육자가 중시했
던 것이다. '중을 이루고' '화를 이루는' 공부는 이정으로부터 시작되어
양시(楊時),260) 나종언(羅從彦)261)에 이르기까지 모두 이곳에서 공부를 했
는데, 원중이 가장 빼어났고, 주자도 일찍이 그것을 들은 적이 있다. 지
금 스스로 "이전에 이선생이 이것을 가장 상세하게 말한 것을 들었다"
고 말한 것은 아마도 주자 나이 40세 이전의 일일 것이다. 또 "뒤에 본

---

259) 『孟子』「告子 上」.
260) 양시(楊時, 1053~1135) : 자는 중립(中立), 호는 구산(龜山)이며, 복건성(福建省) 장락
    (將樂) 출신이다. 정호(程顥)·정이(程頤) 형제에 학문을 배웠고, 특히 형 정호의 신임
    을 받았다. 귀산은 이정자(二程子)의 도학을 전하여 낙학(洛學)의 대종(大宗)이 되었
    다. 저서에 『龜山集』, 『龜山語錄』, 『二程粹言』 등이 있다.
261) 나종언(羅從彦) : 양시의 뛰어난 제자이며, 나종언의 제자인 이통은 주자의 선생이다.

것이 같지 않아서, 다시 생각하지 못했다”고 말한 것은 아마도 주자가 40세 이후에 연평의 가르침을 모두 버리고 장구와 훈고의 학문을 스스로 할 때의 일일 것이다. 또 “지금 그의 가르침이 사람에게 매우 친절하지만 그 자세한 것을 모두 이미 기억할 수가 없는 것이 한이 된다”고 말한 것은 아마도 주자가 50세 이후에 ‘지리하다’는 육자의 비판 때문에 비로소 다시 ‘구방심’과 ‘존덕성’의 학문을 추구했을 때의 일일 것이다. 그러므로 “제가 이 어른을 저버린 것”이라는 후회의 말이 있게 된 것이다.262)

未感物時, 無主宰, 便自昏, 不待交物時差. 此孟子先立乎大之說, 陸子所主者也. 致中致和之學, 自二程以至楊羅, 皆於此用功, 而愿中尤粹, 朱子固嘗聞之. 今自云舊聞李先生論此最詳, 蓋四十歲以前也. 又云後來所見不同, 遂不復致思, 蓋四十歲以後, 盡棄延平之敎, 而自爲章句訓詁之學也. 又云今乃知其爲人深切, 然恨已不能盡記, 蓋五十歲以後, 因陸子支離之譏, 始復追尋求放心尊德性之學, 故有孤負此翁之悔云.

임택지에게 답하다[答林擇之] 22263)

‘정밀하게 하고 한결같이 한다’는 것에 대한 저의 설명은 진실로 미진한 것 같습니다. 그렇지만 그대264)의 설명도 이미 그런 것 같으니, 공부를 해야만 하는 의미를 알아야만 좋을 것 같습니다. 이천은 “정밀하게 하고 한결같이 한다265)는 것은 전적으로 정미하게 분별하고 통일시

---

262) 이불이 주자의 사상을 세 단계로 나누고 있다. 육구연에게도 미발공부가 있었다는 이불의 평가는 지나치다.
263) 『朱熹集』 권43-44, 1169(40세).
264) 임용중(林用中) : 자는 택지(澤之)이며 초당(草堂)선생으로 불렸다. 고전현(古田縣) 출신이다.

켜야 한다는 것을 말한 것이다.” 이와 같아야 비로소 힘쓸 곳이 있다고
말했습니다. 그렇지만 이천선생의 이런 말에 문제점이 없을 수는 없지
만 그 대략적인 것에는 의심할 바가 없을 것이다. 며칠 동안 이 뜻을 깊
이 음미해서 평상시 극도로 깨우쳐 힘을 얻고서는, 이전에 있는 듯 없
는 듯하여 순수하게 익숙할 수 없어서 기상이 들뜨고 얕아 쉽게 동요되
던 그 병폐가 바로 여기에 있다는 것을 알게 되었습니다. 호남의 여러
친구들의 병폐도 이와 같은 것입니다. 최근에 남헌의 글을 보니, 미발
공부라는 선행해야 할 공부가 없었습니다.266) 대개 마음은 있음과 없음
을 관통하고 움직임과 고요함을 포괄하기 때문에, 공부도 또한 있음과
없음을 관통하고 움직임과 고요함을 포괄해야 비로소 빠진 것이 없게
될 것입니다. 만약 마음이 발하는 것을 기다린 후에 살피고 살핀 후에
보존한다면, 공부가 완성되지 못한 곳이 많을 것입니다. 마음이 아직 발
하기 이전에 함양하게 되면, 그 발하는 곳이 저절로 절도에 맞는 경우
가 많고, 절도에 맞지 않는 경우는 적을 것입니다. 그렇게 되면 몸소 살
피게 될 때도 매우 밝게 살필 수 있어서 쉽게 힘을 쓸 수가 있고, 다른
때267)에 의거할 수 있는 근본이 없었던 저의 설명과는 매우 다른 것이
될 것입니다.268) 이런 뜻으로 『유서』를 보면 부합되는 것이 많아서, 이

---

265) 『書經』「大禹謀」.
266) 중화구설(中和舊說)은 장식(張栻)과의 교유를 통해 알게 된 호남학(湖南學)의 영향
    을 받아 주자가 37세(1166)에서 38세(1167)에 이르기까지 정리한 인성론과 수양론의 체
    계를 가리킨다. 우선 인성론은 ‘본성이 본체이고 마음은 그 작용이다[性體心用]’는 주
    장으로 정리될 수 있고, 수양론은 ‘이미 발현된 마음에서 선의 단서를 찾아서 그것을
    존양하는 것이다[致察存養]’는 주장으로 정리된다. 중화구설의 핵심은 다른 무엇보다
    도 ‘미발(未發)’ 영역에서의 공부를 부정하고 있다는 데 있다. 다시 말해 ‘미발’ 영역은
    아직 주체의 감정이나 사유가 실현되지 않는 영역이기 때문에, 주체가 이 곳에서 공부
    를 한다는 것은 논리적으로 말이 되지 않는다는 것이다.
267) [記疑] 이전 시기와 같은 말이다.
268) 주자는 37세(1166)에서 38세(1167)에 이르기까지 중화구설(中和舊說)이라는 인성론
    과 수양론 체계를 정립하였다. 그러나 주자는 39세(1168)에 『二程遺書』를 편찬하고,
    40세(1169) 봄에 친구 채원정(蔡元定)과 ‘미발(未發)’을 논의하다가 중화구설이 정이
    (程頤)의 사상과 부합하지 않음을 확인하게 된다. 숙고 끝에 주자는 이전의 중화구설

책을 읽으면 아래위 문장들이 분명히 생생하게 연결되어 막히는 곳이 없게 될 것입니다. 일찍이 이렇게 읽으신 적이 있는지요?

精一之說誠未盡. 但擇之之說, 乃是論其已然, 須見得下功夫底意思乃佳. 伊川云惟精惟一, 言專要精一之也. 如此, 方有用力處. 但恐其間言語不能無病, 其大體莫無可疑. 數日來玩味此意, 日用間極覺得力, 乃知日前所以若有若亡, 不得純熟, 而氣象浮淺, 易得搖動, 其病皆此湖南諸友, 其病亦似是如此. 近看南軒文字, 大抵都無前面一截工夫也. 大抵心氣通有無, 該動靜, 故工夫亦通有無, 該動靜, 方無透漏. 若必待其發而後察, 察而後存, 則工夫之所不至多矣. 惟涵養於未發之前, 則其發處自然中節者多, 不中節者少. 體察之際, 亦甚明審, 易爲著力, 與異時無本可據之說, 大不同矣. 用此意看遺書, 多有符合, 讀之上下文極活絡分明, 無凝滯處, 亦曾如此看否?

◉ 육자는 '먼저 큰 것에 서고' '그 방심(放心)을 구한다'는 맹자의 가르침을 중시했으니, 마음이 아직 발하지 않을 때 함양하지 않음이 없었던 것이다. 마음이 아직 발하기 전에 함양하는 것은 연평이 주자를 가르쳤던 방법인데, 주자는 뒤에 이것을 버리고 쓰지 않았다. 주자는 만년에 비로소 다시 그것을 추구했기에, "내가 이 어른을 저버렸구나"라고 후회를 했던 것이다. 호남의 여러 친구들이란 남헌의 제자들을 가리킨다. "남헌의 글을 본다"는 것은 『남헌유집』을 가리킨다. 이 글은 모두 주자 만년의 논의인데, 이때는 이미 남헌이 죽은 뒤였다.

<hr>

뿐만 아니라 여기에 영향을 준 호남학(湖南學)을 극복하고 중화신설(中和新說)을 정립하게 된다. 중화신설에 따르면 인성론은 '마음은 본성과 감정을 포괄한다(心統性情)'고 정리될 수 있고, 수양론은 '미발의 상태에 먼저 본성을 존양하고 이발의 상태에서는 드러난 선한 단서를 살핀다(先存養, 後察識)'으로 정리될 수 있다. 따라서 중화신설이 중화구설과 차이나는 중요한 지점은 바로 중화신설이 '미발'의 영역을 공부의 영역으로 긍정하고 있다는 데 있을 것이다.

陸子主孟子先立乎大, 求其放心之旨, 則未發之時無不涵養矣. 涵養於未發之前, 蓋延平教朱子之法, 而朱子後來棄而不用, 晚年始復追尋, 有孤負此老之悔. 所云湖南諸友, 指南軒弟子. 看南軒文字, 亦指南軒遺集. 蓋皆晚年之論, 南軒旣沒也.

채계통269)에게 답하다[答蔡季通] 14270)

저는 1195년부터 병이 들어 지금까지 편안하지 못합니다. 지금 붓을 잡고 글을 쓸 수는 있지만 아직도 편안히 걸을 수는 없습니다. 혈기가 날로 쇠해져서 이전의 모습이 많지 않을 것입니다. 와병 중에도 우뚝 앉아서 또 마음과 몸을 쉬지 못하고 서책을 넘기고 있습니다. 그래서 이전 사람들의 거칠고 소략했던 문제점들을 알게 되었지만 이것을 알려주려고 해도 알려줄 만한 사람이 없어서 일어나자마자 저술하려는 생각을 면하지 못하고 있는데, 이것도 또한 한가한 때의 일대 마장(魔障)271)이어서 힘써서 제거하려고 하지만 그렇게 할 수가 없습니다. 이 때문에 이전의 서로 깨우쳐주었던 즐거움을 생각해보면, 이 사람이 다시 이전처럼 그대와 같이 공부할 수 있을지 모르겠습니다. 『논어』와 『맹자』를 보고 맛이 있다는 것을 알게 되었다고 하니 제가 바라던 바에 매우 위안이 됩니다. 이미 깨우치려고 보내주신 것을 저는 긍정하고 있기에 다행히도 이렇게 일찍 서신을 보내게 되었습니다. 이전 서신에 거

---

269) 채원정(蔡元定, 1135~1198) : 자는 계통(季通), 시호는 문절(文節)이며, 복건(福建) 건양(建陽) 출신이다. 주자보다 다섯 살 어렸는데, 주자와 절친했던 친구이자 제자였다. 주자의 『四書集註』·『易學啓蒙』·『參同契考異』 등의 책은 모두 채원정이 참여하여 초고를 썼던 것이다.

270) 『朱熹集』 권44-14, 1198(69세).

271) [刊補] 글을 쓰겠다는 생각이 그 사이에 방해하는 것이 마치 귀신이 장난을 치는 것과 같음을 말하는 것이다.

문고 악보와 음을 조율하는 방법에 대해 물어보았는데, 어떻게 고찰하셨는지 모르겠습니다. 만약 처음의 현을 일정하게 해서 결코 팽팽하게도 느슨하게 해서도 안 된다면, 아마도 이런 이치는 없을 것 같습니다.

熹自開正卽病, 至今未平. 今日方能把筆作書, 足猶未能平步也. 氣血日衰, 前去光景想亦不多. 病中塊坐, 又未能息心休養, 才方繙動冊子, 便覺前人濶畧病敗. 欲以告人, 而無可告者, 又不免輒起著述之念, 亦是閒中一大魔障, 欲力去之而未能. 以此極思向來承晤之樂, 未知此生能復相從如往時否耳! 知看語孟有味, 深慰所願. 已許誨示, 幸早寄及也. 前書奉扣琴譜旋宮之法, 不知考得果如何? 若初弦一定, 不復更可緊慢, 恐無是理也.

⊕ '저술'을 '마장'으로 여기고 있다는 것은 지리함을 버리고 절실함으로 나아간다는 것을 말하는데, 이것은 전적으로 육자의 생각과 부합되는 것이다. 이 서신은 무술년(1198) 계통이 도주(道州)로 유배된 뒤에 쓰인 것이고, 이때 주자의 나이는 69세였다. 그러므로 "이 사람이 다시 이전처럼 그대와 같이 공부할 수 있을지 모르겠다"는 말이 있는 것이다. 이해에 계통은 죽었다.

以著述爲魔障, 舍支離, 趨切實, 全與陸子合矣. 此書在戊午年季通謫道州之後, 朱子六十九歲, 故有未知此生能復相從之語. 是年季通卒.

권2

오무실[1]에게 보내다[與吳茂實] [2]

이전의 공부는 단지 글 뜻만을 강론하는 것으로 의리(義理)를 쌓아 가면 언젠가는 반드시 힘을 얻게 된다고 생각하여, 도리어 일상의 공부에서 그것을 점검하는 과정을 전적으로 결여하고 있었다는 점을 최근에야 자각하게 되었습니다. 여러 친구들도 종종 이와 같이 공부하고 있기 때문에 힘을 쓸 수가 없는 것입니다. 지금 깊이 그것을 반성해서 뉘우치고 있으니 여러 동학들도 여기에 힘쓰기를 바랍니다. 다행히도 그대는 두루 이 점을 알려주셨습니다. 육자수 형제들의 최근 논의는 이전과는 크게 달라져서 강학의 중요성을 이해하게 된 것 같습니다. 그 무리

---

1) 오영(吳英) : 자는 무실(茂實)이며, 소무(邵武) 출신이다. 진사가 되어 천주교수를 역임했다.
2) 『朱熹集』 권44-43, 1180(51세).

들 중 조립지3)와 만정순4)이 저를 보러 왔는데, 그들의 기상은 모두 매우 좋았습니다. 그들은 성정을 지키는 차원에서 공부하는 것을 우선시하고 있는데, 이런 뜻은 그 자체로 좋은 것입니다. 그렇지만 스스로를 지나치게 주장하고 비약적으로 깨달으려 하는 바람5)에 괴이한 데로 흘러들어 가서는 안 될 것입니다. 만약 그들이 자신들의 단점을 버리고 자신들의 장점을 모을 수만 있다면 덕에 들어가는 방법이 되는 데는 해로움이 없을 것입니다. 하지만 그 무리들 중에 대부분은 선입견을 중시하고 버리려고 하지 않는 자들이 많지만, 조립지와 만정순 두 사람에게는 이런 병폐가 없는 것 같습니다.

　近來自覺向時工夫, 止是講論文義, 以爲積集義理, 久當自有得力處, 却於日用功夫全少檢點.　諸朋友往往亦只如此做工夫, 所以多不得力. 今方深省而痛懲之, 亦願與諸同志勉焉, 幸老兄徧以告之也. 陸子壽兄弟近日議論與前大不同,　却方要理會講學.　其徒有曹立之萬正淳者來相見, 氣象皆儘好. 却是先於情性持守上用力, 此意自好. 但不合自主張太過, 又要得省發覺悟, 故流於怪異耳. 若去其所短, 集其所長, 自不害爲入德之門也. 然其徒亦多有主先入, 不肯捨棄者, 萬曹二君却無此病也.

　⊛ 조립지와 만정순, 두 사람은 주자가 남강의 지사로 있을 때 주자를 보러 왔는데, 이때 주자의 나이는 51세(1180) 아니면 52세(1181)였다. 이 서신은 이미 배운 것이 잘못되었다는 것을 깨닫고 있고 또 힘들게

---

3) 조건(曹建, 1162~1191) : 자는 입지(立之), 무망선생(無妄先生)으로 불렸으며, 요주(饒州) 여간현(餘干縣) 출신이다.
4) 만인걸(萬人傑, ?~?) : 자는 정순(正淳) 또는 정순(正純), 호는 지재(止齋)이며, 홍국군(興國軍) 대야현(大冶縣) 출신이다. 1180년 주자를 남강(南康)에서 만나서 배우게 되었다. 『송원학안』에서는 육구연의 문인으로 기록되어 있다.
5) 【記疑】 비약적으로 깨닫게 된다는 뜻과 같다.

스스로를 굽히면서 육자의 학문이 좋다는 것을 이미 알고 있었는데, 주자가 육자의 주장을 괴이하게 여긴 것은 무엇 때문일까? '이발을 살펴서 깨달으려 한다'는 것은 육자가 사람들로 하여금 자신의 본래 마음을 알도록 하고 인·의·예·지가 모두 내가 본래부터 가지고 있던 것임을 알도록 한 것이다. 이것은 맹자가 '갓난아이가 우물에 들어가는 것'으로 '측은지심(惻隱之心)'을 입증하고, '꾸짖고 발로 차면서 음식을 주는 것'으로 '수오지심(羞惡之心)'을 입증하는 것과 같을 뿐 '돈오'를 말한 것이 아니다. 육자가 '부채장수와 관련된 소송'으로 양경중이 '옳고 그름을 판단하는 마음'을 증험토록 한 것6)도 동일한 일이다.

曹萬二生, 俱於朱子守南康時往謁, 時朱子年五十一二歲. 此書已覺所學之非, 又難於自屈, 已知陸學之好, 又怪其主張何耶? 省發覺悟, 陸子特欲人識其本心, 俾知仁義禮智皆我固有, 如孟子以見孺子入井驗惻隱, 嘑蹴之與驗羞惡耳, 非所謂頓悟也. 以扇訟教楊敬仲驗是非之心, 卽其一事也.

---

6) 『慈湖遺書』 18 부록(附錄) 「慈湖行狀」. "새로 진사에 급제한 상산이 부양으로 왔다. 어느 날 밤 그곳의 주부인 양자호와 쌍명각에서 만났다. 자호는 본심(本心)이 무엇인지 물었다. 마침 그날 낮에 부채 장수 사이에서 시비를 다투는 싸움이 있었다. 상산은 '싸운 사람들 중에서 반드시 한 사람은 옳고 한 사람은 틀렸을 것이다. 만약 누가 옳고 누가 그른가를 알 수 있다면 송사는 결정된다. 이 시비를 판단하는 것이야말로 바로 본심이다'라고 했다. 자호가 이 말을 듣고 마음에 대해 속 시원하게 깨닫는 바가 있었다. 그러면서도 그뿐인지 여러 번 되물었다. 상산은 매우 엄숙하게 소리 높여 '다시 또 무엇이 있으랴!'라는 한 마디로 대답했다. (…중략…) 자호가 가장 감동했던 것은 이 두 번째 대답이었다. 더 이상 뭐라고 말한다면 곧 지리멸렬하게 되리라는 것을 자호는 느꼈다."

임백기[7]에게 답하다[答任伯起] 18)

보내주신 서신 내용 중에 "고요한 가운데 사의(私意)가 섞여 나온다"고 하신 말씀은 학자들의 일반적 병폐입니다. 스스로 성찰하여 이러한 점을 헤아린 것은 매우 어려운 것입니다. 이런 병폐에 대해서는 마땅히 경(敬)을 중심으로 해서 사의의 싹틈이 대개 무슨 일 때문에 일어나는지 깊이 살펴[9] 그 중요한 지점에서 싹튼 사의를 통렬히 반성하여 막아야 합니다. 그러기를 오래하여 순수하고 익숙해지면 저절로 효과를 보게 될 것이니, 아침 저녁에 일을 꾀하여 많은 말을 함으로써 어지럽혀서는 안 됩니다. 『논어』별본은 아직 개정하지 못하였으니, 뒤의 인편을 기다려 부치겠습니다. 하지만 또한 오로지 일상생활의 자리에 나아가 함양과 성찰의 공부[10]를 한다면 반드시 독서하는 것보다 못하지는 않을 것입니다.

示喩靜中私意橫生, 此學者之通患, 能自省察至此, 甚不易得. 此當

---

7) 임희이(任希夷) : 자는 백기(伯起)이며, 소무(邵武) 출신이다. 주희의 문인이다. 진사(進士)가 되어 포성주부(浦城注簿)·예부상서(禮部尚書)·권참지정사(權參知政事) 등을 역임했다. 시호는 선헌(宣獻)이다.

8) 『朱熹集』 권44-45, 1182(53세).

9) 【箚疑】 '다'라는 글자는 '평소'를 뜻하는 '상'이라는 글자와 같은 뜻이다. 사사로운 뜻의 싹이 평소에 무슨 일로 인해 드러나는지를 묻는 것이다.

10) 40세(1169) 봄에 친구 채원정(蔡元定)과 '미발(未發)'을 논의하다가 주자는 이전의 중화구설(中和舊說)의 문제점을 발견하고 중화신설(中和新說)을 정립한다. 중화신설에 따르면 인성론은 '마음은 본성과 감정을 포괄한다[心統性情]'고 정리될 수 있고, 그에 따라 수양론은 '미발의 상태에 먼저 본성을 존양하고 이발의 상태에서는 드러난 선한 단서를 살핀다[先存養, 後察識]'로 정리된다. '본성이 본체이고 마음은 그 작용이다[性體心用]'라는 주장으로 정리될 수 있는 중화구설에서는 작용한 마음에서만 공부가 가능했다. 다시 말해 이발 공부만 가능했다. 반면 중화신설에서는 마음은 본성과 감정을 포괄하기에 본성과 관련된 공부를 할 수 있게 된 것이다. 마음이 본성과 관련해서 본성의 실현을 가능하도록 하는 공부가 바로 '함양(涵養)', 혹은 '존양(存養)' 공부이다. 반면 이미 드러난 마음, 즉 이발(已發)의 상태에서 선한 단서를 찾아 그것을 보존하려는 공부가 성찰(省察)의 공부이다.

以敬爲主, 而深察私意之萌多爲何事, 就其重處痛加懲窒. 久之純熟, 自當見效, 不可計功於旦暮而多爲說以亂之. 論語別本未曾改定, 俟後便寄去. 然且專意就日用處做涵養省察功夫, 未必不勝讀書也.

⊛ 임희이는 순희 3년(1176)에 진사에 급제하여 포성(浦城)의 주부로 발탁되어 비로소 학문을 배우려 했으니 이때는 주자 49세 때다. 이 서신은 어느 해에 답변한 것인지 모르겠지만 대략 50세 후반 때이다. "함양과 성찰이 독서를 이긴다"고 한 말은 곧 육자가 중시한 학문 곧 '방심(放心)을 구한다'는 것이다.

伯起登淳熙三年進士第, 調浦城簿, 始從學, 時朱子四十九歲. 此書不知何年所答, 大約五十歲後也. 涵養省察勝讀書, 卽陸子所主學問求放心也.

임백기에게 답하다[答任伯起] 2[11]

'성경(誠敬)과 과욕(寡慾)'은 모두 긴요하고 절실하게 힘을 써야 할 곳이니 앞뒤를 나눌 수 없으며 또한 한쪽이라도 버려서는 안 됩니다. 하지만 일의 항목을 쫓아 힘을 쓰는 것이 아니라 단지 착실하게 지수(持守)하고 체찰(體察)하면 스스로 드러날 뿐입니다.

誠敬寡慾, 皆是緊切用力處, 不可分先後, 亦不容有所遺也. 然非逐項用力, 但試著實持守體察, 當自見耳.

---

11) 『朱熹集』 권44－46, 1182(53세).

강덕공12)에게 답하다[答江德功] 913)

의심스런 조목에 대해선 자세히 살펴보고 답신 주시기를 기다리겠습니다. 『역설』에 대해 자못 변경할 줄 아신 것은 매우 좋습니다. 하지만 학자는 사유와 실천을 우선해야지 저술에 급급해서는 안 됩니다. 이미 일상생활에서 자기를 절실히 하는 공부를 해치고 말한 내용 역시 반드시 옳지 않으면서 단지 정력만 소비하였습니다. 이는 저의 예전 병폐인데 이제서야 비로소 스스로 후회하는 바입니다. 따라서 그대가 이런 짓을 하기를 원치 않습니다. 배움을 끊고 책을 버림은 질병으로 고달픈 후에 문자를 볼 수 없는 상황을 뜻하니, 이는 바로 예전에 힘을 과도하게 낭비해서 마음과 힘이 모두 쇠퇴하여 또한 이와 같이 휴식하는 것에 기인할 뿐입니다. 하지만 또한 생각이 안정되어 움직임에 이끌리는 동요가 없고 성찰하는 공부가 있어 진정 장자가 말한 바14)와 같지 않음을 깨달았습니다.

疑義俟細看奉報. 易說知頗改更, 甚善. 然學者以玩索踐履爲先, 不當汲汲於著述. 旣妨日用切己工夫, 而所說又未必是, 徒費精力. 此區區前日之病, 今始自悔. 故不願賢者之爲之也. 絶學捐書, 是病倦後看文字不得, 正緣前日費力過甚, 心力俱衰, 且爾休息耳. 然亦覺意思安靜, 無牽動之擾, 有省察之功, 非眞若莊生所謂也.

🌑 이 서신의 연월은 고찰할 수 없다. 하지만 스스로 "마음과 힘이 모두 쇠퇴했습니다"라고 말하고 또한 종전의 저술 활동을 후회하였으

---

12) 강묵(江默) : 자는 덕공(德功)이며, 건녕부(建寧府) 숭안현(崇安縣) 복건(福建) 출신이다. 1169년 진사가 되었고, 1183년 이후 주자에게서 배웠다.
13) 『朱熹集』 권44−56, 1181(52세).
14) 『莊子』「山木」.

니 당연히 만년이다. 그리고 그 논의한 내용은 모두 육자의 가르침과
부합한다.

此書歲月無考. 然自謂心力俱衰, 又悔從前著述, 自是晚年. 而所論
則全與陸子之敎合.

양자직15)에게 답하다[答楊子直] 316)

배우는 자가 '언어에 빠져서17) 마음에 진실로 깨달음이 없는 것'은
진정으로 큰 병폐입니다. 그런데 언어 속에서 궁극적으로 철두철미하게
깨닫는 사람을 거의 보지 못하는 것은 자질이 이미 옛사람에 미치지 못
하고 공부 또한 허둥지둥 대기 때문입니다. 그리하여 평생토록 여기에
서 있는 듯 없는 듯하여 뛰어나게 믿을만한 결실을 갖지 못하게 됩니다.
최근에는 병을 앓은 뒤라서 감히 열심히 독서하지 못했지만, 한가한 가
운데 오히려 진보처가 있음을 깨달았습니다. 대저 맹자가 논의한 '그
방심을 구한다[求其放心]'18)는 구절이야말로 핵심적인 방법일 뿐입니다.

學者墮在語言, 心實無得, 固爲大病. 然於語言中, 罕見有究竟得徹
頭徹尾者, 蓋資質已是不及古人, 而工夫又草草. 所以終身於此, 若存
若亡, 未有卓然可恃之實. 近因病後, 不敢極力讀書, 閑中却覺有進步
處. 大抵孟子所論求其放心, 是要訣爾

---

15) 양방(楊方): 자는 자직(子直)이고, 스스로 담헌노수(淡軒老叟)라 불렀다. 정주(汀州) 장
　　정현(長汀縣) 출신이다. 1163년에 진사가 되었다. 1170년부터 주희와 교류하였고, 조여우
　　의 막료가 되었다. 가정(嘉定)연간에 광서제점형옥(廣西提点刑獄)이 되었다.
16) 『朱熹集』 권45－19, 1190(61세).
17) **[翼增]** 어언이란 강설을 말한다. 양자직은 아무런 내용도 없는 헛된 말을 병통으로
　　여기고 있었다.
18) 『孟子』「告子 上」.

❸ 이것은 세 번째 서신이다. 네 번째와 다섯 번째 서신은 모두 주자가 돌아가신 해에 지어진 것이다. 이 서신에서 또한 "질병 이후"라고 운운하고 있으니 만년임이 확실하다. 자직이 육자를 아울러 스승으로 삼고 있었기 때문에 "언어에 빠져서 마음에 진실로 깨달음이 없음"에 대한 의문을 갖고 있었다. 그런데 주자는 곧바로 '방심(放心)을 구하는 것'이 핵심이라고 답변하였으니, 이는 이른바 만년의 가르침으로서 부절(符節)이 합치되는 것과 같다.

此第三書也. 第四第五兩書, 皆朱子捐舘歲作. 而此書亦有病後云云, 則爲晩年無疑矣. 子直兼師陸子, 故有墮在語言, 心實無得之疑, 而朱子直以求放心是要訣答之, 此所謂晩年之敎, 若合符節也.

요자회[19]에게 답하다[答廖子晦] 8[20]

관직을 지킬 때 상관이 알아주면 뜻을 실행할 수 있습니다. 하지만 윗사람의 마음을 얻는 데는 길이 있으며, 자신을 지키는 일 또한 잃어서는 안 됩니다. 옥사(獄事)는 사람의 목숨이 달려 있는 바니 더욱 마음을 다해야 합니다. 근래 세상에 유행하는 풍속은 조상의 덕을 보려는 논의에 미혹되어 대개 제멋대로 유죄(有罪)에서 벗어나는 걸 능력 있다 생각하고 어질고 착한 사람이 도움을 청할 곳이 없음을 생각지 않습니다. 이것은 가장 폐단이 되는 일이니 경계하지 않을 수 없습니다. 그러므로 슬퍼하고 불쌍히 여겨 기뻐하지 않으려는 마음이 없어서는 안 됩니다.

보내주신 의의(疑義)는 매우 좋았습니다. 다만 한두 군데가 아직도 조

---

19) 요덕명(廖德明) : 자는 자회(子晦)이며, 남검(南劍) 출신이다. 1169년에 진사가 되었다. 그때 왕응진(汪應辰)이 시험관이었다. 1173년부터 주희와 교류하였다. 보전(莆田)·심주(潯州)지사·이부좌선당(吏部左選堂)을 역임하였다. 저서에 『槎溪集』이 있다.
20) 『朱熹集』 권45−30, 1195(66세).

금 원만히 갖춰져 있지 않아서, 별지에 갖추어 보내니 직무를 다한 여가 시간에 다시 이 점에 대해 뜻을 완미할 수 있다면 진정 아름다울 것입니다. 그런데 책을 보는 일은 진정 모름지기 첫머리부터 순서대로 나아가서 깊고 낮음, 어렵고 쉬움 때문에 취하고 버리는 부분이 있지 않아야만, 자연히 뜻과 맛이 상세하고 친밀해질 것입니다. 두루 적셔 관통하게 되면, 중요하다고 생각할 만한 곳이 없게 되고 공부하는 바도 역시 공허한 데 떨어지지 않게 됩니다. 오늘날 사람들은 대개 어렵고 좋아하는 바를 골라서 보는데, 오직 성현의 글이 아니라면 이처럼 구별해서는 안 됩니다. 또한 이러면 단지 이 마음의 뜻이 곧 안정되지 못합니다. 가령 마음을 써 탐색하여 이르러도 자신의 내면과 상관이 없고, 높이 솟고 고르지 않아21) 평안하게 정돈할 곳이 없게 됩니다. 이러한 병폐를 알아야만 합니다.

守官得上官相知, 可以行志. 然獲上有道, 自守亦不可失也. 獄事人命所繫, 尤當盡心. 近世流俗, 惑於陰德之論, 多以縱出有罪爲能, 而不思良善之無告. 此最弊事, 不可不戒. 然哀矜勿喜之心, 則不可無也.

所示疑義甚善. 但一二處小未圓備, 別紙具去, 職事之餘, 更能玩意於此, 固佳. 然觀書亦須從頭循序而進, 不以淺深難易有所取舍, 自然意味詳密. 至于浹洽貫通, 則無緊要處, 所下功夫亦不落空矣. 今人多是揀難底好底看, 非惟聖賢之言, 不可如此間別. 且是只此心意便不定疊. 縱然用心探索得到, 亦與自家這裏不相干, 突兀聱牙, 無田地可安頓. 此病不可不知也.

ⓐ 직경은 일찍이 "자회가 재(宰)가 되었는데 조정에 참석하지 않아 윗사람을 모욕하였다"고 물었다.22) 이 서신에 "윗사람의 마음을 얻는

<hr>

21) 【翼增】 고특(高特)하고 난삽(難澁)한 모양을 말한다.
22) 『朱子語類』 권113－19. 『朱子語類』에는 '윗사람을 모욕하였다'고 하지 않고, '윗사

다"는 설이 있으니 이는 재(宰)가 되었을 때인지 모르겠다. 자회가 보전의 현승이 된 것은 경원 2년(1196)의 일이며 주자가 그에게 발문을 쓴 「인수려조약(仁壽廬條約)」에 보이니,23) 이때는 주자 나이 67세다. 또 살펴보니, 『시전』은 순희 16년(1189)에 저술되었으니 주자 나이 60세 때다. 요덕명에게 답한 다섯 번째 서신에서 자회가 "『시전』을 읽었다"는 말이 있으니 당연히 더욱 뒤에 있게 된다. 여섯 번째 서신은 주자가 남강에서 답변한 것인데 이때 자회는 유평보24)의 집안에서 경서를 가르치고 아직 벼슬길에 나아가지 않았다. 이 여덟 번째 서신에서는 첫머리에서 "관직을 지킬 때 상관이 알아주면"이라고 말했으니 보전의 현승이 된 때가 아니라면 또한 주자가 남강에서 임무를 다한 뒤임이 분명하다. 육자가 사람들에게 독서를 가르칠 때 두원개25)의 '넉넉하게 즐긴다[優而游之]'26)는 네 글자를 즐겨 들었는데,27) 주자의 이 서신의 의미와 서로 부합한다.

直卿嘗問子晦作宰, 不庭參, 侮了上位. 此書有獲上之說, 不知是作宰時否? 子晦宰莆田, 在慶元二年, 見朱子跋子晦仁壽廬條約, 時朱子六十九歲. 又按, 詩傳序於淳熙己酉, 朱子年六十歲. 答子晦第五書, 子晦有讀詩傳之語, 當更在後. 第六書則朱子在南康所答, 是時子晦授經劉平父家, 尚未出仕. 此第八書, 首云守官得上官相知, 卽非宰莆田時,

---

람의 뜻에 거슬렸다'고 되어있다. 주희는 이에 대해 "조정에 참석하는 것은 원래 옳지 않지만, 윗사람을 대하는데 다투는 것은 전혀 옳지 않다"고 대답한다.

23) 『朱熹集』 권83-67 「書廖德明仁壽廬條約後」.

24) 유평(劉坪) : 자는 평보(平父)이고, 복건 숭안(崇安) 출신이다. 유자휘(劉子翬)의 아들로 종사랑(從仕郎)을 지냈다.

25) 두예(杜預, 224~284) : 자는 원개(元凱)이고 경조두릉(京兆杜陵 : 지금의 陝西省長安) 출신이다. 하남윤(河南尹)·진주자사(秦州刺史) 등을 역임하고 진남대장군(鎭南大將軍)이 되었다. 오(吳)를 평정한 공으로 당양현후(當陽縣侯)에 봉(封)해졌으나, 만년에는 학문과 저술에 힘을 기울였다. 저서에 『春秋左氏經傳集解』, 『春秋釋例』 등이 있다.

26) 두예, 『春秋左傳集解序』.

27) 『陸九淵集』 권6 「與包詳道 6」. "優而柔之, 使自求之, 厭而飫之, 使自趨之, 若江河之浸, 膏澤之潤", 此數語不可不熟味.

亦在朱子南康任滿之後, 明矣. 陸子敎人讀書, 好擧杜元凱優而游之四
語, 朱子此書, 意乃相合.

여도일28)에게 답하다[答呂道一] 129)

세 번 거듭 가르침을 주시어 말의 뜻이 통하게 되니, 그 때문에 마음
이 시원합니다. 다만 그 논의한 내용 가운데 제 생각에 아직 만족스럽
지 못한 부분이 있습니다. 무릇 학문을 논할 때는 마땅히 먼저 그 지향
하는 바의 사정(邪正)을 분별한 이후에야 그 쓰이는 바의 능력 여부를
살필 수 있습니다. 진정 지향하는 바가 옳다면, 비록 그 사람이 혹 쓰일
수 없더라도 그 도가 쓰여지게 됨을 방해하지 않습니다. 만일 그것이
옳지 않다면 비록 관중(管仲)과 안영(晏嬰)30)의 공이 있더라도 또한 어찌
성현의 문하에 어울리기에 족하겠습니까? 또한 예전의 군자가 배움에
급급한 것은 자신이 결국 남보다 뛰어나게 되려고 열심히 한 것이 아니
기 때문에 결국 남보다 뛰어나게 되지 않는다고 해서 방자하진 않았던
것이고, 유명하려고 해서 열심히 한 것이 아니기 때문에 유명하지 않다
고 해서 위축되지도 않았던 것이고, 유리하다고 해서 한 것이 아니기에
또한 이익이 없다 해서 멈추지 않았던 것입니다. 이것이 그들이 가진
마음씀이니, 구차하게 하나라도 행위하는 바가 없는 것31)은 오직 천리
가 당연해서, 우리가 그렇게 하지 않을 수 없었기 때문입니다. 만물이

---

28) 여도일은 여사첨(呂士瞻)의 아들이란 것 외에 자세한 내력은 알려져 있지 않다. 다
  만 『朱子門人』에서는 여도일이 주자의 제자가 아니라 강우(講友)라고 말하고 있다.
29) 『朱熹集』 권46-9, 1184(55세).
30) 안영(晏嬰, ?~B.C. 500) : 자가 평중(平仲)이며 그의 말을 전국시대 사람들이 수집하
  여 편찬한 『晏子春秋』가 있다.
31) [記疑] 남과 다름을 도모하지 않고, 명성을 도모하지도 않고, 이익도 도모하지 않기
  때문에 하나도 도모하는 것이 없는 자라고 한 것이다.

흩어져 태허가 된다는 설은 비록 윤회설의 비루함에는 조금 다름이 있지만 천지의 화육에 대해서는 아직 깊이 알지는 못한 것입니다. 이것은 아직 쉽게 말할 수 있는 내용이 아니니, 지금은 또한 마땅히 성현의 글을 숙독하여 점차 구할 뿐입니다.

三復來示, 詞義通暢, 爲之爽然. 但其所論, 有於鄙意未安者. 大凡論學, 當先辨其所趨之邪正, 然後可察其所用之能否. 苟正矣, 雖其人或不能用, 然不害其道之爲可用也. 如其不正則, 雖有管仲晏子之功, 亦何足以稱於聖賢之門哉! 且古之君子所以汲汲於學者, 不爲其終有異于物而勤, 故亦不爲其終無異於物而肆也, 不爲其有名而勸, 故亦不爲其無名而沮也, 不爲其有利而爲, 故亦不爲無利而止也. 是其設心. 蓋儻然一無有所爲者, 獨以天理當然而吾不得不然耳. 若爲萬物散爲太虛之說, 則雖若有以小異於輪逈之陋, 然於天地之化育, 蓋未得爲深知之者也. 此未易言, 今且當熟讀聖賢之書, 而以漸求之耳.

🔘 "먼저 그 지향하는 바의 사정(邪正)을 분별한다"는 말은 곧 육자가 말한 '먼저 뜻을 분별한다'는 설이다.
先辨所趨邪正, 卽陸子先辨志之說.

여도일에게 답하다[答呂道一] 2[32]

보내 주신 서신은 이미 완비되어 있습니다. 그러나 학문하는 공부에서는 우선 아는 바를 실행해야 하고, 오래 실행하다가 막힘이 있음을 깨닫게 되었을 때 비로소 헤아려 생각하는 것이 좋습니다. 그런데 지금

---

32) 『朱熹集』 권46−10, 1184(55세).

아직 실행하지도 않고[33] 앉아서 원대한 생각만 이야기 한다면 이는 유익하지 않을 뿐만 아니라, 도리어 경솔한 기운만 키우게 되니 그 구습을 변화시켜서 성실한 곳으로 나아가려는 방법이 아닐 것입니다.

示諭已悉. 但爲學之功, 且要行其所知, 行之旣久, 覺有窒礙, 方好商量. 今未嘗擧足而坐談遠想, 非惟無益, 竊恐徒長浮薄之氣, 非所以變化舊習而趨于誠實也.

⦿ 여도일은 여사첨[34]의 아들이다. 처음 와서 알현할 때, 주자가 사첨에게 보내는 서신에서 『역』을 논하면서 "남헌 만년에는"[35]이라고 운운한 것은, 남헌이 이때 이미 죽었기 때문이다. 이 서신은 도일과 배움을 논하고 있는데, 대개 후반부에서 더욱 실천에 치중하고 있는 것이 분명히 만년의 주장이다. 무릇 사람들에게 '앎을 먼저하고 실천을 나중에 하라'고 가르치는 것은 모두 '실천하지 않고 앉아서 원대한 생각만 말한다'는 것이다.

道一爲呂士瞻之子. 始來謁時, 朱子與士瞻書其論易稱南軒晚年云云, 蓋南軒是時已卒矣. 此書與道一論學, 蓋尤在後, 而側重於行, 自是晚年之論. 凡敎人先知後行, 皆未嘗擧足而坐談遠想者也.

주노숙[36]에게 답하다[答朱魯叔][37]

유 지사께서 사록직을 청하였지만 아직 연락을 받지 못해 우선 잠시

머무를 계획입니다. 조만간에 친히 가르침을 받고38) 또 정문 제자와 강학할 수 있음을 알았으니 매우 좋은 일입니다. 풍속이 좋지 못하니 곧바로 가다 보면 막힘이 있게 됩니다. 그러나 우리들 입장에서는 다만 옳고 그름을 논할 수 있고, 그 외에 이해나 득실의 문제에 대해서는 말할 수 없습니다. 학문을 하는 요령은 우선 먼저 지기(持己)한 다음에 의리(義利) 두 글자를 분별해서 어긋나지 않게 나아가는 것이 큰 절목이며, 그 나머지는 힘이 미치는 것을 따라서 하고 정밀하고 자세하게 힘써야 하는 것이지, 두루 섭렵하는 것을 귀하게 여기지는 않습니다.

劉守請祠未報, 計須且留. 知早晚得親炙, 又與程弟講學, 甚善! 甚善! 風俗不好, 直道而行, 便有窒礙. 然在吾人分上, 只論得一箇是與不是, 此外利害得喪, 有所不足言也. 爲學之要, 先須持己, 然後分別義利兩字, 令趣向不差是大節目, 其它隨力所及爲之, 務在精密, 而不貴於汎濫涉獵也.

⦿ 유씨의 성을 가지고 지사이면서 사록의 관직을 구한 경우, 『주자집』에 보이는 사례는 오직 자징 한 사람만 뿐이다. 이 일은 순희 16년(1189)의 일이고 주자 나이 60세 때이다. 그러나 학문하는 것을 논의하면서, "먼저 지기(持己)하고 의리를 분별한다" "그 나머지는 정밀한 데 힘쓰고 두루 섭렵하는 것을 귀하게 여기지 않는다"라고 했으니 모두 육자와 합치된다.

劉姓爲守而乞祠, 見朱子集中者, 惟子澄一人, 事在淳熙十六年, 朱子年六十歲矣. 然論爲學, 先持己, 分別義理, 其它務精密, 不貴汎濫, 俱與陸子合.

---

38) 【節補】친자(親炙)는 유수에게 친히 배우는 것을 말하는 듯하다.

반숙도39)에게 답하다[答潘叔度] 1⁴⁰)

소자문⁴¹)은 "먼저 표준을 세우라"⁴²)는 명도선생의 말을 기록했는데, (마음 속) 깊은 곳에서는 근래의 친구의 병에 대해 생각하고 있었습니다. 『맹자』에 "엄습하여 취한다"⁴³)는 경계가 있는데, 더욱 깊이 생각해야 합니다.

邵子文記明道先立標準之言, 深中近日朋友之病. 且孟子亦有襲而取之之戒, 尤當深念也.

⊙ 육자가 '안정된 근본'을 세우라고 경계하신 것이 곧 이러한 뜻이다. 숙도는 동래를 스승으로 모셨는데, 만년에는 주자를 섬겼다.
陸子戒立定本, 卽此意也. 叔度師東萊, 晚乃事朱子.

반숙도에게 답하다[答潘叔度] 2⁴⁴)

표준과 습취에 대해 말씀하신 경계는 지극히 정밀합니다. 그러나 "이와 같이 행위한다"⁴⁵) "순과 같이 할 뿐이다"⁴⁶)라고 말한 것에는 반드시

---

39) 반경헌(潘景憲): 자는 숙도(叔度)이며, 무주(婺州) 금화현(金華縣) 출신이다.
40) 『朱熹集』 권46−23, 1173(44세).
41) 소백온(邵伯溫): 자는 자문(子文)이고, 소강절(邵康節)의 아들이다. 두정씨 사마광과 교류한다. 아들과 함께 진사가 되었다. 주관영흥군요주삼백거공사(主管永興軍耀州三白渠公事)·과주(果州)지사·제점성도로형옥(提點成都路刑獄)·이로전운부사(利路轉運副使) 등을 역임한다. 저서에 『易辯惑』 1卷, 『河南集』, 『聞見錄』, 『皇極系述』, 『皇極經世序』, 『觀物內外篇解』가 있다.
42) 『二程外書』 권12−20.
43) 『孟子』「公孫丑 上」.
44) 『朱熹集』 권46−24, 1173(44세).
45) 『孟子』「滕文公 上」.

적실하고 평온하게 공부하는 곳이 있어야지, 부질없이 밤낮 생각으로만 자신의 행위를 순의 행위에 비교해서 절절히 오직 순과 같지 못함을 걱정하는 것은 아닙니다. 병든 사람에 비유하자면, 마땅히 순서에 따라 약을 복용해서 점점 병을 다스려 나가[47) 몸이 차츰 나아지게 해서 보통 사람처럼 회복된 다음에 그만두어야지, 어찌 한 번 약을 복용하고 하루 아침에 효험이 있기를 기대해서 갑자기 보통 사람처럼 회복되지 못한 것을 괴이하게 여기겠습니까?

잠잘 때나 깨어 있을 때에도 『중용』을 묵묵히 암송하는 것은 또한 매우 좋습니다. 그러나 한 번 암송하는 것은 조용히 마음을 비워 이치를 완미하는 맛이 있는 것만 못합니다.

所論標準襲取之戒, 極爲精密. 然所謂有爲若是如舜而已者, 必自有的實平穩下工夫處, 非是徒然晝思夜度, 以已所爲, 校舜所爲, 而切切然惟恐不如舜也. 譬如病人, 正當循序服藥, 積漸將理, 使氣體浸充, 可及平人而後已, 豈可責效於一丸一散一朝一夕之間, 而遽怪其不及平人哉?

默誦中庸一卷於寐覺之時, 此亦甚善. 然與其必誦一過, 不若虛心玩理之從容而有味也.

◉ 반숙도와 반숙창[48)은 모두 여씨의 문인이다. 주자가 질문한 것에 답한 서신은 모두 여동래가 죽은 후이다. "한번 암송하는 것은 마음을 비우고 이치를 완미하는 것만 못하다"고 말한 것은 그 뜻이 육자와 부합된다.

---

46) 『孟子』「離婁 下」.

47) [記疑] '적점'은 점차로 지속적으로 행하는 것을 말한다. '장리'는 몸을 관리함을 말한다.

48) 반경유(潘景愈) : 자는 숙창(叔昌)이다. 반경헌(潘景憲)의 동생이다. 태학에 있을 때 수석을 하였다.

叔度叔昌二潘, 皆呂氏門人. 朱子所以問答之書, 皆在童萊沒後. 然謂誦一過, 不如虛心玩理, 意與陸子合.

반숙도에게 답하다[答潘叔度] 349)

자세하게 보내주신 서신에서 원대하게 뜻을 세운 것을 볼 수 있어 매우 깊이 탄복하였습니다. 그러나 "경(敬)은 마음을 유지하고 보존하는 것을 말하는 것이다"고 말씀하신 것은, 제 생각에는 온전치 못한 것이 있는 듯합니다. 대개 사람의 마음은 매우 신령해서 온갖 변화를 주재하는 것이지, 외물에 주재당하는 것은 아니기 때문에 지수(持守)의 뜻을 갖자마자 곧 이 마음이 반드시 먼저 움직입니다. 이것은 이천선생께서 매번 "좌망하려 하면 앉아서 생각을 제멋대로 하게 된다"50)고 말씀하신 까닭입니다.51) 또 계속해서 조용히 청사 창고의 기둥을 세는 것52)으로 그 말씀을 풀어주면서 배우는 사람들에게 조존하는 방법을 가르쳐 주었으니, 반드시 "경으로써 내면을 곧게 한다"라고 말씀하시고 또 "경을 잡고서 내면을 곧게 하려하면 곧지 않게 된다"53)고 말씀하셨습니다. 대개 가지런하고 엄숙하게 하면 그 가운데 주재하는 것이 있어 마음이 반드시 보존되는 것이지, 따로 여기에서 조존한 다음에 그 이치를 경이라고 명칭하는 것은 아닙니다.54) 이와 같은 경우는 처음에는 명명하는데 조금의

---

49) 『朱熹集』 권46－25, 1174(45세).

50) 『莊子』「大宗師」.

51) 『二程遺書』 권3－83.

52) 『二程遺書』 권2 上－214. 정호가 장안의 청사창고에 있을 때, 긴 복도의 기둥 수를 세었는데, 두 번 세었지만 그 수가 달라 다른 사람더러 소리 내어 세어보게 했다. 그랬더니 처음 센 것이 맞았다. 이를 통해 마음을 써서 정확하게 하여 하면 할수록 점점 더 뜻대로 되지 않는다는 것을 알았다고 한다.

53) 『二程遺書』 권11－41.

54) 주자는 『大學或問』에서 이전의 신유학자들이 제안했던 '경(敬)' 공부를 다음과 같이

실수라서 깊이 변론할 것이 아닌 듯하지만, 그냥 지나치려고 한다면 일상에서의 공부에 해가 되지 않음이 없을 것 같아서 번번이 말씀드리는 것입니다. 여자약의 서신에서도 반복해서 말한 것이 또한 이런 뜻입니다. 바라건대 참고해서 서로 평가한다면 더욱 분명하게 변별이 되니, 유가와 불가의 차이를 이것으로 판별하십시오. 『횡거집』에서는 "대개 바쁘게 일을 하느라고 동이를 두루 다할 수 없게 되면 곧 한스러움이 남게 된다"라고 하였습니다. 선배들이 "무슨 일이든지 바쁘게 해서 잘못 되게 해서는 안 된다"[55]고 말한 것에는 진실로 의미가 있습니다.

來喩縷縷, 備見立志之遠, 歎服良深. 但所謂敬之爲言, 所以名持存之理者, 於鄙意似未安. 蓋人心至靈, 主宰萬變, 而非物所能宰, 故纔有持守之意, 卽是此心自先動了. 此程夫子所以每言坐忘卽是坐馳. 又因默數倉柱發明其說, 而其指示學者操存之道, 則必曰敬以直內, 而又有以敬直內, 便不直矣之云也. 蓋惟整齊嚴肅, 則中有主而心自存, 非是別有以操存乎此, 而後以敬名其理也. 此類初若名言小失, 不足深辨, 然欲放過, 則恐於日用之功不能無害, 故輒言之. 子約書中有所反復, 亦是此意. 幸參考而互評之, 則其辨益明, 而儒釋之殊, 亦可因以判矣. 橫渠集云大凡作事匆匆, 不能博盡異同, 便有遺恨. 前輩所謂甚事不因忙後錯了者, 誠有味也.

다섯 가지로 나누어 정리한 적이 있다. 첫째, 마음을 외부로 치닫게 하지 않고 수렴하는 것. 둘째, 두려움의 마음 상태를 유지하는 것. 셋째, 항상 깨어있는 마음 상태를 유지하는 것. 넷째, 마음을 한 곳에 집중하는 것. 다섯째, 마음을 가지런하고 엄숙하게 유지하는 것. 주자는 경공부가 함양(涵養) 공부뿐만 아니라 성찰(省察) 공부에도 모두 적용되는 것임을 수 차례 강조했고(『朱熹集』 권32-18 「答張欽夫」), 아울러 '격물치지(格物致知)' 공부에도 경공부는 필연적으로 수반된다고 강조했다. 요약하자면 주자의 '경' 공부는 마음을 자신에게로 돌아오게 함으로써 사태와 사물들의 도래에 감응할 수 있는 개방되어 있는 마음 상태를 유지하는 것이다. 마음이 '경'의 상태에 있게 되고 따라서 이런 개방된 마음에 사태와 사물이 도래하게 되면, 그것들과 적절히 관계할 수 있는 본성이 실현될 수 있다는 것이다.

55) 『小學』 「善行」.

⚫ '지경(持敬)'의 설은 바로 '따로 여기에 조존한 다음에 경을 가지고 그 이치를 명명한다'는 것이다. 육자는 일찍이 함부로 조작하는 행위를 반박했는데, 주자는 만년에서야 비로소 깨달았다.

持敬之說, 正是別有以操存乎此, 而後以敬名其理. 陸子嘗駁爲杜撰, 而朱子晚年乃始悟耳.

반숙도에게 답하다[答潘叔度] 456)

보내주신 서신에서 "경은 보존하는 것이다"라고 말씀하셨는데, 이 말은 매우 좋지만 '경'의 효과의 측면에서 말한 것입니다. 만약 단지 '경'이라는 글자에 대해 공부하는 곳을 논하는 것은 대개 이 마음을 지니고 지켜서 그것을 보존하려는 방법일 뿐입니다. '외(畏)'라는 한 글자를 두어 형용하면 또한 반드시 깨닫게 되니, 그러므로 윤화정이 다만 "몸과 마음을 수렴한다"57)라고 말씀하셨습니다. 이 이치는 매우 간략한데 보내주신 가르침대로 한다면, 도리어 너무 번쇄한 것58) 같습니다. 대개 깨우쳐 주신 여러 곳은 흡사 모두 언어와 도리와 조리에 대한 많은 것을 손상되게 말씀하신 것 같습니다. 제 생각으로는 우선 그대께서 이것에 대해서는 조금 물리시고, '평이하고 전일'한 경지에서 마음을 비우고 이치를 보도록 하셨으면 합니다. 그대의 뜻은 과연 어떠한지요?

所喩敬者存在之謂, 此語固好, 然乃指敬之成功而言. 若只論敬字下功夫處, 蓋所以持守此心, 而欲其存在之術耳. 只著一畏字形容, 亦自

---

56) 『朱熹集』 권46-26, 1174(45세).

57) 『和靖集』 「師說附錄」.

58) 【記疑】 태란(太瀾)은 그 말이 지나치게 과장되고 격해서 마치 물결이 요동을 치는 것과 같음을 말한다.

見得, 故和靖尹公只以收斂身心言之. 此理至約, 如若來喩, 却似太瀾翻也. 大抵諸所誨諭, 似皆傷於語言道理頭緖多云云. 愚意且欲賢者於此稍加屛置, 而虛心觀理於平易專一之地. 不審於意果如何也?

　　● "몸과 마음을 수렴한다"는 것은 맹자가 말한 '방심(放心)을 구한다'는 것인데, 육자가 주안점을 두어 배우고 가르치는 것의 근본으로 여겼다. "평이하고 전일하다"는 것 또한 육자가 말한 '쉽고 간단한 공부'다.
　　收斂身心, 卽孟子所謂求放心, 而陸子所主以爲學與敎之本也. 平易專一, 亦卽陸子所謂易簡工夫.

반숙도에게 답하다[答潘叔度] 5[59]

　　저는 쇠약하고 병이 들었지만 올해에는 다행히 심한 경우에는 이르지 않았습니다. 그렇지만 정력이 날로 쇠해지고 시력도 완전히 떨어져서 글을 볼 수가 없었지만 눈을 감고 한가로이 앉으니 도리어 방심(放心)을 수습할 수가 있었습니다. 그러나 이전에는 바깥으로 함부로 날뛰는 경우가 적지 않았다는 것을 깨닫게 되어 눈이 일찍 멀지 않은 것이 한이 됩니다. '책을 보아도 아는 자는 드물다'는 비유는 진실로 옳은 것 같습니다. 매우 추운 겨울일지라도 어찌 작은 바람과 따뜻한 햇빛의 의지가 없겠습니까? 단지 서리와 얼음이 많아서 그런 것일 뿐입니다.[60] '성내는 경향'은 수오지심(羞惡之心)에서 나오는 것이라서 진실로 그칠 수가 없는 것입니다. 그렇지만 여기에 하나의 '성냄'이라는 글자를 붙인 것은 자신 안에 이런 문제점이 있다는 것을 안다는 것입니다. 이것도

---

59)『朱熹集』 권46−27, 1186(57세).
60) [記疑] 겨울에 서리와 얼음이 많은 것은 인심(人心)에 사사로운 욕심과 나쁜 생각이 많음을 말한다.

또한 직접 만나서 논의해야 할 중요한 것이지만 인편이 아직 없는 것이 한스러울 뿐입니다.

'매우 좋은 맛도 독약이 된다'는 비유는 아마도 지나친 것 같습니다. 성현들은 단지 가르침을 세워 세상에 펴셨지만 따르고 어기는 진위는 다른 사람에게 있으니 어찌 반드시 자신의 뜻을 얻을 수 있었겠습니까? 하물며 우리들이 급선무로 여겨야 할 것은 자신을 밝히는 데 있다는 것은 말해서 무엇하겠습니까? 항상 이런 생각[61]을 마음에 함부로 두는 것은 온당하지 못한 일입니다. 진부중(陳膚仲)[62]으로부터 최근에 얻은 서신에는 "밤낮으로 이것을 하려고 한다"는 말이 있습니다. 이와 같은 사람에게는 아직 강론 공부가 결여되어 있는 것은 아니지만 수렴하는 공부는 결여되어 있습니다. 이것은 또한 별도의 문제이니, 반드시 직접 논의해서 궁구해야만 할 것입니다. 우리가 세상에 쓸모가 없는 것은 단지 자신의 몸과 마음에 관련된 일에서 일찍이 투철하게 강구하지 않았기 때문입니다. '여러 맹인들이 코끼리를 더듬는 것'처럼 각각 다른 단서를 설명하지만 그것을 어떻게 수렴해나갈지 알지 못하니, 매우 염려됩니다. 어찌하면 좋을까요?

熹衰病, 今歲幸不至劇. 但精力盆衰, 目力全短, 看文字不得, 瞑目閑坐, 却得收拾放心, 覺得日前外面走作不少, 頗恨盲廢之不早也. 看書鮮識之喻誠然. 然嚴霜大凍之中, 豈無些小風和日暖意思? 要是多者勝耳. 忿疾之意, 發於羞惡之端, 固有不可已者, 然至於加一忿字, 便知自家這裏有病了. 此亦深欲面諭之尤緊切者, 恨未有其便耳.

醒醐毒藥之喻, 恐亦過當. 聖賢只得立言垂世, 從違眞僞, 却在它人, 如何必得? 況吾輩所急在於自明, 正不當常以此念橫在胸中也. 陳膚仲

---

61) [刊補] 반드시 자신의 뜻을 얻으려는 생각이다.
62) 진공석(陳孔碩) : 자는 부중(膚仲)이고 북산(北山)선생으로 불렸으며 복주(福州) 신관현(信官縣) 출신이다. 진공숙(陳孔夙)의 아우이다.

近得書云, 欲旦夕過此. 此等人未欠講論, 却是欠收斂, 此又是別一箇
話頭, 要之須面論乃究耳. 吾人無用於世, 只自己身心一段事, 又不曾
講究得徹. 衆盲摸象, 各說異端, 不知却如何收殺, 可慮! 可慮! 奈何!
奈何!

　　● ‘쇠약함’을 말하고, ‘병듦’을 말하고, ‘눈이 멂’을 말하는 것으로
보아 이 서신은 주자 만년의 논의다. ‘방심(放心)을 수습한다’는 주자의
가르침은 육자와 부합되는 것이다. “눈이 일찍 멀지 않은 것이 한이 된
다”는 주자의 말은 후회함이 매우 간절하다. 진부중을 논의한 주자의
뜻도 또한 육자와 부합된다.
　　曰衰, 曰病, 曰盲廢, 自是晚年之論. 收拾放心, 合於陸子. 至於恨盲
廢不早, 則悔悟深切之至矣. 論膚仲意亦相合.

여자약63)에게 답하다[答呂子約] 23⁶⁴⁾

　　제가 쇠약하고 병든 것이 이전과 같아서 말할 만한 것이 없습니다. 한
가할 때 스스로 힘을 내서 책을 보니, 성현들의 말씀이 의미심장해서 이
전에 보지 못한 것이 있다는 것을 느끼게 됩니다. 그대가 말한 경전과
역사서를 관통하는 오묘함에 대해서는 아직도 얻은 것이 없습니다. 그렇
지만 이미 ‘(황하가) 천리를 흐르지만 한 번 휘어져서 흐른다’65)고 말했다
면, 이 휘어진 곳에서 이해하는 것이 더욱 좋을 것입니다. 『사기』와 예에

---

63) 여조검(呂祖儉, ?~1200) : 자는 자약(子約), 호는 대우수(大愚叟), 무주(婺州) 금화현
　　(金華縣) 출신이다. 여조겸(呂祖謙)의 아우이다.
64) 『朱熹集』 권47－23, 1184(55세).
65) [記疑] 황하가 천리를 흐르지만 한 번 휘어져서 흐른다. 그러므로 자약의 말에서, 배움
　　이 이미 바른데 비록 그 가운데 조그만 병통이 있는 것은 천리를 흐르다 한 번 휘어진
　　것과 같으니 무슨 해로움이 있겠느냐는 것이다. 그러므로 선생께서 말씀하신 것이다.

관한 책 앞에 있는 네 마디의 말은 아마도 도리가 이와 같다는 것을 설명하는 것이지, 어찌 진나라와 한나라가 천하를 가졌다는 것에 대해 논의한 것이겠습니까? 또 이미 '천하를 가졌다'고 말했다면, 어찌 '지혜와 힘으로 이루지 않은 것이 있었다'는 말이 있겠습니까? 이와 같은 곳에서 그대는 아마도 성현들의 경전의 취지를 버리고 역사서에서 이치를 구하고 있는 것 같습니다. 그러므로 사마천[66]이 위대하다는 것만을 보고 한결같이 사마천에 따라 걸음을 옮기며, 힘을 다해 그를 칭찬하는 것입니다. 사마천이 만약 성현들이 예와 음악에 대해 설명한 곳에는 의미가 있다는 것을 보았다면, 결단코 이런 견해를 만들지 않았을 것입니다. 아울러 그대가 사마천이 진나라와 한나라를 위해서 이 네 마디의 말을 하였다고 말한다면, 이것은 도리어 그의 생각을 낮다고 말한 것입니다.

『시경』을 읽는 것과 관련된 여러 설명들은 『시경』의 「소서」의 설명일 뿐이지 『시경』에 대한 설명은 아닙니다. 아마도 이전부터 세상의 변화에 지나치게 중시하는 뜻을 두고 있었기 때문에 그대는 이런 생각만을 볼 수밖에 없었을 것입니다. 대개 바깥을 향하는 생각이 많으면 자신에게 절실한 뜻은 적을 수밖에 없고, 그래서 자신에게도 그리고 평상시에도 모두 힘을 쓸 수 없게 된 것입니다. 이전 서신에서 저는 육자정을 논의하면서 한암시의 이야기를 언급하면서 이런 문제점에 대해 이미 상세하게 이야기한 것 같은데, 어찌 그대는 이 모든 것을 살피지 않고 오늘에 이르러 자신의 몸과 마음을 수습하는 공부가 결여되어 있다고 깨닫게 되었는지요? 아울러 이런 말은 이 이전에 이미 수차례 들은 것이기 때문에, 그대의 오늘의 깨달음도 또한 아마도 진실된 깨달음은 아닐 것입니다.

『대사기』[67]의 경우에는 아직 베끼지 못한 것이 11권하고 반 권입니

---

66) 사마천(司馬遷, B.C. 145~?) : 전한(前漢) 사람으로 자는 자장(子長)이며, 사마담(司馬談)의 아들이다. 무제의 미움을 받아 궁형(宮刑)을 당했다. 그 후 그는 20여 년 동안 『史記』를 저술하였다.

다. 지금 원 판본을 보내니, 베껴서 부쳐주셨으면 합니다. 이 책을 반으로 쪼개서 별도로 두 권의 책으로 만들지는 마십시오. 그렇게 하면 아마도 앞의 책과 뒤의 책의 크기가 같지 않을 것입니다. 이 책은 매우 훌륭하지만, 어제 장탕68)과 공손홍69)에 대해 논의하는 부분을 보니, 또한 의심이 없을 수가 없었습니다.

熹衰病如昨, 無足言者. 暇日自力觀書, 惟覺聖賢之言, 意味深長, 儘有向來見不到處. 若於子約所謂經史貫通之妙, 則未有得也. 然旣曰千里一曲, 則便不如且就不曲處理會之爲愈. 且如史記禮書篇首四言, 恐只是大槪說道理如此, 豈爲秦漢把持天下而設? 且旣曰把持天下矣, 則又豈有不由智力而致者耶? 此等處恐是舍却聖賢經指, 而求理於史傳, 故只見得他底高遠, 便一向隨他脚跟轉, 極力贊歎. 他若看得聖賢說禮樂處有味, 決定不作此見. 兼謂其爲秦漢而發此四言, 亦恐反說低了他意思也.

讀詩諸說, 乃是詩小序說, 非詩說. 疑亦是從前太於世變一事留意得重, 故只見得此意思. 大率向外底意思多, 切已底意思少, 所以自己日用之間都不得力. 前書因論陸子靜處, 及說韓岩時話, 似已詳說此病, 奈何都不見察, 至今日然後始覺身心欠收拾乎? 兼此語前此已屢聞之, 恐今日所覺, 亦未必是眞覺也.

大事記尙有第十一卷半未寫, 今附元冊去, 幸爲寫足附來, 不須裁截裝背, 却恐與前後冊大小不同也. 此書固佳, 然昨看論張湯公孫弘處, 亦不能無疑也.

---

67) 여조겸이 사마천의 연표에 춘추의 기사를 붙여서 만든 10권의 책이다.

68) 장탕(張湯, ?~B.C. 115) : 두릉(杜陵) 출신이다. 젊어서 율령(律令)을 공부하였다. 무제(武帝)에게 능력을 인정받아 태사대부에 올랐고, 이후 월궁률(越宮律)과 조율(朝律)을 편정하였다.

69) 공손홍(公孫弘, B.C. 200~B.C. 121) : 서한(西漢) 치천(菑川) 출신이다. 무제(武帝)에 의해 일약 박사(博士)에 발탁되었다.

● '바깥으로 향하는 것'을 경계하고, '자신에게 절실한 것'을 구해야한다는 주자의 말은 육자의 가르침과 부합되는 것이다. 서신 끝부분에『대사기』를 베끼는 일에 대한 이야기가 나오는데, 이 일은 모두 백공이죽은 뒤의 일이다.

戒向外, 求切己, 正與陸子之教合. 書末有抄大事記云云, 蓋伯恭沒後也.

여자약에게 답하다[答呂子約] 24[70)]

"용모를 단정히 하고 절도에 삼가는 공부에 최근 더욱더 힘을 써야 한다고 생각한다"고 앞 서신에서 알려주셨는데, 이것은 『소학』의 일입니다. 그렇지만 이전에 이런 공부를 하지 않고 지금 다시 보충하지 않는다면 끝내 빠진 것이 있게 될 것입니다. 이것은 『대학』을 공부하는 데 큰문제점이 될 것입니다.[71)] 그렇지만 뒤 서신은 내면을 경시하고 외면을중시하는 뜻을 아직 면하지 못하고 있어 기상이 매우 평안하지 못하니,제 생각으로도 매우 온당하지 않는 것 같습니다. 대저 우리의 학문은 '덕성을 존숭하는 것'과 '방심을 구하는 것'을 근본으로 삼고 있어서, 성현들의 친절한 가르침을 논의해서 그것을 밝히는 것이 가장 핵심적이고 시급한 임무일 것입니다. 옛날과 지금에 정통하고 세상의 변화를 살피는

---

70) 『朱熹集』 권47-24, 1184(55세).

71) 주자에 따르면 소학 공부란 8세에서부터 15세까지의 어린이가 주로 가정교육에 국한되는 예절교육을 학습하는 것을 말한다. 반면 대학(大學) 공부는 15세 이상의 성인이 가정을 넘어서 전체 공동체의 행동 규범을 배우는 것을 말하는데, 그 순서는 수신(修身)·제가(齊家)·치국(治國)·평천하(平天下)로 정리된다. 주자는 자신의 시대에는이전에 있었던 소학(小學)의 공부가 결여되어 있기 때문에, 그 대신 미발(未發)의 함양(涵養) 공부를 반드시 해야 한다고 누차 말한 적이 있다(『朱熹集』 권43-41 「答林擇之」). 그에게 있어 소학 공부와 대학 공부는 미발(未發) 공부와 이발(已發) 공부와 구조적 유사성을 가지고 있었던 것이다.

경우라면, 이것은 힘이 닿는 대로 미루어 넓히고 증가시켜 우리 학문을 돕도록 하여야 합니다. 그러므로 이것을 중시해서 도리어 마음을 고요하게 수렴하는 실제적인 공부를 경시하고 성현들의 친절한 가르침을 소홀히 해서는 안 될 것입니다. 만약 이와 같이 말한다면 학문의 방법은 자신에게 있지 않고 서책에 있게 되며 경전에 있지 않고 역사책에 있게 될 것입니다. 자사와 맹자가 되는 것을 고루하고 편협한 일이어서 볼 만한 것이 없다고 여기고 반드시 사마천·반고[72]·범엽[73]·진수[74]의 무리가 된 이후에 "높고 밝으며 올바르고 크며, 쉽고 명백한" 경지에 이른다고 할 수 있겠습니까? ("높고 밝으며 올바르고 크며, 쉽고 명백함"이라는 여덟 글자는 보내주신 서신에 실려 있는 말입니다.)

前書所喩正容謹節之功, 比想加力, 此本是小學事, 然前此不曾做得功夫, 今若更不補塡, 終成欠闕, 却爲大學之病也. 但後書又不免有輕內重外之意, 氣象殊不能平, 愚意竊所未安. 大抵此學以尊德性求放心爲本, 而講於聖賢親切之訓以開明之, 此爲要切之務. 若通古今, 考世變, 則亦隨力所至, 推廣增益, 以爲補助耳. 不當以彼爲重, 而反輕凝定收歛之實, 少聖賢親切之訓也. 若如此說, 則是學問之道不在於己, 而在於書, 不在於經, 而在於史, 爲子思孟子, 則孤陋狹劣而不足觀, 必爲司馬遷班固范蔚宗陳壽之徒, 然後可以造於高明正大, 簡易明白之域也! (八字乃來書本語)

---

72) 반고(班固, 32~92) : 후한(後漢)의 역사가로서 자는 맹현(孟賢)이며, 아버지의 뜻을 이어서 『漢書』를 저술하였다. 또한 여러 학자들이 백호관(白虎觀)에서 오경에 대하여 토론할 때 황제의 칙명을 받아 『白虎通義』를 저술하였다.

73) 범엽(范曄, 398~445) : 자는 울종(蔚宗), 순양(順陽) 출신이다. 비서승·상서이부랑을 역임했다. 여러 학파의 『後漢書』를 편집해서 하나의 판본으로 만들었다.

74) 진수(陳壽, 233~297) : 자는 승조(承祚)이며, 파서안한(巴西安漢 : 四天) 출신이다. 저서에는 『魏吳蜀三國志』가 있다.

⬤ 자약에게 보내는 서신 2권에는 모두 47편의 서신이 실려 있다. 서신 하나하나마다 서신의 작성 연대에 대한 주석이 달려있지 않다고 할지라도, 자세히 살펴보면 쓰인 연대를 앞뒤로 나눌 수가 있다. 단지 스물두 번째 서신 이전의 것들은 주자 나이 50세 이전에 쓰인 것 같아서, 아직 정론은 아니기에 인용하지 않았다. 스물세 번째 서신에 이르러 "쇠약하고 병든 것이 이전과 같다"는 말과 『대사기』를 베꼈다는 말이 있다. 이 서신의 끝부분에 또한 백공의 글을 언급하고 있으니, 이 서신은 당연히 만년의 논의이다. 서른 번째 서신에는 '순희 14년(1187) 7월 3일'이라는 주석이 있는데, 1187년에 주자는 나이가 58세였다. 지금 기록한 정론은 모두 일곱 편인데, 스물네 번째 서신, 스물여섯 번째 서신, 스물일곱 번째 서신, 서른한 번째 서신, 서른두 번째 서신, 마흔다섯 번째 서신은 모두 확실히 만년에 쓰인 것임을 의심할 수 없는 서신들이다. 이 서신은 '덕성을 존숭하는 것'과 '방심(放心)을 구하는 것'을 근본, 즉 '가장 핵심적이고 시급한 임무'로 보고 있어서, 전적으로 육자가 사람들을 가르치는 방법을 사용하고 있으니 주자와 육자의 가르침은 '부절이 서로 부합된다'고 말할 수 있다.

與子約書二卷, 共四十七首. 雖未逐一註明早晚年月, 細看亦是編年以爲前後. 除第二十二書以前, 似是朱子五十歲前所作, 未爲定論, 槩不援引. 至第二十三書, 有衰病如昨, 及寫大事記之語, 此書末亦及伯恭文字, 自是晚年之論. 至第三十書, 則注有丁未七月三日, 丁未歲, 朱子年五十八矣. 今錄爲定論共七首, 第二十四, 二十六, 二十七, 三十一, 三十二, 四十五, 皆確爲晚年而無疑者. 此書以尊德性求放心爲本, 爲切要之務, 蓋全用陸子敎人之法, 所謂符節相合者也.

여자약에게 답하다[答呂子約] 26[75]

최근에 "안부를 물으려 찾아오려고 한다"는 서신을 받고 매일 그대가 오기를 바라고 있었습니다. 그런데 갑자기 곽희려의 서신을 받고 그대가 앓고 있는 질병이 가볍지 않다는 것을 듣고, 매우 염려스러워서 의문을 붙일 수가 없었고 단지 간절하게 그대를 생각하는 마음만을 걸어놓을 뿐입니다. 어제 그대가 보낸 사람이 와서 그대의 서신을 받고도 열어보지 못 했는데, 그 사람에게 그대의 안부를 묻고서야 이미 다른 변고가 없다는 것을 알고 걱정하는 마음이 갑자기 사라졌습니다. 이미 그대의 서신들을 자세하게 읽고서야 이전의 질병이 진실로 두려워할 만한 것임을 알 수 있었습니다. 지금은 다행히 건강을 회복했고 스스로 건강을 관리하는 데 뜻을 둘 수 있다고 하니 이것은 제가 많이 바라던 바입니다. 최근에 그대의 몸이 더욱더 건강해진 것 같습니다. 그렇지만 보내주신 서신도 병이 든 이유로 마음을 지나치게 썼기 때문에 초래된 것이라고 말하고 있고, 또 여러 친구들의 서신도 "독서를 지나치게 고통스럽게 해서 그렇게 된 것"이라고 말하고 있습니다. 무슨 책을 읽고 있는지 모르겠습니다. 만약 성현들이 남기신 말이라면 마음을 보존하고 본성을 기르는 일이 아닌 것이 없어서 결코 병을 생기게 하는 데 이르지 않았을 것입니다. 아마도 그대의 병은 태사공이 빌미를 만든 것[76]일 것입니다. 맹자는 '학문의 방법은 단지 그 방심(放心)을 구하는 데 있다'고 말했고, 정자도 또한 "마음을 몸 안에 있도록 해야 한다"[77]고 말했습니다. 지금 한결같이 문자에 빠져서 자신의 마음을 서책에 분주하게끔 해서 자신이 있다는 것을 모르고 있습니다. 이런 사람은 곧 지각이 없고 고통과 가려움을 모르는 사람이니, 비록 책을 읽는다고 할지라도,

---

75) 『朱熹集』 권47－26, 1185(56세).
76) 【箚疑】 자약이 사천의 글을 탐독하다가 병이 생겼기 때문에 이렇게 말한 것이다.
77) 『二程遺書』 권7－10.

또한 그대 일에 무슨 도움이 있겠습니까? 하물며 그대는 평상시 몸이 매우 건강하지 않는데도, 책에 깊이 빠져서 배고픔과 목마름 그리고 추 움과 더움을 잊게 되자 사악한 외부의 기운이 그대의 빈틈을 탄 것 아 니겠습니까? 이것이 어찌 성인이 '질병에 삼가고', 효자가 '몸을 지키는' 뜻이겠습니까? 지금 그대는 이전 일로 경계하고 있으니, 무릇 모든 관 계에서 생각하건대 한결같이 더욱더 절제하고 아껴야 할 것입니다. 저 의 뜻은 이 점에 대해 말을 하지 않을 수 없었습니다. 거듭 깊이 자신의 학파와 도학(道學)을 전하려는 것을 목표로 삼기를 바라고 계신다니, 얼 마나 다행스러운지 모르겠습니다.

'여덟 자를 곧게 하기 위해 한 자를 굽힌다'는 말의 경우, 평소에 저 는 이런 의심을 받은 적이 없었습니다. 그렇지만 최근에 논의들이 마치 산이 옮겨지고 강이 트인 것처럼 크게 변해서 배우는 자들로 하여금 동 요하고 어지럽게 만들어, 어리석든 현명하든 간에, 사람들이 모두 때에 따라 형세를 좇아 공적과 명예로 달려가는 마음을 가지게 된 것 같아서, 제 마음은 염려와 두려움으로 가득하기 때문에 이렇게 말할 수밖에 없 었습니다. 이것은 단지 자약 그대를 위해서 애석하게 생각하는 것뿐만 아니라 그대의 형 백공을 위해서 애석하게 생각하는 것입니다. 또 정헌 (呂公著)78)이나 형양(呂希哲)79)과 같은 여러분들을 위해 애석하게 생각하 고 있는 것이기도 합니다.

自頃承書, 有專介存問之約, 日望其至. 忽得郭希呂書, 聞嘗感疾不 輕, 甚以爲慮, 而無從附問, 但切懸情. 前日使至, 忽領手書, 未及發視, 亟問來人, 知已無他, 憂疑頓釋. 既而細讀, 乃審向來疾証, 誠亦可畏.

---

78) 여공저(呂公著, 1018~1089) : 자는 회숙(晦叔)이며, 시호는 정헌(正獻)이다. 송나라 때 재상으로 사마광(司馬光)과 정치적 입장을 같이 했다.
79) 여희철(呂希哲) : 자는 원명(原明)이고, 여공저(呂公著)의 아들이다. 어려서 초천지(焦 千之)·석개(石介) 등에게서 수학했고, 나중에는 정호(程顥)·정이(程頤)·장재(張載) 에게서 학문을 하였다.

今幸平復, 而又自能過意調攝, 尤副所望, 比日竊惟體候益佳健矣. 但
來書以爲勞耗心力所致, 而諸朋友書亦云讀書過苦使然, 不知是讀何
書? 若是聖賢之遺言, 無非存心養性之事, 決不應反至生病, 恐又只是
太史公作祟耳. 孟子言學問之道, 惟在求其放心, 而程子亦言心要在腔
子裏. 今一向耽著文字, 令此心全體都奔在冊子上, 更不知有己, 便是
箇無知覺不識痛癢之人, 雖讀得書, 亦何益於吾事邪? 況以子約平日氣
體不甚壯實, 豈可直以耽書之故, 遂忘饑渴寒暑, 使外邪客氣得以乘吾
之隙? 是豈聖人謹疾, 孝子守身之意哉? 今旣能以前事爲戒, 凡百應酬,
計亦例加節嗇. 然區區之意, 於此猶不能忘言, 更祝深以門戶道學之傳
爲念, 幸甚! 幸甚!

枉尺直尋, 素未嘗以此奉疑也. 但見頃來議論一變, 如山移河決, 使
學者震蕩回撓, 不問愚智, 人人皆有趨時狥勢馳騖功名之心, 令人憂懼,
故不得不極言之. 蓋非獨爲子約惜, 實爲伯恭惜, 又重爲正獻滎陽諸公
惜也.

🦋 이 서신에는 "학파와 도학을 전하려는 것을 목표로 삼는다"는 말
이 나오고, 또 백공과 정헌, 그리고 형양이 같이 언급되고 있기에 백공
이 죽은 뒤의 서신이니 주자의 만년의 논의라는 것이 의심의 여지가 없
다. 진건의 무리들은 논박할 필요도 없는데, 그들은 "자약이 독서를 하
다가 병이 난 것을 경계하여 쓴 서신이지, 학문을 논하는 말은 아니다"
라고 말했는데, 견식이 매우 비루한 것이다. 이미 '학문의 방법'이라는
맹자의 말을 인용했으니, 이것은 곧 학문을 논의한 것인데, 어찌 다른
일로 인해서 학문을 논하는 설명을 다른 의미로 옮겨 놓을 수 있겠는
가? 또한 이 서신 이전의 스물네 번째 서신과 이 서신 이후의 모든 서신
을 보면, 주자는 심학을 매우 중시하고 있는데, 이것들 모두가 자약의
병으로 인해서 쓴 것은 아니다.

此書有門戶道學之傳爲念之語, 又以伯恭與正獻滎陽並稱, 自是成

公旣沒之後, 其爲朱子晚年之論無疑矣. 陳建輩無可置駁, 乃以爲戒子約讀書致疾而發, 非實爲論學之言, 鄙哉見乎! 旣引孟子言學問之道, 卽是論學, 豈有因他事便以論學之說遷而就之之理? 且此書之前, 第二十四書, 與此書之後, 每書必重心學, 並非緣病也.

여자약에게 답하다[答呂子約] 27[80]

평상시의 공부는 최근에 어떠십니까? 문자는 비록 폐지할 수 없는 것이라고 할지라도 본원을 함양하고 천리와 인욕이 구별되는 지점을 보는 것, 이것은 평상시 움직이고 고요할 때 잠깐이라도 끊어져서는 안 되는 일입니다. 만약 이곳에서 분명하게 본다면 저절로 세상의 공리(功利)와 권모술수로 흘러 들어가지 않게 될 것입니다. 저는 최근에 이전의 지리했던 문제점을 비로소 볼 수 있게 되었는데, 비록 그곳의 문제점[81]과는 같지 않다고 할지라도,[82] 자신을 잊고 사물을 쫓아가고 외면을 탐해서 내면을 비우는 오류라는 측면에서는 마찬가지라고 생각합니다. 정자는 '천하의 만물로 자신을 꺾지 않아야 한다. 자신이 선 후 스스로 천하의 만물을 이해할 수 있다'[83]고 말하셨습니다. 지금 자신의 몸과 마음을 편안히 둘 바를 알지 못하면서도, 왕도니 패도니 논의하면서 세상을 경영하는 일을 별도의 기량으로 생각하고 궁구하는 것이 어찌 오류가 아니겠습니까? 서로 멀리 떨어져 있어 직접 만나서 논의할 수 없고, 서신의 질문과 대답을 통해서는 모두 말할 수가 없으니 바람을 맞으며 탄식하고 있을 뿐입니다.

---

80) 『朱熹集』 권47-27, 1185(56세).
81) 【刊補】 절중학자들의 병통을 말한다.
82) 【箚疑】 공리권모와 지리한 것은 각각 다른 하나의 병통이다. 그러므로 문제점이 같
    지 않다고 한 것이다.
83) 『二程遺書』 권6-29.

日用工夫, 比復何如? 文字雖不可廢, 然涵養本原而察於天理人欲之判, 此是日用動靜之間不可頃刻間斷底事. 若于此處見得分明, 自然不到得流入世俗功利權謀裏去矣. 熹亦近日方實見得向日支離之病, 雖與彼中證候不同, 然其忘己逐物, 貪外虛內之失, 則一而已. 程子說, 不得以天下萬物撓己, 己立後, 自能了得天下萬物. 今自家一箇身心, 不知安頓去處, 而談王說霸, 將經世事業別作一箇伎倆商量講究, 不亦誤乎? 相去遠, 不得面論, 書問間終說不盡, 臨風歎息而已.

여자약에게 답하다[答呂子約] 31[84]

평상시 공부는 늙고 병들었다고 해서 게을리 해서는 안 됩니다. 저는 이 마음이 잡으면 보존되고 버리면 없어지게 되는 것이 단지 손바닥을 뒤집는 사이에 있다는 것을 깨닫게 되었습니다. 이전에는 진실로 지리한 것에 크게 관련되어 있었습니다. 스스로 설 수가 없다면 사태 사태마다 모두 문제로 가득 찰 것입니다.

보내온 서신에서 유강공의 말을 인용하셨는데,[85] 매우 훌륭합니다. 그렇지만 그 인용어의 윗부분에서는 유강공의 말에 착오를 범하고 있는 것 같습니다. 아마도 의리가 너무나 많아서 정신을 허비하고 있기 때문에 내면으로 향하는 때가 적기 때문인 듯합니다. 「시설」은 이미 완성되었지만 베낄 사람이 없어서 아직 부칠 수가 없습니다. 또한 그대는 단지 「소서」에 입각해서만 논의하고 있고 『시경』은 읽지 않고 있기 때문에, 저는 저의 「시설」에 쉽게 부합되지 않을 것이라고 생각해서 부치지 않은 것이기도 합니다. "변풍은 예의에서 그친다"는 그대의 말은 그

---

84) 『朱熹集』 권48-3, 1186(57세).
85) 유강공(劉康公) : 주(周) 환왕(桓王)때 왕계(王季)의 아들로 유국(劉國)에 공으로 봉해졌다. 그는 "民受天之中以生"(『좌전』)이란 말을 하였다.

오류가 매우 분명합니다. 그렇지만 만약 「소서」에 입각해서만 논의한다면 그 오류를 볼 수가 없을 것입니다. 옛사람의 책을 읽을 때 단지 마음을 비우고 담력을 키우고 눈을 높여야 비로소 약간의 상응하는 것이 있을 수 있습니다. 왼쪽에서 막히고 오른쪽에서 막히고 앞에서 끌리고 뒤에서 끌려서 글마다 억지로 해석을 만들고 구절마다 가지를 친다면, 만권의 책을 거듭 읽는다고 하더라도 전혀 소용이 없는 법입니다. 『역학계몽』[86]은 이미 되돌려 보낸 것 같은데, 어떤 이유로 아직도 보지 못한 걸까요? 아마 이 사람이 잘못 기억하고 있는 것 같으니 다음 서신에서 깨우쳐주시면 되돌려 보내겠습니다. 이 책도 또한 최근에 『역』을 말하는 사람이 너무 많지만 모두 자연스러운 도리를 해치고 있기 때문에 어쩔 수 없이 출판하려고 한 것입니다. 그대가 학자들로 하여금 『예기』를 읽도록 한다고 들었는데, 매우 훌륭한 일입니다. 그렇지만 이 책에는 하나의 강령도 없어서 착수할 곳이 없습니다. 그래서 최근에 『예기』에 대해 공부를 하려고 하지만 힘이 점점 쇠퇴해지는 것을 느껴서 감히 시작하지 못하고 있습니다. 최근 반공숙이 『예기』를 정돈하라고 요구하고 있지만 아직 어떻게 해야 할지 모르겠습니다. 그렇지만 『예기』의 문장은 오늘날 단지 주소(注疏)에만 의지하고 있는데 이런 주소는 정현(鄭玄)[87] 일가의 설명에 불과한 것이니, 이 점도 다시 마땅히 생각해야만 할 것입니다. 서재 안에서의 그대의 견해를 어떻게 이해할 수 있겠습니까? 반드시 하나의 규모와 모범이 있어서 풍문을 타고 하나 둘 보여주시기를 바랍니다. 또 제자들을 가르치는 것에 그대가 매우 수고하고 있다고 들었는데, 이것은 아마도 그대에게 편치 않는 것이 있다는 것을 보여주는 것입니다. 오늘 바로 그대는 근원을 맑게 하고 근본을 바로

---

86) 【箚疑】『易學啓蒙』을 말한다.

87) 정현(鄭玄, 127~200) : 후한(後漢) 때의 북해(北海) 사람이며, 자는 강성(康成)이다. 평생 관직에 나아가지 않고 저술에만 몰두하여 100만여 단어의 방대한 저술을 남겼다. 『周易』, 『尙書』, 『毛詩』, 『儀禮』, 『禮記』, 『論語』 등에 주석을 달아 고문(古文)의 경설(經說)을 정리하였다.

잡도록 해서 변화하는 사태의 기미를 살펴야 할 것입니다. 어찌 한결같이 옛 서책 속에 빠져서 정신을 혼미하게 만들고 뒷일도 앞일도 모두 잊는 것이 학문이라고 할 수 있겠습니까?

日用功夫, 不可以老病而自懈, 覺得此心操存舍亡, 只在反掌之間. 鄉來誠是太涉支離, 蓋無以自立, 則事事皆病耳.

來喩拈出劉康公語, 甚善! 甚善! 但上面蹉却話頭, 恐亦是義理太多, 費了精神, 故向裏時少耳. 詩說久已成書, 無人寫得, 不能奉寄. 亦見子約專治小序, 而不讀詩, 故自度其說未易合而不寄耳. 謂變風止乎禮義, 其失甚明. 但若只以小序論之, 則未見其失耳. 讀古人書, 直是要虛著心, 大著胆, 高著眼, 方有少分相應. 若左摭右攔, 前拖後拽, 隨語生解, 節上生枝, 則讀萬卷書, 亦無用處也. 易書似已納去, 何爲未見? 恐此誤記, 後便喩及却納去. 此亦是見近日說者多端, 都將自然底道理穿鑿壞了, 固不得已而出之耳. 聞子約教學者讀禮, 甚善. 然此書無一綱領, 無下手處. 頃年欲作一功夫, 後覺精力向衰, 遂不敢下手. 近日潘恭叔討去整頓, 未知做得如何? 但禮文今日只憑注疏, 不過鄭氏一家之說, 此更合商量耳. 齋中見作如何理會, 必有一規模樣轍, 因風幸示一二也. 又聞講授亦頗勤勞, 此恐或有未便. 今日正要淸源正本, 以察事變之幾微, 豈可一向汨溺於故紙堆中, 使精神昏弊, 失後忘前, 而可以謂之學乎?

⊛ 서른 번째 서신에 주자는 순희 14년(1187) 7월 3일이라고 주석을 달고 있다. 서른 한 번째 서신에 주자는 9월 13일이라고 주석을 달고 있다. 생각해보면, 1187년에 주자의 나이는 58세였다. 이때 주자는 스스로 '지리'함을 후회하고 있었고, 또 자약에게 "옛 서책 속에 빠져서는 안 된다"고 경계하고 있다. 이런 주자의 생각은 전적으로 육자의 가르침과 부합되는 것이다.

第三十書, 自註丁未七月三日. 第三十一書, 註九月十三. 按, 丁未歲, 朱子年五十八. 自悔支離, 又戒子約不可溺故紙堆中, 全與陸子之教合.

여자약에게 답하다[答呂子約] 32[88]

두 친구들과 함께 오고 싶다는 이야기를 들었지만 그렇게 되지 않아서 매우 안타깝게 생각하고 있습니다. 요사이 저는 이전의 공부에는 핵심이 없었다는 점을 깨달았습니다. 스스로를 자신의 주인으로 만들지 못한 채 도리어 문자에 의해 정신을 빼앗겼으니, 이것은 작은 문제점이 아니었습니다. 매번 그것을 생각하면 두려움에 스스로 떨고 또한 친구들에게 걱정을 끼치고 있습니다. 매번 그대의 서신을 받으면 다시 망연자실해져서,[89] 그대를 위해 어떻게 일을 도모할지를 더욱 모르겠습니다. 게다가 "사태를 만나서 천천히 걸으며 앞과 뒤를 살핀다"는 그대의 말로, 그대의 마음씀이 어떤지를 볼 수 있습니다. 만약 그 당시에 한 번 서로 만나서 그대와 제가 진지하게 논의하였다면, 아마도 누가 옳은지를 판결할 수 있는 도움을 얻을 수 있었을 것입니다. 그런데 지금 이런 기회를 놓치게 되자, 저의 마음은 매우 안타깝기만 합니다. 제자들을 가르칠 때, 만약 그대가 옳게 이야기한다면, 마땅히 스스로를 경계하고 살피는 곳이 있어서 사람의 기력을 빼앗지 않을 수 있을 것입니다. 만약 이처럼 지리해서 핵심이 없다면, 비록 제자들을 가르치지 않는다고 할지라도, 고민되고 미혹되어 빠져나올 곳이 없게 될 것임을 알아야만 할 것입니다.

---

88) 『朱熹集』 권48-4, 1186(57세).
89) 【簫疑】 자약의 병이 다른 벗들보다 심했기 때문에 말한 것이다.

聞欲與二友俱來, 而復不果, 深以爲恨. 年來覺得日前爲學, 不得要
領. 自做身主不起, 反爲文字奪却精神, 不是小病. 每一念之, 惕然自
懼, 且爲朋友憂之. 而每得子約書, 輒復恍然, 尤不知所以爲賢者謀也.
且如臨事遲回, 瞻前顧後, 卽此亦可見得心術影子. 當時若得相聚一番,
彼此極論, 庶幾或有判決之助, 今又失此機會, 極令人悵恨也. 訓導後
生, 若說得是, 當極有可自警省處, 不會減人氣力. 若只如此支離, 漫無
統紀, 則雖不敎後生, 亦只見得展轉迷惑, 無出頭處也.

● 서른 번째 서신에는 순희 14년(1187) 7월 3일이라고 주석이 달려
있다. 서른한 번째 서신에는 9월 3일이라는 주석이 달려 있다. 서른네
번째 서신에는 또 11월 27일이라고 주석이 달려 있다. 이 서른두 번째
서신과 서른세 번째 서신은 모두 "제자들을 가르친다"는 것을 언급하고
있으니, 원래 같은 때에 지어진 서신들이라는 것을 알 수 있다. 그렇지
만 주자가 논의하고 있는 것은 모두 육자의 가르침과 부합되는 것이다.
주자와 육자는 모두 '지리함'을 경계하고 있었다.

第三十書, 注丁未七月三日. 第三十一書, 注九月十三日. 第三十四
書, 又注十一月二十七日. 此第三十二第三十三兩書, 並及授徒, 自是
一時之作, 然所論皆與陸子合, 蓋皆以支離爲戒也.

여자약에게 답하다[答呂子約] 33[90]

보내주신 '학문을 가르친다'는 뜻은 매우 훌륭합니다. 그렇지만 반드
시 조금이라도 과목의 절차로 삼아서 정밀하고 익숙하도록 해야만 비
로소 도움이 있을 것입니다. 만약 이전처럼 밥을 많이 해서 많이 먹는

---

90)『朱熹集』권48-5, 1186(57세).

것처럼 많은 것을 탐하고 빨리 나아지기를 힘쓴다면 아무런 소용이 없을 것입니다. 물 뿌려서 청소하고 사람들을 응접하는 일은 어린아이의 학문입니다. 지금 비록 앞서 이런 학문을 하지 못했다고 할지라도 이미 장성했는데 이것에 힘쓰도록 한다면, 아마도 의미도 없고 또 장성한 사람들이 받아들이기도 힘들 것입니다. 그래서 반드시 내외와 본말의 두 측면91)이 모두 나아져서 한 쪽으로 치우치지 않도록 해야 좋을 것입니다. 이전에 그대의 말과 서신을 보면, 별도로 자세한 설명을 지나치게 방만하고 허다하게 추구하고 있으니, 이것은 커다란 문제점입니다. 만약 처음 공부를 시작한 사람들이 이와 같이 얽어매는 자세한 설명과 만나게 된다면,92) 고민하게 되고 미혹되게 되어 다시는 벗어날 가망이 없게 될 것입니다. 반드시 정당하고 간결한 큰 뜻을 보도록 해야 그들의 흥취가 저절로 자라나게 될 것입니다. 이런 효과는 이처럼 지리한 많은 설명에 있는 것은 아닙니다.

示諭授學之意, 甚善. 但更須小作課程, 責其精熟, 乃爲有益. 若直似日前大飡長啜, 貪多務速, 卽不濟事耳. 洒掃應對, 乃小子之學, 今旣失之於前矣, 然旣壯長而專使用力於此, 則恐亦無味而難入, 須要有以使之內外本末兩進而不偏, 乃爲佳耳. 向見說書, 旁推曲說, 蔓衍太多, 此是大病. 若是初學便遭如此纏繞, 卽展轉迷闇, 無復超脫之期矣. 要當且令看得大意正當精約, 則其趣味自長, 不在如此支離多說也.

● '지리한 많은 설명'에 대해 주자가 경계한 것은 육자의 가르침과 부합되는 것이다. 자약이 제자들을 가르친 것은 자신의 형 백공이 죽은 뒤의 일이다.

戒支離多說, 合於陸子之敎. 子約授徒, 亦在伯恭沒後.

---

91) 【節補】쇄소응대가 외(外)와 말(末)이 되고, 정심성의는 내(內)와 본(本)이 된다.
92) 【箚疑】처음 배우는 자들이 자약의 지리한 설명에 의해 얽매이게 되는 것을 말한다.

여자약에게 답하다[答呂子約] 34[93)

왕자합(王子合)[94)이 이곳에 왔는데, 그곳에서 서로 모였던 일들을 대략적으로 이야기해주었습니다. 자합은 그대가 제 서신의 말이 지나치게 고원해서 의아해했다고 말했는데, 그것이 무슨 일이었는지는 기억하지 못하고 있었습니다. 만약 『역』을 설명한 경우라면, 보내주신 서신에 또 "권모술수"나 "백공의 마음의 흔적에 대해 아직 알지 못한다"와 같은 말들이 들어 있는데, 이것도 전혀 이해할 수 없는 이야기입니다. 생각하건대 지금은 이처럼 지리하지 않고 또 스스로 하나도 이해하지 못하는 사람이라고 생각해서 마음을 비우고 성현들이 말씀하신 이야기들을 보고 있습니다. 자신의 많은 도리와 견식으로 성현들과 다투지 않으려고 하고 제 자신에게로 물러난 지 오래되자 도리어 얼음이 녹듯이 이해한 것이 있게 되었습니다. 대개 저의 도리와 견식은 반드시 옳지 않은 것은 아니나, 단지 지나치게 많아서 마치 다른 옛 사람들이 말하는 것을 허용하지 않을 정도라는 것을 알았지만 그들이 말했던 도리를 잘못 이해했다는 것을 알지는 못했습니다. 그런데 백공[95)이 논의한 것의 옳고 그름에 대해서, 지금 무슨 겨를이 있어 그를 위해 해명하겠습니까? 자신의 눈이 지금 보는 것을 선택하는 것이 중요한 일입니다. 만약 자신이 보는 것을 버리고 다른 사람이 보는 것을 선택한다면, 점점 많은 일을 겪게 되어 완성할 수 없게 될 것입니다. 이전에 『형공일록』[96)을 구해서 보았더니 그는 제가 "단지 옛 것만을 추종할 뿐 옛 것을 헤아릴 수 없다"고 논의하고 있었습니다. 이와 같은 말들에 대해 저는 그대가

---

93) 『朱熹集』 권48-6, 1188(59세).
94) 왕우(王遇, 1142~1211) : 자는 자합(子合) 또는 자정(子正), 호는 동호(東湖)선생이다. 장주(漳州) 용계현(龍溪縣) 출신이다.
95) 【記疑】 여조겸을 말한다.
96) 원문에 '형공목록(荊公目錄)'으로 되어 있는데 '형공일록(荊公日錄)'으로 고쳐야 한다. 『荊公日錄』은 왕안석을 읽으면서 썼던 여조겸의 독서기이다.

평상시에 이미 그것이 잘못되었다는 것을 알고 웃었지만 그것의 문제점에 대해서는 알지 못한다고 생각합니다. 이런 지경에 이른 이유는 단지 도리가 지나치게 많아서, 성현들의 말씀들 중에 '한가롭고 게으르다'는 글을 써서는 안되는데도 불구하고 많은 도리가 모두 중요하다고 말해 성현들의 말씀을 막아서 움직이지 않도록 했기 때문인데, 단지 이것이 문제점이지 말한 것이 사악한지 옳은지 아니면 정당한지 잘못된 것인지는 아직 논할 필요는 없습니다. 『역』은 '성인이 음양의 조화를 본떠서 옮겨놓은 것'이라는 그대의 논의는 매우 훌륭합니다. 그렇지만 아마도 그 말을 다한 경우, 도리에 지나치게 집착해서 너무 엄밀히 말하려는 경향을 면하지 못한 것 같습니다. 이것은 직접 만나서 논의하지 않는다면 쉽게 끝나지 않을 것입니다. 그렇지만 이전에 『역학계몽』의 후반부에 네 가지 말에 대해 기술한 것을 기재하고 있는 몇몇 장들에서 저는 매우 분명하게 설명했는데, 마지막 장이 더욱 절실한 것입니다. 그대는 이것을 자세하게 본 적이 있는지 모르겠습니다. 시험 삼아 살펴보시기 바랍니다. 만약 온당하지 못하는 경우가 있다면 가르침을 기다리도록 하겠습니다. 임금을 뵙는 것[97]은 언제입니까? 지금은 말하기 지극히 어려운 때이고 특히 소외당하는 사람이 이해되기란 더욱 어려운 법입니다. 단지 군주의 마음을 수렴시켜서 지나치게 함부로 행하는 데 이르지 않게 하는 것이 가장 중요할 것입니다. 그 나머지 도리는 말해서 안 되는 것은 아니지만, 말한다고 할지라도 단지 급한 것에 대응하고 문제점을 고치는 중요한 것은 아닐 것입니다. 만약 (군주가) 이런 경우에서 공부하지 않고 옛 일을 끄집어 안정되고 평안한 국가의 계책을 변혁시키는 힘들고 괴로운 공부를 하려고 한다면, 아마도 크게 타당하지 않을 것입니다. 백공이 지은 『예』에 대한 책은 이미 잘 정비되어 있지만, 단지 「상례」가 「제례」 앞에 합쳐 있어야 옳을 것입니다. 단지 이 책의

---

97) 【箚疑】 지금의 윤대(輪對)와 같은 의미이다.

순서를 옮기고 싶지 않다면 그대로 두어도 문제가 되지는 않을 것 같습
니다.

子合到此, 亦畧能言彼中相聚曲折, 云子約頗訝熹書中語太峻, 不記
是何事. 若只是說易處, 則來書又有權術及伯恭心迹未明等語, 殊不可
曉. 竊恐今亦不須如此支蔓, 只且做一不知不會底人, 虛心看聖賢所說
言語, 未要便將自家許多道理見識與之爭衡, 退步久之, 却須自有箇融
會處. 蓋自家道理見識, 未必不是, 只是覺得太多了, 却似都不容他古
人開口, 不覺蹉過了他說底道理耳. 至如前人議論得失, 今亦何暇爲渠
分疏? 且捄取自家目今見處, 是要切事. 若舍却自己, 又捄那一頭, 則轉
見多事, 不能得了矣. 前日借得荊公目錄間看, 其論某人但能若古, 未
能稽古, 此等說話, 想平日已知其失而笑之, 然不知其病. 所以至此者,
亦只是道理太多, 不得聖賢言語中, 下一兩箇閒慢字, 便著緊說出許多
道理來, 楦塞得更轉動不得, 只此便是病根, 未論所說之邪正得失也.
所論易, 是聖人模寫陰陽造化, 此說甚善. 但恐於盡其言處, 未免多著
道理說煞了耳. 此非面論, 未易究竟. 然向於啓蒙後載所述四言數章,
說得似已分明, 卒章尤切, 不知曾細看否? 幸試考之, 有所未安, 却望見
教也. 對班在何時? 今日極難說話, 而在疎遠爲尤難看得, 且只收斂得
人主心念, 不至大段走作是第一義, 其他道理, 非不可說, 只恐說得未
必應急救病耳. 若此處不下功夫, 便要翻騰, 拆洗了安靜和平底家計,
做艱難辛苦底功夫, 恐尤不相當耳. 禮書已領, 但喪禮合在祭禮之前乃
是. 只恐不欲改動本書卷帙, 則且如此, 亦不妨也.

🔵 백공의 마음의 궤적을 분별한 것은 그가 죽은 뒤의 일이었다. '난
삽함'을 경계하고 '방심(放心)'을 구하려는 주자의 생각은 육자와 부합되
는 것이다.

辨伯恭心跡, 自是伯恭沒後. 戒支蔓, 求放心, 合於陸子.

여자약에게 답하다[答呂子約] 35[98]

일깨워주신 일용 공부가 이와 같다면 매우 좋습니다. 하지만 또한 하나의 커다란 핵심처[99]를 분명히 인식해야만 곧 마음을 잡고 놓는 사이에 힘쓸 곳이 있게 됩니다. 마치 실제 하나의 물건이 있어 움켜쥐면 머물고 놓아버리면 가는 것이 자신의 손 안에 있는 것과 같으니, 그 잃어버린 마음을 거두라고 거짓되게 말하여 실제로는 아득하여 움켜 쥘 곳이 없게 되는 것은 아닙니다. 공평함을 사람으로서 체득하여 단지 사심이 없으면 이 이치는 자연히 유행할 뿐이지, 공평한 이후에 또 이런 뜻을 가지고 그것을 찾는 것은 아닙니다.

示諭日用功夫, 如此甚善. 然亦且要見得一大頭腦分明, 便於操舍間有用力處. 如實有一物, 把住放行在自家手裏, 不是漫說收其放心, 實却茫茫無把捉處也. 公而以人體之, 只是無私心, 而此理自然流行耳, 非是公後又將此意尋討他也.

⊛ 이 서신은 육자가 중시한 '먼저 대본을 확립하라' '그 방심(放心)을 구하라'는 뜻과 서로 부합한다.

此書全與陸子所主先立乎大求其放心相合.

여자약에게 답하다[答呂子約] 36[100]

보여주신 일용 공부는 제가 소망하던 바라서 큰 위안이 되었습니다 .

---

98) 『朱熹集』 권48−7, 1195(66세).
99) **[翼增]** 의리의 정점이자 핵심이 있는 곳을 말한다.
100) 『朱熹集』 권48−8, 1195(66세).

예전에 호자[101]가 『지언』에서 방심(放心)으로 방심(放心)을 구하는 어떤 이의 질문에 답하는 걸 읽었는데,[102] 그것이 자질구레하고 산만하여 핵심적이지 않음을 이상하다고 생각하고서 그 대신 "그 잃어버림을 알고서 구하려고 하면 잃어버리지 않게 된다"고 바꾸어 말하였습니다. 저는 일찍이 학자들이 이런 뜻을 깨닫지 못함을 안타까워했습니다. 이제 보내온 논의를 살펴보니 바른 뜻을 얻은 듯합니다.

所示日用功夫, 大慰所望. 舊讀胡子知言答或人以放心求放心之問, 怪其齷縷散漫不切, 嘗代之下語云, 知其放而欲求之則不放矣. 嘗恨學者不領此意. 今觀來論, 庶幾得之矣.

● 두 서신은 모두 '방심을 구한다'는 것을 말하고 있다. 이것은 육자가 맹자의 가르침을 설명한 것이다.
二書俱言求放心, 是陸子發明孟子之敎.

여자약에게 답하다[答呂子約] 37[103]

자약이 서신에서 말하였다. "가르쳐 주신 내용에 "공부에선 또한 하나의 커다란 핵심처를 인식해야만 곧 마음을 잡고 놓는 사이에 힘쓸 곳이 있게 됩니다. 마치 실제 하나의 물건이 있어 움켜쥐고 놓아버리는 일이 자신의 손 안에 있는 것과 같으니, 그 방심(放心)을 거두라고 거짓되게 말하는 것이 아닙니다"라고 하셨습니다. 저는 일찍이 깊이 이를

---

101) 호굉(胡宏, 1106~1161) : 자는 인중(仁仲)이고 형산(衡山) 오봉(五峰)에 거처해서 오봉(五峰)선생이라 불렸다. 호안국(胡安國)의 아들이다. 대표적인 저서로는 『知言』이 있다.
102) 『知言疑義』 7.
103) 『朱熹集』 권48－9, 1195(66세).

몸소 구하여 보았는데, 이 커다란 핵심처[大頭腦]는 본디 외면의 사물이 아니며 내가 원래 본디 갖고 있던 것이니, 그래서 '사람이 태어나서 고요하다' '희노애락이 아직 발동하지 않는다' '적연하여 움직이지 않는다'고 말한 것입니다. 사람이 어지러이 시간을 보내면서 일찍이 마음을 보존하고 쉬지 않으며 일찍이 실제로 깨닫지 못한다면, 이러한 본래 모습에 어찌 힘쓸 곳이 있을 수 있겠습니까? 이천선생께서는 '이러한 의리를 어진 사람은 인(仁)으로 간주하고 지혜로운 사람은 지(智)로 간주하며 백성들은 날마다 쓰면서도 알지 못하기 때문에 군자의 도가 드물다. 이 의리는 적지 않으며 또한 넘치지도 않은데 다만 사람들이 이 의리를 보지 못한다'104)고 하였으니 이천선생의 이 말을 크게 믿지 않을 뿐입니다. 이천선생의 말을 물망(勿忘)·물조장(勿助長)의 사이에서 인식하는 사람만이 이 점을 알게 됩니다. 이것을 인식하면 동정 하나 하나가 모두 어둡지 않게 됩니다. 측은(惻隱)·수오(羞惡)·사양(辭讓)·시비(是非)의 네 단서가 드러났을 때 조존(操存)이 오래되면 발현되는 것이 많아집니다. 분치(忿懥)·우환(憂患)·호오(好樂)·공구(恐懼)의 감정이 바름을 얻지 못하였을 때 심하게 놓아버리면 날로 더 자라게 됩니다. 남헌선생께서 "그 잡고 놓아버림을 징험하면 곧 드나듦을 알 수 있다"고 말하신 것을 기억하는데, 이 말씀은 핵심을 깨달아 잡고 놓아버리는 사이에 힘쓸 곳이 있는 참된 이야기입니다. 진정으로 핵심을 알아서 놓아버리지 않는다면, 비록 항상 조존할 수 없더라도 어묵(語默)과 응수(應酬)의 사이에 분명하게 스스로 성찰하여 징험할 수 있습니다. 비록 실제로 하나의 물건이 내 손에 있는 것은 아니지만, 바라는 것은 나의 물건이라 잃어버릴 수 없으며 바라서 안 되는 것은 나의 물건이 아니라 간직할 수 없으니, 실제 하나의 물건이 내 손안에 있는 것이라고 해도 괜찮을 것입니다. 만일 이것이 거짓말이어서 이미 돌아갈 곳이 없는데 또 의거할 바

---

104) 『二程遺書』 권2 上－118.

가 없다면, 설사 억지로 붙잡아 머물게 하더라도 또한 단지 밖에서 빼앗아 취한 것이니 어찌 내가 원래 갖고 있는 것이겠습니까? 저는 이와 같이 생각하니 감히 가르침을 바랍니다. ('성험(省驗)'을 어떤 곳에선 '유험(有驗)'이라 적고 있다.)"

답하여 말하였다. "이 단락은 대개 매우 정당하고 친절합니다." ("오래 조존하면 발현되는 것이 많아지고 심하게 놓아버리면 날로 더 자라게 됩니다"라는 두 구절은 매우 좋습니다.)

자약이 서신에서 또 말하였다. "가르쳐 주신 내용에 "호자가 『지언』에서 방심(放心)으로 방심(放心)을 구하는 어떤 이의 질문에 답하는 걸 읽었는데, 그것이 자세하고 산만하여 핵심적이지 않음을 이상히 여겨 그 대신 '그 잃어버림을 알고서 구하려고 하면 잃어버리지 않게 된다'고 하였습니다"라고 하신 구절이 있습니다. 제가 생각건대, 어떤 이의 질문은 원래 심체(心體)에 대응하는 바를 알지 못하였습니다. 비록 사람이 양심의 싹을 살펴 조존의 공부를 다하도록 한다 하더라도, 말한 것이 사람들을 당황스럽게 할 정도로 치밀하지 않으니 곧 공부한 곳이 아직 지극하지 않은 것이며, 그리하여 바야흐로 말할 때 잃어버림을 면치 못한 것입니다. 자신이 아는 바에는 본디 넓고 좁고 깊고 낮은 곳이 있지만 일찍이 호자는 '성찰하면 이는 내가 원래 갖고 있는 것'이라고 했습니다. 내가 원래 갖고 있는 것이 아니라고 생각한다면, 거짓을 참으로 여기고 주인을 손님으로 여기게 되니 어찌 그 모습과 모양을 제대로 알겠습니까? 조존이 다소 익숙해지면 성찰이 정밀해지며, 성찰이 정밀해지면 조존이 더욱 굳건해집니다. 예전에 나가지 않았다고 생각했던 것이 이제는 나갔다는 것을 깨달았고, 예전에 서로 가깝다고 생각한 것은 이제는 더욱 멀다는 것을 깨달았습니다. 근래 『유서』를 보니 '말을 닦아 그 성(誠)을 세우는 것은, 마땅히 스스로 경(敬)으로 내면을 곧게 하고 의(義)로 외면을 바르게 하는' 실사(實事)를 체득하는 것[105]에 대하여 말하였습니다. 또한 '성현의 모든 말은 단지 사람이 이미 방심(放心)을 묶어 자기 몸으로 돌이켜 넣어서 스스로 찾아 위로 향해 가기를 바란다. 일상적인 것을 배워서 형이상학의 경지를 깨닫는다'106)고 하였습니다. 이 말은 바야흐로 자세하거나 산만하지 않으니, 힘쓰는 것이 비록 민첩하고 용맹스럽지 못함을 스스로 깨닫고 있지만 진실로 이천선생의 이 말을 일삼고자 합니다. 또한 일찍이 깊이 스스로 체험해보니, 본디 그 나감을 알고서 그것을 구한다면 나가지 않습니다. 하지만 그 사이에 어려움과 곡절이 허다하니, 바야흐로 지향이 기(氣)를 이기지 못하여 눌리고 덮여지면 마음이 본디 그것을 알더라도 마치 취한 가운데 취함을 알면서도 아직 깨어나지 않고 꿈 가운데 꿈임을 알면서도 아직 깨어나지 않는 것과 같습니다. 맑게 다스려서 평안해지지 않는다면 또한 갑자기 보존되지는 않으니, 그 몸과 마음이 내면을 향하는 데 있어 갑자기 나가는 곳이 있게 됩니다. 내가 주인이 아닌 것은 아니지만 덧없는 생각이 혹 일어나서 병의 뿌리가 은연하니, 또한 이것을 생각해서 바야흐로 단서가 있고 덧없는 생각을 하게 되면107) 곧 틈이 생겨 엎치락뒤치락 끌어당기게 되니 움켜쥐더라도 머물지 않습니다. 근래 하나의 방법을 얻었으니, 생각할 때에 사려가 갑자기 일어나는데 만일 생각해야 할 내용이라면 곧 그것을 적어서 내 마음에 누를 끼치지 않게 합니다. (하지만 또한 일반적으로 논하기는 어렵습니다. 우연히 감응하는 바가 있으면 마땅히 곧 그것을 찾아야 하니, 다만 원래 생각하던 바를 놓아버리고 도리어 이것을 생각합니다.) 만일 생각해야 할 내용이 아니라면 깊이 성찰하여 제거하니, 자못 효험이 있습니다. 단지 주일(主一) 공부에 아직 지극하지 않아 이천선생께서 '그것을 생각할 때, 바야흐로 생각한다'고108) 말한 것처럼 할 수는 없지만, 또한 역량에 따라 이와 같이 존양하고 성찰할 수 있습니다. 다시 가

---

105) 『二程遺書』 권1 - 5.
106) 『二程遺書』 권1 - 22.
107) [箚疑] 타사(他思)는 부념(浮念)을 말한다.
108) 『二程遺書』 권18 - 85.

르침을 바랍니다."

답하여 말하였다. "이러한 뜻은 대개 좋습니다. 하지만 너무 갈피가 많고 명쾌하지 않으며 장차 이 마음이 잃어버림을 깨닫지 못하고 일체를 제거해야 한다고 생각하고 있습니다. 또한 오봉을 대신한 한마디 말을 아침저녁으로 일깨워 요약처가 있게 해야 좋겠습니다. 그렇지 않으면, 또한 정자가 온공[109]에 대해 중(中)에 의해 어지럽혀졌다고 말한 것[110]과 비슷할 것입니다.

　子約書云, 誨諭工夫且要得見一箇大頭腦, 便於操舍間有用力處, 如實有一物, 把住放行在我手裏, 不是漫說收其放心. 某蓋嘗深體之, 此箇大頭腦本非外面物事, 是我元初本有底, 其曰, 人生而靜, 其曰, 喜怒哀樂之未發, 其曰, 寂然不動. 人汨汨地過了日月, 不曾存息, 不曾實見, 此體段如何會有用力處? 程子謂這箇義理, 仁者又看做仁了, 智者又看做智了, 百姓日用而不知, 此所以君子之道鮮, 此箇亦不少, 亦不剩, 只是人看他不見, 不大段信得此話, 及其言於勿忘勿助長間認取者, 認乎此也. 認得此, 則一動一靜皆不昧矣. 惻隱羞惡辭讓是非四端之著也, 操存久, 則發見多. 忿懥憂患好樂恐懼不得其正也, 放舍甚, 則日滋長. 記得南軒先生謂驗厥操舍, 乃知出入, 乃是見得主腦, 於操舍間有用力處之實話. 蓋苟知主腦不放下, 雖是未能常常操存, 然語默應酬間, 歷歷能自省驗. 雖非實有一物在我手裏, 然可欲者, 是我底物, 不可放失, 不可欲者, 非是我底物, 不可藏留, 雖謂之實有一物在我手裏, 亦可也. 若是謾說, 旣無歸宿, 亦無依據, 縱使彊把捉得住, 亦只是襲取, 夫豈是我元有底耶? 愚見如此, 敢望指敎(省驗一作有驗).

---

109) 사마광(司馬光, 1019~1086) : 북송 때 합주(陜州) 하현(夏縣) 출신이고, 자는 군실(君實), 호는 제물자(齊物子)이다. 왕안석(王安石)의 신법(新法)을 극력 반대하였다. 저서로는 『資治通鑑』, 『司馬溫公文集』 등이 있다.
110) 『二程遺書』 권2 下−18. 사마광이 마음을 제어하기 위해 중에 집중하자 정자는 마음이 중에 묶이는 것이라고 비판한다.

答云, 此段大槩甚正當親切(操存久, 則發見多, 放舍甚, 則日滋長, 此二句甚好).

子約書又云, 誨諭胡子知言擧或人以放心求心之問, 怪其齷齪散漫不切, 嘗代之下語云, 知其放而欲求之, 則不放矣. 某竊謂或者之問, 元不識心體所對, 雖欲使人察夫良心之苗裔, 致操存之功, 然說得驚惶不縝密, 便是用功處未到, 恐方說時, 亦未免是放也. 自家所知, 固有廣狹深淺處, 然曾云省察, 則是我元初者. 非我元初者, 眞妄客主, 亦豈不識箇體段模樣? 操存稍熟, 則省察浸精, 省察浸精, 則操存愈固. 昨之所謂非放者, 今猶覺其爲放, 昨之所謂相近者, 今猶覺其尙遠. 近看遺書, 說修辭立其誠, 乃是體當自家敬以直內義以方外之實事. 又說聖賢千言萬語, 只是欲人將已放之心約之, 使反復入身來, 自能尋向上去, 下學而上達, 此語方是不齷齪散漫, 自覺用力雖未能敏勇, 然實欲從事于斯也. 又嘗深自體驗, 固是知其放而求之, 則不放. 然其間幾多艱難曲折, 方其志不勝氣, 其爲抑遏掩蔽, 心固知之, 如醉中知醉而未醒, 夢中知夢而未覺, 非澄治平帖, 亦未遽存, 及其身心向裏有頓放處. 非不是我來爲主, 然浮念或起, 病根隱然, 又思乎此也. 方有端緒, 他思便來間之, 展轉牽引, 把捉不住. 近得一法, 於致思之時, 而思慮忽起, 若所當思也, 則便以筆識之, 不使之累吾心.(然亦難槩論. 蓋適有所感, 當便尋繹, 則只得放下元初所思, 却致思乎此) 若非所當思也, 則深當省而消去之, 亦頗有效驗. 第於主一功夫未至, 不能如程子所謂使他思時方思. 然且得隨力量如此存察. 更望指教.

答云, 此意大槩亦好, 但太支蔓不直截, 不覺將此心放了, 恐當一切掃去. 且將所代五峯一語, 早晩提撕, 令有箇要約處乃佳. 不然又似程子說溫公爲中所亂矣.

⊛ 이 두 서신에서 자약의 질문과 주자의 답변은 모두 심학(心學)을 중시하니 육자와 부합된다.

此二書子約所問, 與朱子所答, 俱重心學, 合於陸子.

여자약에게 답하다[答呂子約] 45[111]

보내주신 서신에서 "지난번의 논의가 아직 부합되지 않았는데, 지금 또 본원을 함양하는 것과 힘써 실천하는 것을 일로 여겨야 합니다"[112]라고 하셨는데, 이것은 또한 잘못되었습니다.[113] 이것은 견식이 매우 불분명한 것이니, 모름지기 통렬하게 공부하고 깊이 연구하고 핵심을 파악해서[114] 투철하게 해야 비로소 마땅합니다. 그런 다음에 비로소 함양하고 실천할 곳이 있게 됩니다. 예컨대 횡거선생의 견해는 소소한 것을 아직 밝게 깨우치지 못했는데도,[115] 이천선생께서 오히려 그에게 의리를 함양하라고 했지 완전히 함양만 하고 사려는 그만두라고 말하지는 않았습니다.[116] 지금의 경우는 곧 매우 잘못되어서 도리어 이러한 경지를 서둘러 추구하지도 않고, 다른 곳에 가서 한가하게 앉아서 나는 본원을 함양하고, 힘써 실천한다고 말합니다. 또 육경을 필사하고 있다고 들었는데, 또한 헛되이 세월을 허비하는 것이니, 도무지 크게 나아가는 도리가 아닙니다. 요컨대 반드시 용맹스럽게 옛 습관을 버리고, 새로운 공부를 시작해서 한결같이 이처럼 한가하게 세월을 보내서는 안 됩니다. 본래 덕화 사람을 기다려서 답신을 보내려 했는데, 오늘 우연히 남풍 사람이 도부를 방문해서 우선 먼저 여기에 답신을 부쳐드립니다. 이 일[117]은 평범한 일에 견줄 수 없으니, 잠시라도 그 핵심을 잃어서는

---

111) 『朱熹集』 권48−18, 1175(46세).

112) 【記疑】 여조검(呂祖儉)은 지난번 논의가 계합되지 않으니, 지금 우선 본원을 함양하고 힘써 실천하는 것을 일로 삼아야 한다고 말하며, 지난번 논의가 계합되기를 바라면서 말하였다.

    【翼增】 미발이발 논의와 이것이 없으면 주리게 된다는 논의를 말한다.

113) 【刊補】 선생께서는 또 여조검(呂祖儉)의 이 말이 잘못되었다고 여기셨다.

114) 【記疑】 지난번 논의를 깊이 연구하고 핵심을 파악하라는 말이다.

    【節要註】 치지공부이다.

115) 【箚疑】 횡거가 태허가 곧 기이다라고 말한 것은 무가 없다는 것인데, 이천은 이것은 아직 잘못이 없다고 말하였다.

116) 『二程文集』 9−5 「이천문집」 '답횡거선생서(答橫渠先生書)'.

안 됩니다.

대개 학문에는 단지 두 가지 길이 있으니, 치지와 역행일 뿐입니다. 사람들은 반드시 먼저 순서에 따라 100% 노력해야 절차에 따른 효과를 볼 수 있으며, 그 다음에 또 어떤 곳이 부족한지 살펴서 그 곳에서 공부를 한다면 곧 올바른 이치가 됩니다. 지금은 도리어 이와 같이 하려하지 않고, 남들이 자기가 깨달은 것이 옳지 않다고 말해도 긍정하지 않고 "우선 내가 본원을 함양하고, 힘써 실천하는 것을 기다려라"고 말합니다. 이것은 어린 아이의 숨바꼭질 놀이와 같아서, 네가 동쪽에서 오면 나는 서쪽으로 가서 숨고, 네가 서쪽에서 오면 나는 또 동쪽으로 가서 피하니 이와 같이 나타났다 숨고 하면 어느 때 끝나겠습니까? 저는 본래 이미 말할 수 없는데도, 지금 다시 한 번 이것을 말하니, 만약 서로 이해하지 못한다면 곧 말을 잊어버리십시오. 예컨대 사람이 산을 오르는 경우는 각자 노력해야지, 이런 때에 어찌 다른 사람에 관여할 마음이 들겠습니까?

所喩前論未契, 今且當以涵養本原, 勉強實履爲事. 此又錯了也. 此是見識大不分明, 須痛下功夫, 鑽研勘覈, 敎透徹了方是了當. 自此以後, 方有下手涵養踐履處. 如橫渠先生所見, 只是小小未瑩, 伊川先生猶令其且涵泳義理, 不只說完養思慮了便休也. 如今乃是大段差舛, 却不汲汲向此究竟, 而去別處閑坐, 道我涵養本原, 勉強實履. 又聞手寫六經, 亦是無事費日, 却不是長進底道理. 要須勇猛, 捐棄舊習, 以求新功, 不可一向如此悠悠閒過歲月也. 本欲俟德華人回附書, 今日偶有南豐便至道夫處, 且先附此奉報, 此事不比尋常, 不可頃刻失其路脉也.
大抵學問只有兩途, 致知力行而已. 在人須是先依次第十分著力, 節次見效了, 向後又看甚處欠闕, 卽便於此更加功夫, 乃是正理. 今却不

---

117) 【記疑】 학문하는 것을 말한다.

肯如此, 見人說著自家見處未是, 却不肯服, 便云且待我涵養本原, 勉
强實履. 此如小兒迷藏之戲, 你東邊來, 我西邊去閃, 你西邊來, 我又東
邊去避, 如此出沒, 何時是了邪? 區區本已不能說得, 今更說此一番, 若
更不相領畧, 便且付之忘言矣. 如人上山, 各自努力, 到此時節, 豈更有
心情管得他人邪?

⚫ "육경을 필사하는" 것을 "일없이 세월을 허비한다"고 여긴 것은
육자가 말한 '육경이 나의 각주이다'라는 의미이다. 생각건대 자약은 초
년에는 아직 강서에 가지 않았고, 경원 원년(1195)에서야 비로소 여릉에
유배되어 고안으로 옮겼다. 여기에서 말한 "남풍의 서신"는 마땅히 이
때에 있었다.

以手寫六經爲無事費日, 卽陸子六經註我之意. 按子約初年未嘗至
江西, 慶元元年始謫廬陵, 移高安. 此云南豐之便, 當在此時.

여자약에게 답하다[答呂子約] 46[118)

두 서신에서 일깨워주신 내용이 날이 갈수록 새롭게 학문에 나아가
는 공부를 충분히 보여주고 있으니, 매우 위로가 됩니다. 두 권[119]에서
모두 이미 조목별로 대답하여 드렸으니, 바라건대 다시 자세히 살펴보
십시오. 대개 공부를 하는 것에는 다만 박문과 약례 두 가지 뿐입니다.
박문의 일은 강론하고 사색해서 매우 정밀하고 상세하게 한 다음에 크
든 미세하든 정미하든 거칠든 다하지 않음이 없게 도리를 보아서, 쉽게
간략하게 지나쳐서는 안 됩니다. 약례의 일은 단지 마땅히 이와 같이
공부해야 한다는 것을 알면, 곧 이와 같이 착실하게 하는 것이지 전후

---

118) 『朱熹集』 권48-19.
119) [箚疑] 여조검이 질문한 조목이다.

를 생각하고 계산해서 비교하고 헤아리지 않습니다. 그래서 정자께서 『중용』의 '미발처'를 논의하면서 질문에 답하실 때, 처음에는 매우 상세하게 하면서 그 의미를 궁구하다가, 단지 '경' 한 글자로 모두 수습하셨습니다. '경'이라고 말한 것에는 또 다른 현묘하고 기이한 것이 없고, 단지 사람들이 모든 일에 '전일함'을 습득하게 하는 것일 뿐이니, 도무지 허다한 쓸데없는 말이 없습니다. 지금 보내주신 서신을 자세히 살펴보니, 마땅히 넓게 해야 하는 곳에서는 이미 마음을 비우고 이치를 관찰해서 참된 것을 구할 수 없습니다. (예컨대 『역』과 『시경』을 논한 경우입니다.) 마땅히 집약해야 할 곳에서는 곧 인용하여 증거삼고 미루어 말하는 것이 많아서 도리어 어지럽고 혼란스럽습니다. (예컨대 '방심(放心)을 구하라'는 것을 논하면서 수천 수백 가지 논설을 인용해도 다 말할 수 없는데, 단지 이것은 '그 본심을 잃어버려도 구할 줄 모른다'는 것이다.)

무릇 이러한 것들은 모두 제 생각에는 매우 온당치 않는 것 같습니다. 생각건대 이 두 가지 길[120]에서 각각 지극한 것을 이루는 것과 같지 않습니다. 일이 없을 때는 오로지 엄숙하고 가지런히 해서 자기의 방심(放心)을 구해야 합니다. 책을 읽게 되면 마음을 비우고 이치를 완미해서 성현의 본래 의도를 구하게 됩니다. 이처럼 장황하고[121] 힘들게 하며, 심력을 헛되이 소비하고 기운을 손상시켜 병이 나서 실제 이익 되는 것이 없게 해서는 안 됩니다.

兩書所喩, 備見日來進學新功, 甚慰牢落. 兩卷悉已條對納呈, 幸更詳之也. 大抵爲學, 只是博文約禮兩端而已. 博文之事, 則講論思索, 要極精詳, 然後見得道理巨細精粗, 無所不盡, 不可容易草略放過. 約禮之事, 則但知得合要如此用功, 卽便著實如此下手, 更莫思前算後, 計

---

120) 【記疑】 박문과 약례 두 가지 길이다.
121) 【翼增】 백낙천의 시에 주차설화장(周遮說話長)라는 표현이 나오는데 주차(周遮) 장황(張皇)하다는 의미이다.

較商量. 所以程子論中庸未發處, 答問之際, 初甚詳密, 而究其意, 只就敬之一字都收拾了. 其所謂敬, 又無其他玄妙奇特, 止是敎人每事習箇專一而已, 都無許多閑說話也. 今詳來喩, 於當博處, 旣不能虛心觀理, 以求實是. (如論易詩處是也.) 於當約處, 乃以引證推說之多, 反致紛擾. (如論求其放心, 而援引論說數十百言不能得了, 只此便是放其心而不知求矣.) 凡此之類, 皆於鄙意深所未安. 竊謂莫若於此兩塗, 各致其極. 無事則專一嚴整, 以求自己之放心. 讀書則虛心玩理, 以求聖賢之本意. 不須如此周遮勞攘, 枉費心力, 損氣生病, 而實無益於得也.

🌑 주자와 육자가 사람들을 가르칠 때, 모두 '전일함'을 구하라고 했는데, 만년의 논의가 비로소 합치되었다. 주자 초년의 경우 걸핏하면 육자가 사람들에게 '단지 하나를 구라'고 가르친 것을 번번이 비웃고, '하나가 요체가 된다'는 것이 주자(周子)의 말이며 육자에게서 비롯되지 않음을 몰랐다. 맹자는 또한 '도는 하나일 따름이다'라고 말하였고, 또 '세 사람이 도를 함께 하지 않았지만 하나로 나아갔다'고 말했으니 이런 말들은 모두 주자(周子)에게서 비롯되지는 않았다.[122]

朱陸敎人, 俱求專一, 晚年之論始合也. 若朱子初年, 動輒譏陸子敎人只求箇一, 不知一爲要, 乃周子之言, 不始於陸子. 且孟子亦曰夫道一而已矣, 又曰三子者不同道其趨一, 蓋倂不始於周子也.

여자약에게 답하다[答呂子約] 47[123]

"박문과 약례는 모두 조존하는 것에서 나왔다"고 말씀하신 것은 진

---

122) 이불은 육구연의 사유는 주돈이에게서 비롯되고, 주돈이의 사유는 맹자에게서 비롯된다고 여긴다.
123) 『朱熹集』 권48-20, 1197(68세).

실로 그렇습니다. 그러나 박문은 본래 다른 하나의 일입니다. 만약 단지 조존에만 힘쓰고, 가만히 앉아 조존 공부하는 중에 박문공부가 생겨나기를 기다린다면, 아마도 그러한 이치는 없을 것입니다. 대개 학문 공부는 규모를 안정되게 본 다음에는 단지 한결같이 앞을 향해 나아가는데 힘쓰면서 어떠한지 묻지 않는 것이 곧 '어려운 것을 먼저 하고 얻는 것을 나중에 한다'라는 의미입니다. 만약 하나의 실마리를 막 구하고서 반달이나 열흘 정도 하지도 않고, 또 도리어 계산해서 효험이 아직 있지 않다고 판단하고 드디어 다른 것을 꾀하려고 한다면,124) 아마도 평생 이와 같이 동쪽으로 갔다가 서쪽으로 갔다가 하면서 끝내 일을 이룰 수 없습니다.

익공125)이 최근 『구양공문집』의 서신을 모았는데, 고증이 매우 정밀하고 또한 늘그막에 매우 많이 마음 쓰는 것이 변치 않았습니다. (그대가) 『중용』과 『시전』을 구했는데 이것을 아직 부치지 못했고, 또 우선 조존하려고 하는데 읽을 겨를이 없었으니 다시 나중의 인편을 기다려야 할 것 같습니다. 정세가 더욱 엄해져서126) 정사127)의 모든 사람들은 이제 요행히도 각각 흩어져 떠났습니다. 오늘 보한경128)이 문득 왔는데, 매우 얻기 힘든 좋은 인물입니다. 그렇지만 그가 어떻게 스스로 발탁될

---

124) 【記疑】 법(法)과 같다.

　　【箚疑】 조도는 집안 살림으로 말한 것인데 비유하는 말이다.

125) 주필대(周必大) : 자는 자충(子充), 또는 홍도(洪道)이다. 여릉(廬陵) 출신이다. 진사(進士)와 박학굉사과(博學宏辭科)에 합격하여 서성정자(書省正字)·국사원편수관(國史院編修官)·복건로제형(福建路提刑)·참지정사(參知政事)·추밀원사(樞密院使)·좌승상(左丞相)·소보(少保) 등을 역임하였고, 익국공(益國公)에 봉해졌다. 시호는 문충(文忠)이다.

126) 【箚疑】 당시 처음에는 선비의 무리를 위당(僞黨 : 위학의 무리)이라 여겼는데, 바꾸어서 역당(逆黨 : 역모의 무리)이라고 생각했기 때문에 이렇게 말했다.

127) 【翼增】 죽림정사를 말하는 듯하다. 나중에 '창주정사'로 고쳐 이름하였다. 고정의 옆에 있다.

128) 보광(輔廣) : 자는 한경(漢卿), 호는 잠암(潛庵), 전태선생(傳胎先生)이라 불렸다. 가흥부(嘉興府) 숭덕현(崇德縣) 출신이다. 보광은 처음에 여조겸(呂祖謙)에게서 수학했지만, 1194년 이후에 주자의 문인이 되었다.

수 있겠습니까? 지난번 임안에서 서로 모였을 때,129) 백공의 옛 무리
들130)을 보았는데 그에게 미칠만한 사람이 없었으며, 말하는 것에 모두
두서가 있고 생각하는 것이 좋았으니 노덕장131)의 여러 제자들이 비길
바가 아니었습니다.

所喩博文約禮, 盡由操存中出, 固是如此. 但博文自是一事. 若只務
操存, 而坐待其中生出博文功夫, 恐無是理. 大抵學問功夫, 看得規模
定後, 只一向著力挨向前去, 莫問如何如何, 便是先難後獲之意. 若方
討得一箇頭緒, 不曾做得半月十日, 又却計較, 以爲未有效驗, 遂欲別
作調度, 則恐一生只得如此移東換西, 終是不成家計也.

益公近亦收書于歐集, 考訂益精, 亦不易老來有許多心力也. 需中庸詩
傳, 此便未可寄, 又恐且要操存, 無暇看讀, 更俟後便也. 風色愈勁, 精舍
諸生, 方幸各散去. 今日輔漢卿忽來, 甚不易. 渠能自拔? 向在臨安相聚,
見伯恭舊徒無及之者, 說話儘有頭緒, 好商量, 非德章諸人之比也.

🟤 박문과 약례가 '조존에서 나왔다'는 것은 학문하는 방법이 방심(放
心)을 구하는데 있다는 것을 말한다. 규모가 이미 안정되고, 단지 한결같
이 앞을 향해 나아가는 것은 '전적으로 실천에 힘쓴다'는 것이다. 말한
것이 모두 육자와 합치된다. 주문충은 광종이 선양을 받아서 비로소 익
국에 봉해졌는데, 지금 익공이라 칭한 것은 분명 소희 원년(1190) 이후의
일이다. "정세가 더욱 엄해졌다"는 것은 곧 위학으로 몰려 엄히 금지되
고 자약이 균주로 귀양 갔었을 때이다. 주자는 이때 나이 70세이다.

---

129) 【記疑】 선생께서 지난번 임안에서 서로 모였다.
　　　【節補】 갑인년에 부름을 받고 나아갔을 때이다.
130) 【翼增】 보한경 또한 일찍이 여동래의 학문을 좇았다.
131) 【箚疑】 노덕장이 여동래의 문인이기 때문에 말한 것이다.
　　　【標補】 노덕장(路德章)이다. 장백행(張伯行)의 『伊洛淵源續錄』에 이 서신의 일부가
　　실려 있는데, 덕장(德章)이라는 글자 위에 노(路)라는 글자가 있다.

博約由操存出, 所謂學問之道在求放心也. 規模旣定, 只一味挨向前去, 所謂專務踐履也. 所言俱與陸子合. 周文忠以光宗受禪, 始封益國, 今稱益公, 自是紹熙以後. 風色愈勁, 則僞學禁嚴, 子約謫筠州時也. 朱子是時年七十矣.

여자약에게 답하다[答呂子約] 49[132]

앞 서신에서 논의하신 네 가지 일[133]에 대해 그대가 무엇을 말하고 있는지 모르겠습니다. 가만히 생각해보면 그대가 여기에 힘을 쓰는 것이 오래되지 않았다고 할 수 없고, 그 절실하게 묻고 가까운데서 생각하려는 뜻이 독실하지 않다고 할 수도 없는데, 논의하신 것과 여러 서신에서 스스로 논의하신 것을 살펴보면, 앞과 뒤를 너무나 살펴서 단서들이 지나치게 많은 것 같다고 느끼게 됩니다. 그래서 그대의 마음은 이처럼 지리하고 막히고 얽혀서 명쾌하게 파악할 수 없고 도리어 새로 배우는 후학들이 하나의 말을 들으면 그 말을 지키고 하나의 뜻을 해석하면 그 뜻을 지키는 것보다 못하게 된 것입니다. 그대에 비해 새로 배우는 후학들이 비록 아직 얻은 것이 없다고 할지라도, 이와 같이 지리하고 어지러워서 길에서 낭패를 보고 해는 저무는데 여정은 멀어서 돌아갈 곳이 없는 경우는 오히려 면하고 있습니다.

前書所論四事, 不審雅意云何? 竊意賢者用力於此, 不爲不久, 其切問近思之意, 不爲不篤, 而比觀所講, 與累書自敍說處, 覺得瞻前顧後, 頭緖太多. 所以胸次爲此等叢雜壅塞纏繞, 不能得明快直截, 反不得如

---

132) 『朱熹集』 권48－21, 1198(69세).
133) **[翼增]** 네 가지 일은 미발(未發)·이발(已發)·박문(博文)·약례(約禮) 각각에 관련된 것이다.

新學後生, 聞一言且守一言, 解一義且守一義, 雖未能便有所得, 亦且
免得如此支離紛擾, 狼狽道途, 日暮程遙, 無所歸宿也.

● '명쾌하게 파악'하려고 하고 '지리하고 어지러운 것'을 주자가 두
려워하는 것은 모두 육자의 논의와 부합된다.

欲明快直截, 畏支離紛擾, 俱合於陸子之論.

왕자합에게 답하다[答王子合] 9[134)

대개 '존덕성'[135)과 관련된 한 조목은 『사서장구』에서 이미 상세하게
기술하였으니, 거듭 깊이 연구하면 두 가지 공부의 분별처[136)를 깨달을
수 있을 것입니다. 평상시 항상 절실하게 자신을 깨워서 착실하게 공부
하면 힘쓸 곳을 보게 될 것입니다. 만약 단지 해설만 하고자 한다면 마
칠 때도 없을 것이며 아무런 쓸모가 없을 것입니다.

大率尊德性一條, 章句似已詳備, 更熟玩之, 自見功夫分別處. 日用
間常切提撕, 著實下手, 方見得力處. 若只解說, 無有了期, 不濟事也.

---

134) 『朱熹集』 권49-9, 1187(58세).

135) "도문학(道問學)"과 "존덕성(存德性)"은 모두 『中庸』에 나오는 개념이다. 전자가 '묻
고 배우는 것에 입각한다'는 것을 말한다면 후자는 '타고난 본성을 보존한다'는 것을
말한다. 육구연(陸九淵)은 '먼저 그 큰 것에 서야한다[先立乎其大者]'며 '마음을 보존할
것[存心]'을 강조했는데, 이것은 철저하게 '존덕성'의 입장에 그가 서 있다는 것을 말해
준다. 반면 주자는 '존덕성'에 해당하는 미발(未發) 함양공부 외에도 '도문학'에 해당하
는 '외부의 사태에 나아가 내면의 앎을 이룬다[格物致知]'는 공부법도 강조한다. 이것
은 『論語』, 『孟子』, 『中庸』, 『大學』을 모두 강조했던 주자와 『論語』와 『孟子』만을 비
교적 중시했던 육구연 사이의 차이를 반영하는 것이기도 하다.

136) 【箚疑】 존덕성과 도문학의 분별을 말한다.

◉ 이 서신의 주석에는 날짜가 기록되어 있다. 이때는 주자 나이 58세 (1187)였다. 이 서신에서 주자의 생각은 전적으로 육자의 설과 부합된다.

此書注有年月, 是朱子年五十八歲. 全與陸子說合.

왕자합에게 답하다[答王子合] 15[137]

가르쳐주신 사당의 기록문[138]에 대해서는 이전의 서신으로 이미 답신을 한 것 같습니다. 뒤에 아직 관보를 보았는지 모르겠습니다. 말하고 침묵하고 숨고 드러나는 것에는 때가 있는 법입니다. 이전에 진부중도 학교를 정비하기 위해서[139] 제게 와서 기록문을 구했는데, 감히 그것을 만들지 못했습니다. 지금은 단지 경전의 뜻을 해석하고 있는데, 이것은 정치적인 일과 무관하고 아울러 세상 사람들이 보려고 하지 않는 것이기 때문에, 틈을 내어 정돈하는 것을 면하지 않을 수 있었습니다. 그렇지만 또한 정치적 분위기가 냉랭해서 스스로를 보전하기 힘든데, 감히 글을 짓고 도리를 설명해서 큰 글자로 비문을 깊이 새겨 사람들에게 공개해서 그 이름을 보고 허물을 찾게 만들어 세상 사람들의 증오하는 병을 악화시켜서야 되겠습니까? 이백간[140]이 처음에 그곳으로 갈 때, 학교를 정돈하려고 하였지만 뒤에 문제점이 많아서 착수하지 못하고 모두 망가져버리고 말았습니다. 대개 우리들은 재화와 여색이라는 두 관문을 통과하지 못하면 다시 말할 만한 것이 없는 법입니다. 그대가 보내주신 『대학해의』는 쉽고 온당하지만, 이 해석을 들은 여러 학생들이 때때로 몇 구절들을 지적하면서 묻고 논의한다고 하니, 그들이 들은 후

---

137) 『朱熹集』 권49−15, 1189(60세).
138) **[翼增]** 자합이 선현의 사당을 세우면서 선생께 기문(記文)을 청하였다.
139) **[記疑]** 학교를 정비하는 것을 말한다.
140) 이종사(李宗思) : 자는 백간(伯諫)이고, 건안출신이다.

에 반복해서 음미하고 있는지 살펴보시기 바랍니다. 최근에 강학의 공부는 새로운 것을 아는 것이 아니라 단지 옛 것을 익숙히 하는 것처럼 느껴집니다. 만약 옛 것을 익히지 않으면 새 것을 알 수 없을 것입니다. 새 것을 알 수 없을 뿐만 아니라 아울러 옛 것도 기억할 수가 없어서 평상시에 모두 잊어버리게 되면, 비록 양심을 내놓지 않으려고 해도 그럴 수 없을 것입니다. 이 일에 대해서는 절실히 스스로 경계하고 아울러 학자들을 일깨우는 것이 좋을 것 같습니다. 만약 그렇지 않다면 "강학할 만한 것이 없다"는 여남전[141])의 말이 진실로 헛되지 않게 될 것입니다. 만약 학자들로 하여금 여기에 나아가 작은 맛과 지향을 얻도록 해서 하나의 터전에 서도록 한다면 그 후에 그들은 멈추고 싶어도 멈출 수가 없게 될 것입니다. 만약 막연하게 의지할 만한 근본이 없는데도, 단지 다른 사람의 말만을 헛되이 소비한다면 오래된다고 할지라도 무슨 일을 이루겠습니까? 이것을 유념하시기를 간절히 바랍니다. 비를 새겨서 이름을 알리지 마시기를 바랍니다. 이것은 단지 한 때의 볼만한 것일 뿐, 사람에게 도움이 되지 않을뿐더러 혹 논란을 일으킬 일을 만나게 될 수도 있을 것입니다.

所喩祠記, 前日之書似已奉報. 不知後來頗見邸報否? 語默隱顯, 自有時節. 前日膚仲亦以脩學來求記, 謹不敢作矣. 今只有解釋經義, 與時事無大相關, 且流俗所不觀, 故猶不免儱閒整頓, 然亦凜凜不敢自保, 況敢作文章, 說道理, 大書深刻, 與人遮屋壁, 使見其姓名, 指瑕求釁, 以重世俗之憎病乎? 李伯諫初去時, 極要整頓學校, 後來病痛多般, 立脚不住, 都放倒了. 大抵吾輩於貨色兩關打不透, 便更無話可說也. 大學解義平穩, 但諸生聽者須時時抽摘問難, 審其聽後果能反復尋繹與

---

141) 여대림(呂大臨, 1046~1092) : 자는 여숙(與叔), 섬서성(陝西省) 남전(藍田) 출신이다. 처음 장재(張載)에게서 배우다가 스승이 죽은 뒤에는 정호·정이에게 수학했다. 사량좌(謝良佐)·유초(游酢)·양시(楊時)와 더불어 정문(程門)의 4선생이라 불렸다.

否. 近覺講學之功, 不在向前, 只在退後. 若非溫故不能知新, 蓋非惟不
能知新, 且併故者亦不記得, 日用之間, 便成相忘, 雖欲不放其良心, 不
可得矣. 此事切宜自警, 幷以提撕學者爲佳. 如其不然, 則呂藍田所謂
無可講者, 眞不虛矣. 若得它就此得些滋味趣向, 立得一箇基址, 卽向
後自住不得, 若都茫然無本可據, 徒然費人詞說, 久遠成得甚事? 切望
於此留意, 不須鐫碑立名, 只爲一時觀美, 無益於人, 邂逅或能生事也.

　　🌑 이 서신은 순희 16년(1189)이라는 주석을 달고 있는데, 이때는 주자
나이 60세였다. "옛 것을 익히지 않으면 새 것을 알 수 없다"는 주자의
말은 "존덕성을 알지 못하면, 이른바 도문학이라는 것이 있겠는가?"라
는 육자의 말과 같은 것이다.

　　此書下注己酉, 是年朱子年六十歲矣. 非溫故不能知新, 卽陸子所謂
不知尊德性, 安有所謂道問學也.

임백화에게 답하다[答林伯和]142)

　　"이전에 스승과 친구들로부터 널리 구했지만 지금에 이르러서도 아
직 얻지 못하였습니다"라고 보여주신 글로 저는 그대가 도를 간절히 구
하고 있다는 뜻을 충분히 볼 수가 있었습니다. 제가 보건대 이것은 서
로에게 알려주는 스승과 친구들이 성인들의 문하에서 학자들이 덕에
들어가는 순서를 아직 완전히 따를 수가 없어서 그대로 하여금 친절하
게 힘을 쓸 수 있는 곳이 있도록 하지 못했기 때문입니다. 대개 성인의
가르침은 글로 넓히고 그 후에 예로 그것을 요약하는 것입니다. 그리고
『대학』의 방법도 밝은 덕을 밝히는 것을 우선으로 하고 백성들을 새롭

---

142) 『朱熹集』 권49-19, 1183(54세).

게 하는 것을 그 다음으로 하였습니다. 최근에 도를 말하는 사람들은 고원하고 비약한 것에 힘써서[143] 이미 글로 넓히는 공부도 없으니 그것을 요약하려는 공부 또한 예를 회복하는 실제적인 공부도 없습니다. 글과 문장을 암기하고 암송하는 학습에 정교한 사람들[144]은 일찍이 자신에게 돌이켜 구해본 적도 없으면서 시끄럽게도 역사를 판단하고 통치의 요체를 고원하게 논의하는 것을 자신의 임무로 여기고 있습니다. 이 두 가지 경우는 모두 사람들로 하여금 덕에 들어가는 순서를 혼동하도록 만들어 공허함과 지리함에 빠지게끔 만드는 것입니다. 그 자질이 독실하고 정성스러워서 선을 실천할 수 있으나 앎이 다른 사람에게 미치지 못하는 사람들은 종종 더욱더 커다란 피해를 입게 되니 이것은 살피지 않을 수 없는 일입니다. 그대를 위한 현재의 계책으로는 경을 우선으로 하고 여기에 강학하고 성찰하는 도움을 가하는 것보다 좋은 것이 없습니다. 대개 사람 마음의 문제점은 방종하는 데 있지 않다면 어리석고 게으른 데 있습니다. 그대는 방종하다는 문제점을 가지고 있지는 않지만, 어리석고 게으른 곳을 면하지 못한 것 같습니다. 만약 평상시에 바르고 엄숙함으로써 자신을 지키고 여기에 경계하는 채찍질을 가한다면 어리석고 게으른 데에는 이르지 않을 것입니다.

강학하는 데는 『논어』와 『맹자』보다 우선시해야 할 것은 없습니다. 『논어』와 『맹자』를 읽는 사람은 반드시 장마다 익숙하게 읽고 자신에게 절실하게 깊이 생각해야 합니다. 만약 그래도 그 의미를 파악하지 못했다면, 이전 유가들의 설명을 참고해서 그것을 밝혀야 합니다. 가령 이정선생이 친절하게 설명하고 있는 경우는 아주 익숙하게 보아서 경전의 글과 마찬가지로 마음속에서 외울 수 있어야 여기에 성찰의 공부

---

143) 【翼增】 강서의 선불교를 말한다.
144) 【翼增】 절강의 사학(史學)을 말한다.
　　【箚疑】 생각건대 여기에서 사학이라 말한 것은 동래를 가리키는 것 같다. 그러나 선생의 본 뜻은 세속적인 학문을 두루 칭하고 있다.

를 더할 수가 있을 것입니다. 강학에 참여해서 서로 밝혀주어야 하지만, 평상시 사태와 관계할 때나 사려가 드러나지 않을 때도 매번 성찰해야만 합니다. 나의 마음에도 흡족하고 성현들의 말에도 부합되는 착한 단서가 드러날 때는 힘써서 그것을 실천해야만 합니다. 나의 마음에도 부끄럽고 성현들의 가르침에도 어긋나는 나쁜 뜻이 드러날 때는, 과감하고 아주 신속하게 그것을 제거해야만 합니다. 대개 선을 보면 반드시 행해야 하고, 악을 들으면 반드시 제거해서 조금이라도 한가한 태도를 갖고 있지 않아야 학문을 하는 근본이 서게 될 것입니다. 다른 때에 남은 힘을 점점 가지게 될 것이고 그런 후에 여러 책들을 점차로 읽어 현재의 일에 두루 능통하게 되는 것도 아직 그렇게 늦은 일이 아닐 것입니다. 지금 미리 잘못된 계책이 아닐까 우려해서 앞과 뒤의 순서를 잃어서는 안 될 것입니다. 만약 이것에 힘쓰지 않고 단지 본분에 의거해서 과오가 없는 사람만을 바란다면, 나날이 새로워짐에 나아갈 수 없을 뿐만 아니라 근거할 만한 근본도 없게 되어 본분에 의거해서 과오가 없을 수도 없게 될 것입니다.

직접 만나 이야기할 수가 없어서 이렇게 만일의 일에 대해 써 보내니, 시험 삼아 생각해보시면 다행이겠습니다. 이 서신은 다른 사람에게 보여주지 마십시오. 그렇지만 숙화[林蕭], 기도(幾道)[145) 그리고 임용중(林用中)형제[146)들과 같은 여러 사람들은 반드시 알아야만 할 것입니다.

所示前此蓋嘗博求師友, 而至今未能有得, 足見求道懇切之意. 以熹觀之, 此殆師友之間所以相告者, 未必盡循聖門學者入德之序, 使賢者未有親切用力之處而然耳. 大抵聖人之教, 博之以文, 然後約之以禮, 而大學之道, 以明明德爲先, 新民爲後. 近世語道者, 務爲高妙直截, 旣

---

145) 조사연(趙師淵) : 자는 기도(幾道), 호는 눌재(訥齋)이며, 대주(臺州) 황암현(黃岩縣) 출신이다. 송나라 종실인 연왕(燕王)의 후손이다.
146) 임용중(林用中)과 임윤중(林允中)이다.

無博文之功, 而所以約之者, 又非有復禮之實, 其工於記誦文詞之習者,
則又未嘗反求諸身, 而囂然遽以判斷古今, 高談治體自任, 是皆使人迷
於入德之序, 而陷于空虛博雜之中, 其資質敦篤慤實, 可以爲善, 而智
識或不逮人者, 往往尤被其害, 此不可不察也. 爲老兄今日之計, 莫若
且以持敬爲先, 而加以講學省察之助. 蓋人心之病, 不放縱卽昏惰, 如
賢者必無放縱之患, 但恐不免有昏惰處. 若日用之間, 務以整齊嚴肅自
持, 常加警策, 卽不至昏惰矣.

　講學莫先於論孟, 而讀論孟者, 又須逐章熟讀, 切己深思, 不通, 然後考
諸先儒之說以發明之. 如二程先生說得親切處, 直須看得爛熟, 與經文一
般, 成誦在心, 乃可加省察之功. 蓋與講學互相發明, 但日用應接思慮隱
微之間, 每每加察. 其善端之發, 慊於吾心, 而合於聖賢之言, 則勉厲而力
行之. 其邪志之萌, 愧於吾心, 而戾於聖賢之訓, 則果決而速去之. 大抵見
善必爲, 聞惡必去, 不使有頃刻悠悠意態, 則爲學之本立矣. 異時漸有餘
力, 然後以漸次讀諸書, 旁通當世之務, 蓋亦未晚. 今不須預爲過計之憂,
以失先後之序也. 若不務此, 而但欲爲依本分無過惡人, 則不惟無以自進
於日新, 正恐無本可據, 亦未必果能依本分無過惡也.

　無由面諭, 故此布萬一, 幸試留意焉. 此紙勿以示人, 但叔和幾道及
林兄昆仲諸人, 亦不可不知耳.

　● '정제엄숙'으로써 『논어』와 『맹자』를 읽으라는 것은 바로 '실천을
우선하고 앎을 뒤로 한다'는 것이다. 성찰하고 확충함으로써 근본을 세
운 뒤에 점점 여러 책들을 읽어서 세상의 일에 능통한 것도 또한 '실천
을 우선하고 앎을 뒤로 한다'는 것이다. 서신 끝에 "다른 사람에게 보여
주지 말라"는 말이 나오는데, 이때는 주자 만년에 위학을 금지했던 시
기였기 때문이다.

　整齊嚴肅以讀論孟, 卽是先行後知, 省察擴充以立本, 然後漸讀諸書
以通世務, 亦是先行後知也. 書末有勿以示人之語, 當是晚年禁僞學時.

임숙화147)에게 답하다[答林叔和] 1148)

　'학문의 본말'에 대한 가르침에서 그대의 훌륭한 뜻을 충분히 볼 수 있습니다. 일찍이 현재의 선배 유학자들이 학문을 논의할 때 처음에는 그다지 다르지 않았지만, 자신을 지나치게 중시하고 다른 사람의 논의에서는 조금도 얻을 바가 없다고 말했기 때문에 크게 달라지게 된 것입니다. 마침내 각각 자신들의 학파들을 만들고 상호비방해서 학자들로 하여금 보고 듣는 것을 당혹스럽게 만들어 무엇을 따라야 할지 모르도록 하였던 것입니다. 제 생각으로는 이것은 타인과 자신을 공평하게 보고 공평한 태도로서 여러 학파들의 장점을 아울러 취하여 자신의 장점으로 만드는 것만 못합니다. 자신에게 절실한 것149)을 선택해서 먼저 힘을 쓰고 아직 미치지 못하는 것150)을 옆에 두어 보존하다가 힘쓸 바를 기다려 진실로 들어갈 실마리가 있게 되면 그 다음으로 정밀하고 자세하게 연구해서 한 가지 일이라도 버려두지 않아야 잘 배우는 자라고 할 만한 것입니다. 자신을 옳다고 하고 다른 사람은 그르다고 하거나 자신의 마음에 부합되는 것은 중시하고 자신의 마음에 부합되지 않는 것을 천하게 여겨서는151) 안 될 것입니다.

　示喩爲學本末, 足見雅志. 嘗觀當世儒先論學, 初非甚異, 止緣自視太過, 必謂他人所論一無可取, 遂致各立門戶, 互相非毀, 使學者觀聽惶惑, 不知所從. 竊意莫若平視彼己, 公聽並觀, 兼取衆長以爲己善, 擇其切於己者, 先次用力, 而於其所未及者, 姑置而兩存之. 俟所用力, 果有一入頭處, 然後以次推究, 纖悉詳盡, 不使或有一事之遺, 然後可謂

---

147) 임정(林鼐) : 자는 숙화(叔和), 초려(草廬)선생으로 불렸다.
148) 『朱熹集』 권49-20, 1183(54세).
149) 【節補】 성현의 학문을 말한다.
150) 【節補】 선불교와 사학(史學)을 말한다.
151) 『原道』.

善學, 不可遽是此而非彼, 入主而出奴也.

🌑 백화와의 서신152)은 주자 만년의 경원당금153)의 시기에 쓰인 것
인데,154) 서신 끝부분에 숙화를 언급하고 있는 것으로 보아 숙화의 서
신도 또한 이 서신과 같은 시기에 쓰인 것이다. '자신의 학파를 세우는
것'을 주자가 경계한 것은 육자가 나춘백155)에게 보내는 서신의 뜻과
서로 같은 것이다.156)

與伯和書在晚年黨禁時. 書末亦及叔和, 則叔和書亦當同時矣. 戒立
門戶, 與陸子答羅春伯書相同.

진부중157)에게 답하다[答陳膚仲] 1158)

대개 여러 경전들의 문자는 옛날과 지금의 차이가 있고, 또 주석으로
인해 막히게 됩니다.159) 만약 이치에 밝지 못하고 의미에 정치하지 않

---

152)『朱熹集』권49−19「答林伯和」.
153) 경원당금(慶元黨禁)은 경원연간(1195~1200)까지 일어났던 주자학(朱子學) 탄압의
    사건이었다. 그 당시 재상으로 있던 한탁주(韓侂冑) 등이 권력을 놓고 조여우(趙汝愚)
    일파를 조정에서 몰아내려고 하였다. 조여우는 주자(朱熹)와 막역한 사이였고, 이것이
    결국 주자학(朱子學)을 거짓된 학문[僞學]으로 규정하며 탄압하게 만들었던 것이다.
    이런 탄압은 한탁주에 의해 추진되던 북벌이 실패한 후, 권신(權臣) 사미원(史彌遠)이
    집권을 하면서 가정연간(嘉定年間 : 1208~1224)에 풀리게 된다. 그렇지만 공식적으로
    탄압은 풀린 것 같지만, 사실 암암리에 주자학은 그 후로 오래 탄압을 받게 된다.
154) 진래는 1183년에 썼다고 주장한다(『朱子書信編年考證』221쪽).
155) 나점(羅點) : 자는 춘백(春伯), 숭인(崇仁) 출신이다. 순희(淳熙) 3년에 진사(進士)에
    합격하고 단명전학사(端明殿學士), 첨서추밀원사(簽書樞密院事) 등을 역임했다. 시호
    는 문공(文恭)이다. 육구연의 문인이다.
156)『陸九淵集』권13「여나춘백」.
157) 진공석(陳孔碩) : 자는 부중(膚仲), 북산선생(北山先生)이라 불렸다. 공숙(孔夙)의 아
    우이다.
158)『朱熹集』권49−24, 1178(49세).
159) **[翼增]** 한대 유학자들의 주석에 의해 막히게 된 것을 말한다.

아서 선택하기 어렵다면, 『논어』, 『맹자』, 『대학』, 『중용』을 읽는 것만 못할 것입니다. 이 경전들은 평이하고 명백하나 의미는 매우 심원하여, 사람들로 하여금 음미하고 생각하도록 하니 바로 당장 실천해도 좋을 것입니다. 육학(陸學)은 흡사 선불교와 유사한 곳이 있습니다. 저는 최근에 무주의 친구들160)이 견문의 지식에만 힘써서 자신의 몸과 마음에 대해서는 전혀 공부하지 않고 있다는 것을 알고 있습니다. 그러므로 저는 매번 학자들로 하여금 그 좋은 점을 더불어 취하라고 권고하고 있습니다. 마음과 몸을 점차로 단정하게 만들어야 의리에 대해서도 결단할 줄 알게 되는데, 우두커니 앉아 아무 일도 하지 않고 하루아침에 커다란 깨달음을 바라는 것이 아닙니다. 오도(吾道)가 쇠퇴하는 것은 바로 학자들이 각각 자신들의 치우침만을 지켜서 여러 장점들을 아울러 취할 수 없었기 때문입니다. 그래서 밝지도 못하고 실천하지도 못하는 폐단이 있게 된 것이니, 이것은 작은 일이 아닙니다.

大抵諸經文字, 有古今之殊, 又爲傳註障礙, 若非理明義精, 卒難決擇, 不如且讀論孟大學中庸, 平易明白, 而意自深遠, 只要人玩味尋繹, 目下便可踐履也. 陸學固有似禪處, 然鄙意近覺婺州朋友專事聞見, 而於自己身心全無功夫, 所以每勸學者兼取其善, 要得身心稍稍端靜, 方於義理知所決擇, 非欲其兀然無作, 以冀於一旦豁然大悟也. 吾道之衰, 正坐學者各守己偏, 不能兼取衆善, 所以終有不明不行之弊, 非是細事.

⚫ 북산은 처음에 장남헌과 여동래를 섬기다가 그 뒤에 주자를 섬기게 되었으므로, 이 서신은 만년에 속한다. 또 그는 가정 5년(1212) 광서의 전운판관(轉運判官)으로 처음 관직에 임용되었는데, 이때는 주자가 죽은 지 13년 뒤의 일이므로, 그 나이도 한참 뒤라고 할 수 있다. 이 서신은 학자들로

---

160) 【記疑】 여조겸(呂祖謙)의 사학(史學)을 추종하는 학자들.

하여금 육자의 학문도 아울러 쓰라고 권고하고 있다.

北山先事張呂, 後事朱子, 必在晩年. 且嘉定五年, 始任廣西運判, 距
朱子卒十三年矣, 其齒亦在後. 此書正勸學者兼用陸學.

진부중에게 답하다[答陳膚仲] 2[161]

"요새 여러 책을 반복하여 읽어서 마음을 수습하여 함양하는 데까지
이르고자 하였지만, 날마다 (이런 뜻을) 빼앗는 것들이 있어서 아직 그 효
과를 보지 못했다"고 보내주신 서신에서 말하고 있습니다. 이것은 매우
알 수 없는 것입니다. 대개 독서는 마음을 수습하는데 도움이 되는 하
나의 방법입니다. 그런데 지금 독서할 때 마음을 수습할 수 있지만 독
서하지 않을 때 사태에 의해 마음을 빼앗긴다면, 이것은 마음이 보존될
때는 적고, 마음이 나갈 때는 많다는 것을 말합니다. 어찌 독서할 때의
이런 공부를 독서하지 않을 때로 옮겨 공부해서, 움직일 때와 고요할
때 모두 올바르게 되고 이 마음이 어느 때이든 보존되지 않음이 없도록
하지 않으십니까? 함양공부라고 말하는 것은 눈을 감고 흙 인형처럼 된
후에 이것을 함양이라고 하는 것은 아닙니다. 단지 사태와 사물과 관계
할 때 이 마음을 잃지 않도록 해서 각각의 경우에 그 이치를 얻는 것일
뿐입니다. 여러 책에 대한 저의 주석들[162]은 우연히도 아직 정본이 있
지 않지만, 게으르게도 이것들을 보냅니다. 시험 삼아 생각해보시고, 만
약 여기에서 힘을 얻는다면, 주석을 보는 것보다 훨씬 더 나아지실 것
입니다.

來書云今日反復諸書, 以收心至涵養工夫, 日有所奪, 未見其效. 此

---

161) 『朱熹集』 권49-25.
162) 【節補】 선생이 여러 책들에 주해한 것이다.

又殊不可曉. 夫讀書固收心之一助, 然今只讀書時收其心, 而不讀書時
便爲事所奪, 則是心之存也常少, 而其放也常多矣. 且胡爲而不移此讀
書工夫向不讀書處用力, 使動靜兩得, 而此心無時不存乎? 然所謂涵養
功夫, 亦非是閉眉合眼, 如土偶人, 然後謂之涵養也. 只要應事接物, 處
之不失此心, 各得其理而已. 諸書解, 偶未有定本, 謾此奉報. 可試思
之, 若於此得力, 却遠勝看解也.

　　● 이 서신은 '방심(放心)을 수습하는 것'만을 논하고 있는데, 이것은
육자의 생각과 부합되는 것이다.
　　此書專論收放心, 合於陸子.

진부중에게 답하다[答陳膚仲] 6[163]

　　"집안 일이 번잡해서 학문을 하는데 방해가 되는 것을 우려하고 있
다"는 말을 받아보았지만, 이것은 진실로 어찌할 수 없는 일입니다. 그
렇지만 또 이곳이 바로 공부를 해야 할 실제적인 곳입니다. 그러나 매
사에 도리를 보고 쉽게 지나쳐서는 안 되고, 거듭 그 사이에서 평상시
의 문제점을 보고 통렬하게 그 문제점을 잘라낸다면, 학문의 방법에 이
보다 더 좋은 것이 있겠습니까? 만약 벗어나려는 마음을 일으켜 배척하
는 생각[164]을 낳게 된다면, 이치와 사태는 둘로 나누어져서 책을 읽어
도 소용이 없을 것입니다. 그렇지만 조금의 여유를 얻었을 때 한가롭게
앉아 이야기하면서 시간을 보내서는 안 됩니다. 반드시 시간을 내어[165]
작은 공부라도 하고 작은 글이라도 보아서 성현들이 말한 도리를 궁구

---

163)『朱熹集』권49－29, 1189(60세).
164) 【記疑】집안 일을 초탈하고 배척하는 것이다.
165) 【記疑】잠시 한가한 시간을 얻어 그것을 하는 것이다.

한다면 본원을 배양할 수 있고 나중에 가지와 잎들이 무성하게 자라기를 바랄 수 있을 것입니다.

承以家務叢委, 妨於學問爲憂, 此固無可奈何者, 然亦只此便是用功實地. 但每事看得道理, 不令容易放過, 更於其間見得平日病痛, 痛加剪除, 則爲學之道, 何以加此? 若起一脫去之心, 生一排遣之念, 則理事却成兩截, 讀書亦無用處矣. 但得少間隙時, 不可閑坐說話, 過了時日, 須偸些小功夫, 看些小文字, 窮究聖賢所說底道理, 乃可以培植本原, 庶幾枝葉自然張旺耳.

⊙ '집안 일이 번잡한' 곳이 바로 학문을 할 때 실제로 공부할 수 있는 곳이기 때문에 '진실로 어찌 할 수 없다'고 말했지만 또 "이곳이 바로 공부를 해야 할 실제적인 곳이다"고 말한 것이다. 단지 독서만을 첫째 공부로 생각했다면 실천하는 곳을 도리어 가볍게 본 것일 것이다. 때에 맞게 가르칠 때 일정한 업무가 반드시 있어야 하는데, 집안일을 처리하면서 배운다는 것이 이것이다. 물러나서 쉴 때 반드시 학문을 해야 하는데, 『예』와 『악』을 익히고, 『시경』과 『서경』을 암송하는 것이 이것이다. 사태가 있을 때는 사태에 따라 곧 배워야 하는 것이 공부인데, 진실로 시간을 내는 것을 기다릴 필요는 없다. 사태가 없을 때는 남은 힘으로 글을 배우는데, 이것도 또한 공부지만 억지로 시간 낼 필요는 없다. 그렇지만 "이치와 사태를 두 가지로 나누어서는 안 된다"는 말을 보면 주자는 이미 도의 모습을 보았고, 초년과 중년보다 훨씬 낫습니다. 진부중에게 보내는 네 번째 서신에서 이미 경원당금을 이야기하고 있는데, 방금 읽은 이 서신은 여섯 번째 서신이다.

家務叢委, 正是爲學用實功處, 乃云固無可奈何, 又云亦只此便是用功實地, 只爲要將讀書作第一層工夫, 故把行處反看得輕也. 時敎必有恒業, 家務中之學是也. 退息必有居學, 習禮樂誦詩書是也. 當有事時,

卽事卽學, 此卽工夫, 固不待偸. 當無事時, 餘力學文, 亦是工夫, 無庸
偸也. 然理事不可兩截之語, 已見道體, 勝初年中年遠矣. 答膚仲第四
書, 已及黨禁, 此第六書也.

등덕수166)에게 답하다[答滕德粹] 11167)

보여주신 질문은 매우 자세하여 다 갖추었습니다. 대개 관리는 청렴
하고 백성들을 사랑하는 것을 급선무라고 여겨야 하지만, 그 나머지 일
들은 미리 논의하기는 어려운 것입니다. 다행히도 사명산168)에 많은 현
명한 지식인들이 있어서 교류할 만합니다. 의심이 나는 것을 물어서 해
결할 수 있을 뿐만 아니라 학문을 하고 자신을 닦는데 도움을 얻을 수
있을 것입니다. 제가 아는 사람으로는 양경중(楊簡),169) 쌀 창고 담당관
리이던 여자약(呂祖儉)이 있고, 제가 그 명성을 들은 사람으로는 심정국
(沈煥),170) 원화숙(袁燮)171)이 있는데, 그곳에 가면 이들 모두 교유할 만
한 사람들일 것입니다.

示問曲折具悉. 大抵守官且以廉勤愛民爲先, 其它事難預論. 幸四明多
賢士, 可以從遊, 不惟可以咨決所疑, 至於爲學修身, 亦皆可以取益. 熹所識
者楊敬仲(簡)呂子約(監米倉)所聞者沈正國(煥)袁叔和(燮), 到彼皆可從游也.

---

166) 등린(滕璘, 1154~1233) : 자는 덕수(德粹), 호는 계재(溪齋)이며, 휘주(徽州) 무원현
(婺源縣) 출신이다. 주회의 그의 아버진인 등수(滕洙)의 묘지명을 쓴다.
167) 『朱熹集』 권49-40, 1184(55세).
168) [標補] 경원부(慶元府) 은현(鄞縣)에 있는 산 이름이다.
169) 양간(楊簡, 1101~1226) : 자는 경중(敬仲), 자호(慈湖)선생이라고 불렸으며, 시호는
문원(文元)이고, 경원부(慶元府) 자계현(慈溪縣) 출신이다.
170) 심환(沈煥, 1139~1191) : 자는 숙회(叔晦), 호는 정천(定川), 시호는 단헌(端憲)이고,
경원부(慶元府) 정해현(定海縣) 출신이다.
171) 원섭(袁燮, 1144~1224) : 자는 화숙(和叔), 혈재(絜齋)선생이라 불렸다.

🔹 덕수는 순희 8년(1181) 진사시험에 급제해서 은현위를 제수받는데, 이때 주자의 나이는 52세였다. 이 서신은 육자의 제자인 양간·심환·원섭을 현명한 지식인들이라고 하면서 등린으로 하여금 그들과 교유하도록 해서 학문을 하는 것과 자신을 닦는데 도움을 얻을 수 있다고 말하고 있다. 거짓되게 주자를 추종하는 자들은 주자에게 "조목조목 그 문인들을 공박했다"는 한 마디의 말이 있다고 해서 육자를 싸잡아 비판하는데, 이런 사람들은 육자를 모를 뿐만 아니라 주자를 아는 자일 수 있는가? "조목조목 논박했다"는 말은 57세(1186) 때 주자가 쓴 정정사에게 보내는 열다섯 번째 서신에 보인다. 그렇지만 열여덟 번째 서신에서 주자는 이미 "논쟁이 도움이 되지 않는다"고 후회하고 있었다.

德粹中淳熙八年進士, 授鄞縣尉. 朱子是年五十二歲. 此書以陸子弟子楊沈袁爲賢士, 令德粹從之遊, 爲學修身皆可取益. 而妄附於朱子者, 因朱子有鳴鼓攻其門人一語, 倂漫詆陸子, 不惟不知陸子, 亦豈知朱子者哉? 鳴鼓云云, 見朱子五十七歲答程正思第十五書. 然第十八書, 卽已誨競辨無益矣.

등덕장[172]에게 답하다[答滕德章] 3[173]

그대가 가을의 과거시험에서 합격하지 못한 일은 친구들이 모두 안타까워하는 바입니다. 그렇지만 벼슬에 늦게 나아가고 일찍 나아가는 데에는 때가 있으니 깊이 생각할 필요는 없고, 마땅히 힘을 다해 공부해서 자신을 닦는 것을 급선무로 생각해야 할 것입니다.

육자정이 사람들을 가르칠 때 흩어지고 어지러운 학자들의 몸과 마

---

172) 등공(滕珙) : 자는 덕장(德章)이며, 등린(滕璘)의 아우이다. 형 등린과 함께 주자의 문하에서 수학하였다. 1187년에 진사가 되고, 『朱子經濟文衡』을 출판한다.
173) 『朱熹集』 권49—44, 1184(55세).

음을 수렴하도록 하는데, 매우 효과가 있는 것입니다. 그렇지만 강학의 방향도174) 또한 느슨하게 할 수 없는 것입니다. 마땅히 두 방향에서 나아질 수 있어야 훌륭한 것입니다. 저는 병이 든 이후에 쇠약해져서 글을 볼 수 없고, 다만 병이 재발할까 마음을 졸이고 있을 뿐입니다. 후배들은 세밀하고 민첩하니 마땅히 공부에 힘쓰고 저를 범례로 삼아서는 안 될 것 같습니다.

吾友秋試不利, 士友所歎. 然淹速有時, 不足深計, 且當力學修己爲急耳.

陸丈教人於收歛學者散亂身心, 甚有功. 然講學趣向, 亦不可緩, 要當兩進乃佳耳. 熹病餘衰耗, 不敢看文字, 恐勞心發病耳. 後生精敏, 且當勉學, 未可以此爲例也.

⑳ 덕장을 가르칠 때 육자가 학자들의 몸과 마음을 수렴하는데 매우 효과가 있었다는 것을 언급하고 있는 것으로 보아, 주자 만년의 견해가 육자와 서로 부합된다는 것을 충분히 알 수 있다. 다만 60세 이전에는 아직도 『사서장구』의 견해를 벗어나지 못했다. 이 서신은 세 번째 서신인데, 덕장에게 주는 두 번째 서신에는 『대학해』를 수정할 때 "조금은 조리가 있게 되었다"는 구절이 나온다. 60세에 이르러 이 책은 완성된다. 네 번째 서신은 장남헌과 여동래의 글을 편집했다는 것을 언급하고 있고, 다섯 번째 서신은 황제와의 대면을 이야기하고 있다. 덕장은 순희 14년(1187)에 진사가 되었던 사람인데, 이것은 장남헌과 여동래가 이미 죽은 뒤의 일이다. 이 서신에는 또 "가을 과거시험에 합격하지 못했다"는 말이 나오는 것으로 보아 주자 나이 60세 이전의 글이라는 것을 알 수 있다. 그렇지만 이 서신에서 육자에 대해 말하는 것을 보면, 덕장이

---

174) 【箚疑】 육자정이 오로지 지수에만 힘쓰고 강학에 힘쓰지 않기 때문에 이렇게 말한 것이다.

일찍이 육자에게 배웠다는 것을 알 수 있다.

敎德章稱陸丈以收斂學者身心甚有功,　足知晩年所見之相合矣.　第
在六十歲以前, 尙未離章句之見. 蓋此書第三書也. 與德章第二書有云,
脩訂大學解稍有條理, 至六十歲則書成矣. 第四書及編張呂文字, 第五
書言其廷對, 蓋德章爲淳熙末年進士, 在張呂已卒之後. 此書尙有秋試
不利之語, 故知在朱子六十歲前也. 然觀陸丈云云, 則德章亦曾從學於
陸子矣.

등덕장에게 답하다[答滕德章] 6[175]

살고 계신 현(縣)이 치우치고 관직이 낮으니 일이 적으리라 생각합니
다. 하지만 빚을 탕감하고 문서를 베끼는 일은 관계된 바가 가볍지 않
으니 진정 당연히 소홀히 해선 안 됩니다. 한가한 날[176]에는 무슨 책을
읽고 무슨 일을 하는지요? 그런데 학문에는 다른 기교가 없으며, 단지
마음 지키기를 순수하고 굳건히 하여 강독을 정밀하고 익숙하게 할 뿐
입니다. 두 가지 일 모두 집중하고 지속하는 것을 공으로 삼으며 변덕
스럽게 단절하면 패하게 되니 깊이 유념하지 않을 수 없습니다. 안정(安
定)[177]의 시는 예전에 보지 못한 온화함과 평화로움을 담고 있으니 진
정 덕을 가진 사람의 말입니다.

縣僻官卑, 想亦少事. 然勾銷簿鈔, 所繫不輕, 政自不可忽也. 暇日讀

---

175) 『朱熹集』 권49－47, 1187(58세).

176) **【記疑】** 아마도 관직에 있으면서 한가할 때를 말한 것 같다.

177) 호원(胡瑗, 993~1059) : 자는 익지(翼之)이며, 태주(泰州) 해릉현(海陵縣) 출신이다.
　　호원이 태학을 관장하고 있었을 때, '안자소호하학(顔子所好何學)'이란 주제로 여러
　　학생들에게 시험을 보았다. 그중에 이천의 답안지를 보고 크게 놀라며, 학관(學官)의
　　직책을 이천에게 맡기도록 추천하기도 했다.

何書, 作何事? 然學問別無他巧, 只要持守純固, 講誦精熟耳. 兩事皆以專一悠久爲功, 二三間斷爲敗, 不可不深念也. 安定詩舊所未見, 溫潤和平, 眞有德之言也.

🔵 '빚을 탕감하고 문서를 베끼는 일'은 곧 학문이며 이른바 '지수(持守)'는 여기에 있는 것이니 대개 관직을 담당하는 학문이다. 주자는 이때 바로 60세 전후인데 학문을 언급하게 되면 반드시 지수를 앞세우고 강독을 뒤로 했으니 점차 자신에게 절실하고 내면에 가까운 바를 깨달았던 것이다. 다만 '두 가지 일'이라고 지적한 것은 그 깨달은 바가 아직 혼융하지 못할 뿐이다.

勾銷簿鈔卽是學, 所謂持守, 卽在于此, 蓋當官之學也. 朱子此時正在六十歲前後, 語及學問, 必以持守居先, 講誦居後, 漸覺切己近裏. 但指爲兩事, 則其所見尙未渾融耳.

반문숙[178]에게 답하다[答潘文叔][179]

학문하는 이로움과 해로움에 대한 가르침은 매우 상세합니다. 이미 이와 같이 알고 있다면, 곧 진실하게 공부하여 그 올바른 곳에 나아가고 그 잘못된 바를 제거해야 합니다. 그러기를 오래하면 저절로 힘을 얻게 될 것이니, 진정 이처럼 논의하고 비교하면서 도리어 쓸데없는 말을 이뤄 자기 일에 이익이 없도록 해서는 안 됩니다. 하물며 그 말하는 내용이 왔다 갔다 하면서 얼기설기 얽혀 종일 힘만 쓰고 있지만 실제로는 공부하지 않아, 단지 이처럼 의혹을 내버려두고서[180] 시간만 보내

---

178) 반우문(潘友文): 자는 문숙(文叔)이며, 무주(婺州) 금화현(金華縣) 출신이다.
179) 『朱熹集』 권50-2, 1186(57세).
180) 【記疑】 담각(擔閣)은 내버려 둔다는 의미이다.

고 있으니 매우 애석합니다. 예전에 자약의 서신이 온 것을 보았는데 이와 같은 부분이 많아 통렬하게 그것을 말한 적이 있습니다. 근래에 비로소 손을 내어 앞을 향해 몇 걸음 갈 수 있게 되었으니, 비록 반드시 모두 옳지는 않지만 또한 이처럼 의혹에 빠져서 망설이는 경우는 면하였습니다.

앎과 실천의 설명에서 아마도 옛 사람이 말한 '지'자는 이와 같지 않을 것입니다. 『대학』에서 말한 격물치지[181]는 곧 사물에 나아가 본래의 자연스럽고 당연한 이치를 궁구해서 본심·지각의 체가 빛나고 두루 통하여 비추지 않는 바가 없을 뿐입니다. 이것은 세상을 등지고 면벽 정좌하며, 순간에 엿본 자기 마음의 신비한 광경을 천명의 온전한 본체로 여기는 것[182]이 아닙니다. "바퀴를 깎고 말을 감별한다"[183]는 설은 역시 이런 병폐가 있습니다. 서신 말미에서 말한 '잘못된 증거'는 이미 있는 듯하니 곧 구체적인 것에 나아가 일체 공허한 것을 제거하고 일상 생활에서 점차 표준을 세워 착실하게 공부하는 것이 절실하고 마땅합니다. 이처럼 터무니없이 생각하면서 시간을 보내서는 안 됩니다.

所喩爲學利病, 至纖至悉. 旣知如此, 便當實下功夫, 就其所是, 去其所非. 久之自然有得力處, 正不必如此論量計較, 却成空言, 無益己事

---

181) '격물치지(格物致知)'는 육구연(陸九淵)이 '번잡하고 산만하다[支離]'고 혹평했던 주자의 수양론 중 하나이다. '격물치지'는 글자 그대로 '외부의 사태에 나아가 내면의 앎을 이룬다'는 의미이다. 주체 자신의 마음의 본성을 회복하기 위해서 주자는 사물과 사태, 성인들의 경전, 평상시의 인간 관계에서 발견되어지는 이치[理]를 찾아야 한다고 했다. 왜냐하면 주자 철학체계에 있어서 '본성은 이치와 같은 것[性卽理]'이기 때문이다. 이것이 '격물치지(格物致知)' 공부의 핵심이다. 이런 과정을 마친 상태를 주자는 '활연관통(豁然貫通)'이라고 묘사하고, 구체적으로 이 상태를 "모든 사물의 겉과 안, 그리고 정밀한 것과 거친 것에 이르지 못함이 없게 되며, 내 마음의 온전한 본체와 커다란 작용이 밝혀지지 않음이 없는[衆物之表裏精粗無不到, 而吾心之全體大用無不明矣](『大學章句』)" 상태라고 규정한다.

182) 【箚疑】 이것은 선가의 앎이다.

183) 『莊子』 「達生」.

也. 況其所說, 一前一卻, 纏綿繳繞, 終日勞攘, 更不曾得下功夫, 只如此疑惑擔閣, 過却日時, 深爲可惜. 向見子約書來, 多是如此, 嘗痛言之. 近日方覺撒手向前, 行得數步, 雖未必盡是, 且免如此遲疑惶惑, 首鼠兩端也.

知行之說, 恐古人說知字不如此. 大學所謂格物致知, 乃是卽事物上窮得本來自然當然之理, 而本心知覺之體, 光明洞達, 無所不照耳. 非是回頭向壁隙間, 窺取一霎時間己心光影, 便爲天命全體也. 駃輪相馬之說, 亦是此病. 紙尾所謂壞證者, 似已有之, 切宜便就脚下一切掃去, 而於日用之間, 稍立程課, 著實下工夫. 不要如此胡思亂量, 過却日子也.

⦿ 이 서신에서 말한 내용은 육자가 사람들에게 실천을 위주로 하는 설을 가르치고 다시 독서와 강론을 공부로 여기지 않은 것과 부합한다. 문숙은 주자가 죽은 후 20여 년이 지나 가정(嘉定) 연간에 복건의 차와 소금을 관리하였으니[184] 이 서신이 만년의 논의라는 건 확실하다. 또한 주자가 자약을 논박하는 말은 모두 백공이 이미 죽은 이후에 있다. 이 서신은 주자가 문숙의 서신에 답한 첫 번째 서신인데 자약을 논박하는 말에 미쳤다. 무릇 문숙의 서신은 모두 만년이다.

此書所言, 乃合於陸子敎人以踐履爲主之說, 不復以讀書講論爲工夫也. 文叔至朱子沒後二十餘年, 嘉定間提擧福建茶鹽, 則此書爲晚年之論無疑. 又朱子駁子約語, 俱在伯恭旣沒之後. 此是朱子答文叔書第一首, 卽及駁子約語. 凡文叔書, 皆晚年也.

---

184) 반우문(潘友文)의 직책이 제거복건상평다염공사(提擧福建常平茶鹽公事)임을 말한다.

반문숙에게 답하다[答潘文叔] 2[185]

"언뜻 깨닫게 된다"[186]는 설에 대해서는 이전 서신에서 이미 들었던 듯합니다. 『상서』에는 또한 다른 설명이 없습니다. 단지 마음을 비우고 기운을 고르게 해서 그 의심스러운 바를 빠뜨리고 역량을 맞게 봐서 마음에 젖어들게 하면 곧 저절로 힘을 얻는 곳이 있을 것입니다. 모름지기 미리 계산해서 반드시 혁혁한 가까운 공효를 구하려 해서는 안 됩니다. 근래에는 또한 제가의 설을 정돈하여 백공의 「시설」을 모방하여 하나의 글을 지으려 하였는데, 제 성품이 편협하여 두루 포용할 수 없었으니 아마도 다소의 어지러움을 면하지 못할 뿐입니다. 『시경』 역시 다시 보았는데 구설에 적당하지 못한 점이 많아서 쓸데 없는 부분을 깎아 내고 고쳐서 따로 하나의 소책자[187]를 만들었으니, 간략하여 쉽게 읽을 수 있을 것입니다. 만일 상세하게 고찰하고자 한다면, 백공의 책이 있습니다. 『대학』의 격물(格物)과 『중용』의 명선(明善)에 대해 근래 비로소 친절하게 볼 수 있게 되었는데 서로 멀어서 마주 대하고 논할 수 없음을 한스러워할 뿐입니다.

瞥然知見之說, 前書似已奉聞矣. 尙書亦無他說. 只是虛心平氣, 闕其所疑, 隨力量看敎浹洽, 便自有得力處, 不須預爲較計, 必求赫赫之近功也. 近亦整頓諸家說, 欲放伯恭詩說作一書, 但鄙性褊狹, 不能兼容曲狗, 恐又不免少紛紜耳. 詩亦再看, 舊說多所未安, 見加刪改, 別作一小書, 庶幾簡約易讀. 若詳考, 卽自有伯恭之書矣. 大學之格物, 中庸之明善, 近日方亦看得親切, 恨相遠無由面諭耳.

---

185) 『朱熹集』 권50-3, 1186(57세).

186) **[箚補]** '별연지견(瞥然知見)'은 이전 서신에서 일삽시간이심광영(一霎時間已心光影)라고 말한 것이다.

187) **[翼增]** 선생이 저술한 것 가운데 『詩序辨』 한 권이 있는데, 아마도 이것을 가리키는 듯하다.

⊙ 주자는 만년에 여러 서적을 정돈하면서 "구설(舊說)에 적당하지 못한 점이 많다"고 하였는데도, 배우는 사람들이 주자의 해석에 대해 한 터럭만큼이라도 감히 어긋나지 못하니 주자를 잘 배우는 사람들이 아닐 것이다. 『대학』과 『중용』 안에서 격물(格物)은 단지 지본(知本)이고 명선(明善)은 단지 입예(立豫)인데,[188] 주자가 나중에 깨달은 바가 진정 이와 같은지는 모르겠다. 그런데 현재 통용되는 『장구』의 해석은 아직 옳지 않다.

朱子晚年整頓諸書, 謂舊說多所未安, 而學者於朱子所解, 一毫不敢參差, 恐非善學朱子者也. 學庸內格物只是知本, 明善只是立豫, 不知後來所見果如是否? 然見在行世章句所解, 則未安也.

반문숙에게 답하다[答潘文叔] 4[189]

"책을 읽고 도(道)를 구하며 깊이 생각하고 힘써 행한다"고 가르쳐 주신 뜻은 매우 소망하는 바입니다. 하지만 아직 일상에서 명백하게 공부하고 시간을 따라 점차 진보하는 자리에 들어감을 깨닫지 못하고, 단지 감히 외면을 향해 달려가 구하지 않으며 쓸데없는 말을 하며 알음알이 하지 않는다고 말할 뿐이니, 아마도 단지 헛되이 세월을 보내면서 영원히 진실한 곳에 이르지 못할 것입니다.

관직임기가 다되어[190] 방문이 허락되었으니 머지 않아 얼굴을 맞대고 세세하게 논의할 수 있을 것입니다. 다만 세월은 물 흐르듯이 하니 짧은 시간도 애석합니다. 이미 이 때문에 스스로 탄식했는데 또한 인물

---

188) 『中庸』 20장. '범사예측현불예측폐(凡事豫則立不豫則廢)'.
189) 『朱熹集』 권50―5, 1186(57세).
190) **[翼增]** 『一統志』에 따르면 반문숙은 1174년부터 1189년까지 평향의 도위였는데, 마을의 선비들을 깨우쳐 사창을 세우게 하였다고 한다. 주희는 기억하면서 말한 것들은 모두 이때에 대한 것이다.

과 세도를 근심하지 않을 수 없습니다.

所喩讀書求道, 深思力行之意, 深慰所望. 然殊未見常日端的用功, 及逐時漸入進步之處, 而但說不敢向外馳求, 不作空言解會, 恐又只成悠悠度日, 永不到眞實地頭也.

承許官滿見訪, 會面非遠, 當得細論. 但歲月如流, 光陰可惜. 旣以自歎, 又不能不以人物世道爲憂也.

🌑 "명백하게 공부하고 시간을 따라 진보한다"는 말은 이미 오직 실천에 힘쓰라고 한 육자의 가르침과 부합한다.

端的用功, 逐時進步, 已合於陸子專務踐履之敎.

반단숙191)에게 답하다[答潘端叔] 2192)

자약의 자세한 사정에 대해 일러주신 내용193)은 상당히 적당하였습니다. 그가 지키는 바는 진정 의심할 바 없으나 그 논의는 매우 괴이하여 학자들이 서로 이끌면서 도의의 길을 버리고 공리(功利)의 영역으로 달려가고 인의를 막고 금수를 몰아 사람을 잡아먹게 하니 작은 병이 아닙니다. 그러므로 힘을 다해 이 점을 개진하지 않을 수 없었습니다. 그 지키는 바로 말하자면 본디 타당치 않음이 있으며, 만일 그 의논에 근거한다면 또한 이런 지경에 이르지 않을 수 없습니다.

그대께서 구하신 『논어혹문』이란 이 책은 오랫동안 공부하여 고친 바가 없으며, 단지 『집주』만 계속 고쳐서 이 책은 도리어 『혹문』과 앞

---

191) 반우단(潘友端) : 자는 단숙(端叔)이며, 무주(婺州) 금화현(金華縣) 출신이다.
192) 『朱熹集』 권50−7, 1185(56세).
193) 【簡疑】 단숙이 자약이 자세하게 논한 것을 선생에게 보여준 것이다.

뒤가 서로 상응하지 않습니다. 산 속에 기록할 사람이 없어 부치지 못했습니다. 그대가 단지 구본(舊本)194)을 보면서 온당치 못한 곳이 있으면 자세하게 깨우쳐 주셔서 도리어 바로잡게 되었습니다.

올해 모든 글을 한 번 고쳤는데『대학』에서 고친 점이 더욱 많아 구본에 비해 이미 지극히 상세하고 치밀합니다. 다만 장래에 이해한 것이 어떻게 변할지 알지 못하겠습니다. 의리는 끝이 없고 정신은 한계가 있으니, 또한 그 당시 성현은 어쩌면 이처럼 온당하고 정밀하여 허점이 없을 수 있었는지 알지 못하겠습니다.

示喩子約曲折, 甚當. 渠所守固無可疑, 但其論甚怪, 敎得學者相率而舍道義之塗, 以趨功利之域, 充塞仁義, 率獸食人, 不是小病. 故不免極力陳之. 以其所守言之, 固有過當, 若據其議論, 則亦不得不說到此地位也.

承需論語或問, 此書久無功夫修得, 只集注屢改不定, 却與或問前後不相應矣. 山間無人錄得, 不得奉寄. 可只用舊本看, 有不穩處, 子細喩及, 却得評量也.

今年諸書都修得一過, 大學所改尤多, 比舊已極詳密. 但未知將來看得又如何耳. 義理無窮, 精神有限, 又不知當年聖賢, 如何說得如此穩當精密, 無些滲漏也.

● 주자가 자약의 학문을 논박한 것은 모두 만년의 일이다. 하지만 "『대학』에서 고친 점이 더욱 많다"고 하였으니 현재 통용되는『장구』와 어떻게 다른지 모르겠다.

朱子駁子約之學, 俱是晚年之事. 然謂大學所改尤多, 不知與見行章句異同何如也?

---

194)【簡疑】구본(舊本)은『大學或問』의 옛날 본을 말한다.

반단숙에게 답하다[答潘端叔] 3[195)]

지수와 성찰이 단절하지 않도록 하면 일상생활에서 자기도 모르게 저절로 힘을 얻게 됩니다. 『예기』는 모름지기 『의례』와 서로 참고해서 하나의 책으로 만들어야 비로소 보기에 좋을 것입니다. 중간에 백공은 문인들로 하여금 그렇게 시켰습니다. 근래 노덕장(路德章)이 두 편으로 편찬한 것[196)]을 보았는데 자못 체계가 있었습니다. 하지만 그들은 또한 이것에만 모든 힘을 들였지 자신을 반성하는 일에는 전혀 자득하는 곳 이 없었으니, 또한 헛되이 낭비하는 공부일 뿐이라고 느낍니다.

持守省察, 不令間斷, 則日用之間, 不覺自有得力處矣. 禮記須與儀禮相參, 通作一書方可觀, 中間伯恭令門人爲之. 近見路德章編得兩篇, 頗有次弟. 然渠輩又苦盡力於此, 反身都無自得處, 亦覺枉費工夫爾.

⬤ 『예서』[197)]의 편찬은 주자의 가장 만년 때 일이다. 대략 규모를 정 하였지만 책을 이루지 못한 채 죽었다. 지금 이 서신에서 『예서』의 편 찬을 논하면서 단숙에게 지수와 성찰로 힘을 얻게 되길 가르치고 오직 책을 편찬하는 일은 헛되이 낭비하는 공부라고 하였다. 이는 만년의 정 론으로서 육자과 부합하지 않는 내용이 없다.

修禮書是朱子最晩年事. 粗定規模, 未及成書而卒. 今此書論修禮, 而所以敎端叔者, 以持守省察者爲得力, 而以專事修書爲枉費工夫. 蓋晩年定論, 無不與陸子合也.

---

195) 『朱熹集』 권50-8, 1186(57세).
196) 【箚疑】 『禮記』와 『儀禮』를 하나로 정비한 것을 말하는데, 그래서 편찬한 것이 두 편이라고 한 것이다.
197) 『예서』는 『儀禮經傳通解』를 말한다.

반공숙[198]에게 답하다[答潘恭叔] 5[199]

학문의 근본은 일상생활에 있습니다. 지경(持敬)과 집의(集義) 공부는 바로 늘 성찰하는 것이며, 독서를 통해 의미를 구하는 것은 곧 그 가운데 한 가지 일일 뿐입니다. 예전부터 비록 이러한 의미를 알았지만, 완급과 선후[200]의 사이에서 끝내 순서가 바뀐 곳이 있다는 것을 깨닫지 못해 사람들을 적지 않게 그르쳤는데, 지금에서야 스스로 뉘우칠 뿐입니다. 「시설」[201]에는 이미 그 밑에 주를 달았는데,[202] 옳은지 자세하게 말씀해주십시오.

대저 요즘 배우는 사람들의 폐단은 너무 고원하고 너무 잡다한 것을 애써 말하는 것일 뿐입니다. 그와 같으면, 단지 생각의 실마리가 너무 번거로워져서, 도무지 완미하는 공부가 없으며, 성현의 본래 뜻을 잃어버릴 뿐만 아니라 일상생활에서의 실제적인 공부를 분리하게 되니, 경계하지 않으면 안 됩니다.

『의례』는 이미 고요[203]의 범씨에게 부쳐 보냈는데, 지금쯤 이미 도착하지 않았는지요? 이러한 공부는 아마도 남은 힘이 있으면 해야 하지만, 실질적인 함양성찰의 공부보다 더해서는 안 됩니다.

學問根本, 在日用間. 持敬集義工夫, 直是要得念念省察, 讀書求義, 乃其間之一事耳. 舊來雖知此意, 然於緩急先後之間, 終是不覺有倒置處, 誤人不少, 今方自悔耳. 詩說已注其下, 亦未知是否, 更告詳之.

---

198) 반우공(潘友恭): 자는 공숙(恭叔)이며, 반우단(潘友端)의 아우이다.
199) 『朱熹集』 권50-14, 1186(57세).
200) [節補] 지경(持敬)과 집의(集義)가 급하고 우선해야 될 일이고, 독서(讀書)와 구의(求義)는 완만해서 나중에 해야 될 일이다.
201) [記疑] 공숙의 설이다.
202) [翼增] 선생께서 그 설 아래에 주를 단 것이다.
203) [翼增] 고요는 현의 명칭이다(지금의 광동성 조경시(肇慶市)).

大抵近日學者之弊,　苦其說之太高與太多耳.　如此,　只見意緒叢雜,
都無玩味工夫, 不惟失却聖賢本意, 亦分却日用實功, 不可不戒也.

　儀禮已附高要范令去, 不知今已到否?　此等功夫,　度有餘力乃可爲,
不可使勝却涵養省察之實也.

　● 이 서신의 의미는 모두 육자의 설과 같아서 '부절이 서로 부합한
다'고 말할 수 있다. 서신 말미에는 『의례』를 편수했다는 설이 있으니
주자 만년 때의 일이다.

　此書之意,　全與陸子之說同,　所謂符節相合也.　篇末有修儀禮之說,
乃朱子最晩年事.

반공숙에게 답하다[答潘恭叔] 8[204]

　'경'이라는 한 글자는 모든 선의 근본이며, 함양성찰과 격물치지 등
의 각종 공부가 모두 여기에서 나와야 비로소 근거할 것이 있게 됩니다.
평소 강학할 때, 이것을 알지 못하는 것은 아니지만, 지금에서야 보면
볼수록 자세하고 정확하다는 것을 깨달을 뿐입니다. 바라건대, 더욱 노
력해서 먼 곳에 있는 저에게도 위로가 되었으면 합니다.

　『예기』를 이와 같이 편집한 것은 매우 좋습니다. 다만 너무 취사선택
을 해서 글은 짧지만 공력을 매우 많이 들여 아마도 나아가기가 어렵고
또한 부담만 있을 뿐입니다. 찾아온 손님을 여러 날 머무르게 해서 의
심난 곳에 대해 하나하나 답하려고 했는데, 손님이 바빠서 겨를이 없기
때문에, 지난밤에 막 한 편을 끝내고 지금 따로 기록해두었습니다. 서책
에 반드시 참고해 볼 다른 판본이 있을 것이니 우선 여기에 머물러서

---

204) 『朱熹集』 권50-17, 1187(58세).

덧붙일 서신을 마칠 때까지 기다리십시오. 『의례』에 『예기』를 덧붙여졌는데,205) 마땅히 노덕장의 판본206)에 의지했기 때문에 보잘 것 없음만을 면한 것처럼 보입니다. 『예기』 본문에서는 예컨대 단락마다 참조하려고207) 장의 끝에 말을 맺으면서 "이상은 제 몇 장이다"라고 했습니다. 『의례』에서는 "『예기』 무슨 편 제 몇 장은 마땅히 여기에 붙여져야 한다"고 말했습니다. (그 전문을 싣지 않고 이와 같이 했으니 또한 검토하시기에 편하실 것입니다.) 『예기』에서는 "마땅히 『의례』 무슨 편 제 몇 장에 덧붙여야 한다"고 했으니, 또 그와 같이 (검토하기에 편리하실) 것입니다. 『대대례』 또한 마땅히 포함시켜야 할 것입니다. 『의례』에 덧붙여도 되는 것은 덧붙이고, 그렇게 할 수 없는 것은 다섯 가지로 나누어서 첨가해야 합니다. 예컨대 『관자』의 「제자직」은 마땅히 「곡례」의 부류에 덧붙여야 합니다. 나머지 다른 경전과 분류서에서 『예기』의 문장을 설명하는 것은 모두 편집해서 따로 한 권의 책으로 만들어야 합니다. 『주례』의 경우 제례·빈객·사전·상기 등의 일들은 따로 분류해서 한 권의 책으로 만들어야 합니다. 이와 같이 하면, 『예서』가 크게 완비될 것입니다. 그러나 힘이 적지 않게 들기 때문에 반드시 여러 사람과 함께 해야 이뤄질 수 있을 것입니다.

보내주신 서신에서 『통감』과 정사에 대해 자세하게 읽은 것은 매우 좋습니다. 학문은 넓게 하지 않을 수 없는 것으로 반드시 이와 같이 해야 합니다. 그러나 또한 반드시 역량을 헤아려야지, 지나치게 정신을 외면으로 끌고 나가 내면 성찰의 공부를 줄이게 될까 걱정될 뿐입니다.

敬之一字, 萬善根本, 涵養省察, 格物致知, 種種工夫, 皆從此出, 方有據依. 平時講學, 非不知此, 今乃覺得愈見親切端的耳. 願益加功, 以

---

205) 【箚疑】『儀禮』에 『禮記』를 덧붙인 것을 말한다.
206) 【箚疑】노덕장은 일찍이 『儀禮』에 『禮記』를 덧붙여 놓았다.
207) 【箚疑】『儀禮』와 『禮記』를 서로 참고하여 밝힌다는 것을 말한다.

慰千里之望.

　禮記如此編得, 甚好. 但去取太深, 文字雖少, 而功力實多, 恐難得就, 又有擔負耳. 留來人累日, 欲逐一奉答所疑, 以客冗不暇, 昨夕方了得一篇, 今別錄去. 冊子必有別本可看, 却且留此, 俟畢附的便去也. 儀禮附記, 似合只依德章本子, 蓋免得拆碎. 記文本篇, 如要逐段參照, 卽於章末結云. 右第幾章. 儀禮卽云. 記某篇第幾章, 當附此(不必載其全文, 只如此, 亦便於檢閱.) 禮記卽云當附儀禮某篇第幾章, 又如此. 大戴禮, 亦合收入. 可附儀禮者附之, 不可者分入五類. 如管子弟子職篇, 亦合附入曲禮類. 其他經傳類書, 說禮文者, 並合編集, 別爲一書. 周禮卽以祭禮賓客師田喪記之屬, 事別爲門, 自爲一書. 如此, 卽禮書大備. 但功力不少, 須得數人分手, 乃可成耳.

　所喩讀通鑑正史曲折, 甚善. 學不可不博, 正須如此. 然亦須量力, 恐太拽出精神向外, 減却內省功夫耳.

　🔵『예서』를 편찬한 것은 주자 만년 때의 일이다. 서신에서 "공부하는 것은 반드시 내성을 으뜸으로 해야 한다" "감히 저술하는 것을 먼저 삼지 않는다"는 것을 말하려고 했는데 실제로 육자의 뜻과 서로 같다.

　修禮書, 是朱子最晩年事. 書中帶說爲學必以內省爲主, 不敢以著述爲先, 實與陸子意見相同也.

권3

정중례[1]에게 답하다[答鄭仲禮] [2]

공부하는 것의 의미에 대해 깨우쳐 주신 것은 매우 좋습니다. 책을 읽는 것은 그만둘 수 없는 것이지만, 또한 반드시 경을 위주로 하고 뜻을 세우는 것을 먼저 해야만 비로소 이러한 경지에서 의리를 찾아 그것을 모든 일들에 드러낼 수 있게 될 것입니다. 만약 평소 범범하게 거처하며 대개 존양의 공부도 하지 않고 또 실천하려는 의지도 없으면서 단지 글의 뜻만 깨우치고 분명하게 설명하려고만 한다면, 비록 여러 경전에 모두 통달하여 한 글자도 틀리지 않는다고 해도 무슨 이익이 있겠습니까? 하물며 또 통달하였다고 해서 반드시 잘못하지 않을 수 있겠습니

---

1) 정일지(鄭一之) : 자는 중례(仲禮) 또는 중리(仲履), 상담(湘潭) 출신이다. 처음에는 장식의 제자였지만, 나중에 주희에게 배웠다.
2) 『朱熹集』 권50−20, 1193(64세).

까! 근래 벗들이 책을 읽고 강론하는 것이 대부분 힘을 얻지 못하는데 그 병폐가 모두 여기에서 나온다는 것3)을 깨닫게 되었으니, 매우 경계 하지 않으면 안 됩니다. 계수와 계침이 공부하는 것은 어떻습니까? 근 래 무엇을 강론하고 있습니까? 서신을 통해 이러한 뜻을 다할 수 있어 다행입니다.

示喩爲學之意, 甚善. 讀書固不可廢, 然亦須以主敬立志爲先, 方可就 此田地上推尋義理, 見諸行事. 若平居泛然, 畧無存養之功, 又無實踐之 志, 而但欲曉解文義, 說得分明, 則雖盡通諸經, 不錯一字, 亦何所益? 況 又未必能通而不誤乎! 近覺朋友讀書講論, 多不得力, 其病皆出於此, 不 可不深戒也. 季隨季忱爲學如何? 近來有何講論? 因書幸至此意

⊛ 육자가 사람들에게 반드시 먼저 뜻을 분별하게 한 것은 의론의 여 지도 없었다. 이 서신에서 논한 것은 매우 동일하다. 주자가 중례에게 답한 서신 두 통에서, 제 일서에서는 "이십 년 동안 서로 소식을 듣지 못했다"고 말했고, 또 "경부가 죽은 다음 계수의 서신을 보니 십 년 전 기상이 없었다"고 말했는데, 즉 이것은 경부가 이미 죽은 지 십 년 후에 쓰여진 것이니, 주자 나이 60세 때이다. 이것은 두 번째 서신이니, 그것 이 만년 때 임을 더욱 의심할 수 없다.

陸子敎人必先辨志, 不在議論. 此書所論正同. 朱子答中禮書二首, 第一書云二十年不相聞, 又云敬夫逝去後, 得季隨書, 無復十年前氣象, 則是敬夫旣卒十年後作, 朱子是時年六十矣. 此是第二書, 其爲晚年, 益無可疑.

---

3) [箚疑] 이것은 존양하고 실천하는 것이 없음을 말한 것이다.

정정사4)에게 답하다[答程正思] 85)

제가 갑자기 이직의 명령을 받아 다음 날 입궐해서 상소해야 했는데,6) 만일 임금을 뵐 수 있다면 감히 몸을 아껴서 벗들에게 치욕이 되지는 않을 것입니다. 다만 거칠고 서툴러서 임금의 뜻을 움직이지 못할까 걱정이 될 뿐입니다.

치지와 역행의 선후를 따져본다면 마땅히 치지를 우선해야 하지만, 그 경중을 따져본다면 마땅히 역행을 중시해야 합니다. 어제 임택지[林用中]에게 말한 것은 바로 한갓 알기만 하고 말만 해서 행하지 않는 자들을 위해 말했던 것일 뿐이니, 이치에는 절대 큰 해로움이 없을 것입니다.

熹忽被改除之命, 來日當往奏事, 儻得遂瞻玉陛, 不敢愛身以爲朋友羞. 但恐疎拙, 不能有以感動上意耳.

致知力行, 論其先後固當以致知爲先, 然論其輕重, 則當以力行爲重. 昨告擇之, 正爲徒能知之言之, 而不能行者說耳, 於理固無大害也.

🈯 "갑자기 이직의 명령을 받다" "마땅히 가서 상소하다"는 구절은 아마도 순희 15년(1188) 병부랑을 제수받고 입궐해서 상소하던 때의 말일 것이다. 당시 나이 59세였다. '역행을 중시한다'고 말한 것은 '오로지 실천하는 데 힘쓴다'는 육자의 설과 부합된다. 정사에게 답한 서신의 이전 일곱 통은 고찰할 수 있는 연월이 없는데, 여덟 번째 서신 이후에

---

4) 정단몽(程端蒙, 1143~1191) : 자는 정사(正思), 호는 몽재(蒙齋), 파양현(鄱陽縣) 출신이다. 주희는 그의 조부인 정여능(程汝能)의 묘표를 쓴다. 1176년부터 주희에게서 가르침을 받았다. 과거시험에서 왕회(王淮)의 정책을 비판하고 집으로 돌아와 죽었다.

5) 『朱熹集』 권50-33, 1181(52세).

6) 【節補】주상하는 일은 연화전 때이다(이것은 순희 15년 6월, 연화전에서 주희가 정치에 관한 자신의 의견서인 무신연화주차(戊申延和奏箚)를 올린 것을 말한다).

는 무릇 배움을 논한 자들은 모두 실었다.

忽被改除, 當往奏事, 蓋淳熙十五年除兵部郞入奏時也. 時年五十九
歲. 謂力行爲重, 合於陸子專務踐履之說. 答正思書前七首無年月可考,
自第八書以後, 則凡論學者並載之.

정정사에게 답하다[答程正思] 10[7]

저는 병이 들고 피곤해서 힘을 다해 책을 볼 수가 없습니다. 한가한
때에 함양을 하니 약간 나아진 곳이 있다는 것을 느끼고 있습니다. 서
로의 거리가 멀어서 아침저녁으로 다정하게 만날 수 없는 것이 한이 될
뿐입니다. 그렇지만 다행히도 한두 명의 친구가 이곳에 있어서 강론을
그치지 않고 사태에 맞게 서로 이끌어주니 도움이 없다고 할 수 없습니
다. 그대가 이곳에 한 번 와주실지 모르겠습니다.

熹病倦, 不敢極力觀書. 閒中玩養, 頗覺粗有進處. 恨相去遠, 不得朝
夕款聚. 亦幸有一二朋友在此, 不廢講論, 因事提掇, 不爲無助, 不知正
思能一來否?

● "감히 책을 보지 않자" 도리어 나아진 곳이 있었다는 것은 주자가
'지리한 곳'을 제거하고 '쉽고 간단한 곳'에 나아가고 있다는 것을 말해
준다.

不敢觀書, 反有進處. 去支離, 就易簡矣.

---

7) 『朱熹集』 권50−35, 1180(51세).

정정사에게 답하다[答程正思] 11[8]

무덤을 다른 곳으로 옮기는 것은 중대한 일이어서, 가볍게 해서는 안
될 것 같습니다. 모든 것들을 거듭 절실하게 자세히 살피는 것이 좋을
것입니다. 만약 하지 않을 수만 있다면 하지 않는 것이 좋을 것입니다.
다른 논의들이 분분하다면 반드시 깊이 분별할 필요는 없고, 자신이 존
양하고 강학하는 곳에서 밤낮으로 살피는 것이 자신에게 절실한 급선
무라고 할 수 있습니다. 믿을 수 있는 친구들이 은밀하게 바로 잡아주
는 일은 결코 무시해서는 안 되고, 많은 사람들과 함께 앉아서 옳고 그
름을 이야기하는 것도 해서는 안 됩니다. 글을 써서 주장을 하는 것, 뜻
을 함부로 펼쳐 남을 공격하는 것 등등은 단지 논쟁에서 이기려는 단서
에 불과한 것이기에 구체적인 사태에 조금도 도움이 되지 않는 것입니
다. 이전에 저도 이와 같았으나, 지금은 그것을 후회하고 있습니다. 그
러므로 그대가 그렇게 하는 것을 저는 원하지 않는 것입니다.

遷葬重事, 似不宜容易擧動. 凡百更切審細爲佳. 若得已, 不如且已
也. 異論紛紛, 不必深辨, 且於自己存養講學處, 朝夕點檢, 是切身之急
務. 朋友相信得及者, 密加評訂, 自不可廢, 切不可於稠人廣坐論說是
非. 著書立言, 肆意排擊, 徒爲競辨之端, 無益於事. 向來蓋嘗如此, 今
乃悔之. 故不願賢者之爲之耳.

⬤ 정사에게 답하는 이 여덟 번째 서신은 이미 순희 15년(1188)을 언
급하고 있는데, 이 열한 번째 서신은 마땅히 그 후의 서신일 것이다. 정
사는 육자를 비판하기 좋아했던 사람이므로, 주자는 이것을 경계하고
있는 것이다.

---

8) 『朱熹集』 권50−36, 1186(57세).

答正思第八書, 已及淳熙十五年, 此書第十一, 當更在後. 正思好詆
陸子者, 故朱子戒之.

정정사에게 답하다[答程正思] 16[9]

논의하신 것이 모두 정당하고 확실하여 도를 보호하려는 뜻이 매우
엄격하니, 병중의 마음에 매우 위안이 됩니다. 과거시험의 득실에 대해
서는 다시 마음에 두지 않기를 바랍니다. 고자의 '타고난 것을 본성이
라고 한다'는 말의 경우 『사서집주』에서 비록 개정하였지만 자세히 보
면 아직 분명하지 않는 곳이 있는 것 같습니다. 최근에 다시 한 번 보
니, 이 곳에는 아직도 말로 풀지 못한 곳이 남아 있어서, 깊이 생각하고
자세히 볼 필요가 있을 것 같습니다. 다른 때 서로 만나서 직접 논의해
보았으면 합니다. 축정주(祝汀州)[10]가 저를 비판했던 뜻을 제가 어찌 감
히 받아들이지 않을 수 있겠습니까! 아마도 그는 옛날 선불교를 배웠기
때문에 불교의 이론에 대해 비록 그것이 그르다는 것을 알고 있다고 할
지라도 사사로이 좋아하는 뜻을 면하지는 못한 것 같고, 또 불교의 이
론이 앞으로 막고 뒤를 가리고 있기 때문에 그 핵심을 아직 보지 못한
것 같습니다. 양주와 묵적으로 비유하자면 그것은 그들이 '자신을 위하
고' '모두를 사랑한다'는 것을 알고는 있지만, 그들의 이론이 부모도 부
정하고 군주도 부정하는 데까지 귀결한다는 것을 모르는 것과 같습니
다. 또한 그것은 비록 그들은 부모도 부정하고 군주도 부정한다 것을
알았다고 할지라도 그것이 바로 짐승과 같은 행동이라는 것을 모르고
있는 것과 같습니다. 지난 겨울 그 무리들[11]이 이곳을 방문했는데, 망령

---

9) 『朱熹集』 권50-41, 1187(58세).
10) 축릉(祝稜)이고, 정주(汀州)지사가 된 것은 1188~1191년이다.
11) 【記疑】육구연의 문인인 포양(包揚)의 무리들을 가리킨다.

되고 흉악하고 짐승과 같은 그들의 생각이 이로부터 비로소 드러나게 된 것입니다. 그렇지만 제가 그들의 죄상을 하나하나 들어 공박해서 다시금 이전의 무반성적인 긍정[12]을 하지 않도록 시켰습니다. 절동의 학문[13]은 더욱더 보잘 것 없습니다. 반숙창과 여자약의 무리들은 모두 이미 그런 보잘 것 없음에 깊이 빠져 있어서 당시에 전수된 자신의 스승 여동래의 학설을 알지도 못하면서, 무슨 이유로 어긋남이 이 지경에 이르도록 하였을까요? 깊이 한탄할 만합니다. 원선(元善)이 이것을 분변할 수 있으니, 매우 감탄스러워 칭찬할 만한 일입니다. 점점 더 깊이 늙어 어두워져서 이런 한심한 작태를 용인하고 있었으면서, 오늘은 헛되이 논변하고 힘을 많이 쓰지만 그 결과는 별로 없는 것 같습니다.

所論皆正當確實, 而衛道之意又甚嚴, 深慰病中懷抱. 省試得失, 想不復置胸中也. 告子生之謂性, 集注雖改, 細看終未分明. 近日再看一過, 此處覺得尙未有言語解析得出, 更俟款曲細看, 他時相見, 却得面論. 祝汀州見責之意, 敢不敬承! 蓋緣舊日曾學禪宗, 故於彼說雖知其

---

12) 【記疑】 고식(姑息)의 의미이다.
　　【節補】『노자』에 나오는 "유와 아 사이에 거리가 얼마인가"라는 구절에 대한 주석을 보면, '유'나 '아'는 모두 대답하는 말인데 하나는 느리고 하나는 빠른 것이다.
13) 절동의 학문은 보통 금화학파(金華學派)나 동래학파(東萊學派)를 가리킨다. 이 학파는 동래(東萊) 여조겸(呂祖謙, 1137~1181)이 시작하고, 그가 죽은 후 그의 동생 여조검(呂祖儉)이 이끌었던 학파이다. 당시 동래학파는 주자의 학파, 육구연의 학파와 더불어 당시의 신유학계를 삼분했던 학파들 중 하나이다. 동래학파는 '외부의 사태에 나아가 내면의 앎을 이룬다[格物致知]'는 공부법을 강조했던 주자가 외면에만 치우쳤고 '먼저 그 큰 것에 서야한다[先立乎其大者]'며 '마음을 보존할 것[存心]'을 강조했던 육구연이 내면에만 치우쳤다고 비판하면서 양자를 절충하려고 애썼다. 이런 정신은 1175년 열렸던 아호(鵝湖)의 모임이 열리게 된 과정을 보면 쉽게 알 수 있다. 이 모임은 주자와 육구연의 철학적 입장 차이를 중재하기 위해서 여조겸의 주도로 아호사(鵝湖寺)에서 열렸던 것이기 때문이다. 이런 입장과 아울러 동래학파는 『左傳』, 『史記』, 『漢書』 등의 역사를 중시하면서, 역사적 발전의 필연적인 법칙을 파악하려고 애썼다. 이것은 동래학파가 '자신을 위한다[爲己]'는 슬로건으로 설명될 수 있는 수양론을 강조했던 전통으로부터 의식하지는 않았지만 멀어지고 있음을 보여주는 것이다. 그렇기 때문에 주자는 동래학파를 말년에 그렇게도 가혹하게 비판했던 것이다.

非, 而不免有私嗜之意, 亦是被渠說得遮前揜後, 未盡見其底蘊. 譬如
楊墨但能知其爲我兼愛, 而不知其至於無父無君. 雖知其無父無君, 亦
不知其便是禽獸也. 去冬因其徒來此, 狂妄凶狠, 手足盡露, 自此乃始
顯. 然鳴鼓攻之, 不復爲前日之唯阿矣. 浙學尤更醜陋, 如潘叔昌呂子
約之徒, 皆已深陷其中, 不知當時傳授師說, 何故乖訛便至於此? 深可
痛恨. 元善遂能辨此, 深可歎賞. 深慚老繆, 放過此着, 今日徒勞頰舌,
用力多而見功寡也.

　　🔹 이 서신은 『주자연보』에 의거하면 순희 13년(1186)에 쓰인 것인데,
이때 주자의 나이는 57세였다. 진건 등의 여러 사람들은 이 서신을 근
거로 ‘주자가 만년에 육자를 비판했다’는 주장의 증거로 삼고 있다. 그
렇지만 자세히 살펴보면 이 서신의 어감은 분노로 가득 차서 안정되지
못하기 때문에 주자가 평상시에 한 말이라고 보기는 어렵다. 육자를 양
주와 묵적으로 비유한 것은 진실로 이치에 맞지 않는 것이다. 또 양주
와 묵적이 부모와 군주를 부정했다는 것을 알지만 그것이 곧 짐승이 되
는 것임을 알지 못한다고 주자는 말했지만, 세상에 부모와 군주를 부정
하는 사람이 있어서 그것이 짐승이 된다는 것을 모르는 사람이 있겠는
가? “지난 겨울에 그 무리들” 등등이라고 말한 것은 부자연(傅子淵)을 가
리켜 말한 것이다. 그렇지만 주자가 육자에게 보내는 서신을 보면, 비록
자연(子淵)의 치우침에 대해 논의하고 있다고 할지라도, 단지 그의 기질
이 강해서 얻기 어렵다는 것을 말했을 뿐이다. 그렇지만 이 서신은 그
를 비판하면서 “망령되고 흉악하다”고 말하고 있는데, 앞에서는 칭찬하
고 뒤에서는 비난하는 것이 이렇게 심한데 이르러서는 안 될 것이다.
주자는 스스로 자신의 평생의 문제점이 노여워하는 것에 있다고 말했
는데, 이 서신 이전에 축정주가 자신을 비판하는 말이 있었기 때문에,
노여워하는 기질이 있어 비판하는 말을 갑자기 들으니 사납게 분노를
표현한 것이고 말에는 절차가 없게 된 것이다. 그러므로 나는 이 서신

은 한 때의 분노에 의해 쓰인 것임에 의심의 여지가 없다고 말하는 것
이다. 아마도 이 서신은 주자와 육자가 가장 크게 충돌한 만년의 논의
일 것이다. 백공은 주자의 죽은 친구인데, 그들은 평생 동안 지극한 우
정을 나누었다. 그런데도 “절동의 학문은 더욱더 보잘 것 없다”고 했는
데, 노여움이 여기에 이를 수 있는가? 이 서신은 정사에게 준 열여섯 번
째 서신이다. 열여덟 번째 서신에서는 “임천에서의 논변의 경우 당시에
생각이 부족해서 단지 소란스러울 뿐 일에 도움이 되지 않는 것 같습니
다”라고 말하고 있는 것으로 보아, 주자는 이미 육자와의 논쟁이 잘못
되었다는 것을 후회하고 있었던 것이다. 그런데도 진건의 무리들이 이
열여섯 번째 서신을 근거로 주자와 육자 사이의 차이와 유사점의 증거
로 삼는 것은 이른바 ‘봉황은 이미 먼 하늘에 날고 있는데, 봉황을 잡으
려는 사람은 오히려 수풀이 우거진 늪지를 노려보고 있다’는 말과 같은
것이니, 어찌 보잘것없는 생각 아니겠는가!

此書據年譜在丙午年，朱子年五十七歲，乃陳建諸人所據以爲朱子
晩年詆陸之証者．然細按，此書詞意忿怒未安，必非朱子平心之語．以
楊墨比陸子，固不以其倫．又謂雖知楊墨無父無君，而不知其便爲禽獸.
世有無父無君之人，而猶不知其爲禽獸者乎? 去冬其徒云云，指傅子淵.
然朱子與陸子書，雖議子淵之偏，仍称其氣質剛毅，極不易得，而此書
乃詆爲狂妄凶狠，不應面譽背毁至此極也．朱子自言生平病在忿懥，此
書前有祝汀州見責之語，以忿懥之性，忽蒙譙責之詞，發之也暴，語無
倫次，故子謂此書一時忿怒而作，斷然無疑. 蓋晩年議論，氷炭之尤者
也．伯恭亡友，平生至交，乃謂浙學尤更醜陋，努至此乎? 此與正思第十
六書也．其第十八書云臨川之辨，當初似少商量，徒然合鬧，無益於事.
蓋已悔爭論之過矣．而陳建輩猶執以爲異同之証，所謂鳳凰已翔於寥
廓，而羅者猶視乎藪澤，何其陋哉!

정정사에게 답하다[答程正思] 18[14]

저는 '다시 사임을 주청하는' 내용을 담은 상소문을 올렸는데, 올해 여름(1188, 주자 나이 59세)에 올린 주차(奏箚)[15]에서 하지 못한 말을 하였습니다. 그 말이 지나치게 비판적인 것 같아서 죄를 면할지 모르겠습니다. 제가 보낸 사람이 이 달 초 칠팔 일 사이에 갔는데, 아직 돌아오지 않으니 황제의 뜻이 어떠한지 모르겠습니다. 제 자신이 너무 보잘 것 없어 황제의 두터운 은혜를 감당할 수 없는데도, 어리석음을 무릅쓰고 상소를 올렸으니 반드시 죄를 받을 것입니다. 만약 제 주청이 받아들여져 은퇴할 수만 있다면 이보다 더 큰 다행은 없겠습니다.

보내주신 여러 서신들은 매우 훌륭합니다. 그렇지만 임천에서의 논변[16]의 경우 당시에 생각이 부족해서 단지 소란스러울 뿐 일에 도움이 되지 않는 것 같습니다. 그 서신들은 최근에 답신을 한 것인데, 제가 설명한 것이 그대가 보여준 것과 같지만 조금 자세할 것입니다. 이 서신도 또한 어쩔 수 없어서 답한 것인데, 후학들이 육자정의 생각에 미혹되어도 그것을 알지 못할까 두려웠을 뿐입니다. 육자정이라면 반드시 회신을 하려고 하지 않았을 것입니다. 요새 서원에 주변 사람들이 모여들고 있습니다. 강서와 절동 지역의 친구들이 서원에 서로 모이곤 하는데, 홍국지역 출신의 만정순(萬正淳)과는 이전에 남강에 있을 때 서로 알고 지내던 사이였는지 모르겠습니다. 그 사이에 한두 사람과는 논의를 할 만했습니다. 『소학자훈』은 매우 훌륭해서, 비록 말들은 많지 않지만 하나의 위대한 『이아』라고 할 만합니다.

---

14) 『朱熹集』 권50−43.
15) [翼增] 하간소어(夏間所言)은 무신년(戊申午) 6월에 올린 연화주차(延和奏箚)이다.
16) [箚疑] 임천 지방은 육구연이 살던 곳이다. 논변은 육구연과의 '無極·太極' 논쟁을 말한다.

熹再辭之章并一疏上之, 頗推夏間所言之未盡者, 語似太訐, 未知得
免於戾否? 所遣人, 以月初七八間行, 至今未還, 不知聖意定何如? 自
覺疎拙, 無以堪此厚恩, 冒昧而前, 必取顚踣. 若得話行而身隱, 乃爲莫
大之幸耳.

　　所示諸書, 甚善! 甚善! 但臨川之辨, 當時似少商量, 徒然合鬧, 無益
于事也. 其書近日方答之, 所說不過如所示者, 而稍加詳耳. 此亦不獲
已而答, 恐後學不知爲惑耳, 渠則必然不肯回也. 此間書院, 近方結裹,
江浙間有朋友在彼相聚, 興國萬正淳不知舊在南康曾相識否? 其間一
二人儘可講論也. 小學字訓甚佳, 言語雖不多, 却是一部大爾雅也.

　　⬤ 이 서신에는 '다시 사임을 주청하는 내용도 담고 있는 상소'에 대
한 언급이 나오는데, 이것은 순희 15년(1188)의 일이다. 이때 주자의 나
이는 59세였다. '임천에서의 논변'은 모두 순희 13년(1186)의 여러 서신
들을 가리키는데, 주자는 이미 "생각이 부족했다"고 후회하고 있다. "보
여주신 여러 서신들"과 "보여주신 것처럼"이라고 말한 것을 통해, 주자
의 이전 서신들의 잘못은 축정주의 서신에서만 지적했던 것이 아니라
또한 정사의 무리들이 교대로 비판했던 것에도 실제로 나오고 있다는
것을 알 수 있다.

　　此書有再辭倂上疏之言, 乃戊申年也. 朱子時年五十九歲. 臨川之辨
數語, 皆指丙午諸書, 朱子固已悔爲少商量矣. 所示諸書及如所示云云,
則知朱子前書之過, 不惟祝汀州之書所激, 亦實出于正思輩所交搆也.

주순필17)에게 답하다[答周舜弼] 3[18)

장례의 일은 쉽지 않으니 잘 분별할 수 있어야 합니다. 상례에 정성을 다해서 세상의 유습에 따르지 않는 것은 더욱 힘든 일입니다. 거듭 민자건(閔子騫)과 자하(子夏)가 상례를 다 치르고 공자를 뵈었던 뜻19)을 깊게 생각하셔서 상례를 마쳤으면 하는 것이 제가 바라는 것입니다. 그곳 남강(南康)의 친구들20)이 공부를 하고 학문을 하는 순서가 어떤지 인편을 통해 말해주셨습니다. 이전21)에 저는 매번 '지경'과 '궁리' 두 가지를 말했는데, 지금 저의 견해도 이와 같습니다. 그렇지만 선후와 완급의 순서가 더욱 분명하고 구체적이게 되었는데, 단지 먼저 지키는 공부 차원에서 힘을 써야 진보할 수 있다고 깨닫게 되었습니다. '본성은 선하다' 그리고 '방심(放心)을 구한다'는 맹자의 말은 마땅히 가장 깊이 생각해보아야 할 말일 것입니다.

葬事不易, 便能了辨. 喪禮盡誠, 不狥流俗, 此尤所難. 更宜深念閔卜二子除喪而見之意, 以終禮制, 區區之望也. 彼中朋友用功爲學次第如何, 便中喻及. 向時每說持敬窮理二事, 今日所見, 亦只是如此. 但覺得先後緩急之序愈分明親切, 直是先要於持守上著力, 方有進步處也. 孟子說性善及求放心處, 最宜深玩之.

● 순필은 처음에 남강에서 주자를 섬겼는데, 이때 주자의 나이는 51세(1180)있다. 순필은 무이에서도 주자를 따랐고, 또 장주에서도 주자를

---

17) 주모(周謨 1141~1202) : 자는 순필(舜弼)이며, 남강군(南康軍) 건창현(建昌縣) 출신이다. 주희가 죽었을 때 남강의 제자들을 이끌고 장례에 참여하였다.
18) 『朱熹集』 권50-50, 1179(50세).
19) 『禮記』「檀弓 上」.
20) [記疑] 저곳은 남강(南康)을 가리킨다.
21) [記疑] 선생이 남강에 있을 때이다.

따랐으며 경원당금의 때에도 천리를 멀다고 여기지 않고 주자를 따랐다. 지금 『주자전집』에 실려있는 순필에게 보내는 주자의 서신은 모두 열 편이다. 첫째 서신은 남강에서 처음 보았을 때의 말을 기록하고 있다. 두 번째 서신에는 "가는 때를 당해서"라는 구절이 나오는데, 이것은 주자를 이미 보고 돌아가던 때의 글이다. 이 세 번째 서신에는 "그곳 남강(南康)의 친구들"이라는 구절이 있는데, 주자가 이미 남강을 떠난 뒤의 글이다. 그렇지만 깊이 생각해보라고 가르친 것은 오직 '방심(放心)을 구한다'는 맹자의 가르침이었다. 네 번째 서신도 또한 '방심을 구한다'는 가르침을 강조하고 있다. 이것들은 모두 주자가 만년에 육자의 설명을 실제로 사용하고 있음을 말해준다. 다섯 번째와 여섯 번째 서신에 나오는 주자의 설명도 또한 마찬가지이다. 열 번째 서신은 경원당금 때 쓰인 것인데, 이때 주자의 나이는 70세(1199)였다. 이 서신에서 주자는 지나가다 순필을 방문해서 이전에 말한 것과 같이 착실하게 공부하라고 가르치고 있을 뿐이다. 그러므로 주자의 만년의 정론은 모두 육자의 설명을 넘어서지 않는 것이다. 단지 남을 이기려는 마음이 아직 변화되지 않아서 자신이 육자를 신봉하고 있다는 뜻을 명확히 말하지 않고 있을 따름이다. 순필에게 보내는 서신들은 모두 만년에 쓰인 것이므로, 학문을 논하는 것과 관련된 것도 아울러 기록하였다.

舜弼初事朱子於南康, 朱子年五十一矣. 繼從於武夷, 又從於漳州, 而黨禁之日猶千里相從. 今全集所載與舜弼書十首. 第一首, 南康初見時語也. 第二首有臨行云云, 則旣見朱子而歸也. 此第三首, 有彼中朋友, 則朱子已去南康之後矣. 然所敎以深玩者, 惟在求放心. 第四書亦重求放心. 皆朱子晚年實用陸子之說也. 第五書第六書, 其說亦然. 至第十書在黨禁之時, 朱子年七十矣. 止其過訪而敎, 以如前所說着實下功. 蓋朱子晚年定論, 總不外於陸子之說, 獨勝心未化, 不明言其信奉之意耳. 與舜弼書並在晚年, 故凡係論學者並抄入.

주순필에게 답하다[答周舜弼] 4[22)]

이전에 보여주신 별도의 서신에는 조목들이 비록 많다고 할지라도
그 대부분은 단지 그대가 실제적으로 경을 유지하지도 못했고, 실제적
으로 이치를 궁구하지도 못했고, 실제적으로 본성이 선하다는 것을 믿
지도 못했고, 실제적으로 방심(放心)을 구하지도 못한 것입니다. 그런데
도 문장에 따라 뜻을 만들어내어 말들을 헛되이 낭비하여 그 설명이 길
면 길수록 그 오류는 더욱더 먼데까지 미치고 있다는 것을 보여주고 있
으니, 이것은 가장 큰 문제입니다. 단지 그 사이에 논의하신 구체적인
것들과 후반부의 "이기기 좋아하고 공을 자랑하기를 좋아하고 원망하
기 좋아하고 욕심을 내는 것,[23)] 향원[24)]이 배우기를 생각한다는 것, 앞
을 보니 홀연히 뒤에 있다는 것"[25)]과 같은 부류로 살펴보자면, 이 점을
알 수가 있습니다. 만약 진실로 실제적으로 공부를 한다면, 이와 같은
곳에는 저절로 의심이 있을 수가 없습니다. 비록 생각할 것이 있다고
할지라도 반드시 실제적인 문제점만 있을 것이니, 이와 같이 막연하지
는 않을 것입니다. 증자와 관련된 한 구절의 뜻은 실천할 수 있게 말했
다고 할지라도, 아직 올바로 본 것 같지는 않습니다. 이와 같은 곳은 반
드시 마음을 비우고 깊이 생각해야지 억지로 설명하려고 해서는 안 됩
니다. 평상시 지경(持敬) 공부를 하고 방심(放心)을 찾은 후에야 자신의
본성이 원래 선한 것인지 아니면 선하지 않는 것인지, 자신이 요임금과
순임금과 원래 같은 것인지 아니면 같지 않은 것인지 볼 수가 있습니다.
만약 이것을 믿게 된다면, 생각은 저절로 열려서 지키는 공부도 헛되이
힘을 쓰지 않게 될 것입니다. "군자이면서 때에 맞는다"[26)]는 구절은

---

22)『朱熹集』권50—51, 1179(50세).
23)『論語』「憲問」.
24)『論語』「陽貨」.
25)『論語』「子罕」.
26)『中庸章句』2장.

『사서집주』에서 너무 간단하게 다루는 오류를 범하였기 때문에 사람들로 하여금 의심하게 만들었습니다. 그래서 삭제해서 지금은 단지 원문의 뜻만을 보존하였는데, 그래서 뜻이 저절로 분명해졌습니다. 만약 이런 구절27)에 끌려 다니지만 않는다면, 의심할 곳이 없을 것입니다. 아마도 헛되이 생각했기에 함께 언급했던 것 같습니다. 그렇지만 그 절실한 공부는 앞에서 말한 것28)만 한 것이 없으니, 유의하시기 바랍니다.

前此所示別紙, 條目雖多, 然其大槪, 只是不曾實持得敬, 不曾實窮得理, 不曾實信得性善, 不曾實求得放心. 而乃緣文生義, 虛費說詞, 其說愈長, 其失愈遠, 此是莫大之病. 只以其間所論曲折, 及後段克伐怨欲, 鄕原思學, 瞻忽前後之類觀之, 便自可見. 若果是實曾下得工夫, 卽此等處自無可疑, 縱有商量, 亦須有著實病痛, 不應如此泛泛矣. 曾子一段文意雖說得行, 然似亦未是眞見. 似此等處, 且須虛心涵泳, 未要生說, 却且就日用間, 實下持敬功夫, 求取放心, 然後却看自家本性元是善與不善, 自家與堯舜元是同與不同, 若信得及, 意思自然開明, 持守亦不費力矣. 君子而時中, 却是集注失於太簡, 令人生疑. 今已削去, 只見存文義, 已自分明. 若不爲此句所牽, 則亦無可疑矣. 恐枉費思索, 故幷及之, 然其切要工夫, 無如前件所說, 千萬留意也.

주순필에게 답하다[答周舜弼] 5²⁹⁾

'인'이라는 글자를 논의하신 것이 아직 절실하지 못하고 말하신 뜻도 장황하니 문제점이 있다고 느껴집니다. '마음의 덕'이라고 말한 것은

---

27) 【箚疑】 차구(此句)는 삭제한 구절을 말한다.
28) 【箚疑】 전건소설(前件所說)은 위 문장에서 말한 '마음을 비우고' 이하의 구절을 말한다.
29) 『朱熹集』 권50-52, 1188(59세).

‘곡식의 씨’라는 이천선생의 설과 같다는 것을 알아야만 합니다. ‘사랑의 이치’라는 것은 바로 “인은 아직 발하지 않은 사랑이고, 사랑은 이미 발한 인이다”는 것을 말하는 것입니다.[30] 단지 이 뜻으로 미루어 생각해야지, 바깥의 것을 도리에 추가시켜서 도리어 지리하게 만들어 분명하지 않도록 해서는 안 됩니다. 만약 이와 같은 곳에서 ‘인’이라는 글자를 이해하신다면, 천지의 만물들과 한 몸이 되는 것에 장애가 없을 것입니다. 만약 이해하지 못한다면 천지의 만물들과 동체가 되는 것이 인이라는 것을 도리어 나와는 전혀 무관한 것[31]으로 보게 될 것입니다. 인·의·예·지는 본성의 커다란 조목인데, 모두 형이상적인 것이므로 둘[32]로 나누어 보아서는 안 됩니다. 안연의 용기는 증자가 언급한 몇 가지 일을 자신에게서 체인했다는 데 있습니다. 커다란 용기를 지닌 자가 아니라면, 그 누가 이럴 수 있겠습니까? ‘자신을 이긴다’는 설명은 옳지 않은 것은 아닙니다. 그렇지만 이처럼 언어 차원에서 이해한다면 아마 도움이 되지 않을 것입니다. 그 나머지 여러 조목들도 모두 절실하지 않은 것처럼 보입니다. 대개 그대의 강론하는 것을 앞뒤로 살펴보면 대부분 자신에게 절실하지 않고 단지 글자 차원에서 임시변통하려고 하기 때문에 의미도 없고 힘도 없는 것입니다. 반드시 이곳에 나아

---

30) 주자의 철학체계에 있어 가장 중요한 범주는 ‘인(仁)’이다. 그에게 있어 ‘인’이라는 범주는 ‘마음의 덕[心之德]’과 ‘사랑의 이치[愛之理]’로 규정된다. ‘마음의 덕’으로서 ‘인’은 마음의 본질이나 역량 자체를 가리킨다. 반면 ‘사랑의 이치’로서의 ‘인’은 마음이 구체적인 사태와 조우해서, 예를 들면 갓난아이가 우물에 빠지려는 경우를 조우해서 확인되는 법칙이다. 주자는 구체적인 사태를 매개로 드러나는 마음의 법칙으로 ‘인·의·예·지[仁義禮智]’ 네 가지를 든다. 그러나 ‘사랑의 이치’로서의 ‘인’을 포함한 이 네 가지 법칙은 기본적으로 ‘마음의 덕’으로서의 ‘마음의 본질’로 환원될 수 있는 것이다. 다시 말해 인·의·예·지라는 마음의 법칙들에서 각각 사태와의 고유한 매개성을 제거하게 되면, 그 경우 모두 순수한 마음의 본질로서의 ‘인’으로 수렴된다는 것이다. 중요한 것은 ‘마음의 덕’과 ‘사랑의 이치’ 사이의 관계가 미발(未發) 때의 함양(涵養) 공부와 이발(已發) 때의 찰식(察識) 공부 사이의 관계를 정당화한다는 점이다.
31) [翼增] 자기와 서로 관계없다는 것을 말한다.
32) 주모(周謨)는 ‘본성[性]’과 ‘인·의·예·지’를 차원이 다른 두 가지로 이해하고 있었다.

가 노력해야 비로소 실제적인 공부가 있게 될 것입니다.

所論仁字, 殊未親切, 而語意叢雜, 尤覺有病. 須知所謂心之德者, 卽程先生穀種之說. 所謂愛之理者, 則正所謂仁是未發之愛, 愛是已發之仁耳. 只以此意推之, 更不須外邊添入道理, 反混雜得無分曉處. 若如此處認得仁字, 卽不妨與天地萬物同體, 若不會得, 而便將天地萬物同體爲仁, 却轉見無交涉矣. 仁義禮智, 便是性之大目, 皆是形而上者, 不可分爲兩事. 顔子之勇, 只以曾子所稱數事, 體之於身, 非大勇者, 其孰能之? 克己之說, 未爲不是. 但如此言語上理會, 恐無益耳. 其他數條, 似皆未切, 大抵前後見舜弼講論多是不切己, 而止於文字上揑合, 所以無意味, 不得力, 須更就此斡轉, 方有實地功夫也.

🔘 반드시 "자신에게서 체인해야"하니, "언어 차원에서 이해하는 것"은 도움이 되지 않는다는 주자의 말은, 이미 '논의를 제거하고 실천에 힘쓴다'는 육자의 뜻과 부합되는 것이다.

須體之於身, 而語言理會爲無益, 已合于陸子去議論而務踐履之意.

주순필에게 답하다[答周舜弼] 6[33]

말씀하신 의문점의 경우, 마땅히 말씀하신 것처럼 함양하는 것이 매우 좋습니다. 치지 공부도 또한 자신이 이미 아는 것을 근거로 해서 생각하고 확장해나가서 내 마음에 원래 갖추고 있는 것이 저절로 부족하지 않도록 하는 것입니다. 경재[李燔]는 멀리서 오기 어려울 것입니다. 그 사람의 뜻은 매우 용감하지만 공부가 아직 눈을 못떠서 마땅히 거듭

---

33) 『朱熹集』 권50−53, 1191(62세).

가르쳐서 정밀하고 평온하게 만들어야 좋을 것입니다. 그의 문제점을 보면 장유34)와 유사하니, 그래서 공부하는 태도가 똑같으며 우리들이 배우는 것이 절실하게 함을 알지 못하기 때문에, 바로 이것이 좋은 줄 모릅니다. 만약 그대의 양친이 아직 편하지 않다면,35) 반드시 자세하게 헤아려보아야지, 이와 같이 경솔해서는 안 됩니다. 이천이 제자에게 타이르는 말도 이와 같았습니다.36) 이것은 1131년의 논의도 아직 한번은 기리고 한번은 폄하하는 잡다함을 면하지 못했습니다.

示及疑問, 且當如此涵泳甚善. 致知工夫, 亦只是且據所已知者, 玩索推廣將去, 具於心者, 本自無不足也. 敬子遠來不易, 其志甚勇而功夫未密, 更宜相與切磋, 更令精細平穩乃佳耳. 觀其病痛, 與長孺頗相似, 所以做處一般, 不知吾人所學, 且要切身, 正不以此等爲高也. 若親養未便, 亦須委曲商量, 不須如此躁迫也. 伊川告詞如此, 是亦紹興初年議論, 未免一褒一貶之雜也.

◉ 경자[李燔]는 소희 2년(1175)부터 주자를 따르며 배웠다. 이 서신에서 "경자가 멀리서 왔다"라고 말하는 것으로 보아, 이 서신은 확실히 주자가 만년에 지은 것이다. 그렇지만 '치지 공부'는 마음에 갖추어진 것이 부족함이 없도록 하는 것이라고 주자는 말했는데, 이것은 그가 이미 '치지공부'가 '사물에 나아가 이치를 궁구하다'는 데 있지 않다는 것을 알았다는 것을 말해준다.

敬子以紹熙二年從學. 此書云敬子遠來, 確爲朱子晚年. 然謂致知工夫, 具于心者無不足, 則已知不在於卽物窮理矣.

---

34) 왕덕보(汪德輔) : 자는 장유(長孺)이다.
35) [記疑] 추측하자면 주순필은 일찍이 벼슬하지 않으면 양친을 편히 모시지 못할 것이고, 벼슬한다면 세상에 대처하기 어렵다고 말한 적이 있기 때문에, 이렇게 말한 것이다.
36) 『二程遺書』 권18-56.

주순필에게 답하다[答周舜弼] 7[37]

　가르쳐주신 '경'자 공부는 사태와 대응하는 경우에 힘쓰는 것이 어려운데, 이것은 항상 그런 법입니다. 그렇지만 '실천할 때 독실하고 경건하라'라든가 '사태를 처리할 때 경건하라'라는 성현들의 말을 보면, '경'자는 본래 고요히 아무것도 하지 않는 때를 위해 정립된 것이 아니라, 어려운 경우에 더욱더 지수하여 움직일 때와 고요할 때 한결같기를 바라는 공부일 따름입니다. 자신을 이기는 공부에는 별다른 정교한 방법은 없습니다. 비유하자면 외로운 군대가 강한 적을 우연히 만나는 경우, 힘을 다하고 죽을 각오로 앞으로 진격하는 것과 같은 것인데, 여기에 무슨 물음이 있겠습니까?

　所諭敬字工夫, 於應事處用力爲難, 此亦常理. 但看聖賢說行篤敬執事敬則敬字本不爲默然無爲時設, 須向難處力加持守, 庶幾動靜如一耳. 克己亦別無巧法, 譬如孤軍猝遇彊敵, 只得盡力舍死向前而已, 尙何問哉?

　⚫ '경'자는 "아무것도 하지 않는 때를 위해 정립된 것이 아니다"라는 주자의 말은 "인정·사세·물리 상에서 공부를 하라"[38]는 육자의 말과 같은 것이다.
　敬字不爲無爲時設, 即陸子所謂人情事勢物理上用功也.

---

37) 『朱熹集』 권50−54, 1191(62세).
38) 『陸九淵集』 권34 「語錄」.

주순필에게 답하다[答周舜弼] 8[39)](

보내주신 학문을 하는 뜻은 대개 이와 같을 뿐입니다. 거듭 평상시에 그 힘을 실제로 써서 생각과 생각이 서로 이어져서 결코 끊어지게 해서는 안 됩니다.

示喩爲學之意, 大槪不過如此, 更在日用之間實用其力, 念念相續, 勿令間斷.

⑱ "평상시에 그 힘을 써라"는 주자의 말은 일곱 번째 서신의 뜻과 같은 것이다.

在日用之間用力, 與第七書意同.

주순필에게 답하다[答周舜弼] 9[40)](

보내주신 서신에서 말한 것은 모두 학자들이 의심하지 않을 수 없는 경우입니다. 그렇지만 독서를 한다면 그 이치를 실제로 연구해야 하고, 실천한다면 그 자취를 실제로 밟아야 하며, 앞으로 나아가기를 생각마다 바라고 가볍게 자신을 용서하지 않는다면,[41)](나에게 있는 것이 비록 홀로 높아진다고 할지라도, 이것은 결코 다른 사람들이 관여할 수 있는 것이 아닌데, 어찌 지나친 계책이라고 사사로이 걱정해서 세상의 흐름을 타고 그 더러움에 합류하는 지경에 빠지려고 합니까?

---

39) 『朱熹集』 권50−55, 1197(68세).
40) 『朱熹集』 권50−56, 1197(68세).
41) 【記疑】 '불경자서(不輕自恕)'는 스스로 자기를 가볍게 용서하지 않는다는 의미이다.

來喩所云, 皆學者不能無疑之處. 然讀書則實究其理, 行己則實踐其迹, 念念鄕前, 不輕自恕, 則在我者雖甚孤高, 然與他人元無干預, 亦何必私憂過計, 而陷於同流合汙之地耶?

⬤ "그 이치를 실제로 연구해야 한다"는 말과 "그 자취를 실제로 밟아야 한다"는 주자의 말은 곧 "말은 모두 실제적인 말이다"[42]라는 말과 "행동은 모두 실제적인 행동이다"[43]라는 말을 한 육자와 같은 것이다.

實究其理實踐其迹, 卽陸子所謂言皆實言行皆實行也.

주순필에게 답하다[答周舜弼] 10[44]

강학과 지수를 게을리 하지 않고 더욱더 힘쓴다 하시니, 이는 소망하던 바로서 매우 위안이 됩니다. 경원당금의 추운 시기[45]를 맞아 그 절개를 고치지 않는 것은 더욱이 쉽지 않은 일입니다. 다시 바라건대 서로 연마하고 그 지극한 경지에 이르도록 해서, 헛된 명성만을 얻어 실제로는 재앙을 초래하는 지경에 이르지 않도록 하시면 아름다운 일일 것입니다. 이전 서신의 '혈구'에 대한 설명은 대부분 옳습니다. '혈구' 두 글자의 뜻은 곱자로 재서 사각형을 얻는다는 것을 말할 뿐입니다. 지금 보여주신 여러 조목들 각각에 대해 저는 제 뜻을 그 뒤에 붙여서 서신으로 다시 보내니, 시험 삼아 생각해보시면 다행이겠습니다. 보내주신 설명은 대부분 명백하고 상세합니다. 단지 이것에 대해 거듭 반복해서 마음을 비우고 고요하게 생각하고 깊고 절실하게 맛을 보시기를

---

42) 『陸九淵集』에는 실언이 아니라 실리로 되어 있다. '故有其實言理則是實理.'
43) 『陸九淵集』 권1 「與曾宅之」.
44) 『朱熹集』 권50－57, 1197(68세).
45) **[記疑]** 당금을 당했던 시기를 말한다.

오래하면 더욱더 정미한 곳이 있다는 것을 아시게 될 것입니다. 방문을 바란다는 뜻을 받았고, 저도 진실로 한번 보고 싶습니다. 그렇지만 멀어서 힘이 많이 드니 위에서 말한 것처럼 착실하게 공부해서 진실로 얻는 것이 있다면 같은 곳 같은 자리에 함께 하는 것과 차이가 없을 것입니다. 지금 채념성(蔡念成)46)은 어디에 있습니까? 세상의 여론에 의해 변한 것은 아니겠지요?

講學持守, 不懈益勤, 深慰所望. 又聞頗有朋友之助, 當此歲寒, 不改其操, 尤不易得也. 更願相與磨厲以造其極, 毋使徒得虛名以取實禍, 乃爲佳耳. 前書絜矩之說, 大槪得之. 二字文義, 蓋謂度之以矩而取其方耳. 今所示數條, 各以鄙意附於其後, 却以封還, 幸試思之. 來說大槪明白詳細, 但且於此更加反復, 虛心靜慮, 密切玩味, 久之須自見得更有精微處, 不但如此而已也. 承欲見訪, 固願一見. 但遠來費力, 不若如前所說, 著實下功, 果自得之, 則與合堂同席, 亦無以異也. 鄕來蔡君今安在? 能不受變於俗否耶?

⬤ "추운 때"란 경원당금이 엄함을 가리키는데, 그러므로 "헛된 명성"이나 "실제적인 재앙"이라는 설명이 있게 된 것이다. '정미한 곳'을 반드시 스스로 얻어야 한다는 주자의 말을 통해서, 이전에 주자가 육자의 '스스로 얻어야한다는 설명'을 논박한 것이 잘못되었다는 것을 알 수 있다.

歲寒指學禁之嚴, 故有虛名實禍之說. 精微處須自得, 乃知向時駁陸子自得之說之誤矣.

---

46) 채념성 : 자는 원사(元思)이며, 강주(江州) 덕안현(德安縣) 출신이다.

주순필 문목에게 답하다[答周舜弼問目]

순필의 질문 : 『대학』의 도(道)에서는 치지(致知)보다 절실한 것이 없으며, 성의(誠意)보다 어려운 것이 없습니다. 뜻에 아직 성실하지 못한 점이 있다면 반드시 사물을 따르고 그에 나아가 그 당연한 이치를 구해야 합니다. 하지만 천하의 일을 보면, 그 기미는 매우 미묘하여 선악과 사정(邪正), 시비와 득실이 알 수 없는 모양 속에서 서로 섞여 있지 않는 경우가 없습니다. 고요할 때 살피는 것이 정밀하면 움직일 때 행동하는 것이 선할 것입니다. 성현의 학문은 반드시 실천을 말하고 또한 행사(行事)에 드러난다고 말하니, 모두 평상시에 본디 정해진 내용일 뿐입니다. 지금 선생님의 가르침에서 반드시 "아는 것이 절실한 이후에 뜻이 성실하지 않음이 없게 된다"고 하셨습니다. 만일 '지지(知至)'를 널리 논하되 제가(諸家)가 말한 것처럼 이른바 극진하여 남김이 없다는 것을 가리킨다면, 앞 문장에서 말한 '치지'와 구별되지 않습니다. 하물며 반드시 만물의 이치를 다 알기를 기다린 이후에 따로 성의의 공부를 구한다면 이 뜻은 어느 시절에 성실해질 수 있겠습니까? 이것은 바로 배우는 자가 긴요하고 절실하게 공부해야 할 자리이며 선생의 훈고와 해석은 정밀하고 밝아 진정 성현이 아직 밝히지 못한 뜻을 밝힌 점이 있습니다. 저는 일찍이 이것을 마음에 체득하여 사물이 오면 반드시 선악의 두 가지 단서를 정밀하게 살폈습니다. 이와 같이 하니 선을 행함이 확고하게 지켜져 어긋나지 않았고, 이와 같이 하니 악을 행함을 깊이 단절하고 가까이 하지 않았습니다. (선생님은 이 두 가지 문구를 제거하지 않으셨다.) 거의 치지에 구차하지 않아야 아는 바가 다시 넓어서 사리에 절실함이 없는 바가 아니게 되며, 성의에 구차하지 않아야 선을 좋아하고 악을 미워하여 곧 한 터럭이라도 자신을 속이는 뜻이 없고자 합니다. 이런 마음을 공경하게 지켜 감히 태만하거나 소홀히 함이 없으면 공효를 따지는 일은 감히 마음에 두지 않게 됩니다. 이와 같이 힘을 쓰는 것이 어떠한지 모르겠습니다.

대답 : '지지'는 단지 '치지'하여 도달한 자리이지 따로 있는 일이 아닙니다. 다만 본래 이와 같이 합당한 올바른 이치를 깨달아 저절로 발현된 것이 투철해지면, 알게 되는 바가 저절로 절실해져서 다시금 '확고하게 지킨다'거나 '깊이 단절한다'고 말할 필요 없이 뜻이 저절로 성실하지 않음이 없습니다.

舜弼書云, 大學之道, 莫切於致知, 莫難於誠意. 意有未誠, 必當隨事卽物, 求其所以當然之理. 然觀天下之事, 其幾甚微, 善惡邪正, 是非得失, 未有不相揉雜乎芒芴之間者. 靜而察之者精, 則動而行之者善. 聖賢之學, 必以踐履爲言者, 亦曰見諸行事, 皆平日之所素定耳. 今先生之敎, 必曰知之者切而後意無不誠. 蓋若泛論知至, 如諸家所謂極盡而無餘, 則遂與上文所謂致知者爲無別, 況必待盡知萬物之理, 而後別求誠意之功, 則此意何時而可誠耶? 此正學者緊切用功之地, 而先生訓釋精明, 誠有以發聖賢未發之蘊. 竊嘗體之於心, 事物之來, 必精察乎善惡之兩端. 如是而爲善, 則確守而不違, 如是而爲惡, 則深絶而勿近. (先生勿去此幷上二句) 亦庶幾不苟於致知, 而所知者, 非復泛然無切於事理. 不苟於誠意, 而好善惡惡, 直欲無一毫自欺之意. 敬守此心, 無敢怠忽, 課功計效, 則不敢以爲意焉. 如此用力, 不知如何?

答云, 知至只是致知到處, 非別有一事也. 但見得本來合當如此之正理, 自然發見透徹, 則所知自切, 不須更說確守深絶, 而意自無不誠矣.

● 반드시 천하 사물의 이치를 다 궁구하여 지극한 곳에 이르지 않음이 없어진 이후에 그것을 '사물이 이른다(物格)'고 한다. 대개 주자의 문하에 있는 선비 중에 이미 주자의 설을 따를 수 없음을 깨달은 사람이 있었다. 그러므로 순필의 묻는 말이 매우 명쾌한데도 주자의 답변이 매우 모호한 것은 주자가 비록 『장구』의 해석을 쓸 수 없음을 알고 있었지만 또한 스스로 자신의 설을 고치기 어려웠기 때문이다.

必窮致天下事物之理, 極處無不到, 而後謂之物格. 蓋及門之士, 已
有覺其不可從者矣. 然舜弼問語甚明快, 而朱子答語甚含糊, 蓋雖知章
句之解不可用, 而又難于自改其說也.

동숙중[47]에게 답하다[答董叔重] 148)

보내신 서신에서 말한 일용 공부의 경우, 마음을 거두고 지키는 가운
데 사려가 싹트는 자리에 나아가 무엇이 천리이고 무엇이 인욕인지 살
펴서 전자를 취하고 후자를 버려 경(敬)·의(義)를 아울러 지키는 공부를
다하는 것이 좋습니다. 독서 역시 이와 같습니다. 먼저 대지(大旨)를 스
스로 간파하고 여러 설을 궁구하되[49] 하나하나 자신의 분수 위에서 체
험[50]해 나간다면 힘을 얻을 뿐입니다. 글자를 바꿨다는 설[51]은 전에 서
신에서 들은 바인데, 저의 뜻은 다만 배우는 자가 이렇게 급하지 않은
외무(外務)에 정성을 들이지 않기를 바랄 뿐입니다. 반드시 명칭과 서로
어울리고자 한다면 숙중이 입장을 바꾸어서 『통서』에서 '그 무거움에
더할 바가 없을 뿐'[52]이라고 한 뜻을 취하십시요. 어떠한지요?

示喩日用功夫, 更於收拾持守之中, 就思慮萌處, 察其孰是天理, 孰
是人欲, 取此舍彼, 以致敬義夾持之功爲佳. 讀書亦是如此. 先自看大
指, 却究諸說, 一一就自己分上體當出來, 庶幾得力耳. 易字之說, 前累

---

47) 동수(董洙, 1152~1214) : 자는 숙중(叔重), 반간(般澗)선생이라 불렸으며, 요주(饒州)
덕흥현(德興縣) 출신이다. 주희는 그의 아버지 동기(董琦)의 묘지명을 쓴다. 동수는 죽
림정사에서 학생들을 지도하는 위치에 선다.
48) 『朱熹集』 권51-1, 1184(55세).
49) 【記疑】 여러 설들은 곧 주석이다.
50) 【記疑】 체험이라는 뜻이다.
51) 【箚疑】 숙중이 글자를 고친 것을 말한다.
52) 『通書』 「富貴」.

奉報, 鄙意但不欲學者切切於此不急之外務耳.　必欲與名相稱則以叔
重易之. 蓋取通書其重無加焉耳之義. 如何, 如何?

● 숙중이 학문을 배운 연월은 상고할 근거가 없다. 주자가 숙중 아
버지 묘지명을 작성한 것은 소희 4년(1193) 주자 나이 64세 때이다.[53] 글
에서 "수(銖) 또한 와서 배웠다"고 하였으니 숙중이 배운 것은 이때로부
터 반드시 멀지 않을 것이다. 만일 젊은 나이에 그랬다면 마땅히 "수(銖)
는 일찍이 와서 배웠다"고 말해야 한다. 그러므로 숙중에게 보낸 서신
은 모두 만년에 속한다.

　叔重從學, 年月無考. 惟朱子作叔重父墓誌, 在紹熙四年, 朱子年六
十四矣. 文稱銖又來學, 則從學去此時必不遠, 若在早年, 則當曰銖嘗
來學矣. 故凡與叔重書俱屬晚年.

동숙중에게 답하다[答董叔重] 254)

　마음의 존망에 대한 논의는 옳습니다. 전날에 정사의 서신을 얻었는
데 말하는 게 끝내 명료하지 못하였습니다. 다만 그에게 답변하여 말하
길 "이 마음에 바름이 있고 삿됨이 없기 때문에 보존하면 바르고 보존
하지 않으면 삿됩니다"라고 하였습니다. 그가 다시 어떻게 볼지 모르겠
습니다. 단지 보내주신 서신에서 "깊이 대원(大原)을 체득하여 그것을 함
양한다"고 하신 가르침의 경우, 반드시 이와 같이 할 필요는 없습니다.
바로 오직 마음을 잡으면 저절로 보존되어, 움직이건 고요한 건 항상
경이란 한 글자를 넘지 않을 뿐입니다. 근래 바야흐로 이정[伊洛]의 글
을 받아 이 글자를 집어내니[55] 진실로 성학(聖學)의 참되고 핵심적인 공

---

53) 『朱熹集』 권93-11 「迪功郎致仕董公墓誌銘」.
54) 『朱熹集』 권51-2, 1186(57세).

부입니다. 학자는 단지 이 자리에서 착실하게 공부한다면 성현의 지위에 이르지 않음을 걱정하지 않을 것입니다.

所論心之存亡, 得之. 前日得正思書, 說得終未明了. 適答之云, 此心有正而無邪, 故存則正, 不存則邪. 不知渠看得復如何也? 但來喻所謂深體大原而涵養之, 則又不必如此. 正惟操則自存, 動靜始終不越敬之一字而已. 近方見得伊洛拈出此字, 眞是聖學眞的要妙功夫. 學者只於此處著實用功, 則不患不至聖賢之域矣.

🟤 "마음에 바름이 있고 삿됨이 없다"고 하였으니 심학을 비난하는 짓이 망령됨을 알 수 있다.

心有正而無邪, 則知詆心學者妄矣.

동숙중에게 답하다[答董叔重] 3⁵⁶⁾

서신에서 가르쳐준 두 가지 뜻은 근래 모두 개정하였습니다. 『대학』은 덕수의 처소에 있으며 『맹자』는 이미 베껴 간 듯합니다. 다만 급박하게 찾는 병은 아마 마음을 지나치게 써서 그런 것으로 의심됩니다. "발현된 단서⁵⁷⁾는 단지 평일에 성찰하여 깨닫고 일깨우는 자리입니다"라는 말은 단지 사람들로 하여금 이것을 지속적으로 구체적인 것에서 추구하여 그것을 열어 넓히게 하는 것이지, 단서를 기다리고 찾아서⁵⁸⁾

---

55) 【記疑】 이 글자는 '경(敬)'이라는 글자이다.
56) 『朱熹集』 권51-3, 1187(58세).
57) 【標補】 발현한 것은 선한 단서를 가리켜서 말한 것이다.
58) 【節補】 발현하는 단서를 기다려서 찾아서 붙잡는 공부를 말한다. 아마도 동숙중과 정정사가 이런 설명을 호굉과 장식의 찰식단예설과 같다고 의심하고 있었기 때문에 주자가 변별한 것으로 보인다.

장래에 공부를 하자고 말한 것은 아닙니다. 지금 고친 것 역시 그 말에 명료하지 못한 점이 있고 혹은 중복된 곳일 뿐입니다. 대의는 다만 이와 같습니다.

書中所喩兩義, 比皆改定. 大學在德粹處, 孟子似已寫去矣. 但所疑搜尋急迫之病, 恐是用心大過使然. 所云發見之端, 只平日省覺提撕處, 便是只要人就此接續向下推究, 令其開濶. 卽不曾說等待尋討將來做功夫也. 今所改者, 亦其詞有未瑩, 或重複處耳. 大意只是如此也.

⊙ "성찰하여 깨닫고 일깨운다"는 것 역시 육자의 설이다.
省覺提撕, 亦是陸子之說.

동숙중에게 답하다[答董叔重] 45[9)]

가르쳐 준 몇 가지 설은 매우 좋았습니다. 더욱이 일상의 동정 사이에서 함양하는 일에 더욱 뜻을 두어야 한다는 말은 훌륭합니다. 그렇게 하지 않는다면 다만 쓸데없는 말이 되어 이익은 없고 해로움만 있을 것입니다.

所喩數說甚善. 更宜加意涵養於日用動靜之間爲佳. 不然, 徒爲空言, 無益而有害也.

⊙ 이 서신에서 논의한 내용은 육자와 전적으로 합치된다.
此書所論, 全合於陸子.

---

59) 『朱熹集』 권51−4, 1187(58세).

동숙중에게 답하다[答董叔重] 5[60]

「서서」[61]는 아마 경전을 가르치는 사람이 지은 것 같은 데 또한 상고할 증거가 없습니다. 다만 결코 공자의 말씀은 아닐 뿐입니다. 성탕과 태갑의 시기는 더욱 고찰할 수 없으니 반드시 망령되게 그것을 말해서는 안 됩니다. 독서는 또한 의리를 구해서 자신을 반성하고 스스로 닦는 도구이니 이런 일들은 급한 일이 아닙니다.

書序恐只是經師所作, 然亦無證可考. 但決非夫子之言耳. 成湯太甲年次, 尤不可考, 不必妄爲之說. 讀書且求義理, 以爲反身自修之具, 此等殊非所急也.

⬤ 고증이 급한 일이 아니라고 보는 것은 만년의 견해이니 육자와 부합한다. 하지만 한유[62]의 문장을 고증하고[63] 『초사』에 주석을 단 것[64]도 모두 만년의 일이다. 이는 앎이 이르렀으면서도 인(仁)을 지킬 수 없었기 때문이다.

以考訂爲非所急, 晚年之見, 乃合於陸子. 然考韓文註楚辭並在晚年. 蓋知及之而仁不能守之也.

---

60) 『朱熹集』 권51-5, 1187(58세).
61) 「書序」는 『書經』의 小序로 매 편의 앞에 있다. 「書序」를 한대 반고와 마융은 공자가 지은 것이라고 하고, 주자는 공자가 지은 것이 아니라고 한다.
62) 한유(韓愈, 768~842) : 자는 퇴지(退之), 시호는 문(文)이고, 하남(河南) 남양(南陽) 출신이다. 문학적으로는 유종원(柳宗元)과 함께 고문(古文)을 부흥시키려고 하였다. 철학적으로는 유가의 도통설(道統說)을 제시하면서 노불(老佛)에 반대하였고, 또 성삼품설(性三品說)을 주장했다. 저서로는 『韓昌黎集』이 있다.
63) 『韓文考異』를 말한다.
64) 『楚辭集註』를 말한다.

동숙중 문목에게 답하다[答董叔重問目]

"군자는 근본에 힘쓴다"65)는 구절에 대해 "대개 우선 이런 뜻을 품고, 오랫동안 푹 잠겨서 스스로 잘못된 곳을 깨닫는다"고 말씀하셨습니다. 또 "어진이를 어질게 여기고 색을 좋아하는 마음을 바꾼다"66)는 여러 구절에 대해 "여러 설명이 대개는 모두 의미를 얻었지만, 다시 마땅히 푹 잠겨 실천해서, 말만 해대고 사태에 도움이 되지 않게 해서는 안된다"고 말씀하셨습니다. 또 '공자와 안자가 즐거워했던 곳'에 대해 답하면서 "이 경지에 대해서는 억지로 말해서는 안되며, 우선 안자가 어떻게 공부했는지를 보아야 합니다. 만약 그의 공부를 배울 수 있다면, 곧 그가 즐거워했던 곳이 생각이 미칠 수 있는 바가 아님을 깨닫게 됩니다"라고 말씀하셨습니다.

答君子務本節云, 大概且用此意, 涵泳久之, 自見得失. 又答賢賢易色數節云, 數說大概皆近之, 更宜涵泳而實履之, 不可只如此說過, 無益於事. 又答孔顏樂處云, 此等處不可彊說, 且看顏子如何做功夫. 若學得它功夫, 便見得它樂處, 非思慮之所能及也.

⊛ 이상과 같은 논의들은 모두 육자와 합치된다. 숙중은 만년에 주자를 사사했는데 그렇다면 어찌 주자 만년의 정론이 아니겠는가?

此等議論, 全與陸子合. 叔重晚事朱子, 豈非晚年定論?

---

65) 『論語』「學而」.
66) 위의 글.

황자경[67]에게 답하다[答黃子耕] 268)

여러 해 동안 병이 날로 닥치는데다 환란이 교대로 이르니 저는 혈기가 시들어서 지난날과는 전혀 다릅니다. 살날이 얼마 남지 않았으니, 여러 사우들과 함께 힘써 학문을 연마하고, 스승의 부탁을 저버리지 않으려고 해도 그럴 수가 없습니다. 매번 이런 것을 생각할 때마다 다만 탄식만 늘어날 뿐입니다. 자경께서는 요즘 공부하는 곳에 자못 힘을 얻으셨습니까? 지난번에 '치지' 두 글자에 대해 설명하신 것은 자못 산만하였는데, 더욱 생각해보셔서 다시 깨우치시기를 바랍니다.

熹數年來, 疾病日侵, 患難交至, 氣血凋瘁, 大非往時之比. 來日無幾, 甚思與四方士友幷力切磋, 以求無負師傅之託, 而不可得. 每一念之, 徒增永歎而已. 子耕近日所用工處, 頗得力否? 向時說得致知兩字, 亦頗散漫, 望更思之, 復以見諭也.

🔵 이 서신은 자경에게 보내는 두 번째 서신인데, "살날이 얼마 남지 않았다"고 말한 대목이 있는 것으로 보아 주자 만년임에 틀림없다. 대개 자경에게 보낸 서신은 모두 만년 때의 일이다. 산만하게 될까 염려했다는 것으로 보면, '치지'는 범범하게 천하의 사물을 구하는 것이 아니다.

此與子耕第二書, 卽有來日無幾云云, 自是晚年. 凡與子耕書皆晚年也. 致知, 恐其散漫, 則非泛求之天下之物矣.

---

67) 황형(黃螢, 1147~1212) : 자는 자경(子耕), 호는 복재(復齋), 융흥부(隆興府) 분령현(分寧縣) 출신이다. 황정견(黃庭堅)이 종조부이다.
68) 『朱熹集』 권51-12, 1188(59세).

황자경에게 답하다[答黃子耕] 3⁶⁹⁾

새로 벼슬에 제수되었다니 매우 좋습니다만, 부임 때까지는 멀지는 않을까요? 다만 명예와 이익의 바다에 빠진 사람들이 두려울 뿐입니다. 지난번 서신에서 "외물을 궁구할 때는 경을 주로 한다"고 말씀하신 것은 매우 좋습니다. 그러나 경을 주로 하는 것은 곧 『소학』의 존양하는 일이기 때문에 아직 '독행'이 될 수 없으며, 반드시 수신과 제가 이하를 해야 독행이라 말할 수 있습니다.⁷⁰⁾ 일상에서 우선 힘써 지경(持敬) 하고, 몸소 사태의 이치를 살펴서 헛되이 세월을 보내지 않게 하는 것이 곧 실제적으로 학문하는 것이 됩니다. 근래 절강에 가서 배우는 사람들이 공부하는 것을 보았는데,⁷¹⁾ 의론이 대부분 한쪽으로 치우쳐 있어 매우 걱정이 되었습니다.

新除甚佳, 闕亦不遠否? 但聲利海中溺人, 可畏耳. 前書所謂格物主敬者, 甚善. 但主敬方是小學存養之事, 未可便爲篤行, 須修身齊家以下, 乃可謂之篤行耳. 日用之間, 且更力加持守, 而體察事理, 勿使虛度光陰, 乃是爲學表裏之實. 近至浙中, 見學者功夫, 議論多靠一邊, 殊可慮耳.

● "지수하고 몸소 살핀다"는 것은 이미 육자의 설과 합치한다. 그러나 '경'이라는 글자가 처음과 끝을 꿰뚫고 있다. 지금 "경을 주로 하는 것이 『소학』의 존양하는 일이기 때문에, 아직 '독행'이 될 수 없으며, 반드시 수신과 제가 이하를 해야 독행이라 말할 수 있습니다"라고 말한 곳은 매우 이해할 수 없다.

---

69)『朱熹集』권51－13, 1188(59세).
70) 주자가 말년에는 격물치지를 뺀 나머지 전부를 행의 영역으로 봤다.
71) **[翼增]** 절동제거 때의 일이다.

持守體察, 已合於陸子之說. 然敬字徹始徹終. 今謂主敬方是小學存養之事, 未可便謂篤行, 須修身齊家以下, 乃可謂之篤行, 大不可解.

황자경에게 답하다[答黃子耕] 47[2)]

시사[73)]에 대해서는 들리는 소문이 일관되지 않은데, 옳은지 모르겠습니다. 늙고 병들었는데 사람마저 없어서, 제 생각을 표현할 수도 없고 또한 감히 깊이 묻지도 못합니다. 보내주신 서신에서 "우선 『대학』을 읽고 큰 뜻을 깨달은 다음 다른 책을 읽어야 한다"고 말씀하셨습니다. 이 의미는 매우 좋습니다. 그러나 책을 읽을 때는 반드시 큰 단락을 작은 단락으로 나누어서, 한 글자 한 구절도 쉽게 지나쳐서는 안 됩니다. 평소 암송하고 묵묵히 생각해서 반복하여 궁구해야 합니다. 아직 입에 익지 않아 거침없이 나오지 않는다면 반드시 입에 익도록 해야 하고, 아직 꿰뚫지 못했다면 반드시 꿰뚫도록 하고, 이미 꿰뚫은 다음에는 완전히 익숙해지도록 해야 합니다. 다만 사색할 수 없을 때는 이 뜻을 항상 마음에 두어 몰아내지 않도록 해야 됩니다. 이 한 단락을 이해하고 또 다른 한 단락을 보아서 이와 같이 이해한다면, 여러 단락을 본 다음에는 마음이 편해지고 이치에 익숙해져서 공부하는데 힘이 들지 않음을 깨닫게 되니 점차 힘을 얻게 될 것입니다. 요즘 벗들의 병통을 보면 더욱 절실해집니다. 모두 많은 것을 탐내고 넓히는데 힘쓰느라 허둥지둥 책을 많이 보기 때문에 모든 일에 경솔하고 거칠어져서, 본래 많이 알고 많이 하려고 했지만 결국에는 한 가지 일도 알지 못하고 행할 수 없게 되고, 본래 빨리 이루려고 했지만 반대로 헛되이 세월만 보내게 되었습니다. 그러나 이것을 돌이켜, 지난번에 "시험 삼아 세월의 공효를

---

72) 『朱熹集』 권51-14, 1189(60세).
73) 【記疑】 당시 정치적인 일이다.

사용한다”고 말한 것처럼 한다면 마땅히 유익하다는 것을 깨닫게 될 것입니다. 무익한 말을 짓는데 이르러서 본심의 바른 이치로 헤아린다 할지라도, 진실로 일에 무슨 도움이 되겠습니까? 그러나 사람들은 자기의 공부를 할 줄 모르고, 밖으로만 내달려서 이런 일들이 중요하다고 생각합니다. 만약 자기의 마땅히 해야 할 일이 천 갈래 만 갈래여서 종신토록 노력해도 모두 할 수는 없다는 것을 깨닫는다면 반드시 이런 일에까지 미칠 겨를이 없을 것입니다.

時事傳聞不一, 然亦未知是否? 衰病閑散, 旣無所效其區區, 亦不敢深問也. 示喩且看大學, 俟見大指, 乃及它書. 此意甚善. 但看時須是更將大段分作小段, 字字句句, 不可容易放過. 常時暗誦默思, 反覆研究. 未上口時, 須敎上口. 未通透時, 須敎通透. 已通透後, 便要純熟. 直得不思索時, 此意常在心胸之間, 驅遣不去方是. 此一段了, 又換一段看, 令如此, 數段之後, 心安理熟, 覺得工夫省力時, 便漸得力也. 近日看得朋友間病痛, 尤更親切. 都是貪多務廣, 匆遽涉獵, 所以凡事草率粗淺, 本欲多知多能, 下稍一事不知, 一事不能, 本欲速成, 反成虛度歲月. 但能反此, 如前所云試用歲月之功, 當自見其益矣. 至於作無益語, 以本心正理揆之, 誠是何補於事? 但人不作自己功夫, 向外馳走, 便見得此等事重. 若果見得自己分上合做底事千條萬端, 有終身勉勉而不能盡者, 則亦自當不暇及此矣.

⊛ 순희 16년(1189) 60세 때, 주관홍경궁이라는 도관의 벼슬을 하고 있어서 “병들고” “사람마저 없어서”라고 말하였다. 이때 효종이 장차 내선하려 하자 “시사에 들리는 소문이 일관되지 않다”고 말하였다. “많은 것을 탐내고 넓히는데 힘쓰며, 두루 섭렵해서 밖으로 치달리는” 병을 말한 것은 바로 육자가 깊이 근심했던 곳이다.

淳熙十六年六十歲時, 主管鴻慶宮, 故曰衰病閒散. 是時孝宗將內禪,

故曰時事傳聞不一. 至所云貪多務廣, 涉獵外馳之病, 正陸子之所深以
爲憂者也.

황자경에게 답하다[答黃子耕] 674)

　보내 주신 의의(疑義)는 예전보다 훨씬 명확합니다. 다만 여전히 번잡
한 곳이 있으니, 우선 경전에 나아가 평이하게 완미하기를 오래하면 저
절로 친절한 곳을 깨닫고, 자연히 명쾌하고 쉽게 될 것입니다. 정순과
백풍의 근래 모든 서신을 보았는데, 학문이 모두 진척 되었으니 매우
기쁩니다. 천주와 장주에서도 역시 한 두 명의 배우는 사람들을 얻었는
데 장차 기대할 만하니 헛되이 발걸음을 한 것은 아니었습니다.75)
　그러나 토지측량 한 가지 일은 아직 받아들이는 사람이 없습니다. 그
래서 호족들이 즐거워하지 않고 다른 논의들이 들끓어 마침내 근심이
될 뿐입니다. 관직에 일년 동안 있으면서 백성을 위해 이익을 일으키지
못하고 해로움을 제거하는 것도 다 못했으니, 이것이 한스럽습니다. 장
유[汪德輔]가 관직을 버리고 떠난 일76)은 매우 용기 있는 일입니다. 다
만 증지사가 일하는 것이 어찌 여기에까지 이르렀습니까?77) 어제 저녁
에서야 조사하(趙師夏)의 서신을 보았는데 또한 그렇다고 말하고 있으니
매우 이상한 일입니다.

　示及疑義, 比舊盆明潔矣. 但尙有繁雜處, 且就正經平白玩味, 久當
自見親切處, 自然直截簡易也. 正淳伯豐近皆得書, 學皆進, 盆可喜. 泉

---

74)『朱熹集』권51－16, 1191(62세).
75)【記疑】주희가 장주에서 지사를 맡았을 때이므로 이렇게 말했다.
76)【翼增】관직을 버리고 떠난 것이다.
77)【簡疑】아마도 증씨 성을 가진 사람이 장유를 관리로 삼으려고 했는데, 장유가 기뻐
　　하지 않고 떠나자 이렇게 말한 것 같다.

漳之間, 亦得一二學者, 將來可望, 不虛爲此行也.

但經界一事, 恐未有人承當, 而豪右不樂, 異論蠭起, 遂且悠悠耳. 在官一年, 不能爲民興利, 而除害亦未能盡, 此爲可恨也. 長孺之去甚勇, 但曾守解事何乃至此? 昨晚得趙帥書亦云然, 甚可怪也.

🐙 '토지측량' 등을 말한 것은 장주지사로 있을 때이니 주자 나이 61세이다. '명쾌하고 쉽다'는 것은 육자의 가르침이다.

經界云云, 蓋守漳時事, 時年六十一歲. 直截簡易, 陸子之敎也.

황자경에게 답하다[答黃子耕] 7[78]

저는 근심으로 초췌해서 의지할 곳이 없음은 말할 필요가 없습니다. 장례를 치루고[79] 초막을 짓는[80] 두 가지 일은 모두 내년에 할 것입니다. 지금은 작은 서원을 지어 오고 가는 담당자들이 휴식할 수 있는 곳으로 만들 생각입니다. 다른 때에 이곳은 책을 보관하고 연회를 베푸는 곳으로 쓰이도록 할 예정입니다. 그렇지만 이미 그 노동과 비용을 감당할 수가 없기에, 내년에 다시 어찌 될지 모르겠습니다.

보내주신 서신의 말씀들을 통해서 강학하고 스스로 수양하는 힘이 그대에게 있다는 것을 충분히 알 수 있었으니, 바라던 바에 매우 위안이 됩니다. "움직이는 중에 고요함을 구한다"고 말하신 것도 또한 단지 각각 그 있을 곳에 그쳐서 모두 그 절도에 맞게 된다면, 그 움직임이 이치의 당연함이 되어 그 본래 마음의 올바름을 해치지 않을 것입니다. 최근에 『대학』을 수정했는데, 이 장[81]에 대해서는 『대학혹문』이 매우

---

78) 『朱熹集』 권51−17, 1191(62세).
79) [記疑] 주희의 큰 아들 주숙(朱塾)의 장례를 말한다.
80) [記疑] 고정(考亭)에 초막을 짓는 것을 말한다.

자세합니다. 지금 정교하지는 않지만 기록해서 보내니 사원에게 보여주셔도 됩니다.

어떤 사람이 물었습니다. "즐거움·노여움·걱정·두려움은 사람의 마음이 가지지 않을 수 없는 것인데, '이런 한 가지의 마음만을 가지게 되면 마음은 올바를 수 없고, 자신은 닦아질 수가 없다'고 하셨는데, 무엇 때문입니까?"

사람의 마음은 고요하게 비어있지만 밝아서 자신의 주인으로 삼을 수 있는데, 이것이 바로 그 본체입니다. 즐거움·노여움·걱정·두려움은 느끼는 데 따라 반응하는 것이고 또한 마음의 작용이 가지지 않을 수 없는 것입니다. 그렇지만 앎이 지극해지고 뜻이 성실해져서 사사롭게 연루되지 않아야 사물들을 아직 느끼지 않는 경우 이 마음의 본체는 고요하게 움직이지 않는 것이 텅 빈 거울이나 균형 잡힌 저울과 같을 수 있고, 사물들을 이미 느낀 경우라면 그 아름다움과 추함, 높음과 낮음은, 사물들에 따라 반응하는 것이고, 모두 사물들의 저절로 그러함에 근거하는 것이어서 내가 관여할 바가 없는 것입니다. 이것이 마음의 본체와 작용이 항상 그 올바름을 얻어서 자신의 주인이 될 수 있는 까닭입니다.

이것으로 보면 그 봄이 반드시 밝고, 이것으로 들으면 그 들음이 반드시 밝고, 이것으로 먹으면 그 먹음이 반드시 맛을 알게 되는데, 자신에게 닦이지 않는 것이 있을 수 있겠습니까? 진실로 마음속에 조금이라도 성실하지 못함이 있다면, 사물들을 아직 느끼지 못했을 때, 즐거움·노여움·걱정·두려움의 사사로움은 이미 내면의 주인으로 있는 것입니다. 이런 경우 사태가 이미 이르러, 즐거움·노여움·걱정·두려움이 움직일 때 항상 그 절도를 잃게 됩니다. 심한 경우 그 기운을 함부로 해서 도리어 그 마음을 움직이게 하는 경우도 있습니다. 이것이 바로 반복하고 순환해서 항상 그 올바름을 잃고 자신을 주관할 수 없는 까닭입

---

81) 【箚疑】『大學』의 정심(正心)장을 말한다.

니다. 주인이 없는 몸으로 무한한 사물에 대응하게 되면, 고개를 들고 새를 정신없이 보거나 고개를 돌리면서 사람들과 잘못 관계하지 않는 경우가 드물게 될 것입니다. 맹자가 말한 '평단의 기운'과 '먼저 그 큰 것에 서야 한다'는 말은 바로 이것을 말한 것입니다.

熹憂悴無悰, 無足言者. 治葬結廬二事, 皆在來年. 今且造一小書院, 以爲往來幹事休息之處, 它時亦可藏書宴坐. 然已不勝其勞費, 未知來年復如何也?

來喩云云, 足見講學自修之力, 甚慰所望. 所謂動上求靜, 亦只是各止其所, 皆中其節, 則其動者乃理之當然, 而不害其本心之正耳. 近修大學, 此章或問頗詳. 今謾錄去, 可以示斯遠也.

或問, 喜怒憂懼, 人心之所不能無也. 而曰有是一者, 則心不得正, 而身不可修, 何哉? 人之心湛然虛明, 以爲一身之主者, 固其本體. 而喜怒憂懼, 隨感而應者, 亦其用之所不能無者也. 然必知至意誠, 無所私係, 然後物之未感, 則此心之體, 寂然不動, 如鑑之空, 如衡之平, 物之旣感, 則其姸媸高下, 隨物以應, 皆因彼之自爾, 而我無所與, 此心之體用, 所以常得其正, 而能爲一身之主也.

以此而視, 其視必明. 以此而聽, 其聽必聰. 以此而食, 食必知味, 身有不修者哉? 苟其胸中一有不誠, 則物之未感, 而四者之私, 已主於內. 事之已至, 而四者之動, 常失其節. 甚則暴於其氣而反動其心, 此所以反覆循環, 常失其正而無以主於身也. 以無主之身, 應無窮之物, 其不爲仰面貪看鳥, 回頭錯應人者幾希! 孟子所論平旦之氣, 與先立乎其大者, 正謂此耳.

🌑 장례를 치른다는 것은 주자의 장자 숙의 장례를 말한다. 이 서신은 주자 나이 62세(1191) 때 쓰인 것이다. '심학'을 논하는 것은 육자의 생각과 부합된다.

治葬, 謂長子塾喪也. 此書在六十二歲. 論心學與陸子合.

황자경에게 답하다[答黃子耕] 11[82]

두 서신을 모두 받았습니다. "어찌 편치 않음이 이렇게도 심합니까?"라고 말하신 것[83]은 오늘날 벼슬살이가 단지 이와 같으니, 아직 면하지 못했다면 단지 인내하면서 그 힘이 미치는 곳에 힘쓸 따름입니다. 평상시에 자신에게 있는 많은 도리들 중 어느 것이 빠져 있는지 보고 각각의 경우마다 보존하고 생각한다면, 저절로 충분한 즐거움이 있게 되는 것을 방해하지는 못할 것인데, 어찌 이처럼 초조하십니까? 들은 것이 어찌 이런 일만 있는 것입니까? 설령 폄하하고 꾸짖는 일을 당한다고 할지라도, 이것은 신하와 자식된 자들에게 정해진 본분입니다. 단지 힘이 미치지 못하는 것을 한탄할 수 있을 뿐입니다.

兩書皆領, 所云云何不安之甚, 今日仕宦只是如此, 旣未免出來, 只得忍耐, 勉其力之所及而已. 日用之間, 更看自家分內許多道理, 甚底是欠闕底. 隨處操存, 隨處玩索, 不妨自有餘樂, 何至如此焦躁耶? 所聞豈有是事? 政使有便遭貶責, 亦是臣子之常分, 但恨力不及耳.

🌸 자경에게 보내는 서신이 언급하고 있는 것을 보면, 모두 주자 만년의 일들이다. 이 열한 번째 서신도 만년에 지어진 것임이 틀림없다. 열두 번째 서신도 "내년 70세(1199)"라고 말하고 있다.

與子耕書, 所及皆晩年事. 此第十一書, 必晩年也. 第十二書卽云明年七十矣.

---

82) 『朱熹集』 권51-22, 1198(69세).
83) 【刊補】 자경이 관직에 있을 때 마음에 편치 않은 바가 있어서 말한 것들이다.

황자경에게 답하다[答黃子耕] 14[84]

관직에 나갈 때까지 시간이 조금 남는다는 것을 알았습니다. 궁벽하고 먼 지역의 경우 관직의 일은 간소하기 때문에 독서해서 학문을 진작시킬 수가 있습니다. 이와 같이 착실하게 삼 년 정도 공부한다면, 사회 속에서 사람들과 교제하느라 분주한 것에 비교해보아도 아직 잘못된 계책이라고 볼 수는 없을 것입니다.

보내주신 서신에 경전과 역사서에서 간단하게 힘을 쓸 수 있는 곳을 구한다고 하셨는데, 이것에는 별다른 기술이 있는 것은 아닙니다. 단지 이미 배운 것을 반복해서 생각하되 결코 중복된다고 싫어하지 않아야 하니, 그렇게 하기를 오래하면 당연히 의미가 더욱더 깊고 멀다는 것과 이치가 더욱더 밝아진다는 것을 깨닫게 되실 것입니다. 이 밖에 과거 아직 배우지 않은 것에 자신을 닦고 남을 다스리는 실제적인 일에서 절실해야 될 것이 있다면, 한가로울 때 여력에 따라 깊이 생각하셔서 그 표리(表裏)와 정조(精粗)를 모두 관통해서 젖어들게 된다면, 본원의 경지에 대해 아마 하나의 경지를 얻어서[85] 어느 경우이든 힘이 생기지 않을 수가 없게 될 것입니다. 저의 경우 쇠약해져서 여러 가지 병들이 교대로 찾아들고 항상 기가 마음과 배 안에 가득 차서 오늘은 몸이 조금 춥고 고통이 심해져서 거의 일어날 수가 없습니다. 이런 상태를 보니 살아 있을 날이 얼마나 되겠습니까? 그렇지만 매번 책을 펴고 친구들과 강론해서 '나를 일으키는' 이로움이 있다는 것을 느끼지 않은 적이 없습니다. 하물며 그대의 나이는 아직 젊고 힘은 아직 강하니 어찌 스스로 힘쓰지 않겠습니까?

안인 지역의 토지 측량에 대한 글의 경우, 그 계획 중 하나로 말한 호

---

84) 『朱熹集』 권51-25, 1198(69세).

85) [刊補] '타성일편(打成一片)'이란 음미하고 찾아서 온갖 이치에 관통하게 되면 마음과 이치는 혼용하게 하나로 만들어지게 될 것임을 말한 것이다.

부에서 시행하려고 한 것은 바로 이중수가 행한 것을 말합니다. 그가 본현에 설치하자고 말한 것은 곧 당시의 읍에서 그 이론을 확장해서 적용한 것인데, 비록 아직 하나하나 자세히 살펴보지는 못했지만 구차하지 않은 뜻은 볼 수가 있습니다. 이전에 제가 임장에 지사로 있을 때, 그를 방문해서 예측하는 계산법을 물어본 적이 있고, 그로부터 여러 종의 책도 얻었는데, 이것에 비해 훨씬 더 자세합니다. 그렇지만 마을 주민들이 끝내 이 방법을 이해할 수 없어서 도리어 헛된 힘만 쓰게 되었습니다. 뒤에 다른 하나의 계산법을 얻었는데, 땅 중간에 먼저 정사각형의 보폭 수를 선택하고, 그 바깥의 돌출하고 기울어지고 굽은 곳을 계산해서 사각형으로 대략적으로 만들어보니, 일이 매우 쉬워졌습니다. 이런 계산법이 사의(私意)와 공허한 논의로 흔들려서 그 사이에 힘을 다하지 못하고 균전과 공명과세의 효험을 보지 못한 것이 한스러울 뿐입니다. 지금 보내주신 것을 읽으니, 그때 일이 생각나서 저를 무척 슬프게 만드는군요.

知赴官有期. 僻遠之鄕, 官事簡少, 可以讀書進學. 若如此實做得三年功夫, 比之奔走塵埃, 俯仰應接, 殊未爲失計也.

來喩更欲於經史中求簡易用功處, 此亦別無它巧, 只是且將所已學者反復玩味, 不厭重複, 久之當覺意味愈深遠, 理致愈明白耳. 此外, 昔所未學, 亦有切於修己治人之實者, 更以暇時量力探討, 使其表裏精粗通貫浹洽, 則於本原之地亦將打成一片無處不得力矣. 有如衰朽, 百病交攻, 常時氣滿心腹, 今日乍寒, 痛甚, 幾不能起, 觀此氣象, 餘日幾何? 然每開卷, 及與朋友講論, 未嘗不覺其有起予之益. 況如賢者春秋尙富, 精力尙彊, 其可不自勉乎?

安仁經界文字, 其畫一中所言戶部行下者, 卽是李仲水所行. 其言本縣措置者, 卽是當來邑中推廣其說, 雖未及一一細觀, 然亦可以見其不苟之意. 鄕在臨漳, 訪問打量算法, 得書數種, 比此加詳. 然鄕民卒乍不能通曉, 反成費力. 後得一法, 只於田段中間先取正方步數, 却計其外尖斜屈曲處, 約湊成方, 却自省事. 恨爲私意浮議所搖, 不得盡力其間, 以見均田平賦之效. 今讀所示, 尤使人悵然也.

❸ 자경에게 답하는 열두 번째 서신에는 이미 "내년 70세(1199)"라는 말이 있기 때문에, 이 서신은 더욱 그 뒤일 수밖에 없다. 독서를 할 때 반복하여 생각해서 그 책에 젖어들어야 한다는 주자의 말은 육자가 사람들을 가르칠 때 두예86)의 '즐겁게 노닐고 배부르다'는 말을 인용했던 뜻과 같은 것이다. 장주에 지사를 지낸 것은 주자 나이 61세(1190) 때였는데, 이 서신은 "이전에 임장87)에 있을 때"라고 말하고 있으니, 이 서신이 주자 만년에 쓰여졌다는 것은 더욱 의심의 여지가 없다.

答子耕第十二書, 已有明年七十之語, 此書更在後. 其讀書反復玩味, 使其浹洽, 卽陸子教人用杜預優游饜飫語之意. 守漳係六十一歲, 此云向在臨漳, 其爲晚年益無疑矣.

조립지에게 답하다[答曹立之] 188)

이천선생의 서첩을 베낀 것이 매우 정교하고 그것을 새길 돌도 이미 갖추어졌지만, 석공이 아직 오지 않아서 십 일 정도 있다가 완성될 것 같습니다. 혹 제가 남강의 거처89)를 떠나도 같은 관리에게 위촉해서 그

---

86) 두예(杜預, 222~284) : 자는 원개(元凱)이며, 경조두릉(京兆杜陵 : 陜西省長安縣) 출신이다. 저서에 『春秋左氏經傳集解』, 『春秋釋例』 등이 있다. 특히 『春秋左氏經傳集解』는 종래 별개의 책으로 되었던 『春秋』의 경문(經文)과 『左氏傳』을 한 권의 책으로 정리한 것이며, 이로써 『左氏傳』이 춘추학의 정통적 위치에 오르게 되었다.
87) 임장(臨漳)과 장주(漳州)는 복건(福建)의 같은 지명이다.
88) 『朱熹集』 권51-26, 1180(51세).
89) 【翼增】 이곳은 남강(南康)의 임지를 말한다.

일을 완성할 수 있을 것입니다.

범조우(范祖禹)[90]의 시는 별로 밝혀주는 것이 없습니다. 이전의 선배들이 책을 읽을 때 무슨 까닭으로 이처럼 구차하고 소략했는지 알 수가 없습니다. 저는 최근 여여숙선생의 촉본『역설』을 구할 수 있었는데, 매우 정미하고 함축적이어서 보기가 좋았습니다. 지금 이것을 베끼고 있으니 혹시 아직 보지 못하셨다면 부쳐드리겠습니다. 기록해 보여준 육자정의 서신의 뜻은 매우 좋습니다. 최근에 대야의 만정순이 저를 보러 왔는데, 그는 육자정이 어떻게 강론하는지를 저에게 이야기해주었습니다. 들어보니 대개 이전과 비교해서 차이가 있는 것 같습니다. 그렇지만 생각하건대 그는 아직도 이전의 이론을 아울러 가지고 있어서 상황에 맞추어 가르침을 세우는 것이 그렇지 않을 수 없다고 생각하고 있는 것 같습니다. 이와 같은 뜻은 분명하지 않은 곳을 은폐하려는 경향으로 흐를 수밖에 없을 것입니다. 이런 까닭에 포현도의 무리들은 여전히 먼저 (도에) 들어가는 것을 주장하면서 독서하고 강학하는 것이 인의를 막는 재앙이라고 여기고 있는 것입니다. [이 이야기는 양자직이 남풍에서 그 이론을 직접 들었던 것입니다.] 그리고 남헌도 언젠가 "부몽천이라는 자는 눈썹을 쳐들고 눈을 깜빡이며" 등등을 말한 적이 있습니다. 아마도 직접적으로 분석해서 오늘은 옳고 어제는 그른 것을 명백하고 분명하게 해서 학자들로 하여금 옛 폐습을 씻고 나날이 새로워지는 공부에 나가도록 하는 것만 못한 것 같습니다. 비밀리에 간직해온 것을 다시 의심해서 의혹을 가중시켜서는 안 될 것 같습니다. 오늘 저녁에 임천으로 가는 사람이 있기에, 서신을 써서 육자정에게 다시 알려주어야 할 것 같습니다. 진현(進賢)[91]의 읍재인 정사수(程沙隨)[92]가 어제『주역』의 몇 조목을 논하는

---

90) 범조우(范祖禹, 1041~1098) : 자는 순부(淳夫) 또는 순부(純父)·순보(純甫)이며, 화양(華陽) 출신이다. 가우(嘉佑) 8년(1063) 진사가 되었다. 범조우는 여공저의 사위이다. 사학에 매우 밝아, 신종 희녕 3년(1070)부터 사마광을 도와『資治通鑑』을 편수하였다. 저서로는『唐鑒』,『帝學』,『仁皇政典』,『范太史集』등이 있다.
91) 【箚疑】 '진현(進賢)'은 읍의 명칭이다.

서신을 썼는데, 이미 제 의견에 따라 그것에 대한 답신을 썼습니다. 어떻게 생각할지 모르겠습니다.

伊川先生帖, 摹勒甚精. 石已謹具, 但工夫未至, 更旬日亦當可成. 或卽去此, 亦可屬同官畢其事也.

范詩無甚發明, 不知前輩讀書, 何故却只如此苟簡, 不可曉也. 熹近得蜀本呂與叔先生易說, 却精約好看, 方此傳寫, 或未見, 當轉寄也. 錄示陸兄書, 意甚佳. 近大冶萬正淳來訪, 亦能言彼講論曲折, 大槪比舊有間矣. 但覺得尚有兼主舊說, 以爲隨時立敎, 不得不然之意. 似此意思, 却似漸有揜覆不明白處, 以故包顯道輩, 仍主先入, 尚以讀書講學, 爲充塞仁義之禍.(此語楊子直在南豐親聞其說.)而南軒頃亦云傅夢泉者, 揚眉瞬目云云, 恐不若直截剖判, 便令今是昨非, 平白分明, 使學者各洗舊習, 以進於日新之功, 不宜尙復疑貳秘藏, 以滋其惑也. 且夕亦有人去臨川, 自當作書更扣陸兄也. 進賢宰昨日亦得論易數條, 已據鄙見報之, 未知以爲如何耳.

　● 조립지가 남강에서 주자를 본 것은 주자 나이 50세(1179)였다. 육자가 남강에 온 것은 주자 나이 52세(1181)였다. 조립지의 두 번째 서신이 이미 주자를 본 후에 쓰여졌는지 여부는 서신에는 나타나 있지 않다. 그렇지만 육자가 아직 남강에 이르지 않았다는 것은 두 번째 서신에서 언급되어 있다. 이번 서신이 비록 "육자의 서신의 뜻은 매우 좋습니다"라고 말하고 있다고 할지라도, 아직도 의심과 신뢰가 반반을 차지하고 있다.

　　【節補】 정사수가 그 곳의 읍재(邑宰)였다.

　92) 정형(程逈) : 자는 가구(可久), 호는 사수(沙隨)이다. 융흥 원년(隆興元年)에 진사(進士)급제, 지상요현(知上饒縣)·조봉랑(朝奉郎) 등을 역임했다. 저서에 『古易章句』 10卷, 『易傳外編』, 『古易考』, 『古占法』 各 1卷, 『春秋傳顯微例目』, 『論語傳』, 『孟子章句』, 『文史評』, 『經史說』, 『諸論辯』, 『太玄補贊』, 『戶口田制貢賦書』, 『乾道振濟錄』 등이 있다.

曹立之見朱子于南康, 在朱子五十歲時. 陸子至南康, 在朱子五十二歲時. 曹立之二書, 在旣見朱子後與否, 書中無明文. 然陸子尙未至南康, 則第二書內及之矣. 此書雖稱陸兄書意甚佳, 然尙屬疑信相半.

조립지에게 답하다[答曹立之] 2[93]

기록하여 보내주신 두 서신[94]는 매우 훌륭합니다. 그렇지만 그는 '시원찮은 학파를 세워서는 안 된다'고 말했습니다. 그렇지만 성현들의 가르침에는 일찍이 일정한 학파를 세워 여러 사람들에게 보이지 않는 적이 없었습니다. 사람들에 따라 각각 그 문제점에 입각해서 치료해준 경우라면 여기에는 그럴만한 이유가 있을 것입니다. 그렇지만 성현들의 가르침은 분명하고 직접적이어서 사람들로 하여금 이해하지 못하도록 숨기거나 우회한 적이 없었습니다. 자신의 수준에 따라 수양하고 자신의 견해에 따라 책을 보는 것은 배우는 자들만이 단지 이와 같을 따름입니다. 이르고 못 이르는 것, 도를 이해하거나 이해하지 못하는 경우는 그 사람의 노력의 깊고 낮음에 달려 있을 뿐입니다. 아마도 이러한 생각이 이치에 딱 들어맞지 않더라고 그리 벗어나지 않으니, 별도로 안연과 증자가 도를 밝힌 것을 구해서 옛 사람들의 마음 쓰는 특별한 공부를 보아야 한다고 말해서는 안 될 것 같습니다. 육자정 형제들을 한번 보고서[95] 이것을 깊이 연구하고 싶지만 아직 뜻대로 되지 않았습니다. 이전에 그 형제들이 이곳에 오는 것[96]을 허락했지만, 지금 저의 행적이 아직도 안정되지 않았습니다. 그래서 생각건대 그들이 이 곳에 가뭄이

---

93) 『朱熹集』 권51-27, 1180(51세).
94) 【記疑】 육구연의 두 서신을 말한다.
95) 【節要註】 육구연 형제를 말한다. 조립지는 일찍이 두 형제를 스승으로 모셨기 때문에 말한 것이다.
96) 【節要註】 남강에 오는 것을 말한다.

심하다는 것을 듣고 아직 오지 못하고 있는 것 같아서, 매우 한스럽게
생각하고 있습니다.

所錄示二書, 甚善. 但所謂不可以一說片言立定門戶, 則聖賢之敎,
未嘗不有一定之門戶以示衆人. 至於逐人分上, 各隨其病痛而箴藥之,
則又自有曲折. 然亦分明直截, 無所隱秘回互, 令人理會不得也. 隨己
分修習, 隨己見觀書, 學者只得如此. 其至不至, 明道與不明道, 則在其
人功力淺深, 恐亦不可謂此爲雖不中不遠者, 而別求顏曾明道, 見古人
用心底奇特工夫也. 極欲一見渠兄弟, 更深究此而未可得. 向許此來,
今賤迹旣不定, 想其聞此旱暵, 又未必成來, 深以爲恨也.

⬤ 주자가 남강에서 육자와 만나기로 약속했기 때문에, 육자는 순희
9년(1182) 봄에 백록동에 온다. 이 서신 안에 있는 '가뭄'이라는 말은 바
로 순희 7년(1180) 가을의 일이었는데, 이때 주자는 51세였다. '학파를 세
워서는 안 된다'는 육자의 말을 이때 주자는 믿지 않았다. 그렇지만 가
장 만년에 이르러 주자는 자신을 반박하게 된다.

朱子在南康約陸子來會, 故陸子以辛丑春至鹿洞. 此書內有旱暵之
語, 正庚子秋事, 是年朱子五十一歲. 陸子不可立門戶之說, 此時雖信
不及, 至最晚年則自駁去矣.

만정순에게 답하다[答萬正淳] 297)

논의하신 것의 대부분이 단지 이와 같습니다. 그렇지만 평상시에 핵
심적인 자루[欛柄]98)가 있어야 비로소 잡을 것이 있고 길을 잃지 않게

---

97) 『朱熹集』 권51−29, 1180(51세).
98) 【記疑】 欛의 음은 패(覇)이고, 병(柄)의 의미와 같다.

될 것입니다. 만약 이처럼 공허하고 막연하다면, 아마도 더듬어 찾을 수가 없을 것입니다. '중'이라는 것은 단지 사태와 사물과 관계할 때 지나침과 모자람이 없이 그 사이에 딱 맞는 것입니다. 이치를 정밀하게 보고 오래도록 함양하면, 저절로 볼 수 있을 것입니다.

所論大槪只是如此. 但日用間須有箇欛柄, 方有執捉, 不至走失. 若只如此空蕩蕩地, 恐無撈摸也. 中只是應事接物, 無過不及, 中間恰好處, 閱理之精, 涵養之久, 則自然見得矣.

● 정순과 조립지는 함께 주자가 남강군 지사로 있을 때 그를 찾아왔다. 정순에게 보내는 모든 서신들은 주자 나이 50세 이후의 것들인데, 이것은 두 번째 서신이다. 세 번째 서신은 조목별로 물어서 대답한 서신으로서, 자약과 학문을 논하면서 쓴 것이다. 이때는 자약이 강서로 유배되었을 때이다. "핵심이 되는 자루가 있다"는 말은 '먼저 큰 것에 선다'는 의미와 같은 것이다.

正淳與曹立之, 俱朱子守南康時往謁見. 凡與正淳書, 皆五十歲以後, 此第二書也. 第三書問目, 與呂子約論學, 則子約謫江西矣. 有欛柄, 卽先立乎大之意.

오백풍[99)에게 답하다[答吳伯豐] 1[100)

나이가 들어 몸이 쇠해서 배움을 감당하기 어렵고 학문이 진전되는 바가 없습니다. 그대는 저에 대해 지나치게 들어서 이렇게 먼저 수고스

---

99) 오필대(吳必大) : 자는 백풍(伯豐)이며, 흥국군(興國軍) 출신이다. 주회를 만나기 이전에 장식 여조겸에게서 배웠다. 주회의 애제자였다.

100)『朱熹集』권52－1, 1180(51세).

럽게도 서신을 써서 도를 칭송하면서 말하는 것을 보니, 그대의 뜻을 충분히 알 수가 있었습니다. 그렇지만 그것은 제가 미칠 수 있는 것은 아닙니다. 보내주신 정자의 ‘격물’에 대한 설명에는 진실로 쉽게 힘을 다할 수 없는 곳이 있는 것 같습니다. 그렇지만 “하늘과 땅이 높고 두터운 까닭이나 하나의 사물도 그러한 이유”[101]에 대해 정자는 말했는데, 아마도 그 큰 것과 작은 것을 모두 말해서 사태의 이치가 어디에나 있다는 것과 학문하는 공부는 어떤 하나의 사물도 빠뜨려서는 안 된다는 것을 밝히신 것 같습니다. 만약 구체적으로 힘을 쓰는 것이라면, 역사책을 읽거나 사태에 대응하는 것에 지나지 않는다는 것은 이전에도 말한 것과 같습니다. 어찌 그 마음을 막연하고 혼동스러워서 알 수 없는 영역으로 나아가게 해야겠습니까? 어떤 사람이 인용하고 있는 『주역』 상(象)의 법칙은 너무 융통성이 없는 것처럼 보입니다. 이른바 이치를 밝힌다는 것은 또한 소이연과 소당연을 밝히는 것일 뿐입니다. 제 의견은 이와 같은데, 그대는 어떻게 생각하는지 모르겠습니다. 혹시 제 이야기에 온당하지 못한 것이 있다면, 다시 알려주시면 다행이겠습니다.

자징과 지난 가을에 만났는데 매우 정겨워 최근에 다시 그를 초청했지만, 아직 서신이 없습니다. 최근 대야[102]의 만인걸이라는 사람의 방문을 받았는데, 그 만인걸이라는 사람은 지금 남강군학(南康郡學)에 머물고 있습니다. 그 사람은 자질이 아주 훌륭하고 논의하는 것도 좋아, 다시 얻기 힘든 사람입니다. 그 만인걸이 그대와 이전에 함께 배울 수 있었다고 말합니다.[103] 저는 최근에 도관의 벼슬을 요청했는데, 여러 사람들이 허락하려는 뜻이 있다고 들었습니다. 마침 장형주[張栻]의 부고를 들었기에 만약 저를 초청해주신다면 마땅히 한걸음에 장사로 갔다 돌아오도록 하겠습니다.

---

101) 『二程遺書』 권15－108.
102) [箚疑] 치(治)는 야(冶)를 잘못 표기한 것이다.
103) [記疑] 만인걸이 이전에 백풍과 함께 배웠다고 말한 것이다.

熹衰晚, 無堪學, 不加進. 足下過聽, 辱先以書, 其所以稱頌道說者, 足以見賢者之志矣. 然非區區所及也. 示喩程子格物之說, 誠若有未易致力者. 然其曰天地之所以高厚, 一物之所以然, 蓋極其大小而言之, 以明是理之無不在, 而學問之功不可一物而有遺爾. 若其所以用力之地, 則亦不過讀書史, 應事物, 如前之云爾. 豈茫然放其心於汗漫紛綸不可知之域哉? 或人所引易象之數, 又似太拘. 所謂明理, 亦曰明其所以然與其所當然者而已. 鄙見如此, 不識賢者以爲如何? 恐有未安, 幸復見告也.

子澄去秋相見甚款, 近復招之, 尙未有來信. 大治近有萬君人傑者見訪, 見留之學中, 氣質甚美, 議論亦可, 反復殊不易得, 云亦嘗得從遊也. 熹比已丐祠, 似聞諸公有意聽許. 適聞張荊州之訃, 若便得請, 當一走長沙而歸爾.

＠ 백풍도 '격물'의 설이 온당하지 않다고 여겼기에 이런 질문을 하게 된 것이다. 그런데 주자의 답을 보면 말이 궁해서 회피하고 있다는 것을 잘 알 수 있다. 아마도 주자가 이미 '사태를 궁구해서 그 지극한 곳에 이르지 않음이 없게 하고자 한다'고 말했다면, 비록 그가 '그 마음을 막연하고 혼돈스러워서 알 수 없는 영역에 놓아두지' 않으려고 해도 할 수 없을 것이다. 대개 주자 나이 50세 이후부터 60세 이전까지의 기간은 지리함으로부터 자신의 마음으로 돌이켜 나가는 과정이었는데, 이 것은 모두 52세 때 육자가 남강을 지나면서 강론한 다음의 일이었다. 이 서신도, 우연히 경부의 부고를 들었다고 쓰여 있는 것으로 보아 순희 7년(1180)에 쓰인 것이고, 이때 주자의 나이는 51세였다. 그런데도 주자는 아직도 자신에게 돌이켜 수렴할 줄 몰랐다.

伯豐亦以格物之說未安, 故有此問. 而朱子之答, 殊覺辭窮而遁. 蓋旣云窮至事物, 欲其極處無不到, 則雖欲不放其心於汗漫紛綸不可知之域而不能也. 凡五十以後, 六十以前, 由支離而反之身心, 皆在五十

二歲陸子過南康講論之後. 此書云適聞敬夫之訃, 在淳熙七年, 朱子是
年五十一, 尙未能返約也.

오백풍에게 답하다[答吳伯豐] 2[104]

책을 읽는 것이 매우 훌륭하고 가르침에 조리가 있지만, 이와 같이
먼저 범례들을 세울 필요는 없을 것 같습니다. 단지 익숙하게 읽고 평
이하게 보며, 조용히 그것을 읊기를 오래하면 저절로 좋은 곳을 보게
될 것입니다. 『대학』을 보는 절차라고 논의하신 것은 아직 옳지 않은
것 같습니다. 만약 『대학』을 본다면 단지 집중해서 『대학』만을 보아야
하는데, 이것은 마치 서로 유사한 다른 책이 있다는 것을 알지 못하는
것처럼 해야 합니다. 글자마다 구절마다 하나하나 생각해야 하고, 장마
다 반복해서 각 장의 핵심을 보아야 합니다. 전편을 반복해서 각 편의
순서를 파악해야 합니다. 그렇게 해서 끝나면 다시 시작해야 하는데, 몇
번[105] 읽었느냐는 중요한 것이 아닙니다. 그 책에 관통해서 흠뻑 젖어
들어 책과 자신이 섞여 들어가 완숙하게 되면 더 이상 볼만한 것이 없
게 됩니다. 그렇게 된 뒤 다른 책을 읽어도 되는 것입니다. 지금 『대
학』의 한 구절을 보고서 바로 『중용』에 대해 설명하고 있으니, 이처럼
지리하고 어지러우면 『대학』도 『중용』도 모두 어두워져서 상호 연루되
어 『대학』만 깨닫지 못하는 것이 아니라 『중용』에 이를 힘도 없게 되는
법입니다. 하물며 『대학』과 『중용』을 비교하신 것은 처음부터 힘을 쓰
겠다는 뜻에 조금도 도움이 되지 못하고 단지 마음의 힘을 헛되이 써서
한가롭게 의론을 주장하고 말을 옮기는 것이 점점 많아져서 자신과는
점점 더 관계가 없게 되는 것이니, 살피지 않을 수 없는 일입니다. 본래

---

104) 『朱熹集』 권52-2, 1189(60세).
105) **[記疑]** '편수(遍數)'는 한 번 읽은 횟수를 말한다.

적인 밝음에 의지한다는 것은 마음의 단서를 살펴서 그것을 가지고 장난쳐서 이야기하려는 데 있는 것이 아니라 단지 자신이 이미 아는 것에 의지해서 그 앎을 더욱 넓히는 것이고, 자신이 이미 할 수 있는 것에 의지해서 그 할 수 있는 것을 더욱 정미하게 하는 것일 뿐입니다. 그러므로 호남학파의 이론과는 같지 않은 것입니다.

'그칠 곳을 알아야 안정된다'는 구절에 대한 설명은 아직 옳은 것 같지 않지만, 다시 『대학장구』와 『대학혹문』을 통해서 구하려고 한 것은 매우 훌륭합니다. '앎이 지극해지고 뜻이 성실해진다'는 구절에 대한 설명은 대체로 정확합니다. 「반명」106)의 해당 주 소설을 잘 살펴보면, 당시의 주소문장에 기존의 주장이 많이 있기 때문에 인명을 일일이 나열하지 않았을 뿐입니다'라는 구절에 대한 설명은 스스로 검사해볼 만한 것입니다. 당시에는 그 아랫글로 많이 이야기했기 때문에, 그 이름과 성을 표시하지 않았을 뿐입니다. 『논어』, 『맹자』, 『중용』은 『대학』에 대해 관통하고 흠뻑 젖어들어 볼 만한 것이 없게 된 후에 읽는 것이 좋습니다. 만약 정해진 절차와 한계를 넘어서 계속 체계를 구성하려고 한다면, 비록 보았다고 할지라도 보지 않는 것과 마찬가지입니다. 최근에 이런 문제점이 결코 작지 않다고 느끼게 되었습니다. 원래 도학에 밝지 않게 되면 형이상학적 측면에 대해서 공부를 결여하는 것이 아니라, 구체적인 측면에 대해서 착수처가 없게 됩니다. 만약 도학을 믿고 구체적인 곳에서부터 착수해서 이와 같이 해나간다면, 양심은 저절로 잃어버리지 않게 되고 실천도 저절로 완숙해질 것이니, 단지 독서 한 가지만 잘되는 것은 아닙니다.

讀書甚善, 所論亦有條理, 但不必如此先立凡例, 但熟讀平看, 從容諷詠, 積久當自見得好處也. 所論看大學曲折, 則未然. 若看大學, 則當

---

106) 『大學章句』. "湯之盤銘曰苟日新, 日日新, 又日新."

且專看大學, 如都不知有它書相似, 逐字逐句, 一一推窮, 逐章反覆, 通看本章血脉, 全篇反覆, 通看一篇次第, 終而復始, 莫論遍數, 令其通貫浹洽, 顚倒爛熟, 無可得看, 方可別看一書. 今方看得一句大學, 便已說向中庸上去, 如此支離蔓衍, 彼此迷暗, 互相連累, 非惟不曉大學, 亦無功力別可到中庸矣. 況所比校, 初無補於用力之意, 徒然枉費心力, 閑立議論, 番得言語轉多, 却於自家分上轉無交涉, 不可不察也. 因其本明, 非是察識端倪, 把來玩弄, 以資談說, 只是因其已知而益廣其知, 因其已能而益精其能耳. 與湖南說自不同也.

　知止有定之說, 似亦未然, 更以章句或問求之爲佳. 知至意誠之說, 則大槪得之矣. 盤銘是注疏說, 可自檢看, 當時以下文多已說, 故不曾標其名氏耳. 論孟中庸儘待大學通貫浹洽, 無可得看後方看乃佳. 若奔程趁限, 一向攢了, 則雖看如不看也. 近方覺此病痛, 不是小事. 元來道學不明, 不是上面欠却工夫, 乃是下面元無根脚. 若信得及, 脚踏實地, 如此做去, 良心自然不放, 踐履自然純熟, 非但讀書一事也.

　🌑 "먼저 범례들을 세울 필요는 없을 것 같다"는 주자의 말은 '먼저 안정된 근본을 가질 필요는 없다'는 육자의 말과 같다. "한가롭게 논의한다" "관계가 없다", 그리고 "양심" "실천" 등과 같은 주자의 말들은 모두 육자와 부합되는 것이다. 백풍은 주자 나이 51세 때 처음으로 서신을 보내 질문했었다. 그러므로 백풍에게 주는 주자의 서신은 모두 만년에 속하는 것이다.

　不必先立凡例, 卽陸子所謂不必先有定本也. 閑議論無交涉及良心踐履等語, 俱與陸子合. 伯豐於朱子五十一歲始通書問, 凡與伯豐書, 皆屬晩年.

오백풍에게 답하다[答吳伯豊] 6[107]

학문을 하거나 사태에 임할 때 힘을 낼 수 없는 것은 진실로 고요한 때 공부를 하지 않았기 때문입니다. 그렇지만 움직임을 버리고 고요함만을 구하고자 한다면, 이런 이치는 있을 수 없습니다. 대개 사람의 몸과 마음의 경우, 움직임과 고요함 두 글자는 순환 반복하는 것이 어느 때이든 그렇지 않은 적이 없습니다. 그렇지만 항상 이 마음을 보존해서 잃지 않도록 하면 움직임에 대해서도 고요함에 대해서도 어느 경우나 힘을 쓰지 못하는 경우가 없을 것입니다. 착실하게 공부를 해야지 단지 글자에서만 삶의 계책을 만들려고 해서는 안 됩니다.

學問臨事不得力, 固是靜中欠却工夫. 然欲舍動求靜, 又無此理. 蓋人之身心, 動靜二字, 循環反復, 無時不然. 但常存此心, 勿令忘失, 則隨動隨靜, 無處不是用力處矣. 且更著實用功, 不可只於文字上作活計也.

❀ 백풍에게 답하는 것과 관련된 이 여섯 번째 서신도 또한 주자가 만년에 지은 것이다. 아마도 다음 일곱 번째 서신에서는 "이런 우환을 만나다"라는 구절이 나오는데, 이것은 그의 맏아들 숙이 죽은 것을 말한다. 이때 주자의 나이는 62세(1191)였다.

此係答伯豊第六書, 亦是晚年之作. 蓋第七首, 卽云遭此禍患, 蓋長子塾之喪, 時朱子年已六十二也.

---

107)『朱熹集』 권52−6, 1190(61세).

오백풍에게 답하다[答吳伯豐] 7108)

보여준 여러 설에 대해서는 아직 자세하게 살펴볼 겨를이 없었습니다. 다만 자융의 설이 전혀 체계가 없는데도 여러 벗들이 도리어 거기에 얽매이니 더욱 어지럽습니다. 또한 큰 병의 근원을 정리하지 않으니 논의가 까다롭고 잗달아서 더욱 지엽적인 곳을 향해 변론을 하고 있습니다. 그래서 말은 비록 많지만 도리는 더욱 분명하지 않은 것입니다. 지금은 단지 허다한 쓸데없는 경쟁을 내버리고 자기 스스로 성(誠)이라는 한 글자가 어떠한 도리인지 이해하여야 합니다. 보는 것이 정밀하고 친절하며 분명해진 이후에 도리어 여러 설을 모아서 판가름내면 저절로 깨닫게 되어 이처럼 변명하지 않아도 됩니다.

정순의 서신은 번거롭게 인편에 붙였습니다. 그가 문자를 보는 것은 매우 자세합니다. 부친『중용설』은 대개 괜찮습니다. 만일 지금 보여주고 싶다면 도리어 서신에 봉하여 정순에게 부쳐도 무방합니다. 사수[泗迴]의『팔론(八論)』과『사평(史評)』의 인쇄본이 있으면 보내주기 바랍니다. 이것은 모름지기 분별하지 않아도 후인들이 스스로 자신의 눈을 갖고 있을 테니 이처럼 어둡고 눈이 머는 상태에 이르지는 않을 것입니다. 여기에 도착해서는109) 단지『대학』을 고쳐서 구본(舊本)보다는 조금 좋아졌는데 다른 서적은 아직 정돈할 겨를이 없습니다. 지금 또 이런 우환을 만났으니 아마도 세상에 오래 머물 수 없을 것입니다. 이 때문에 빨리 귀향하여 작은 공부라도 조금이나마 해서 후세 사람들이 헛되이 심력을 낭비하도록 잘못 인도하지 않기를 더욱 생각하고 있습니다.

---

108)『朱熹集』권52－7, 1191(62세).
109)【節疑】남강에 도착한 것을 말한다.
　　【翼增】다음 문장에 화를 당할까 걱정스럽다는 말이 있는 것으로 보아 이곳은 장주(漳州)이다.

示及諸說, 亦未暇細觀. 但覺子融之說全無倫理, 而諸友反爲其所牽, 亦復擾亂. 又不且整理其大病根原, 而計較苟細, 展轉向枝葉上辨論. 所以言雖多而道理轉不分明. 今只合且放下許多閑爭競, 而自家理會誠之一字是甚道理. 看得精切分明後, 却合衆說而判剖之, 當自見得, 不如此費分疏也.

正淳書, 煩爲附便. 渠看得文字却儘子細. 所寄中庸說, 多得之. 恐欲見發之, 却封寄之, 不妨也. 沙隨八論及史評有印本, 望寄及. 此不須辨, 後人自有眼目, 不至如此晦盲也. 到此只修得大學稍勝舊本, 他書皆未暇整頓. 今又遭此禍患, 恐不能久於世. 以此益思亟歸, 更畧下少工夫, 庶不誤後人枉費心力也.

🅐 "우환"은 아들의 상(喪)을 가리킨다. 근원을 중시하고 지엽을 가벼이 하며, 또한 "말이 많은데 이치는 더욱 분명하지 않다"고 한 말은 모두 육자의 논의와 부합한다.

禍患指子喪. 重根原, 輕枝葉, 又謂言多而理轉不明, 皆合于陸子之論.

오백풍에게 답하다[答吳伯豊] 9[110)

장주(漳州)에서 돌아온 지[111) 반년이 지났는데 장례일을 고르는 일도 아직 정하지 못하였고 집을 짓는 일 역시 아직 마치지 못하였습니다. 호남에 부임하라는 명령[112)은 뜻밖에 나온 것으로 애초에는 단지 사적인 연유 때문에 사록관을 구하였습니다. 하지만 혹 요청이 받아들여지

---

110) 『朱熹集』 권52-9, 1191(62세).
111) 【記疑】 장주에서 돌아온 것이다.
112) 『朱熹年譜長編』 1098면. 조여우(趙汝愚)의 천거로 장주(漳洲), 형호남로안무사(荊湖南路安撫使)로 제수된 일을 말한다.

지 않으면 곧 편안한 고을에서 저의 졸렬함을 감추기를 구하리라 생각하였습니다. 근래 임장(臨漳)의 토지측량이 대충 끝났따는 보고를 들었는데 이는 조정이 전적으로 신뢰하지 못한 것[113]입니다. 관직에 있는 사람이라면 마땅히 자신의 죄상을 따져 물러나길 구해야지 의리상 어찌 다시 출사(出仕)할 수 있겠습니까? 저는 이미 이런 생각을 사람에게 부탁해서 고하였습니다. 이런 소식을 들었을 테니 또한 저를 억지로 출사시키기는 어려울 것입니다. 한가한 가운데 자못 학자들이 서로 찾아와 어느 때든지 강학(講學)을 그치지 않아 자신을 경계할 수 있습니다. 하지만 오늘날 학문은 두 가지 종류에 지나지 않는다고 생각합니다. 하나는 곧바로 간략한 곳에 나아가 구체적인 일들을 등한시하여[114] 지나치게 고원해지는 학문이요,[115] 하나는 오로지 외면으로 달려가기에 힘써서 지리(支離)하고 번쇄해지는 학문입니다. 그 지나치게 고원한 경우는 본래 해로움이 있지만 그래도 근본에는 가깝습니다. 그 외면으로 달려가는 경우는 기괴하고 실패하게 되니 더 말할 게 없습니다. 우리들은 다행히 조금 더 평안하고 바르게 되었습니다. 하지만 또한 본원을 함양하는 공부가 모자람을 느끼고 있습니다. 이것은 스스로 반성하지 않을 수 없습니다.

보내주신 의의(疑義)는 대개 괜찮으니 이미 간략하게 그 사이에 주석을 달았습니다. 조금 틀린 곳은 보기 어렵지 않습니다. 다만 그대가 본원처에서 더욱 공부하기를 바랍니다.

歸來半年, 卜葬尙未定, 築室亦不能得了. 湖南之命, 出於意外, 初但以私故懇祠. 然恐或不得請, 卽求便郡藏拙. 近聞臨漳經界報罷, 此是廟堂全不相信. 政使在官亦當自劾求退, 其義豈容復出? 已託人以此告

---

113) 【記疑】 자기를 신뢰해주는 것을 말한다.
114) 【記疑】 '경추간약(徑趨簡約)'은 선불교를 지칭한 것이다.
115) 【節補】 '과고(過高)'는 육구연의 학문을 지칭한 것이다.

之. 計其聞此, 亦難以相彊矣. 閒中頗有學者相尋, 早晚不廢講學, 得以
自警. 然覺得今世爲學不過兩種. 一則徑趨簡約, 脫畧過高, 一則專務
外馳, 支離繁碎. 其過高者, 固爲有害, 然猶爲近本. 其外馳者, 詭譎狼
狽, 更不可言. 吾儕幸稍平正. 然亦覺欠却涵養本原工夫. 此不可不自
反也.

所寄疑義, 蓋多得之, 已畧注其閒矣. 小差處不難見. 但却欲賢者更
於本原處加功也.

❀ "장례일을 고르기"는 맏아들 숙(塾)의 상(喪)을 뜻한다. 숙은 주자
보다 10년 앞서 죽었으니 이때 주자 나이는 62세였다. "임장의 토지측
량이 대충 끝났다는 보고"와 "호남에 부임하라는 명령"은 소희 4년(1193)
에 있었던 일이니 이해에 주자는 64세였으며 육자는 이미 죽었다. 이
서신은 비록 육자가 너무 고원하다고 했지만 끝내는 근본에 가깝다고
여겼다. 또한 본원 공부로 자신을 반성하기에 힘쓰면서 아울러 그것을
백풍에게 권하니, 육자의 설에서 취하였으며 확실히 만년의 정론이 되
는 것이 아니라고 할 수 있겠는가?

卜葬, 謂長子塾之喪. 塾先朱子十年卒, 是朱子年六十二. 臨漳經界
報罷及湖南之命, 在紹熙四年, 時年朱子六十四歲, 陸子已卒矣. 此書
雖猶以陸子爲過高, 而終以爲近本. 又汲汲以本原功夫自反, 併以勉伯
豐, 可謂非有取於陸子之說, 而確爲晚年定論乎!

오백풍 문목에게 답하다[答吳伯豐問目]

백풍의 질문 : '제자가 집에 들어가면 효도한다'는 구절에 대한 유씨
(游氏)의 '문장을 배운다[學文]'는 설은 본디 후세에 근본을 버리고 말단
을 쫓는 폐단을 깊이 경계할 만 하다고 말하였습니다.116) 그러나 옛날

의 이른바 ‘문장을 배운다’는 것은 마치 후세에 말하는 ‘문장’처럼 붓과 먹을 가지고 놀며 말꾸미기를 일삼는 것이 아닙니다. ‘사물에 나아가 앎을 지극히 하고’ ‘자신을 닦고 남을 다스리는’ 참된 일이 아닌 것이 없습니다. 그러므로 이미 배웠으면 반드시 의리의 단서를 궁구하여 성현의 영역에 달려갈 수 있습니다. 그러므로 문장으로 바탕을 제거하고 박학으로 마음을 빠지게 하여, (부모를 진심으로 공경하지 않으면) 동물의 사랑이 되고 (조그만 재주를 나쁘게 써먹어) 남의 무덤을 파내는 빌미로 삼고, 참을 핑계 대며 거짓으로 응대하고 간사한 말을 꾸며 이기적인 마음을 성취하는 것 등의 일을 옛날의 학자가 어찌 하는 경우가 있겠습니까? 유씨의 설은 격양됨이 있어서 말한 것일 뿐입니다. 하지만 억양이 너무 지나쳐서 옛날에 말하는 ‘학문’과 후세의 것을 동일하게 보았으니, 분별하지 않을 수 없습니다.

대답 : 옛날의 학문(學文)은 진정 오늘날과 다릅니다. 하지만 본령이 없이 단지 암송하여 말한다면 또한 진정 유씨의 나무람과 같이 됨을 면치 않을 것입니다.

백풍의 질문 : “‘배우면서 생각하지 않으면 어리석다’는 구절에 대해 주씨는 말하였다. ‘배움은 묵묵히 알고 마음으로 통하고자 한다. 단지 입과 귀 사이로 드나들고 그것에 대해 생각하지 않는다면 어떻게 치지(致知)할 수 있겠는가?’ 이 구절에서 사유하지 않는 폐단을 말한 것은 좋다. 하지만 그것으로 배움을 말한 것은 미진한 바가 있다. 무릇 배움을 오로지 말한다면 치지와 역행(力行) 두 가지 단서를 겸한다. 만일 생각에 대응해서 말하면 치지는 생각이 되고 배움이라는 것은 역행을 가리킨다.” 지금 주씨는 입과 귀에 드나드는 것으로 배움을 말하였는데 배움이 어찌 암송하여 말하는 것뿐이겠습니까? 만약 여기서 그친다면 무엇이 옳은 바이겠습니까? 사량좌117)는 “생각은 앎의 일이고 배움은 익힘의 일”118)이

---

116) 『論孟精義』 권1.

117) 사량좌(謝良佐, 1050~1103) : 자는 현도(顯道)이고, 상채(上蔡)선생이라 불렸다. 수춘

라고 했는데 이 설이 옳습니다. 그리고 『집주』에서 "몸소 친히 겪지 않는다"고 하였으니 더욱 분명합니다. 하지만 정자의 『경해』[119]는 또한 "힘써 찾되 묻고 배우지 않으면 수고롭고 위태하다"고 하였으니, 아마 배움을 강론과 문변의 일로 여긴 것은 어째서인지요? 그런데 정자는 본래 "널리 배우라"고 운운[120]하였으니 다섯 가지[121] 중에 하나라도 폐하면 배움이 아니며, 정자가 오로지 강론과 암송을 배움으로 여기지 않았음이 분명합니다. 『경해』에서 말한 내용은 도리어 『어록』의 치밀함만 못한 듯합니다. 가령 위태로움을 수고로움으로 해석한 경우 뜻도 또한 상고할 바가 없으니, 어떤 것은 아마 베낄 때 착오가 없을 수 없었을 것입니다.

대답 : 배움은 본받아서 이루는 일입니다. 그러므로 독송·질문·실천 모두 배움이라 부를 수 있으니 생각이 오로지 탐색을 위주로 하는 것과 같지는 않습니다. 위태로움을 수고로움이라고 해석한 경우 소견이 없는 것 같습니다. 구양수(歐陽修)[122]는 이 위태로움[殆]이란 글자를 사용하였는데[123] 또한 태(怠)자와 비슷하여 모두 이해할 수 없으니, 옛 설을 따르는 것만 못합니다.

伯豊書云, 弟子入則孝, 游氏學文之說, 固足以深警後世棄本逐末之弊. 然古之所謂學文者, 非弄翰墨, 事詞藻, 如後世之所謂文也. 蓋無非格物致知, 修己治人之實事. 故旣學, 則必有以究義理之端, 而趨於聖

(壽春) 상채(上蔡) 출신이다. 경(敬)을 언제나 깨어 있는 방법으로 삼았으며, 인(仁)에 대해서는 지각설(知覺說)을 제창하였다. 저서로는 『上蔡語錄』이 있다.
118) 『論孟精義』 권1.
119) 위의 책, 같은 면.
120) 『二程遺書』 권15-150.
121) 박학(博學)·심문(審問)·신사(慎思)·명변(明辨)·독행(篤行)를 지칭한 것이다.
122) 구양수(歐陽修, 1007~1072) : 자는 영숙(永叔), 호는 취옹(醉翁), 시호는 문충(文忠)이다. 신종(神宗) 때 왕안석(王安石)의 신법(新法)에 반대하여 관직에서 물러났다. 당송8대가의 한 사람으로, 송대의 고문(古文)의 위치를 굳건히 하였다. 전집으로 『歐陽文忠公集』이 있다.
123) 『論語』 「爲政」의 '學而不思則罔, 思而不學則殆'에서 '殆'자에 대한 이야기이다.

賢之域矣. 然則文以滅質, 博以溺心, 以爲禽犢, 以資發冢, 託眞以酬僞飾奸言以濟利心, 古之學者, 豈有是哉? 游氏之說, 有激而云耳. 然抑揚太過, 倂與古之所謂學文者, 與後世等而視之, 不得不辨也.

答云, 古之學文固與今異. 然無本領而徒誦說, 恐亦不免眞如游氏之譏也.

伯豐又書云, 子曰, 學而不思則罔, 周曰, 學欲默識心通也. 苟徒出入乎口耳之間, 而不致思焉, 則何以致知? 其言不思之蔽則善矣. 而所以語學者, 則有所未盡. 夫學專言之, 則兼夫致知力行之兩端. 若對思而言, 則致知爲思而學云者. 蓋力行之謂也. 今周氏以出入乎口耳者爲學, 則學豈誦說而已乎? 使止於是, 又何所安耶? 謝氏曰, 思, 知之事也. 學, 習之事也. 此說得之. 而集注身不親歷之云尤明白矣. 然程子經解亦曰, 力索而不問學則勞殆, 似亦以學爲講論問辨之事, 何耶? 然程子固曰, 博學之云云, 五者廢其一, 非學也. 其不專以講誦爲學, 審矣. 經解所言, 反似不若語錄之密. 如以殆爲勞, 義亦無考, 或者傳寫不能無誤云.

答云, 學是放效見成底事. 故讀誦咨問躬行, 皆可名之, 非若思之專主乎探索也. 以殆爲勞, 無所見. 歐陽公用此殆字, 又似怠字, 皆不可曉, 不若從古說也.

◉ 주자가 백풍에게 답변한 서신은 모두 만년에 있다. 지금 학(學)자와 궁행(躬行)을 풀이하고 있는데, 『논어』와 『중용』에서 '박학(博學)'을 풀이한 곳이 모두 옳지 않음을 알 수 있다.

朱子答伯豐書俱在晚年. 今解學字倂及躬行, 則知論語中庸解博學處, 皆未安矣.

오백풍에게 답하다[答吳伯豐] 17[124)

보여준 세 조목은 모두 이미 자세히 주석을 달았으며, 그 미진했던 부분도 뒤에 올 인편을 통해 계속 보여 주기를 바라니, 얼마 되지 않아 더욱 좋게 될 것입니다. 하지만 보여주시는 것이 많으면 서로 섞여서 아마도 대충 볼 수밖에 없을 것 같습니다. 정순은 서신을 통해 감사의 뜻을 전했는데 그가 나중에 어떻게 성장하였는지 모르겠습니다. 이곳의 붕우들 가운데 또한 뛰어난 자를 보지 못했고, 또한 밖으로는 다른 근심[125)이 있으니 아마도 오래 서로 모일 수는 없을 것입니다. 그대에게 바라는 점이 적지 않으니 본원상에서 더욱 함양·수렴의 공부를 더하기를 다시 바랄 뿐입니다.

所示三條, 悉已疏去, 它未盡者, 後便幸續寄示, 旋得尤佳. 多則擁併, 恐看得草草也. 正淳因書爲致意, 不知渠後來所進如何? 此間朋友亦未見有脫穎不羣者, 而又外有他虞, 恐不能久相聚也. 所望於伯豐者不淺, 更望於本原上益加涵養收斂之功耳.

❸ "다른 근심"은 경원당금을 가리킨다. 아래 "스스로 남의 말을 초래한다"는 한 구절 역시 그렇다. '본원'의 설은 육자에 부합한다.

他虞指黨禁. 下一首自致人言亦然. 本原之說, 合於陸子.

---

124) 『朱熹集』 권52-17, 1196~1197(66~67세).
125) [記疑] 위학의 금을 당한 것이다.

오백풍에게 답하다[答吳伯豐] 18[126)

제가 늙고 매우 보잘 것 없어 스스로 다른 사람의 입방아나 초래해서[127) 벗들에게 수치가 되었습니다. 오히려 너그러운 은혜를 입어, 시골에서 편안히 지내고 있습니다. 그러나 의논하는 자들이 아직 모함이 그치지 않았다고 들었는데, 끝내 편히 쉴 곳을 알지 못하겠습니다.

보내주신 의심스런 조목에 대해서는 아직 답신을 드리지 못했습니다. 그러나 상채선생께서 "부귀와 영달은 지금 사람들 중 벗어난 사람이 거의 없으니 작은 일이 아닌데도, 요새 학자들은 어찌 말만하는가? 말 잘하기가 참으로 앵무새 같구나"[128)라고 말씀하신 것을 생각해보면, 이 말이 매우 두려워할 만합니다. 백풍은 강학을 정미하고 상세하게 하며 의론이 명쾌해서, 벗들 가운데 그와 비길만한 사람을 거의 볼 수 없으니, 제가 기대하는 뜻이 얕지 않습니다. 바라건대 이것을 더 생각해주십시오 반드시 이곳에서 안정되게 선 다음에야 박문약례의 공부가 베풀어질 곳이 있게 될 것입니다.

熹老大亡狀, 自致人言, 爲朋友之羞. 尙賴寬恩, 得安田里. 然聞議者經營未已, 未知終安所稅駕也.

示及疑義, 未及奉報. 但念上蔡先生有言. 富貴利達, 今人少見出脫得者, 非是小事, 邇來學者何足道? 能言眞如鸚鵡. 此言深可畏耳. 伯豐講學精詳, 議論明決, 朋游少見其比, 區區期望之意不淺, 願更於此加意. 須是此處立得脚定, 然後博文約禮之工有所施耳.

---

126) 『朱熹集』 권52－18, 1197~1198(66~68세).
127) 【節補】 병진년 12월 심계조가 상소하여 직무가 갈리고 사록직에서 파면당했다.
　　　【翼增】 호굉(胡紘)과 심계조(沈繼祖)와 같은 무리를 가리킨다.
128) 『上蔡語錄』 권3.

🕉 이곳에서는 "스스로 다른 사람의 입방아를 초래한다"라고 말했고,
또 "시골에서 편안히 지낸다"라고 말했는데, 대개 경원 2년(1196)에 어사
심계조[129]에게 탄핵을 받아 관직을 물러나고 사록관을 그만두었으니,
주자 나이 67세 때이다. "부귀와 영달"에서 "온전하게 선다"는 것은 처
음 배움에 입문했을 때의 일이다. 주자는 노인이 되어서도 오히려 삼가
며 이것으로 스스로 권면하고 백풍을 권면했으니 무슨 까닭인가? 그러
나 육자가 행한 백록동 강의[130]의 뜻이 바로 이와 합치된다.

此云自致人言, 又云得安田里, 蓋慶元二年爲御史沈繼祖所劾, 落職
罷祠, 時朱子年六十七矣. 富貴利達, 上立得脚定, 此初學入門時事耳.
朱子垂老猶兢兢以此自勉, 倂以勉伯豐, 何耶? 然陸子鹿洞講義意思正
與此合.

오백풍에게 답하다[答吳伯豐] 24[131]

『의례』를 편집한 것에 두서가 있으니 매우 기쁩니다. 혹시 적당한 인
편이 있으면 일찍 보내주시기를 바라니, 정신이 날로 혼미해지고 눈이
날로 침침해지지만 지금 그것을 받아본다면 아직은 힘을 쓸 수는 있을
것입니다. 그러나 벗들이 사방으로 흩어졌으니 끝내 책을 완성할 수나

---

129) 홍국(興國) 출신이다. 감찰어사(監察御史)를 지냈다. 호굉(胡紘)의 상소로 주희를 탄
　핵하였다.

130) 1181년 육구연이 남강(南康)으로 가서 주자를 예방한다. 이때 남강군 지사로 있던 주자
　는 백록동서원(白鹿洞書院)을 수리하고 있었다. 이곳을 예방한 육구연은 『論語』「里仁」
　에 나오는 '군자는 의로움에 밝고 소인은 이로움에 밝다[君子喩於義, 小人喩於利]'는
　구절을 강의하게 된다. 이 강의에서 육구연은 어떤 사람을 평가할 때 그가 어떤 동기에서
　행동을 하게 되었는지를 이해해야 한다고 강조했다. 그에 따르면 만약 어떤 행동이 의로
　움[義]이라는 동기에서 기인한다면 그것의 성공과 실패에 상관없이 긍정되어야만 한다.
　반면 성공적인 행위인 경우나 아니면 기존의 규범에도 맞는 행위인 경우에도, 만약 행위
　의 내면적 동기가 이로움[利]에 근거한 것이라면, 그것은 부정되어야만 한다는 것이다.

131) 『朱熹集』 권52－24, 1197(68세).

있을까요? 매우 탄식할 만합니다. '호연지기'를 다시 논한 것은 말씀이 매우 정확해서 자약의 병통에 절실하게 들어맞습니다만, 아직 깨닫지 못한 듯합니다. 근심과 슬픔이 끊이지 않는 서신이 오지만 바로잡아 줄 수 없으니,132) 비록 이미 힘을 다해 말해주어도 반드시 믿지 못하는 것 같습니다. 백풍은 매우 명민하기 때문에 강학할 즈음에 견해가 밝지 못할까 걱정하지는 않으니, 제가 기대하는 뜻이 다른 사람에 비길 바가 아닙니다. 다만 바라건대 다시 들은 것을 깊이 체득하고 힘써 행하며, 굽어보고 우러르는 사이에 부끄러움이 없기를 바라며, 마음이 호연한 자는 진실로 의와 도에 짝할 수 있으니, 헛된 말만 외우고 말할 뿐만이 아니기를 제가 바라는 것입니다. 보지(寶之)133)는 아직 다른 서신을 보내지 못했는데, 제 생각에 그대가 『의례』를 편찬하는 일에 부단히 공을 들인 것 같으니 수고하심에 매우 감사를 드립니다.

編禮有緖, 深以爲喜. 或有的便, 望早寄來, 心力日短, 目力日昏, 及今得之, 尚可用力. 但朋友星散, 不知竟能得見成書與否? 深可歎也. 再論浩氣. 語甚的當, 切中子約之病, 然猶未悟. 書來切怛不已, 不可爬梳. 雖已竭力言之, 恐未必能相信也. 伯豐明敏有餘, 講學之際, 不患所見不明, 然區區屬望之意, 蓋非他人之比. 但願更於所聞深體而力行之, 使俯仰之間無所愧怍, 而胸中之浩然者, 眞足以配義與道, 不但爲誦說之空言而已, 則區區之願也. 寶之不及別書, 編禮想用功不輟, 煩爲致意也.

🅢 『의례』를 편집한 것은 주자의 가장 만년 때의 일이므로 "완성된 책을 볼 수 있을런지 알 수 없다"는 탄식이 있다. 그런데 주자가 백풍에게 힘써 행할 것을 권면하고 헛된 말만 암송하고 말하는 것을 경계한 것은,

---

132) 【箚疑】 가려운 데를 긁고 티끌을 빗질한다는 것으로, 그 병통을 다스린다는 뜻이다.
133) 이여규(李如圭) : 자는 보지(寶之)이며, 길주(吉州) 노릉현(盧陵縣) 출신이다. 이여규는 의례를 편찬했던 사람 중 하나인 듯하다.

모두 '오로지 실천하는데 힘쓴다'는 육자의 가르침을 사용한 것이다.

編禮是朱子最晚年事, 故有不知能見成書與否之嘆. 然所以勉伯豐者, 汲汲於力行, 而以誦說空言爲戒, 蓋全用陸子專務踐履之敎矣.

이숙문[134]에게 답하다[答李叔文] 3[135]

저는 집에만 있으면서 밥만 축내고[136] 가난과 병이 이루 말할 수 없습니다. 다만 조존과 완색(玩索 : 반복하여 의미를 탐색함)의 공부를 비록 그만둘 수는 없었지만, 전날 보다 나아감을 보지 못해 근심하고 부끄러워서 거의 벗들을 볼 수 없습니다. 그대가 백록에 한 번 이르렀다고 하니[137] 매우 좋습니다. 매번 지난번에 서로 더불어 함께 올라 노닐던 즐거움을 생각하면 일찍이 꿈속에서도 즐겁지 않은 적이 없습니다. 그러나 또한 당시에 서로 절차탁마했던 것에 오히려 다하지 못한 것이 있어서 한스럽습니다. 서로 천리나 멀리 떨어져 있으니, 어느 때에 다시 지난날처럼 편안하게 반복할 수 있겠습니까? 다시 바라건대 지수의 공을 더욱 더하여서 의리의 귀결을 구하는 것이 저의 바람입니다.

熹杜門竊食, 貧病不足言, 但操存玩索之功, 雖不敢廢, 而未見有以進於前日, 以是憂愧, 殆無以見朋友也. 白鹿知亦嘗一到, 甚善! 甚善! 每念疇昔相與登臨遊從之樂, 未嘗不發於夢寐. 然亦恨當時所以相切磋者, 猶有所未盡也. 相望千里, 何時復得從容反覆如往時耶? 更願益加持守之功, 以求義理之歸, 是所願望.

---

134) 이숙문의 이름과 출생지에 대해서는 고찰할 수 없다. 다만 전중겸이(田中謙二)에 의해 주자의 제자로 분류되고 있을 뿐이다.
135) 『朱熹集』 권52－37, 1181(52세).
136) 【記疑】 일찍이 사록관직에 있었기 때문에 말한 것이다.
137) 여산에 오른 것을 말한다.

🌀 백록에 오른 것을 지난날이라고 기억하는 것으로 봤을 때, 아마도 남강을 떠난 후이다. 서로 권면한 것이 '지수'에 있는 것으로 보아 이미 육자의 설을 따르고 있다. 이 서신은 숙문에게 보낸 세 번째 서신이다.

白鹿登臨, 追念疇昔, 蓋在去南康之後矣. 其相勉者在持守, 已從陸子之說矣. 此與叔文第三書也.

이숙문에게 답하다[答李叔文] 4[138]

보내주신 서신에서 공부하는 순서에 대해 언급하신 것이 마음속에 매우 위로가 됩니다. 그러나 지난번에 성선에 대해 말한 것은,[139] 단지 본래부터 가지고 있으며 애초에 조금의 흠결이 없지만, 성인의 경지에 도달해야 비로소 흡족하고 그 경지에 도달하지 못하자마자 자포자기하게 된다는 것을 사람들이 알게 하려는 것이었습니다. 그러므로 『맹자』는 다음 문장에서 다시 성간과 안연, 공명의의 말을 인용해서,[140] 사람마다 이 뜻을 세워 용맹하게 앞을 향해 나아가게 하였는데, 마치 현기증이 날 만큼의 독한 약을 복용해서 깊은 병을 제거하듯이 하는 것이니 느긋하게 해서는 안 됩니다. '방심(放心)을 구한다'는 주해할 필요가 없으니,[141] 다만 하루 24시간 동안 항상 절실하게 살펴 놓아버리지 않도록 한다면 오래지나 반드시 공효가 나타나고 의리가 밝아지고 지수하는 것이 굳건해지며 기력을 허비하지 않게 됩니다. 만약 하나의 '인'을 구한다는 글자를

---

138) 『朱熹集』 권52－38, 1181(52세).
139) [記疑] 주희의 설이다.
    [箚疑] 생각건대 선생께서 맹자가 성선을 말했다는 것에 대해 말한 말이다. 옥산강의에 보인다.
140) 『孟子』「滕文公 上」.
141) [翼增] 숙문이 구인(求仁)으로 구방심(求放心)의 의미를 풀이하려 하자, 선생께서 이와 같이 답하였다.

덧붙인다면, 더욱 견해가 지리해져서 더듬어 찾을 곳이 없어집니다. 감탄하는 말142)은 호씨의 설이어서 대부분 맹자의 본 뜻143)은 아니기 때문에 지금 또한 논의할 필요는 없으며 단지 맹자의 본래 설명을 살펴보면 됩니다. 이것144)은 '성'이라는 글자를 풀어 설명하려는 것은 아닙니다. 대개 이 사물의 선악을 이해하고145) 자기의 믿음이 (그곳에) 미치도록 해서 공부하는 것에 대해 의심하거나 망설이지 않게 하려는 것입니다.

喩及爲學次第, 甚慰所懷. 但向來所說性善, 只是且要人識得本來固有, 元無少欠, 做到聖人, 方是恰好, 纔不到此, 卽是自棄. 故孟子下文再引成覸顔淵公明儀之言, 要得人人立得此志, 勇猛向前, 如服瞑眩之藥, 以除深錮之疾, 直是不可悠悠耳. 求放心不須注解, 只日用十二時中, 常切照管, 不令放出, 卽久久自見功效, 義理自明, 持守自固, 不費氣力也. 若添著一求仁字, 卽轉見支離, 無摸索處矣. 歎美之辭, 乃胡氏說, 大非孟子本意, 今亦未須論, 但看孟子本說足矣. 此不是要解說性字. 蓋是要理會此物善惡, 敎自信得及, 做得工夫不遲疑耳.

⊛ 세 번째 서신은 백록에 오른 후 쓰여진 것이고, 이 네 번째 서신은 마땅히 그 다음에 있었던 서신이다. "원래부터 가지고 있었던 것을 안다"라는 것은 육자가 사람들에게 본래 마음을 알도록 가르쳤던 의도이다. '방심(放心)을 구한다' '지리함을 경계한다'는 것은 육자와 완전히 부합된다.

第三書在白鹿登臨之後, 此第四書當更在後矣. 識得固有, 卽陸子敎人識本心之意. 求放心戒支離, 則全合於陸子.

---

142) 【箚疑】【輯補】호굉은 성선의 선을 '참 좋구나' 하고 찬탄하는 말로 해석한다.
143) 【箚疑】『孟子』의 본의는 바로 악을 선에 짝하는 것을 가리킨 것이다.
144) 【箚疑】차(此)는 선생께서 스스로 말한 것을 가리켜 말한다.
145) 【箚疑】이것은 성(性)을 말한다. 마땅히 이 성이 선한지 악한지를 이해해야 한다.

권4

유공도[1]에게 답하다[答劉公度] 2[2]

가르쳐주신 "세상 사람들이 어찌 모두 나와 같겠으며, 나를 알겠는가? 나에게 있는 것은 밝고 분명해서 흠이 없으니 이익되는 바가 많다"와 같은 말들은 성현의 뜻과 매우 다른 것 같습니다. 최근에 다른 이론에 오염되어서 스스로의 사익을 도모하기에 이런 견해를 지은 것 아닙니까? 모르겠지만 성현들이 다른 이론들을 변별하고 사악한 설명들을 이처럼 엄정하게 배척한 것은 다른 사람들이 나와 같고 나를 알아주기를 원해서 하신 것입니까? 아니면 나에게 있는 것이 흠이 없을 수가 없어서 오히려 말과 변론에 의지해야 한다는 것입니까? 최근의 논란[3]은

---

1) 유맹용(劉孟容, ?~?) : 자는 공도(公度)이며, 융흥(隆興) 출신이다. 유청지와 육구연에게서 배웠다. 1181년 진사가 되어 적공낭(迪功郎) · 비서성정자를 역임하였다.
2) 『朱熹集』 권53-2, 1188(59세).

바로 『주역』과 『서명』을 논의하였기에 생긴 것인데, 비록 말실수를 한 잘못을 아직 면하지 못했다고 할지라도, 일찍이 이것을 후회한 적은 없습니다. 육구연(陸九淵)[4]의 최근 이론은 더욱더 방자해진 것 같은데, 「형서사기」를 본 적이 있으신지요? 이와 같은 논의들은 모두 학문이 편협되고 견식이 어두운 데다 사사로운 뜻으로 그것을 심화시키는 것입니다. 만일 앞에서 인용한 그대의 말이 시행된다면, 이와 같은 일들은 모두 관리할 사람이 없이 자의적이고 함부로 통용될 것입니다. 시험삼아 생각해보시는 것이 어떻겠습니까? 유청지(劉淸之)가 형주를 떠나지만[5] 만날 날이 있을 테니, 반드시 스스로 심하게 자책하지 않아야 서로 배울 수 있다는 것은 말할 필요도 없을 것입니다.

所喩世豈能人人同己, 人人知己? 在我者明瑩無瑕, 所益多矣, 此等言語, 殊不似聖賢意思. 無乃近日亦爲異論漸染, 自私自利, 作此見解耶? 不知聖賢辨異論闢邪說如此之嚴者, 是爲欲人人同己人人知己而發耶? 抑亦在我未能無瑕, 而猶有待於言語辨說耶? 今者紛紛, 正爲論易西銘而發, 雖未免爲失言之過, 然未嘗以此爲悔也. 臨川近說愈肆, 荊舒祠記曾見之否? 此等議論, 皆學問偏枯見識昏昧之故, 而私意又從而激之. 若公度之說行, 則此等事都無人管, 恣意橫流矣. 試思之如何? 衡州之去, 爲有邂逅, 政不須深自懲創, 便相學不說話也.

⚀ "세상 사람들이 어찌 모두 나와 같겠는가?"라는 공도의 이야기는 모두 주자가 사람들과 논쟁하지 않았으면 하고 바라고 한 말인데, 이런 뜻은 매우 훌륭하다. 『주역』과 『서명』을 논의한 것은 모두 임황중과 논쟁한 것인데, 그가 문제를 삼았기 때문이다. 육자는 「형서사기」를 지었

---

3) 【記疑】 임률이 주자를 탄핵해서 파면시킨 일을 말한다.
4) 【箚疑】 임천은 육구연을 가리킨다.
5) 【箚補】 유청지가 형주에서 탄핵을 받고 떠나간 일을 말한다.

는데, 이것은 순희 15년(1188)에 지어졌다. 이때가 바로 '무극'에 대해 논변하던 때이다. 주자가 육자를 비판하는 것은 이 몇 년 동안이 가장 심했는데, 그래서 논의한 것이 이와 같았다. 그렇지만 형공6)에 대한 평가를 묻는 사람에 대한 주자의 답을 『주자어류』가 싣고 있는 부분에서 주자는 육자의 논의를 인용하면서 스스로 한 마디의 말도 더하지 않고 있다.7)

公度世豈能人人同己之說, 皆不欲朱子與人人爭辨, 此意亦佳. 論易西銘, 皆與林黃中爭論, 因爲林所糾參也. 陸子作荊舒祠記, 在淳熙十五年戊申歲, 是時正辯無極. 朱子之詆陸子, 惟此數年爲甚, 故議論如此. 然語類所載答人問荊公評品, 則又引陸子之論, 而不復自置一辭矣.

유공도에게 답하다[答劉公度] 38)

건창 지역의 지식인 가운데 이곳을 지나간 사람이 많아서, 이제야 그곳에서 논의하고 있는 도리가 확실히 이단이며 사람들을 오도하는 경우가 적지 않다는 것을 알 수 있었습니다. 이전에 그대가 그들을 매우 좋아한다는 것을 알았는데, 최근에도 그들의 그릇됨을 깨닫지 못했는지요. 서신 속에 가르쳐주신 '형주'라는 여러 구절들은 자신을 위하려는 뜻이 매우 간절하지만, 아마도 아직 절박하다는 문제점을 면하지 못한 것 같습니다.

---

6) 왕안석(王安石, 1021~1086): 북송의 정치가이자 사상가이다. 자는 개보(介甫)이고 호는 반산(半山)이며, 임천(臨川)선생이라 불린다. 1069년에 재상이 되어 청묘(靑苗)·균수(均輸)·시역(市易) 등의 신법을 강력 추진하였다. 저서로는 『王文公文集』 등이 있다.
7) 『朱子語類』 권130-10. 因語荊公, 陸子靜云 : "他當時不合於法度上理會." 語之云 : "法度如何不理會? 只是他所理會非三代法度耳." 居甫問 : "荊公節儉恬退, 素行亦好." 曰 : "他當時作此事, 已不合中. 如孔子於飮食衣服之間, 亦豈務減裂? 它當初便只苟簡, 要似一苦行然."
8) 『朱熹集』 권53-3, 1186(57세).

建昌士子過此者多, 方究得彼中道理, 端的是異端, 誤人不少. 向見賢者亦頗好之, 近亦覺其非否? 書中所喩衡州數句, 爲己之意雖切, 然恐未免有迫切之病也.

◉ 건창의 지식인들은 포현도와 부자연과 같은 무리들을 가리킨다. 현도는 강론에만 힘쓰는 것이 인의를 가로막는다고 생각했고, 부자연은 경험적인 학문은 전혀 도움이 되지 않는다고 말했기 때문에, 주자는 매우 강하게 그들을 비판했던 것이다. 이것이 이른바 '물과 기름처럼 서로 화합하지 않았다'는 의미이다.

建昌士子指包顯道傅子淵輩也. 顯道以專講論爲充塞仁義, 子淵極論口耳之學無盆, 故朱子尤切詆之, 此所謂氷炭不相入也.

유공도에게 답하다[答劉公度] 59)

"옛 견해가 매우 분명하지 않아서, 다시 별도로 계책을 만들려고 한다"는 가르침을 보았는데, 그 이면10)에 어떤 일이 있었는지 모르겠습니다. 그렇지만 이런 일은 그다지 이상한 것은 아닙니다. 단지 이미 이루어진 설명11)이 곧 도리라고 보아야만 합니다. 단지 마음을 비우고 깊이 연구하기를 오래하면 저절로 실제적인 곳을 보게 될 것입니다. 이것을 떠나지 않아야 곧 경지에 이르게 됩니다.12) 만약 달리 견해를 구하고자 한다면 이것은 사악한 설명이라서 이단으로 흐르지 않는 경우가 드뭅니다.

군거가 봄에 서신을 보냈는데, 매우 알기 어렵습니다. 마치 실제적인

---

9) 『朱熹集』 권53-5, 1191(62세).
10) [節補] 이면(裡面)의 여러 곡절을 말한다.
11) [記疑] 성현들이 남긴 말을 말한다.
12) [節疑] 지극한 경지에 도달한 것이다.

이치를 아직 보지 못해서 단지 잡박하려고만 할 뿐입니다. 또한 그는 이와 같이 분명하게 논의할 수 없는데도 도리어 여러 이론들을 포괄해서 절충했지만13) 서로 모순되지 않도록 만들지는 못했습니다. 실제로 여러 이론들의 옳고 그름과 타당성과 부당성을 알지 못하기 때문에 저절로 부합되지 않는 경우가 있게 된 것입니다. 엽정칙14)도 또한 이와 같으니, 매우 안타까운 일입니다.

見喩舊見不甚分明, 更欲別作家計, 未知底裡果是如何? 但此事別無奇妙, 只是見成說底便是道理. 只要虛心熟玩, 久之自然見得實處, 自是不容離叛, 便是到頭. 若更欲別求見解, 卽是邪說, 鮮不流於異端矣.
　君擧春間得書, 殊不可曉, 似都不曾見得實理, 只是要得雜博, 又不肯分明如此說破, 却欲包羅和會衆說, 不令相傷. 其實都不曉得衆說之是非得失, 自有合不得處也. 葉正則亦是如此, 可歎! 可歎!

　⊕ "마음을 비우고 깊이 연구하기를 오래하면 저절로 실제적인 곳을 보게 될 것이다"라는 말은 주자가 함양공부에 치중해서 점점 내면에 가깝게 들어가고 있다는 것을 말한다. 군거는 주자가 육자와 논쟁하는 것을 원하지 않았는데, 주자는 진부량이 "모두 이해하지 못한다"고 생각했다. 정칙도 또한 주자가 논쟁하는 것을 옳다고 여기지 않았기에, 주자는 군거와 함께 정칙도 비판하고 있는 것이다. 생각하자면, 정칙은 광종이 즉위할 때(1189) 기주의 지사로 있으면서 주자와 서신을 교환했었다. 주자의 답신에는 또 "군거의 서신을 받았다"는 말이 나오는데, 이 모든 것은 광종의 재위 기간(1190~1194)에 왕래한 서신들이다.

---

13) 【簡疑】 포괄해서 섞는다는 의미이다.
14) 엽적(葉適, 1150~1223) : 자는 정칙(正則)이고, 수심(水心)선생이라고 불린다. 공리(功利)의 학을 연구하여 상공업의 중요성을 강조하였다. 저서로는 『習學記言』, 『水心先生文集』이 있다.

虛心熟玩, 久之自然見得, 此亦側重涵養, 漸近於內矣. 君擧不欲朱子與陸子競辨, 而朱子卽以君擧爲都不曉得. 正則亦不以朱子之競辨爲然, 故倂斥之. 按正則以光宗卽位知蘄州, 通書於朱子. 朱子答書亦有得君擧書之語, 皆紹熙間往來之書也.

유공도에게 답하다[答劉公度] 6[15)]

학문하는 뜻에 대해 논의하신 말씀은 매우 좋습니다. 처음에 의심을 하지 않을 수 없었으나 지금 이와 같으니 매우 위안이 됩니다. 성인들의 가르침을 최종적으로 살펴보면, 점진적인 절차가 있어서 원래 먼저 갑자기 깨우칠 수 있는 이치가 없었습니다. 그렇지만 단지 지수와 성찰을 오래하면 할수록 점점 익숙해져서 저절로 이치에 관통하게 되어 그 이치를 편안히 향유할 수 있는 경지가 있게 됩니다. 그 사이에 천만 가지의 갈림길들과 잡다한 것들이 함께 출현해서 세상을 미혹시키고 백성들을 현혹시킬 수가 있습니다. 만일 그런 것들을 믿는 자가 있다면 그는 이미 치우침에 빠져서 구할 수가 없을 것입니다. 또 믿지 않는 자가 있다고 하더라도, 그는 나아가야 할 바를 옳게 정할 수가 없어서 그 사이에 방황할 것인데, 이것도 또한 어찌 잃은 것이 없다고 말할 수 있겠습니까? 평보(平父)와 함께 있으면서 어떻게 느끼셨습니까? 흡사 아직도 입각처가 없는 것 같아서, 서신을 통해 거듭 힘쓰기를 바라고 있는 것입니다.

所論爲學之意甚善, 初蓋不能不以爲疑, 今得如此, 甚慰意也. 究觀聖門教學, 循循有序, 無有合下先求頓悟之理. 但要持守省察, 漸久漸

---

15) 『朱熹集』 권53-6, 1191(62세).

熟, 自然貫通, 卽自有安穩受用處耳. 千岐萬徑, 雜物並出, 皆足以惑世誣民. 其信之者, 旣陷於一偏而不可捄, 其不信者, 又無正定趣向, 而泛濫於其間, 是亦何能爲有亡耶? 平父相處, 覺得如何? 似亦未有箇立脚處也. 因書更勸勉之.

🦋 육자는 '개울이 흘러 싸여 넓고 푸른 바다에 이르고, 주먹만한 돌이 높이 쌓이면 태산이나 화산의 봉우리가 된다'16)고 했는데, 이것은 전적으로 구체적인 곳에서부터 진행되는 공부이다. 『육자전서』는 이런 뜻을 갖추고 있어서 '갑자기 깨달아야 한다'는 이론은 없다. 주자는 어릴 때 선불교를 배웠는데, 이로 인해서 육자를 의심하는 것이다. 이것은 "자신이 정직하지 않기에 다른 사람도 모두 그럴 것이라고 말한다"고 한 한창려의 말과 같은 것이다. 그렇지만 공도로 하여금 오로지 '지수와 성찰'을 하도록 가르친 것은 육자의 가르침과 바로 같은 것이다. 그러므로 나는 '주자와 육자의 논의는 물과 기름처럼 서로를 들이지 못하지만, 그들이 배운 것은 서로 부절처럼 부합된다'고 했던 것이다.

陸子謂涓流積至滄溟海, 拳石崇成太華岑, 全是自卑自邇功夫. 陸子全書具在, 並無頓悟之說. 朱子少曾學禪, 故以此疑陸子. 韓昌黎所謂以己之不直, 而謂人皆然也. 然敎公度專在持守省察, 則與陸子之敎正同. 吾故謂其論則氷炭不相入, 而其學則符節相合也.

유중승에게 답하다[答劉仲升] 117)

별지(別紙)를 통해 보여주신 계장(劉綪)의 논의는 이해할 수 없으니, 아마도 이와 같이 잘못되는 경우까지 이르지 않았겠지요. 아니면 중승 그

---

16) 『陸九淵集』 권25 「鵝湖和敎授兄韻」.
17) 『朱熹集』 권53-7, 1188(59세).

대가 분명하게 듣지 못하여 자세하게 기록하지 못하고 말의 문맥 속에서 계장의 본뜻을 옮기게 된 것은 아닌지요. 그렇지도 않다면 계장의 말은 진실로 내가 감히 알 수가 없는 것입니다. 대개 학문을 하는데 오로지 문자만을 지키고 존양에 힘쓰지 않는 사람은 지리하고 게으른 문제를 면하지 못하게 됩니다. 만약 이런 문제점을 제거하려고 하여도, 망령된 뜻으로 배움의 단계를 건너뛰어 헛된 것에 빠져 함부로 짓는 오류를 면할 수 없게 됩니다. 평상시 자세하게 의리를 연구하지도 않고 문자의 핵심적인 문맥을 알지도 못하고 또 고증할 만한 증거도 없으면서 한 때의 자신의 사사로운 견해에 근거해서 스스로 주장하면서 단지 이 이치만이 있고 다른 방법은 없다고 생각합니다. 단지 자신만 있고 다른 사람은 없습니다. 단지 과감하게 판단함만 있지, 온화함과 평안함은 없습니다. 한결같이 자신을 옳다고 해서 다른 사람의 이야기를 들으려고 하지 않습니다. 이것은 진실로 그가 말한 바의 옳고 그름을 아직 논의하지도 않으면서 거칠게 상대방을 자극하는 것이니, 이미 성현들의 기상과는 완전히 다른 것입니다. 계장의 뜻이 바로 이와 같습니다. 만약 해석한 뜻에 오류가 있고 글을 쓴 것이 온당하지 않다면, 이것은 오히려 아직 심각하게 해롭다고 할 수는 없습니다. 그러나 인심, 도심, 이치를 생각함, 사태를 생각함에 대한 여러 설명들은 매우 일을 망치는 말들입니다. 만약 그의 말과 같다면, 드러난 사단은 모두 인심에 속하고 완고하게 움직이지 않은 것이 도심이 되고 맙니다. 그리고 이른바 '격물'이라는 것도 단지 움직임과 움직이지 않음만을 구별할 뿐, 그 움직임이 옳은지의 여부는 다시 논의하지 않게 됩니다. 이것은 도를 체인하는 요체와 덕에 들어가는 방법에 대해 모두 장애가 되는 것이어서, 결코 도리가 될 수 없다는 것은 의심의 여지가 없습니다. 그렇지만 중승 그대의 경우에는 또 지리하고 어둡고 게으른 영역에 빠져 있는 것 같습니다. 그래서 그를 공격하는 이유가 모두 이치에 아직 부합되지 않기에, 그들[18]이 굴복하지 않는 것입니다. 이것도 또한 스스로 깨닫지 않을 수 없는 것이어서, 자기의 마음에서 공부를 해야 할 것입니다. 대개 하나의 생각, 하나의 동작에 대해 모름지기 이것이 천리인지 아니면 인욕인지 착실하게 체인해야만 합니다. 자세하게 구분하고 과감하게 판단해서 오류가 없도록 해야 합니다. 책을 보고 이치를 논의할 때도 또한 이처럼 판단해야 필연적으로 이전과 같이 허송세월을 하는 데 이르지 않게 됩니다. 논의하신 『논어』와 『맹자』 두 조목도 아직 온당하지 않은 것처럼 보입니다. 이와 같은 곳은 책에 있는 의미를 깊이 연구해야지, 이처럼 설명을 만들어서 마음을 헛되게 써서는 안 될 것입니다.

別紙所示季章議論, 殊不可曉, 恐不至如此之謬. 却是仲升聽得不分明, 記得不子細, 語間轉却他本意, 不然則眞非吾之所敢知矣. 大抵學問, 專守文字, 不務存養者, 卽不免有支離昏惰之病. 欲去此病, 則又不免有妄意躐等, 懸空杜撰之失. 而平日不曾子細玩索義理, 不識文字血脉, 別無証佐考驗, 但據一時自己偏見, 便自主張, 以爲只有此理, 更無別法. 只有自己, 更無他人. 只有剛猛剖決, 更無溫厚和平. 一向自以爲是, 更不聽人說話. 此固未論其所說之是非, 而其粗厲激發, 已全不似聖賢氣象矣. 季章意思正是如此. 若只解意有差, 下字不穩, 猶未爲深害. 却是人心道心思理思事等說, 大段害事. 若如其言, 卽是四端之發, 皆屬人心, 而頑然不動者, 方是道心. 所謂格物者, 只是分別動與不動, 而不復計其動之是否矣. 此於體道之要, 入德之門, 皆有所妨, 決然不是道理無疑. 但如仲升, 則又墮在支離昏惰之域. 而所以攻彼者, 未必皆當於理, 彼等所以不服, 亦不可不自警省, 更就自己身心上做功夫. 凡一念慮, 一動作, 便須著實體認, 此是天理耶? 是人欲耶? 子細辨別, 勇猛斷置, 勿令差誤. 觀書論理, 亦當如此剖判, 自然不至似前悠悠度日矣. 所論語孟兩條, 亦似未安. 此等處, 且玩索見在意趣, 不須如此立說, 枉費心力也.

---

18) 【箚疑】 유보 등을 말한다.

● "자신의 마음에서 공부를 해야 한다"와 같은 주자의 말들은 전적으로 육자의 가르침과 부합되는 것이다.

就自己身心上做工夫等語, 全與陸子之敎合.

유중승에게 답하다[答劉仲升] 19)

보내주신 서신에서 의리를 음미하여 실현한다는 말씀은 매우 훌륭합니다. 그렇지만 모름지기 자신에게 나아가 체인해야만 비로소 진실된 의미를 볼 수 있습니다. 안자의 즐거움과 원헌의 질문20)과 같은 경우, 말할 때는 각각 고유한 하나의 의미를 가지고 있지만, 실제로는 단지 일상의 많은 공부들일 뿐입니다. 여기에 이르러야 견해가 맑게 틔어서 장애가 없을 수 있고 실천은 완전히 익숙해져서 어긋남이 없을 수 있는 경지를 완성할 수가 있습니다. 그래야 저절로 쾌활해지고21) 저절로 남을 이기려는 마음, 자랑하려는 마음, 원망하는 마음, 욕망하는 마음의 뿌리가 없을 수가 있는 것이지, 별도로 이런 일을 이해하는 다른 공부가 있는 것은 아닙니다. 그렇지만 유중승 그대는 평상시 사용하고 있는 공부가 어떤지 모르겠습니다. 이것은 힘쓰지 않을 수 없는 것입니다.

所喩玩味見成義理, 甚善. 然亦須就自己分上體當, 方見眞實意味也. 顔子之樂原憲之問, 此等處, 說時各是一義, 其實却只是平日許多功夫, 到此成就見處通透無隔礙, 行處純熟無齟齬, 便自然快活, 自無克伐怨欲之根, 不是別有一項功夫理會此事也. 但未知仲升平日所用功夫如何耳? 此不可不勉也.

---

19) 『朱熹集』 권53－8, 1188(59세).
20) 『論語』「憲問」.
21) 【箚疑】 안자(顔子)의 즐거움을 말한다.

유계장22)에게 답하다[答劉季章] 123)

유원주24)가 뜻밖에 이곳에 이른 것은 저의 마음을 감동시켰습니다. 보내주신 서신을 꼼꼼히 읽어보니, 자신의 집안을 잘 꾸릴 줄 아는 사람은 삶과 죽음 혹은 따름과 어김으로 자신의 마음을 분열시키지 않으니, 탄복하지 않을 수 없습니다. 나아가 유원주가 사람을 알아보고 도와 관계하는 것이 어지럽지 않음을 볼 수 있습니다. 거듭 바라건대 이런 뜻을 시종일관해서 후인들로 하여금 이전 사람들의 뜻을 계승하도록 한다면, 매우 커다란 다행이 아닐 수 없습니다.

강독 모임의 규모는 이전과 같은지요? 혹은 조금이라도 바꾸셨는지요? 요새 친구들은 마음을 전일하게 해서 스스로 책을 보는데, 의심나는 곳이 있으면 함께 생각해서, 쓸데없이 공부하지 않은 것처럼 보이지만, 탁월해서 우러러 볼만한 사람을 아직 보지 못한 것은 매우 우려할 만한 일입니다.

劉袁州不謂遂至於此, 令人心折. 細讀來書, 知所以經紀其家者, 不以生死從違二其心, 不勝嘆服. 盆見袁州之知人交道之不汚也. 更望始終此志, 使其後人有以承繼前人之志, 千萬之幸也.

文會規模, 只如舊耶? 或有小改易也? 此間朋友, 只令專一自看一書, 有疑問處却與商量, 似却不枉費功夫. 然亦未見卓然可望者, 殊可慮也.

⊙ 주자는 초기에 천하의 이치를 널리 구하려는 데 힘써서, 공부를 헛되게 소비하는 일이 매우 많았다. 지금은 한 권의 책만을 전념해서 보기에, 지루하다는 문제점이 없게 되었다. 육자가 여러 형들과 소산에서 책

---

22) 유보(劉黼): 자는 계장(季章)이다.
23) 『朱熹集』 권53－9, 1190(61세).
24) 【箚疑】 유청지이다.

을 읽을 때 '오랜 시간 동안 단지 『논어』 한 권만을 보았다'25)고 말했는데, 이것도 또한 이런 뜻이다. 그렇지만 주자는 단지 만년에 이르러서야 비로소 이럴 수 있었을 뿐이다. 이 서신은 소희 원년(1190)에 쓰여진 것인데, 자징을 원주의 지사로 기용하려고 하였지만 그는 이미 죽은 뒤였다.

朱子早年務欲博窮天下之理, 枉費工夫甚多. 今專看一種書, 便無駁雜之病. 陸子與諸兄在疎山讀書, 謂經年只看一部論語, 亦是此意. 然朱子則直至晚年始能如此耳! 是書在紹熙元年起子澄知袁州, 而子澄已卒也.

유계장에게 답하다[答劉季章] 226)

그대는 최근에 학문을 하는 것이 어떻습니까? 비록 서로 아직 만나지는 못했다고 할지라도 그대가 대체로 마음을 너그럽게 해서 의리를 섬세하게 연구하고 곧 사사로이 조작하기를 망설이며 자신에게 절실하게 힘쓰지 못했다고 느껴집니다. 그렇기 때문에 마음의 뜻은 급박하지만 이치에는 아직 크게 밝지 못하며, 헛되이 스스로를 힘들게 하지만 얻는 바가 없는 것입니다. 제가 계림27)으로 부임하라는 명령에 대해 사면을 요청했지만 아직 대답을 듣지 못했습니다. 끝내 어떻게 될지 알지 못하겠습니다. 이 사이에 몇몇 친구들이 강학을 할 때 비로소 도에 이르는 실마리로 나아갈 수 있었습니다. 벼슬살이가 반드시 이익이 되는 것은 아닙니다. 만약 부임의 명령을 면해서 한두 명의 학자들을 완성시키는 것도 결코 작은 일은 아닐 것입니다.

---

25) 『陸九淵集』 권36 「연보」, 소흥 19년(己巳).
26) 『朱熹集』 권53－10, 1192(63세).
27) [節要註] 계림은 광서(廣西) 지역을 말한다.
　　[節補] 계림은 장사(長沙) 지역인데 장사는 호남(湖南) 지역을 말한다.

賢者比來, 爲學如何? 雖未相見, 然覺得多是不曾寬著心胸, 細玩義理, 便要扭揑造作, 務爲切己. 所以心意急迫, 而理未大明, 空自苦而無所得也. 熹桂林之行, 辭免未報, 未知竟如何? 此間有數士友, 講學方就緖. 從官未必有益, 若得免行, 成就得一二學者, 非小事也.

🌑 계림의 벼슬을 사임하려고 했던 일은 소희 3년(1192) 정강부의 지사로 파견하려는 명령과 관련된 것인데, 이때 주자 나이는 63세였다. "마음을 너그럽게 해서 의리를 섬세하게 연구한다"는 말은 육자가 사람들을 가리킬 때 인용했던 '편안하게 즐기라'는 두원개의 네 마디의 말의 뜻과 같은 것이다.

辭免桂林, 係紹熙三年差知靜江府之命, 是年六十三歲. 寬著心胸, 細玩義理, 卽陸子教人引杜元凱優而游之四語之意.

유계장에게 답하다[答劉季章] 3[28]

강학의 모임은 이전과 같은 것 같은데, 지금은 어떤 책을 보고 있는지요? 이 서신은 여릉의 엽 현위에게 부칩니다. 엽 현위[29]는 때때로 왕래하는 인편이 있으니 의심나는 것이 있으면 강론할 수 있지만 직접 만나서 가르침을 나눌 수는 없을 것 같습니다. 그렇지만 그대의 뜻이 경박해서 너그럽고 편안하지 않고, 고원한 것에 힘쓰지만 절실한 것에 힘쓰지 않아서 편안한 마음으로 도리를 실제로 보려고 하지 않는 것 같다고 느끼게 됩니다. 단지 이런 그대의 뜻은 사람들의 앎에 매우 장애가 되는 것입니다.

---

28) 『朱熹集』 권53－11, 1193(64세).
29) [刊補] 엽씨 성을 가진 사람이 여릉의 현위이다.

講會想仍舊, 專看何書? 此書附廬陵葉尉. 渠此中人, 時有往來之便,
有疑可講, 不待面諭. 但覺得季章意思, 急迫不寬平, 務高不務切, 而不
肯平心實看道理. 只此意思亦殊礙人知見也.

유계장에게 답하다[答劉季章] 5[30)]

학문하는 뜻에 대한 가르침은 매우 좋습니다. 그렇지만 이처럼 사적
으로 의견을 세우고 조목들이 지나치게 많으며, 헤아려서 안배하려는
마음이 너무 큰 것도 또한 커다란 문제라고 느껴집니다. 자약이 원래
이런 문제점이 있었는데, 그대도 또한 이전부터 이런 문제점에서 벗어
나지 못했습니다. 지금 자약과 부합되어 한 편이 되었지만, 이것은 치우
친 것을 바로잡고 낡은 것을 보충해서 밝고 공정하고 큰 길로 나아가는
것은 아닙니다. 성현들이 사람을 가르칠 때 완성된 방법을 가지고 있었
는데, 그 사이에 또 지극히 간략하고 지극히 명백한 곳이 있었습니다.
단지 근본적인 것에 대해서는 친절하게 일깨워주어서 앞을 향해 착실
하게 나아가도록 하고, 스스로 공평하고 곧게 실천해서 연속적으로 향
상될 수 있도록 했지,[31)] 어찌 반드시 이와 같이 우회적이고 복잡하게
여러 가지로 처리하려고 해서 도리어 이 마음을 비우지 못하고 점점 더
견해를 어둡게 하는 것입니까?

所喻爲學之意甚善. 但覺如此私下創立, 條貫太多, 指擬安排之心太
重, 亦是大病. 子約自有此病, 賢者從來亦不免此. 今又相合, 打成一
片, 恐非所以矯偏補敝, 而趨於顯明正大之塗也. 聖賢教人, 自有成法,
其間又自有至簡約, 極明白處. 但於本原親切提撕, 直便向前著實進步,

---

30) 『朱熹集』 권53 − 13, 1195(66세).
31) [**翼增**] 이리향상(迤邐向上)은 연속해서 점차 나아간다는 의미이다.

自可平行直達, 迤邐向上, 何必如此迂曲繚繞, 百種安排, 反令此心不虛, 轉見昏滯也?

❽ 계장에게 보내는 두 번째 서신에서 "계림으로 부임하라는 명령에 대해 사면을 요청했지만 아직 대답을 듣지 못했다"는 구절이 나오는데, 이것은 소희 3년(1192, 주자 나이 63세)의 일이다. 네 번째 서신에서 "지난 해에 도성에 들어갔다"는 구절과 "지금 왼쪽 눈이 이미 보이지 않는다"는 구절이 나오는데, 이것은 경원 2년(1196, 주자 나이 67세)의 일이다. 이 다섯 번째 서신에서 "자약과 서로 부합한다"는 구절은, 아마도 자약이 경원 원년(1195)에 여릉에 유배갔을 때의 일일 것이다. 그렇지만 "근본적인 것에 대해서는 친절하게 일깨워준다"는 말이나 "사사로이 처리함을 제거해야 한다"는 말은 모두 전적으로 육자와 부합되는 것이다.

與季章第二書云桂林之行, 辭免未報, 蓋紹熙三年也. 第四書云去歲入都, 又云今左目已盲, 蓋慶元二年也. 此是第五書云子約相合, 蓋子約以慶元元年謫廬陵也. 然所謂本原親切提撕, 去安排等語, 全與陸子合.

유계장에게 답하다[答劉季章] 6[32)

보내주신 서신을 통해 힘들어 하시던 것이 편안하게 되어 이미 일상 행동을 하실 수 있음을 알고서 매우 위안이 되었습니다. 최근에 건강이 이전보다 더 좋아지신 것 같습니다. 그렇지만 생각해보면 서책을 통한 공부를 폐지하지 않을 수 없을 것이니, 조용히 머물면서 병을 다스릴 때 마땅히 스스로 마음을 써야할 곳이 있어야만 합니다. 저는 쇠약해져서 바깥으로 나가지 못하니 말할 만한 것이 없습니다. 그렇지만 정신이

---

32) 『朱熹集』 권53-14, 1195(66세).

어둡고 피곤한 것이 이전보다 더욱 심합니다. 그래서 비록 아직 책을
방치하지는 않았다고 할지라도 생각해보면 다시는 더 나아질 수는 없
을 것 같습니다. 바깥일을 끊어 말하려고 하지 않지만, 친구들이 이번의
바람[33]을 맞아서 대부분 제대로 서 있지 못하고 있는 것을 보았는데,
하물며 이 도를 그들이 짊어지고 가기를 바랄 수 있겠습니까? 전지[程傳
之]가 제게 왔을 때 응대함이 이전과 비교하기 어렵게 되었으니, 매우
염려스럽습니다.

辱書, 知所苦向安, 已可行坐, 深以爲慰. 比來想彊健勝前矣. 然計亦
不能無廢書冊之功, 但齋居謹疾, 當亦自有用心處也. 熹衰朽杜門, 無
足言者, 但精神昏憒, 益甚於前, 雖不敢廢書, 然度不復能有長進矣. 外
事絶不敢掛口, 但見朋友當此風頭, 多是立脚不住, 況欲望其負荷此道?
傳之方來, 應是難準擬也. 可慮! 可慮!

● "바람을 맞았다"는 말은 경원당금을 가리키는 것이다. "책을 방치
하지만"이라든가 "마음 쓰는 곳이 있다"는 말은 주자가 전적으로 책에
만 의지하지 않았음을 알게 해준다.
當此風頭, 指黨禁言. 廢書冊亦有用心處, 則知不全倚書冊矣.

유계장에게 답하다[答劉季章] 10[34]

자약은 어느 때든 서로 만나기를 바랬는데, 그가 최근에 서신을 써서
보낸 것을 보니 내면을 향해서 많이 힘을 쓰고 있는 것 같습니다. 그렇
지만 또한 아직 훌륭하지 않은 점이 조금 있어서, 이미 상세하게 이야

---

33) 【簡疑】 '풍두(風頭)'는 당금(黨禁)의 화를 말한다.
34) 『朱熹集』 권53-18, 1196(67세).

기를 하였으니 오래되면 반드시 스스로 깨닫게 될 것입니다. 경양[35]이 이전에 이미 서신을 부쳤지만, 지금 다시 써서 번거롭게 뜻을 표현할 겨를이 없습니다. 최근에 눈이 어두워졌는데, 오늘은 또 손에 통증도 더해져서 글자를 쓰는 것이 많이 힘이 듭니다. "글의 뜻과 사태 상에 나가서 공부를 하고자 한다"는 내용을 보았는데, 매우 좋습니다. 그렇지만 책을 읽을 때는 마음을 비우고 기운을 고르게 한 후, 그 글의 뜻에 따라 이해해야지 먼저 자신의 뜻을 세워서는 안 됩니다. 허장성세해서 억지로 말하게 되면 함부로 짓는 것에 지나지 않을 것이어서 결코 성현들의 본 뜻을 이해할 수 없을 것입니다.

子約想時相聚, 渠近書來, 頗能向裏用力, 然亦有小未善, 已爲詳說, 久之必自見得也. 景陽前此已嘗附書, 今不暇再作, 煩爲致意. 近日目昏, 今日又加手痛, 作字頗費力也. 承欲就文義事物上用功夫, 甚善. 然讀書且要虛心平氣, 隨他文義體當, 不可先立己意, 作勢硬說, 只成杜撰, 不見聖賢本意也.

❂ 이것은 모두 경원당금의 시기 때 지은 것이기에, 가장 만년의 글이다. "내면을 향해서 힘을 쓴다"는 것은 지리하지 않다는 것이다.
此皆黨禁時作, 最晚年也. 取向裏用力者, 便不支離矣.

유계장에게 답하다[答劉季章] 13[36)]

독서는 단지 글을 따라 풀이하고 완미하면 의미가 저절로 심장해집니다. 지금 사람은 도리어 경전의 문장을 등지고서 방자하게 자신의 설

---

35) 허자춘(許子春) : 자는 경양(景陽)이며, 동안(同安) 출신이다. 유청지·주희의 문인이다.
36) 『朱熹集』 권53-21, 1196(67세).

을 지어 냅니다. 그러므로 헛되이 공부를 낭비하여 길게 나아가지 못하고 있습니다. 가르쳐준 내용은 이미 이런 병폐를 깨닫고 더욱 힘쓰기를 바라는 듯하니 매우 바라는 바입니다. 하지만 또한 마땅히 거칠고 간략함이나 일시적인 미봉을 경계로 삼아야 하니, 이른바 "보는 것을 따라 곧 시비의 마음을 일으킨다"고 하는 이 구절은 독서의 병폐를 가장 잘 말해주고 있습니다. 무릇 이치는 갖춰지지 않음이 없으며 하나의 일에는 반드시 두 가지 길이 있습니다. 지금 그가 낮을 말하는 것을 보자마자 자신이 곧 밤의 도리[37]를 찾아 그것을 뒤집는다면 각자 한 쪽만 말하고 서로 도망가서 숨는 격이 되니 더욱 깨닫는 때가 없을 것입니다. 요새 사람이 어려운 것을 물을 때 가끔 이와 같은 경우가 있으니 매우 비웃을 만합니다.

讀書只隨書文訓釋玩味, 意自深長. 今人却是背却經文, 橫生它說. 所以枉費工夫, 不見長進. 來喩似已覺此病者, 更望勉旃, 千萬之望. 然又當以草畧苟且爲戒, 所謂隨看便起是非之心, 此句最說著讀書之病. 蓋理無不具, 一事必有兩途. 今纔見彼說畫, 自家便尋夜底道理反之, 各說一邊, 互相逃閃, 更無了期. 今人問難, 往往類此, 甚可笑也.

🔵 "글을 따라 풀이한다"함은 곧 '옆에 의지해서 본다'는 육자의 설이다. 주자는 이때에 이르러 점차 지리의 병폐를 제거하였다. 종전에 고친 『대학』「격물보전」은 모두 이른바 "경전의 문장을 등지고서 방자하게 자신의 설을 만들어낸 것"이다.

隨文訓釋, 卽陸子依傍看之說. 朱子至此, 漸去支離之病. 從前改大學補格致傳, 皆所謂背却經文, 橫生它說也.

---

37) 【記疑】 윗문장에서 '낮'을 말한 것과 짝해서 말한 것이다. 낮과 밤이라는 글자는 피차간에 상호 반전한다는 뜻을 취하고 있는 것이다.

유계장에게 답하다[答劉季章] 15[38]

　어제 이미 이전 서신을 갖추고 보내 주신 서신을 자세히 보니, 이것은 바로 동중서[39]의 공리의 말을 논의하는 것이었고, 아래 구절에서 말씀하신 증무의의 일도 여전히 공리의 견해였습니다. 무릇 천하에는 단지 하나의 이치가 있으니, 이것이 옳으면 저것은 그르고 이것이 그르면 저것은 옳아서 함께 성립할 수 없습니다. 그러므로 옛 성현이 마음을 두고 눈으로 본 것은 단지 의리였으며 논의할 만한 이해가 있음은 전혀 보지 않았습니다. 일용의 사이에서 사물에 응접할 때 곧바로 판단하여 명쾌하고 분명하게 되면 그것을 미루어 남에게 미칩니다. 마음을 토로하는 일도 단지 이와 같이 할 뿐이지 다시는 머뭇거리거나 뒤섞이는 바가 없습니다. 만약 진정으로 남에게 미치게 된다면 곧 서로 더불어 성현의 영역에 들어갈 것이요, 만일 진정으로 미치지 못하더라도 나에게 있어서 또한 남을 위해 도모하되 다하지 않는 마음은 없을 것이니 이 이치의 옳고 그름은 밝게 드러나고 명백해질 것입니다. 오늘 이 사람은 비록 미치지 못하더라도 향후 다른 사람은 모름지기 남에게 진정 미칠 수 있을 것이니 단지 한 때의 계획은 아닙니다. 만일 이런 식으로 논의한 것이라면 나에게 있는 것은 남의 얼굴빛의 가부를 보고서 말하거나 침묵하는 것을 벗어나지 않을 것이니, 어떻게 그로 하여금 진정 이런 의사에 미칠 수 있도록 할 수 있겠습니까? 하지만 이것 역시 다른 것이 없으며, 단지 자신이 도의(道義)를 봄이 스스로 명백하지 못하기 때문에 진정 옳고 그름의 분변을 알 수 없어서 이처럼 고통받는 것입니다. 이는 말할 때의 병폐가 아니라 곧 견해의 병폐입니다. 시험 삼아 이 점을 생각해보는 것이 어떠한지요?

---

38) 『朱熹集』 권53－23, 1197(68세).

39) 동중서(董仲舒, B.C. 198~106) : 광천현(廣川縣) 출신이다. 진에 의해 시작된 중국의 통일과업은 한(漢)에 의해 완성됐고, 이때 동중서는 본격적인 통일제국시대를 뒷받침할 사상적 작업을 이룩했다. 어려서부터 『春秋公羊傳』을 익혔으며, 특히 『春秋』를 전문적으로 연구하여 『春秋繁露』와 『天人三策』 등의 저술을 남겼다.

昨已具前幅, 而細看來書, 方論董子功利之語, 而下句所說曾無疑事, 卽依舊是功利之見. 蓋天下只有一理, 此是卽彼非, 此非卽彼是, 不容並立. 故古之聖賢, 心存目見, 只有義理, 都不見有利害可計較. 日用之間, 應事接物, 直是判斷得直截分明, 而推以及人. 吐心吐膽, 亦只如此, 更無回互. 若信得及, 卽相與俱入聖賢之域, 若信不及, 卽在我亦無爲人謀而不盡底心, 而此理是非, 昭著明白. 今日此人, 雖信不及, 向後他人須有信得及底, 非但一時之計也. 若如此所論, 則在我者, 未免視人顏色之可否以爲語默, 只此意思何由能使彼信得及乎? 然此亦無它, 只是自家看得道義自不曾端的, 故不能眞知是非之辨, 而爲此回枉. 不是說時病痛, 乃是見處病痛也. 試思之, 如何?

● 계장에게 보낸 네 번째 서신은 이미 경원 연간(1195~1200) 사이에 있었다. 이것은 열다섯 번째 서신으로서 의리상에서 명쾌하게 말하고 있으니, 육자의 백록동 강의와 의미가 같다.

與劉季章第四書, 已在慶元年間. 此第十五書也, 義理上說得斬截, 與陸子鹿洞講義意同.

유계장에게 답하다[答劉季章] 16[40)]

맹자께서 "어질면서 자신의 부모를 버리는 경우는 없으며, 의로우면서 자신의 임금을 뒷전에 두는 경우는 없다"[41)]고 하였으니, 곧 인의는 반드시 이롭습니다. 하지만 동중서는 도리어 "그 의를 바로 하고 그 이익을 도모하지 않으며 그 道를 밝히고 그 공로를 계획하지 않는다"고 말하였으니 이는 인의가 모두 반드시 이익이 되지 않는다는 것으로서,

---

40) 『朱熹集』 권53-24, 1197(68세).
41) 『孟子』 「梁惠王 上」.

당연히 이익을 버리고 인의를 취하는 태도를 벗어나지 않습니다. 맹자
의 말씀은 비록 이치의 자연스러움을 담고 있지만 그 맹쾌하게 판가름
하는 자리[42]에서는 도리어 동중서의 말이 힘이 있는 것만 못합니다. 예
전에 나머지 논의를 들었는데 대개 이익으로 의리를 좇는 것으로 말하
는 듯하였습니다. 지금 세밀하게 생각하니, 아마 생각의 맥락 속에 편벽
되고[43] 병폐에 젖은 부분이 둘러 있는 듯합니다. 다시 한번 생각해보는
것이 어떠한지요?

孟子說未有仁而遺其親, 未有義而後其君, 便是仁義未嘗不利. 然董
生却說正其義不謀其利, 明其道不計其功, 又是仁義未必皆利, 則自不
免去彼而取此. 蓋孟子之言, 雖是理之自然, 然到直截剖判處, 却不若
董生之有力也. 向聞餘論, 似多以利隨義而言. 今細思之, 恐意脉中帶
得偏僻病患. 試更思之, 如何?

　❀ 의리만 논의하고 이익을 논의하지 않는 것은 육자가 백록동에서
강의한 내용과 부합한다.
　論義不論利, 與陸子鹿洞所講合.

유계장에게 답하다[答劉季章] 1744)

근자에 익공의 서신을 받고서 진보의 집에 머물고 있다고[45] 들었으
니 매우 좋습니다. 고치려한 글자는 이미 다른 답신에서 보냈는데 앞의

---

42) 【記疑】 '부판(剖判)'은 이익과 의리를 판가름하는 것이다.
43) 【刊補】 한결같이 이익으로 의를 좇기 때문에 이러한 병통이 있게 된 것이다.
44) 『朱熹集』 권53－25, 1198(69세).
45) 【節補】 계장이 머문 것이다.

서신에서 끝내 아직 이루지 못했습니다. 문집의 논의는 마땅히 이미 멈추어야 했으니, 이런 짓은 진실로 그에게 이익이 없으면서 나에게도 불편한 일입니다. 노쇠하고 이처럼 병이 들었는데 또한 어찌 다시 광남에 가서 돌아다닐 수 있겠습니까? 매우 힘써 그런 짓을 멈추고 더욱 착실하게 학문하길 힘쓰며 이처럼 명예를 원하고 외면을 좇는 일을 하지 않는 것이 비로소 우리들의 기상입니다.

서신에서 가르쳐주신 내용 가운데 "글이 사람에게 이익을 줄 수 있느냐의 여부는 단지 이 마음에 있다"고 하는 등의 말은 또한 병폐의 뿌리가 제거되지 않은 것입니다. 제가 보기로는, 허다한 쓸데없는 말을 없애고 단지 착실하게 문구에 의지해서 완미하면 의미가 저절로 심장해질 것입니다. 모름지기 이와 같이 하고 또한 단지 말을 세워 승리를 취해서는 안 됩니다. 전에 무의에게 보낸 서신에 역시 '작은 강론'이 있었는데 그것을 보셨는지요? 경자의 여러 사람은 도리어 많이 나아갔습니다. 이것 역시 다른 게 아니라, 단지 그들은 다른 사람의 말을 듣고 본분에 의지하며 순서를 따르고 공평한 마음으로 문자를 보려 했으며, 감히 이처럼 쓸데없는 말을 지으려 하지 않았을 뿐입니다. 대저 강서 사람은 기상을 숭상하여 남의 뒤를 따르려 하지 않고 모든 일이 자신에게서 나와 자신에게 말미암고 자신에게 있기를 바랍니다. 그러므로 번거로움을 견디며 이처럼 작은 것을 좇아 이해하지 않고, 고원한 논의를 세워 모든 것을 담아가려 합니다. 독서에 비유하자면, 앞에서 뒤에 이르기까지 한 글자 한 글자 읽어가려 하지 않고 단지 좌우로 한번에 슥 보면서 방자하게 말하려고 하는 것입니다. 잠깐 보면 새로운 기교가 다른 사람을 압도했던 것 같지만, 방자하고 거칠어 의리를 이루지 못해 전혀 성현이 본래 말해야 하는 뜻이 아니니, 자기 분수에 궁극적으로 무슨 일을 성취할 수 있겠습니까? 가령 그대의 전시대나 뒷시대 한두 사람의 경우46)만 보더라도 크고 작음47)이

---

46) 【箚疑】 앞 시대 사람은 왕안석이고, 후대의 사람은 육구연이다.
47) 【節補】 크다는 것은 왕안석을, 작다는 것은 육구연을 가리키는 것이다.

비록 같지 않지만 그 나온 바의 근원을 캐면 똑같이 이런 종류의 앎이니, 경계로 삼아야지 배워서는 안 됩니다. 무의를 보게 되면 이 서신을 출간하도록 해서 모든 사람들이 생각해볼 수 있도록 해도 좋습니다. 이 시간이 아직 저물 무렵에 이르지 않았을 때를 좇아 착실하게 기반을 만들고 쌓아 나가야 합니다. 단지 순서대로 장구를 나열하여 문리(文理)를 완색하는 공부가 허다하게 억측하고 계산하여 별도로 맥락을 찾으려는 마음의 노력을 대신한다면, 반드시 진실로 힘쓸 곳이 있어야 합니다. 이러기를 오래하면 자연히 마음은 평안해지고 이치를 보는 것이 명철해지니, 이 학문에 전승이 있어 자기 삶을 배신하는 상황에 이르지는 않을 것입니다. 만일 이런 고상한 뜻에 아직 마음이 합치하지 않는다면, 더욱 서신을 통해 극진하게 논의해야지 갑자기 그만두지 않기를 바랍니다.

近得盍公書, 聞且寓晉輔家, 甚善. 所欲改字, 已別報去, 前書竟未得下落也. 文集之議, 當已罷止, 此實於彼無盍而於此不便. 衰老扶病如此, 又豈能更去廣南行脚耶? 千萬力爲止之, 更勉其著實爲學, 勿爲此等慕名狗外之事, 方是吾人氣象也.

來喩所云書能益人與否, 只在此心等說, 此又是病根不曾除得. 以鄙見觀之, 都無許多閑說, 只著實依文句玩味, 意趣自深長. 不須如此, 又只是立說取勝也. 前與無疑書, 亦有少講論, 曾見之否? 敬子諸人却甚進, 此亦無它, 只是渠肯聽人說話, 依本分, 循次序, 平心看文字, 不敢如此走作閑說耳. 大率江西人尙氣, 不肯隨人後, 凡事要自我出, 自由自在. 故不耐煩如此逐些理會, 須要立箇高論, 籠罩將去. 譬如讀書, 不肯從上至下逐字讀去, 只要從東至西一抹橫說. 乍看, 雖似新巧壓得人過, 然橫拗粗疎, 不成義理, 全然不是聖賢當來本說之意, 則于己分究竟成得何事? 只如臨川前後一二公, 巨細雖有不同, 然原其所出, 則同是此一種見識, 可以爲戒而不可學也. 如見無疑, 可出此紙, 大家評量. 趁此光陰未至晚暮之時, 做些著實基址, 積累將去. 只將排比章句, 玩索文理底功夫, 換了許多杜撰計較, 別尋路脉底心力, 須是實有用力處.
久之自然心地平夷, 見理明徹, 庶幾此學有傳, 不至虛負平生也. 如於
雅意尙未有契, 可更因書極論, 勿遽罷休, 乃所望也.

⚫ 이 서신에서는 "대저 강서 사람은 기상을 숭상하여 남의 뒤를 따르려 하지 않는다"고 말하고 있다. 강서 지방은 2천리나 되니 결단코 똑같이 한 종류의 앎일 가능성이 없다. 곧 이 서신 가운데 주익공·유계장·왕진보 같은 경우 모두 강서 사람이니 만일 과연 "모든 일이 자신에게서 나오게 한다"면 어떻게 모두 주자를 믿고 받들 수 있었겠는가? 육자 한 사람과 부합하지 않는다고 마침내 강서 전체를 쓸어내고 뒤집는다면 되겠는가? 하지만 주자가 계장이 허다한 쓸데없는 말을 제거하길 바라는 것은 본래 육자가 주자를 경계한 것인데, 지금 그것으로 사람을 가르치고 있는 것이다.

此書說, 大率江西人尙氣, 不肯隨人後. 江西地方二千里, 斷無同是一種見識之理. 卽此一書中, 如周益公劉季章王晉輔皆江西人, 如果凡事要自我出, 安得皆信奉朱子乎? 因與陸子一人不合, 遂將江西一槪抹倒, 可乎? 然欲季章去許多閒說, 固陸子所以戒朱子者, 今乃以教人也.

유계장에게 답하다[答劉季章] 18[48]

제가 다시 아룁니다. 제가 병이 더욱 심해지고 추위를 만나 더욱 악화되니, 오늘은 전혀 움직일 수 없습니다. 약을 감히 끊지도 못하지만 확실히 효과를 보는 것도 아닙니다. 잠깐이나마 다시 관직을 맡는다 해도 할 수 없을 것 같습니다. 보내주신 서신은 이미 다 보았습니다만,

---

48) 『朱熹集』 권53－26, 1198(69세).

“어구가 우연히 그렇게 된 것이지 실제로는 그렇지 않다”49)라고 말씀하신 것은 단지 이러한 변명일 뿐, 예전 병이 아직 제거되지 않은 것입니다. “마음이 정성스러우면 밖으로 드러난다”50)라고 말한 이것을 또한 어찌 피할 수 있겠습니까? 증삼이의 병이 또한 이와 같습니다. 지난번에 그 서신에 답신할 때 자뭇 통쾌하게 말해서 한 번 보시면 저의 뜻을 볼 수 있을 테니, 여기서는 다시 자세하게 언급하지 않겠습니다.

또 “병은 단지 나태함에 있다”고 말씀하셨는데 또한 단지 이 병을 없애려고 한다면 치료할 만한 다른 약은 없습니다.51) 사람들이 게으르게 된 까닭은 단지 이 도리를 투철하게 보지 못해서 한결같이 (마음을) 일으켜 세우지 못했기 때문인데, 만약 도리를 분명하게 본다면 스스로 멈추지 못할 것이니 어찌 나태한 때가 있을 수 있겠습니까? “이것 외에 제거하기 어려운 병은 없다”52)고 말한 것은 또한 아직 믿을 수 없습니다. 하물며 스스로 병이 없다고 여긴다고 해도53) 병이 있음이 장차 이르게 되니, 아마도 스스로 반성하는 까닭이 너무 소략하게 될 것입니다. 또 “천하에 선한 무리가 사라지고 꺾어진 다음에는 남은 것이 거의 없다”고 말했는데, 이것은 참으로 탄식할 만합니다. 제 생각에는 겨우 없어져 감을 보게 되는 이런 사람들은 쓸모없습니다. 만약 진실로 견해가 있고, 참으로 공부하는 곳이 있다면 악귀를 고문하는 철바퀴의 꼭대기에서 그를 돌린다 할지라도 어찌 움직일 수 있겠습니까?

『대학』의 수정본54)은 아직 수정작업이55) 끝나지 않았으니, 완료되면56) 보내드리겠습니다. 왕진보는 다른 사람의 시비장단득실에 관여하

---

49) 【箚疑】 유보(劉輔)의 말이다.
50) 『大學章句』 6장.
51) 【刊補】 이 병을 치료할 다른 약은 없음을 말한다. 오직 도리를 분명하게 보면 자연히 이 병은 없어진다.
52) 【記疑】 유보(劉輔)는 나태한 것 외에는 제거하기 어려운 병은 없다고 말한다.
53) 【記疑】 무(無)는 제거하기 어려운 병이 없다고 할 때의 없음을 말한다.
54) 【記疑】 다시 정한 본이다.
55) 【節補】 본래 판을 수정하고 고치는 것을 말한다.

지 말고 우선 자기 도리를 분명하게 하는 것이 급선무임을 이해하도록 하는 것이 좋을 듯합니다.57) 이런 일 외에는 조금이라도 번거롭게 마음 쓰는 곳이 있게 해서는 안 됩니다. 그러나 사람들이 한가로우려고만 한다면 단지 이치를 투철하게 보지 못하고, 자기의 몸과 마음을 편안히 둘 곳이 없기 때문에 그래서 이와 같은 것입니다. 바라건대 다시 이것을 살펴서 깊이 바로잡는 것58)이 좋을 따름입니다.

여러 해 이래로 갑자기 매우 쇠약하고 피로해져서 죽을 날이 장차 다가오지만, 벗들 중에 크게 가망이 있는 사람이 아직 없습니다. 그래서 저는 근심하고 두려워해서 어찌할 바를 모르겠습니다. 그대는 매우 힘쓰기를 깊이 바라마지 않습니다.

熹再啓. 熹病愈甚, 遇寒尤劇, 如今日則全然轉動不得. 藥餌雖不敢廢, 然未必能取效. 姑復任之, 無計可爲也. 所喩已悉, 但所謂語句偶爾而實却不然者, 只此分疎, 便是舊病未除. 所謂誠于中, 形於外, 此又何可諱耶? 無疑之病, 亦是如此. 適答其書, 說得頗痛快, 可試取觀, 可見鄙意, 此不復縷縷也.

又謂病只在懶惰者, 亦只消得此一病, 便是無藥可醫. 人之所以懶惰, 只緣見此道理不透, 所以一向提掇不起, 若見得道理分明, 自住不得, 豈容更有懶惰時節耶? 所謂此外無難除之病者, 亦信未及. 況自以爲無, 則其有者將至矣, 便敢如此斷置, 竊恐所以自省者, 亦太疎耳. 又謂海內善類, 消磨摧落之後, 所存無幾, 此誠可歎. 若鄙意, 則謂纔見消磨得去, 此等人便不濟事. 若使眞有所見, 實有下工夫處, 則便有鐵輪頂上轉旋, 亦如何動得它?

---

56) 【節補】 수정이 끝나서 그 인쇄본을 얻는 것을 말한다.
57) 【節疑】 호(好)자의 의미는 단지 마음을 쓰는 곳이다. 이로써 그를 권면하는 것이 좋음을 말한 것이다.
58) 【節補】 진보의 병폐를 바로잡는 것을 말한다.

大學定本, 修換未畢, 俟得之, 卽寄去. 王晉輔好且勸它, 莫管它人是非長短得失, 且理會敎自家道理分明, 是爲急務. 此事之外, 不可使有毫髮雜用心處也. 然人要閑管, 亦只是見理不透, 無安頓自己身心處, 所以如此. 願更察此, 有以深矯揉之, 乃爲佳耳.

年來頓覺衰儘殊甚, 死期將至, 而朋友間未有大可望者, 令人憂懼, 不知所以爲懷. 季章千萬勉旃, 乃所深望.

● 주자가 만년에 비록 마음에 돌이켜 구할 수 있었지만, 단지 '지'라는 글자만을 강독해서 힘을 얻지 못했다. 육자는 사람들에게 '오로지 실천에 힘쓰라'고 가르쳤기 때문에 서문충·양문원·원정헌[59] 등 그 문인들이 함께 경원당금을 당하여도 모두 스스로 설 수 있었다. 주자는 사람들에게 오로지 지(知)를 추구해서 몸소 행하여 마음으로 얻는 실질이 없었기 때문에 한 번 꺾여짐을 당해서 사라지게 되었다. 대개 성인의 도는 반드시 행한 다음에 알게 되는 것이어서, 먹고 마시지 않고서는 맛을 아는 자가 있지 않다. 이 서신을 반복해서 자세히 보면 단지 '지'라는 글자 하나만을 말했으니 쓸모없다는 것이 괴이하지 않다. 또 '죽음으로 지키면서도 도를 잘해야 한다'[60] '생을 버리고서 의를 취하겠다'[61]는 공맹의 말을 모두 인용해도 된다. 그러나 선사의 어록을 벗어나지 못하고, 매번 '철바퀴의 꼭대기'라고 말했으니 또한 이 마음을 아직 거두지 못했던 것이며, 그러므로 익숙한 곳일수록 잊기 어렵다.

朱子晚年雖能反求於心, 然止講得知字, 仍不得力. 陸子敎人專務踐履, 故其門人如徐文忠楊文元袁正獻諸公, 並隸黨禁, 皆能自立. 朱子敎人專就知上講, 無躬行心得之實, 故一遇摧落, 便至消磨. 蓋聖道必

---

59) 원정헌(袁正獻, 1144~1224) : 자는 화숙(和叔), 또는 재(齋)이다. 순희 8년(1181)에 진사가 되었다. 저서에는 『재집(齋集)』이 있다.
60) 『論語』「泰伯」.
61) 『孟子』「告子 上」.

行而後知, 未有不飲食而能知味者. 此書反覆丁寧, 只說得一知字, 無
怪其不濟事也! 又守死善道舍生取義, 孔孟成語, 皆可引用. 而每云鐵
輪頂上, 不離和尙語錄, 亦此心未收, 故熟處難忘耳.

유계장에게 답하다[答劉季章] 20[62]

제가 이번 봄에 크게 병이 나서 거의 일어나질 못하다가 지금 다행히
조금 나아졌지만 아직은 평안하게 걷질 못합니다. 처음에는 만약 죽지
않으면 우선 서책을 물리쳐 버리고, 마음을 비우고 진인사대천명하고자
하였습니다. 지금 또 갑자기 버릴 수는 없지만, 고통스럽게도 고민거리
가 너무 많아 늘그막의 살아가는 방법이 아니어서 점차 줄여야 할 것입
니다. 익공이 건강하니 매우 기쁩니다. 근래 그 서신에 답신하면서 범중
엄(范仲淹)의 묘비에 대한 일을 논했는데, 병 때문에 고생하다가 지금에
서야 비로소 그 설을 따져봅니다.[63] 그러나 말에 지나친 것이 있는 것
을 깨달을 수 있었는데, 서로 괴이하게 여기지는 않았는지요? 백풍의
경우 저는 처음에 그가 이와 같이 이론을 세울 수 있을지는 몰랐습니다.
그러나 그가 강론에 힘써 공들이고 분석하고 관통하는 것이 한 때의 많
은 사람들이 미칠 수 없다는 것을 알았습니다. 마음으로 진정 원대한
곳에 도달할 것을 기대했는데, 뜻밖에 여기에 그치니 매우 애통하고 아
쉽습니다. 지금 보내주신 서신을 받고, 또 그 후로 굳건하게 지키고 있
다는 것을 들었는데, 이것은 매우 쉽지 않은 것입니다. 우리 유가는 불
행하게도 갑자기 이 사람을 잃었는데, 나머지 사람들은 분분하여 조금
의 이해가 있기만 하면 곧 장황하여 어찌할 바를 몰라 진퇴에 절차가
없으니 어찌 경중을 논할 만한 인물이겠습니까?

---

62) 『朱熹集』 권53-28, 1198(69세).
63) [記疑] 주익공에게 보내는 서신을 말한다.

병이 조금 나아지면서[64] 또한 예전에 들었던 것을 조금씩 이해할 수 있으니 앞으로 나아간 것이겠지요? 박문과 약례 중에 하나라도 그만둬서는 안 됩니다. 비록 공자의 가르침과 안연의 배움일지라도 이 두 가지 일에 불과하니 오직 힘쓰기만을 매우 바랍니다.

熹今春大病, 幾不能起, 今幸小康, 然尙未能平步也. 初意若得未死, 且當屛棄書冊, 虛心待盡. 今又覺不能頓爾捐去, 亦苦頭緖太多, 不是老年活計, 徐當以漸節減也. 益公淸健可喜. 近答其書, 論范文正公墓碑事, 以病草草, 今始能究其說. 然自覺語言有過處, 不知能不相怪否也? 伯豐初亦不知其能自植立如此. 但見其所講論, 辨得下功, 剖析通貫, 非一時諸人所及. 心固期以遠到, 不謂乃止於此, 殊可痛惜. 今承來喩, 又得聞其後來所守之堅, 此尤不易. 吾道不幸, 遽失此人, 餘子紛紛, 纔有毛髮利害, 便章皇失措, 進退無門, 亦何足爲軒輊耶?

疾少間, 亦可漸理舊聞, 向前進步否? 博文約禮, 不可偏廢. 雖孔子之敎, 顏氏之學, 不過是此二事, 更爲勉旃, 乃所深望也.

◉ "서책을 물리쳐 버리고" 싶어도 또 "제거할 수 없다"는 것은 아마도 익숙한 곳에서 잊기 어렵다는 것이다. 그러나 "점차 줄여 나간다"는 말로 볼 때 반드시 도움되는 것이 있다. "나머지 사람들은 장황하다"고 말한 것은 오로지 장구의 학문만을 해서 온전히 마음에 얻는 것이 없기 때문에 이와 같은 경지에 이르게 된 것이다.

欲屛棄書冊, 是又不能損去, 蓋熟處難忘耳. 然以漸節減, 亦自有益. 所云餘子張皇, 只爲章句之學, 全無心得, 以至如此也.

---

64) **[記疑]** 유보(劉黼)의 질병이 조금 나아진 것이다.

진백견에게 보내다[與陳伯堅]65)

사현에서 새로 판각한 「책심문」66)을 부쳐 왔는데, 자획의 정신이 계(桂)의 판본에 비길 바가 아닙니다. 이 책이 세상에 전해지면, 세상의 어리석은 학자들을 경계하고 일깨워 조금이나마 순수한 이치를 알게 할 것이니 적지 않은 도움이 될 것입니다. 다만 목판본이 혹 오래 견뎌내지 못할까 걱정일 뿐입니다. 『경학기』67)는 문장이 비루하고 졸렬해서 설명해주는 것이 충분하지 않습니다. 또한 한형께서 곧 임기를 마칠 때가 되어서 파견된 사람이 왔으니, 그가 임무를 대체할 것이라고 생각해서 급히 초고를 작성하는 바람에 만족스럽지 못할 뿐입니다.

옛 서신에 대해서 말씀하신 것을 받았는데 매우 부끄러웠습니다. 그 당시의 말은 아마도 의도가 있어 그렇게 말한 것입니다. 지금 살펴보니 배우는 사람들은 다만 성현의 경전을 깊이 궁구하여 마음에 돌이켜 편안하게 하고, 경전을 상고하여 부합되게 하고, 밖으로 증험하여 행할 수 있도록 해야 하며, 저들의 망언에 대해서는 한 번 보고 곧 간파해야 합니다. 만약 이 경지에 이르지 않고 갑자기 궁구하려 하면 아마도 하남의 부자(二程)가 "불교를 다 궁구할 필요가 없는데도 이미 변하여 불교도가 되었구나!"68)라고 말한 바와 같게 될 것입니다. 저의 견해는 이와 같은데, 그대는 어떻게 생각하십니까? 호계수(胡季隨)69)는 근래 여기에 와서 며칠을 머물렀는데, 명민하고 의지가 있으니 매우 기쁩니다.

---

65) 『朱熹集』 권53-33, 1182(53세).
66) 진관(陳瓘, 1057~1122)의 저서이다. 섭엽공 심저량(沈諸梁)이 공자를 알지 못하듯이, 자신도 정호를 알지 못하여 부끄러웠다는 글이다.
67) [節補] 『瓊州學記』이다.
68) 『二程遺書』 권15-48.
69) 호대시(胡大時) : 자는 계수(季隨), 호는 반곡(盤谷)이다. 호굉(胡宏)의 막내 아들이며, 호대장(胡大壯)의 아우이다.

沙縣寄到新刻責沈文, 字畫精神非桂本之比. 此書流傳, 足使世之聾盲者有所警覺, 稍知觸淨, 非小補也. 但恐木本或不耐久耳. 瓊學記, 文鄙拙, 不足有所發明. 亦緣韓兄將滿, 方遣人來, 恐其代去, 匆匆草成, 不能滿意耳.

垂喩舊書云云, 深愧率爾. 當時之言, 蓋亦有爲而發. 以今觀之, 學者但當深窮聖經, 使其反之於心而安, 考之於經而合, 驗之於外而可行, 卽彼之妄言, 一覽便破矣. 若未到此, 遽欲窮之, 恐如河南夫子所謂未必能窮, 而已化爲釋氏矣! 愚見如此, 不審尊意以爲如何? 胡季隨近到此數日, 明敏有志, 甚可喜也.

●『경학기』는 순희 9년(1182)에 지어졌는데, 주자 당시 53세였다. "마음에 돌이켜서 편안하다"는 몇 마디에는 점차 내면으로 향하는 뜻이 담겨 있다.

瓊學記作於淳熙九年, 朱子時五十三歲. 反之於心而安數語, 漸有向內之意.

호계리[70]에게 답하다[答胡季履][71]

지난번에 비록 다행히 한 번 뵈었지만, 홀연 지금 이미 이십여 년이나 지났습니다. 당시 벗에게서 아름다운 글귀를 볼 수 있었으니, 그대가 마음에 품고 있던 한두 가지를 보기에 충분했는데, 다만 얼굴을 마주하지 못한 것이 아쉬울 뿐입니다. 지금 그대의 질문을 받고 보니 그대의 마음이 진정 배우는데 부지런한 듯합니다. 저는 매번 세상이 쇠퇴하

---

70) 호대장(胡大壯): 자는 계리(季履)이며, 건녕부(建寧府) 숭안현(崇安縣) 출신이다. 호대시(胡大時)의 형이다.
71) 『朱熹集』 권53-34, 1182(53세).

고 도가 미미하여 선비들이 학문을 알지 못해 그중에 비루한 데 빠진 사람은 굳이 말할 것도 없고 고원한 곳에 뜻을 둔 사람들도 간혹 헛된 명예를 추구하고 옛 사람들이 자신을 위했던 실제적인 것을 구하지 않는 것을 걱정했습니다. 그렇기 때문에 그 사람들은 남들에게 구하는 것은 매우 무거우나 스스로 책임지는 것은 매우 가볍습니다. 매번 성인이 남에게서 즐겨 취하여 선을 한다는 뜻을 생각할 때마다 반드시 구차하게 그렇게 하지 않은 것이 있으리라 생각했으나, 그대와 함께 상세히 토론하지 못한 것이 한스럽습니다.

계수는 명민해서 벗들 중에 그와 비길만한 사람을 보지 못했습니다. 제가 오직 쇠퇴하고 나태해졌으니, 어찌 그가 먼 곳에서 찾아온 뜻에 부합할 수 있겠습니까? 그러므로 또한 감히 헛되게 할 수 없습니다. 돌아가는 날 마땅히 서로 함께 강론해서 온당하지 못한 곳이 있다면, 도리어 그대가 아뢰 주기를 바랍니다. 이것을 반복할 수 있으면 다행이겠습니다. 그대 형제들이 집안에서 배운 것72)은 다른 사람들이 미칠 수 있는 바가 아닙니다. 그러나 저의 바람은 단지 그 실제에 있지 이름에 있지 않으니 바라건대 이런 뜻을 깊이 살피십시오

向來雖幸一見, 然忽忽於今已二十餘年矣! 時於朋友間得窺佳句, 足以見所存之一二, 顧未得會面爲歉耳. 今承惠問, 荷意良勤. 區區每患世衰道微, 士不知學, 其溺於衰陋者, 固無足言, 其有志於高遠者, 又或騖於虛名而不求古人爲己之實. 是以所求于人者甚重, 而所以自任者甚輕. 每念聖人樂取諸人以爲善之意, 意其必有非苟然者, 恨不得與賢者共詳之也.

季隨明敏, 朋友中少見其比. 自惟衰墮, 豈足以副其遠來之意? 然亦不敢虛也. 歸日當相與講之, 有所未安, 却望見告, 得以反復爲幸. 昆仲

---

72) 【刊補】 계리 형제는 오봉의 자식들이다. 그러므로 가학문정이라 칭하였다.

家學門庭, 非它人比. 而區區所望, 又特在於其實而不在於名, 願有以
深察此意也.

❀ 호씨의 가문은 호남 지방에 있다. "지난번의 견해"는 분명 주자
38세(1167) 때 장식을 방문했을 때이니, 또 이십여 년이 지났다면 주자
나이 60세 정도일 것이다. 서신의 뜻이 자기를 위하는 것을 중시한다는
것은 '자기에게 절실히 하고 스스로 반성한다'는 육자의 뜻에 부합된다.
　胡氏家於湖南. 向來之見, 自是三十八歲訪南軒時, 又二十餘年, 則
近六十歲矣. 書中意重爲己, 合於陸子切己自反之意.

호계수에게 답하다[答胡季隨] 173)

『역전』은 담백하고 면밀해서 보기가 매우 좋지만 또한 보기가 매우
어렵기도 합니다. 대개 학문을 논의하는 데에는 모름지기 먼저 하나의
실마리가 있어야 잘 공부할 수 있는 법입니다. 얼마 전 문숙이 그대가
기록한 글을 처리하는 것을 보니, 아마도 글을 자세하게 보지 못하고
있는 것 같은데, 이것은 전혀 의미가 없는 일입니다. 멀리 찾을 필요도
없이 그대는 단지 『지언』만을 보니 이것은 무슨 공부를 한 것입니까?
귀결되는 것도 없이 이처럼 산만하게 이야기해서는 안 됩니다. 귀산의
『주역』의 경우, 이전에 제가 필사본을 하나 가지고 있었는데 그것은 매
우 정확한 것이 아니지만, 옳은 것을 검사하고 찾아서 보낼 시간이 없
었습니다. 첨씨[詹体仁]가 인용한 '같지 않다'74)는 말이 무슨 일인지 잘
모르겠습니다. 풍문에 따른 가르침과 같은 경우에 대해서는 바로 비교
해서 생각해보아야 합니다. 도리는 구체적인 모양이 없기에, 구체적인

---

73) 『朱熹集』 권53－35, 1184(55세).
74) 【箚疑】 '정이의 『周易』 해석과 양시의 그것이 같지 않다'는 의미이다.

사태와 언어에 따라서 그 옳고 그름을 파악할 수 있는 법입니다. 자세하게 이해하게 되면 도리에 대해 매우 정미하게 됩니다. 옛 사람들이 말한 '물(物)에 격(格)해서 앎이 지극해진다'는 것은 바로 이 곳에 나아가 공부하는 것에 지나지 않습니다. 최근 배우는 자들은 지나치게 고원하게 말해서 그 의미가 모두 확실하지 않습니다. 한 글자 한 글자 철두철미하게 이해하지도 못했으면서도, 동쪽 면에 나오는 몇 구절에 만족하거나 혹은 서쪽 면에 나오는 몇 구절에 만족하여 모두 전체를 꿰뚫어 이해하지 못하고 있는데, 이것은 커다란 문제입니다. 뜻이 있는 선비들은 더욱더 깊이 경계해야만 할 것입니다.

易傳平淡縝密, 極好看然亦極難看. 大抵講學須先有一入頭處, 方好下工夫. 昨見文叔處所錄近文, 恐看得文字未子細, 無意味也. 不必遠求, 但看知言, 是下多少工夫? 不如此, 散漫泛說, 無歸宿也. 龜山易, 舊亦有寫本, 此便不甚的, 未暇檢尋奉寄. 不知詹丈所擧不同者何事? 因風詳諭, 此等處正好商推也. 道理無形影, 唯因事物言語, 乃可見得是非, 理會極子細, 卽道理極精微. 古人所謂物格知至者, 不過是就此下功夫. 近日學者說得太高了, 意思都不確實, 不曾見理會得一書一字, 徹頭徹尾, 東邊綽得幾句, 西邊綽得幾句, 都不曾貫穿浹洽, 此是大病. 有志之士, 尤不可以不深戒也.

⊛ "모름지기 먼저 하나의 실마리가 있어야 잘 공부할 수 있는 법입니다." 이 말은 주자가 이전에 육자를 반박했던 이유인데, 지금은 오히려 이것을 들어 다른 사람을 가르치고 있다. 계수가 묻고 배웠던 것은 「계리에게 보내는 서신」 속에 보이는데, 대개는 호남학자들 사이에 이루어진 문답이며, 모두 경부가 죽은 후의 일이다.

先有一入頭處, 方好下工夫. 朱子昔年所以駁陸子者, 今乃擧以敎人. 季隨問學, 見與季履書中. 大約湖南學者問答, 並在敬夫沒後也.

호계수에게 답하다[答胡季隨] 275)

저는 요새 집에만 있는데, 노쇠해서 생긴 질병이 여전합니다. 그렇지만 이전에 힘을 함부로 쓴 것이 저에게 매우 절실하지 못한 것이었음을 알아서, 한두 명의 학자들과 더불어 힘써 내면의 본래 마음을 구하는 공부를 해서 자신을 이기고 인을 구하는 공부를 하였는데, 이제 거칠게나마 조금 힘을 얻을 수가 있었습니다. 『역전』을 깊이 읽었지만 이전 성인들이 『주역』을 지은 본래 뜻을 아직 논할 수가 없었습니다. 정선생의 생각을 보니 또한 크게 도움이 되는 바가 있어서 다시 복잡하게 볼 필요는 없을 것 같습니다. 대개 이전 선생들은 『주역』의 글자의 뜻에 대해 대부분은 그 핵심을 파악하지 못했기에, 그것들을 많이 본다고 할지라도 도움이 되지 않습니다. 그렇지만 이런 일은 포괄적으로 논의하기가 끝내 어렵기 때문에 『역전』을 보아 도리가 어지럽지 않는 것만 못합니다. 보내주신 가르침에 "문정76)은 『춘추』를 전문적으로 연구하면서 다른 서책들과 비교하면서 통독하였다"고 하면서 그래서 "배우는 자들은 책을 읽을 때 시작부터 끝까지 모두 읽을 필요는 없다"고 하였는데, 이것은 특히 알 수 없는 바입니다. 이미 "문정은 『춘추』를 읽었으며" 그리고 "철두철미했다"고 말한다면, 우리들도 또한 어찌 그렇지 않다고 하겠습니까? 그렇지만 그가 다른 책들에 대해 어렸을 때77)부터 반복적으로 연구해서 그 취지를 파악한 후 노년에 이르러 여러 책들을 비교하면서 널리 읽었다는 것을 어떻게 알 수 있겠습니까? 만약 그가 그렇게 하지 않았다면, 『춘추』를 철두철미하게 읽어서 힘을 얻고 나서야 비로소 여러 책들을 널리 있어서 그 취지를 얻었을 것입니다. 그렇지

---

75) 『朱熹集』 권53－36, 1184(55세).

76) 호안국(胡安國, 1074~1138) : 자는 강후(康侯)이며, 시호는 문정(文定)이다. 춘추학(春秋學)에 정통했고, 저서로는 『春秋傳』 30권이 있으며, 『春秋』를 차용하여 자주 정치를 논했다.

77) 【刊補】 호문정이 젊었을 때이다.

않다면 이전 선배들이 독실하게 마음을 쓴 것이 지금 사람들이 많은 것을 탐해서 얻기를 힘써서 그 섭렵하는 것에 근거가 없는 것과 결코 같지 않았을 것입니다.

이전 서신에서의 저의 논의를 다시 깊이 생각해보기를 바랍니다. 비록 그 설명이 보잘것없다고 할지라도, 삼사십 년 동안 몸소 겪은 것이고, 오늘날 보아도 문장의 뜻에는 거친 것이 있다고 할지라도 크게 잘못된 것은 없을 것이니, 아마도 하루아침에 갑자기 이론을 세워서 논파될 수 있는 것은 아닐 것입니다. 만약 보내주신 가르침처럼 철두철미함을 기다릴 수 없다면 이것은 빨리 하려고 해서 지름길을 좋아하는 허물일 것이니, 이것은 깊이 생각해서 바꾸지 않을 수 없는 것입니다. 저는 『논어』, 『맹자』, 『대학』, 『중용』에 대해 평생 힘을 써서 거칠게나마 정합적인 설명을 얻게 되었습니다. 그렇지만 최근에 읽어보니 한두 가지 커다란 절목에서 오류가 있는 것 같아서 수정하기를 그치지 않고 있는데, 어떤 때는 손 가는 대로 고치다가 문제점이 발생했다는 것을 알게 됩니다. 이것으로 보자면, 이것이 어찌 쉬운 일이겠습니까? 만약 단지 한 때의 총명한 재주만을 믿고 한 번 대략 살펴보고 일이 끝났다고 말한다면, 이보다 심하게 자신의 과오를 벗어나는 것을 가볍게 여기는 일이 있겠습니까? 여백공은 일찍이 "도리는 무궁하기 때문에 학자들은 먼저 자족하는 마음을 가져서는 안 된다"[78]고 했는데, 이것은 지극히 옳은 말입니다. 시험삼아 생각해보십시오.

『남헌문집』은 이제 대략 편집이 완성되어서 곧 간행할 수 있을 것 같습니다. 가장 좋은 것은 확실하고 매우 절실한 상소문들과 구체적인 사건들을 논의하였던 왕복서신들인데, 지금은 아직 문집에 넣지 못했습니다. 다른 날 상소문들로 하나의 글을 쓰고 그 뒤에 사건들을 논의한 서신들을 첨부해야 하지만, 이것을 널리 전해서는 안 될 것 같습니다. 세

---

78) 『宋名臣言行錄 外集』 권13.

상 사람들의 좋아함과 싫어함이 조금 사그라진 뒤에 그 부분을 출판하
는 것이 좋을 것 같습니다.

熹杜門, 衰病如昔. 但覺日前用力泛濫, 不甚切己, 方與一二學者力
加鞭約, 爲克己求仁之功, 亦粗有得力處也. 易傳且熟讀, 未論前聖作
易本指, 且看得程先生意思, 亦大有益, 不必更雜看. 大抵先儒於易之
文義, 多不得其綱領, 雖多看亦無益. 然此一事卒難盡說, 不若且看程
傳, 道理却不錯也. 所諭文定專治春秋, 而於諸書循環誦讀, 以爲學者
讀書, 不必徹頭徹尾, 此殊不可曉. 旣曰文定讀春秋徹頭徹尾, 則吾人
亦豈可不然? 且又安知其於它書, 少日已嘗反覆硏究, 得其指歸, 至於
老年, 然後循環泛讀耶? 若其不然, 亦是讀得春秋徹頭徹尾, 有得力處,
方始汎讀諸書有歸宿處. 不然, 前輩用心篤實, 決不如今時後生貪多務
得, 涉獵無根也.

前書鄙論, 更望熟究. 其說雖陋, 然却是三四十年身所親歷, 今日粗
於文義, 不至大段差錯之效, 恐非一旦卒然立論所可破也. 若如來喻,
不能俟其徹頭徹尾, 乃是欲速好徑之尤, 此不可不深省而痛革之也. 喜
於論孟大學中庸一生用功, 粗有成說. 然近日讀之, 一二大節目處猶有
謬誤, 不住修削, 有時隨手又覺病生. 以此觀之, 此豈易事? 若只恃一時
聰明才氣, 畧看一過, 便謂事了, 豈不輕脫自誤之甚耶? 呂伯恭嘗言道
理無窮, 學者先要不得有自足心, 此至論也. 幸試思之.

南軒文集方編得畧就, 便可刊行. 最好是奏議文字, 及往還書中論時
事處, 確實痛切, 今却未敢編入. 異時當以奏議自作一書, 而附論事書
尺於其後, 勿令廣傳. 或世俗好惡稍衰, 乃可出之耳.

⚫ "이전에 힘을 함부로 썼다"는 것을 알고 학자들과 더불어 "자신을
이기는 공부를 했다"고 했는데, 이것이 주자의 만년에 힘을 얻은 말임
을 알 수 있다. 이 서신의 앞부분에 "노쇠해서 생긴 질병"에 대해 이야

기하고 있고, 마지막 부분에 『남헌문집』의 편집에 대해 이야기하고 있고, 또 사건을 논의한 서신은 아직 문집에 넣지 않고 "세상 사람들의 좋아함과 싫어함이 조금 사그라진" 뒤에 출판하는 것이 좋을 것 같다고 말하고 있다. 이것은 장식이 이미 죽은 뒤일 뿐 아니라 경원당금 시기였다는 것을 말해준 것이니, 주자의 가장 만년 때의 일이다.

自覺日前用力泛濫, 方與學者爲克己之功, 此晚年得力語也. 此書首云衰病, 末及編南軒文集, 又云論時事書, 今未敢編, 俟世俗好惡稍衰乃可出. 不惟南軒已沒, 蓋黨禁之時, 朱子之最晚年也.

호계수에게 답하다[答胡季隨] 979)

원선의 서신은 "자정과 만났는데, 매우 정성스러웠다"고 했는데, 이것이 무엇을 말하는지 잘 모르겠습니다. 대개 빨리 하려고 해서 지름길을 좋아하는 것이 오늘날 학자들의 커다란 문제점인데, 최근에 저도 이런 문제점을 벗어나지 못했다는 것을 느끼고 있습니다. 몸소 체험해보면, 정자가 드러냈던 '경'이라는 글자가 진실로 학문의 시작과 끝이어서 평상시 구체적이고 절실한 공부의 핵심이라는 것을 알았습니다. 최근에 친구들과 함께 생각해보았지만 단지 이에80) 힘을 쓰는 것만 못했습니다. 책을 읽고 이치를 궁구해서 그것을 드러내어 성현들의 궁극적인 경지에 진실로 이르려고 하는 것도 또한 이 '경' 공부를 벗어나지 않는 것이어서, 평이하고 명백하여 망령되게 생각할 필요가 없는 것입니다. 갑자기 깨우쳐 일상으로부터 초탈하는 것은 사람들을 현혹시키고 경솔하게 만들어서 평상시 행위하는 경우에서 도리어 그 편안하게 여겨야할 바를 얻지 못하게 합니다. 헤어진 후에 의견이 어떤지 모르겠습니다. 다

---

79) 『朱熹集』 권53-43, 1186(57세).
80) 【記疑】 경(敬)을 가리킨다.

행히도 이것으로 생각해본다면, 아마도 조금 평이하고도 지속적일 수
있을 것 같습니다.

元善書說與子靜相見甚款, 不知其說如何? 大抵欲速好徑, 是今日學
者大病, 近覺亦不免此. 以身驗之, 乃知伊洛拈出敬字, 眞是學問終始,
日用親切之妙. 近與朋友商量, 不若只於此處用力, 而讀書窮理以發揮
之, 眞到聖賢究竟地位, 亦不出於此, 坦然明白, 不須妄意思想. 頓悟懸
絶處, 徒使人顚狂粗率, 而於日用常行之處, 反不得其所安也. 不審別
後所見如何, 幸試以此思之, 似差平易悠久也.

◉ 계수가 육자를 보고 그의 가르침을 깊이 믿게 되었는데, 그때는
순희 13년(1186)이었는데, 이것은 육자가 계수에게 보내는 서신에 보인
다.81) 육자가 사람들을 가르칠 때 더욱 절차를 따를 것을 강조했는데,
그러므로 그에게는 '개울이 흘러 싸여 못을 이룬다'는 비유와 '주먹만
한 돌이 높이 쌓인다'는 비유가 있었던 것이다. 육자가 인간의 본래적
인 마음을 드러내었던 경우에도, 단지 『맹자』가 가리켰던 측은지심이나
수오지심이란 가르침에 지나지 않았기에, 돈오라고 할 수 없다. 그렇지
만 주자의 이 서신도 '경'을 학문하는 데 구체적이고 절실한 공부의 핵
심으로 생각하고 있는데, 이미 주자도 가까운 곳에 자신을 두고 있었던
셈이다.

季隨見陸子, 深服其敎, 在淳熙十三年丙午歲, 見陸子與季隨書. 或
以書中欲速好徑, 爲指陸子. 然自謂近覺亦不免此, 則非專指陸子矣.
陸子敎人, 尤重循序, 故有涓流積至拳石崇成之喩. 若發明本心, 不過
如孟子指示惻隱羞惡之說, 非頓悟也. 然此書以敬爲學問親切之妙, 已
近裏着己也.

---

81) 『陸九淵集』 권1 「與胡季隨」. "丙午之會, 吳山廨舍, 相從越月, 以識面爲喜, 以款
集爲幸."

호계수에게 답하다[答胡季隨] 10[82)

　제가 약해지고 병이 든 후 다행히 사원의 녹을 받았는데, 저에 대한 오해와 은혜가 일어났다가 사라지는 것[83)은 제가 감당할 수 있는 것이 아니어서, 이미 힘을 다해 사임하기를 간청했지만 받아들여질지 아직 알지 못합니다. 제 자신이 너무 병약하기에 결코 바쁜 일을 감당할 수가 없는데, 하물며 행적이 외롭고 위태로운 데 있어서이겠습니까? 아마도 그 맡은 일을 다할 수가 없을 것이니 뒷날에 성가신 일들을 별도로 해야 할 것 같습니다. 또 형양[84)은 몸을 움직일 수가 없어, 문을 나아가 한 걸음만을 걸어도 반드시 자신이 있는 곳을 살펴야 할 정도 입니다. 그렇지만 올해 병든 몸이 매우 심하게 마르고 있고, 또 가을에는 딸이 죽어서 몹시 상심해서인지, 저를 지탱하기도 힘들다고 느꼈습니다. 눈은 어둡게 되어 글자를 많이 볼 수 없고, 한가한 때에 도리어 도리를 분명하게 봅니다.[85) 이전의 여러 글들은 때때로 고치다보니, 이제 훌륭하고 나아간 곳이 있는 것 같습니다. 서로 떨어진 거리가 멀어서 아침과 저녁으로 토론할 수 없는 것이 한스러울 뿐입니다.

　간행한 『주역』[86)은 단지 『상수대략』을 편집해서 낸 것입니다. 이전에 책 한 권을 숙강에게 빚졌는데, 이 책 한 권을 보여줄 예정입니다. 지금 그에게 종이 도망가는 액운이 있었다고 들었는데, 그렇다면 아마도 이 책은 이미 잃어버렸을 것입니다. 그래서 별도로 한 권을 『남헌집』과 함께 보내드렸는데, 다행히도 받아보신 것 같습니다. 깨우쳐주신 '극기'의 학문의 뜻은 매우 좋습니다. 그렇지만 "이것에 근거해서 배척한다"고 말씀하는 것을 보면, 흡사 아직도 공부를 하는 핵심적인 곳을 얻지 못한

---

82) 『朱熹集』 권53-44, 1187(58세).
83) 【箚疑】 효종은 1187년 주자를 강서제형으로 제수하였다.
84) 【箚疑】 형양(衡陽)은 유자징을 가리킨다.
85) 『朱熹集』 권53-44 「答胡季隨 10」, 1187(58세).
86) 【箚疑】 『易學啓蒙』이다.

것처럼 보입니다. 최근에 『지언』을 읽었는데, '방심(放心)으로 마음을 구한다'는 것에 대해 묻는 경우가 있는데, 일찍이 '마음을 잃어버렸을 때 구할 줄을 안다면, 이 마음은 잃어버리지 않게 된다'는 구절을 별도로 두고 싶었습니다. 이 곳에서 멈추어서는 안 됩니다. 공자가 말한 '자신을 이겨서 예를 회복한다'는 경우, 그 공부의 핵심은 또한 '인을 행하는 것은 자신에게 달려 있다'는 한 구절에 있는 것인데, 어찌 외부에 의지해서 구하는 것이겠습니까? '그 감정을 성으로 만든다'는 말은 왕보사(왕필)[87]의 말인데, 정자가 그것을 이용해서 '성의 이치로 그 감정을 절제하는 것이지 움직임의 영역에서 (성과 정이) 같지 않다'라고 말했습니다. 의미로 뜻을 거슬렀지 말로 뜻을 해친 것이 아니니 흡사 커다란 해로움은 없는 것 같습니다. '노여움을 옮기지 않는다'는 말의 경우, 마땅히 두 선생님의 설과 같기에 의심할 만한 것이 없습니다. '허물을 반복하지 않는다'는 경우, 정자와 횡거선생이 그 의미를 파악했는데, "자신에게 만족스럽지 않은 것은 다시 싹트게 해서는 안 된다"는 횡거선생의 말이 더욱 정확하고 핵심적인 말일 것입니다.

송조가 맡긴 기록문의 경우 여러 차례 만들려고 하였습니다. 그런데 여름과 가을 이래로 계속 여식의 병세가 사람들을 놀라게 해서 글을 짓지 못했습니다. 자세히 살펴보니 그가 깨우친 것으로 가르치려는 것은 단지 과거보는 사람의 일에 지나지 않지만, 또한 그가 글을 짓기 힘든 것은 구습을 따르려고 하였기에 이에 이른 것입니다. 어쨌든 지금 병이 조금 나아졌지만 아직 생각을 할 수 없어서, 형세를 보면 훗날을 조금 기다려야 할 것 같습니다. 소무로 가는 인편이 있어서 대충 이것을 보내니, 다시 상지(象之)에게 맡겨서 완성하게 하십시오 눈이 어두워 다른 것을 할 수가 없고, 오직 때때로 덕을 향상시키고 자신을 아낄 수 있기를 바라고 있을 뿐입니다. 대저 학문을 하는데, 구체적이고 가까운 것을

---

87) 왕필(王弼, 226~249) : 자는 보사(輔嗣)이며, 산동성(山東省) 출신이다. 하안과 함께 위진(魏晉)의 현학(玄學)의 시조로 일컬어진다. 저서에는 『老子註』와 『周易註』가 있다.

싫어하지 않아야 합니다. 구체적이고 가까울수록 공부는 더욱 내실있게 되고 얻은 것도 더욱 높고 원대해지기 마련입니다. 반면 바로 높고 원대해지기를 바라는 자는 이와는 반대되니, 이것은 또한 살피지 않을 수 없는 것입니다.

熹衰病之餘, 幸安祠祿, 誤恩起廢, 非所克堪, 已力懇辭, 未知可得與否. 自度尫殘, 決是不堪繁劇, 又況縱跡孤危, 恐亦無以行其職業, 後日別致紛紛. 又如衡陽轉動不得, 出門一步更須審處也. 但今年病軀衰瘁殊甚, 秋中又有哭女之悲, 轉覺不可支吾矣. 目昏不能多看文字, 閑中却看得道理分明. 向來諸書, 隨時修改, 似亦有長進處. 恨相去遠, 不得朝夕討論也.

易書刊行者, 只是編出象數大畧. 向亦以一本浼叔綱, 計必見之. 今乃聞其有亡奴之厄, 計此必亦已失去矣. 別往一本幷南軒集, 幸收之也. 所喩克己之學, 此意甚佳. 但云藉此排之, 似是未得用工要領處. 近讀知言, 有問以放心求心者, 嘗欲別下一語云放而知求, 則此心不爲放矣. 此處間不容息. 如夫子所言克己復禮, 功夫要切處, 亦在爲仁由己一句也, 豈藉外以求之哉? 性其情乃王輔嗣語, 而伊洛用之, 亦曰以性之理節其情, 而不一之於流動之域耳. 以意逆志而不以詞害焉, 似亦無甚害也. 不遷怒, 當如二先生說, 無可疑者. 不貳過亦惟程張得之, 而橫渠所謂歉於已者, 不使萌於再, 語尤精約也.

宋漕所委記文, 屢欲爲之 而夏秋以來, 一向爲女子病勢驚人, 不得措詞 兼觀其所喩爲敎者, 不過擧子事業, 亦有難措詞者, 故因循至此 今病方小愈, 未堪思慮, 勢當小須後也 因邵武便, 草草布此 復託象之致之 目昏未能它及, 惟以時進德自愛爲禱 大抵爲學不厭卑近, 愈卑愈近, 則功夫愈實, 而所得愈高遠 其直爲高遠者則反是, 此不可不察也

● 주자의 딸이 죽은 것은 순희 14년(1187)이고 강서의 제형을 제수받

앗을 때인데, 이 일은 육자와 주자의 서신에서 보인다. 이때 주자의 나이는 58세였다. "눈은 어둡게 되어 글자를 많이 볼 수 없고, 한가한 때에 도리어 도리를 분명하게 봅니다"라는 구절을 보면, 이미 주자는 이전의 넓게 살펴보는 공부가 도움이 되지 않은 것을 알았다는 것을 알 수 있다. "구체적이고 가까운 것"을 말하는 것은 "개울이 흘러 싸여 넓고 푸른 바다에 이르고, 주먹만한 돌이 높이 쌓이면 태산이나 화산의 봉우리가 된다"는 육자의 말과 같은 것이다.

哭女在淳熙十四年, 除江西提刑時, 見陸子與朱子書. 時朱子五十八歲. 目昏不多看文字, 却看得道理分明, 蓋已知從前博覽之無益矣. 卑近云云, 卽陸子所謂涓流積至滄溟海, 拳石崇成泰華岑也.

호계수에게 답하다[答胡季隨] 13[88]

계수의 서신 : 배우는 자가 제게 물었습니다. "『유서』는 '학자가 귀하게 여기는 것은 도를 듣는 것인데, 만일 경전을 붙잡고 묻는다면 이것은 단지 견문을 넓히는 것일 뿐이다'[89]라고 말했습니다. 제가 생각하기에 '경전을 붙잡고 묻는다'는 것이 비록 '견문을 넓히는 것'에 그칠 뿐이라고 해도, 반드시 경전을 정미하고 깊게 연구해야 도는 이로 말미암아 얻어질 수 있다고 생각합니다. 그렇지 않다면 '공'을 말하거나 '깨달음'을 말하는 폐단을 면하지 못할 것입니다." 저는 대답했습니다. "이른바 '배우는 자가 귀하게 여기는 것은 도를 듣는 것인데, 만일 경전을 붙잡고 묻는다면 이것은 단지 견문을 넓히는 것일 뿐이다'라는 구절은 평상시 행동이 자주 어두워져서 밝힐 수 없는 자를 위해서 말한 것이다." 보내주신 서신에는 '반드시 경전은 깊게 연구해야 도에 대해 들을 수

---

88) 『朱熹集』 권53-47, 1194(65세).
89) 『二程遺書』 권17-29.

있다'고 했는데, 이것도 또한 하나의 치우침에 빠져 있는 주장입니다.

주자의 답 : '경전을 붙잡고 묻는' 사람이 자신을 위할 줄 아는 사람이라면, 도를 들은 것도 이것을 벗어나지 않을 것입니다. 그렇지 않다면, 비록 육경에 모두 통했다고 할지라도 단지 '견문을 넓히는 것'일 뿐입니다. 물어본 사람도 이런 뜻이 있는 것 같지만, 아직 분명하게 보지 못해서 말할 수 없었던 것 같습니다. 그런데 대답한 사람이 말한 것은 전적으로 무관한 것처럼 보입니다.

계수의 서신 : 배우는 자가 제게 물었습니다. "『유서』는 '반드시 근본을 먼저 배양한 뒤에야 나아갈 바를 세울 수 있다'[90]고 말합니다. 제가 생각하건대 배우는 자는 반드시 먼저 그 나아갈 바를 살피고 난 뒤에야 근본을 배양할 수 있다. 그렇지 않다면, 아마 시작할 곳이 없을 것입니다." 저는 대답했습니다. "반드시 먼저 근본을 배양해야 한다. 그런 뒤에야 그 나아갈 바를 살필 수가 있다. 이것은 집을 짓는 것과 같은데, 먼저 그 터가 있은 뒤에야 향하는 바를 정할 수가 있다."

주자의 답 : 먼저 근본을 세운 뒤에야 나아갈 바를 세울 수 있다는 것은 바로 '앎을 이루는 데 경건하지 않는 사람은 없다'는 것을 말하는 것입니다. '방심(放心)을 수습한 뒤에야 위로 향해 나갈 수 있다'는 말도 바로 이런 뜻입니다.

季隨書云, 學者問曰, 遺書曰, 學者所貴聞道, 若執經而問, 但廣聞見而已. 竊謂執經而問, 雖止於廣聞見而已. 須精深究此, 而後道由是而可得也. 不然恐未免於說空說悟之弊矣. 大時答曰, 所謂學者所貴聞道, 若執經而問, 但廣聞見而已. 蓋爲尋行數墨而無所發明者設. 而來喩之云, 謂必須深究乎此, 然後可以聞道, 則亦俱墮於一偏矣.

答云, 執經而問者知爲己, 則所以聞道者不外乎此. 不然, 則雖六經

皆通, 亦但爲廣聞見而已. 問者似有此意, 然未分明, 故說不出. 答者之云, 却似無干涉也.

又云, 學者問曰, 遺書曰, 根本須先培壅, 然後可立趨嚮. 竊謂學者必須先審其趨嚮, 而後根本可培壅. 不然, 恐無入頭處. 大時答曰, 必先培其根本, 然後審其趨嚮. 猶作室焉, 亦必先有基址, 然後可定所向也.

答云, 先立根本, 後立趨嚮, 卽所謂未有致知而不在敬者. 又云收得放心後, 然後自能尋向上去, 亦此意也.

🔘 주자는 정자의 '방심(放心)을 구한다'는 설을 인용하고 있는데, 이미 육자가 『맹자』의 '방심(放心)을 구한다'는 설을 인용했던 것과 서로 부합되는 것이다.

朱子引程子求放心之說, 已與陸子引孟子, 求放心之說相合矣.

고응조91)에게 답하다[答高應朝]92)

보내 주신 『강의(講義)』는 매우 절실하게 도리를 밝혔으니, 멀리 있는 배우는 자가 아직 듣지 못하던 것을 얻게 되었습니다. 계책에는 감동시켜서 흥기시키는 바가 있었지만, 이것은 단지 처음 배우려고 하는 때에만 통용될 수 있는 계책일 따름입니다. 만약 계속 이와 같이 설명하고 일용사에 일어나는 평상적인 의미로 '함양과 완색의 공부'를 가르치지 않게 된다면, 평상시 차 마시고 밥 먹는93) 우리의 일을 괴이하고 이상한 일로 보게 되어서 나날이 경황이 없어져서, 빨리 달성하여 조장하려

---

91) 고종상(高宗商): 자는 응조(應朝)이며, 절강(浙江) 출신이다. 옹천교수(邕川敎授)를 역임했다. 육구연의 문인이다.
92) 『朱熹集』 권53−51, 1186(57세).
93) 【刊補】 집안에서 항상 차를 마시고 밥을 먹는데, 이것은 일용공부를 가리켜서 말한 것이다.

고 하며 경솔하여 자신을 속이게 되는 문제점에 빠지게 될 것입니다. 이런 상태가 오래되면 멍하여 의거할 만한 실질이 없게 되니, 한 바탕의 커다란 이야기만을 배워서 상대방을 위협할 수 있다고 하더라도 끝내 자신을 위하는 실질에는 조금도 도움이 되지 않게 될 것입니다. 단지 세 번째 단락에서 인용한 여러 책들의 경우, 그 커다란 취지는 비록 같다고 할지라도, 아마도 반드시 자세하게 단락마다 살펴보아야 귀착점이 있을 수 있고, 그래야 그 내용을 절실하게 꿰뚫어서 힘이 생길 수가 있을 것입니다. 만약 단지 이와 같이 애매하게 보고 곧 멈추어버린다면, 아마도 단지 거칠고 산만할 뿐이어서, 바로 시키면 곧 완성할 수는 있다고 하지만, 또한 이것도 자라나는 것을 억지로 성숙시키려고 하는 것에 불과한 것이어서, 시간이 흐른 뒤에는 반드시 어떤 뜻도 없을 것입니다.

所示講義, 發明深切, 遠方學者, 得所未聞. 計必有感動而興起者, 然此恐但可爲初學一時之計. 若一向只如此說, 而不敎以日用平常意思, 涵養玩索功夫, 卽恐學者將此家常茶飯, 做箇怪異奇特底事看了, 日逐荒忙, 陷於欲速助長, 躁率自欺之病. 久之, 茫然無實可據, 則又只學得一場大話, 互相恐嚇, 而終無補於爲己之實也. 只如三段所擧諸書, 大指雖同, 然恐亦須令子細看得逐段各有下落, 方能浹洽通貫, 有得力處. 若只如此儱侗看了便休却, 恐只是粗謾, 政使便做得成, 亦是揉生做熟, 久遠畢竟無意味也.

● 서책의 의미를 논의하는 것을 중시하지 않고 '함양과 완색'을 강조하고 있으니, 이것은 주자 만년의 '자기에게 절실한 공부'를 말한다. 고응조가 옹천에서 교수로 있었던 일은, 자호[楊簡]가 절서에서 무간[94]

---

94) 안무사간판공사(安撫司幹辦公事)를 말한다.

으로 있을 때, 자호가 서원영[95])을 제사지내던 문장에 보인다.[96] 이때는
순희 12년(1185)이나 순희 13년(1186)이었으니, 이때 주자의 나이는 56세
아니면 57세였을 것이다.

不重講義, 而重涵養玩索, 此晚年切己功夫也. 高應朝教授邕川事,
在慈湖爲浙西撫幹時, 見慈湖祭舒元英文. 蓋淳熙十二三年也, 朱子年
五十六七歲矣.

석천민[97])에게 답하다[答石天民][98])

  평생 동안 학문을 해서 맹자가 논의한 '여덟 자를 곧게 하기 위해 한
자를 굽힌다'는 의미를 조금 분명하게 알게 되었습니다. 절동 지역에
이르고 나서 저는 그곳의 친구들이 별도의 논의를 하고 있는데, 이것과
는 매우 다르다는 것을 알아채고 마음으로 그것을 괴이하게 생각하였
습니다. 지난번 단구에서 성지[諸葛千能]를 보았는데, 그는 단지 의리와
이해가 한 가지 일이어서 나누어질 수 없는 것이라고 말했는데, 이것은
크게 놀랄만한 일입니다. 당시에도 변론을 하였지만 그는 요점을 전혀
이해하지 못했다[99])고 생각됩니다. 맹자와 동자(동중서)의 말에 대해서도
번번이 배척을 당했는데, 그대는 평상시에 이것에 대해 어떻게 생각하
시는지요? 다시 여러분들과 논의하여 가르침을 받을 수 있기를 바랍니
다. 저는 오늘날의 문제점 중 이것이 가장 크다고 생각합니다. 그 나머
지 것들은 세상 사람들의 한결같이 천근한 견해일 뿐이니, 내가 걱정하
기에 충분하지 않은 것들입니다.

---

95) 서기(舒琪) : 자는 원영이다.
96) 『慈湖遺書』 권4 「祭舒元英文」.
97) 석두문(石斗文) : 자는 천민(天民)이며, 소흥부(紹興府) 신창현(新昌縣) 출신이다.
98) 『朱熹集』 권53-52, 1182(53세).
99) 【箚疑】 령은 '이해하다', '깨닫다'는 의미이다.

平生爲學, 見得孟子論枉尺直尋意思稍分明. 自到浙中, 覺得朋友間
却別是一種議論, 與此不相似, 心竊怪之. 昨在丹邱見誠之, 直說義理
與利害只是一事, 不可分別, 此大可駭. 當時亦曾辨論, 覺得殊未相領.
至於孟子董子之言, 例遭排擯, 不審尊兄平日於此見得如何? 幸更與諸
公講論見敎. 熹竊以爲今日之病, 唯此爲大. 其餘世俗一等近下見識,
未足爲吾患也.

⬤ 이것은 곧 육자가 의리와 이해를 구별했던 의미이다. 절동 지역에
이르렀다는 것은 마땅히 주자가 절동상평제거로 있을 때임을 말하는
것이다.

此卽陸子辨義利之意, 到浙中, 當是提擧常平時.

심숙회[100)]에게 답하다[答沈叔晦] 1[101)]

노쇠해서 병든 것이 이전과 같아서 말할 만한 것이 못됩니다. 두 그
림의 오류[102)]에 대해서는 매우 깊이 유념하고 있습니다. 말에는 화려함
만이 있지 그 실질을 다하지 못했기에, 더욱 조심스럽고 삼가야만 한다
는 경계를 가지게 됩니다. 그렇지만 제가 평소에 몸소 미치지 못한 말
은 이것과 매우 같지 않으니, 아는 사람은 마땅히 의심할 수 없을 것입
니다. 오직 평상시 옳은 듯하지만 그릇된 논의를 실제로 가지고 있어서
불행히도 다른 사람들이 전하게 되었는데, 다른 날 도를 어지럽히고 사
람들을 오류에 빠지게 할 수 있으니 두려워할 만한 일이라고 할 수 있
을 것입니다.

---

100) 심환(沈煥)을 말한다.
101) 『朱熹集』 권53－53, 1181(52세).
102) 【箚疑】 '이도지망(二圖之妄)'은 태극도와 선천도에 대해 설명한 것을 말한 듯 하다.

마사에서 판각한 여동래[103)]의 글은 옳은 것과 그릇된 것이 반반입니다. 출판업자는 이익을 바라는데, 이것은 저와 같이 한가한 사람이 금지할 수 있는 것이 아닙니다. 그런데도 정치를 하는 사람들이 편안히 있으면서 그것에 대해 말하지 않고 단지 그로 인해 크게 탄식할 따름입니다. 가령 『대사기』의 경우 비록 완전한 책이 아니라고 할지라도 실제로 학자들에게 도움이 되고 세상을 가르치는 데 도움이 있습니다. 제가 그것을 널리 펴려는 뜻은 본래 백공을 위한 계책도 아니었는데, 하물며 잘 모르면서 떠드는 사람들을 위해서이겠습니까?

衰病如昨, 無足言者. 二圖之妄, 深荷留念. 言多枝葉而不旣其實, 尤佩警切之戒. 但區區平日躬所不逮之言, 與此殊不相似, 識者當自無疑. 惟是尋常實有似是而非之論, 不幸爲人傳出, 異日或能亂道誤人, 爲可懼耳.

麻沙所刻呂兄文字, 眞僞相半. 書坊嗜利, 非閑人所能禁. 在位者恬然不可告語, 但能爲之太息而已. 若大事記, 則雖非全書, 而實有益於學者, 有補於世敎. 區區流傳之意, 本不爲伯恭計, 況門外之紛紛者乎?

● "노쇠하여 병들었다"고 말한 것으로 보아, 만년의 서신이다. 또한 여동래의 글을 판각한 것도 주자 만년의 일이다. 주자는 육자의 말을 쓰지 않았는데, 지금 육자의 문인에게 경계의 말을 듣고서 그것을 사양하지 않고 수용하니, 이것은 주자 만년에 나아진 경지를 말해준다.

曰衰病, 自是晚年. 刻呂文亦晚年事也. 朱子於陸子之言不能用, 今於陸子門人所戒, 順受不辭, 此晚年進境也.

---

103) 【箚疑】 여조겸을 말한다.

심숙회에게 답하다[答沈叔晦] 2[104]

군대는 현자가 머물 곳이 아닙니다. 그렇지만 제 입장에서 말하자면, 또한 어느 곳에 간들 편안하지 않겠습니까? 이전에 배우기에 힘써서 책을 보지 않았다[105]고 하는데, 이것은 진실로 하나의 치우친 논의입니다. 그렇지만 최근에는 또한 대부분의 학문이 경전을 물리치고 역사만을 연구하고[106] 왕도를 경시하고 패도를 존숭하고 고금의 흥망이란 변화를 힘써 논의하지만 이 마음의 있고 없음의 단서를 살피지 않습니다. 만약 이와 같이 책을 읽는다면, 책을 읽지 않는 것이 더욱 좋을 것입니다. 하물며 중년에는 힘이 모자람에 있어서이겠습니까? 그러므로 널리 보고 넓게 취하는 것보다는 깊이 읽고 정미하게 생각하는 것이 좋을 것입니다. 한 척을 얻어서 나의 한 척이 되게 하고, 한 촌을 얻어서 나의 한 촌이 되게 해야, 비로소 공력을 헛되이 쓰지 않게 될 것입니다. 저의 견해는 이와 같은데, 그대는 어떻게 생각하시는지 모르겠습니다.

帥幕非所以處賢者, 然自我言之, 亦何適而不可安耶? 前日務爲學而不觀書, 此固一偏之論. 然近日又有一般學問, 廢經而治史, 畧王道而尊霸術, 極論古今興亡之變, 而不察此心存亡之端. 若只如此讀書, 則又不若不讀之爲愈也. 況又中年, 精力有限, 與其泛觀而博取, 不若熟讀而精思, 得尺吾尺, 得寸吾寸, 始爲不枉用功力耳. 鄙見如此, 不審明者以爲如何?

⊛ 육자는 주자보다 아홉 살 아래이고, 숙회는 또한 육자의 문인이다.

---

104) 『朱熹集』 권53－54, 1185(56세).
105) [箚疑] 숙회가 육구연의 제자였기 때문에 이렇게 말한 것이다.
106) [箚疑] 경전을 폐하고 패자의 술수를 존숭하는 것으로 모두 여조겸의 문하를 가리킨다.

숙회를 중년이라고 말했다면 주자는 만년이 된다. "널리 보고 넓게 취하기"를 바라지 않고 "깊이 읽고 정미하게 생각하기"를 구한다는 생각은 육자의 가르침과 부합되는 것이다.

陸子小朱子九歲, 而叔晦又陸子之門人也. 謂叔晦爲中年, 則朱子爲晩年矣. 不欲泛觀博取, 而求熟讀精思, 與陸子之敎合.

심숙회에게 답하다[答沈叔晦] 3[107]

가르쳐주신 '두 가지 길[108]에 관한 의심'은 자신을 성찰하고 도(道)를 구하면서 스스로 만족하지 않는 뜻을 볼 수 있게 하니 경계하고 일깨워주는 바가 많았습니다. 제 자신은 오직 게으를 뿐이니 어찌 이런 상태에 이르겠습니까? 하물며 또 얼굴을 마주하여 가르침을 받지 않았고 사리(事理)의 사이에 또한 제가 넘어가기 어려운 점도 있으니 어찌 감히 쉽게 말하겠습니까? 다만 저의 모자란 견해가 그대를 매우 욕되게 하지는 않을 것입니다. 가르쳐주신 말로 생각해보면, 아마 이른바 '도를 듣고, 글을 읽는 일'은 모두 병폐를 구하는 좋은 약일 것입니다. 다만 그 도라고 하는 게 무슨 도이며, 그 글이라고 하는 게 무슨 글인지 아직 알지 못하니, 그것을 듣고 읽는 것에 또한 어찌 힘을 쓸 수 있겠습니까? 저는 (그대가) 그 사람에게 자세히 자문을 구하고 그의 설명을 궁구함으로써 그의 옳고 그름을 결정하시기를 바랍니다. 만약 그 설이 완전히 옳은 것이 아니라도 이 강론에서 동이(同異)를 구하는 사이에 곧 스스로 참되고 올바른 곳이 있는 곳을 볼 수 있을 것입니다. 향후 힘을 쓸 경우에는 전일(前日)에 몸소 행한 열매로써 그것을 채우고 또한 자신이 용맹스럽지 않음을 걱정하지 마십시오 대저 근년의 학자들은 도(道)를 너무

---

107) 『朱熹集』 권53－55, 1185(56세).
108) 【箚疑】 두 가지 길이란 문도(聞道)와 독서(讀書) 두 가지 일을 말한다.

급박하게 구하고 논의를 너무 고원하게 세우며, 자주 간략하고 쉬운 것을 좋아하며 정밀하고 상세한 것을 꺼리며 혼융하고 온전한 것을 즐기고 가르고 분석하는 일을 두려워합니다. 이런 이유 때문에 천리의 본연을 보지 못하고 각기 하나의 치우친 사견에 떨어져 따로 문파를 세우고 서로 피아(彼我)를 나누어 도체(道體)로 하여금 분열시키고 서로 부합하지 않고 공평하지 않게 만들었습니다. 이것이 오늘날의 큰 근심거리입니다. 현명한 사람은 어떻게 여길지 모르겠습니다. 자약의 사람됨은 진정 의심할 바가 없습니다. 다만 그 문파에 근일 다소 괴상스런 변화가 있었고109) 이미 멀리 유전되어서 크게 학자의 심술에 해가 되고 있습니다. 그러므로 어쩔 수 없이 입을 괴롭혔을 뿐입니다.

근래 한 학파110)가 강서(江西)에 흘러 들어가서 동중서를 발로 차고 짓밟으며 관중과 왕맹111)을 추존하고 있습니다. 또한 육지112)를 그르다 하고 덕종을 옳다 하는 사람도 있다고 들었으니 더욱 놀라고 괴이해 할 만합니다. 말하고 싶은 게 너무나 많습니다!

示喩兩塗之疑, 足見省身求善, 不自滿足之意, 警發多矣. 自惟嬾惰, 何以及此? 況又未得面承, 事理之間, 亦有難隙度者, 何敢容易下語? 顧以不鄙見辱之厚. 竊以所喩思之, 恐所謂聞道讀書者, 皆救病之良藥也. 但未知其所謂道者何道, 所謂書者何書, 而所以聞之讀之, 又如何用其力爾. 區區更願審扣其人, 以究其說, 而決其是非. 政使其說未必

---

109) 【記疑】 '소유변이(少有變異)'라고 표현한 것은 사학의 흐름이 상공리(商功利)를 관장하는 학이 되었기 때문에 말한 것이다.
110) 【記疑】 사학(史學) 일파를 말한다.
111) 왕맹(王猛, 325~375) : 자는 경략(景略)이며, 북해(北海) 극현(劇縣) 출신이다. 나중에 위군(魏郡)으로 옮겨 갔다. 중국 16국 시대에 전진(前秦)의 대신이 되었다. 뛰어난 정치가이자 군사가로 알려져 있다.
112) 육지(陸贄, 7540~805) : 자는 경여(敬輿)이며, 소주(蘇州) 가흥(嘉興) 절강(浙江) 출신이다. 대력(大歷) 8년(773)에 진사가 되었고, 뒤에 재상이 되었다. 덕종에게 간신을 죄줄 것을 상소하였지만 오히려 모함을 받아 귀양 가 죽었다. 저서에 『陸宣公翰苑集』이 있다.

盡是, 而因此講求同異之間, 便自可以見眞是之所在. 向後用力, 則以
前日躬行之實充之, 且不患其不勇也. 大抵近年學者, 求道太迫, 立論
太高, 往往嗜簡易, 而憚精詳, 樂渾全而畏剖析. 以此不見天理之本然,
各墮一偏之私見, 別立門庭, 互分彼我, 使道體分裂不合不公. 此, 今日
之大患也. 不識明者以爲如何, 子約爲人, 固無可疑. 但其門庭近日少
有變異, 而流傳已遠, 大爲學者心術之害, 故不得不苦口耳.

近日一派流入江西, 蹴踏董仲舒, 而推尊管仲王猛. 又聞有非陸贄而
是德宗者, 尤可駭異. 所欲言者, 甚衆, 甚衆!

🈁 숙회(叔晦)는 육자의 문인이다. 주자는 서신을 주면서 "따로 문파
를 세우기"를 원치 않았으니 동이(同異)를 분별하는 잘못을 알 수 있다.
육자는 나춘백(羅點)에게 답변하여 주자와 임율의 논쟁(朱林之爭)을 논하
면서 '천지가 개벽 이래 단지 한 집안일뿐이다'라고 하였다.113) 또한 일
찍이 '공자와 맹자는 일찍이 스스로 문파를 세우지 않았다'114)고 하였
으니 뜻이 또한 이와 같다. 마지막 단락에서는 오직 절강의 학문을 말
하고 있다.

叔晦爲陸子門人. 朱子與書不欲別立門庭, 則知分別異同者之謬. 陸
子答羅春伯論朱林之爭, 謂開闢以來只是一家. 又嘗謂孔孟未嘗自立
門戶, 意亦如此. 末段則專言浙學也.

---

113) 『陸九淵集』 권13 「與羅春伯」.
114) 위의 책 권15 「與唐司法」. "顏曾傳夫子之道不私孔子之門戶, 孔子亦無私門戶與人
    爲私商也."

손계화115)에게 답하다[答孫季和] 1116)

"평생의 큰 병은 가장 큰 원인이 가볍고 약한 데 있습니다"라고 가르쳐 주셨는데, 사람의 병환은 스스로 알지 못할 뿐입니다. 이미 이처럼 알고 있다면 곧 뼈아프게 공부하고 용맹하게 버려야만 합니다. 생각 이전이나 계산 이후를 따지지 말아야만 바꿀 수 있으니, 이른바 '약 먹을 때 어지럽지 않으면 그 질병은 낫지 않는다'는 것입니다. 명선(明善)과 성신(誠身)은 마땅히 겉과 속이 서로 도와야지 서로 미루어서는 안 됩니다. 만일 실행에 힘쓰지 않으면서 앎의 밝지 않음에 허물을 돌리고 앎이 밝지 않으면서 실행에 힘쓰지 않음에 허물을 돌린다면, 이전 행동을 묵수하고 내버려두게 되어 나아질 기약이 없게 됩니다. 그가 논의한 몇 가지 조목은 또한 마땅히 강론할 바로서 다른 서신에서 소식을 들었는데 다행히도 상세하게 다루고 있습니다. '정자의 글을 살피고 조사하는 일'117)은 어찌 감히 감당 할 바이겠습니까? 당시의 여러 선배118) 가운데 일찍이 그렇게 하려 했지만 아직 해내지 못하였습니다. 하지만 지금의 관점에서 보면, 이렇게 하지 못한 것이 도리어 아직 불행이 되지는 않는 듯하지만, 하물며 비천한 후학(後學)이 또 어찌 감히 이를 논의하겠습니까?

한당(漢唐)에 관한 자약의 논의에서 그에게 사심(私心)이 있는 것이 아닙니다. 그러나 또한 '삿된 마음을 가진 사람은 후생(後生)을 무너뜨린다'고 정자가 말한 바를 벗어나지 못하였으니 이것은 매우 편치 않습니다.

---

116)『朱熹集』권54-1, 1185(56세).
117) [節補] 선생께서 이정 선생의 기록 가운데 좋지 못한 곳을 생략하고 수정해서 책을 완성한 것을 말한다.
118) [節疑] 이정 문하의 사람들을 말한다.
119) [記疑] 일건(一件)을 말한다.
120)『陸九淵集』권12「與趙詠道」.

근년 이래 저 가운에 배우는 사람은 아직 독서(讀書)와 수기(修己)를 이해하지도 못하고서 먼저 한 건119)의 공리(功利)에 해당하는 마음을 품고 아직 문을 나서 바른 길을 밟아 보지도 않았으면서 먼저 풀밭을 가로질러 지름길로 가려는 계책을 만들며, 서로 끌어당겨 사람 없는 곳에 가 사적인 말을 은밀하게 전하면서 기특하다고 여기니, 그야말로 모양이 좋지 않습니다. 그러므로 어쩔 수 없이 통렬하게 그것을 배척한 것입니다. 자약조차 외면의 기상이 이와 같음을 알고 있는지 모르겠습니다.

所喩平生大病, 最在輕弱, 人患不自知耳! 旣自知得如此, 便合痛下功夫, 勇猛舍棄. 不要思前算後, 庶能矯革, 所謂藥不瞑眩, 厥疾不瘳者也. 明善誠身, 正當表裏相助, 不可彼此相推. 若行之不力, 而歸咎於知之不明, 知之不明, 而歸咎於行之不力, 卽因循擔閣, 無有進步之期矣. 它論數條, 亦所當講, 別紙奉報, 幸倂詳之. 隱括程書, 豈所敢當? 當時諸先達, 蓋嘗有欲爲之而未果者. 然自今觀之, 却似未爲不幸, 況後學淺陋, 又安敢議此乎?

子約漢唐之論, 在渠非有私心. 然亦未免程子所謂乃邪心者, 却是敎壞後生, 此甚不便. 近年以來, 彼中學者, 未曾理會讀書脩己, 便先懷取一副當功利之心, 未曾出門踏著正路. 便先做取落草由徑之計, 相引去無人處, 私語密傳, 以爲奇特, 直是不成模樣. 故不得不痛排斥之. 不知子約還知外面氣象如此否耳?

⊙ "명선(明善)과 성신(誠身)은 겉과 속이 서로 돕는다"고 하는 말은 곧 육자가 '학문하는 데는 강명(講明)과 실천이 있다'120)고 한 말입니다. 주자는 만년에 절강의 학문을 더욱 심하게 공격하였다. 절강의 학문을 공격하는 일은 모두 백공이 죽은 이후다.

---

119) 【記疑】 일건(一件)을 말한다.
120) 『陸九淵集』 권12 「與趙詠道」.

明善誠身, 表裏相助, 卽陸子所謂爲學有講明有踐履也. 朱子晚年攻
浙學尤甚. 凡攻浙學, 皆在伯恭沒後也.

석응지[121]에게 답하다[答石應之][122]

　보여주신 글은 매우 절실하고 상세하여 사정을 다 말해주었습니다. 당시 직접 진술했다면[123] 또한 여기에 그치지 않으리라고 생각하지만 충분히 하늘의 뜻을 조금이라도 어기지는 않았을 것입니다. 이것 역시 시운(時運)에 관련된 것이니 사람의 힘이 관여할 수 있는 것이 아닙니다. 함양과 강학의 공부를 더욱 더해서 편안하게 기다리기를 바랍니다. 때가 도래하는 것에 어찌 끝이 있겠습니까? 어찌 더욱 느릴수록 그 뒤에 이로움이 온다는 것을 알겠습니까?

　저는 매우 심하게 노쇠하여 봄에 한 차례 병에 걸려 낭패를 겪었는데 공근[124]이 그것을 보았습니다. 이후 한두 달 병을 다스려서 바야흐로 조금이나마 자신을 지탱할 수 있게 되었지만 끝내 예전과 같은 상태를 회복할 수는 없었습니다. 다행스럽게도 사록의 직책을 다시 얻어 휴양하게 되었는데, 어려서부터 거듭 질병에 걸리니 좋은 상황이 없는 듯합니다. 마음은 어둡고 눈은 피로하여 글을 볼 수 없지만 일용의 공부는 힘쓰지 않을 수 없습니다. 간간히 예전 이야기 한 둘을 자세하게 궁구했는데 비록 새로운 깨달음은 없었지만, 또한 선현이 나를 속이지 않으며 근래 이른바 '부리가 있는 것들은 모두 다투어 울어대는' 사람들이 도를 어지럽히고 사람을 잘못 인도하고 있음을 더욱 알게 되었습니다.

---

121) 석종소(石宗昭) : 자는 응지(應之)이며, 석두문(石斗文)의 아우이다.

122) 『朱熹集』 권54−3, 1185(56세).

123) 【記疑】 군주 앞에서 직접 대면하며 진술하는 것을 말한다.

124) 이문자(李文子) : 자는 공근(公謹), 호(號)는 변양로인(弁陽老人) 혹은 사수잠부(四水潛夫)이며, 오흥(吳興) 출신이다. 소희(紹熙)연간에 진사(進士)가 되었다. 주회의 문인이다.

얼굴을 마주하며 논의할 수 없는데 감기를 맞아 마음이 편치 않습니다. 공근이 이미 거기에 도착하였으리라 생각합니다. 그는 의미를 좇아 벗들 사이에서 조금 깨닫게 되었습니다. 다만 뜻의 단서가 자못 지리한 게 많아 더욱 책선(責善)하여 조금 더 명쾌하게 해야 더욱 멀리 나아갈 수 있을 뿐입니다.

所示文字, 深切詳審, 說盡事情. 想當時面陳, 又不止此, 而未足以少回天意. 此亦時運所繫, 非人力所能與也. 更願益加涵養講學之功, 而安以俟之. 事會之來. 豈有終極? 安知其不愈鈍而後利耶?

熹衰朽殊甚, 春間一病狼狽, 公謹見之. 繼此將理一兩月, 方稍能自支, 然竟不能復舊. 幸且復得祠祿休養, 而幼累疾病相仍, 殊無好況. 心昏目倦, 不能觀書, 然日用功夫, 不敢不勉. 間亦細繹舊聞之一二, 雖無新得, 然亦愈覺聖賢之不我欺, 而近時所謂喙喙爭鳴者之亂道, 而誤人也. 無由面論, 臨風耿耿. 公謹想已到彼矣. 渠趣向意味, 朋友間少得. 但意緒頗多支離, 更與鐫切, 令稍直截, 當益長進耳.

● "매우 심하게 노쇠합니다"라고 하였으니 당연히 만년이다. 하지만 지리(支離)함을 경계하고 명쾌함을 구하는 자세는 육자와 부합한다.

衰朽殊甚, 自是晚年. 然戒支離, 求直截, 合於陸子.

제갈성지125)에게 답하다[答諸葛誠之]126)

'다투어 논변하는 단서'127)에 대한 가르침을 세 번 되풀이하여 보니 망연합니다. 저의 뜻은, 근래 동지들이 양가(兩家)의 장점을 두루 취하고

---

125) 제갈천능(諸葛千能): 자는 성지(誠之)이며, 소흥부(紹興府) 회계(會稽) 출신이다.
126) 『朱熹集』 권54-5, 1186(57세).
127) 【記疑】 육구연 문인과 주자 문인들이 다투어 논변하는 단서이다.

가벼이 서로 헐뜯지 않기를 매우 권하려는 것이었습니다. 만일 부합하지 않는 곳이 있으면 또한 우선 놔두고 논의하지 말며 잠시 자신이 급한 바에 힘써야 합니다. 조립지[曹建]의 묘표(墓表)128) 때문에 도리어 격분한 바가 있음이 마치 보내주신 서신에서 말한 것과 같다고 생각하지는 않습니다. 민첩하지 않기에 매우 저 자신을 책망하고 있습니다. 하지만 우리들이 배워 매우 긴요하게 힘쓰는 곳은 바로 천리와 인욕 두 가지가 서로 벌어지는 사이에 있을 뿐입니다. 가령 지금 논의되는 바는 그들이129) 격분하여 일으킨 것이니 두 가지 가운데 과연 어느 곳이겠습니까? 육자정이 평소 자임한 것은 바로 몸소 학자들을 인솔해서 천리와 하나가 되어 한 터럭의 인욕도 그 사이에 섞이려고 하지 않는 것이었으니, 결코 현자가 의심하는 바대로 이르지는 않을 것입니다. 의리는 천하의 공적(公的)인 도리이니 사람의 견해에 완전히 일치하지 않는 점이 있다면, 마땅히 마음을 비우고 기운을 평안히 하여 서로 익숙히 강론하고 천천히 궁구하여 올바름에 귀결하는 것이 곧 우리 무리의 책무입니다. 그런데도 예전에 강론할 적에는 여러 현인들이 종종 자신을 세우고 자기만 옳다는 식의 뜻을 가지고 핏대를 올리고 성내며 말하는 것이 마치 원수를 대하는 듯하여 어른과 아이 사이의 절도도 예의와 겸양의 용모도 없었습니다. 저는 일찍이 웃으면서 정말로 원수라도 또한 어찌 이런 지경에 이를 수 있을까 하고 생각하였습니다. 다만 제현(諸賢)의 기세가 바야흐로 성하여 갑자기 한 마디의 말로 믿음을 얻을 수 없음을 보고서 침묵하여 말하지 않았었는데 지금까지 늘 만족하지 않았습니다. 지금 보내주신 가르침으로 인해 문득 다시 그것을 늘어놓습니다. 현명한 사람이 어떻게 생각할지 모를 뿐입니다.

　示喩競辨之端, 三復憫然. 愚意比來深欲勸同志者, 兼取兩家之長,

---

128)『朱熹集』권90-4「曹立之莫表」.
129)【記疑】육구연의 문인들이다.

不可輕相詆訾. 就有未合, 亦且置勿論, 而姑勉力於吾之所急. 不謂乃
以曹表之故, 反有所激, 如來喩之云也. 不敏之故, 深以自咎. 然吾人所
學, 喫緊著力處, 正在天理人欲二者相去之間耳. 如今所論, 則彼之因
激而起者, 於二者之間, 果何處也? 子靜平日所以自任, 正欲身率學者
一於天理, 而不以一毫人欲雜於其間, 恐決不致如賢者之所疑也. 義理,
天下之公, 而人之所見, 有未能盡同者, 正當虛心平氣, 相與熟講, 而徐
究之以歸於是, 乃是吾黨之責. 而向來講論之際, 見諸賢往往皆有立我
自是之意, 厲色忿詞, 如對仇敵, 無復長少之節, 禮遜之容. 蓋嘗竊笑,
以爲正使眞是仇敵, 亦何至此? 但觀諸賢之氣方盛, 未可遽以片辭取信,
因默不言, 至今常不滿也. 今因來喩, 輒復陳之. 不審明者以爲如何耳?

🈭 '조표'는 입지(立之)의 묘표로 순희 14년(1187)에 지었는데 이때 주
자의 나이는 54세다. 포현도는 매우 옳지 않다고 여겼다.130) 주자는 일
찍이 서신으로 육자에게 물었으니 또한 좋다고 여겼지 헐뜯은 적이 없
었다. 성지의 두 서신은 그 틈을 조정하려는 것이었다. 주자의 논의가
만일 이 서신에서처럼 마음을 공평히 하고 기운을 조화롭게 다했다면
또한 끝내 부합하지 않을 이치는 없었을 것이다. 그 뒤에 '무극'의 논변
으로 인해 드디어 격분하고 마침내 원수가 되었다. 주자는 이 서신에서
말한 바를 들어 제현(諸賢)을 비웃으면서도 자기 스스로 그것을 범하고
죽을 때까지 잊지 않고 있으니, 심하도다. 극기(克己)의 어려움이여!

曹表謂立之墓表, 淳熙十年作, 時朱子年五十四歲. 包顯道深不以爲
然. 朱子嘗以書問陸子, 亦以爲好, 未嘗牴牾. 誠之二書, 蓋欲調停其
間. 朱子之論, 若盡如此書之平心和氣, 則亦終無不合之理也. 其後因
無極之辨, 乃遂憤激, 竟成仇敵. 擧此書所云, 笑諸賢者, 而躬自犯之,
乃至終身不忘, 甚矣. 克己之難也!

---

130) 『陸九淵集』 권36 「年譜」. 朱元晦書, 略云, "…… 立之墓表, 今作一通, 顯道甚不以
　　爲然, 不知尊以爲如何?"

제갈성지에게 답하다[答諸葛誠之] 2[131]

　　보내주신 서신에서 "자정은 매우 꺼려하는 데 이르지는 않았다"[132]고 말씀하셨는데 무슨 일을 꺼린다는 것입니까? 또 "그 틈을 녹인다"[133]고 하셨는데, 틈은 어디에서 생겨난 것입니까? 제 생각에는 의리를 강론할 때는 단지 모두 옳은 곳을 생각해야 합니다. 처음에 서로 차이를 용납하지 않음이 없었는데, 세속에 가리워지고 거짓으로 꾸미고 인정을 아끼므로, 차이가 생기자마자 미움이 생겼습니다. 어찌합니까? 어찌합니까? "거친 마음이 도를 해치니 반드시 밝게 살필 줄 알아야 한다"고 말씀하신 것에 매우 탄복했습니다. 그러나 이 마음이 무엇 때문에 거칠어졌습니까? 그 거친 마음이 유래한 곳[134]을 궁구하지 않을 수 없을 것 같습니다.

　　所喩子靜不至深諱者, 不知所諱何事? 又云銷融其隙者, 不知隙從何生? 愚意講論義理, 只是大家商量尋箇是處. 初無彼此之間不容, 更似世俗遮掩回護, 愛惜人情, 纔有異同, 便成嫌隙也. 如何? 如何? 所云粗心害道, 自知明審, 深所歎服. 然不知此心何故麤了? 恐不可不究其所自來也.

---

131) 『朱熹集』 권54－6, 1186(57세).
132) 【箚疑】 부지심휘라고 말한 것은 학술이 그르다는 것을 말한 것이다. 선생께서는 일찍이 자정은 마침내 선이어서 끝내 꺼려하지 못했다라고 말씀하셨다.
133) 【箚疑】 두 학문의 틈을 말한다.
134) 【箚疑】 강학에 힘쓰지 않고 오로지 사사로운 뜻대로 하는 것을 말한다.

항평보[135]에게 답하다[答項平父] 1[136]

보내주신 서신에서 "이 마음은 원래 성현의 마음입니다.[137] 단지 미발의 때에 항상 이것을 알고, 이발의 때에 항상 이것을 기억해야 합니다"라고 말씀하셨는데, 이것은 진실로 지수(持守)하는 핵심입니다. 다만 성인이 보여 주신 학문하는 방법은 두루 상세하고 한쪽에 치우치지 않았기 때문에 "경과 의가 확립되면 덕이 외롭지 않다"고 말씀하셨습니다. 만약 지금처럼 말씀하신다면, 단지 하나의 '경'이라는 글자만 믿고 집의(集義) 공부를 하지 않는 것이니, 그 덕이 또한 외롭게 확립되어 쉽게 막히게 됩니다. 반드시 정조와 본말을 따라 잘 처리해서, 공부에 조금이라도 빠뜨려서 도달하지 못한 곳이 있지 않게 하는 것이 곧 학문을 잘하는 것입니다.

이 마음은 진실로 성현의 본령이지만, 강학하지 않고 이치를 밝히지 않게 되면 인욕을 천리로 잘못 인식하게 되니 살피지 않을 수 없습니다. '인식한다'와 '기억한다'는 것은 무엇을 인식하고 기억한다는 것을 말합니까? 만약 이 마음을 가리킨다면, 인식하고 기억하는 것은 다시 무엇입니까? 마음에 두 주인이 있게 되면 반드시 서로 움켜쥐고 끌어당기니, 성현의 가르침에 이러한 법칙은 없을 것입니다. 지수의 핵심은 대개 단지 이 마음을 항상 정돈해서 또렷하게 깨어있게 하여, 미발의 때에도 어둡지 않고 이발의 때에도 방종하지 않게 하는 것입니다. 제 의견은 이와 같은데, 육자정과 서로 답변했던 것은 어떻습니까? 기회를 빌어 적어 보여주시면, 혹 미치지 못한 것에 경계가 될 것입니다.

이천선생께서 "함양할 때는 반드시 경을 해야 하고, 학문에 나아가는

---

135) 항안세(項安世, ?~1208) : 자는 평보(平父)이며, 송양(松陽) 양계(陽溪) 출신이다. 1175년 진사가 되고 소흥교수·비서성정자·호부원의장 등을 역임했다. 저서에 『周易玩辭』, 『項氏家說』 등이 있다.
136) 『朱熹集』 권54-7, 1182(53세).
137) [記疑] 사람들이 모두 요·순이 될 수 있다는 뜻과 같다.

것은 앎을 지극하게 하는 데 있다"138)고 말씀하셨습니다. 이 두 구절과 이전139)의 성현이 서로 전하신 가르침(뜻)이 마치 부절과 같이 합치됩니다. 그러나 강학은 반드시 그 마음을 너그럽고 평안히 하며, 깊이 침잠하고 상세하게 해서 의리의 요체를 궁구해야 도움이 됩니다. 만약 대충 간략하게 이해해서 제도와 훈고에 힘쓰게 된다면140) 올바른 길이 아닐 것입니다.

示喩此心元是聖賢, 只要於未發時常常識得, 已發時常常記得, 此固持守之要. 但聖人指示爲學之方, 周遍詳密, 不靠一邊, 故曰敬義立而德不孤. 若如今說, 則只恃一箇敬字, 更不做集義工夫, 其德亦孤立而易窮矣. 須是精粗本末, 隨處照管, 不令工夫少有空闕不到之處, 乃爲善學也.

此心固是聖賢本領, 然學未講, 理未明, 亦有錯認人欲作天理處, 不可不察. 識得記得, 不知所識所記指何物而言? 若指此心, 則識者記者復是何物? 心有二主, 自相攫挐, 聖賢之敎, 恐無此法也. 持守之要, 大抵只是要得此心常自整頓, 惺惺了了, 卽未發時不昏昧, 已發時不放縱耳. 愚見如此, 不知子靜相報如何? 因風錄示, 或可以警所不逮也.

伊川先生云, 涵養須用敬, 進學則在致知. 此兩句與從上聖賢相傳指訣如合符契. 但講學更須寬平其心, 深沈詳細, 以究義理要歸, 乃爲有補. 若只草草領畧, 就名數訓詁上著到, 則不成次第耳.

🔵 평보는 순희 9년(1182)에 처음 육자에게 서신을 써서 질문하였는데, 이 서신에서 "자정과 서로 답신한 것이 어떠합니까"라고 말한 것으로 보아 순희 9년 이후의 서신이다. '미발' '이발'의 두 단어는 '방심(放心)

을 구하는' 설과 부합된다. 두 번째 서신에서는 매우 간절하게 뉘우치고 있는데, 아마도 54~5세 때일 것이다.

平甫以淳熙九年初作書通問於陸子, 此書云不知子靜相報何如, 則又在九年之後矣. 未發已發二語, 合於求放心之說. 第二書則悔悟甚切, 蓋五十四五歲時也.

항평보에게 답하다[答項平父] 2[141]

보내주신 서신의 자세한 내용과 육국정[142]의 말을 세 번이나 반복해서 읽고 마음이 상쾌하여, 미련하고 게으른 저에게 경계되는 바가 컸습니다. 대개 자사 이래로 사람을 가르치는 방법은 오직 '존덕성'과 '도문학' 두 가지 일이 힘써야 할 핵심이 된다고 생각했습니다. 지금 자정이 말한 것은 오직 존덕성의 일입니다. 제가 평소 논한 것은 도리어 도문학이 많았습니다. 그래서 저 학문을 하는 자들은 대부분 지수하는 것은 볼 만하지만 의리를 온전히 자세하게 보지 못하고, 또 일종의 잘못된 도리를 말하며 가리고 막아 놓아두려 하지 않습니다. 그러나 저는 비록 의리에 있어서는 감히 어지럽게 말하지는 않았지만 자기를 위하거나 남을 위하는 긴요한 것에서는 대부분 힘을 들이지 못했다는 것을 깨달았습니다. 지금 마땅히 몸을 돌이켜 힘을 써서 단점을 제거하고 장점을 모아서 한쪽으로만 치우치지 않기를 바랄 뿐입니다.

所喻曲折及陸國正語, 三復爽然, 所警於昏惰者爲厚矣. 大抵子思以

---

141) 『朱熹集』 54-8, 1183(54세).
142) 【記疑】 육자정이 국자학정(國子學正)이 된 것이다.
　　【節補】 임인년에 국자정(國子正)이 되었으니, 이 서신은 계묘년에 쓴 것이다. 『象山年譜』에 보인다.

來, 敎人之法, 惟以尊德性道問學兩事爲用力之要. 今子靜所說, 專是
尊德性事, 而熹平日所論, 却是問學上多了. 所以爲彼學者, 多持守可
觀, 而看得義理全不子細, 又別說一種杜撰道理遮蓋, 不肯放下. 而熹
自覺雖於義理上不敢亂說, 却於緊要爲己爲人上, 多不得力. 今當反身
用力, 去短集長, 庶幾不墮一邊耳.

● 주자는 이전 서신에서 평보(平父)가 육자가 답신한 내용을 기록해
서 자신의 모자란 것을 경계해주기를 바랬다. 이 서신은 평보(平父)가 기
록해서 부친 것으로, 주자는 그 서신이 자신을 경계하는 바가 매우 두
터웠다고 생각했다. 이 서신은 주자와 육자 두 사람의 학술이 갈라지는
것을 지목하고 있는데, 그 논의는 실제로는 주자에게서 나온 것이다. 세
상에 얕게 배워 지식이 없는 사람들이 이러한 논의를 만나자 마자 괴이
하게도 두 사람을 조정하려고 했던 것은 그들이 모두 주자의 서신을 읽
지 않았기 때문이다.

前書欲平甫錄示陸子所報以警不逮, 此則平父錄寄, 而朱子以爲所
警者厚也. 此書爲朱陸二家學術分門之目, 而其論實發於朱子. 世俗淺
學無知, 遇此等議論, 卽怪爲調停二家, 蓋皆未讀朱子書也.

항평보에게 답하다[答項平父] 3[143)]

관직의 임기가 갑자기 만료되어 다시 고향으로 돌아가야 하므로 여
기로부터 더욱 멀어지게 되었으니 저를 매우 초라하게 합니다. '남을
험담하는' 말이 어떻게 여기에까지 이르렀습니까? 우리들이 공부하는
것에는 따로 특별한 것이 없으며, 마음을 평안히 하고 자기를 이기는

---

143) 『朱熹集』 권54-9, 1186(57세).

것을 핵심으로 여기는 것에 지나지 않습니다.

듣자하니 천민[石斗文]이 고을의 부역에 대한 구제를 처리하면서 세속의 호오에 아랑곳하지 않고 그 제도를 거의 고치지 않았으니 매우 존경하고 따를 만합니다. 벗들과의 논의가 같지 않은 경우, 기운을 누그러뜨리고 마음을 비워서 참으로 옳은 것을 구하지 못하는 것이 매우 근심할 만합니다. 성지[諸葛千能]가 서신을 보내왔는데 말한 것이 매우 자세했습니다. 이미 대략 답신을 했으니 그대가 이것을 얻어서 볼 수 있을 것이기 때문에 이것에 대해서는 다시 말씀드리지 않겠습니다. 종경144) 과 자정의 이야기를 듣고서 저는 매우 탄식했습니다. 그러나 세상에 도가 폐하고 흥해지는 것은 또한 운수입니다. 우리들은 바로 자기에게 있는 것을 힘쓰면서 기다릴 뿐입니다. 매우 분노하고 한탄할 필요는 없으니, 한갓 온화한 기운을 상하고 공부할 힘을 손상시키는 것은 일에 도움이 되지 않습니다.

官期遽滿, 當復西歸, 自此益相遠, 令人作惡也. 罵坐之說, 何乃至是? 吾人爲學, 別無巧妙, 不過平心克己爲要耳.

天民聞又領鄕邑賑貸之役, 不以世俗好惡, 少改其度, 深可敬服! 朋友論議不同, 不能下氣虛心, 以求實是, 此深可憂. 誠之書來, 言之甚詳. 已畧報之, 可取一觀, 此不復云也. 聞宗卿子靜蹤跡, 令人太息. 然世道廢興, 亦是運數. 吾人正當勉其在己者, 以俟之耳. 不必深憤歎, 徒傷和氣, 損學力, 無益於事也.

⚫ 이 서신에서 마음을 다스리는 것을 논의하는 것이 핵심임을 알았으니, 이미 스스로 내면에 바짝 다가가도록 채찍질 하는 것은 육자의 학문에 부합된다. 이 서신과 제갈성지에게 답하는 서신은 같은 시기이다.

---

144) 석범(石範): 자는 종경(宗卿)이며, 포강(浦江) 출신이다. 여조겸의 문인이다.

此書知論治心爲要, 已自鞭廹近裏, 合於陸子之學. 是書與答諸葛誠
之同時.

항평보에게 답하다[答項平父] 4[145]

보내주신 서신에서 독서의 순서를 말씀하신 것이 매우 좋습니다. 그
러나 근래 배우는 사람들 가운데, (자기에게) 돌이켜 구하기를 힘쓰는 사
람들은 폭넓게 보는 것을 밖으로 치달리는 것이라 생각하고, 폭넓게 보
는 것에 힘쓰는 사람들은 내성을 좁다고 생각하니, 좌우에 칼을 차고
있되 각각 한쪽만을 중시해서 학술이 분열되어 다시 합할 수 없게 되었
습니다. 이것이 배우는 사람들의 큰 병통입니다. 만약 요·순 이래로 삼
가고 두려워한다고 말한 것이 단지 책을 읽고 학문을 연마하는 것이라
면,[146] 아마도 한결같이 밖으로 치달리는 병폐가 있을 것입니다. 이와
같이 힘을 쓰면서도 자기의 사사로운 뜻을 비우는[147] 성찰 공부가 없다
면, 혈기가 어떻게 평안해지겠습니까? 분노와 욕심은 어떻게 그치겠습
니까? 직접 만나서 논의할 수 없으니, 한갓 근심만 더할 뿐입니다.

所喩讀書次第, 甚善. 但近世學者, 務反求者, 便以博觀爲外馳, 務博
觀者, 又以內省爲隘狹, 左右佩劍, 各主一偏, 而道術分裂, 不可復合,
此學者之大病也. 若謂堯舜以來, 所謂兢兢業業便只是讀書程課, 竊恐
有一向外馳之病也. 如此用力, 畧無虛閒意思, 省察工夫, 血氣何由可
平? 忿欲何由可弭耶? 無由面論, 徒增耿耿耳!

---

145) 『朱熹集』 권54-10, 1186(57세).
146) [記疑] 연마하는 것을 말한다.
　　　[箚疑] 정과(程課)는 일정한 한도라는 뜻이다.
147) [記疑] 허는 자기를 비운다는 뜻이고, 간은 급박하지 않다는 뜻이다.

⚫ 독서하는 과정에만 매몰되는 것을 밖으로 치달리는 병폐라고 여긴 것은 육자와 부합된다.

以專於讀書課程爲外馳之病, 合於陸子.

항평보에게 답하다[答項平父] 5[148]

기록하여 보내주신 서신을 보니 더욱 부끄러움에 부담이 됩니다. 칭찬하심이 지나쳐서 모두 감당할 수가 없지만, '쓰기 어렵다'[149]는 두 글자는 표제가 될 만 한다고 느낄 뿐입니다. 학문을 하는 순서를 논하신 경우는 힘닿는 대로 생각해보았습니다. 대개 사람의 마음은 온갖 이치를 갖추고 있어서, 만일 보존할 수만 있다면 곧 성현이니, 어찌 다른 일이 있을 수 있겠습니까? 그렇지만 성현들이 사람을 가르칠 때, 많은 방법과 절차가 있어서 일찍이 사람들로 하여금 단지 이 마음만을 지키게끔 가르치지 않은 이유는 아마도 이 마음이 이 이치를 비록 본래 완전하게 갖추고 있다고 할지라도 품수받은 기질에 의해서 치우치지 않을 수가 없기 때문일 것입니다. 만약 매우 정밀하게 파악하고 체험하지 않으면 종종 그 치우친 바를 따르게 되어 사사로운 물욕에 빠져도 스스로 알지 못하게 될 것입니다. (최근에 이런 설명을 하는 사람들[150]의 경우, 그들의 언어와 행동을 보면 조금이라도 성현의 기상과 같은 것이 없는데, 바로 이런 이유 때문입니다.) 그러므로 성현들이 사람들을 가르칠 때 비록 공경함과 마음의 보존을 우선으로 삼았다고 할지라도, 그 사이에 반드시 사태와 사물에 접하여 옛것을 살펴 현재에 검증하고, 몸소 살펴 미루어 나가 안과 밖이 부합하게끔 하였습니다. 대개 반드시 이와 같은 뒤에야 이 마음의

---

148) 『朱熹集』 권54-11, 1191(62세).
149) 【篩疑】 선생이 세상에 쓰여지기 어렵다는 것을 말한다.
150) 【篩疑】 강서의 학자들이다.

참됨과 이 이치의 올바름을 이해할 수 있고, 세상의 모든 일들과 모든 말들에 대해 그 흑백을 명료하게 통찰할 수 있게 될 것입니다. 『대학』에서 말한 '앎이 지극해지면 뜻이 성실하게 된다'는 말과 『맹자』에서 말한 '말을 알고 기를 기른다'는 말은 모두 이것을 말한 것입니다. 만일 보내주신 가르침과 같다면 그대는 단지 이 마음만을 지키고 전혀 궁리하지 않은 것입니다. 그러므로 이 마음이 비록 명백한 것 같다고 할지라도, 사태에 대응할 수 없게 되니, 이것은 진실로 이미 이 마음을 잃어버린 것과 같은 것입니다. 뒤에 이것이 문제가 된다는 것을 알아서 궁리하려 해도, 성현들의 정밀한 말들을 자신의 관점에서 깊이 생각하여 살피지 않으면서 역사를 섭력하고 세상의 일에 밝으려는 학문에만 힘쓰게 됩니다. 그러므로 정밀한 이치에는 미치지 못하고 아울러 이전에 지키던 바도 잃게 되어 갈팡질팡[151] 의거할 바가 없어서, 비록 일상적이고 구체적인 설명에 대해서도 판단할 수 없게 된 것은 미혹된 바가 있기 때문입니다. 만일 스스로 이전에 궁리의 공부를 하였다면, 이것이 어찌 밝게 이해하기 어렵다는 문제점이겠습니까? 그렇지만 마음에는 체회하지 못하는 사물이 없고 사물에는 마음에 이르지 않는 것이 없다는 지금 그대가 한 말은 마치 이전에 지켰던 마음을 옮겨서 일용간에 관계하는 사태와 사물에 나아가 비교하려는 것일 뿐입니다. 옛날과 지금의 성현들이 정밀하게 분석해서 보여주었던 핵심에 대해 또한 일찍이 깊이 생각한 적이 없기 때문에, 옳고 그름을 판단해서 선택하고 버리는 것도 또한 모두 자기 의견에 근거해서 정한 것일 뿐입니다. 그런데 또한 어찌 기품의 치우침과 물욕의 가리움을 살펴서 그 본래 마음과 올바른 이치의 온전함을 얻을 수가 있겠습니까? 그리고 '성을 보존해서 더욱더 굳게 하고, 기를 길러 더욱더 확충한다'고 말하셨는데, 제가 두려워하는 것은 자세히 살피지도 않으면서도 스스로를 지나치게 높게

---

151) 【記疑】 길을 잃은 모양이다.

인정하고 있어서 다른 날 우연히 어떤 사람의 설명을 듣게 되면 또한 장차 미혹된 곳으로 끌려가서 스스로 편안할 수 없을 것 같다는 데 있습니다. 중간에 엽정칙의 서신을 받았는데, 그도 또한 과단성이 없이 자신의 울타리에 갇혀 있으면서도 스스로 매우 높은 경지에 있다고 자임하고 있어서 스스로 수준이 낮다는 것을 알지 못하고 있으니 매우 가련한 일입니다. 서신으로 이 점을 알려주었는데, 오랫동안 답신이 없으니, 아마도 아직 저의 이런 쓴 소리를 감당할 수 없는 것 같습니다.

　『대학장구』한 권을 보내는데, 그 말이 비록 천하다고 할지라도, 그 맥락은 어지럽지 않고 그 조목은 분명하고 자세하니 쓸 만할 것입니다. 바라건대 시험삼아 살펴보시기 바랍니다.

　錄寄啓書, 尤以愧荷. 稱許之過, 皆不敢當, 但覺難用兩字著題耳. 至論爲學次第, 則更儘有商量. 大抵人之一心萬理具備, 若能存得, 便是聖賢, 更有何事? 然聖賢敎人, 所以有許多門路節次, 而未嘗敎人只守此心者, 蓋爲此心此理雖本完具, 却爲氣質之禀不能無偏. 若不講明體察, 極精極密, 往往隨其所偏, 墮於物欲之私而不自知. (近世爲此說者, 觀其言語動作畧無毫髮近似聖賢氣象, 正坐此耳) 是以聖賢敎人雖以恭敬持守爲先, 而於其中又必使之卽事卽物, 考古驗今, 體會推尋, 內外參合. 蓋必如此, 然後見得此心之眞, 此理之正, 而於世間萬事一切言語無不洞然了其白黑. 大學所謂知至意誠, 孟子所謂知言養氣, 正此謂也. 若如來喩, 乃是合下只守此心, 全不窮理. 故此心雖似明白, 然却不能應事, 此固已失之矣. 後來知此是病, 雖欲窮理, 然又不曾將聖賢細密言語, 向自己分上精思熟察, 而便務爲涉獵書史, 通曉世故之學. 故於理之精微旣不能及, 又幷與向來所守而失之, 所以倀倀無所依據, 雖於尋常淺近之說亦不能辨, 而坐爲所惑也. 若使自家日前曾做得窮理功夫, 此豈難曉之病耶? 然今所謂心無不體之物, 物無不至之心, 又似只是移出向來所守之心, 便就日間所接事物上比較耳. 其於古今聖賢指示剖析細密

精微之蘊, 又未嘗入思議也. 其所是非取舍, 亦据己見爲定耳. 又何以
察夫氣稟之偏物欲之蔽, 而得其本心正理之全耶? 便謂存誠愈固, 養氣
愈充, 吾恐其察之未審, 而自許過高, 異日忽逢一夫之說, 又將爲所遷
惑而不能自安也. 中間得葉正則書, 亦方似此依違籠罩而自處甚高, 不
自知其淺陋, 殊可憐憫. 以書告之, 久不得報, 恐未必能堪此苦口也.

　大學章句一本謾往, 其言雖淺, 然路脉不差, 節序明審, 便可行用. 幸
試詳之.

　⊙ "만일 보존할 수만 있다면 곧 성현이니, 어찌 다른 일이 있을 수
있겠습니까?"라는 말은 이전에 주자가 육자를 '돈오'라고 매우 강하게
비판했던 이유였다. 그런데 지금 이 말을 평보에게 하고 있으니, 마치
심학을 얻는 것처럼 보인다. 그렇지만 아래 문장을 보면 다시 고증적인
작업과 추론해가는 작업으로 흘러가고 있으니, 아마도 아직 마음을 보
존하고 본성을 기르는 공부를 하지 않았기 때문에 우리 마음속에 만물
이 모두 갖추어져 있다는 것을 믿지 않고 반드시 외부로부터 도움을 얻
으려고 하고 있을 따름이다. 이것은 아마도 60세 전후에 논의한 것일
것이다. 70세에 이르러 주자는 "마음을 보존함이 오래되면 저절로 명백
해지는데, 어찌 궁구하여 찾음을 기다리겠는가!"152)라는 명도선생의 말
을 깊이 믿었고, 스스로 도를 늦게 들어서 도를 오랫동안 즐기지 못하
는 것을 후회하였다.

　若能存得, 便是聖賢, 更有何事, 此朱子向時所以極詆陸子爲頓悟者.
今以此告平父, 似有得於心學矣. 然下文又轉到考驗推尋上去, 蓋實未
嘗用存心養性之功, 故不信吾心中萬物皆備, 而必求助于外耳. 此猶是
六十歲前後時所論. 至七十歲時, 則深信大程子存久自明, 何待窮索之
語, 而自悔聞道之晚, 受享不久矣.

---

152)『二程遺書』 권2　上－28.

항평보에게 답하다[答項平父] 8[153)]

저는 한번 병에 걸리면 4,50일 가는데, 병세가 위급하여 죽을 뻔한 경우[154)]가 여러 번이었습니다. 지금 다행히 약간의 생기를 회복했으나 먹고 마실 수는 없으니, 그 형세가 또한 지탱하기가 어려워서 문을 닫고 소식을 물리치고, 하늘의 명령만을 듣고 있으니, 그 나머지는 말할 것도 없습니다. 다행스럽게도 평생 동안 애써서 책을 읽고 미세한 것도 헤아리고 보잘것없는 것도 분별해서, 지금 만년에 이르러 이전에서부터 성현들이 세상에 드러내어 가르침을 세운 뜻을 대략 알게 되자, 가지와 가지가 서로 짝을 이루고 잎과 잎이 서로 부합되어 어느 한 글자라도 부합되지 않은 것이 없었습니다. 만약 배우는 사람이 마음을 비우고 뜻을 부드럽게 하여 그 사이에 노닐 수만 있다면, 덕에 들어가는 문을 보지 못할까 두려워할 필요가 없을 것입니다. 그렇지만 서로 만날 수 있는 날을 기약할 수 없고 얼굴을 맞대고 논의할 수 없어서, 평보로 하여금 현재의 여러 선비들의 논의[155)]에 대해 의심이 없을 수 없게 만들었으니, 이것이 한탄스러울 뿐입니다.

熹一病四五十日, 危死者數矣. 今幸粗有生意, 然不能飲食, 其勢亦難扶理, 杜門屏息, 聽天所命, 餘無可言者. 所幸一生辛苦讀書, 細微揣摩, 零星刮剔, 及此暮年, 畧見從上聖賢所以垂世立敎之意, 枝枝相對, 葉葉相當, 無一字無下落處. 若學者能虛心遜志, 游泳其間, 自不患不見入德門戶. 但相見無期, 不得面講, 使平父尚不能無疑於當世諸儒之論, 此爲恨恨耳!

---

153) 『朱熹集』 권54-14, 1195(66세).
154) **[節補]** 거의 죽을 뻔한 일을 말한다. 『漢書』에 나온다.
155) **[節補]** 육구연과 여조겸 문인들을 말한다.

⑳ "만년에 대략 보았다"는 말은 이전의 주자의 견해가 아직 정론이 아님을 말해주는 것이다. 이 서신은 주자가 중병에 걸렸을 때 지은 것이다. 아마도 평보가 육자의 가르침을 믿었기 때문에, 주자의 말을 끝내 믿을 수 없었던 것 같다.

暮年畧見, 則前此所見, 未爲定論矣. 此朱子篤疾時所作之書. 蓋平甫信陸子之敎, 其於朱子之言, 終未能相信也.

진억지156)에게 답하다[答陳抑之]157)

저는 친구들로부터 그대의 명성을 듣고서 사귀고 싶은 마음이 든지 오래되었습니다. 몸이 노쇠하고 병이 들어 모든 것을 물리치고 숨어있으니 만날 기회를 잡을 수가 없어서, 매번 한스럽게 생각하고 있습니다. 오고 가는 말을 들으니 또한 그대도 저를 비루하다고 여기지 않고 장차 저를 방문하려고 한다는 것을 알았습니다. 올해 들어 저의 집에 많은 일이 생겨서 소식을 듣지 못하였는데, 먼저 하인을 통해 연통을 하서서, 이에 그대의 서신을 받게 되어 감개가 무량합니다. 그대가 의리를 전개한 것이 높고 원대해서 비록 옛날의 현인과 군자들이라고 할지라도 그대의 뜻을 감당하지 못할까 두려워할 것인데, 어리석은 제가 어찌 감히 스스로 어그러짐을 초래할 수 있겠습니까? 그렇지만 이전에 저는 선생님들과 선배들로부터 들은 것이 있습니다. 반평생 동안 힘써 노력하면서 장구와 훈고에 집중하여 규범과 법도의 안에 있으려고 애써서 마침내 세상 사람들을 놀라게 할 만한 높고 기이하며 심오한 견해를 없앨

---

156) 진겸(陳謙, 1144~1216) : 자는 익지(益之), 호는 수운(水雲)이며, 영가 출신이다. 1172년에 진사가 되고 추밀원 편수관·호부낭중 강주제거(江州提擧) 등을 역임하였다. 저서에 『詩解祜』, 『春秋解』, 『易庵文集』 등이 있다.
157) 『朱熹集』 권54－15, 1173(44세).

수 있었습니다. 단지 최근에 다행스럽게도 성현들의 가르침에 대해 이제 대략적이나마 그 가르침이 평이하고 명백하여 망령됨이 없어서 반드시 실천할 수 있다는 것을 볼 수 있었습니다. 제가 가만히 생각해보니, 만일 현재의 뛰어난 선비들을 얻어 함께 강론하여 상대방의 지나침을 누르고 자신의 모자람을을 끌어올린다면, 우리들의 도는 아마도 명백해지고 또 실천될 수 있을 것입니다. 세 번 보내주신 서신을 반복해서 읽어보니, 여기에도 진실로 이와 같은 뜻이 있으니 얼마나 다행스러운지 모르겠습니다.

후미진 곳에서 숨어 있어서 뵐 날을 알지 못하지만, 이 서신을 이어서 계속 서신을 교환하면 그것도 또한 저를 본 것과 같을 것입니다. 바라건대 그대의 역량을 보존하고 배움에 힘써서 이 먼 곳에서의 사모하는 뜻을 위로해주시기를 바랍니다.

熹從士友間聞足下之名, 而願交焉, 爲日久矣. 衰病屛伏, 無從際會, 每以爲恨. 而聽於往來之言, 亦知足下之不鄙我, 而將有以辱況之也. 年歲以來, 私家多故, 不獲以聲問, 先自通於隸人, 玆承枉書, 感愧亡量. 顧陳義高遠, 雖古之賢人君子, 懼不足以堪足下之意, 而熹之愚, 何敢當之以自取戾耶? 然曩亦嘗有聞於先生長者矣. 勤勞半世, 汨沒於章句訓詁之間, 黽勉於規矩繩約之內, 卒無高奇深眇之見, 可以驚世而駭俗者. 獨幸年來, 於聖賢遺訓, 粗若見其坦易明白之不妄而必可行者. 私竊以爲, 儻得當世明達秀穎之士, 相與講之, 抑彼之過, 彊此之不及, 吾道庶其明且行乎! 三復來書, 果若有意於此, 幸甚! 幸甚!

竊伏窮山, 未知見日, 繼此書疏之往來, 猶足以見區區也. 餘惟藏器勉學, 慰此遐思.

🌑 "반평생 장구와 훈고에 집중했지만 최근에 성현들의 가르침이 평이하고 명백하다는 것을 보았다"는 구절은 주자가 평이하고 쉬운 육자

의 가르침에 점점 부합하고 있음을 보여준다. "몸이 노쇠하여 병이 들었다"고 말한 것이나, "자신의 집에 많은 일이 생겼다"는 구절은 주자가 자신의 자녀들을 잃었던 때임을 말해준다.

半世汨沒於章句訓詁, 而年來見其坦易明白, 漸合於陸子易簡之敎矣. 曰衰病, 曰私家多故, 當是喪子女時.

응인중[158]에게 답하다[答應仁仲] 1[159]

『대학』과 『중용』을 수차례 고쳤지만, 끝내 아직 고칠 곳이 없을 정도로 완전하지는 못합니다. 『대학』의 경우 최근에 약간 잘못이 있는 듯한데, 도리를 강론할 때는 가장 명확하게 말할 수 있습니다. 그렇지만 주석을 달아 경전을 해석하려고 하자마자[160] 곧 한두 가지도 깨달을 수 없음을 알게 됩니다. 비록 말할 수 있다고 할지라도, 또한 아름다움이 없습니다. 이것으로 성현들이 마음속에 생각한 것을 보려고 하지만, 지금 단지 글로만 보니 어떻게 그것을 알 수 있겠습니까? 매번 이것을 생각하면, 일찍이 책을 어루만지면서 탄식하지 않은 적이 없었습니다.

大學中庸屢改, 終未能到得無可改處. 大學近方稍似少病, 道理最是講論時說得透. 纔涉紙墨, 便覺不能及其一二, 縱說得出, 亦無精彩. 以此見聖賢心事, 今只於紙上看, 如何見得到底? 每一念此, 未嘗不撫卷慨然也.

---

158) 응서(應恕) : 자는 인중(仁仲), 호는 간재(艮齋)이며, 송처주(宋處州) 여수현(麗水縣) 출신이다.
159) 『朱熹集』 권54－17, 1188(59세).
160) 【簡疑】 종이에 주석을 달면서 경전을 해석하는 것을 말한다.

● 글로는 알 수 없다는 것은 '실천해야 한다'는 육자의 주장을 따르고 있는 것이다. 단지 입으로 강론하는 것도 또한 명백하기 어렵다는 것은 주자가 이미 훈고의 작업이 도움이 되지 않는다는 것을 알고서 『장구』를 고친 것이니, 만년에 속하는 이야기이다.

紙上看不到底, 自當從陸子踐履之說矣. 只從口裡講論, 亦難明白, 然已知訓詁之無益, 改章句, 自是晚年.

주숙근[161]에게 답하다[答周叔謹] 1[162]

응지는 아직도 서로 만나지 못하는 것을 매우 안타까워합니다. 그가 학문하는 규모와 순서가 어떠한지요? 최근에 여동래와 육자정의 문인들이 서로 배척하고 있다고 하는데, 이것은 '각각이 편협하게 자신이 본 것을 쫓아서 천하를 공적으로 보는 마음으로 천하의 이치를 보지 못한다'는 것을 말하는 것인데, 사람들의 마음을 충족시키지 못하는 일이라고 느끼고 있습니다. 응지는 일찍이 두 학파에서 배웠다고 하는데, 그가 이런 과정에서 어떻게 보았는지 모르겠습니다. 말로 알려주고 서신으로 깨우쳐주시면, 다행이겠습니다.

저는 최근에 이전의 설명들에는 크게 난삽한 곳이 있다는 것을 깨달았습니다. 자신에게 돌이켜 구해보니, 스스로 공부하는 것이 아직 절실하지 않았기 때문인 것 같습니다. 이로부터 문자 공부를 줄여나가니, 그 사이에 기상이 매우 만족스럽다는 것을 깨닫게 되었습니다. 매번 학자들에게 『맹자』의 '본성이 선함을 말한다'는 장과 '방심(放心)을 구한다'는 장을 보고, 착실하게 몸소 살피고 마음을 수습하는 것을 요체로 삼

---

161) 주개(周介)를 말하는데, 어렸을 때의 성(姓)은 엽(葉)이었고 자는 공근(公瑾)이었으며 『朱子語類』에는 주로 공근으로 표기되어 있다. 괄창현(括蒼縣) 출신이다.
162) 『朱熹集』 권54−23, 1185(56세).

으라고 권고하고 있습니다. 그 나머지 글자들은 대부분 함양하는 것을
깨우치고 기르고 있기에, 크게 힘을 써서 생각할 필요는 아직 없을 것
입니다.

應之, 甚恨未得相見. 其爲學規模次第如何? 近來呂陸門人互相排斥,
此曰各徇所見之偏, 而不能公天下之心, 以觀天下之理, 甚覺不滿人意.
應之蓋嘗學於兩家, 不知其於此看得果如何? 因話扣之, 因書喩及, 爲
幸也.

熹近日亦覺向來說話有太支離處. 反身以求, 正坐自己用功亦未切
耳. 因此減去文字功夫, 覺得閒中氣象甚適. 每勸學者, 亦且看孟子道
性善求放心兩章, 著實體察收拾爲要, 其餘文字且大槪諷誦涵養, 未須
大段著力考索也.

⊛ 공근은 응지와 교류했기에, 이 서신 속에는 응지를 언급하고 있다.
응지와 주자 사이의 문답은 지식인 탄압 시기에 이루어졌기에, 가장 만
년에 해당한다. 이때에는 아직 주자가 응지를 만나지 못했기 때문에, 숙
근에게 알려달라고 말했던 것이다. 또한 이 서신은 단지 두 학파의 문
인들에 대해서만 이야기하고 있고, 여동래와 육자정 두 선생에 대해서
는 이야기하고 있지 않기에, 이 서신이 주자의 만년의 논의라는 것은
의심의 의지가 없다. 그렇지만 주자 스스로 이전의 학문이 난삽했다는
것을 후회하면서 그로 인해 문자 공부를 줄이고 있다는 점에서, 그는
이미 육자의 가르침을 온전히 사용하고 있다고 할 수 있다. 이처럼 주
자의 만년의 정론은 합당해서 바꿀 수 없는 것이었다. 두 번째 서신은
측량을 언급하고 있는데, 이것은 주자 나이 61세 때 장주의 지사로 있
을 때의 일이다. 공근에게 보낸 서신들은 모두 만년에 쓰인 것들이다.

公謹與應之往來, 故此書中及應之. 應之與朱子問答, 在黨禁時, 最
爲晩年. 此時尚未見應之, 故令叔謹扣之. 又此書止說兩家門人, 不及

呂陸二先生, 其爲朱子晚年之論無疑. 然自悔向來支離, 因而減去文字, 蓋已全用陸子之敎. 晚年定論, 此爲至當不易者也. 第二書卽及經界事, 則六十一歲守漳時事. 凡與公謹書皆晚年.

주숙근에게 답하다[答周叔謹] 2[163]

그대 숙근은 그곳에 머물면서 응지와 만나려고 하는 것 같은데, 만나서 논의한 것은 무슨 일입니까? 글은 마음을 비우고 고르게 보아야 음미할 만한 뜻을 가질 수 있게 되니, 억지로 난삽한 것을 찾아서 지엽적으로 구멍을 만들어 의리의 올바른 맥을 어지럽혀서는 안 됩니다. '생각하기를 삼가라'는 『중용』의 경계는 바로 이것 때문입니다.

자약의 서신이 왔는데, 매우 난삽하게 말하고 있는데, 만일 의리가 지나치게 많아서 자신의 입과 붓을 믿고서 함부로 이야기한다면, 더 넓게 이야기하면 할수록 문제점은 더욱더 깊어질 것입니다. 그가 논한 '효과의 본체'라는 두 글자나 '지나치게 드러났다'는 것과 같은 부류들이 또한 이와 같습니다. "모름지기 안자 같아야, 비로소 조금이라도 예에 맞지 않음이 없을 수 있다"는 그의 말은 옳지만, 그의 뜻이 어디에 가 있는지 모르겠습니다. 만약 사람들이 안자처럼 되려고 기약하는 것을 말하는 것이라면, 자신이 이미 안자의 경지에 이르렀다고 말하지 않아야 옳을 것입니다. 만약 안자가 비로소 이런 경지에 이르렀다는 것을 말하는 것이라면 일반사람들은 안자를 배울 수가 없게 되니, 이것은 크게 잘못된 것입니다. 생각건대 그가 반드시 이런 잘못에 이르렀다고는 할 수 없을 것입니다. 그렇지만 그는 매사에 이렇게 한 구절에 집착해서 분명하지 못하게 만들고 있습니다.

---

163) 『朱熹集』 권54-24, 1187(58세).

공근[李文子]의 서신을 보내왔는데, 예전처럼 지나치게 많이 말하더군요. 마땅히 줄이는 것이 좋을 것 같습니다. 축정주가 임기를 마쳐서 다시 부임을 명령받았는데,164) 부임 받은 관리가 산으로 들어와 저를 만나도 되는지 모르겠습니다.165) 조정에서 관리를 파견해서 측량을 수행하고 소금정책을 논의하라고 명령을 내렸는데, 이것도 또한 백성들의 삶을 진작시키고 낡은 폐습을 바꾸려는 때에 마음을 작게 쓴 것을 면하지 못한 것이라고 생각됩니다. 언장[徐產章]이 서신을 보내와서 저를 찾아오겠다고 했는데, 아직 오지 않으니 무슨 까닭인지 모르겠습니다. 논의한 두 사람은 각각 바깥과 내면이 치우쳐 있는 것166)이 진실로 이렇습니다. 이와 같은 경우는 편협하기 쉽고 또 스스로 너무 성급하게 주장하게 되어서, 무한한 문제점을 낳을 뿐입니다. 그들은 이미 믿지를 못하고, 그 형세도 또한 어찌 할 줄을 모르고 있는데, 이렇다면 차라리 자신에 대해 힘을 쓰는 것을 우선하는 것이 좋습니다.

叔謹想且留彼應之相聚, 所講何事? 文字且虛心平看, 自有意味, 勿苦尋支蔓, 旁生孔穴, 以汩亂義理之正脉. 中庸愼思之戒, 蓋此謂也.

子約書來, 說得大段支離, 要是義理太多, 信口信筆, 縱橫去得, 說得轉闊, 病痛轉深也. 如所論功體二字, 太露之類, 亦是此樣. 所云須如顔子, 方無一毫之非禮, 此說却是, 但未知此意向在甚處? 若云人須以顔子自期, 不可便謂已至則可. 若謂顔子方能至此, 常人不可學他, 卽大不可. 想渠必不至此誤. 但亦只是每事須著一句纏繞, 令不直截耳.

公謹來書, 依舊說得太多, 更宜省約爲佳也. 祝汀州已成見次, 不知赴官能入山否? 朝廷方遣使, 命行經界, 議鹽法, 此亦振民革弊之秋, 但

---

164) 【箚疑】 '이성견차(已成見次)'는 차례를 기다리지 않아도 이미 부임할 순서가 되었음을 말한다.

165) 【翼增】 관직에 부임하는 길에 산에 들어가 서로 만날 수 있는지를 물어본 것이다.

166) 【記疑】 한 쪽은 외면에 치우쳤고, 다른 한 쪽은 내면에 치우쳤다.

恐不免少勞心力耳. 彦章書來, 云欲見訪, 却不見到, 不知何故? 所論二人外內之偏, 信然. 此等處只是容易窄狹, 自主張太早了, 便生出無限病痛耳. 彼既相信不及, 勢亦無如之何, 莫若且就己分上著力之爲急也.

⊙ "토지측량을 수행한다"는 것은 주자가 장주의 지사로 있을 때의 일이고, 그때 주자의 나이는 61세였다.

行經界是守漳時事, 時年六十一歲.

주숙근에게 답하다[答周叔謹] 4[167]

보내주신 가르침에는 "고요한 때에 사의(私意)가 함부로 생긴다"고 했는데, 이것은 학자들의 공통된 걱정거리입니다. 스스로 이것에 대해 성찰한다고 할지라도 바꿀 수 없는 것입니다. 이것은 마땅히 '경공부'를 위주로 하여 사사로운 뜻이 대부분 어느 일 때문에 발생하는지 살펴서 그 중대한 경우에 나아가 통렬하게 삼가고 막도록 해야 합니다. 오래되면 익수해져서 저절로 그 효과를 보게 될 것입니다. 하루아침에 그 효과를 기대하거나 많은 설명으로 그런 공부를 망쳐서는 안 됩니다. 『논어』의 다른 판본은 아직 개정하지 않았지만, 인편을 기다려서 보내도록 하겠습니다. 그렇지만 뜻을 전일하게 해서 일상생활에서 함양하고 성찰하는 공부를 하면 독서를 하는 것보다 못한 경우는 기필코 없을 것입니다.

示喩靜中私意橫生, 此學者之通患, 能自省察至此, 甚不易得. 此當以敬爲主, 而深察私意之萌多爲何事, 就其重處痛加懲窒, 久之純熟, 自當見效. 不可計功於旦暮, 而多爲說以害之也. 論語別本, 未曾改定,

---

167) 『朱熹集』 권54－26, 1187(58세).

俟便寄去. 然且專意就日用處做涵養省察功夫, 未必不勝讀書也.

🔘 『대전집』을 보면 주자가 숙근에게 보낸 서신은 모두 다섯 가지가 있다. 제일 처음 것은 육자정과 여동래의 문인들을 논하고 있는 것이니 이미 주자의 만년의 서신이다. 두 번째 것은 소금 정책과 토지 측량에 대해 논의하고 있으니, 이것은 주자 나이 60세 때 장주의 지사로 있을 때의 일이다. 세 번째 것은 『예서』를 정비하는 일에 대해 논하고 있는 것이니, 가장 만년에 속한다. 이 네 번째 서신이 만년이라는 것은 의심의 여지가 없다. 그렇지만 "함양하는 것이 책을 읽는 것보다 낫다"는 주자의 말은 분명히 육자의 가르침과 서로 부합되는 것이다.

按大全集, 朱子與叔謹書共五首. 第一首論陸呂門人, 已是朱子晩年. 第二首論鹽法經界, 是六十歲守漳時事. 第三首論修禮書, 則最晩年也. 此第四首, 其爲晩年無疑. 然謂涵養勝讀書, 分明與陸子之敎相合.

주숙근에게 답하다[答周叔謹] 5168)

보내주신 인설은 이전보다 조금 나아진 것 같습니다. 그렇지만 제 인설을 인용한 것에는 틀린 글자가 있고 또 오해하신 것이 있는데, 다시 대조해서 살펴보는 것이 좋을 것 같습니다. 그렇지만 서신 속에 말씀하신 '방심(放心)을 수습한다'는 것은 가장 긴요하고 절실하게 공부해야 할 곳입니다. 강학도 또한 그중 한 가지 일입니다. 지금 단지 이것에만 전일하게169) 공부해야지 앞일을 생각하고 뒷일을 헤아려 잃고 얻음을 따져서는 안 될 것입니다. 강학의 경우도 또한 직접적이고 명백하게 보아야지 산만하여서는 안 됩니다. 보내주신 서신에 "비록 조금의 차이가

---

168) 『朱熹集』 권54-27, 1187(58세).
169) 【箚疑】 나간 마음을 수습하는 것이다.

있다고 할지라도, 서로 심하게 위배되지는 않는다"는 말은 전적으로 자약이 옛날에 말했던 방법입니다.

所示仁說, 差勝往時. 但所引熹說, 亦有誤字處, 又恐錯認了, 更畧契勘爲佳. 然書中所說收拾放心, 乃是緊切下功夫處, 講學乃其中之一事. 今但專一於此下功, 不須思前算後, 計較得失. 講學亦宜看直截明白處, 不要支蔓. 來書所謂雖若小異, 然亦不甚相遠者, 全是子約舊時句法也.

⊛ "방심(放心)을 수습하는 것"을 긴요하고 절실한 공부로 삼고 있고, "강학도 그중 한 가지 일이다"와 같은 주자의 논의들은 육자와 완전히 부합되는 것이라고 말할 수 있는 것이다.

以收放心爲緊切工夫, 而講學乃其中之一事, 此等議論, 所謂與陸子符節相合者也.

왕계화170)에게 답하다[答王季和]171)

별지[別幅]로 보내주신 가르침은 지극한 의미를 갖추고 있었습니다. 일찍이 도가 사람에게 있는 것은 바깥으로부터 새겨진 것이 아니라고 하셨고, 성현들이 내려주신 가르침도 모두 간절하고 명백한 것이라고 하셨습니다. 그렇지만 마음을 비우고 깊이 책을 읽어서 그 취지를 깊이 맛볼 수 있고, 그것을 자신에게 돌이켜 그것이 자신에게 있어서 결코 그칠 수 없는 것임을 믿게 된다면, 구체적인 것으로부터 배워서 높은 경지에 이르게 되는 공부는 반드시 도달하는 곳이 있게 될 것입니다. 그렇지만 독서하는 경우 많은 책들을 읽으려고 하지 않아야 합니다. 현

---

170) 왕연(王鉛)을 말하는데, 양양(襄陽) 출신이다.
171) 『朱熹集』 권54−28, 1198(69세).

재는 마땅히 『대학』을 먼저 읽어야 합니다. 구절마다 깊이 읽고 정묘하게 생각해서 매우 분명하도록 만든 후에 다음 구절을 읽게 되면, 대체로 그 효과를 쉽게 볼 수 있을 것이고 오래되면 매우 절실하게 책의 의미를 파악할 수 있게 되는데, 이렇게 되면 어느 책이든 읽지 못할 책이 없게 될 것입니다.

別幅之喻, 具悉至意, 嘗謂道之在人, 初非外鑠. 而聖賢垂訓, 又皆懇切明白. 但能虛心熟讀, 深味其旨, 而反之於身, 必有以信其在我而不容自已, 則下學上達, 自當有所至矣. 但讀書不可貪多, 今當且以大學爲先, 逐段熟讀精思, 須令了了分明, 方可改讀後段, 庶易見功, 久久浹洽通貫, 則無書不可讀矣.

왕계화에게 답하다[答王季和] 2[172]

보내주신 서신은 자세한 내용을 갖추고 있었습니다. 학자의 뜻은 본디 원래 스스로 원대하게 되는 것을 기약하지 않을 수 없습니다. 그러나 공자학파의 가르침을 보면 여태까지 말한 바는 지극히 비근하여 효제충신에 지나지 않습니다. 그렇지만 마음을 잡아 지키고 경전을 암송하는 사이에 이른바 '학문의 온전한 본체'에 대해서는 처음부터 밝고 자세하게 말하지 않았습니다. 가령 그 뛰어난 제자라도 또한 겨우 그 일부분만 깨달은 경우가 많습니다. 공자의 성스러움과 여러 제자들의 현명함으로 그 도의 온전한 본체[全體]를 어찌 한마디 말로 가리켜서 서로 주고받을 수 있었겠습니까? 그런데도 도리어 이처럼 오그라들게 하여 도의 전승을 좁게 보고 사람의 뜻을 한계지우는 건 어째서이겠습니

까? 왜냐하면 도의 전체는 비록 높고 크지만 그 실제는 일용의 보잘 것 없고 아주 가까운 사이를 관통하지 않음이 없기 때문입니다. 진실로 그 고원한 것을 기뻐하고 가까운 것을 소홀히 하며 그 큰 것을 흠모하고 작은 것을 소략하게 하면, 점차 경험하게 되는 실질이 없고 단지 허황되게 생각하고 애타게 바라는 수고만 있을 뿐이지 진정 끝내 스스로 통달할 수는 없습니다. 제가 들은 바를 기억하여 물으신 뜻에 답합니다. 『암기(菴記)』에서 ‘대(大)’라는 글자를 구하는 것은 학문의 급선무가 아니니 또한 늙어 피곤한 제가 한가하게 추구할 바도 아닙니다.

서린(舒璘)173)은 예전에 회계(會稽)에서 만났는데, 논의한 것이 서로 부합하지 않았습니다. 지금 그의 학문이 더욱 성취되었으리라 생각합니다. 그의 정치가 또한 매우 잘 한다고 들었으니 근본이 있는 사람은 본디 이와 같습니다. 그에게 서신을 하지는 못했지만 그대를 알게 되어 대략적이나마 저의 뜻을 말하게 되어 다행인 것 같습니다.

來示備悉. 學者之志, 固不可不以遠大自期. 然觀孔門之敎, 則其所從言之者, 至爲卑近, 不過孝弟忠信. 持守誦習之間, 而於所謂學問之全體, 初不察察言之也. 若其高弟弟子, 多亦僅得其一體. 夫以夫子之聖, 諸子之賢, 其於道之全體, 豈不能一言盡之以相授納? 而顧爲是拘拘者, 以狹道之傳, 畫人之志, 何哉? 蓋所謂道之全體, 雖高且大, 而其實未嘗不貫乎日用細微切近之間. 苟悅其高而忽於近, 慕於大而畧於細, 則無漸次經由之實, 而徒有懸想跂望之勞, 亦終不能以自達矣. 聊誦所聞, 以答下問之意. 至於菴記大字之需, 則非學之急, 亦老懶之所不暇也.

舒大夫向嘗相見于會稽, 所論未合. 今想其學盆有成矣. 聞其政亦甚佳, 有本者固如是也. 不及爲書, 因見幸畧道意.

---

173) 서린(舒璘, 1136~1199) : 자는 원질(元質) 또는 원빈(元賓), 시호는 문정(文靖)이며, 경원부(慶元府) 봉화현(奉化縣) 출신이다.

● 앞 서신에서 "독서의 경우 다독하려고 해서는 안 된다"고 하였고 이 서신에서는 성현들이 도를 주고받으면서 '도의 온전한 본체'를 말하지 않았다고 하였으니, 주자의 견해가 모두 쉽고 간략한 공부로 나아가고 있는 것이다. "늙고 게으르다"고 하였으니 당연히 만년이다. 서대부는 문정(文靖)을 말한다. 예전에 논의가 부합하지 않았는데 지금 그의 정치에 근본이 있다고 칭찬하고 있다. 이것도 또한 젊을 때는 달랐지만 만년에는 같아진 것의 예라고 할 수 있다.

또 살펴보니 『대전집』 가운데 또한 임퇴사[174)]에게 답변하는 서신 한 통이 있는데 앞뒤가 이 서신과 전적으로 동일하다. 오직 "끝내 스스로 통달할 수 없다"는 구절 이하에 "그러므로 성인의 가르침은 순서가 정연하며, 사람들로 하여금 자신을 반성하여 지극히 가깝고 작은 가운데서 그것을 구하도록 하는 데 지나지 않습니다. 문장으로 넓혀서 그 강학의 단서를 열고 예의로 묶어내서[175)] 그 실천의 진실을 엄하게 하여, 작게 얻든 크게 얻든 그것을 지켜야 합니다. 이와 같이 오래해서 날로 보태고 달로 더한 뒤에야 도의 온전한 모습을 바라보게 되어 점차 그것을 알 수 있게 되며, 순서대로 익힌 바가 있어서 점차 그것에 능할 수 있게 됩니다. 이로부터 부지런히 힘쓰고 죽은 다음에야 그칠 뿐입니다. 그런데 그 도달한 경지가 낮은지 아니면 깊은지, 나아간 경지가 넓은지 아니면 좁은지의 여부는 또한 반드시 이른다고 미리 기약할 수 있는 것은 아닙니다. 그러므로 공자는 일찍이 어려운 일을 먼저하고 획득하는 것을 뒤로 하는 것을 인이라고 하셨고, 또한 먼저 일하고 뒤에 얻는 다는 것을 덕을 숭상하는 것이라고 하셨던 것입니다. 여기에서 조금이라도 어긋나면 마음이 그 바름을 잃어 비록 굳센 것을 뚫고 높은 것을 우러러 보는 뜻이 있더라도 도리어 이익을 도모하고 공로를 꾀하는 사사로움이 됩니다. 인은 어떻게 얻을 수 있고 덕은 어떻게 숭상될 수 있겠

---

174) 임보(林補): 자는 퇴사(退思)이며, 온주(溫州) 영가(永嘉) 출신이다.
175) 『論語』「雍也」.

습니까?"176) 등의 말이 있다. 이는 모두 8행으로서 모두 자신에게 절실히 하는 공부의 순서에 대한 논의이니, 육자가 학문하고 남을 가르치는 뜻과 부합하지 않는 내용이 없다. 단지 이 두 서신에서 사람 이름에 하나의 오류가 있는 것 같다. 두 편지에서 서린이 같이 나오고 있다. 다른 이름을 써야 한다는 것이다. 그러나 역자가 보기에 동일한 편지는 둘로 나눈 것 같다. 가르침의 말에 우연히 서로 동일한 경우가 있다. 그렇지만 『암기(菴記)』에서 '대(大)'라는 글자를 구하고 서린이 질문한 내용에 어찌 한 글자의 다름이 없을 수 있겠는가?177) 『대전집』에서 순서를 따라 편집할 때 이 서신이 앞에 있었기 때문에 이 서신을 보존한 것이며, 임퇴사의 서신이 (왕계화의 서신보다)많이 나온 내용은 여기에 덧붙인 것이다.

前書謂讀書不可貪多, 此書謂聖賢授受不言道之全體, 其所見俱趣易簡. 老懶之云, 自是晚年. 舒大夫謂文靖也. 向論未合, 而今稱其政爲有本, 亦早異而晚同也.

又按, 集中又有答林退思一書, 首尾與此書全同. 惟終不能以自達句下, 尙有故聖人之敎, 循循有序, 不過使人反而求之至近至小之中. 博之以文, 以開其講學之端, 約之以禮, 以嚴其踐履之實, 使之得寸則守其寸, 得尺則守其尺. 如是久之, 日滋月益, 然後道之全體, 乃有所鄉望而漸可識, 有所循習而漸可能. 自是而往, 俛焉孳孳, 斃而後已. 而其所造之淺深, 所就之廣狹, 亦非可以必詣而豫期也. 故夫子嘗以先難後獲爲仁, 又以先事後得爲崇德. 蓋於此小差, 則心失其正, 雖有鑽堅仰高之志, 而反爲謀利計功之私矣. 仁何自而得, 德何自而崇哉等語. 共八行, 皆循序切己之論, 與陸子所以爲學, 與所以敎人之意無不相合. 但此二書, 人名必有一誤. 蓋訓誨之辭, 偶然相同者有之. 而菴記大字之

---

176) 『朱熹集』 권62-13, 「答林退思 2」.
177) 앞 서신에서 '需字'를 '大字'로 바꾸었다. 육구연의 "先立乎其大"를 염두에 둔 것 같다.

求, 及舒大夫之問, 豈能無一字之不同者? 大全集編次此書在前, 故存
此書, 而林書之多出者, 附存於此焉.

진정기[178]에게 답하다[答陳正己][179]

지난해 여동래의 서신을 받았는데 성대하게 그대의 사람됨을 칭송하
면서 십여 년 동안 친구들 사이에 그대와 같은 사람이 없었다고 하였습
니다. 이 때문에 한번 보기를 바랐지만 그렇게 될 수 없었습니다. 중간에
방문하고 싶다는 말을 듣고서 매우 기뻤습니다. 오래되지 않아서 그대가
흉한 일을 당했다는 소식을 갑자기 듣게 되니 매우 가슴 아프고 슬픕니
다. 단지 일찍이 소식을 못 들었기 때문에 위로를 하지 못했는데 지금
서신까지 써 주니 은혜를 받는 뜻이 진정 두텁습니다. 또 가을의 늦은
더위에 상례를 치러 자손들을 복되게 하였으니 매우 위안이 됩니다.

가르쳐 준 학문하는 큰 취지와 별지의 몇 가지 조목은 모두 매우 내용
을 갖추고 있습니다. 다만 저는 이것에 대해 의문이 없을 수가 없습니다.
왜냐하면 위로는 지혜로운 사람들의 공허한 견해에 사로잡혀 박학·독
지·절문·근사의 실질에 종사할 수 없고, 아래로는 뛰어난 인물들의 호
탕한 기개[180]에 움직여서 격물·치지·성의·정심의 근본에 힘쓸 시간
이 없기 때문입니다. 이런 이유 때문에 논의한 내용에는 일찍이 평범하고
실제적인 것을 싫어하고 고원하고 오묘한 것을 좇으며 도의를 가볍게 여
기고 공명을 기뻐하는 마음이 있으며, 그 밝게 떠다니고 가볍게 움직이는
뜻이 종종 말의 기운 가운데서 발동하니 절대 성인 문하의 학자들의 기상
과 같지 않은 것 같습니다. 예전에 백공 또한 일찍이 이런 점을 경계하지

---

178) 진강(陳剛)이다.
179) 『朱熹集』 권54−34, 1185(56세).
180) **【翼增】** '준걸지호기(俊傑之豪氣)'는 영강(永康) 지방의 사공(事功)학파를 말한다.

않았는지요? 저는 14,5세 때부터 일찍이 여기에 뜻을 두었고 중간에 노력하지 않은 것은 아니지만 제가 보고 있는 것이 아직도 바르지 못합니다. 비록 그 말이 설령 실수로 맞게 될지라도 그것은 단지 상상과 억측일 뿐이었습니다. 다행한 것은 안으로 공적에 대한 유혹이 없고 밖으로 공리를 탐함이 없었다는 점입니다. 이렇게 매우 어리석은 제가 지금에 이르기까지 옛 이야기를 반복 학습하여 새로 깨달은 바가 있게 되었습니다. 이에 명도선생이 "천리 두 글자는 도리어 내 자신이 체득하여 내놓은 것이다"181)라고 하신 말씀이 진정 거짓되지 않음을 알게 되었습니다. 근래 절강에서 괴이한 논의가 일어나고 있다니, 저는 매우 근심하고 있습니다. 백공이 만약 죽지 않았다면 이를 보고 어떻게 여겼을까요?

往歲得呂東萊書, 盛稱賢者之爲人, 以爲十數年來朋友中未始有也. 以此心願一見, 而無從得. 中間聞欲來訪, 甚以爲喜, 不久乃聞遽遭閔凶, 深爲傷怛. 顧以未嘗通問, 不欲遽修慰禮, 今者辱書, 荷意良厚. 且審秋辰殘暑, 孝履支福, 又以爲慰.

示喻爲學大致, 及別紙數條, 皆已深悉. 但區區於此, 有不能無疑者. 蓋上爲靈明之空見所持, 而不得從事于博學篤志切問近思之實, 下爲俊傑之豪氣所動, 而不暇用力於格物致知誠意正心之本. 是以所論嘗有厭平實而趣高妙, 輕道義而喜功名之心, 其浮陽動俠之意, 往往發於詞氣之間, 絶不類聖門學者氣象. 不知向來伯恭亦嘗以是相規否也? 熹自十四五時, 卽嘗有志於此, 中間非不用力, 而所見終未端的. 雖其言或誤中, 要是想像臆度. 所幸內無空寂之誘, 外無功利之貪. 全此純愚, 以至今日, 反復舊聞而有得也. 乃知明道先生所謂天理二字, 却是自家體帖出來者, 眞不妄也. 近來浙中怪論蠭起, 令人憂歎. 不知伯恭若不死, 見此以爲如何也?

---

181) 『二程外書』 권12-25.

    정기는 처음 육자를 섬겼고 이어서 동래를 스승으로 받들었다. 그는 육자가 지재에게 준 서신에서 "학문에 뜻을 두었다가, 도중에 지향을 달리하여" "재능을 실용적인 일에 사용하기를 바랬다"고 한 사람이다.[182] 그가 만년에 비로소 주자에게 학문을 배웠다는 것은 주자가 유덕수에게 준 서신에 보인다.[183] 정기가 여전히 절강의 학문을 좋아했기 때문에 주자가 이 두 서신에서 답변한 내용은 육자의 말과 동일한 것이다.

正己初事陸子, 繼師東萊. 陸子與止齋書, 謂其中道異趣, 慕用才術者也, 晚年始問學於朱子, 見朱子與劉德脩書. 正己猶好浙學, 故朱子此二書所答, 與陸子語同.

진정기에게 답하다[答陳正己][184]

가르쳐 주신 내용이 매우 자세하며 모두 성현이 이룬 업적이니 내가 어찌 그것을 알 수 있겠습니까? 하지만 그대의 서신은 제가 전체적으로 보기도 전에 친구들이 서로 돌려보았다가 서신을 잃어버리게 되어 지금은 다시 모두 기억할 수는 없습니다. 다만 논의하신 것은 내외와 본말을 두 가지 일로 삼는 태도를 벗어나지 못하고, 그 경중과 완급에 또한 전도되고 어그러지는 병폐가 있었습니다. 그 깊은 속내를 연구하여 보니, 이는 단지 후세의 일종의 지력과 공명의 마음이기에 비록 성현이 세상을 경영하는 설로 그것을 치장하더라도 규모와 기상이 이른바 "머무르면 신묘하고 지나가면 감화되어 위아래가 같이 흐른다"[185]는 것과 크게 같지 않습니다. 만약 1168년(주자 39세)에 그대가 본 것이 과연 성현

---

182) 『陸九淵集』 권9 「與陳君擧」. 육상산은 진정기가 학문에 뜻을 두지 않고 실용적인 일에 관심을 두는 것에 대해서 본심을 가리는 일이라고 비판한다.
183) 『朱熹別集』 권1－28 「劉德脩 9」, 1200(70세).
184) 『朱熹集』 권54－35, 1185(56세).
185) 『孟子』 「盡心 上」.

과 다르지 않다면 곧 그 말한 게 이와 같지는 않아야 합니다. 그러므로 저는 여기에 더욱 의심이 없을 수 없습니다. 얼굴을 마주하고 논의하지 못하니 다만 더욱 염려가 늘어갈 뿐입니다.

示喩縷縷, 皆聖賢大業, 熹何足以知之? 然亦未得一觀, 卽爲朋友傳玩, 遂失所在, 今不復能盡記. 但覺所論, 不免將內外本末作兩段事, 而於輕重緩急, 又有顚倒舛逆之病. 究觀底裏, 恐只是後世一種智力功名之心, 雖强以聖賢經世之說文之, 而規模氣象, 與其所謂存神過化, 上下同流者, 大不侔矣. 若戊子年間, 所見果與聖賢不異, 卽其所發不應如此. 以故鄙意於此, 尤有不能無疑者. 未得面論, 徒增耿耿耳.

노덕장에게 답하다[答路德章] 1[186]

자약에게 보낸 서신은 매우 좋습니다. 다만 동래의 유언은 세상의 어려움을 다스려서 세상의 도를 유지하는 일에 관련된 바가 있습니다. 그것을 따로 하나의 일로 삼아서 평상시의 도학의 뜻과 다르다고 생각한다면 또한 동래에게 폐가 됨을 벗어나지 못한 것입니다. 귀산[楊時]은 일찍이 왕안석의 학문을 나무라면서 "내외를 분리하고 마음과 그 흔적을 판가름하여 항상 도를 천하에 쓸모없는 것으로 만들었다. 그리고 경세의 임무도 모두 사사롭게 앎을 천착하는 것에 지나지 않았다"고 한 것이 바로 이를 가리킬 뿐입니다. 또한 "만일 한고조와 당태종을 만나면 또한 반드시 따지지 않고 허용하는 부분이 있을 것이라고 생각한다면 또한 예전의 생각이 여전히 존재하는 것입니다. 마음에 단지 이와 같은 조금의 생각이 있다는 것은 곧 한 자를 굽혀서 여덟 자를 곧게 하

---

186) 『朱熹集』 권54-37, 1185(56세).

는 근본입니다. 바로 정당한 도리를 분명하게 보아서 마음이 조금이라도 함부로 날뛰는 것을 용납지 않는다면, 자연히 이런 생각이 없게 되어 비록 두루 뭉실 잘못을 변호하려 해도 그럴 수 없게 될 것입니다”187)라고 하였습니다. 예전의 성현은 “한 자를 굽혀서 여덟 자를 곧게 한다”188)는 것을 큰 병폐로 여겼는데, 오늘날의 논의는 곧 그것을 근본으로 여기고 있습니다. 만약 이와 같다면 곧 맹자는 과연 세상 물정에 어두운 사람이고, 공손연(公孫衍)189)·장의(張儀)190)를 진정 대장부라 할 수 있을 것입니다.

노덕장191)은 이미 대의를 보았으니 반드시 이와 같이 말하지는 않았을 것입니다. 붓으로 이것을 언급하였지만, 또한 나머지 증거를 아직 이해하지 못한 채 다시 말했을 뿐입니다. 당신이 편찬한 『의례』를 받아보았는데192) 여기 친구들 가운데 아직 이를 판별할 수 있는 사람이 없습니다. 『춘추』 또한 계속 힘을 들인 것이라고 생각됩니다. 이러한 글들은 아직 자신에게 절실한 것은 아니지만 또한 중도에 폐하는 것은 애석해 할 만합니다. 다만 점차 공부 과정을 줄여서 나날이 하는 일에 여유가 생기도록 하여 바쁘거나 일에 몰리지 않게 되면 곧 완색과 함양의 공부가 모자라거나 적게 되는 데 이르지는 않을 것입니다.

---

187) 『龜山集』 권26 「題蕭欲仁大學篇後」.
188) 『孟子』 「滕文公 下」.
189) 공손연(公孫衍) : 성이 공손씨이고 이름이 연이며, 호는 서수(犀首)이다. 전국시대 위(魏)나라 음진(陰晉) 출신이다. 처음 秦에서 벼슬할 때는 장의(張儀)와 사이가 좋지 않았다. 나중에는 위나라에 들어와서 장의를 대신해 재상이 되었다. 합종(合縱)을 주장함으로써 진에 대항하였다.
190) 장의(張儀, ?~B.C. 309) : 종횡가(縱橫家)의 비조이다. 연형책(連衡策)을 주창해서, 魏·趙·韓 등 동서[橫]로 잇닿은 6국을 설득하여 秦나라를 중심으로 하는 동맹관계를 맺게 하였다.
191) [翼增] 노덕장은 여조겸의 문인이다.
192) [翼增] 반공숙에게 답하는 서신에는 노덕장이 『儀禮』를 편찬했다는 말이 나오는 데 바로 이것이다. ‘수’라는 것은 보내서 받아보았다는 것을 말한다.

所與子約書, 甚善. 但謂東萊遺言, 有涉於經濟維持者, 別爲一事, 而
異於平日道學之意, 則恐亦未免有累於東萊也. 龜山嘗譏王氏之學離
內外, 判心迹, 使道常無用於天下, 而經世之務, 皆私智之鑿, 正謂此
耳. 又謂倘遇漢祖唐宗, 亦須有爭不得且放過處, 亦是舊時意思尙在.
方寸之地, 只有一毫此等見識, 便是枉尺直尋底根株, 直須見得正當道
理分明, 不容些兒走作, 卽自然無復此等意思, 雖欲宛轉回護, 亦有所
不可得矣. 古之聖賢以枉尺直尋爲大病, 今日議論, 乃以枉尺直尋爲根
本. 若果如此, 卽孟子果然迂闊, 而公孫衍張儀眞可謂大丈夫矣.

德章已見大意, 自不必如此說. 因筆及之, 亦恐餘證未解, 聊復云云
耳. 儀禮編已收, 此間朋友未有能辨此者. 春秋想亦不輟用功. 此文字
未能切己, 然亦可惜中廢. 但消減課程, 令日力有餘, 不至忙廹, 卽玩索
涵養之功, 不至闕欠矣.

🐢『의례』를 편집한 것은 주자의 가장 만년 때이다. 이 서신에서 절
강의 학문을 공격하면서 마음으로 함양을 중시하는 것은 육자와 부합
된다.

編儀禮是最晩年. 此書攻浙學, 而意重涵養, 與陸子同.

노덕장에게 답하다[答路德章] 2[193]

보내주신 서신에서 "물이 흐르는 곳에 도랑이 생겨난다"고 말하셨는
데, 핵심은 결국 도랑에 있는 것입니다. 아직 물을 풀어 동쪽으로 흘러
가도록 하기 전에 이미 먼저 도랑을 파서 준비를 마쳐야 합니다. 조금
의 차이가 많은 잘못을 낳습니다. 맹자와 정자가 천리에 공이 있고, 성

---

193)『朱熹集』권54−38, 1185(56세).

인 문하에 힘이 있고, 후학들에게 덕이 있다고 여겨지는 까닭이 바로 여기에 있습니다. 무슨 이유로 전날에 바로 이와 같이 잘못 보셨는지요? 그대는 오늘 비록 돌이키려 하지만 여전히 예전 습관에 끌려 자유롭지 못합니다.

所喩水到渠成之說, 意思畢竟在渠上, 未放水東流時, 已先作屈曲準備了矣. 毫釐之差, 千里之謬. 孟子程子所以爲有功於天理, 有力於聖門, 有德於後學者, 正在此處. 不知何故前日直如此看倒了? 今日雖欲回頭, 而尙爲舊習所牽, 不得自由也.

노덕장에게 답하다[答路德章] 3[194)

초하루에 보낸 서신을 받고[195) 편안하다는 소식을 듣게 되었으니 매우 위안이 됩니다. 그러나 빈궁함을 참기가 더욱 어려워 한 해를 마칠 계책도 있지 않다는 것을 듣고[196), 서로 마음을 움직이지 않을 수 없었습니다. 그런데 보내온 서신을 상세하게 보니, 처신하신 방법에 또한 아직 모두 좋지는 않습니다. 대개 만약 '마음이 출입하는 데 부끄러움이 있다'[197)고 말한다면, 지난 겨울에 깨닫지 못했지만 금년 여름에 비로소 깨달았다고 말해서는 안 됩니다. 청탁하는 것을 싫어한다고 하셨는데, 이런 일들은 의리로써 재단하여 일체의 부당한 청탁을 받아들이지 않아야만 사람들이 저절로 그러한 청탁을 할 수 없게 됩니다. 수입이[198) 스스로 생활하기에 부족하다고 하셨는데, 또한 지금의 관직을 버

---

194) 『朱熹集』 권54−39.
195) [翼增] 초하루 날의 서신을 받은 것이다.
196) [節補] 덕장이 전에 미미한 관직에 있었는데, 그것을 버리고 고향에 돌아가서 빈궁함을 참는다는 것이다.
197) 『朱子大全箚疑輯補』 권8, 905면 참조

리고 새로운 것을 구할 경우,[199] 그것을 얻을 수 있는 지의 여부도 기약할 수 없는데다가 그 수입이 넉넉할지의 여부[200]도 가늠할 수 없습니다. 이런 것들은 모두 거취를 결정하는 실질적인 기준이 될 수 없습니다. 어떤 사람들은 단지 평상시 마음으로 대응할 수 없어서, 갑자기 자극받게 되면 마침내 분연히 관직을 버려서[201] 생계를 돌 볼 겨를도 없을 뿐입니다.

대개 그대가 평소에 학문을 할 때, 문자를 논의하는 차원에서 공부를 많이 하고 성정의리의 차원에서는 공부를 거의 하지 않았습니다. 그래서 항상 지니고 있던 울분과 불평의 뜻이 말과 용모에 드러난 것입니다. 그리고 지향하는 것이 모두 기구하고 좁아서[202] 자기 한 몸도 담아낼 수 없는 지경에 이른 것입니다. 이것을 구차하게 부화뇌동하는 세속의 입장에서 본다면 진실로 또한 고상하다고 할 수 있지만, 우리들이 학문하는 의리의 측면에서 본다면 고치기 어려운 매우 중한 질병이니 어찌 일찍부터 다스리지 않을 수 있겠습니까? 지금 이것을 제쳐둔 채 논의하지 않고 『논어』와 『맹자』를 읽고 깨우친 것으로 말한다면, 이것은 이른바 '친절하게 손으로 지적하고 입으로 말한다'는 것입니다. 그러므로 감히 질문할 수 없고 과문함과 고루함에 빠진다는 것이 어찌 울분과 불편한 기운때문이 아니겠습니까?

무릇 배우는 사람들이 책을 읽을 경우 의심이 생겨 스스로 해결할 수 없기 때문에 부득이하게 묻지 않을 수 없는 것입니다. 의심이 없으면서도 그럴듯하게 질문하여 대화의 재료로 삼으려는 지금 사람들은 언급할 가치도 없는 것입니다. 그러나 마침내 이것을 깊이 반성하면서 묻지 않는다면, 이것은 '진정으로 이미 깨달아 의심이 없는 것'인지, 아니면

---

198) 【箚疑】 덕장이 관직에서 받는 수입이다.
199) 【箚疑】 다른 관직을 구하는 것을 말한다.
200) 【記疑】 받는 록의 풍부함과 소략함이다.
201) 【記疑】 이것 때문에 관직을 떠난 것이다.
202) 【記疑】 몸을 편히 할 수 없음을 말한다.

‘의심이 있는데도 스스로 그럴듯하게 질문하는 것을 부끄러워해서 드디어 침묵하여 스스로를 우매하다고 여겨 장차 의심이 있어도 묻지 못해 마침내 울분과 고민을 드러내고 함부로 타인을 시기하고 이기려고 해서, 묻지 않는다는 것에 기대어 스스로를 속이는 것’인지 모르겠습니다. 만약 이미 깨달아서 의심이 없다면 좋습니다. 그러나 탁월한 자질이 아니면 거기에 미치지 못할 것입니다. 만약 불행히 뒤에 말한 두 가지 것에 대해 어정쩡한 태도를 취한다면, 저는 학문을 발전시키는 데 매우 방해가 되고 마음을 기르는데 해로움이 클까 두렵습니다.

어제 『춘추』를 편집하는 것을 보았는데, 대개 일찍이 이런 일들은 여가가 생기면 해보라고 권했던 것입니다. 이 일 때문에 우리가 함양하는 일을 방해해서는 안 되기 때문입니다. 그러나 당시에 또 공들여 편찬한 것이 이미 완성된 것을 보니 정밀해서 아낄 만하여, 다른 사람들이 결코 할 수 없었을 것이었습니다. 드디어 또한 저도 마음속으로 그것의 완성을 바랐기 때문에, 한결같이 엄격하게 말하려고 하지 않았던 것입니다. 현재의 입장에서 ‘남을 위해 도모하는 것이 충성스럽지 못하다’고 하는 것이 이보다 큰 것이 없습니다. 이에 비로소 근심하며 스스로 뉘우치고 반성하는 것이니, 대개 단지 그대만을 위해서 애석해하는 것은 아닙니다.

독서하며 학문하는 것은 마음 다스리는 것을 근본으로 합니다. 지금은 곧 마음을 다스릴 수 없을 뿐만 아니라 밖을 향해 분주하게 치달려서 휴식할 수 없어서 도리어 해가 되는 지경에 이르렀습니다. 이것이 어찌 매우 미혹되는 것이 아니겠습니까? 노덕장은 기개와 절개가 우뚝하여 속류들이 미칠 수 있는 사람이 아닙니다. 사사로운 마음으로 항상 사랑하고 공경했지만, 저의 품은 뜻에 오히려 다하지 못한 것이 있어 매번 부끄럽고 한스럽게 생각했습니다. 기회를 빌어 모두 말했으니, 즐겁게 들어 주시고 죄로 여기지는 않기를 바랍니다.

奉一日告, 獲聞安勝爲慰. 但聞忍窮益堅, 未有卒歲之計, 則未能不相爲動心也. 然詳來喻, 似所以處者, 亦未有盡善. 蓋若謂羞於出入, 則不應去冬未覺, 而今夏方覺. 謂厭請託, 則此等以義裁之, 一切不與, 人自不能相干. 謂所入不足自資, 則又將去此而有求, 其得失旣未可期, 而豐約亦未可料, 此恐皆非所以決爲去就之實. 或者但以平日意氣, 不能俯仰, 而忽然有所激觸, 遂憤然爲此, 而不暇顧計耳.

大抵德章平日爲學, 於文字議論上用功多, 於性情義理上用功少, 所以常有憤鬱不平之意, 見於詞氣容貌之間, 而所向者, 無非崎嶇偪反, 不可容身之地, 此在世俗苟且流狗之中觀之, 固亦足爲高, 然在吾輩學問義理上看, 則豈非膏肓深錮之疾, 而不可以不早治者耶? 卽今且置此勿論, 而以所喻讀論孟者言之, 則所謂不愛把來作口頭說話, 故不敢作問, 而墮於寡陋者, 豈亦不爲憤鬱不平之氣所發耶?

夫學者讀書, 有疑而不能自決, 故不得已而不能不問. 今人無疑而飾問, 以資談聽者, 固不足道. 然遂懲此而不問, 則未知其果已洞然而無疑耶? 抑有疑而恥自同於飾問, 遂飮默以自愚, 將未至乎有疑而不能問, 遂發其憤悶, 肆其忌克, 而託於不問以自欺也! 若已洞然而無疑, 則善矣. 然非上智之資不能及. 若不幸而彷彿於後兩者之所謂, 則吾恐其深有妨於進學, 而大有害於養心也.

昨見編集春秋, 蓋嘗奉勸此等得暇爲之, 不可以此而妨涵養之務, 正爲此爾. 但當時又見所編功緒已成, 精密可愛, 他人決做不得, 遂亦心利其成, 不欲一向說殺. 以今觀之, 則所謂爲人謀而不忠者, 無大於此乃始惕然自悔自咎, 蓋不獨爲賢者惜之也.

讀書爲學, 本以治心. 今乃不唯不能治之, 而乃使向外奔馳, 不得休息, 以至於反爲之害, 是豈不爲迷惑之甚乎? 德章氣節偉然, 非流輩所可及. 私心常所愛敬, 而區區之懷, 猶有未得盡者, 每竊以爲愧且恨也. 因風布問, 輒盡言之, 想所樂聞, 不至以爲罪也.

🌑 노덕장에게 보내는 서신은 모두 5편이다. 첫 번째 서신에 "동래가 남긴 말" 등등이라는 말이 있고, 두 번째 서신에는 "『예서』를 편찬하다" 는 말이 있는 것으로 보아 모두 주자 만년 때의 논의다. 이 서신은 세 번째 서신으로, "독서는 마음 다스리는 것을 근본으로 한다"라고 말한 하나의 단락은 곧 온전히 육자의 가르침이다.

與路德章書共五首. 第一首卽有東萊遺言云云, 第二首有編禮書語, 蓋皆朱子晚年論也. 此乃第三書, 所云讀書本於治心一段, 乃全是陸子之敎.

노덕장에게 답하다[答路德章] 4[203]

보내주신 서신은 자세하게 갖추어져 있지만, 그 대강은 모두 스스로를 용서하는 말이었습니다. 이것으로 마음을 보존하려 하면 어찌 의혹이 없겠습니까? 덕에 나아가지 못하고 학업을 닦을 수도 없을 것입니다. 우리는 가난하기 때문에, 봉록을 타기 위해 관직에 나아가는 한 가지 길이 있어야만 구차하게라도 살 수 있으며 의를 해치지 않을 수 있는 법입니다. 그대가 있는 곳이 임안과 멀지 않는 거리인데, 어찌 한 번이라도 과거에 응시하려고 하지 않고 나그네 생활을 이처럼 오래하시고 있는지요? 이것은 의리를 말할 필요도 없이 단지 이해만을 따져보더라도 옳다고 할 수 없습니다.

대개 이날 이전에 공부하는 것은 단지 정사의 열전을 읽고 세태의 변화를 말한 것이었고, 경전을 공부하는 것은 또한 몇 편을 외우는 것에 불과했으며, 밖을 향하는 뜻이 많아서 일찍이 몸에 돌이켜 내면으로 반성하여 의리의 귀결처를 궁구하지 못했습니다. 그러므로 몸과 마음은

---

203) 『朱熹集』 권54-40, 1186(57세).

방종하고 생각이 거칠고 천박해서 자기에게는 털끝만큼도 힘을 들이는 곳이 없으니, 이것은 이전의 사우와 함께 책임이 있습니다. 그러나 스스로 문제점을 초래하는 것은 다른 사람으로부터 유래하는 문제점에 비해 더욱 심하고 해로운 것입니다. 이것은 또한 타고난 자질이 아름답지 못해서 씻어 내어 변화시킬 수 없는 죄입니다. 금일에 바로 통렬하게 스스로 반성하여 내면을 닦으면 늦게나마 조금이라도 구제하기를 바랄 수 있습니다. 그렇지만 한결같이 이처럼 구차하게 스스로를 용서하게 되어 하늘을 원망하지 않으면 곧 다른 사람을 탓하게 되니, 이것은 특히 그대에게 평소에 기대했던 것이 아닙니다.

보내주신 서신에서 매번 제가 서로를 버리는 뜻이 있다고 말씀하셨는데, 이것은 다른 사람을 탓하는 말입니다. 제가 입을 괴롭게 해서라도 서로 고하는 까닭은 바로 차마 서로 버리지 못하기 때문입니다. 만약 이미 서로를 버렸다면 곧 이 세상에서 서로를 잊는 것204)이 낫지, 어찌 이처럼 근심하여 더욱 그대의 분노와 불평한 심기를 더하겠습니까? 다만 지금은 우선 몸과 마음을 누르고 수많은 한가한 말을 없애도록 하시고 다방면으로 노력함으로써 과거에 응시하고 합당한 벼슬자리를 얻어 돌아가 안돈할 곳을 찾기 바랍니다. 『논어』와 『맹자』에 나오는 글을 단정하게 앉아서 숙독하고 입으로 외우며 마음으로 사색하여, 비록 자기가 이미 글의 뜻을 다 알았더라도 또한 반드시 글자를 따라 생각하면서, 마음속의 수많은 분노와 원망의 독 기운을 씻어버리면, 반드시 훗날205)에 진보처가 있게 될 것이니 다만 오늘의 그대가 될 뿐만이 아닐 것입니다.

지난번에 백공이 말하는 것을 보았는데, 젊었을 때는 성격이 거칠고 포악해서 음식이 자기 마음에 맞지 않으면, 곧 집안 살림을 때려 부숴 버렸다고 하였습니다. 훗날 오랜 병으로 인해 다만 『논어』 한 권을 가

---

204) 『莊子』 「大宗師」.
205) 【記疑】 훗날을 기다린다는 의미이다.

지고 아침저녁으로 여유롭게 읽다가 문득 생각이 일시에 평온해짐을 깨닫고, 드디어 죽을 때까지 노여움을 드러내지 않았다고 했습니다. 이 것이 바로 기질을 변화시키는 방법이라 할 수 있습니다. 평상시에 벗들과 더불어 이 일에 대해 말해보았습니까? 그대는 오랫동안 그를 따라 학문하였기 때문에 마땅히 들어 보았을텐데, 어찌 전혀 이것을 배우지 않았습니까? 이것은 잘 배우지 못했다고 할 만 합니다.

示喩縷縷備悉, 然其大槪, 皆自恕之詞. 以此存心, 亦無惑乎? 德之不進而業之不修也. 吾人爲貧, 只有祿仕一途, 可以苟活, 無害於義. 彼中距臨安不遠, 豈不能一爲參選計, 而長此羈旅乎? 此則未論義理, 而只以利害計, 亦未得爲是也.

大抵是日前爲學, 只是讀史傳, 說世變, 其治經亦不過是記誦編節, 向外意多, 而未嘗反躬內省以究義理之歸. 故其身心放縱, 念慮粗淺, 於自己分上無毫髮得力處, 此亦從前師友與有責焉. 而自家受病, 比之它人, 尤更重害, 此又姿稟不美, 而無以洗滌變化之罪也. 今日正當痛自循省, 向裏消磨, 庶幾晚節救得一半, 而一向如此苟簡自恕, 若不怨天, 卽是尤人, 殊非平日所望於德章者也.

來諭每謂熹有相棄之意, 此是尤人之論. 區區所以苦口相告, 正爲不忍相棄耳. 若已相棄, 便可相忘於江湖, 何至如此忉怛, 愈增賢者忿懟不平之氣耶? 只今可且捺下身心, 除了許多閑說話, 多方擘畫, 去參了部, 授一本等合入差遣, 歸來討一歇泊處, 將論語孟子正文端坐熟讀, 口誦心惟, 雖自己曉得文義, 亦須逐字忖過, 洗滌了心肝五臟裡許多忿懟怨毒之氣, 管取後日須有進步處, 不但爲今日之路德章而已也.

向見伯恭說, 少時性氣粗暴, 嫌飮食不如意, 便敢打破家事. 後因久病, 只將一冊論語早晚閑看, 忽然覺得意思一時平了, 遂終身無暴怒. 此可爲變化氣質之法. 不知平時曾與朋友說及此事否? 德章從學之久, 不應不聞, 如何全不學得些子? 是可謂不善學矣!

❸ 노덕장에게 몸을 돌이켜 내면을 성찰해서 수많은 한가한 말들을 제거하라고 주자가 말한 것은 모두 육자의 가르침에 부합한다. 오직 "봉록을 얻기 위해 벼슬하고" "구차하게라도 사는 것"과 "다방면으로 노력하는 것" "관직 선발에 참가하는 것" 등의 말은 아직 자기를 굽혀 남을 따르는 것을 벗어나지 못한 것인데, 다만 부귀를 탐하는 견해다. 안자와 증자, 원헌은 매우 가난했지만, 그들은 그 당시에 어떻게 스스로 보존할 수 있었는가? 노덕장은 동래의 제자였는데, 동래가 죽은 다음에 비로소 주자로부터 배우려고 왔다.

欲德章反躬內省, 除去許多閑說話, 俱合於陸子之敎. 惟祿仕, 苟活 及多方擘畫, 參部等語, 未免枉己狥人, 止爲富貴之見. 不知顏曾原憲 貧甚, 當日何以能自存耶? 德章爲東萊弟子, 東萊沒後, 始來問學.

노덕장에게 답하다[答路德章] 5²⁰⁶⁾

벼슬을 기다리는 기간²⁰⁷⁾이 멀지 않기에 곧 녹을 받으실 수 있을 것입니다. 양양의 옛 군에는 이전 현인들의 유적이 많이 있으니, 벼슬자리를 찾아 돌아다녀서 얻는다고 하더라도 또한 결코 추한 일은 아닐 것입니다.

학문을 하는 것에 대해 가르침을 보내주셨는데, 공부가 진실로 이런 가르침대로 행해진다면, 나아가지 못할 것을 걱정할 필요가 없을 것 같습니다. 그렇지만 책을 읽을 때는 모름지기 장과 구절에 따라서 자세하게 연구해야 그 의미를 이해할 수 있는 법입니다. 만약 단지 거친 마음으로 자신의 마음에 맞는 것만을 구한다면, 아마도 끝내 먼지를 제거하

---

206) 『朱熹集』 권54−41, 1186(57세).
207) **[箚疑]** 전관이 기한을 채우지 못해서 노덕장이 관직을 얻어 임시로 기한을 채우려고 하고 있기 때문에 이렇게 말한 것이다.

고 외피를 뚫을 수가208) 없을 것입니다. 직경[黃榦]이 "그는 매우 반성할 줄 모른다"고 말한 서신을 가지고 질문한 적이 있습니다. 그렇지만 우리들은 잘못을 지적받으면 기뻐하면서 마땅히 잘못을 고치기 위해서 노력해야지, 편치 않는 마음을 품고서 자신을 펴고 다른 사람을 굴복시키려고 해서는 안 됩니다. 눈을 밝으려 여행하자고 하셨는데, 진실로 그 약속을 지킬 수만 있다면 매우 다행이겠습니다.

闕期不遠, 便可得祿. 襄陽古郡, 多前賢遺迹, 宦遊得此, 亦正自不惡也. 示喩爲學, 功夫果充此言, 何患不進? 但讀書亦須隨章逐句, 子細研窮, 方見意味. 若只用麤心, 但求快意, 恐終無以滌蕩塵埃, 剗除鱗甲也. 直卿在此, 問以來書所云, 渠殊不省. 然聞過則喜, 吾人正當勉力, 不須更懷不平之意, 必求伸己而屈人也. 踏雪之遊, 果能踐約, 幸甚!

❀ 책을 읽을 때 "자세하게 연구해야" 하지만, 마음을 거칠게 해서는 안 된다는 주자의 생각은 또한 육자가 '편안히 노닐고 배부르게 먹는다'는 두원개의 말을 인용했던 설명과 부합되는 것이다.209)
讀書子細研窮, 不可粗心, 與陸子引用杜元凱優游饜飫之說合.

강병도210)에게 답하다[答康炳道]211)

논하신 것처럼 학자의 오류는 단지 치지를 일로만 삼아서 마침내 거기에 빠지는 데 있습니다. 이것은 오늘의 문제점들 중에서 진실로 문제

---

208) 【記疑】 물고기가 변화하여 용이 될 때는 비늘을 제거하는데 하물며 기질을 변화시키는 데 있어서랴!
209) 『朱熹集』 권46－10, 1184(55세).
210) 강문호(康文虎): 자는 병도(炳道)이고, 동생 문표(文豹)와 함께 여조겸의 문인이다.
211) 『朱熹集』 권54－42, 1181(52세).

점에 가까운 것 같습니다. 그렇지만 이른바 치지란 바로 사태에 나아가 본래적인 도리를 이해하려고 하는 것이니, 오늘날 제도를 논의하고212) 통치술을 생각하는213) 사람들이 생각하고 있는 공부와는 분명히 다른 것입니다. 만약 내 마음이 본래 가지고 있는 앎을 이룬다면, 어찌 빠지는 일이 있겠습니까? 사태를 논의하면서도 이치를 구하지 않기 때문에 마침내 이런 문제점들을 낳게 되었을 뿐입니다. 저는 이것에 대해 감히 (자신이 말한 치지에 대해) 긍정과 (일반사람들이 오해하고 있는 치지에 대해) 부정을 하려는 것이 아니라, 단지 거짓된 이론들이 함부로 유행하고 있어서 우리 도에 해가 되기에 어쩔 수 없이 이렇게 극단적으로 말하는 것입니다. 믿고 안 믿고는 사람에게 달려있을 것입니다. 만약 이미 그것을 배척했는데도 또 그것을 빌려 쓴다면 그 폐단은 호랑이를 키워 해로움을 남기는 경우에 이르게 될 것입니다. 저는 이것에 대해 일찍이 다른 사람에게 뛰어난 점이 있다면 그가 탁월하다고 인정하지 않은 적이 없습니다. 그가 갑자기 깨달아 사사로움을 떠나 올바름으로 돌아온다면, 이것이 어찌 제가 막을 수 있는 것이겠습니까?

동래의 글은 모름지기 자세하게 정리해서 책으로 만들어야 생각할 만한 것이 있게 될 것입니다. 그렇지만 이 일은 매우 느슨하게 하지 않는 것이 좋을 것입니다. 왜냐하면 사람의 삶은 견고하지 않아 만약 눈앞의 사람들이 떠나가 버리면,214) 이 일을 맡길 곳이 없을 것이기 때문입니다.

所論學者之失, 由其但以致知爲事, 遂至陷溺, 此於今日之弊, 誠若近之. 然恐所謂致知者, 正是要就事物上見得本來道理. 卽與今日討論制度, 計較權術者, 意思功夫, 逈然不同. 若致得吾心本然之知, 豈復有

---

212) **[翼增]** '토론제도(討論制度)'는 사학(史學)의 입장이다.
213) **[翼增]** '교계권술(較計權術)'은 영강(永康)학의 공리(功利)적 입장이다.
214) **[箚疑]** 눈 앞의 사람들이 모두 죽은 것을 말한다.

所陷溺耶? 正坐論事而不求理, 遂至生此病痛耳. 熹於此非敢有所與奪,
但見邪說橫流, 恐爲吾道之害, 故不得不極言之. 信之與否, 則在乎人
焉. 若旣排闢之, 又假借之, 則恐其弊將有至于養虎而遺患者矣! 然區
區於此, 亦固未嘗有所絶於人而不與其進也. 彼若幡然覺悟, 去邪歸正,
又豈熹之所能拒哉?

東萊文字, 須子細整頓成編, 乃可商量. 但此事亦不宜甚緩. 蓋人生
不堅固, 若過却眼前諸人, 卽此事無分付處矣.

🪷 이것도 또한 절학의 폐단을 논한 것이다. 여동래의 문집을 편찬한
것은 만년의 일이다. 노덕장과 강병도215)는 모두 동래의 문인들인데,
주자가 만년에 매우 통렬하게 비판했던 자들이다. "내 마음이 본래 가
지고 있는 앎을 이룬다"고 말한 것은 육자의 가르침과 매우 부합되는
것이다.

此亦論浙學之弊. 編纂呂集自是晩年. 路德章康炳道皆東萊門人, 朱
子晩年所痛詆者. 至謂致吾心本然之知, 則甚合於陸子.

---

215) 강문호(康文虎) : 자는 병도(炳道)이고, 여조겸의 문인이다.

권5

곽희려[1]에게 답하다[答郭希呂] 2[2])

『논어』와 『맹자』 읽기를 그만두지 말아야 함을 아시니 매우 훌륭합니다. 장차 먼저 본문을 숙독하여 자신의 입장에서 보고, 다시 여러 선생의 설명을 참고하여 밝혀주는 곳이 있다면 넓게 보고 살펴서 선택해야 합니다. 하나의 말과 한 마디의 구절이라도 자신에게 유익한 것이 있다면, 모두 익숙해지도록 음미해야지 경로가 복잡하다고 해서 강론할 필요가 없다고 말해서는 안 될 것입니다. 묘비명[3)의 편액에 다시 송(朱)자를 새긴 것도 또한 훌륭하니, 백모[4)가 반드시 이미 답신을 했을 것입

---

1) 곽진(郭津) : 자는 희려(希呂)이며, 무주(婺州) 동양현(東陽縣) 출신이다. 여조겸의 문인이면서 동시에 주자의 문인이기도 하다.
2) 『朱熹集』 권54－44, 1191(62세).
3) 『朱熹集』 권92－12「郭德誼墓銘」.
4) 방사요(方士繇, 1148~1199) : 자는 백모(伯謨), 또는 백휴(伯休)이고, 호는 원암(遠庵)

니다. 대개 돌이 길면 10글자를 두 행으로 삼고, 돌이 짧으면 9글자를 3
행으로 삼으면 되니, 일의 마땅함을 따르면 될 것입니다.

知讀論孟不廢, 甚善. 且先將正文熟讀, 就自己分上看, 更考諸先生
說, 有發明處者, 博觀而審取之. 凡一言一句, 有益於己者, 皆當玩味,
未可便恐路徑支離, 而謂有所不必講也. 墓銘之額, 更著宋字, 亦佳, 伯
謨必已報去矣. 大抵石長卽以十字爲兩行, 石短則以九字爲三行, 隨事
之宜可也.

　🌑 곽희려에게 보내는 첫 번째 서신은 묘지명을 짓기를 사양하는 서
신인데, "쇠약한 늙은이를 가엾게 여겨 법도를 어기면서까지 사지에 들
어가기를 재촉하지는 말라"는 말이 있으니, 가장 만년 때의 일이다. 그
러므로 후에 네 구절이 모두 보존된 것이다. 이 서신은 곽희려에게 『논
어』와 『맹자』를 읽는 방법을 가르치고 있는 것인데, "먼저 본문을 숙독
하라"고 한 것은 사람들에게 가르쳤던 육자의 독서 방법과 부합되고,
또 복재5)가 말한 "전주(傳註)에 마음을 두는 것은 막힌 곳을 뒤집는 것
이다"는 것과 같다.

　與郭希呂第一書, 辭作誌銘, 有憐衰老, 勿破例, 以速其就於死地之
語, 乃最晚年事. 故後四首俱存. 此書教希呂讀論孟之法, 先將正文熟
讀, 合於陸子教人讀書之法, 亦復齋所謂留心傳註翻楱塞也.

<hr>

이며, 보전(莆田) 출신이다.
5) 육구령(陸九齡, 1132~1180) : 자는 자수(子壽)이며, 복재(復齋)선생이라 불렸다. 저서
　로는 『復齋文集』이 있다.

곽희려에게 답하다[答郭希呂] 36)

보내주신 서신에서 집에 있을 때 어른을 잘 섬겨야 하는 이유를 피력하신 뜻은 매우 훌륭합니다. 이 일은 다른 사람의 힘이 미칠 곳이 아니니, 바로 스스로 힘쓸 따름입니다. 단지 "학문의 큰 단서는 감히 등급을 뛰어넘어 말해서는 안 된다"7)고 했는데, 제 생각에는 아직 깨닫지 못하는 것이 있습니다. 대저 학문은 어찌 다른 데서 구하겠습니까? 이 이치를 밝혀 힘써 행하고자 하는데 지나지 않습니다. 다만 공부를 하는 것은 순서가 있어서 어버이를 사랑하고 어른을 공경하는 것을 우선으로 삼지 않을 수 없지만, (그렇다고) 학문은 원래 한 가지 일이라고 해서 (다른 것은) 접어두고 그저 효우(孝友)의 실질에 힘써야만 한다고 말하는 것은 아닙니다. 그러므로 저는 삼가 두 형제분이 서로 함께 이 뜻을 깊이 살펴 이른바 학문의 단서를 강론하고 효제의 실질을 구한다면, 집안에서 윤리가 더욱 바르고 은의(恩義)가 더욱 돈독해질 것이니 장차 그러하기를 기대하지 않아도 그렇게 될 것입니다. 만약 학문을 미칠 수 없는 하나의 큰 일로 보고 허둥지둥 한갓 과거문장에만 정신을 쏟으면서 별도로 하나의 방법을 구해 가정이 오래도록 화목할 계획으로 삼고자 한다면, 아마도 천리가 밝혀지지 않고 인욕이 제멋대로 생겨나 말류의 폐단이 장차 다 생각할 수도 없고 막을 수도 없을 것입니다. 그대는 어떻게 생각하시는지요?

示喩所以居家事長之意, 甚善! 甚善! 此事他人無致力處, 正惟自勉而已. 但謂學問大端, 不敢躐等言之, 則鄙意有所未曉者. 夫學問豈以

---

6) 『朱熹集』 권54－45, 1188(59세).

7) **【記疑】** 희려(希呂)가 효제(孝悌)란 학문 중 최초로 공을 들이는 것임을 모르고, 학문의 큰 단서를 감히 뛰어넘을 수 없어서 우선 효제에 종사해야 한다고 하였기에, 주자가 비난한 것이다.

他求? 不過欲明此理而力行之耳. 但其功夫所施有序, 而莫不以愛親敬
長爲先, 非謂學問自是一事, 可以置之度外, 而姑從事于孝友之實也.
故熹竊願昆仲相與深察此意, 而講於所謂學問之大端者, 以求孝弟之
實, 則閨門之內, 倫理益正, 恩義益篤, 將有不期然而然者矣. 若以學問
爲一大事, 不可幾及, 而汲汲然徒弊精神於科擧文字之間, 乃欲別求一
術以爲家庭雍睦悠久之計, 竊恐天理不明, 人慾橫生, 其末流之弊, 將
有不可勝慮, 不可勝防者. 不審賢者以爲如何?

● 학문은 어버이를 사랑하고 어른을 공경하는 것을 우선으로 삼는
것이니 별도로 하나의 일이 있는 것이 아니라고 한 것은 실천에 전적으
로 힘쓰던 육자의 가르침과 부합된다. "스스로 힘쓴다"고 말한 것도 또
한 육자가 말한 이른바 "자신에게 절실히 하고" "스스로 반성한다"와
같은 것이다.

學問以愛親敬長爲先, 非別爲一事, 合於陸子專務踐履之敎. 自勉云
云, 亦陸子所謂切己自反也.

곽희려에게 답하다[答郭希呂] 48)

보내주신 서신은 자세하고 친절하기는 하지만 아직도 전후의 저의
뜻을 알지 못한 듯합니다. 대개 사람의 마음에 작용하는 온전한 본체가
있으므로 학문에는 온전한 본체 공부가 있는 법입니다. 효제라는 것은
바로 온전한 본체 가운데의 한 가지 일이지만 다른 일에 비하면 지극히
크고 가장 급한 일이기는 하지만, 진실로 배우는 자가 단지 이 한 가지
일에만 머물면 되고 그 나머지 일을 모두 포기하거나 방치하여 묻지 않

---

8) 『朱熹集』 권54 −46, 1188(59세).

아도 된다는 것을 말하는 것이 아닙니다. 그러므로 성현이 사람을 가르칠 때에 반드시 이치를 궁구하는 것으로 우선을 삼고 힘써 행하는 것으로 끝을 삼았으니, 대개 이 마음의 전체에 밝힌 것이 있으면 효제는 진실로 그 속에 있으며 다른 일은 그밖에 있지 않습니다. 효제는 본래 힘쓰지 않는 것을 용납하지 않으니, 다른 일의 완급과 본말도 자연스러운 순서가 있지 않는 것이 없습니다. 만약 이에 밝지 않으면9) 효제를 하는 것도 의도가 있는 데서 나오는 것을 면하지 못하고, 또 반드시 그 이치를 다하여 모든 일의 근본이 되지도 못할 것입니다. 지금 육경(六經)과 『대학』, 『논어』, 『중용』, 『맹자』 등 여러 서적을 상고하면 알 수 있는데, 그대는 자신이 "병이 많은 까닭에 정밀하게 생각하고 널리 배우지 못하여 그저 그 미치는 바를 힘쓴다"고 하고 있으니, 진실로 이미 자신을 포기했으면서도 오히려 "근본에 가깝다"고 핑계를 대는 것입니다. 만약 그래서 효제의 밖에 다시 학문이 없다고 한다면 그것은 매우 잘못된 견해입니다. 또 정말 병이 많아 정밀히 생각하고 널리 배울 수 없다면 또 어찌하여 마음을 괴롭히고 힘을 다하여 과거문장에 종사합니까? 이것은 하지 않으면서도 저것은 오랫동안 했으니, 비록 "이(利)에 후하고 의(義)에 박하지 않다"고 말할지라도 나는 믿지 않을 것입니다. 그대는 다시 생각해보기 바랍니다.

서원의 규모는 일과 힘에 따라 할 것입니다. 사실에 나아가 고찰하고 정리해야 비로소 순서를 볼 것이니, 아무쪼록 이와 같이 미리 먼저 안배해서는 안 될 것입니다. 기문과 편액 등은 더욱 외적인 일입니다. 다만 이런 생각에는 경박하게 밖으로만 치달리고 있다는 징험이 드러나고 있습니다. 만약 학문의 온전한 본체에 나아가 자기에게 절실한 곳에서 공부를 하면 바로 기상이 저절로 깊고 두터우며 넓어질 것입니다. 『태극도설』, 『서명』, 『통서』의 경우 각각 주석을 달았으니 한 번 익숙하

---

9) 【記疑】 마음의 온전한 본체[全體]를 가리킨다.

게 읽고 생각해본다면 또한 이치를 구하는 한 가지 단서일 것입니다. 대저 배우는 자가 간과하는 일이 있어서는 안 될 것이니, 오랫동안 그 치지 않으면 비록 긴요한 공부는 없다 할지라도 힘을 얻는 곳이 있을 것입니다.

來喩縷縷, 似未悉前後鄙意者. 蓋人心有全體運用, 故學問有全體工夫. 所謂孝弟, 乃全體中之一事, 但比他事爲至大而最急耳, 固不可謂學者止此一事便了, 而其餘事可一切棄置而不問也. 故聖賢敎人, 必以窮理爲先, 而力行以終之. 蓋有以明乎此心之全體, 則孝弟固在其中, 而他事不在其外. 孝弟固不容於不勉, 而他事之緩急本末, 亦莫不有自然之序. 苟不明此, 則爲孝弟者, 未免出於有意, 且又未必能盡其理, 而爲衆事之本根也. 今以六經大學論語中庸孟子諸書考之, 可見矣, 希呂自謂多病, 故不能精思博學, 而姑用力於其所及, 則固已爲自棄, 而猶可諉曰近本. 若遂以爲孝弟之外更無學問, 則其謬見甚矣. 且誠多病, 而不能精思博學矣, 則又何爲而苦心竭力, 以從事於科擧之文耶? 此之不爲, 而彼之久爲, 雖曰不厚於利而薄於義, 吾不信也. 希呂其更思之.
　書院規模, 且隨事隨力爲之. 却就事實上考察整理, 方見次第, 不須如此預先安排. 記文扁牓, 尤是外事. 但此等意思, 卽見浮淺外馳之驗. 若於學問全體上切己處用得功夫, 卽氣象自當深厚宏博矣. 太極西銘通書各註一本, 試熟讀而思之, 亦求理之一端也. 大抵學者不可有放過底事, 久之不已, 雖無緊要功夫, 亦有得力處也.

⊙ 기문과 편액은 모두 외적인 일이므로 자신에게 절실한 곳에서 공부하라고 가르친 것은 육자의 "자신에게 절실히 하고" "스스로 반성한다"는 설명과 부합된다.
　記文榜匾, 俱是外事, 而敎以切己處用功, 合於陸子切己自反之說.

곽희려에게 답하다[答郭希呂] 51[10]

자세하고 길게 서신으로 말씀하신 내용은 잘 알겠습니다. 그러나 이른바 "(잃어버린) 마음을 거두고 (치우친) 마음을 바로 잡는다"는 것은 막연히 사념을 없애는 것이 아닙니다. 다만 항상 스스로 깨달아 마땅히 생각할 바를 생각하여 의리에 어긋남이 없도록 해야 합니다. 별지에서 말한 바는 본 것이 전혀 자세하지 않으니 다시 마땅히 더 공부하되 오로지 『대학』을 보아 수미가 관통하여 모두 의심이 없는 뒤에 『논어』와 『맹자』를 읽고, 『논어』와 『맹자』가 또 의심이 없는 뒤에 『중용』을 읽어야 합니다. 그런데 지금 『대학』을 완전히 이해하지도 않았는데 문득 『중용』을 겸하여 읽으니, 마음을 쓰는 것이 이처럼 번잡하면 어떻게 상세하게 볼 수 있겠습니까? 또 다시 번잡함을 견뎌내고 전일하게 자세히 보는 것이 좋겠습니다. 세월은 쉽게 흐르는데 큰일은 아직 밝히지 못했으니 매우 두렵습니다.

示喩縷縷備悉. 然所謂收心正心, 不是要得漠然無思念. 只是要得常自惺覺, 思所當思, 而不悖於義理耳. 別紙所示, 看得全未子細, 更宜加功, 專看大學, 首尾通貫, 都無所疑, 然後可讀語孟, 語孟又無所疑, 然後可讀中庸. 今大學全未曉了, 而便兼看中庸, 用心叢雜如此, 何由見得詳細耶? 且更耐煩, 專一細看爲佳. 日月易得, 大事未明, 甚可懼也.

● "마음을 거두고 마음을 바로 잡는다"는 것은 육자의 설명과 부합된다.

收心正心, 合於陸子之說.

---

10) 『朱熹集』 권54-47, 1188(59세).

시자운11)에게 답하다[答時子雲]12)

보내주신 서신에서 말씀하신 것이 종이에 가득 차 있지만 제가 깊이
이해하지 못한 것이 있습니다. 반드시 당시에 이 일에 대해 너무 중요
하다고 보았기 때문에,13) 이와 같이 집착하여 버리지 못한 것입니다. 지
금 갑자기 버릴 수도 없겠지만, 다만 청컨대 날마다 3할이나 5할 정도
공부하여 고금의 성현의 말 중에서 의리(義利)를 분석한 곳을 반복하여
익숙하게 읽어 때때로 생각하고 살펴주시기를 바랍니다. 의리(義理)가
어디에서 왔고 이욕(利欲)이 어디로부터 있게 되었습니까? 이 두 가지가
사람에게 어느 것이 친하고 어느 것이 소원합니까? 어느 것이 가볍고
어느 것이 무겁습니까? 반드시 어쩔 수 없다면 어느 것을 취하고 어느
것을 버리겠습니까? 어느 것을 천천히 하고 어느 것을 급하게 해야 합
니까? 처음 볼 때야 감이 와 닿지 않는 듯 싶지만 시간이 지나고 모름지
기 마땅히 구분해야 할 바를 스스로 알게 된다면, 자연히 내려놓을 수
가 있게 될 것입니다. 그런데 이것을 버려두어 힘쓰지 않고 어지럽게
말을 많이 하여 앞뒤를 생각하고 계산함에 이리저리 얽매여 일생토록
나아가지 못한다면, 작은 득실은 물론이고 하루아침에 문득 높이 등과
하여 높은 관직에 오르게 되더라도 또 모름지기 별도의 생각과 계획이
있을 것이어서 끝내 이 길을 향할 겨를이 없을테니 생각해보시는 것이
어떻습니까?

이전에 『근사록』을 편찬할 때 몇 단락을 넣어 과거공부가 사람의 심
술(心術)을 허물어뜨리는 곳을 말하려고 했는데, 여백공(呂伯恭)이 수긍하
지 않았습니다. 그러더니 오늘 바로 이런 병통의 근원이 그때로부터 이

---

11) 시운(時澐): 자는 자운(子雲), 또는 자운(子澐)이라고도 한다. 이개선생(夷介先生)으
  로 불렸다.
12) 『朱熹集』 권54－48, 1183(54세).
13) 【記疑】 과명(科名)이 지나치게 중함을 알았다는 것이다.

미 심어져 마음 속에 배양되었다는 것을 알았으니, 저로 하여금 통렬히
한탄하게 합니다.

來喻滿紙, 深所未喻. 必是當時於此見得太重, 所以如此執著, 放捨
不下. 今想未能遽然割棄, 但請逐日那三五分功夫, 將古今聖賢之言,
剖析義利處, 反復熟讀, 時時思省. 義理何自而來, 利欲何從而有? 二者
于人, 孰親孰疎? 孰輕孰重? 必不得已, 孰取孰舍? 孰緩孰急? 初看時似
無滋味, 久之須自見得合剖判處, 則自然放得下矣. 捨此不務, 紛紛多
言, 思前算後, 展轉纏縛, 一生出不得, 未論小小得失, 政使一旦便登高
科躋顯官, 又須別思量擘畫, 終不暇向此途矣, 試思之, 如何?

向編近思錄, 欲入數段, 說科擧壞人心術處, 而伯恭不肯. 今日乃知
此箇病根, 從彼時便已栽種培養得在心田裏了, 令人痛恨也.

⚫ 의리(義)와 이익(利)을 분별하는 것은 학문으로 들어가는 첫 번째의
일이다. 의념으로부터 보고 듣고 말하고 행동하는 것에 이르기까지 어느
것이나 분별함이 없을 수가 없고 어느 때든지 그렇지 않을 수 없어야 한
다. 하루에 3할이나 5할의 공부를 해야 한다는 것은 하루에 세 번 점검해
야 한다는 형화숙(邢和叔)[14]의 설명과 같은 것이다.[15] 그렇지만 이 서신
의 대의는 육자의 백록동 강의와 서로 부합되는 명언이라고 할 만한다.
『근사록』을 편찬할 때를 추억하면서 "저로 하여금 통렬히 한탄하게 한
다"고 했으니, 여백공이 이미 죽은 뒤 고치지 못했다는 것을 말해준다.

分別義利, 爲入學第一事. 自意念以及視聽言動, 無物不有, 無時不
然. 一日止那三五分工夫, 似邢和叔三檢點之說矣. 然此書大意, 與陸
子鹿洞講義相合, 自是名言. 追思編近思錄, 又云令人痛恨, 必在伯恭
旣沒之後, 改不及也.

---

14) 형서(邢恕)를 말하는데 이정의 제자이다.
15) 『二程外書』 권12-49.

왕자경에게 답하다[答汪子卿]16)

한 번 헤어진 뒤 수년이 흘렀고 병이 많아서 때에 맞추어 안부를 묻지 못하였습니다. 다만 존경하는 마음을 품고 생각해보니 보내주신 서신 두 통의 뜻이 두텁고 예절이 공손해서 부족한 제가 감당할 수 없는 것이 있었습니다. 그렇지만 저는 그대가 배우기를 독실히 좋아해서 비록 늙어도 배움을 잊지 않고 있다는 것을 알 수 있었습니다. 서신을 받은 뒤 겨울이 깊어가고 추위와 따뜻함이 일정치 않은데 몸은 어떠신지 모르겠습니다. 모든 경우에 만복이 깃들기를 엎드려 바라는 바입니다. 저의 나이가 비록 그대보다 적지만 지금 그대와 마찬가지로 늘그막에 접어들었습니다. 평생토록 학문을 하면서 마음을 궁구하지 않은 것은 아니지만, 아직도 크게 힘을 얻은 곳이 없었습니다. 거듭 서신을 보내주셨지만 모두 힘이 미칠 수 있는 바가 아니니, 어찌 그대에게 조금이라도 도움을 줄 수 있겠습니까? 다만 정성스런 후의를 입으니 또한 감히 저의 고루함을 숨길 수 없습니다.

보내주신 서신에서 인용하신 『논어』 몇 조항에서 인(仁)을 말한 것이 매우 자세하고, 반복하여 논한 것이 또한 자세하지 않은 것이 없었습니다. 그러나 유독 인이란 한 글자에서 의리와 의미와 그 힘쓰는 방도를 모두 언급하지 않았습니다. 어찌 이런 문제에 대해서 진실로 묵묵히 계합해서 말을 잊을 수 있겠습니까? 그렇지 않다면 인(仁)이 인이 되는 까닭을 당초에 깨닫지 못한 것입니다. 그렇지만 마음에서 깨닫는 것이 있으면, 분명히 자신에게 터득되는 것이 있습니다. 제 생각에 이른바 어기지 않고 해치지 않는 것들17)의 망연함이 마치 바람을 잡고 그림자를 매는 것처럼 조처할 수 없는 것과 같아서, 궁통과 득실의 와중에 태연히 그 속에서 마음이 동요되는 바가 없을 수 없습니다. 그대의 현명함은

---

16) 『朱熹集』 권54−53, 1180(51세) 이후.
17) 【翼增】『論語』「雍也」와 「衛靈公」에 나오는 말이다.

비록 여기에 이르지 않았으나 이른바 변통하는 방식으로 살펴보면 저 것을 중시하고 이것을 경시하는[18] 자세를 벗어나지 못하였음을 알 수 있습니다. 옛날에 자공은 "아첨함이 없고 교만함이 없으면 어떻습니 까?"라고 한 질문을 스스로 지극하게 여겼는데 공자께서는 "가난하면서 도 즐거워하며 부유하면서도 예를 좋아하는 것만 못하다"고 했으니,[19] 어째서이겠습니까? 아첨함이 없고 교만함이 없는 것은 여전히 빈부 속 에 갇혀 있는 것이고, 즐거워하며 또 예를 좋아하는 것은 이미 빈부를 초연한 것입니다. 그러나 이와 같이 된 까닭에는 반드시 힘쓴 바가 있 었습니다. 양자 사이에서 자잘하게 계교하고 억눌러 여기에서 벗어나기 를 구할 수 있는 것이 아닙니다. 또 하물며 스스로 그것에 반드시 편안 하지 않음이 있을 것이라고 생각해서 미리 변통하는 계획을 세운다면, 그 세운 바가 또한 장차 아첨함이 없고 교만함이 없는 상태에서 나온다 는 것은 의심할 여지가 없을 것입니다. 저는 그대가 여기에서 짐짓 다 른 것에 신경 쓰지 말고 깊이 성현의 말을 탐구하여 인(仁)이 인이 되는 까닭을 구하고 자신에 돌이켜 실제로 그 힘을 쓰기를 바랍니다. 그리하 면 어기지 않고 해치지 않게 되는 경지가 마치 가리킬 수 있는 사물이 있는 것처럼 확고하게 되어, 궁통과 득실의 변동이 전혀 나와는 무관한 일이 될 것입니다. 그대는 어떻게 생각하시는지 모르겠습니다. 만약 온 당하지 않은 것이 있다면, 다시 가르쳐주시기를 바랍니다.

一別累年, 疾病多故, 不獲以時致問訊. 第積馳仰, 正思之, 來辱手書 兩通, 意厚禮勤, 有非區區淺陋所敢當者. 然足以見好學之篤, 雖老而 不忘也. 信後冬深, 寒暖不常, 不審尊候何如? 伏惟起處萬福. 熹犬馬之 齒, 雖在賢者之後, 然今亦是老境. 平生爲學, 非不究心, 然未有大得力 處. 三復來誨, 皆其力之所未能及者, 而何足以少助於高明? 但荷意之

---

18) 【箚疑】 부귀는 무겁고 도의는 가벼움을 말한다.
19) 『論語』 「學而」.

勤, 亦不敢隱其固陋耳.

竊謂來書所引論語數條, 言仁甚悉, 而所論反覆, 亦不爲不詳. 獨於仁之一字, 義理意味, 與其所以用力之方, 皆未之及. 豈其於此固有以默契而忘言也耶? 不然, 則仁之所以爲仁者, 初未嘗曉. 然有見於心, 而的然有得於己, 吾恐所謂不違不害者之茫然, 如捕風繫影之無所措, 而所以處夫窮通得喪之際者, 或未能泰然無所動於其中也. 長者之明, 雖不至此, 然以所謂變通之術者觀之, 則有以見其未免於彼之重而此之輕也. 昔子貢無諂無驕之問, 蓋自以爲至, 而夫子以爲未若樂與好禮, 何哉? 無諂無驕, 則尙局於貧富之中, 樂且好禮, 則已超然乎貧富之外也. 然其所以至此, 則必嘗有所用其力矣. 非規規於兩者之間, 有所較計, 抑遏而求出於此也, 又況於自料其必有所不安, 而預爲變通之計, 則恐其所立, 又將出於無諂無驕之下也無疑矣. 區區鄙意, 竊願長者於此, 姑無恤其他, 而深探聖賢之言, 以求仁之所以爲仁者, 反諸身而實用其力焉. 則於所以不違不害者, 皆如有物之可指, 而窮通得失之變, 脫然其無與於我矣. 不識高明以爲如何? 若有未安, 幸復見敎也.

● 스스로 "늘그막"이라고 말하니 마땅히 만년의 일이다. "자신에 돌이켜 힘을 쓴다"는 말은 육자와 부합된다.

自云老境, 當是晩年. 反身用力, 與陸子合.

서사원[20]에게 답하다[答徐斯遠] [21]

문숙(文叔)은 현(縣)을 진흥시켰지만 착실한 공부를 하지 않아 낭패를 겪는 것이 이와 같은 지경에 이르렀으니 어떻게 힘을 쓰겠습니까? '벽

---

20) 서문경(徐文卿): 자는 사원(斯遠)이며, 신주(信州) 옥산현(玉山縣) 출신이다.
21) 『朱熹集』 권54-66, 1191(62세).

452 주희의 후기 철학

치(辟置)'22)의 설에서 어려움에 임하면 구차하게 면하는 것은 더욱 의로움이 아니니, 어찌 이런 뜻을 싹트게 할 수 있습니까? 하물며 구할 만한 곳이 없는 경우에는 어떻겠습니까?

자경[黃營]으로부터 근래에 서신을 받았는지요? 고민하시던 것이 어떤지 모르겠지만, 이미 편안해지는 것 같다는 생각이 드는군요. 오늘날의 후학들 가운데 어리석은 사람은 쓸모가 없고 그 똑똑한 친구들은 또한 문사에 힘쓰는 경우가 많습니다. 자경이 근래 내면으로 향하는 것을 안 것은 매우 기뻐할 만합니다.

文叔作縣, 不作著實功夫, 狼狽至如此, 如何著力? 辟置之說, 臨難苟免, 尤爲非義, 如何可萌此意? 況未有可求處耶?

子耕得近信否? 所苦如何, 想已向安. 如今後生, 遲鈍者不濟事, 其開爽者, 又多鶩於文詞. 子耕近來覺向裏, 甚可喜也.

🔵 황자경(黃子耕)에게 답한 주자의 서신은 모두 14수인데 두 번째 서신에서 "쇠약하고 병들어서 살 날이 얼마 안 남았습니다"라고 하였으니, 자경이 배움에 나아간 것은 최후의 일이다. 서신 말미에 자경을 언급하고 있으니 반드시 만년일 것이다. 이 서신과 세 번째 서신에서 "내면을 향하도록 마음을 품고 지엽적인 것을 자르라"는 말은 육자와 부합한다.

朱子答黃子耕書, 共十四首, 第二書卽云衰病, 來日無幾, 蓋子耕就學最在後. 書末及子耕, 必晚年也. 此書與第三書意取向裏, 刊落枝葉, 合於陸子矣.

---

22) [翼增] 문숙(文叔)이 낭패에 처했기 때문에 사원은 선생에게 문숙을 다른 관직으로 피하여 앉혀서[辟置] 그 환난을 피하도록 요청한 것이다.

서사원에게 답하다[答徐斯遠] 3[23)]

창보(昌父)[24)]의 지조와 글솜씨는 모두 동년배들이 미칠 수 있는 바가 아닙니다. 지금 슬픔과 어지러운 상황을 만나 마음속의 품은 바를 모두 다 표현할 수는 없습니다. 하지만 대강에 대해서는 또한 역시 이미 말하였으니, 지엽적인 것을 잘라버리고 일상생활에 나아가 의리의 본연을 깊이 살피기를 바라는 것에 지나지 않습니다. 그리하면 의지하는 바가 있어서 참다운 경지에 도달할 수 있을 것이니 단지 시인이나 서예가가 되지는 않을 것입니다. 지금 그가 뜻하는 바는 비록 여기에 그치지 않지만 여전히 편중된 뜻이 있어서 자기에게 절실한 곳에서 도리어 아직 편안치 못한 바가 있습니다. 사원 역시 이러한 뜻을 알아야 하기 때문에 이처럼 말하니, 서로 절실하게 경계하는 것을 아름다움으로 여기기를 바랄 뿐입니다. 서언장(徐彦章)[25)]의 의론은 비록 치우치고 막혀 통하지 않는 병폐가 있지만 그 뜻은 끝내 내면에 의지하여 실제에 가까운 것이기에 수용할 점이 있습니다.

昌父志操文詞, 皆非流輩所及. 至此適値悲撓, 未能罄竭所懷. 然大槪亦已言之, 不過欲其刊落枝葉, 就日用間深察義理之本然. 庶幾有所据依以造實地, 不但爲騷人墨客而已. 今渠所志, 雖不止此, 然猶覺有偏重之意, 切己處却全未有所安也. 斯遠亦不可不知此意, 故此具報, 幸有以交相警切爲佳耳. 彦章議論, 雖有偏滯不通之病, 然其意思終是靠裏近實, 有受用處也.

---

23) 『朱熹集』 권54−68, 1191(62세).

24) 조번(趙蕃)의 자이다.

25) 서언장(徐彦章)은 누구인지 알 수 없다. 다만 『朱子門人』에서는 언장(彦章)이 자(字)라고 추측하고 있을 뿐이다.

이수약26)에게 답하다[答李守約] 12 27)

왕자합(王子合)28)이 이곳을 지날 때 상세하게 해설하지 못한 것이 매우 안타깝습니다. 이러한 일은 느림과 빠름에 알맞은 때가 있으니 만일 내버려둔다면 자연히 자신과 상관이 없게 됩니다. 상채가 이 점을 밝히는 데29) 있어 공헌이 컸던 것도 바로 실제적으로 체험을 하였기 때문입니다. 저번 서신에서 물으신 성(誠)자에 대한 설명의 경우, 대부분 그 뜻을 이해하신 것 같습니다. 금수가 예의에 대해 깨달음을 갖는 것은 또한 기품에서 오는 것이니, 배고프면 먹고 목마르면 마시며 이익을 좇고 해로움을 피하는 것일 뿐입니다. 단지 제가 늙고 어리석기 때문에 형이상에 대해서는 알 수 없고, 형이하의 일도 역시 제대로 할 수가 없습니다. 보내주신 서신의 윗 글에서 이미 그것을 말하였는데 어째서 또 의심하는지 모르겠습니다.

대중(大中)의 설30)에 대해서는 지난번에 논의한 전체 내용을 기억하지는 못하지만, 이것 역시 일이 없을 때에는 본원을 함양하는 것이 바로 본체를 온전히 하는 것이고, 일을 따라 응접하되 각기 그 마땅함을 얻는 것이 곧 시중(時中)일 뿐입니다. 본원을 함양하여 극(極)과 중(中)의 상태에 이르러 그것을 잃어버리지 않는 것이 치중(致中)이며, 시중(時中)을 미루어 어긋나지 않는 것이 곧 치화(致和)입니다. 배우는 자가 하나의

---

26) 이굉조(李宏祖) : 자는 수약(守約), 호는 강재(綱齋)이고, 광태(光澤 : 지금의 복건성) 출신이다. 1211년에 진사가 되고, 임계주부(臨桂主簿) · 고전(古田)현령 · 광서경략안무사(廣西經略安撫司) 등을 역임하였다. 주희는 그의 아버지 이려(李呂)의 요청의 의해 할아버지 이순덕(李純德)의 묘지명을 쓴다. 이순덕의 동생인 이욱(李郁)은 양시의 사위이다. 이순덕의 사위가 하호(何鎬)이다. 이굉조는 주희의 집에 머물면서 손자를 교육하였고 『中庸輯略』, 『或問』 등을 편집하였다.

27) 『朱熹集』 권55 - 17, 1189(60세).

28) 왕우(王遇, 1142~1211) : 자는 자합(子合), 장주(漳州) 용계현(龍溪縣) 출신으로 동호선생(東湖先生)이라고 불렸으며, 주자 · 장식 · 여조겸 · 육구연에게서 배웠다.

29) 『上蔡語錄』.

30) 육상산은 황극(皇極)을 대중(大中)으로 해석한다.

사물의 중을 다하면 곧바로 성인의 지위에 도달하여 대중(大中)의 전체를 다할 수 있게 된다고 말할 수는 없습니다. 인이 오상을 포함한다는 설은 이미 영유(令裕)[31]에게 말하였습니다. 무릇 지금 벗들이 문장의 뜻에 대해 말한 것은 그대가 겨우 말만 할 수 있는 것과 같아서, 일찍이 자신을 돌이켜 진실하게 인식한 적이 없기 때문에 입각할 자리가 없어서 단지 쓸데없는 말이나 되고 제대로 일을 하지 못할 뿐입니다.

王子合過此, 說失解曲折, 甚以爲恨. 此等事, 遲速自有時節, 若斷置得下, 則自與我不相干矣. 上蔡於此發明甚有力, 正好於實地上驗之也. 前書所問誠字之說, 大槪已得之. 禽獸於義禮上有見得處, 亦自氣稟中來, 饑食渴飮, 趨利避害之類而已. 只爲昏愚, 故上之不能覺知, 而下亦不能作僞. 來喩上文蓋已言之, 不知如何又却更疑著也?

大中之說, 不記向來所論首尾, 此亦只是無事之時, 涵養本原, 便是全體, 隨事應接, 各得其所, 便是時中. 養到極中而不失處, 便是致中, 推到時中而不差處, 便是致和. 不可說學者方能盡得一事一物之中, 直到聖人地位, 方能盡得大中之全體也. 仁包五常之說, 已與令裕言之. 大抵如今朋友就文義上說, 如守約儘說得去, 只恐未曾反身眞箇識得, 故無田地可以立脚, 只成閑話, 不濟事耳.

🌀 여자약(呂子約)에게 답한 주자의 일곱 번째 서신에서는 "저의 눈이 어둡습니다"라고 했고 열한 번째 서신에서는 "병세"라고 하였으니, 모두 가장 만년의 일이다. 이것은 열두 번째 서신이다. 이른바 "문장의 뜻에 대해 말하는 것이 일찍이 자신을 돌이킨 적이 없기 때문에 입각할 자리가 없어서 단지 쓸데없는 말이 된다"는 등의 말은 오직 실천에 힘쓰기를 강조하는 육자의 뜻과 합치한다. 열세 번째 서신에서는 경원당

---

31) **[翼增]** 황효공(黃孝恭)이다.

금 때의 일을 말하고 있다.

朱子答子約第七書云熹目盲, 第十一書云病勢, 皆最晩年事. 此第十二書也. 所云就文義說, 未曾反身, 無地立脚, 只成閑話等語, 合於陸子專務踐履之意. 第十三書卽說黨禁事矣.

조연도[32]에게 답하다[答趙然道][33]

그대께서 관직을 구하여 관직을 얻으셨고 지금 근무하는 곳 또한 자신의 집에서 멀지 않아 왕래하여 봉양하기에 족하니 군친에 대한 의리가 박하지 않게 될 것입니다. 그런데 까닭없이 마음을 뒤집어 스스로 관직 하나 버리는 것은 마치 코를 풀어 버리는 것과 같다고 하니, 어찌 애초에 자세히 살피지 않고서 이처럼 오만한 말을 하십니까? 이는 제가 이해하지 못하는 점입니다.

형문의 부고[34]를 듣고 슬펐습니다. 친구의 죽음은 절로 상심할 만하니 평상시 논의가 같고 다름은 생각하지 않았습니다. 보내주신 서신에서 또한 저를 찾아보지 못한 것이 한스럽지만 저와 더불어 논변할 때 합치되는 점이 있었다고 하셨는데, 이것은 더욱 웃을 만합니다. 저의 학문은 비록 매우 천근하지만 매우 어렵게 구하고 매우 자세하게 살폈습니다. 세상에서 불교와 노자에 대해 마구 떠들면서 갑자기 스스로 깨달음을 얻었다고 하는 사람을 보고는, 일찍이 그 비루함을 비웃고 그 참람함을 비난하였습니다. 어찌 지금 늙어서 그 천금을 가지고 남의 헤어진 비[35]와 바꾸려 하겠습니까? 더욱이 현명한 그대가 이치를 밝히는 것

---

32) 조사옹(趙師雍) : 자는 연도(然道)이고, 조사연(趙師淵)의 종제(從弟)이다.

33) 『朱熹集』 권55－48, 1193(64세).

34) 육상산이 일찍이 지형문(知荊門)의 자리에 있었기 때문에 그의 죽음을 이렇게 표현한 것이다.

35) 자신의 소유를 소중히 여긴다는 뜻으로, 『東觀雜記』「光武帝紀」에는 자신의 집에

이 아직 매우 정밀하지 못하고 그 마음을 세운 것이 아직 매우 확고하지 못하니, 제 생각에는 마땅히 마음을 비우고 선을 택하여 지당한 귀결을 구하여 스스로 자신의 몸을 선하게 해야 합니다. 이것 이외의 일들은 할 겨를이 없을 뿐만 아니라 또한 마땅히 관여해서도 안 되는 것입니다.

전에 오안인(吳安仁)36)이라는 사람의 서신이 왔었는데,37) 참람하고 무례하여 일찍이 몇 글자 적어 대답하였습니다. 지금 적어 보내드리니 한 번 보시면 혹 도움이 없지 않을 것입니다. 『맹자』의 글자를 베끼면서 '다불가(多不暇)'라는 세 글자는 전혀 쓸데없다고 하셨지만, 아직 개작하지는 못하고 있습니다. 하지만 이것이 또한 학문하는 데 도움이 될 수 있겠습니까? 단지 늙은 저로 하여금 땀만을 흘리게 하는 것은 아닌지요?

足下求官得官, 今所從宦, 又去親庭不遠, 足以往來奉養, 君親之義, 爲不薄矣. 今乃無故幡然自謂棄一官如棄涕唾, 何始慮之不審, 而乃爲此傲睨之詞耶? 此鄙拙之所未喩也.

荊門之訃, 聞之慘怛. 故舊凋落, 自爲可傷, 不計平日議論之同異也. 來喩又謂恨不及見, 其與熹論辨有所底止, 此尤可笑. 蓋老拙之學, 雖極淺近, 然其求之甚艱, 而察之甚審. 視世之道聽塗說於佛老之餘, 而遽自謂有得者, 蓋嘗笑其陋而譏其僭. 豈今垂老, 而肯以其千金, 易人之弊帚者哉? 又況賢者之燭理, 似未甚精, 其立心似未甚定, 竊意且當虛心擇善, 求至當之歸, 以自善其身. 自此之外, 蓋不惟有所不暇, 而亦非所當預也.

向有安仁吳生書來, 狂僭無禮, 嘗以數字答之. 今謾錄去, 試一觀之,

있는 모지라진 비를 천금으로 여긴 위나라의 오질언이란 사람이 나온다.
　　【箚疑】 모지라진 비는 육학(陸學)을 가리킨다.
36) 오소고(吳紹古) : 자는 자사(子嗣)이며, 안인(安仁) 출신이다. 육구연의 문인이다. 다염간판관(茶鹽幹辦官) 등을 역임하였다.
37) 『朱熹集』 권55－47 「答安仁吳生」.

或不爲無補也. 所喻寫孟子字多不暇三大字適冗, 亦未及作. 然此亦何
能有助於學, 而徒使老者揮染耶?

🏵 육자의 생존시에는 주자가 동료와 학생들을 거느리고 그의 강의
를 들었으며, 또한 죽간에 붓글씨 쓰기를 청하여 그것을 받아 보관하면
서 덕에 들어가는 길에서 헤매지 않기를 바랐다.『백록동강의제발』에
서38) 이러한 내용을 고찰할 수 있다. 육자의 죽음에 이르러서는 그를
욕하면서 "불교와 노자에 대해 마구 떠든다" "일찍이 그 비루함을 비웃
고 그 참람함을 비난하였다"고 하니 종전 발어(跋語)에서 싫어하지 않던
태도와 점점 어긋나지 않는가? 태극과 무극에 대한 논의가 바로 육자의
죽음 전 한 두 해에 있었기 때문에 분노한 나머지 이와 같이 말한 것이
다. 서문에서 육자를 헐뜯는 말 역시 모두 기재하였다고 하였으니, 이
서신이 그것이다.

陸子之存也, 則率寮友諸生聽其講, 又請筆之於簡而受藏之, 以祈不
迷於入德之方. 鹿洞講義題跋, 可考也. 迨陸子之沒, 卽詆爲道聽塗說
於佛老之餘, 嘗笑其陋而譏其僭, 與從前跋語不嫌稍牴牾乎? 蓋論「太
極無極」, 正在陸子沒前一二歲間, 憤怒之餘, 故其言如此. 序文謂詆陸
子之言, 亦皆備載, 此書是也.

소기에게 답하다[答邵機]39)

멀리서 서신을 보내주시니 진실로 후의를 입었습니다. 그리고 긴 서

---

38)『朱熹集』권81-54「跋金谿陸主簿白鹿洞書堂講義後」.
39)『朱熹集』권55-50, 1195(66세). 다른 판본에서는 답소숙의(答邵叔義)라고 되어 있
  는 곳도 있다.
　【翼增】 이름은 기(機)인데 일명 호(浩)라고 하며, 금화사람으로서 관직은 지현(知縣)
  이다.

신과 짧은 서신이 그대 마음의 안과 밖을 다 표현했으니, 더욱 그대의 우아한 뜻이 고원함을 볼 수 있습니다. 고후(高侯)[40]께서 선비를 가르치고 백성을 기른 공적에 대해서는 이미 다 썼으니, 보내주신 서신에서 말씀하는 바와 같습니다. 다만 늙고 쇠약하며 병이 많아 눈이 어둡고 정신이 혼미하니 가르치는 학교의 일 이외에는 발명할 수 있는 바가 없습니다. 이 점이 부끄러울 뿐입니다. 고후께서 가르친 바와 그대가 배운 바를 또한 자세하게 얻을 수 없는 것이 안타깝습니다. 하지만 제 생각에 반드시 진정으로 이 학문을 하고자 한다면 또한 마땅히 스스로 그 힘을 다하여 일상생활에서 마음을 보존하고 기를 기르며 글을 읽고 이치를 궁구하되 그 정성을 쌓아 순서에 따라 점차 나아간 후에야 터득할 수 있을 것입니다. 결코 하루아침에 개연히 탄식하고 나서 등급을 뛰어넘고 앉아서 생각을 치달리는 식으로 이를 수 있는 것이 아닙니다.

遠辱惠書, 良荷厚意. 而長牋短幅, 表裏殫盡, 尤見雅志之高遠也. 高侯敎士養民之績, 已悉書之, 如來喩之云矣. 但衰晚多病, 目瞀神昏, 序事之外, 無能有所發明. 此爲愧耳. 至於高侯之所以敎, 與足下之所以學, 亦恨未得其詳. 然竊意必欲實爲此學, 亦當有以自致其力, 於日用之間, 存心養氣, 讀書窮理, 積其精誠, 循序漸進, 然後可得. 決非一旦慨然永嘆, 而躐等坐馳之所能至也.

❀ 소기는 의흥(宜興)의 공생(貢生)이다. 소숙의(邵叔義)는 곧 소숙의(邵叔誼)[41]이며, 육자의 문집에 "마음대로 기의의 글을 상세하게 보았다"는 구절에서 보인다. 육자는 일찍이 소기의를 칭찬하였다. 제주(題注)에서는 "어느 본에서는 숙의(叔義) 두 글자가 없고 기(機)자가 있다"고 하였으니 마땅히 고쳐서 기(機)를 따르는 것이 옳다. 고후(高侯)를 운운한 것은

---

40) 【箚疑】 이름은 상노(商老)이며 의흥현(宜興縣)을 관리하였다.
41) 소숙의(邵叔誼) : 절강 출신이고, 육구연의 문인이다.

곧 상노(商老)가 의흥을 다스릴 때 기(機)를 주자에게 보내 학기(學記)[42]와 창기(倉記)[43]를 쓰도록 청한 것이니, 이때가 경원 원년(1195)이며 주자의 나이는 64세다. 그리고 일상생활에서 힘을 다한다는 설은 육자와 부합된다. 또한 스스로 눈이 어둡다고 말하고 있으니, 또한 주자의 가장 만년의 일이다.

邵機, 宜興貢生也. 邵叔義卽邵叔誼, 見陸子文集任看詳機宜文字. 陸子嘗稱爲邵機宜. 題注云一本無叔義二字, 有機字, 當改從機爲是. 其稱高侯云云, 乃商老令宜興時, 遣機來請朱子作學記倉記, 時則慶元元年, 朱子六十四歲. 而致力日用之說, 合於陸子. 又自言目瞽, 亦朱子最晩年事.

소숙의에게 답하다[答邵叔義] 444)

자정이 서신을 보내 왔는데 별로 의리가 없었습니다. 매번 숨겨서 감히 남에게 널리 보이지 않았는데,[45] 그가 이와 같이 스스로 드러낼 것[46]이라고는 생각지도 못했습니다. 그러나 이 일은 이치가 매우 분명해서 식견이 있는 자들이 당연히 알아야 되겠기에, 당시에는 답신을 하지 않으려 해도 도리어 그럴 수 없었습니다. 육자정[47]이 그대에게 보내는 서신[48]에서도 그것을 기록했는데, 생각건대 매우 만족했던 듯합니다. 대개 그는 글을 쓰면 대부분 사방으로 전하고 오직 남이 알아주지

---

42) 『朱熹集』 권80-14 「常州宜興縣玄學記」.
43) 『朱熹集』 권80-1 「常州宜興縣社學記」.
44) 『朱熹集』 권55-53, 1189(60세).
45) 【節補】 태극을 논한 서신을 말한다.
46) 【記疑】 드러낸다는 의미이다.
47) 【節補】 육구연을 말한다.
48) 【節補】 육구연이 숙의에게 보낸 서신이다. 『陸九淵集』에 보인다.

못할까 두려워했는데, 이것은 그의 평소 모습인지라 매우 괴이하게 여길 것이 없습니다. 우리들은 배운 것을 통해 자신의 식견을 분명하게 하고 바르게 지수하여, 그와 같은 기상과 행동거지를 경계로 삼는 것이 매우 마땅합니다. 태극과 관련된 네 통의 서신은 되는대로 덧붙여 보내니, 의심난 것이 있으면 조목조목 알려주시기 바랍니다. 서승께서 처하신 곳에서는 생각건대 인편이 있을 것입니다. 오대년(吳大年)[49]에 대해 매우 유념하고 있으신데, 생각건대 그는 우선 심양에 머물 것입니다.

子靜書來, 殊無義理. 每爲閉匿, 不敢廣以示人, 不謂渠乃自暴揚如此. 然此事理甚明, 識者自當知之, 當時若便不答, 却不得也. 所與左右書, 渠亦錄來, 想甚得意. 大率渠有文字, 多卽傳播四出, 唯恐人不知, 此其常態, 亦不足深怪. 吾人所學, 却且要自家識見分明, 持守正當, 深當以此等氣象擧止爲戒耳. 太極等書四種, 謾附呈, 恐有所疑, 却望疏示. 徐丞處想時有便也. 吳大年極荷留念, 想且留審陽也.

🜨 육자정의 서신이라고 한 것은 무극에 대해 논한 서신이다. 의리가 없는지에 대한 여부는 반드시 공론이 있어야 한다. 그러나 만족해서 전파하였다고 말했는데, 육자가 어떻게 해서 여기에 이르게 되었는가? 소숙의(邵叔義)에게 보내는 서신을 주자에게 보여주고 주자에게 보내는 서신을 소숙의에게 보여준 것은, 대개 서로 이 이치를 해석하여 밝히려고 했을 뿐이다. 그렇지 않다면 주자에게 보내는 서신을 소숙의에게 보여줘도 된다. 또 소숙의에게 보내는 서신을 주자에게 보낸 것이 어찌 주자 선생이 자신이 만족했음을 전하고자 한 것이겠는가? 육자가 주자와 무극에 대해 논한 것과 소숙의에게 보내는 서신은 모두 무신년(1188)에 있었던 것으로, 당시 주자 나이 59세였다. 두 선생께서 의견이 합치되지

않는 것이 오직 이 몇 년 동안 가장 심했는데, 대개 모두 무극에 대해 논의하는 것이 물과 기름처럼 서로 화합하지 못했기 때문이다.

所云子靜書, 卽論無極書也. 是否無義理, 自有公論. 然謂以得意而傳播, 陸子何至於此? 以與邵書示朱, 又以與朱書示邵, 蓋欲互相講明此理耳. 否則, 以與朱書示邵可矣, 又以與邵書寄朱, 豈亦欲朱子傳播其得意耶? 陸子與朱子論無極, 及與邵叔誼書, 俱在戊申年, 時朱子五十九歲. 兩先生不合, 惟此數年爲甚, 蓋皆由論無極致相冰炭也.

조자흠50)에게 답하다[答趙子欽] 151)

지난번에 보내주신 글을 받고, 제 생각에 그대가 우연히 깨우치지 못한 것이 있어서 경솔하게 답신을 한 것 같습니다.

지금 보내주신 서신을 받아 보니, 곧 평소 깊이 체인하여 확실하게 깨우친 것이니 (제 생각을) 경솔히 드러낸 것이 매우 부끄럽습니다. 그러나 깊이 체인하고 확실히 깨우친 사람이 곧 이와 같은데서 그친다 하더라도, 그대는 이와 같이 하고 나서 곧 쉬어서는 더욱 옳지 않을 것입니다. 『유서』의 정미하지 않는 곳을 삭제하고 『역전』의 아직 지극하지 못한 곳을 탐구하는 것은, 이것은 당시 양시(楊時)와 윤돈(尹焞) 등 여러 선배들도 오히려 감히 가볍게 말씀하지 못하셨는데, 오늘 어찌 감히 이것을 의논할 수 있겠습니까? 다만 보내주신 둔괘에 대한 설명에 대해 저는 아직 이해하지 못한 것이 있습니다. 만약 이것으로 『역전』의 7할52) 정도를 보여 주셨던 마음을 메우려 하는 것은 아마도 합당하지 않는 것 같습니다.

---

50) 조언숙(趙彦肅) : 자는 자흠(子欽), 복재(復齋)선생으로 불렸으며, 엄주(嚴州) 건덕현(建德縣) 출신이다.

51) 『朱熹集』 권56-1, 1186(57세).

52) [記疑] 정이는 『역전』을 문인들에게 보여 주면서, 단지 7할 정도 설명했으니 후인들은 반드시 스스로 몸소 궁구해야 한다고 말씀하셨다.

대체로 요즘의 배우는 사람들은 고원한 것을 좋아하고 폭넓기에 힘 쓰는 병폐가 있는 것 같습니다. 성인의 말씀을 당장의 착실한 곳에서 보려 하지 않고, 반드시 현묘하고 심원한 가르침을 말하려 하며 지리하고 만연한 것을 첨가시키려 하니 자기에게 이익이 되지 않다는 것은 말할 나위 없을 뿐 아니라 남으로 하여금 듣기를 싫어하게 합니다. 만약 도리가 단지 이와 같다면 어찌 선배들이 말할 수 없었겠습니까? 무슨 까닭으로 단지 이처럼 평이하고 간단하여 전혀 사람들을 놀라게 하거나 별로 괴이함도 없는 근거 없는 말을 하십니까? 대개 선배들은 분명하게 깨닫고 익숙하게 생각해서 단지 이런 말 외에 달리 말할 것이 없었을 뿐입니다. 정이선생께서 "단지 7할 정도만을 말했을 뿐이다"고 말씀한 것도 깊이 심취해서 스스로 믿고 터득하는 공부가 곧 배우는 사람들이 스스로 힘을 쓰는데 있다는 것을 말한 것일 뿐입니다. 어찌 다시 외부의 재료를 첨가해서 현주를 빚고 대갱을 조미하려는 것이겠습니까?

또 원형이정 네 글자의 경우, 문왕의 본 뜻에는 건괘와 곤괘가 단지 다른 괘들과 마찬가지로 '크게 형통하여 바름에 이로울' 뿐이었습니다. 공자는 「단전(彖傳)」과 「문언(文言)」을 지어 비로소 건괘와 곤괘를 사덕으로 삼고 다른 괘들은 예전대로 두었습니다. 이 두 성인의 뜻은 같지 않은 것이 아니라 각각 하나의 이치를 밝히신 것일 뿐입니다. 오늘날 배우는 사람들은 우선 마음을 비우고 그 뜻을 완미하여 각각 본문의 뜻에 따라 몸소 깨달아야 합니다. 그리고 문왕과 공자의 설이 서로 같지 않은 곳은 본래 서로 장애가 되지 않으니, 대뜸 자기 생각으로 함부로 주장을 세워 반드시 자기 견해를 두 성인의 설을 끌어다가 서로 같게 만들어[53] 사의(私意)를 기르고 쓸데없는 말을 보태려고 해서는 안 되며, 종일토록 헛되고 경박한 언변에만 분주하게 매달려서 존양(存養)·성찰(省察)이라는 일상생활에서의 공부에 도리어 손해만 있고 이익이 없도록

---

53) **【翼增】** 자흠의 둔괘에 대한 설 또한 사덕으로 경문을 해석하기 때문에 이렇게 말한 것이다.

해서는 안 됩니다.

지난해 서신을 받던 날, 마침 강서 지방의 부자연[傅夢泉]이 좌중에 있기에 내가 그대의 설에 대해 듣고 싶어서[54] 그 서신을 보여 주었습니다. 자연이 '좋지 않다'고 하였지만, 그래도 나는 그렇지 않다고 여겼습니다. 그러나 지금에 와서 보니 나의 견해가 과연 자연에게 부끄러운 바가 되었습니다. 원컨대 그대는 깊이 생각하고 돌이켜 살펴서, 나로 하여금 끝내 부끄러움이 있게 하지 마십시오.

昨承寄及文字, 意謂一時思索, 偶有所未至, 故率易報去.

今承示喩, 乃平日所深體而實見者, 甚愧輕發. 然所謂深體而實見者, 乃止如此, 在賢者似尤不宜如此便休也. 刪遺書之未精, 探易傳之未至, 此在當日楊尹諸先達猶未敢輕言之, 今日安敢議此耶? 只如所示屯卦之說, 深所未曉. 若欲以此揍補易傳七分之心, 恐合不著也.

大率近日學者, 例有好高務廣之病. 將聖人言語, 不肯就當下著實處看, 須要說敎玄妙深遠, 添得支離蔓衍, 未論於己無益, 且是令人厭聽. 若道理只是如此, 前賢豈不會說? 何故却只如此平淡簡短, 都無一種似此大驚小怪底浮說? 蓋是看得分明, 思得爛熟, 只有此話別無可說耳. 其曰只說得七分者, 亦言沈酣浸漬, 自信自得之功, 更在學者自著力耳, 豈是更要別添外料, 釀玄酒而和大羹也耶?

且如元亨利貞四字, 文王本意, 在乾坤者只與諸卦一般, 是大亨而利於正耳. 至孔子作象傳文言, 始以乾坤爲四德, 而諸卦自如其舊. 二聖人之意, 非有不同, 蓋各是發明一理耳. 今學者且當虛心玩味, 各隨本文之意而體會之. 其不同處, 自不相妨, 不可遽以己意, 橫作主張, 必欲挽而同之, 以長私意, 增衍說, 終日馳騖於虛詞浮辨之間, 而於存養省察日用之功, 反有所損而無所益也.

---

54) [記疑] 주자가 듣기를 좋아하는 것을 말한다.

去歲承書之日，適有江西傅子淵在坐. 蓋喜聞足下之說，而以示之. 子淵不善也，熹猶未以爲然. 然自今觀之，則拙者之見，果爲有愧於子淵矣. 願賢者深思而有以反之，勿使熹爲終有愧也.

● 부자연(傅子淵)이 주자를 만나 본 때는 순희 12년(1185)이다. 지금 지난해 좌중에 있었다고 말한 것으로 보아 이 서신은 순희 13년 병오년(1186) 때 쓴 것이니, 주자 나이 57세 때이다. 헛된 말에 분주하게 매달리는 것이 실제 공부에 손해가 있다고 생각하는 것은 이미 육자의 설에 부합된다. 또 주자는 평소 자연을 매우 꾸짖었는데 이 서신에서는 자연에게 부끄러운 바가 있다고 말하고 있으니, 이것은 자연을 또한 일률적으로 꾸짖을 수만은 없다는 의미이다.

子淵見朱子, 在淳熙十二年. 今云去歲在坐, 則此書在十三年丙午歲, 朱子年五十七歲時也. 以馳騖虛詞爲有損實功, 已合於陸子之說矣. 又朱子平日極詆子淵, 此書乃謂有愧於子淵, 是子淵亦未可槪詆也.

조자흠에게 답하다[答趙子欽] 2[55]

보내주신 서신에서 '말은 어눌하게 하고 행동은 민첩하게 한다'는 뜻은 매우 좋습니다. 그러나 앞선 서신에서 제 견해 역시 강구(講求)하지 않고서 오로지 힘써 행함에만 힘을 쓰라고 말한 것은 아닙니다. 성인 말씀의 은미한 뜻은 본래 정미하고 간략하기 때문에, 이처럼 (가지와 덩굴 같은) 지엽적인 것으로 구해서는 안 되니, 그렇게 하면 할수록 성인의 가르침에서 더욱 멀어질 것입니다.

---

55) 『朱熹集』 권56-2, 1186(57세).

示喩訥言敏行之意, 甚善. 然前書鄙論, 亦非謂都不講究而專務力行
也. 正爲聖言微指, 本自精約, 不當如是支蔓以求之, 恐其愈多而愈遠耳.

🔅 "지엽적 것으로는 (구해서는) 안 된다"고 하는 것은 육자가 경전을
설명하는 취지에 부합한다.

不當支蔓, 合於陸子說經之旨.

조자흠에게 답하다[答趙子欽] 4[56]

'스스로 돌이켜보고 기미를 궁구한다'[57]는 가르침은 매우 고맙고 지
극한 뜻이어서 힘쓰지 않을 수 없지만 그 의론에 아직 의심이 없을 수
없습니다. 예컨대 『시』와 『악』의 곡조를 시작해서 마치는 법은 예로부
터 전해왔으니 이와 같이 음조에는 돌아갈 곳이 있어 어지럽게 할 수
없습니다. 사마온공(司馬溫公)의 『서의(書儀)』에는 진실로 옛 제도와 다
부합하지 않은 것이 있었지만 함께 보존했으니, 이로부터 옳고 그름을
살펴볼 수 있습니다. 지금 그 한 마디의 말이 합당하지 않다고 해서 삭
제하려 한다면 또한 경솔한 것 같습니다. 또 저들이 세속의 기호로 고
례를 섞고 내가 억견으로 고악을 고친다면, 어찌 훗날에서 지금을 보는
것이 지금에서 옛날을 보는 것과 같지 않다는 것을 알겠습니까? 당실(堂
室) 제도는 이미 상세하고 실제적이니 인편으로 서둘러 보여주셔서 집
을 새로 짓고자 할 때 혹시 법도로 삼을 만하겠습니다.

육자정은 그 후 서신을 받아 보니 전보다 더욱 심해졌습니다. 대개
그 학문이 마음공부에 있어서는 깨우친 것이 없지는 않지만 다만 이를

---

56)『朱熹集』권56-4, 1189(60세).
57)【翼增】스스로 돌이켜서 이미 잃어버린 것이 있으면 기미의 이치를 궁구한다는 것
　　을 말한다.

믿고서 고금을 내려다보고 다시는 이치를 궁구하는 세밀한 공부를 하지 않아 마침내 그 얻은 것마저도 함께 잃어버리고 만 셈입니다. 그리하여 인욕이 제멋대로 흐르는 데도 그 스스로 알아차리지 못하고서 고담준론을 일삼으면서 천리가 모두 여기에 있다고 하였으니, 그가 말한 마음공부라는 것 또한 어디 있겠습니까?

自反硏幾之喩, 極感至意, 不敢不勉, 但他論有未能無疑者. 如詩樂起調畢曲之法, 乃自古所傳, 如此音調方有歸宿, 不可紊亂. 溫公書儀, 誠有未盡合古制處, 然兼而存之, 自可考見得失. 今以其一詞之不合, 便欲削去, 似亦草率. 且彼以俗尙而雜古禮, 吾以臆見而改古樂, 安知後之視今, 不猶今之視昔耶? 堂室制度, 必已得其詳實, 因便早幸示及, 方欲葺數椽之居, 或可取以爲法耳.

子靜後來得書, 愈甚於前. 大抵其學, 於心地功夫不爲無所見. 但便欲恃此陵跨古今, 更不下窮理細密功夫, 卒並與其所得者而失之. 人欲橫流, 不自知覺, 而高談大論, 以爲天理盡在是也, 則其所謂心地功夫者, 又安在哉?

🌑 나중 서신이 전보다 더욱 심해졌다는 것은 아마도 무극을 논한 두 번째 서신을 가리킨 듯하니, 순희 15년 무신년(1188) 때로 당시 주자 나이 59세였다. 명도선생께서는 "오래도록 마음을 보존하면 이치가 저절로 밝아지는데 어찌 끝까지 궁구하기를 기다리겠는가?"58)라고 말씀하셨다. 지금 육자에게 심학에 대해 깨우친 바가 있다고 말하고서 또 그가 달리 궁리공부를 하였다고 한다면, 모르겠지만 명도선생의 설과 서로 합치하겠는가? 또 육자의 『연보』에서는 그가 어려서부터 바로 독서에 뜻을 두었다고 말하는데, 그의 맏형이 밤에 잠시 일어나서 일찍이

---

58) 『二程遺書』 권2 上-28.

그가 책을 뒤적이고 있는 것을 보았다는 것으로 미루어 보면 그는 궁구하지 않는 자가 아니었다.59)

後書愈甚於前, 蓋指論無極第二書, 在淳熙十五年戊申歲, 時朱子五十九歲時也. 大程子謂存久自明, 何待窮索? 今旣謂陸子有見於心學, 又欲其別爲窮理工夫, 不知與大程子之說相合否? 且陸子年譜稱其自幼讀書便著意, 伯兄夜分起, 嘗見其檢書, 非不窮究者也.

조자흠에게 답하다[答趙子欽] 6[60]

저는 수년 동안 여러 종류의 옛 서적들을 개정하고 직접 만나서 논의하고 싶었으나 그렇게 하지 못했습니다. 대개 저는 최근의 배우는 자들이 도리를 자임하는 것이 지나치게 많아서 마음을 비우고 겸손할 수 없음을 항상 걱정스럽게 생각하고 있었습니다. 천천히 성현들의 말을 보고 그 뜻을 구해야 하는데 자신의 뜻으로 억지로 자신의 마음에 드는 것만을 받아들이려고 하기에, 자질구레한 것에 천착하는 폐단을 면하지 못하는 것입니다. 성현들의 말을 스스로 있도록 하지 못하게 하고 항상 자신의 설명으로 함부로 부려서 협박하고 결박하여 좌지우지하려고 하니, 심한 경우에는 그 형체[61]를 상하게 하면서도 근심하지 않습니다. 이와 같다면 스스로 경전을 만들어도 될 텐데, 왜 반드시 몸을 구부리고 머리를 숙여서 옛사람들의 서책을 읽어야 하겠습니까? 그대가 어떻게 생각하실는지 잘 모르겠습니다.

熹數年來, 有更定舊書數種, 欲得面論而不可得. 大抵愚意常患近世

---

59) 육상산의 나이 11세 때의 일이다.

60) 『朱熹集』 권56-6, 1189(60세).

61) **[翼增]** 성현들의 말의 본뜻을 가리킨다.

學者, 道理太多, 不能虛心退步. 徐觀聖賢之言, 以求其意, 而直以己意強寊其中, 所以不免穿鑿破碎之弊. 使聖賢之言不得自在, 而常爲吾說之所使, 以至劫持縛束而左右之, 甚或傷其形體而不恤也. 如此, 則自我作經可矣, 何必曲躬俯首而讀古人之書哉? 不識明者以爲如何?

⊕ 주자가 요즘 배우는 자들의 병폐를 근심하였지만 다른 사람들은 감히 그 병폐와 같은 일을 할 수 없었으니, 오직 주자만이 『대학』에서 그 병폐에 매우 근접했을 뿐이다. "옛 서적 여러 종을 개정하였다"고 했으니, 어찌 『대학』이나 『효경』과 같은 여러 서책들의 개정본이 지금에는 전하지 않게 되었을까? 그렇지만 주자가 논한 것은 경전을 해석하는 사람들을 위한 훌륭한 방법이니, 육자가 "경전을 볼 때 자신의 견해에 집착해서 스스로 옳다고 여기는 영역에 들어가서는 안 된다"[62]고 배우는 자들을 경계한 것과 매우 부합된다.

朱子患近世學者之病, 他人俱不敢如此, 惟朱子於大學頗近之. 所云更定舊書數種, 豈卽大學孝經諸書, 而改本今不傳耶? 然所論則爲解經者之善法, 與陸子戒學者看經書, 不可執己見, 入自是之域者, 甚相合.

조자흠에게 답하다[答趙子欽] 7[63]

『예도』는 매우 정밀하지만 병든 몸이 더욱 상태가 좋지 않았고, 정보[64]가 이곳에 온 지 얼마 되지 않아 수십일 동안 큰 병이 들었습니다. 정보가 지금 급하게 가야한다고 해서 자세히 살펴서 교정하지 못했습

---

62) 『陸九淵集』 권35 「어록」. "後生看經書, 須著看注疏, 及先儒解釋. 不然執已見議論, 恐入自是之域, 便輕視古人."

63) 『朱熹集』 권56-7, 1189(60세).

64) [翼增] 여정보(余正甫)를 말하는데, 주자는 그에게 『儀禮』를 편찬하도록 시켰다.

니다. 어제 온 황간이 당서제도(堂序制度)를 고증한 것이 그대가 보여준 것과 같지 않지만, 이 또한 살펴서 절충할 수 있는 겨를이 없었습니다. 정보는 가지고 가려고[65] 생각하는 것 같으니, 상세히 살펴서 가르침을 주시기를 바랍니다. 『역설』에 마음 쓰신 것이 매우 정밀하니, 제 생각도 평소에 역학(易學)은 상수(象數)를 떠날 수는 없다는 것이었습니다. 그렇지만 상수의 학문도 반드시 커다란 강령을 얻어야만 점차로 찾아나갈 수 있을 것입니다. 지금 단지 이처럼 번쇄하고 견강부회한다면, 아마 성인의 뜻도 본래 이렇지 않았을 것이니, 헛되이 힘만 낭비하는 꼴입니다. 대개 독서할 때 모름지기 이해되지 않은 것을 이해할 수 있어야 비로소 발전할 수 있는 것이고, 또 의심스러운 것을 잠시 놓아두고서 그 나머지 것들을 반복하다보면, 아마도 성인의 뜻을 얻어 진실된 사리(事理)를 알 수 있기에 아직 이해되지 않는 것도 병폐가 되기에 족하지 않을 것입니다. 정보는 지수(持守) 공부를 지향하고 있으니 쉽게 얻을 수 있는 사람이 아닙니다. 그렇지만 문자를 볼 때는 억지로 이야기하는 곳이 아직도 많으니, 이것이 바로 배우는 자들의 공통된 걱정거리여서 이전의 선배들도 혹은 아직 벗어나지 못한 것입니다. 이전 성인들이 "너그러움으로 처한다"[66]는 것과 자장이 말한 "덕을 잡음이 크지 않다"[67]는 것도 바로 이런 병폐을 구하려는 것일 뿐이니, 그대는 어떻게 생각하는지 모르겠습니다. 직접 만나 이야기 하지 못하고 서신으로 하고 싶은 말을 다할 수가 없는데, 늙고 쇠약해져 병이 많으니 아마도 오래 세상에 있을 것 같지는 않습니다. 혹 일찍 수레를 몰아서 오실 수 있어서 제 마음을 기울이도록 하실 수 있다면 행여 그대가 얻을 수 있는 것이 있을 것이니, 또한 작은 인연은 아닐 것입니다. 요사이 비록 배우는 자들이 여러 명이 있어 그들과 이야기를 하지만 종종 저의 뜻을 다하지 못하고

---

65) 【箚疑】 황간(黃榦)의 당서제도를 가지고 간다는 말이다.
66) 『中庸』 10장.
67) 『論語』 「子張」.

있습니다. 하루아침에 죽게 되면 이 일을 맡길 사람도 없어서 걱정하지 않을 수 없을 뿐입니다.

『대학』, 『논어』, 『맹자』에 대한 설명을 각각 한 통씩 보내니, 이것은 최근에 수정한 것이지만 오히려 억지로 설명하고 힘을 헛되이 낭비한 부분이 있다고 느껴집니다. 수고스럽지만 한 번 보시고, 뵙는 날 직접 논하면서 이와 같은 병폐들을 제거해야 비로소 성인의 본뜻을 알 수 있을 듯합니다.

禮圖甚精, 但病軀尙爾支離, 正甫到此未久, 亦大病數十日. 今又迫歸, 遂不得子細商訂. 但昨來黃㽦考得堂序制度, 頗與來示不同, 亦未暇參考折中. 正甫計必持歸, 幸爲詳之, 因來喩及也. 易說用意固甚精密, 愚意亦素謂易學不可離却象數. 但象數之學, 亦須見得大槪總領, 方可漸次尋探. 今但如此瑣細附合, 恐聖人之意, 本未必爾, 而虛費功力也. 大抵讀書, 須見得有曉不得處, 方是長進, 又更就此闕其所疑, 而反復其餘, 則庶幾得聖人之意, 識事理之眞, 而其不可曉者, 不足爲病矣. 正甫趣向持守, 甚不易得. 但看文字, 亦尙多强說處, 此學者之通患, 如前輩亦或未能免. 先聖所謂寬以居之, 子張所謂執德不弘, 正爲救此病耳, 不識明者以爲如何? 無由面語, 書札不得究所欲言, 而衰晩疾病, 恐不久在世間. 或能早爲命駕一來, 使區區懷抱得以傾倒, 而萬一辱有取焉, 亦非小因緣也. 此間雖有士友數輩, 然與之語, 往往不能盡人意. 一旦溘然, 此事便無所寄, 不得不爲之慮耳.

大學語孟說, 各一通謾往, 此近日所修定, 然尙覺得有硬說費力處. 煩爲一閱, 見日面論須盡去此等病, 方見聖人本意也.

● 육자가 사람들로 하여금 독서하도록 할 때 또한 이전 해석에 의지했지만 알지 못하는 것이 있다면 잠시 옆으로 미루어 두었는데, 이것은 이 서신과 바로 부합된다. 주자 스스로 "세상에 오래 있지 않을 것"이라

고 했으니 가장 만년 때의 글이다. 황간이 『의례』를 편수한 것도 가장 만년 때의 일이다. 그렇지만 『대학』, 『논어』, 『맹자』를 개정하면서도 오히려 스스로 병폐가 있다고 했으니, 지금 사람들이 한 글자도 감히 의심해서는 안 된다고 말하는 것은 아마도 주자의 뜻이 아닐 것이다.

陸子教人讀書, 且依倣舊解, 而不知者姑置之, 與此書正合. 至其自云不久在世, 自是最晚年. 黃壻修儀禮亦最晚年也. 然大學語孟修改, 尙自以爲有病, 今人乃一字不敢置疑, 恐亦非朱子之意矣.

엽정칙[68]에게 답하다[答葉正則] 169)

보내주신 서신에서 호모(毫毛)와 균석(鈞石)[70]의 비유는 바로 맹자가 이른바 심척(尋尺)[71]이라고 한 것이니, 이런 의론이 근세에 많이 있어왔습니다. 그런데 뜻밖에 위기지학의 실질을 보면 많은 말이 없었습니다. 그런데 지금 널리 글을 살펴서 찾고 또 안정되지 못해 번잡한 가슴 속에서 그것을 질정하려 하니, 찾을수록 더욱 얻지 못하는 것이 당연하다 하겠습니다. 이미 그 실질이 어디 있는지 아직 모르고 있으니, 그대가 말씀하신 '백여 년 이래 강론 연구[講貫]해온 것'이란 과연 어떤 일이 그것에 해당하는 것이라고 생각하는지 모르겠지만, 어떻게 대뜸 성현의 마음에 맞지 않는다고 하십니까?

---

68) 엽적(葉適, 1150~1223) : 자는 정칙(正則)이고, 그는 온주(溫州) 영가(永嘉) 출신이다. 만년에 영가성(永嘉城) 밖의 수심촌(水心村)에 살았기에 수심(水心)선생이라고 불렸다. 그는 이학(理學)의 공리공담을 배격하면서 사공(事功)을 강조하는 영가학풍(永嘉學風)을 창시하였다. 저서로는 『水心文集』, 『水心先生別集』, 『習學記言序目』 등이 있다.

69) 『朱熹集』 권56-13, 1185(56세).

70) 【翼增】30근이 균(鈞)이고 4균이 석(石)이다.

71) 『孟子』 「藤文公 下」.

來書毫毛鈞石之喻, 是乃孟子所謂尋尺者. 此等議論近世蓋多有之, 不意明者亦出此也. 古人爲己之實, 無多言語. 今欲博考文字以求之, 而又質之於膠擾未定之胸次, 宜其愈求而愈不得也. 旣未知其實之所在, 則所謂百餘年來之所講貫者, 果指何事以充之, 而遽以爲未合於聖賢之中耶?

⊛ 엽정칙은 주자 만년에 비로소 서신을 통해 질문을 했는데, 그러므로 네 번째 서신에서는 "죽을 날이 얼마 남지 않았다"라는 말이 있는 것이다. "위기지학의 실질을 보면 많은 말이 없다"고 한 것은 바로 육자가 주자는 한가롭게 의론하고 있다고 경계했던 설명이니, 주자도 만년에 이것으로 사람들을 가르쳤던 것이다.

正則於朱子晩年始通書問, 故第四書卽有死亡無日之語. 謂爲己之實, 無多言語, 正陸子戒朱子閒議論之說, 而朱子晩年乃以此敎人也.

엽정칙에게 답하다[答葉正則] 4[72)]

예전에 서로 만난 날이 매우 적음에도 서로 인정해주시는 뜻이 매우 깊었습니다. 중간에 우사(寓舍)에서 함께 앉아 오랜 시간을 보내면서[73)] 그대의 의중을 살펴보았더니 마치 할 말이 있는 듯하였으나 끝내 머뭇거리고 입에서 내놓지 못하였습니다. 전후로 서신을 주고받으면서는 비록 조금 칼끝을 내보이시긴 하였으나, 역시 피차 소회를 다 기울여 실시(實是)의 귀결처를 찾지는 못하였습니다. 그렇지만 선비들이 전송하는 저서와 답문을 봄에 뭉뚱그려 포장하는 식의 말이 대체로 많았으니, 다른 사람이 알지 못할 바일 뿐 아니라 생각건대 그대 또한 모두 마음에

---

72) 『朱熹集』 권56-16, 1191(62세).
73) **[記疑]** 주자가 도성임안에 들어갔을 때의 일인 것 같다.

환히 알아 의심할 바 없지는 못할 듯합니다. 세상이 쇠퇴하고 도가 미약함에 학문을 회피의 대상으로 여겨 상하가 모두 지각없이 그럭저럭 답습해 온 나머지 식견과 의론이 날로 낮아지고 있는 실정입니다. 저들이야 이미 말할 것이 못되지만 우리 쪽 배우는 자들조차도 모두 경솔하고 구차하여 도리의 규모와 순서에 대해서는 전혀 알지 못하면서 대뜸 자기 소견을 가지고 이러저러 생각을 긁어모아 일종의 이야기를 만들어 내어 자신을 높이고 고인을 내려다보곤 합니다. 그렇지만 그 실상을 살펴보면 전적으로 모호한 그림자나 메아리와 같은 말이라 감히 실제적인 것을(實處) 분명히 말하지 못하니, 가만히 생각건대 당사자들의 마음엔들 어찌 미심쩍은 부분이 없겠습니까? 단지 이미 이런 성세(聲勢)를 지어놓은 터라 다시 '알지 못하는 바가 있다'고 할 수는 없겠기에 마침내 줄곧 자기를 기만하고 억지로 애써 버티면서 우선 이렇게 모호한 상태로 밀어붙여 나아가고자 하는 것이니, 이렇게 해서야 끝내 무슨 사업을 성취할 수 있겠습니까? 후세는 말할 것도 없고 오늘날 주위에서 지켜보는 이들 중에도 그 실상을 파악한 사람이 있을 것이며, 다른 사람은 말할 것도 없이 단지 자신의 마음인들 어찌 편안할 수 있겠습니까? 중간에 군거(君擧)74)의 서신을 받았는데, 그 서신에서도 유학과 불교의 차이점을 강구하고 분변하는 것을 깊이 못마땅하게 여겼으니, 그가 이런 주장을 한 까닭은 다름 아니라 단지 자신이 이해한 것이 구체적이고 확실하여 터럭만한 차이도 용납하지 않을 정도가 못 되었기 때문입니다. 그래서 이런 견해를 가지게 된 것일 뿐입니다. 그대와 만나 서로 마음껏 이야기를 나누어보고 싶습니다. 그렇게 하면 아마 피차의 마음을 다 토로하여 하나의 옳은 곳을 찾고 함께 이치를 강구하여 그 근저에까지 도달하며, 크게 눈을 열어서 보고 크게 입을 벌려서 이야기하여 분명하게 취사하고 직접적으로 판단할 수 있을 것이고, 이처럼 앞을 막고

---

74) 진부량(陳傅良, 1137~1203) : 자는 군거, 호는 지재(止齋)이며, 온주(溫州) 서안(瑞安) 출신이다.

뒤를 가리며 말할 듯 말 듯한 삼일된 신부 모양을 하지 않을 터이니, 또한 통쾌하지 않겠습니까?

맹자는 패도와 왕도를 행할 수 있을지라도 그 마음이 동요되지 않을 것이라 자처하였는데, 그 근원을 궁구해보면 단지 피·음·사·둔[75]의 네 가지 병통을 정확히 파악하는 데 있을 뿐입니다. 오늘날의 배우는 자들은 이 점을 알지 못할 뿐 아니라, 살아가는 방법과 토대로 여기는 것이 도리어 이 네 가지 병통 가운데 있으면서, 이런 견식을 가지고 고금을 판단하고 성현을 의론하고 있으니, 어찌 그릇되지 않은 것이겠습니까? 천리를 사이에 두고 만나지 못하는 판에 나는 죽을 날이 얼마 안 남았기 때문에 서신을 통해 애오라지 다시 한 마디 말하였으니, 알지 못하겠지만 그대는 어떻게 생각하십니까? 그러나 이 서신을 남에게 보이지 마십시오. 또 분란만 일으켜 이익은 없고 손해만 있을까 두렵습니다.

유지부(劉智夫)[76]는 사는 곳이 여기와 거리가 100리가 못 되는데도 여름 동안 서로 만나지 못하니 동지는 얻기가 어려운 것 같습니다. 다만 그는 아마 자처함이 이미 너무 높으므로 그런 마음을 놓아버리고 착실히 공부해가려고 하지 않은 듯합니다. 근년 들어 이런 사정을 매우 분명하게 알았으니, 증자는 실로 노둔함으로써 도를 얻은 반면 총명하여 변론을 잘하고 학식이 넓은 자공 같은 이는 끝내 우리 도의 전수에 참여하지 못하는 것이 참으로 까닭이 있음을 이제야 알았습니다.

向來相見之日甚淺, 而荷相與之意甚深. 中間寓舍並坐移晷, 觀左右之意, 若欲有所言者, 而竟囁嚅不能出口. 前後書疏往來, 雖復少見鋒穎, 而亦未能彼此傾倒, 以求實是之歸. 但見士子傳誦所著書, 及答問書尺, 類多籠罩包藏之語, 不唯他人所不解, 意者左右亦自未能曉然於心而無所疑也. 世衰道微, 以學爲諱, 上下相狗, 識見議論, 日益卑下.

---

75) 『孟子』「公孫丑 上」.
76) 유숭지(劉崇之) : 자는 지부(智夫)이다.

彼旣不足言矣. 而吾黨之爲學者, 又皆草率苟簡, 未曾略識道理規模,
功夫次第, 便以己見搏量湊合, 撰出一般說話, 高自標置, 下視古人. 及
考其實, 則全是含糊影響之言, 不敢分明道著實處. 竊料其心, 豈無所
疑? 只是已作如此聲勢, 不可復謂有所不知, 遂不免一向自瞞, 强作撑
拄, 且要如此鶻突將去, 究竟成就得何事業? 未論後世, 只今日旁觀, 便
須有人識破. 未論他人, 只自己方寸, 如何得安穩耶? 中間得君擧書, 亦
深以講究辨切爲不然. 此蓋無他, 只是自家不曾見得親切端的, 不容有
毫釐之差處, 故作此見耳. 欲得會面相與劇談, 庶幾彼此盡情吐露, 尋
一箇是處, 大家講究到底, 大開眼看覷, 大開口說話, 分明去取, 直截剖
判, 不須得如此遮前掩後, 似說不說, 做三日新婦子模樣, 不亦快哉!

孟子自許, 雖行霸王之事而不動其心, 究其根原, 乃只在識破詖淫邪
遁四種病處. 今之學者, 不唯不能識此, 而其所做家計窠窟, 乃反在此
四種病中, 便欲將此見識, 判斷古今, 議論聖賢, 豈不懼哉! 相望千里,
死亡無日, 因書聊復一言, 不審明者以爲如何? 然勿示人, 恐又起鬧, 無
益而有損也.

劉智夫此間相去不百里, 暑中未得款會同志難得. 但恐自處已太高
了, 不肯放下就實做工夫耳. 年來見得此事極分明, 乃知曾子實以魯得
之, 而聰明辨博如子貢者, 終不得與聞, 此道之傳, 眞有以也.

⚫ 주자는 만년에 육자를 헐뜯었고, 또 여조겸도 헐뜯었으니 모두 비
난하는 데 힘을 다했다. 그러므로 엽정칙이나 진지제는 모두 그와 변론
하려고 하지 않았지만 주자는 반드시 그들과 변론하려고 하였으니, 그
는 진실로 변론을 좋아했던 자라고 할 만하다. 이 서신 중 "죽을 날이
얼마 남지 않았다"고 했으니 만년의 일이다. 그렇지만 "증자는 노둔함
으로써 도를 얻었고 자공은 우리 도의 전수에 참여하지 못했다"고 했는
데, 이것은 육자가 자주 인용해서 주자에게 알려주었지만 그가 받아들
이지 않았던 것이다. 그런데 지금 그가 이것을 인용하면서 엽정칙에게

고하고 있으니, 만년의 의견이 같아짐은 진실되구나!

朱子晚年旣詆陸, 又詆呂, 皆譏切極量. 故葉正則陳止齊皆不與辨論,
而朱子必欲其辨, 誠可謂好辨者矣. 此書中云死亡無日, 自是晚年. 然
謂曾子以魯得之, 子貢不得與聞, 乃陸子屢擧以告朱子而不以爲然者,
今乃擧以告正則, 信乎晚年之見同也!

방빈왕77)에게 답하다[答方賓王] 178)

삼가 생각건대 저의 선친 때부터 실로작고하신 시랑장과 종유한 우
호가 있었고, 저도 젊은 시절 주현의 소리(小吏)로 있으면서 시랑장의 휘
하에서 뫼시고 일하면서 과분한 위무(慰撫)를 받았습니다. 그런데도 쇠
약한 몸이라 그 가르침을 감당하지 못하여 만에 하나라도 은덕을 갚지
못하였으니, 매번 그 보살펴주신 후의를 생각하면 부끄럽고 한탄스럽지
않은 적이 없었습니다. 궁벽한 곳에 숨어 사는 터에 질병과 게으름으로
세월을 보내느라 문하에 문안 한 번 드리지 못하였으나 친구들에게 동
정이 어떠신지를 묻고 못 잊어 그리워하지 않은 적이 없었습니다. 근래
도성에 들어갔다가 반달도 못되어 총총히 떠나오는데, 사람을 시켜 길
을 뒤쫓아 와 서신을 보내 저를 경계하고 두텁게 여기고 있는 뜻을 부
쳐주셨으니, 세 번 반복해 읽고 더욱 탄식하였습니다. 그리고 요즘 극도
로 무더운 날씨에 존체에 만복이 깃들고 있음을 알고 또한 위안이 되었
습니다.

서신에서 말씀하신 학문하는 뜻은 구체적이고 합당하여 그 순서를
잃지 않았습니다. 근자에 본 친구 중 이만큼 공부한 이도, 매우 위안이
됩니다. 제 생각으로는 다만 말씀한 세 조목으로 보건대 아마도 이전에

---

77) 방의(方誼) : 자는 빈왕(賓王)이며, 가흥부(嘉興府) 가흥현(嘉興縣) 출신이다.
78) 『朱熹集』 권56−19, 1188(59세).

강론하며 연구한 공부는 오히려 그 극처에까지 궁구하지 못한 것이 있고, 오늘날 이른바 조존·함양이란 것 또한 이전에 강구한 바를 떠나서 따로 하나의 언어로 형용할 수 없는 공부79)를 찾는 것을 면치 못한 듯합니다. 『대학』의 순서는 격물·치지로부터 성의·정심에 이르는 공부들이 두 가지가 아니고, 다만 그 내외와 천심이 저절로 차례가 있을 뿐이니, 오늘 하고 있는 성의·정심은 옳고 전날 하던 격물·치지는 그르다 하는 것은 아닙니다. 알지 못하겠지만 그대는 어떻게 생각하십니까? 『연평행장』 중의 말은80) 바로 당시에 내가 직접 들은 공부하는 순서인데, 지금 성현의 말씀과 진덕수업의 실제로써 징험해보면 아마도 역시 본래 한 때 학문으로 들어가는 곳일 뿐이니, 다시 잘 헤아려보지 않을 수 없습니다. 이천선생이 심(心)은 이발(已發)이라고 논하신 것81)은 뒤의 서신에서 이것은 진실로 합당하지 않다고 했으니82) 한 때의 말로서 작은 잘못을 면하지 못한 것입니다. 반드시 뒤의 설명처럼 말해야 병폐가 없게 됩니다. 본성은 본체이고 감정은 작용이고 마음은 이것을 통관하니 반드시 횡거선생이 말한 "마음이 본성과 감정을 통어한다"83)고 해야 그 말이 정밀해집니다. 충(忠)과 신(信)에 대한 설명은 대개 매우 훌륭합니다. 그렇지만 이치의 옳고 그름, 사태의 합당함과 그렇지 않음은 아마도 마땅히 시비와 수오의 단서에서 논의해야 하니, 충과 신이란 이름이 반드시 이런 식으로 진설되어서는 안 될 것입니다.

길가의 객사에서 조급하게 서신을 쓰니 말이 뜻을 다하지 못해서 온당하지 못한 곳이 있을 것 같아, 다시 가르침을 바라고 있습니다. 서신이 있으시다면 여자화(呂子和)에게 맡겨 무주에 있는 제 딸에게 보내면, 그 사이에 인편이 있을 것 같습니다. 아직 직접 만나 논의하지 못하니,

---

79) 【記疑】 선불교와 같은 부류를 가리킨다.
80) 【記疑】 주자가 지은 『延平行狀』 중 '미발(未發)의 때에 중(中)을 구한다'는 말이 있다.
81) 『二程集』, 『文集』 9-19 「與呂大臨論中書」.
82) 위의 책.
83) 『張子全書』 「性理拾遺」.

슬픔을 어찌 이길 수 있겠습니까마는, 때에 맞게 자애하여 제 마음에 위안을 주시기를 매우 바라고 있습니다.

伏自先人, 寔與先侍郎丈有遊從之好, 而熹蚤歲又得以州縣小吏趨走幕府之下, 辱慰薦焉. 衰悴無堪, 不能有以報效萬一, 每念知顧之重, 未嘗不愧且歎也. 屛居衰僻, 病懶相仍, 又不能一通問訊門下, 然知舊間, 亦未嘗不詢扣動靜而鄕往不忘也. 屬者入都, 不能半月而匆匆以去, 乃辱專人追路, 惠以手書, 意寄勤厚, 三復增歎. 且審卽日極暑, 尊候萬福, 又以爲慰.

示喩爲學之意, 親切的當而不失其序. 近日所見朋友講習, 未有能及此者, 甚慰鄙意. 但以所謂三條觀之, 恐前日講貫之功, 猶有未究其極者, 而今日所謂操存涵養者, 又不免離却前日所講, 別作一段不言不語底功夫也. 大學之序, 自格物致知以至於誠意正心, 不是兩事, 但其內外淺深, 自有次第耳. 非以今日之誠意正心爲是, 卽悔前日之格物致知爲非也, 不識明者以爲如何? 如延平行狀中語, 乃是當時所聞其用功之次第, 今以聖賢之言進修之實驗之, 恐亦自是其一時入處, 未免更有商量也. 程子所論心指已發, 後書明言, 此固未當, 則是一時言語, 不免小差. 須如後說, 乃爲無病. 蓋性爲體, 情爲用, 而心則貫之, 必如橫渠先生所謂心統性情者, 其語爲精密也. 忠信之說, 大槪甚善. 但理之是非, 事之當否, 恐當於是非羞惡之端論之, 忠信之得名, 未必爲此設也.

道旁客舍, 草草布此, 言不盡意, 恐有未安, 更俟垂喩. 有書只託呂子和發書至婺女, 彼中時有便也. 未由面講, 豈勝悵然, 唯冀以時珍衛, 用慰遠懷, 千萬之望!

⊙ "쇠약함을 감당할 수 없다"고 했으니 만년의 일이다. "도성에 들어간 지 반 개월"이라고 한 것은 무신년(1188) 때 황제의 부름을 받았던 일을 말하니, 이때 주자의 나이 59세였다. "격물치지"와 "성의정심"이

두 가지 일이 아니라고 했는데, 양명선생도 일찍이 이런 설을 지지했으나84) 배우는 자들이 떼를 지어 의심했던 것은 그들이 이 설이 주자로부터 나왔던 것을 알지 못했기 때문이다. 또 이 설은 사실 "학문의 방법은 다른 데 있는 것이 아니라 방심(放心)을 구하는 데 있을 뿐"이라는 맹자의 말과 같은 것이니, 육자도 주로 이것으로 학문을 하고 사람들을 가르쳤던 사람이다.

衰悴無堪, 自是晚年. 入都半月, 則戊申召對也, 時年五十九歲. 謂格致誠正不是兩事, 則陽明先生嘗持此說, 而學者群疑, 不知其說出於朱子, 其實卽孟子所謂學問之道無他, 求其放心而已, 而陸子主以爲學, 因用以敎人者也.

방빈왕에게 답하다[答方賓王] 2⁸⁵⁾

별지로 보여주신 것의 경우, 이전에 절중의 친구들이 대부분 한쪽으로 치우친 논의를 세워서 지나치게 걱정한 적이 있었습니다. 존양의 공부는 당연히 정좌할 때에만 있는 것이 아니니, 반드시 일상생활 모든 동정 중 어느 곳에서든 공부하지 않음이 없어야 존양 공부에 끊어짐이 없게 될 것입니다. 심(心), 성(性), 그리고 정(情)에 대한 설명은 이미 옳게 보셨습니다. 그렇지만 성이란 이치이니 지금은 수많은 이치가 나온 바를 흡사 별도의 하나의 물건으로 생각하고 있으신 것 같습니다. 소강절선생은 "성이란 도의 형체"86)라고 하였는데 이 말이 친절한 것 같습니다. 또 "고요할 때 보존할 줄 모르면 성은 중(中)을 얻을 수 없다"고 했지만, 성이 반드시 중(中)한 것은 물이 반드시 찬 것과 불이 반드시 뜨거운 것과 같은 것

---

84) 『傳習錄』 124.

85) 『朱熹集』 권56-20, 1189(60세).

86) 『伊川擊壤集』 「序」.

입니다. 단지 사람들이 그 성을 상실하고 기질적인 훈습이 그것을 어둡게 하여 중하지 못한 경우가 있는 것이지 성이 그 중을 얻지 못한 것은 아닙니다. 제 뜻은 이와 같은데, 옳은지 모르겠습니다.

別紙所喩, 向亦見浙中士友, 多立一偏之論, 故爾過憂. 然存養之功, 亦不當專在靜坐時, 須於日用動靜之間, 無處不下功夫, 乃無間斷耳. 心性情之說, 亦已得之. 但性卽理也, 今以爲萬理之所自出, 又似別是一物. 康節先生云, 性者, 道之形體, 此語却似親切也. 又云, 靜而不知所存, 則性不得其中. 性之必中, 如水之必寒, 火之必熱. 但爲人失其性, 而氣習昏之, 故有不中, 而非性之不得其中也. 鄙意如此, 未知是否?

⬤ 첫 번째 서신에서 이미 "쇠약하다"고 말했으니, 이 두 번째 서신도 반드시 만년 때의 것이다. 존양(存養) 공부는 고요할 때에만 있는 것이 아니라, 일용(日用) 동정(動靜) 간 어느 때이든 공부하지 않음이 없어야 한다고 했으니, 이것은 바로 육자가 "사람의 실정, 사태의 추세, 사물의 이치에서 공부하라"고 했던 것과 같은 것이다.

第一書旣云衰悴, 則第二書亦必晚年矣. 存養之功, 不專在靜, 日用動靜之間, 無處不下工夫, 卽陸子所謂在人情事勢物理上用功也.

방빈왕에게 답하다[答方賓王] 15[87]

존덕성과 도문학의 두 공부에[88] 진보한 곳이 있다니 매우 좋습니다. 이 또한 그대가 함께 절차탁마해준 힘의 덕택이겠지만, 시론(時論)이 이미 이와 같으니 물러나지 않을 수 있겠습니까? 주남중(周南仲)[89]으로부

---

87) 『朱熹集』 권56-33, 1196(67세).
88) '덕문(德問)'은 각각 존덕성(尊德性)과 도문학(道問學)의 두 공부를 말한다.

터 오는 서신은 매우 정성스럽지만, 안배하고 헤아리는 뜻이 많아 곧바로 앞으로 나아가는 기상이 없음을 느꼈습니다. 만약 줄곧 이와 같이 머뭇머뭇 지체한다면, 아마 시작점을 찾지 못할 것입니다. 말씀하신 본원을 함양하는 공부는 참으로 끊어지기 쉽습니다. 그러나 끊어졌음을 깨닫자마자 그 자체가 곧 이어지는 곳이니, 단지 늘 스스로 깨우쳐 조금씩 공부 쌓기를 오래 지속하면 자연히 접속되어 타성일편(打成一片)[90]이 될 것입니다. 강학 공부 역시 이와 마찬가지입니다. 사물의 크고 작음과 이치의 얕고 깊음을 막론하고 다만 무엇이든지 눈 앞에 이르는 즉시 끝까지 이해하는 방식으로 공부를 오래 지속하면 자연히 이치가 마음에 푹 젖어들어 관통될 것입니다.

德聞知有進處, 甚善. 此亦賢者切磋之力, 但不知時論旣爾, 能不退轉否耳? 周南仲書來甚勤, 然覺得安排準擬之意多, 而無驀直向前之氣. 若一向如此遲回擔閣, 恐難得入頭處也. 所喩涵養本原之功, 誠易間斷, 然纔覺得間斷. 便是相續處, 只要常自提撕, 分寸積累將去, 久之自然接續, 打成一片耳. 講學功夫, 亦是如此. 莫論事之大小, 理之淺深, 但到目前, 卽與理會到底, 久之自然浹洽貫通也.

◉ 열세 번째 서신에서 벼슬을 사양할 수 있었는데, 이번 서신은 열다섯 번째 서신이니 모두 70세(1199) 때의 말이다. "늘 스스로 깨우친다"고 말한 것은 육자와 부합된다.

第十三書得請取仕, 此第十五書也, 皆七十歲時語. 常自提撕云云, 與陸子合.

---

89) 주남(周南) : 자는 남중(南仲), 호는 산방(山房)이며, 오현(吳縣) 출신이다. 엽적의 문인이다. 1184년 진사가 되었고, 지주교수(池州敎授) 등을 역임하였다. 경원당안중의 한 사람이다. 저서에 『山房集』이 있다.

90) 불교의 말로 주관과 객관이 합일하여 인위적인 노력이 없이 자연스럽게 되는 경지를 말한다.

정자상[91]에게 답하다[答鄭子上] 2[92]

논의하신 것의 대부분이 옳습니다. 제가 우연히 일 때문에 가까운 마을에 나가느라고 서신을 휴대하지 못해서 하나하나 자세히 답을 하지 못했습니다. 그 사이에 한두 가지 마땅히 생각해야 할 것이 있어서, 조만간 인편이 있다면 서신을 부치도록 하겠습니다. "방심(放心)을 구한다"는 『맹자』의 한 조목의 경우,[93] 평상시 경솔히 보았는데 지금 보니 진실로 학문의 요체여서 유념하지 않을 수 없습니다.

所論大槪, 多得之. 偶以事出近村, 不曾帶得書來, 不及一一奉報. 其間亦有一二合商量處, 且夕當別有便, 却附書也. 孟子求放心一條, 尋常亦草草看了, 以今觀之, 眞是學問之要, 不可不留意也.

⊛ 주자 나이 57세(1186) 때 정자상은 처음으로 와서 그에게서 배웠다. 그들이 상세하게 강론한 것은 대부분 주자가 장주의 지사로 있었던 뒤의 일이다. 주자가 그를 손자들의 선생으로 초대했을 때, 그의 나이 60여 세였다. "방심(放心)을 구한다"는 한 마디의 말은 육자가 평생 가슴에 담아두었던 것인데, 주자도 만년에 비로소 이것을 알게 되었다. 그러므로 주자의 만년은 "(육자와) 부절이 서로 합하는 것과 같다"고 한 것이다. 세 번째 서신의 의미도 마찬가지다.

朱子年五十七, 子上始來從學. 其講論之詳, 多在漳州以後. 延請爲諸孫師時, 則朱子年六十餘矣. 求放心一語, 陸子生平所服膺者, 朱子晚年乃始知之. 故曰晚年如符節之相合也. 第三書意同.

---

91) 정가학(鄭可學, 1152~1212) : 자는 자상(子上), 흥화군(興化軍) 보전현(莆田縣) 출신이다. 그를 만난 주자는 그를 늦게 만난 것이 한탄스럽다고 할 정도로, 주자의 총애를 받았던 사람이다.

92) 『朱熹集』 권56−41, 1191(62세).

93) 『孟子』「告子 上」11장. '學問之道, 無他, 求其放心而已矣.'

정자상에게 답하다[答鄭子上] 3[94]

보내주신 인심과 도심의 설은 이전에 비해 더욱더 정밀해진 것 같습니다. 그렇지만 항상 이처럼 마음을 비우고 정묘하게 살펴야 이전 설의 시비를 깨달아 점차로 나아질 수 있습니다. 매우 좋습니다. 지금 말씀하신 "반드시 도심이 있어야 인심을 쓸 수 있다"고 말한 여러 말들도 또한 아직 분명하지 않은 듯합니다. 이른바 "지키는 것이 안정되어야 비로소 치지하고 궁리할 수 있다"고 한 말씀은 매우 타당합니다. 맹자도 "학문의 도는 다른 것이 없고 그 잃어버린 마음을 찾는 것일 뿐이다"라고 했지만, 어찌 이것이 이 일 밖에 다시 다른 일이 없다는 뜻이겠습니까? 단지 이 근본이 서지 않는다면 곧 공부를 착수할 곳이 없고, 이 근본이 서면 곧 자연히 지름길을 찾아서 전진하기를 그치지 않게 된다는 뜻일 뿐입니다.

所喻人心道心之說, 比舊盒精密矣. 但常如此虛心精察, 自然見得舊說是非, 漸次長進矣. 甚善! 甚善! 今說如云必有道心然後可以用於人心以下數語, 亦未瑩也. 所謂守得定, 方可以致知窮理, 此說甚當. 孟子云學問之道無他, 求其放心而已, 豈是此事之外, 更無他事? 只是此本不立, 卽無可下手處. 此本旣立, 卽自然尋得路逕, 進進不已耳.

정자상에게 답하다[答鄭子上] 6[95]

보내주신 『대학』의 의문점은 매우 좋습니다. 다만 예전의 논의는 자못 본말이 도치되어 독자가 여기에 빠져버려 긴요하고 절실하게 공부

---

94) 『朱熹集』 권56−42, 1191(62세).
95) 『朱熹集』 권56−4, 1189(60세).

하는 것을 알지 못합니다. 자세하게 보면, 경문은 단지 대체의 규모에서 미루어 말하고 있을 뿐이지 실제 이런 점차적인 단계를 경과한 뒤에야 격물에 이른다는 뜻은 아닙니다. 그러므로 뒤에 자못 옛말을 삭제한 것도 이 때문일 뿐입니다. 보망장에서 정자의 말을 다 쓸 수 없었기 때문에 대략 설파[96]한 것이지 깊은 뜻은 없습니다.『대학』을 볼 경우에는 먼저 정신을 긴장시켜 이해하게 만들어 대체의 규모를 취하고 나서 돌이켜 실제적인 착수처를 찾아 바짝 공부해야지, 단지 이러한 진행 절차를 지키고서 곧 핵심처[97]에 도달했다고 인식해서는 안 됩니다.

所諭大學之疑, 甚善. 但覺前日之論頗涉倒置, 故讀者汩沒, 不知緊切用功. 子細看來, 經文只是就大體規模上推說將來耳, 非謂實經此漸次等級, 然後及於格物也. 故後來頗削舊語, 意以此耳. 補亡不能盡用程子之言, 故略說破, 亦無深意也. 大抵看大學, 須先緊著精神領略, 取大體規模, 却便回來尋箇實下手處, 著緊用功, 不可只守著此箇行程節次, 便認作到頭處也.

🌑 먼저 궁리하고 나중에 성의하는 것은 먼저 글을 배우고 뒤에 효제하여 삼가 미덥고 친해하는 것이므로 '도치'라고 한 것이다. 주자가 "보망장에서 정자의 말을 다 쓸 수 없었다"고 한 것은 두 정자의 개정본이 지본(知本)을 지지(知至)로 여기면서 고치지 않았기 때문이다. "대체의 규모를 이해한다"는 것은 지본이다. "실제적으로 착수하여 바짝 공부한다"는 것은 "대학의 공부는 성을 삼는다"고 한 공영달의 소와 같은 뜻이다. 여기에 이르러 이미 고본을 바꿀 수 없다는 점을 안 것이다.

先窮理而後誠意, 是先學文而後孝悌, 謹信親愛, 故曰倒置. 朱子自

謂補亡不能盡用程子之言，蓋二程子改本，以知本爲知至，未嘗改也. 領略大體規模，知本是也. 實下手處，著緊用功，孔疏所謂大學之功，以 誠爲先意也. 至此已知古本之不可易矣.

이요경[98]에게 답하다[答李堯卿] [99]

보내주신 서신에 있는 의의(疑義)에 대해서는 이미 모두 답변하였습니다. 다만 마땅히 드러나 있는 문장의 뜻에 근거하여 반복해서 완미하면 절로 깊은 취지를 깨달을 수 있을 것이니, 굳이 이처럼 견강부회하여 설을 세움으로써 일에 이익이 없도록 할 필요는 없을 것입니다. 안경[100]이 보낸 서신이 왔는데, 도리를 간파한 것이 매우 정밀하여 이곳의 학생들 가운데 또한 미칠 수 있는 자가 없습니다. 혼례의 시기가 멀지 않음을 알게 되었으니, 진정 덕있는 가문의 경사입니다. 이 보잘 것 없는 남관[101] 또한 우리의 도를 위해 이 사람을 얻게 된 것이 기쁩니다. 등(鄧) 수령이 근무지에 부임한 지 이미 오래되었으니 모든 일이 한 번 새로워져야 합니다. 소금 업무는 이미 정승(鄭丞)에게 맡겼다고 조규(趙糾)가 말을 했는데, 용감하게 일하고 있는지요?

示及疑義, 已悉奉報. 但恐且當據見成文義, 反復玩味, 自見深趣, 不 必如此附會立說, 無益於事也. 安卿書來, 看得道理儘密, 此間諸生亦 未有及之者. 知昏期不遠, 正爲德門之慶. 區區南官, 亦喜爲吾道得此

---

98) 이당자(李唐咨) : 자는 요경(堯卿)이며, 장주용계현(漳州龍溪縣) 출신이다. 주자의 문인이다.
99) 『朱熹集』 권57－4, 1191(62세).
100) 진순(陳淳, 1159~1223) : 자는 안경(安卿), 호는 북계(北溪)이며, 용계(龍溪) 출신이다.
101) 남쪽 지방의 관리란 뜻으로 당시 주자가 다스리던 장주(漳州)가 남쪽에 있기 때문에 남관이라 표현한 것이다.

人也. 鄧守下車旣久, 諸事當一新. 鹽筴已囑鄭丞, 趙糾言之, 未知能勇
爲否?

● 독서의 방법을 논의한 것은 육자의 뜻과 동일하니 당연히 주자 만
년의 논의다. 50세 이전에는 옛 경전에 대해 마음대로 입론하고 다시
보충하였다. 진안경이 배운 것은 장주에서였다. 남관이란 또한 장주를
다스릴 때이니, 이때 주자의 나이는 61세다.

論讀書之法, 與陸子意同, 自是朱子晚年之論. 若五十以前, 便將古
經隨意立論, 更張補綴矣. 安卿從學在漳州. 南官亦指守漳時, 朱子六
十一歲.

사성지102)에게 답하다[答謝成之]103)

저는 병들고 늙어 갈수록 쇠약해진 것이 금년에 더욱 심하니, 이는
당연한 이치로서 괴이할 만한 것이 없습니다. 하물며 몸 밖의 아득한
일을 또한 다시 마음속에 둘 수 있겠습니까? 한스러운 점은 도를 들은
것이 이미 늦었는데 그것을 행하는 데 힘쓰지 않아, 위로는 임금을 깨
우치지 않고 아래로는 시대의 풍속을 변화시키지 못해 유학사문(斯文)으
로 하여금 암흑의 상황이 된 것입니다. 이러한 점 때문에 고인에게 부
끄러움이 없을 수 없을 뿐입니다. 보여주신 이전설(二典說)104)은 대개 옳
은 듯한데 눈이 어두워 아직 자세히 보지 못하였습니다.
이곳에서 금년에는 와서 배우려는 사람이 전혀 없고, 단지 소무(邵武)

---

102) 사몽생(謝夢生): 자는 성지(性之), 또는 맹이(孟頤)이며, 온주(溫州) 영가현(永嘉縣)
　　 출신이다.
103) 『朱熹集』 권58-6, 1198(69세).
104) 「堯典」과 「舜典」에 대한 설을 말한다.

지역의 한 친구만 있습니다. 『서설』을 편집하는 일이 아직 미비한데 근래 또 상(喪)을 만났으니, 조금 안정되기를 기다린 뒤에 불러서 강구해야 합니다. 또한 『시전』을 모방하여 하나의 글을 쓰는데 저 편에서 내가 본 뒤 편105)을 계속 보내오니 더욱 다행이며 아마도 도움이 될 것입니다. 다만 삼산 임소영(林少穎)106)의 설도 취할 바가 많은데도 편입되지 않은 것은 어째서입니까? 이씨설은 누구를 말합니까? 그가 방훈(放勳)이란 글자 뜻을 논한 것은 임씨의 설과 바로 비슷하며,107) 또 '공경하라[欽哉]'를 두 여인을 경계하는 글로 본 것은 바로 저의 뜻과 부합됩니다. "이 사람에게 시집을 보내 두 딸에게서 그 법도를 살펴보겠다"고 한 것은 모두 요임금의 말입니다. 그 아래에서 "두 딸을 위수의 북쪽에 내려보내 순(舜)의 아내가 되게 했다"고 한 것은 사관이 요임금이 두 딸을 위수로 내려 시집을 보내 순의 부인이 되게 한 것을 기록한 것이요, 이에 요임금이 '공경하라'는 것으로 경계한 것은 바로 '반드시 경하고 반드시 경계하라'는 말이니, 이는 서사의 문체입니다. 공안국의 전에서부터 '이 사람에게 시집보내다' 이하를 사관의 기록으로 여겼기 때문에 그 본지를 상실했을 뿐입니다.

여러 시들 역시 훌륭하지만 이런 일은 시간을 낭비하고 자신에게 절실하지 않는 것입니다. 학문하는 것을 논한다면 자신을 다스리고 남을 다스리는 데 얼마의 일이 있겠습니까? 천문과 지리, 예악과 제도, 군대와 형법 모두 착실하고 유용한 사업이며 자기 본분 안의 일 아닌 것이 없습니다. 옛사람이 육예의 가르침으로 그 마음을 노닐게 하는 것은 바로 여기에 있었습니다. 이는 헛말에 마음을 쏟으며 책 사이에서 능숙함

---

105) 【箚疑】 저 편[彼編]은 성지(成之)가 편집한 것이며, 본 것[所看]은 선생이 보신 것이다. 이것은 성지가 편집한 것 가운데 내가 본 이전(二典) 뒤의 여러 편을 말한다.
106) 임지기(林之奇) : 자는 소영(少穎)·졸재(拙齋)이며, 후관(侯官) 출신이다. 삼산선생(三山先生)이라고 칭한다. 소흥기사(紹興己巳)년에 진사(進士)가 되어, 교서랑(校書郎)·종정승(宗正丞) 등을 역임했다. 저서에 『拙齋集』이 있다
107) 요임금의 공훈이 사방을 넘어서까지 떨친다는 뜻이다.

과 서투름을 견주는 사람과 그 손익이 서로 엄청 차이가 날 것입니다. 만약 단지 시로써 말한다면, 도연명의 경지가 높은 까닭은 바로 그가 초연히 자득해서 헛되이 안배하지 않는 곳에 있기 때문입니다. 소동파 는 편마다 구마다 운에 따라 조화롭고자 하였는데, 비록 그의 높은 자 질 때문에 응당 딱딱 들어맞아 헛되이 힘을 쓰지 않은 듯하지만 이미 자연의 취지를 상실하였으니, 하물며 지금 그 뒤에 나온 사람들이야 어 떠하겠습니까? 가령 곤란한 상황을 통해 특이한 것을 깨달을 수 있다 하더라도, 그것이 어찌 시를 이야기할 수 있는 까닭이 될 수 있겠습니 까? 동파 역시 이것[108]을 스스로 알았으니, 그가 지은 「황자사시서」에 서 이백과 두보를 논한 곳을 보면 저절로 알 수 있습니다.[109] 다만 타고 난 재주가 함부로 부리고 또 세상 사람들의 안목을 놀라게 하고자 하기 때문에 이처럼 세속적인 계획[110]을 면하지 못할 뿐입니다.

熹病老益衰, 今年尤甚, 亦理之常, 無足怪者. 況身外之悠悠, 又可復 置胸中耶? 所恨聞道旣晚, 而行之不力, 上無以悟主聽, 下無以變時習, 而使斯文蒙其黮闇. 是則不能無愧於古人耳. 所示二典說, 大槪近似, 目昏尙未及細看.

此中今年絶無來學者, 只邵武一朋友. 見編書說未備, 近又遭喪, 俟 其稍定, 當招來講究. 亦放詩傳作一書, 彼編所看後編, 得接續寄來, 尤 幸, 恐當有所助耳. 但三山林少穎說亦多可取, 乃不見編入, 何耶? 李氏 說爲誰? 其論放勳字義, 與林說正相似, 又以欽哉爲戒飭二女之詞, 則 正與鄙意合也. 蓋女于時, 觀厥刑于二女, 皆堯語. 其下云釐降二女于 嬀汭, 嬪于虞. 乃是史記其下嫁二女於嬀水, 而爲婦於虞氏, 於是堯戒

---

108) 【箚疑】 이것은 그 자연의 취지를 상실했다는 것을 말한다.
109) 「書黃子思詩集後」. "李太白、杜子美以英瑋絶世之姿, 凌跨百代, 古今詩人盡廢, 然魏晉以來, 高風絶塵, 亦少衰矣."
110) 【箚疑】 곤란을 통해 기이한 것을 깨닫는 것이다.

以欽哉, 正如所謂必敬必戒者, 乃敍事之體也. 自孔傳便以女於時以下
爲史官所記, 故失其指耳.

諸詩亦佳, 但此等亦是枉費功夫, 不切自己底事. 若論爲學, 治己治
人有多少事, 至如天文地理, 禮樂制度, 軍旅刑法, 皆是著實有用之事
業, 無非自己本分內事. 古人六藝之敎, 所以游其心者, 正在於此. 其與
玩意於空言, 以校工拙於篇牘之間者, 其損益相萬萬矣! 若但以詩言之,
則淵明所以爲高, 正在其超然自得, 不費安排處. 東坡乃欲篇篇句句,
依韻而和之, 雖其高才合揍得著, 似不費力, 然已失其自然之趣矣, 況
今又出其後? 正使能因難而見奇, 亦豈所以言詩也哉? 東坡亦自曉此,
觀其所作黃子思詩序論李杜處, 便自可見. 但爲才氣所使, 又頗要驚俗
眼, 所以不免爲此俗下之計耳.

✆ 머리 부분에서 "병들고 늙어 갈수록 쇠약해짐이 더욱 심하다"고
했고 또한 "도를 들은 것이 이미 늦었다"고 하였으니 당연히 주자 만년
의 서신이다. 주자 평생에 시를 지은 것이 적지 않은데, 이때에 이르러
서야 비로소 그것이 헛되게 낭비하는 공부임을 알게 되었으니 이른바
"도를 들음이 늦었다"는 말의 경우 이 역시 그 일단이다. 천문과 지리
등에 초년에는 정신을 피폐하고 수고롭게 해서 박학을 소중히 여겨 육
자가 근거하는 바가 없다는 점을 나무랐다가 지금에야 비로소 육예의
가르침이 마음을 노니는 도구에 불과하다는 것을 알았으니, 이것은 마
땅히 「희청(喜晴)」111)이란 시의 뒤에 있어야 한다. 그리고 육자가 즐거
워한 것을 주자는 이때가 되어서야 알게 된 것이다.

首云病老益衰, 又云聞道旣晚, 自是晚年之書. 朱子生平作詩不少,
至是始知枉費功夫, 所謂聞道之晚, 此亦一端也. 天文地理等, 初年疲
精勞神, 以矜浩博, 而譏陸子下稍沒襯塾, 今始知六藝之敎, 不過游心

---

111) 「喜晴」. "衝飈動高柳, 渌水澹微波. 日照秋空淨, 雨餘寒草多. 放懷遺簿領, 發興託
煙蘿. 忽念故園日, 東阡時一過."

之具, 此當在喜晴詩後. 而陸子所喜爲, 元晦至是有覺者也.

진염부112)에게 답하다[答陳廉夫]113)

　　보내주신 서신이 자세하고 길어서 고상하신 의중을 알기에 충분하였습니다. 다만 학문을 하는 공부는 일상생활에서 벗어나지 않습니다. 몸가짐을 단속하는 일은 움직이거나 조용히 있거나 말하거나 묵묵히 있을 때에 하는 것이며, 집안에 있을 때에는 부모와 윗사람을 섬기고, 궁리는 독서하고 의리를 강론하는 일입니다. 무릇 하나의 옳고 그름을 분별하여 그름을 버리고 옳음을 취하고자 할 뿐이며 말할 만한 현묘한 것은 따로 없습니다. 지극히 가깝고 지극히 쉬운 것을 논하면 곧 지금 힘을 쓸 수 있으며, 지극히 급하고 지극히 절실한 것을 논하면 곧 지금 힘을 쓸 수 있으니 더 이상 지체하거나 의심해서는 안 됩니다. 일단 깊고 얕음을 따라 하루의 힘을 쓰면 곧 하루의 효과가 생깁니다. 의심스런 부분에 이르면 다른 사람을 찾아가서114) 함께 생각하는 것이 좋으니, 이리하면 그가 어느 정도까지 나아지고 통달할 것인지는 헤아릴 수도 없게 될 것입니다. 만약 지금 곧 착수하지 않고 반드시 뒷날을 기다리고 멀리 스승과 벗을 구한 뒤에 힘을 쓴다면, 마땅히 해야 할 친절한 공부를 눈앞에서 지나쳐버리고 얻기 어려운 젊은 시절을 헛되이 보내게 될 것입니다. 그러면 다른 날 성현을 만나 그를 스승으로 모시더라도, 또한 단련을 받을 수 있을 정도115)로 축적되어 의지할 만한 자질이 없기 때문에, 반드시 그 성현도 진정한 도움이 될 수는 없을 것입니다.

---

112) 진지(陳址, 1170~1197)를 말하는데, 흥화군(興化軍) 보전현(莆田縣) 출신이다.

113) 『朱熹集』 권58－10, 1191(62세).

114) **[翼增]** 남을 따르는 것과 같다.

115) 대장간의 화로에서 쇠붙이를 달구어 새 기구를 만드는 것으로 자신을 학문적으로 단련하는 것을 상징한다.

示喩縷縷, 足認雅意. 但爲學功夫, 不在日用之外. 檢身則動靜語默, 居家則事親事長, 窮理則讀書講義. 大抵只要分別一箇是非, 而去彼取此耳, 無他玄妙之可言也. 論其至近至易, 則卽今便可用力, 論其至急至切, 則卽今便當用力, 莫更遲疑. 且隨深淺, 用一日之力, 便有一日之效. 到有疑處, 方好尋人商量, 則其長進通達不可量矣. 若卽今全不下手, 必待他日遠求師友, 然後用力, 則目下蹉過却合做底親切功夫, 虛度了難得底少壯時節. 正使他日得聖賢而師之, 亦無積累憑藉之資可受鉗錘, 未必能眞有益也.

⬤ 진염부는 진정헌(陳正獻)116)의 손자로서 경원 3년(1197)에 죽어 나이가 28세에 그쳤다. 주자가 지은 그의 묘지를 보면,117) 약관의 나이에 배움을 좇았으니 또한 주자의 가장 만년 시기이다. 이 서신은 구구절절이 마음을 내면으로 향하고118) 자신에게 절실하니 모두 육자의 논의와 합치된다. 그 일찍이 실천하지 않고 헛된 생각에 의존하는 것은 정자가 말한 "탑을 바라보며 직접 올라가지 않고 상륜(相輪)을 말하는"119)격이다.

　廉夫爲正獻之孫, 以慶元三年卒, 年止二十八. 見朱子所爲墓誌, 卽弱冠從學, 亦在朱子最晚之年矣. 此書句句近裏切已, 悉合陸子之論. 彼未嘗踐履而憑空商量, 程子所謂望塔說相輪也.

---

116) 진준경(陳俊卿, 1113~1186) : 자는 응구(應求), 시호는 정헌(正獻), 보전(莆田) 출신이다.
117) 『朱熹集』 권94－13 「陳君廉夫壙誌」.
118) 『二程遺書』의 마음을 내면으로 향하게 하는 경공부를 가리킨다.
119) 『二程遺書』 권1－23. "先生嘗語王介甫曰 : 公之談道, 正如說十三級塔上相輪, 對望而談曰, 相輪者如此如此, 極是分明. 如某則戇直, 不能如此, 直入塔中, 上尋相輪, 辛勤登攀, 邐迤而上, 直至十三級時, 雖猶未見相輪, 能如公之言, 然某却實在塔中, 去相輪漸近, 要之須可以至也. 至相輪中坐時, 依舊見公對塔談說此相輪如此如此. 介甫只是說道, 云我知有箇道, 如此如此. 只佗說道時, 已與道離. 佗不知道, 只說道時, 便不是道也. 有道者亦一作言自分明, 只作尋常本分事說了. 孟子言堯・舜性之, 舜由仁義行, 豈不是尋常說話? 至於易, 只道箇立人之道曰仁與義, 則和性字由字, 也不消道, 自己分明. 陰陽・剛柔・仁義, 只是此一箇道理."

진숙향[120]에게 답하다[答陳叔向][121]

작년에 남쪽을 유람할 때 다행히 기존의 뵙고 싶어 했던 바람을 이룰 수 있었습니다. 헤어진 이후 총총히 한 해를 보내면서 서신을 드리고 싶어도 겨를이 없었는데, 결국 욕되게도 먼저 베푸심에 이르게 되니 부끄러워 아무런 말도 할 수가 없습니다.

보내주신 서신에서 배우는 사람이 몸소 실천하지 못하고 공허한 말로만 치닫고 있다고 하셨는데 그것이 오늘날의 막대한 근심거리입니다. 그러나 또한 제대로 독서하지 못한 사람들의 탓이기도 합니다. 책이 있는 이유가 어찌 그렇게 하라고 있는 것이겠습니까? 대개 성현의 가르침은 한 마디 한 구절도 덕에 들어가는 문이 아닌 것이 없습니다. 예컨대 예악은 잠시도 몸에서 떠나게 할 수 없다[122]고 한 것은 아주 깊고 간절한 말입니다. 참으로 종신토록 마음속에 담아두고 살펴야 하니, 비단 후학뿐만이 아닙니다. 다만 도의 본체는 끝이 없고 사람들의 견해는 한쪽으로 치우치기가 쉽기 때문에 내외와 본말[123]을 또한 겸하지 않을 수 없으니 이 점도 마땅히 알아야 합니다.

去歲南遊, 幸遂旣見之願. 別後忽忽踰年, 欲致一書未暇, 而使至竟辱先施, 感愧不可言.

示喩學者不能身踐而騖于空言, 此誠今世莫大之患. 然亦不善讀書者之咎耳. 書之設, 豈端使然哉? 大抵聖賢之敎, 無一言一句, 不是入德門戶. 如所謂禮樂不可斯須去身者, 尤爲深切. 直當佩服存省, 以終其身, 不但後學也. 但道體無盡, 人見易偏, 內外本末, 又不可不兼擧, 此亦所當知耳.

---

120) 진규(陳葵) : 자는 숙향(叔向)이며, 처주(處州) 청전(靑田) 출신이다. 융흥진사(隆興進士)가 되어, 지평양현(知平陽縣) 등을 역임하였다. 육구연의 뜻에 동조하였다.

121) 『朱熹集』 권58-11, 1185(56세).

122) 『禮記』「樂記」.

123) 【翼增】 존성(存省)이 내(內)이자 본(本)이며, 독서(讀書)가 외(外)이자 말(末)이다.

🌑 주자가 남쪽에서의 관직 생활과 남쪽에서의 유람이라고 말한 것은 모두 장주를 다스렸던 때를 가리킨다. 이 서신에서는 진숙향(陳叔向)의 말을 받아들이고 있어 장구의 헛된 말의 병폐를 구할 수 있었다.

朱子所謂南官南遊, 並指守漳. 此書能受叔向之言, 亦可救章句空言之病.

호평일124)에게 답하다[答胡平一]125)

백록동에서 들은 것을 매우 유념하고 계시다니 매우 좋습니다. "시문(時文)을 제외하고서는 특별히 서로 계발시켜 줄 것이 없다"고 하신 것은 말씀이 지나치게 겸손하신 듯합니다. 이러한 일들의 관건은 자신이 직접 하느냐의 여부에 있을 뿐이니, 어찌 한계를 두어 (진리의) 문을 볼 수 없다고 하시는 것입니까?

보내주신 서신에서 말씀하신 삼대의 정삭126)에 대한 설명의 경우, 예전에 일찍이 그것을 의심하여 깊이 궁구하였지만, 마침내 상고할 수 없게 되어 거듭 그 의심난 바가 더해져서 제쳐두고 논의하지 않았습니다. 지금 보내주신 서신을 읽어보니 궁구하신 것이 비록 자세하지만, 두세 번 반복해서 읽어 보니 의심난 것을 해결할 수는 없었습니다. 제 생각으로는 독서할 때, 이러한 종류에 대해서는 반드시 통하기를 구하다가 천착하는 데에 빠지거나 또 세월만을 허비하면서 일상생활 가운데 자기에게 절실히 하는 공부에 아무런 보탬이 없게 되기보다는 내버려 두는 것이 더 나을 것 같습니다. 일상생활에서 자기에게 절실히 하는 공

---

124) 호원형(胡元衡)을 말한다.
125) 『朱熹集』 권58-20, 1181(52세).
126) 왕이 새로 건국하면 반드시 달력을 고쳐 천하에 반포하여 그 달력이 통치권이 행해지는 영역에서 쓰이도록 함. 그래서 신민이 되는 것을 '봉정삭(奉正朔)'이라 한다.

부와 같은 것은 성현들이 자세하게 말씀하셨습니다. 『대학』, 『논어』, 『중용』, 『맹자』에 들어 있는 내용들은 그 뜻이 분명하고 가리키는 뜻이 쉽고 실제적이어서 그것을 읽다 보면 그 뜻을 환히 깨닫는 것이, 마치 부모와 형을 마주 대하고 집안일을 얘기하는 것처럼 열에 여덟아홉은 의심할 것이 전혀 없습니다. 그런데 어찌하여 마음을 대부분 여기에 두지 못하고 반드시 저렇게 험준한 곳에 뜻을 두십니까?

답변을 덧붙이다 우연히 (생각이) 여기에 미치게 되었는데, 그대께서 살펴보시기 바랍니다.

白鹿聞極留念, 甚善! 甚善! 所謂時文之外, 別無可相啓發者, 語似過謙, 此亦在夫爲之而已, 豈眞有限隔而不容一窺其門戶哉!

所喩三代正朔之說, 舊嘗疑此而深究之, 卒至不可稽考, 而益重其所疑, 因置不論. 今讀來喩, 考究雖詳, 然反復再三, 亦未有以釋所疑也. 竊謂讀書, 凡若此類, 與其求必通而陷於鑿, 且又虛費日力, 而無補於日用切己之功, 則似不若闕之之爲愈也. 若夫所謂日用切己之功, 則聖賢言之詳矣. 其在大學論語中庸孟子者, 文義分明, 指意平實, 讀之曉然, 如見父兄說門內事, 無片言半詞之可疑者什八九也. 曷爲不少置其心於此, 而必用意於彼之崎嶇哉?

因書附報, 偶及於此, 幸明者有以察之也.

⊛ 첫 머리에 백록동을 언급한 것으로 보아 분명 남강으로 떠난 이후 일 것이니 주자 만년 때임에 의심이 없다. 독서에 천착하는 것이 세월과 힘을 허비하고 평상시 자기에게 절실히 하는 공부에 보탬이 없다고 논의한 것은 육자의 견해와 부합된다.

首及白鹿, 自是去南康之後, 其爲晚年無疑. 所論讀書之鑿, 虛費日力, 無補于日用切己之功, 與陸子合.

서자융[127]에게 답하다[答徐子融] 3[128]

사물에 본성이 있는 것도 있고 본성이 없는 것[129]도 있다는 주장은 도무지 이해할 수가 없습니다.

당시 여방숙(余方叔)[130]이 여기에 대해 본래 이해하지 못하고서 갑자기 등급을 뛰어넘어 어려운 질문을 골라낸 것입니다. 제가 만약 실상을 제대로 알았더라면 그 질문에 마땅히 대답하지 않고, 우선 그로 하여금 성현의 명백하고 쉬우며 절실한 말씀을 자세하고 익숙히 읽어서 자기의 분수에서 순서에 따라 공부하게 함으로써 비로소 그에게도 도움이 되고 나 또한 실언을 하지 않았을 것입니다. 그런데 도리어 부당하게도 그 질문에 따라 갑자기 대답을 해서 그 사람이 이처럼 한결같이 망령되게 하였으니 이것은 저의 잘못입니다. 한번 내뱉은 말은 주워 담을 수 없기에[131] 후회한들 소용이 없습니다. 그렇지만 기왕 이런 말이 나왔기에 또한 결말을 맺지 않을 수가 없어서, 지금 시험 삼아 그대들에게 말하니 만약 그렇다고 여기지 않으신다면 또한 내 말을 잊으셔도 됩니다.

이천선생께서 "본성이 곧 이치이다"라고 말씀하셨는데, 이 구절을 이렇게 말할 수 있었던 사람은 예로부터 한 사람도 없었습니다. 마음이란 사람에게 있는 지각으로써 이러한 이치를 갖추게 된 것입니다. 횡거선생이 또, "태허로 인해 하늘이라는 이름이 있고, 기화로 말미암아 도라는 이름이 있으며, 허와 기를 합하여 본성이라는 이름이 있고, 본성과 지각을 합하여 마음이라는 이름이 있다"[132]고 하였는데, 그 명칭에 대

---

127) 서소연(徐昭然)을 말하는데, 신주(信州) 연산현(鉛山縣) 출신이다.

128) 『朱熹集』 권58-25, 1194(65세).

129) [刊補] 서자융이 물(物)에는 성(性)이 있는 것도 있고, 성(性)이 없는 것도 있다고 말한 것이다.

130) 여대유(余大猷): 자는 방숙(方叔)이고, 여대아(余大雅)의 동생이다.
    [節要註] 방숙이 선생께 성에 대해 묻자 선생이 대답해주었고, 방숙은 또 자융과 쟁론하였고 자융이 와서 꾸짖자 (선생이) 방숙에 대해 언급한 것이다.

131) 『論語』 「顔淵」.

한 정의가 또한 매우 정밀하여 모두 바꿀 수 없는 지극한 논의입니다. 대개 하늘이 만물을 생성할 때 그 이치는 진실로 차별이 없지만 사람과 만물이 부여받은 형기는 같지 않기 때문에 그 마음이 밝고 어두운 차이가 있고, 본성이 온전하고 온전하지 못한 차이가 있는 것입니다. 이른바 인(仁)은 본성의 네 가지 덕 가운데 으뜸이지, 본성 밖에 따로 하나가 있어서 본성과 나란히 가는 것이 아닙니다. 그러나 사람의 마음은 지극히 신령하기 때문에 이 네 가지 덕을 온전하게 할 수 있어서 그것이 드러나 사단이 되지만, 만물은 기가 치우치고 순일하지 못하며 마음이 혼탁하고 가려져서 진실로 능히 온전하게 할 수 없습니다. 그러나 그 부모와 자식 사이에 서로 친하고[133] 그 임금과 신하 사이에 서로 기강이 서는 것[134]들은 간혹 겨우 보존되어 어둡지 않은 것입니다. 하지만 그들이 자기를 이겨 예로 돌아가는 것으로써 인을 하고 선을 선으로 여기고 악을 악으로 여겨 의를 하고자 하는 것은 할 수 없는 일이지만, 본성이 없다고 말할 수는 없습니다. 생물 중에 지각이 없는 경우는 또한 더욱 형기가 치우친 것이기 때문에 이러한 생물에 있는 이치 역시 그 형기를 따라서 그 생물의 이치가 되는 것입니다. 비록 다시 인·의·예·지와 비슷한 것도 논할 수 없는 사물들조차도 또한 그 본성이 없다고 할 수는 없습니다. 그러한 이치는 매우 분명해서 이해하기 어려운 것은 없습니다. 방숙은 분명 어리석고 융통성이 없어 책망하기에도 매우 부족한데, 뜻밖에 그대마저도 또한 깨닫지 못했습니다. 식신(識神)에 대한 불교의 설을 끌어들이면 또한 전혀 관련이 없습니다. 왜냐하면 불교는 허공 적멸을 종지로 삼기 때문에 식신이 생사의 근본이 됩니다. 우리 유가의 논의에서는 식신이 곧 마음의 신묘한 작용이니 어찌 없겠습니까? 그러나 이것으로 본성을 말하는 것과는 서로 관계가 없을 뿐입니다.

---

132) 『正蒙』「太和」.
133) [刊補] 호랑이와 같은 종류를 말한다.
134) [刊補] 개미와 같은 종류를 말한다.

또 "말라죽은 사물에는 기질의 본성만 있고 본연의 본성은 없다"고 했는데 그 말이 더욱 가소롭습니다. 만약 과연 그렇다면 그것은 사물에는 하나의 본성이 있지만 사람에게는 도리어 두 개의 본성이 있다는 것[135]입니다. 이 말은 너무도 잘못되었습니다. 왜냐하면 기질의 본성은 다만 그 본성이 기질 가운데 떨어져 있어서 기질을 따라 스스로 하나의 본성이 되니 바로 주자(周子)께서 "각각 그 본성을 하나로 한다"[136]고 말한 것을 알지 못하기 때문입니다. 만약 원래 본연의 본성이 없다고 한다면 이 기질의 본성이 또 어디에서 왔겠습니까? 하물며 주자·정자·장자가 그렇게 말했을 뿐만 아니라 공자께서도 "이루는 것이 본성이다"[137]라고 말씀하시고 또 "각각 그 성명대로 바르게 한다"[138]고 하셨지, 어찌 일찍이 어느 것에는 본성이 있고 어느 것에는 본성이 없다고 분별하셨습니까? 맹자께서도 산의 본성과 물의 본성을 말씀하셨지만 산과 물에 일찍이 지각이 있었습니까? 만약 이 점을 간파한다면 곧 천하에는 본성이 없는 사물이 없다는 것을 알게 될 것입니다. 다만 사물이 없어야 이 본성도 없는 것입니다. 만약 이 사물이 있다면 이 본성이 있게 됩니다. 곧 보내 주신 서신의 내용처럼, "나무가 타면 재가 되고 사람이 죽으면 흙이 된다"는 것도 이 재와 흙의 기가 있는 것입니다. 이미 재와 흙의 기가 있다면 곧 재와 흙의 본성이 있는 것인데 어찌 말라 죽은 것에는 본성이 없다고 할 수 있겠습니까? 또 "그 본성을 가지고 전해준다"는 구절 이하의 여러 괴상한 설들은 더욱 가소롭습니다. 지금 또한 세세하게 변론할 겨를이 없으니, 다만 청컨대 마음을 비우고 조용히 생각하여 저의 말을 자세하게 음미하면 당연히 저절로 깨닫게 될 것입니다. 만약 완전히 이해하지 못하였다면 우선 그만두고, 평이하

---

135) 【記疑】 기질지성(氣質之性)과 본연지성(本然之性)이다.
136) 『太極圖說』.
137) 『周易』「繫辭 上」.
138) 『周易』「乾卦·象傳」.

고 명백하며 절실한 곳에 나아가 완미하고 함양해서 그 마음을 허명하게 하기를 오래 한다면 저절로 깨닫게 될 것입니다. 이렇게 마음대로 함부로 말하고[139] 쓸데없는 말만 늘어놓다 결국 자기에게는 아무런 도움도 없이 한갓 말을 쉽게 내뱉는 죄를 취해서는 안 됩니다. 만약 그렇다고 생각지 않으시면 서자융과 여방숙께서는 스스로 그런 주장을 내세워서 종지로 삼기를 바랍니다. 나 역시 두 분께서 내 의견을 따를 것이라고 어찌 기필하겠습니까? 『역』에 대한 설명은 또한 별도의 다른 일입니다. 지금은 자기에게서 쉽게 이해할 수 있는 것[140]을 보면서도 이해할 수 없는데 어느 겨를에 이 『역』에 미치겠습니까? 마땅히 다른 날 마음이 비워지고 기가 평온해져서 모든 이치를 밝게 알게 되며, 세상의 문자와 언어를 보는데 통달하지 못한 것이 없게 된 뒤에야 비로소 세세하게 헤아릴 수 있을 것입니다. 이러한 것들은 만약 이해하지 못하더라도 무방한 일이니, 우선 의심나는 부분은 잠시 제쳐두고 천천히 생각해야지 이렇게 대단한 기세로 무례하게 외쳐서는 안 됩니다.

有性無性之說, 殊不可曉.

當時方叔於此, 本自不曾理會, 率然躐等, 揀難底問. 熹若照管得到, 則於此自合不答, 且只敎他子細熟讀聖賢明白平易切實之言, 就己分上依次第做功夫, 方有益於彼, 而我亦不爲失言. 却不合隨其所問, 率然答之, 致渠一向如此狂妄, 此熹之罪也. 駟不及舌, 雖悔莫追. 然旣有此話頭, 又不容不結末, 今試更爲諸君言之, 若猶未以爲然, 則亦可以忘言矣.

伊川先生言性卽理也, 此一句, 自古無人敢如此道. 心, 則知覺之在人, 而具此理者也. 橫渠先生又言由太虛, 有天之名! 由氣化, 有道之名! 合虛與氣, 有性之名! 合性與知覺, 有心之名. 其名義亦甚密, 皆不易之至論也. 蓋天之生物, 其理固無差別, 但人物所稟形氣不同, 故其

---

139) 【記疑】 신(信)은 말에 맡긴다고 할 때의 신(信)의 의미로 맡긴다는 의미이다.
140) 【箚疑】 본성을 말한다.

心有明暗之殊, 而性有全不全之異耳. 若所謂仁, 則是性中四德之首, 非在性外別爲一物, 而與性並行也. 然惟人心至靈, 故能全此四德, 而發爲四端, 物則氣偏駁, 而心昏蔽, 固有所不能全矣. 其父子之相親, 君臣之相統, 間亦有僅存而不昧者. 欲其克己復禮以爲仁, 善善惡惡以爲義, 則有所不能矣, 然不可謂無是性也. 若生物之無知覺者, 則又其形氣偏中之偏者, 故理之在是物者, 亦隨其形氣而自爲一物之理. 雖若不復可論仁義禮智之彷彿, 然亦不可謂無是性也. 此理甚明, 無難曉者. 自是方叔暗昧膠固, 不足深責, 不謂子融亦不曉也. 至引釋氏識神之說, 則又無干涉. 蓋釋氏以虛空寂滅爲宗, 故以識神爲生死根本. 若吾儒之論, 則識神乃是心之妙用, 如何無得? 但以此言性, 則無交涉耳.

又謂枯槁之物, 只有氣質之性, 而無本然之性, 此語尤可笑. 若果如此, 則是物只有一性, 而人却有兩性矣! 此語非常醜差. 蓋由不知氣質之性, 只是此性墮在氣質之中, 故隨氣質而自爲一性, 正周子所謂各一其性者. 向使元無本然之性, 則此氣質之性又從何處得來耶? 況亦非獨周程張子之言爲然, 如孔子言成之者性, 又言各正性命, 何嘗分別某物是有性底, 某物是無性底? 孟子言山之性水之性, 山水何嘗有知覺耶? 若於此看得通透, 卽知天下無無性之物. 除是無物, 方無此性. 若有此物, 卽有此性. 卽如來喩, 木燒爲灰, 人陰爲土, 亦有此灰土之氣. 旣有灰土之氣, 卽有灰土之性, 安得謂枯槁無性也? 又如挾其性而遺之, 以下種種怪說, 尤爲可笑. 今亦不暇細辯, 但請虛心靜慮, 詳味此說, 當自見得. 如看未透, 卽且放下, 就平易明白切實處玩索涵養, 使心地虛明, 久之, 須自見得. 不須如此信口信意, 馳騁空言, 無益於己, 而徒取易言之罪. 如不謂然, 則請子融方叔自立此論以爲宗旨. 熹亦安能必二公之見從耶? 至於易之說, 又別是一事. 今於自己分上見成易曉底物, 尚且理會不得, 何暇及此? 當俟異日心虛氣平, 萬理融徹, 看得世間文字言語, 無不通達, 始可細細商量耳. 此等若理會不得, 亦未妨事, 且闕所疑而徐思之, 不當便如此咆哮無禮也.

권5 501

❀ 주자는 강론하는 것을 좋아해서 만나는 사람마다 본성과 명에 대해 말하는 바람에 제대로 알지 못했다. 육자가 왕자합141)에게 말한 것에는 이러한 병통이 없다.142) 한편 말해주어서는 안 된다고 생각하면서 또 말해준 것은 고질적인 습관으로 잊지 못한 것일 뿐이다. 이 서신은 방숙을 위해 쓴 것이다. 방숙의 성은 여이고 이름은 대유이며 그의 형은 정숙이고 이름은 대아이며, 연산 관음사에서 처음 주자를 만났는데143) 아마도 순희 6년(1179) 때의 일로 주자가 남강에 부임하러 가다가 연산 숭수정사에서 몸져 누워있을 때니144) 당시 주자 나이 오십 세였다. 방숙이 주자를 따른 것은 형 다음에 있었던 일이다. 서신으로 배움에 대해 물은 때는 더욱 나중에 있었던 일이고, 이전의 잘못 답했던 것을 후회한 것은 더더욱 나중에 있었던 일이니 주자 만년 때의 논의임이 분명하다. 그런데 절실하게 함양한다는 것은 육자와 부합한다. 자융은 연산 사람으로 또한 정숙과 동시에 주자에게서 배웠다. 서신 끝단락에서 "함양하고 마음을 비우고 지각을 밝게 해서 오래되면 저절로 깨닫게 된다"고 말한 것은 명도선생과 육자의 뜻에 부합된다. 네 번째 서신에서는 "병치레로 몸을 가눌 수 없다"고 말하고 또 "늘그막에 이와 같다"라고 말했으니 주자 만년 때의 일이 분명하다. 그리고 말미에서 방숙에 대해 언급하고 있으니 이 서신의 선후가 같은 때라는 것을 알 수 있다.

朱子好爲講論, 逢人說性說命, 故照管不到. 若陸子答王子遇, 自無此病. 且方以爲不當言而又言之, 要是結習難忘耳. 此書爲方叔而發. 按方叔姓余, 名大猷, 兄正叔, 名大雅, 始見朱子於鉛山觀音寺, 蓋淳熙

---

141) 원문에는 '王子遇'라고 되어 있는데, '王子合'이 맞다.

142) 『陸九淵集』 권35 「어록하」. 王遇子合問 : "學問之道何先?" 曰 : "親師友, 去己之不美也. 人資質有美惡, 得師友琢磨, 知己之不美而改之." 子合曰 : "是, 請益." 不答. 先生曰 : "子合要某說性善性惡、伊洛釋老, 此等話不副其求, 故曰是而已. 吾欲其理會此說, 所以不答."

143) 『朱子語類』 권113−30. 大雅謁先生於鉛山觀音寺.

144) 『朱熹集』 권81−27 「跋歐陽國瑞母氏錫誥」. 淳熙己亥春二月, 熹以臥病鈆山崇壽精舍.

六年, 朱子將赴南康任, 臥病於鉛山崇壽精舍, 時年已五十矣. 方叔相從, 更在兄後. 以書問學, 必尤在後, 追悔從前怳答, 則尤在後, 自是晚年之論. 而切實涵養, 與陸子合. 子融, 鉛山人, 亦與正叔同時從學. 書末一段涵養虛明, 久須自見云云, 與大程子陸子意合. 第四書云一病幾不可支, 又云老境如此, 自是最晚之年. 然其末論及方叔, 則知此書先後同時.

송심지[145)에게 답하다[答宋深之] 1[146)

이전에 제가 도성에 들어갔을 때 다행히 한두 번 만날 수 있었습니다. 비록 인사가 흉흉하여 터놓고 이야기하지는 못했지만, 이미 스스로 위안이 되기에는 충분했습니다. 헤어진 뒤에 질문을 받지 못하니 그대를 그리워하는 마음이 쌓였습니다. 이런 때 그대의 서신을 받고서 마침 최근에 부모님을 훌륭히 봉양하시고 학문을 함에 나날이 새로워지는 효과가 있다고 들으니 기쁘기 한량이 없습니다. 경사(經史)에 대한 여러 설명들을 보니 이치를 음미하고 말을 닦으려는[147) 그대의 뜻을 충분히 볼 수 있었는데, 후생들의 독서의 표본이 되기에 충분한 듯합니다. 계속되는 눈병 때문에 비로소 한두 편을 읽었으니, 글의 기운이 깊고도 넓어 그 의리(義理)가 분명하니 매우 기쁜 일입니다. 다른 날 자신을 능가하는 친구를 얻어서 함께 옛사람들의 위기지학을 강론해서 힘써 행한다면, 그 나아간 경지가 여기에 그치지 않을 것입니다. 공자와 맹자가 다르게 본성을 논의한 경우에 대한 그 설명도 뛰어납니다. 쉽게 단편적

---

145) 송지원(宋之源) : 자는 적지(積之)였으나 주자가 고쳐서 심지(深之)라고 불렀다. 성도부(成都府) 쌍류현(雙流縣) 출신이다.

146) 『朱熹集』 권58-27, 1184(55세).

147) **[翼增]** 『역전(易傳)』「건괘(乾卦)」에 나오는 말이다.

인 말로 질의하기는 어렵지만 대략적으로 논의한다면, 공자가 기질과 섞어서 이야기하였다면 맹자는 그 본성의 이치를 전적으로 이야기한 것입니다. 기질과 섞어서 이야기했기에 '같다'고 하지 않고 '가깝다'고 한 것입니다.148) 왜냐하면 선과 악의 다름이 없을 수는 없으나 아직 습관으로 멀어진 데 이르지 않았다고 생각하셨기 때문입니다. 이치로 말하면 상제가 '내리신 마음'과 인심의 '떳떳함을 잡고 있는 것'에 어찌 두 가지 이치가 있겠습니까? 그렇지만 사람에 있는 이 이치는 가리켜 말하기 어렵기 때문에, 맹자는 공도자에게 알릴 때 단지 '재질[才]'이나 '실정[情]'으로 밝혔던 것입니다.149) 비유컨대 물이 반드시 맑다는 것을 보고자 하지만 그 근원에 갈 수 없다면, 근원으로부터 멀지 않은 물의 흐름을 보고서 근원이 반드시 맑다는 것을 알 수 있는 것과 같습니다. 이 두 의미는 모두 성현들이 드물게 말했던 것인데, 최근의 위대한 유학자인 하남의 이정선생과 장횡거선생은 일찍이 이것을 밝히셨습니다. 그 설명이 매우 상세하고 이미 서책에 갖춰져 있습니다. 지금 관아에서 발행한 『유서』가 바로 이정선생의 설명이고, 장횡거선생의 책의 경우 촉땅에 판본이 하나 있으니, 살펴보셨는지 모르겠습니다. 저는 14,5세부터 두 선생의 책을 읽었는데 그로부터 지금 40여 년이 되었어도 단지 그 의미가 깊고 취지가 원대한 것을 알았으니, 최근에 소란스럽기만 한 이른바 문장과 의론은 대체로 재차 눈여겨 볼만하지는 못합니다. 진실로 맹자 이래 한 사람이 있을 뿐이니, 깊게 힘쓰는 사람이 아니라면 이 점이 반드시 그렇다는 것을 믿을 수 없을 것입니다.

일찍이 그 말들 중 친근한 것을 뽑아서 별도로 하나의 서책으로 만들고 『근사록』이라고 명명했는데, 지금 한 부 보냅니다. 진료옹[陳瓘]의 「책심문」 출판도 또한 이전 선배들과 선생들의 원류를 잘 보여주니 함께 보냅니다. 자세히 읽어보시고 의심나는 곳이 있으면 다시 알려주시

---

148) 『論語』「陽貨」.
149) 『孟子』「告子 上」.

기를 바랍니다. 『시』와 『역』에 대한 그대의 동생의150) 설명은 매우 자세하고 분명합니다. 제가 바라는 것은 앞에서 말한 것과 크게 다르지 않습니다.

熹往者入城, 幸一再見. 雖人事匆匆, 未得款語, 然已足以自慰矣. 別後不得奉問, 積有馳情. 茲辱惠書, 獲聞比日侍奉佳慶, 進學有日新之功, 尤以忻沃. 經史諸說, 足見玩理修辭之意, 可爲後生讀書之法. 屬以病目, 方讀得一二篇, 其詞氣深博, 而義理通暢, 甚可喜也. 異時益求勝己之友, 相與講明古人爲己之學, 而力行之, 則其所進, 當有不止於此者矣. 至於孔孟言性之異, 則其說又長, 未易以片言質然略而論之, 則夫子雜乎氣質而言之, 孟子乃專言其性之理也. 雜乎氣質而言之. 故不曰同, 而曰近, 蓋以爲不能無善惡之殊, 但未至如其所習之遠耳. 以理而言, 則上帝之降衷, 人心之秉彝, 初豈有二理哉? 但此理在人, 有難以指言者, 故孟子之告公都子, 但以其才與情者明之. 譬如欲觀水之必淸, 而其源不可到, 則亦觀諸流之未遠者, 而源之必淸可知矣. 此二義皆聖賢所罕言者, 而近世大儒, 如河南程先生橫渠張先生, 嘗發明之. 其說甚詳, 具在方冊者. 今倉司所印遺書, 卽程氏說, 而張氏之書, 則蜀中自有版本, 不知亦嘗考之否? 熹自十四五時, 得兩家之書讀之, 至今四十餘年, 但覺其義之深, 指之遠, 而近世紛紛所謂文章議論者, 殆不足復過眼. 信乎孟氏以來一人而已, 然非用力之深者, 亦無以信其必然也.

舊嘗擇其言之近者, 別爲一書, 名近思錄, 今往一通. 了翁責沈墨刻, 亦可見前輩師友源流, 倂以奉寄. 幸細讀之, 有疑復見告也. 令弟叔季詩易之說, 亦甚詳明. 區區所望, 蓋不殊前之云也.

🏵 서신 말미에 "14,5세"라고 하고 또 "40여 년"을 더했으니, 거의 60

---

150) 宋之潤과 宋之汪을 말한다.

세에 가깝다. 또 서신 앞부분에 "눈병"에 대해 말하고 있으니, 이것도 가장 만년 때의 일이다. 심지로 하여금 위기 공부에 힘을 써야 한다고 격려하고 강론에 대해 범범하게 언급하지 않은 것은 이미 육자의 실천적 가르침에 부합되는 것이다.

書末云十四五時, 又加以四十餘年, 則近六十矣. 又首云病目, 亦是最晩年事. 勉深之爲己力行, 不泛及講論, 已合於陸子踐履之敎.

송심지에게 답하다[答宋深之] 3[151]

『대학』은 성인문하에서 최초로 공부해야 할 곳이고, 격물(格物)은 『대학』에서 최초로 공부해야 할 곳입니다. 그 설명을 고찰하여 일상생활에서 이와 같이 공부하기를 오래하면, 뜻이 저절로 드러날 것입니다. 세상의 모든 이로움과 환락이 마음을 움직일 수 없음을 깨달은 것이 곧 조금씩 효과를 본 곳입니다. 순자(荀子)와 양웅(楊雄)이 말한 '본성'의 득실의 경우 이전 말의 앞뒤가 어떤지를 잊은 것이니, 이와 같은 경우 만약 자신에게서 분명하게 이해한다면 다른 사람의 말을 기다리지 않고서도 자연히 깨닫게 될 것입니다. 그렇지만 독서할 때 위기(爲己)의 뜻이 없고 단지 입과 귀에 의지해서 글을 짓는다면, 곧 뜻이 천박해져서 도리를 파악할 수 없게 될 것입니다.

大學是聖門最初用功處, 格物又是大學最初用功處. 試考其說, 就日用間如此作功夫, 久之意思自別. 見得世間一切利欲好樂, 皆不足以動心, 便是小小見效處也. 荀楊言性得失, 忘記前語首尾云何, 然此等處, 若於自己分上見得分明, 則亦不待人言, 自然見得矣. 但恐讀書之時,

---

151) 『朱熹集』 권58-29, 1189(60세).

無爲己之意, 只欲以資口耳, 作文字, 卽意思浮淺, 看他義理不出也.

❀ 송심지에게 답하는 두 번째 서신에서 이미 "서로 만난 것이 늦었다"고 언급하고 있는데, 첫 번째 서신에서도 "눈병"에 대해 언급하고 있으니, 실제로 주자 만년 때의 일이다. 이것은 세 번째 서신인데, 독서는 단지 입과 귀에 의지해서는 안 된다고 한 것은 육자와 부합되는 것이다.

答深之第二書, 已云相聚之晚, 蓋知第一書所云目疾, 實晚年矣. 此第三書也, 謂讀書不可止資口耳, 與陸子合.

송심지에게 답하다[答宋深之] 7152)

보내주신 서신에서 학문을 하는 뜻을 더욱 정밀하고 전일하게 하여 형제끼리 서로 권면하면서 이를 시로 나타내었으니 늙은이의 마음에 매우 위로가 되었고, 또 소씨와 범씨153) 등 여러분들이 서로 절차탁마함을 알고는 더욱 기뻤습니다. 질문한 몸가짐을 바르게 하고 마음을 수양하며 글을 읽는 방법에 대해서는 전에 이미 자세하게 강론했습니다. 요약하자면 지수하고 함양하는 방법은 '경(敬)'이란 한 글자에 지나지 않고, 독서의 경우, 세상에 알 필요가 없는 일은 하나도 없지만, 다만 순서에 따라 자신의 능력을 따져 보고 전진해야 하는 것일 뿐입니다.

장남헌(張南軒)의 글의 경우 요즘 판본에는 두 종류가 있는데, 그 하나는 제가 서문을 단 것이니 별로 복잡하지 않습니다. 황주에도 또한 관청에서 만든 판본이 있으니 편들이 더욱 많고 대부분 그가 어렸을 때에 쓴 것이니 한스러울 만합니다. 요즘 판본 중 원래 보존되지 않은 것은

---

152)『朱熹集』권58－33, 1184(55세).
153) [記疑] 소(蘇)씨는 누구인지 모르지만, 범(范)씨는 범문숙(范文叔)을 가리키는 것 같다.

부치지 말고, 뒤에 얻은 것은 마땅히 별도로 첨가하면 될 것입니다. 그렇지만 독서할 때는 반드시 정조(精粗)와 득실(得失)을 판단해서 자신에게 유익한 것이 있어야 합니다. 만약 단지 겉핥기식으로 본다면 쓸데없이 힘을 낭비하는 것일 뿐입니다.

'이단의 학설도 근사한 것 같다'고 한 것에 대해서는 진실로 이를 분석해서 깨닫지 못한 자들을 깨우쳐 주어야겠지만 우선 스스로 자기에게서 도리를 매우 분명하게 본 뒤에야 이 책을 맡을 수 있을 것입니다. 만약 그렇지 못하고서 말로만 승부를 다투고자 하면 한갓 분쟁의 실마리만 제공하는 셈이 되어 마침내는 도술이 밝혀지는 데 아무 보탬이 없을 것입니다. 맹자가 향원(鄕原)이 덕을 어지럽히는 피해를 논하면서 끝에 가서는 군자가 떳떳한 도로 돌아가야 한다는 말을 했는데,154) 이것이 바로 "상책은 자신을 다스리는 것 만한 것이 없다"는 것입니다. 더구나 이단과 사설이 하루가 다르게 늘어나 끝없이 나오는 것은 근래에 들어서 더욱 심해졌습니다. 이것을 이루 다 배척할 수 없으니, 우리 학문이 밝혀지게 되면 저들의 주장은 자연히 소멸될 것입니다. 이 점이 배우는 자들이 힘써야 하고 외부에서 구해서는 안 되는 이유입니다.

송택지(宋澤之)155)와 송용지(宋容之)156)의 경우 별다른 상태를 언급하고 있지 않으니, 아마도 이전과 별로 달라진 것이 없는 것 같습니다. 서로의 거리가 수천 리니 만날 것을 기약할 수 없습니다. 단지 공부하는 데 힘쓰고 자애하시기를 바랄 뿐입니다.

示喻爲學之意, 益以精專, 而兄弟相勉, 見於詩什, 深慰老懷, 又知更有蘇范諸賢相與切磋, 尤以爲喜. 所問持養觀書之說, 前此講之已詳. 約而言之, 持養之方, 不過敬之一字, 而讀書則世間無一事是不合知者,

---

154)『孟子』「盡心 下」.
155) 송지윤(宋之潤) : 자는 택지(澤之)이고, 송지원(宋之源)의 아우이다.
156) 송지왕(宋之汪) : 자는 용지(容之)이고, 송지윤(宋之潤)의 아우이다.

但要循序量力而進耳.

南軒文, 此間鏤版有兩本, 其一熹爲序者, 差不雜. 黃州亦有官本, 篇秩尤多, 然多是少作, 可恨也. 此間本無見存者, 不及寄去, 後得之, 當別附便耳. 然讀書, 須辨得精粗得失, 乃於己分有益. 若但泛然看過, 卽枉費功夫矣.

近似之說, 固應辨析, 以曉未悟, 須自見得己分上, 道理極分明, 然後可以任此責. 如其未然, 而欲以口舌校勝負, 恐徒起紛競之端, 而卒無益於道術之明暗也. 孟子論鄕原亂德之害, 而卒以君子反經爲說, 此所謂上策莫如自治者. 況異端邪說, 日增月益, 其出無窮, 近年尤甚. 蓋有不可勝排者, 惟吾學旣明, 則彼自滅熄耳. 此學者所當勉, 而不可以外求者也.

澤之容之, 不及別狀, 意不殊前. 相去數千里, 會見無期, 惟千萬力學自愛.

● 서신 첫 부분에 "늙은이의 마음에 매우 위로가 된다"고 했으니 당연히 주자 만년의 때이다. 주자가 『남헌집』에 서문을 단 것이 56세(1185) 때의 일이고, 지금 이미 판각하여 새긴지가 오래되었다는 것을 생각해 보면, 더욱 만년 때의 일이라고 할 수 있다. 독서를 논하는 경우 "순서에 따라 자신의 능력을 따져 보려고" 했고, 이단을 분변하는 경우에는 "스스로 자기에게서 도리를 보아야" 하지 언어의 차원에서 어지럽게 경쟁하지 않으려고 했으니, 이것은 육자의 독서방법과 강론방법에 전적으로 부합되는 것이다.

書首言深慰老懷, 自是晚年. 考朱子序南軒集, 在五十六歲時, 今久已鏤板, 則尤在晚年矣. 論讀書則欲其循序量力, 辨疑似則欲其自見得己分上道理, 不可紛競於語言, 全合於陸子讀書講論之法.

송택지에게 답하다[答宋澤之]157)

최근에 인편이 와서 서신을 전해준 뒤 잠시 임장의 임무를 맡게 되어 소식이 더욱 통하기가 어렵게 되었습니다. 금년158) 봄 불행히도 큰 아들이 죽어 서둘러 사록을 청해 고향으로 돌아가려고 하였습니다. 고향으로 돌아가던 중 삼산을 지날 때 비로소 서신 5통을 가지고 있는 심부름꾼을 만났습니다. 질문하시는 뜻이 정성되고 간절하였지만 천리 밖 먼 곳의 서신으로 마음의 곡절을 다 표현할 수 없으니, 지금 그 큰 것만을 말하도록 하겠습니다. 대체로 오늘날 배우는 자들의 가장 큰 병폐는 글을 지어 녹을 구하는 것부터 먼저 배워 마음을 안정시키지 못하여 심도 있게 의리(義理)를 궁구할 겨를이 없는 것입니다. 그래서 고금의 학문과 의리(義利)에 대해서 다시는 그 경계선과 분기점을 살피지 못하여 그 경중과 취사의 타당함을 알지 못하는 것입니다. 그러다 보니 비록 암송을 광범위하게 하고 문사가 솜씨 있다고 하더라도 단지 이 마음의 해만 가중될 뿐이니, 반드시 이와는 반대로 해야 학문하는 방법을 논의할 수 있을 것입니다. 예전에도 누차 서로 이 점에 대해 말을 했었지만 그대의 의중에는 그다지 분명하지 않기 때문에 결국 문자와 언어를 공부로 여기고 성명(聲名)과 이록(利祿)을 귀결처로 삼을 수밖에 없음을 알았습니다. 지금 기술한 『행장』을 가지고 살펴보더라도 그것이 거짓이 아님을 징험할 수 있습니다. 만약 여러분들이 과연 제 말이 틀리지 않았다고 여긴다면 부디 혼정신성을 하고 사람을 응접하고 남은 시간에 생각을 수습하고 정신을 함양하여 잠시 이미 배운 것을 놓아 두어 마음이 소란스럽게 동요하지 않게 한 다음, 문득 그 부분에 대해 앞에서 말한 고금의 학문과 의리를 깊이 살펴서 이를 낱낱이 분석하여 서로 엇갈리지 않게 한다면, 그 경중과 취사의 표준이 자연히 가슴속에 뚜렷해져서

---

157) 『朱熹集』 권58-35, 1191(62세).
158) **[節補]** 1191년 주자 나이 62세가 되던 해다.

굳이 바로잡으려고 하지 않더라도 마음의 지향이 저절로 분명해질 것입니다. 그러면 성학의 울타리 안으로 비로소 점차로 찾아 들어갈 수 있을 것이니, 이것이 바로 배우는 자가 마음을 세우는 데 있어서 가장 중요한 뜻입니다. 그 뜻이 먼저 정해져야 자신을 수양하고 남을 다스리는 방법을 비로소 확실하게 선택하여 닦고 지켜갈 수 있을 것입니다.

뜻하지 않게 인편이 임장에서 간행한 10여 종의 여러 서책들을 가지고 갈 것이니, 이를 통해서 대충이나마 멀리 있는 저의 마음을 보실 수 있을 것입니다. 서책 후반부에 발문을 달아서 간행한 뜻을 밝혔습니다. 『근사록』은 예전 판본에 비해 많은 조목들을 첨가했는데, 특히 "궤를 사고 구슬을 돌려준다"는 논의[159]는 지금 배우는 자들의 마음씀씀이가 지닌 오류를 더욱 경계할 수 있습니다. "집안의 규범"과 "고을의 규범"도 또한 풍속의 교화에 도움이 있을 것입니다. 헛된 말이라고 생각하여 가볍게 읽지 않기를 바랍니다.

自頃人還, 辱書之後, 尋有臨漳之役, 音問益難通. 今春不幸, 長子喪亡, 亟請祠以歸行. 過三山始遇來使幷領書五通. 垂問勤懇, 千里遠書, 難盡心曲, 今且以其大者言之. 大抵今之學者之病, 最是先學作文干祿, 使心不寧靜, 不暇深究義理. 故於古今之學, 義利之間, 不復能察其界限分別之際, 而無以知其輕重取舍之所宜. 所以誦數雖博, 文詞雖工, 而祇以重爲此心之害. 要須反此, 然後可以議爲學之方耳. 向者, 蓋亦屢嘗相爲道此, 然覺賢者意中未甚明了, 終未免以文字言語爲功夫, 聲名利祿爲歸趣. 今以所述事狀觀之, 亦可驗其不誣矣. 若諸賢者果以愚言爲不謬, 則願且以定省應接之餘功, 收拾思慮, 完養精神, 暫置其所已學者, 勿令洶湧鼓發狂鬧, 却於此處深察前所謂古今之學, 義利之間, 粒剖銖分, 勿令交互, 則其輕重取舍之極, 自當判然於胸中, 不待矯拂

---

159) 『近思錄』 「爲學 15」, 『韓非子·外儲設』에 나오는 이야기로, 장사꾼이 구슬을 팔기 위해서 궤를 장식하자, 어떤 사람이 궤만 사고 구슬은 돌려주었다는 고사이다.

而趣操自分. 聖學之門庭, 始可以漸而推尋矣. 此是學者立心第一義.
此志先定, 然後修已治人之方, 乃可決擇而修持耳.

人還, 無以爲意, 臨漳所刻諸書十餘種, 謾見遠懷. 書後各有題跋, 見
所爲刻之意. 近思錄比舊本增多數條, 如買櫝還珠之論, 尤可以警今日
學者用心之繆. 家儀鄕儀, 亦有補於風敎, 幸勿以爲空言而輕讀之也.

● 이 서신 처음 부분에 "큰 아들이 죽었다"는 말이 있고, 또 말미에
는 임장에서 간행한 책을 보낸다는 말이 있으니, 주자 나이 62세(1191)
때의 일이다. 과거공부가 마음을 해친다고 했으니, 이것은 육자의 백록
동 강의와 부합되는 것이다.

此書之首有長子喪亡之語, 末又有寄臨漳所刻之書, 蓋六十二歲時
也. 科擧害心, 合於陸子鹿洞講義.

권6

임정경[1]에게 답하다[答林正卿] 1[2]

채계통[3]의 서신이 왔는데 그대가 매우 나아졌다고 말했습니다. 모르 겠지만 그가 이와 같이 그대와는 다른 논의를 하고 있으니, 이것이 바로 그 사람의 병폐입니다. 대개 자신에게 있는 것을 먼저 하지 않고 외부에서만 널리 구하고자 하기 때문에 내면을 향한 공부가 매우 힘을 얻지 못하고, 또 배우는 자의 재주와 식견의 높낮이를 살피지 않고 일괄적으로 모르는 것이 없게 하려고 하기 때문에 대부분 다른 사람들을 외면으로 달려가도록 오도한 것입니다. 그대는 마땅히 그 사람의 좋은 점

---

1) 임학몽(林學蒙) : 자는 정경(正卿)이고, 복주(福州) 영복현(永福縣) 출신이다.
2) 『朱熹集』 권59-1, 1197(68세).
3) 채원정(蔡元定, 1135~1198) : 자는 계통(季通), 호는 목암(牧庵), 시호는 문절(文節)이다. 사람들은 그를 서산(西山)선생이라 불렀다. 건녕부(建寧府) 건양현(建陽縣) 출신이다.

을 알고 편파적인 부분은 줄여가야 합니다.

들자하니 그 사람은 유배지에서 도리어 유유자적하게 지내고 있다고 하던데, 이는 쉽게 얻을 수 있는 사람이 아닙니다. 돌아올 시기를 묻지도 않고, 열흘마다 소관 부서에 글을 올리는 일도 굳이 피하기를 원하지 않습니다. 요옹4)이 일찍이 간관으로 있다가 귀양을 가게 되어5) 흰 베적삼을 입고 미투리를 신고 가서 열흘마다 반성의 글을 올리라고 하였다고 하니, 조정에서는 죄인을 보낼 때 바로 이런 식으로 곤욕스럽게 하는 것입니다. 만약 꼭 피할 길을 찾는다면 이것은 임금의 명을 받지 않은 것이고, 임금의 명을 받지 않는 것은 천명을 받지 않는 것인데 될 법한 소리입니까?

季通書來, 亦謂正卿甚進. 不知乃有異論如此, 此正是渠病處. 蓋不先其在己而欲廣求於外, 所以向裏不甚得力, 又不察學者才識之高下, 而槪欲其無所不知, 所以誤得他人亦多馳騖於外. 吾人當識其好處, 而略其所偏也.

聞渠謫居, 却能自適, 亦甚不易. 歸期正不須問, 旬呈亦不必求免. 如陳了翁曾作諫官, 及被謫, 猶著白布衫繫麻鞋赴旬呈, 朝廷行遣罪人, 正欲以此困辱之. 若必求免, 是不受君命也. 不受君命, 不受天命也, 而可乎?

⦿ 채계통이 유배를 갔을 때 주자의 나이는 70세(1199)였다. 내면을 향하고 외적인 것을 구하지 않는다고 논한 것은 육자와 부합된다.

季通被謫, 朱子年七十矣. 所論向裏而不求於外, 與陸子合.

---

4) 충숙공(忠肅公) 진관(陳瓘)의 호다.
5) 【翼增】 진관(陳瓘)은 감찰어사(監察御使)였으나 태주(台州)로 유배를 갔다.

임정경에게 답하다[答林正卿] 36)

『역』에서 의심스러운 부분에 대해 피력하신 것을 보니 아직 『역』을 보는 틀이 옳지 않은 듯합니다. 대개 독서하는 법은 반드시 처음부터 끝까지 구절에 따라 음미하여 위 글자를 볼 때에는 마치 아래 글자가 있다는 것을 모르는 듯이 하며, 위 구절을 볼 때에는 마치 뒤 구절이 있는 줄을 모르는 듯이 하여 본 것을 다 완전하게 이해한 뒤에 또 처음부터 이 단락을 보아 처음과 끝이 관통하도록 해야 합니다. 그러나 이 단락을 볼 때에도 마찬가지로 뒤 단락이 있는 줄을 몰라야 하니, 이렇게 점진적으로 나아가다 보면 거의 마음이 이치와 만나 저절로 젖어드니, 성현의 말씀에 담긴 의미가 어긋나지 않다는 것을 깨달을 뿐만 아니라 또 자기에게서 몸과 마음의 의리(義理)가 날마다 완전히 무르익어 가는 것을 보게 될 것입니다. 그런데 만약 다만 이렇게 바쁘게 한 번 훑어보고는 곧 자기 생각대로 파고들어가 경직된 주장을 늘어놓는다면 경서의 뜻을 잘못 이해할 뿐만 아니라 자기에게 또한 무슨 상관이 있겠습니까? 게다가 만일 이쪽 면의 글을 읽으면서 도무지 줄의 첫머리부터 곧장 내려가며 줄의 끝에 이르지 않고 다만 옆줄을 질러 읽어간다면 그래 가지고서 무슨 문리가 나겠습니까? 한 번 이 문제를 생각해보아야 할 필요가 있으니, 그러면 무엇을 얻고 무엇을 잃을지도 알기가 어렵지 않을 것입니다.

所示易疑, 恐規模未是. 蓋讀書之法, 須是從頭至尾, 逐句玩味, 看上字時, 如不知有下字, 看前句時, 如不知有後句, 看得都通透了, 又却從頭看此一段, 令其首尾通貫. 然方其看此段時, 亦不知有後段也, 如此漸進, 庶幾心與理會, 自然浹洽, 非惟會得聖賢言語, 意脈不差, 且是自

---

6) 『朱熹集』 권59－3, 1197(68세).

己分上身心義理, 日見純熟. 若只如此匆匆檢閱一過, 便可隨意穿鑿,
排布硬說, 則不唯錯會了經意, 於己分上亦有何干涉耶? 且如看此幅紙
書, 都不行頭直下看至行尾, 便只作旁行橫讀將去, 成何文理? 可試以
此思之, 其得失亦不難見也.

⚬ 책을 볼 때 모두 자신의 입장으로 귀착시키려고 하니, 육자의 생
각과 부합된다.

看書俱欲歸到自己分上, 合於陸子之意.

임정경에게 답하다[答林正卿] 47)

채계통(蔡季通)이 죽었다고 하니, 동지들 가운데 아파하지 않은 사람
이 없었습니다. 그렇지만 사람의 삶에 반드시 죽음이 있는 것이니, 느리
고 빠름 혹은 멀고 가까움을 어찌 비교할 수 있겠습니까? 그가 죽음에
앞서 도리어 명료하였고 처리하고 부탁한 일에는 모두 조리가 있었다
고 하니, 또한 남겨진 사람의 의지를 강건하게 하기에 충분한 것 같습
니다.

보여주신 『중용』의 의의(疑義)에 대해서는 대략 이렇게 조목으로 분
석하여 보내드립니다. 대체로 친구들이 문자를 보는 데 있어 얄팍하고
성급하게 보는 병폐가 많이 있습니다. 얄팍하게 보면 그 글 뜻에 대해
완전하게 이해하지 못하는 부분이 많고, 성급하다 보니 그 문리에 대해
서도 찬찬하게 살펴볼 겨를이 없습니다. 글 내용에는 종횡과 착종에 각
각 그 뜻의 맥락이 있는 법인데 지금 사람들은 대부분 한쪽만을 보고는
곧 이것을 고집하여 다른 학설을 다 폐하고자 하니, 그 점이 바로 옛사

---

7) 『朱熹集』 권59-4, 1198(69세).

람이 말한 "덕을 지키는 것이 넓지 못하다"는 것입니다. 단지 독서만 그런 것이 아니니, 반드시 이런 병통을 간파하여 일마다 성찰해야만 깊은 경지에 나아가 자득하게 될 것입니다.

季通云亡, 凡在同志, 無不痛傷. 然人生要必有死, 遲速遠近, 亦何足較? 聞其臨行, 却甚了了, 區處付屬, 皆有條理, 亦足强人意也.

所示中庸疑義, 略此條析奉報. 大率朋友看文字, 多有淺迫之病. 淺則於其文義多所不盡, 迫故於其文理亦或不暇周悉, 兼義理精微. 縱橫錯綜, 各有意脈, 今人多是見得一邊, 便欲就此執定, 盡廢他說, 此乃古人所謂執德不弘者. 非但讀書爲然也, 要須識破此病, 隨事省察, 庶幾可以深造而自得也.

● 채계통이 죽은 것은 주자 나이 70세(1199) 때 일이다. "일에 따라 성찰하고, 깊은 경지에 이르러 자득하게 된다"는 것은 육자의 학문이다.

季通之亡, 朱子年七十歲. 隨事省察, 深造自得, 陸子之學也.

조원가에게 답하다[答曹元可]8)

서신으로 보내주신 학문하는 뜻이 조예가 깊다는 것을 우러러 보게 되니, 탄복함을 이길 수가 없었습니다. 그렇지만 일찍이 듣기에 학문하는 실질은 진실로 실천에 있는 것이니, 만약 단지 알기만 하고 행하지 않는다면 이것은 진실로 배우지 않은 것과 차이가 없을 것입니다. 그렇지만 행하려고 하지만 이치에 아직 밝지 않는다면, 그 실천하는 것이 또 진실로 어떤 일인지 알 수가 없는 법입니다. 그러므로 『대학』의 방

---

8) 『朱熹集』 권59-5, 1191(62세).

법은 비록 성의(誠意)와 정심(正心)을 근본으로 하지만, 반드시 격물(格物)과 치지(致知)를 우선시하는 것입니다. 이른바 격물치지는 사물의 이치를 다 궁구해서 나의 앎을 정미하고 친절하여 지극한 상태에 이르도록 하지 않음이 없다는 것을 말할 뿐입니다. 대개 천하의 사물들 중 이치를 가지지 않은 것이 없고 그 핵심은 이미 성현들의 서책들에 갖추어져 있으니, 반드시 이것들에 따라 구하여야 합니다. 그렇지만 간략해서 알기 쉽고 지키기 쉽고자 한다면 『대학』, 『논어』, 『중용』, 그리고 『맹자』라는 서책보다 좋은 것이 없습니다. 그래서 최근에 임장에서 네 가지 옛 경전들9)을 간행했으며, 이 사서를 복간해서 그 설명의 선후를 밝히고, 또 제 뜻도 간략히 기술해서 서책 말미에 붙였습니다. 제가 여기서 현재의 친구들의 반응을 기다리는 것이 매우 절실합니다.

돌아와 보니 단지 몇 권만이 남아 있었는데 그것도 모두 알고 있는 사람들이 가지고 가서 드릴 수가 없습니다. 그렇지만 그들과 거리가 멀지 않아 가져올 수 있는 것이 어렵지 않을 것입니다. 읽고서 얻은 것이 있으셔서 다시 가르침을 내려주신다면 이보다 바라는 것은 없을 것입니다.

示喩爲學之意, 仰見造詣之深, 不勝歎仰. 然嘗聞之, 爲學之實, 固在踐履, 苟徒知而不行, 誠與不學無異. 然欲行而未明於理, 則所踐履者又未知其果何事也. 故大學之道, 雖以誠意正心爲本, 而必以格物致知爲先. 所謂格物致知, 亦曰窮盡物理, 使吾之知識, 無不精切而至到耳. 夫天下之物, 莫不有理, 而其精蘊, 則已具於聖賢之書, 故必由是以求之. 然欲其簡而易知, 約而易守, 則莫若大學論語中庸孟子之篇也. 是以頃年嘗刻四古經於臨漳, 而復刻此四書以先後其說, 又略述鄙意, 以附書後. 區區於此, 所以望於當世之友朋者, 蓋已切矣.

---

9) 【箚疑】『詩』, 『書』, 『易』, 『春秋』를 말한다.

歸來只有數本, 皆爲知識持去, 不得納呈. 然彼間相去不遠, 自可致之, 不難也. 讀之有得, 復以見敎, 千萬之望.

🔘 "사물의 이치를 다 궁구한다"는 것은 반드시 없어야 하는 일이다. 요・순의 지혜로도 사물들을 두루 섭렵하지 않았는데, 세상에는 요・순보다 더 현명한 사람들이 있는가? 그렇지만 구한 것은 단지 네 선생의 책이고 간략함을 지향한 것은 이미 육자의 독서방법과 서로 부합되는 것이니, (육자는 "이전에 소산10)에서 독서할 때 단지 『논어』 한 책뿐이었다"고 말했고, 또 사람들로 하여금 단지 『맹자』의 "우산의 나무" 이하 몇 구절만을 읽도록 하였다.) 이전에 박학에만 힘쓰던 뜻과는 다른 것이다. "이치를 궁구한다"고 주자가 말한 것만이 이전의 설을 유지하고 있을 뿐이다. "지난해 임장"이라고 한 것은 주자 나이 60세(1189)에 그가 장주의 지사로 있을 때를 가리킨다.

窮盡物理, 必無之事. 堯舜之知而不徧物, 世有賢於堯舜者乎? 然所求者, 只四子之書, 趨於簡約, 已與陸子讀書之法相合, (陸子謂向在疎山讀書, 止是一部論語, 又嘗敎人專讀孟子牛山之木以下數章) 而與從前務博之意不同. 窮理云云, 特護其前說耳. 頃年臨漳, 指六十歲守漳時也.

왕숙경11)에게 답하다[答汪叔耕]12)

10월 23일 저는 숙경, 무재[汪茂材] 향우(鄉友)에게 머리를 조아리며 인사드립니다. 보내주신 서신에서 아울러 보여준 시문과 논설이 매우 풍

---

10) 강서(江西) 무주(撫州)에 있는 소산사(疎山寺)를 말함.
11) 왕신(汪莘, 1155~1227) : 자는 숙경(叔耕), 호는 유당(柳塘)이고, 휴녕(休寧 : 지금의 안휘성) 출신이다. 시와 사에 뛰어났다. 저서에 『方壺存稿』가 있다.
12) 『朱熹集』 권59-10, 1189(60세).

부하여 계속 반복해서 보니 도를 향한 근면함과 도를 지키려는 간절함을 볼 수 있었습니다. 그러나 그대가 사장(詞章)에 힘쓰는 것이 이처럼 넓고도 돈독하더군요. 저는 늙고 쇠약하여 도에 대해 이미 들은 바가 없어서 저를 알아주는 의중을 감당하기에 부족합니다. 그런데 젊었을 때 거칠게나마 붓과 벼루를 가까이 하였지만, 끝내 문장을 지은 사람들의 경지를 엿볼 수 없었습니다. 제가 애초에 사장(詞章)이 자신과 이 세상에 도움이 안 된다는 것을 자각하고 마침내 이것을 단절하고자 내버려두고 하지 않은 것이 지금까지 수십 년째이고, 또한 그대 논의13)의 옳은 점과 잘못된 점을 알아서 그 설에 대해 자세하게 논할 방법은 없습니다. 하지만 제가 곰곰이 생각해보니, 도를 향한 근면함과 도를 지키려는 간절함은 그 이른바 도를 구하여 그것을 자기에게 닦는 것이 근본이 된다는 것만 못하며, 문사에 힘쓰는 것은 경전을 궁구하고 역사를 봄으로써 의리를 구하여 사업에 시행하는 것이 실질이 된다는 것만 못합니다. 사람이 이 몸을 가지면 그 떳떳한 법칙은 애당초 밖에 있지 않습니다. 그러니 다른 사람에게 향해 가는 것14)이 어찌 자신에게 돌이켜 구하는 것만 하겠으며, 입과 혀를 놀려서 행세할 수 있기를 바라는 것이 어찌 자기에게서 터득하여 자신의 쓰여짐과 버려짐에 대해 한결같이 천명을 듣는 것만 하겠습니까? 문사는 하나의 작은 기술일 뿐입니다. 가까이는 자신을 다스리기에도 부족하며 멀게는 남에게 미칠 수도 없으니, 이 역시 사람의 존망과 세도의 융쇠와 전혀 관련이 없는데도 어찌 그 이해를 계산하면서 간절하게 반복하여 잇달아 글을 쓰는 지경에 이르렀는데도 싫어하지 않습니까? 그대의 뜻한 바가 고원하고 재기가 명쾌함이 다른 사람들보다 훨씬 뛰어난데도 배우는 내용이 그 천부적인 자질의 아름다움에 부합하기에 부족하니, 저는 이것을 애석하게 여

---

13) 【箚疑】숙경이 논의한 바다.
14) 【箚補】이것은 오직 '도를 향한 근면함'을 가리키며, 아래 문장에서 비로소 '도를 지키려는 간절함'을 말한다.

깁니다. 또한 저를 알아준 후의를 생각하니 차마 잊을 수가 없습니다. 감히 그 어리석음을 다 말하지 않을 수 없었으니, 그대는 한번 생각해 보시고 과연 그 옛 것을 버리고 새 것을 시도하면 마음을 조존(操存)하고 궁리(窮理)하는 방법이 진실로 자연히 차례가 있게 될 것입니다. 나중에 말을 잇도록 해야겠습니다. 인편이 돌아가려 하므로 잠시 이 정도만 아룁니다. 날씨가 추워지니 부디 시절을 친히 하면서 자중자애하기 바랍니다. 더 말하지 않겠습니다. 다시 절을 드립니다.

十月二十三日, 熹扣首啓叔耕茂材鄕友. 辱書幷示詩文論說甚富, 三復不置, 足以見鄕道之勤, 衛道之切. 而所以用力於詞章者, 又若是其博而篤也. 顧惟衰晩, 於道旣無所聞, 不足以堪見予之意. 而少日粗親筆硏, 終不能窺作者藩籬. 且自覺其初無補於身世, 遂用絶意棄去不爲, 今數十年矣, 又無以知所論之中失而上下其說也. 然私竊計之, 鄕道之勤, 衛道之切, 不若求其所謂道者, 而修之於己之爲本, 用力於文詞, 不若窮經觀史以求義理, 而措諸事業之爲實也. 蓋人有是身, 則其秉彛之則, 初不在外. 與其鄕往於人, 熟若反求諸己, 與其以口舌馳說, 而欲其得行於世, 孰若得之於己, 而一聽其用舍於天耶? 至於文詞, 一小伎耳. 以言乎邇, 則不足以治己, 以言乎遠, 則無以及人, 是亦何所與於人心之存亡, 世道之隆替, 而校其利害, 勤懇反復, 至於連篇累牘而不厭耶? 足下志尙高遠, 才氣明決, 過人遠甚, 而所以學者, 未足以副其天資之美, 熹竊惜之. 又念其所以見予之厚而不忍忘也. 不敢不盡其愚, 足下試一思之, 果能舍其舊而新是圖, 則其操存探討之方, 固自有次第矣. 請繼今以言. 人還, 姑此爲報. 向寒, 千萬以時爲親自愛. 不宣, 熹再拜.

　🕮 이미 스스로 "늙고 쇠약하다"고 하였으며 또한 문장을 버린 지 수십 년이라고 했으니, 당연히 만년의 논의다. 그러므로 "다른 사람에게 향해 가는 것이 어찌 자신에게 돌이켜 구하는 것만 하겠는가?"라고 한

말은 "자기에게 절실하고 스스로 반성한다"는 육자의 말과 부합한다.
"떳떳한 법칙은 애초에 밖에 있지 않다"고 한 것은 바로 "너의 눈이 스
스로 밝고 너의 귀가 스스로 들으니 어버이를 섬길 때는 저절로 효도할
수 있고, 형을 섬길 때는 저절로 공손할 수 있다"고 한 육자의 말이다.

既自云衰晩, 又云文章棄去數十年, 自是晩年之論. 然所云與其郷往
於人, 熟若反求諸己, 與陸子切己自反語合. 秉彛之則, 初不在外, 卽陸
子所謂爾目自明, 爾耳自聰, 事父自能孝, 事兄自能弟也.

방약수15)에게 답하다[答方若水]16)

용암에 가서17) 만약 그 실정을 신문(訊問)해서 죄가 없는 사람은 원통
하게 죽지 않고 죄가 있는 사람은 형벌을 피할 바가 없게 한다면, 이는
작은 일이 아닙니다. '조용히 물러난다'는 설은 매우 좋습니다. 다만 지
금은 아직 사람들로 하여금 물러나기를 구하도록 만드는 때가 아니라,
단지 본분에 의거하고 염치를 알아서 감히 자신을 자랑하고 내세움으
로써 알아주거나 나아가기를 구하지 않는 것을 요구할 때입니다. 그러
나 독서하고 궁리하여 마음 속에서 이 이치를 환하게 보아야 합니다.
구하지 않음이 본분이고 집착하면서 구하는 것이 죄과임을 알아서, 구
하는 흔적이 있어서도 안 될 뿐만 아니라 구하려는 마음이 싹트게 해서
도 안 됩니다. 구한다는 글자를 말하지 않을 뿐만 아니라 구하지 않는
다는 글자도 말하지 않아야 진정으로 자신을 지켜 남이 알아주는 것을
구하지 않을 수 있습니다.

---

15) 방임(方壬)을 말한다. 1187년 진사가 되고, 장주 장태 주부가 되었을 때 장주 태수인
　　주희로부터 학정을 맡았고, 『大學章句』를 출판하였다.
16) 『朱熹集』 권59－16, 1190(61세).
17) 【標補】 용암은 장주(漳州)에 속한 현이다. 아마 선생의 명령으로 그곳에 가서 옥사
　　(獄事)를 살핀 듯하다.

龍巖之行, 若問得實, 使無罪者不以寃死, 而有罪者無所逃刑, 此非
細事也. 靜退之說, 亦甚善. 但今亦未是敎人求退, 只是要得依本分, 識
廉恥, 不敢自衒自鬻, 以求知求進耳. 然亦須是讀書窮理, 使方寸之間,
洞見此理. 知得不求只是本分, 求著便是罪過, 不惟不可有求之之迹,
亦不可萌求之之心. 不惟不得說著求字, 亦不可說著不求字, 方是眞能
自守, 不求人知也.

🟤 이 서신은 소희 원년 경술년(1190)에 있었던 것으로서 주자가 장주
를 다스리고 약수가 장태를 관할하던 때이니, 주자 나이 61세다. 남이
알아주는 것을 구하지 않는다는 것을 말한 이치가 매우 단호하니, 육자
가 의리(義利)를 논한 설과 서로 부합한다.

　　此書在紹熙元年庚戌歲, 朱子守漳而若水令長泰時, 朱子六十一歲.
說不求人知之理甚斬截, 與陸子論義利之說相合.

방자실18)에게 답하다[答方子實]19)

지난번 지나가다가 다행히 한 번 뵈었습니다. 이별 이후 또 몇 개월이
지났으니, 뵙고 싶은 감정을 어찌 이길 수 있겠습니까? 그대의 숙부가 와
서 서신을 받고 근래 가을 날씨가 쌀쌀해지고 그대의 덕과 실천이 아름
다워진 것을 알게 되었으니 위안이 됩니다. 저는 근래 다행히 별 탈 없이
세월을 보내고 있어 말할 게 없습니다. 장태의 그대 형20)도 다행히 같은
일을 얻어서 서로 거리가 멀지 않으므로 또한 가끔 서로 봅니다. 발어(跋

---

18) 방근지(方芹之)를 말한다.
19) 『朱熹集』 권59-17, 1190(61세).
20) **[標補]** 장태 또한 장주에 속한 현이며, 그대의 형이란 곧 방약수(方若水)다. 약수는
　　이때 장태의 주부(主簿)였다.

語)는 어긋나서 바르지 않은 듯하여 부지런히 고쳐서 그림에 새겼는데 더욱 부끄러울 뿐입니다. 보내주신 서신에서 말한 주경(主敬)설에 대해 선현의 뜻은 배우는 자들이 지수(持守)할 줄 몰라 몸과 마음이 산만해서 의리를 분명하게 볼 수 있는 방도가 없기 때문에, 그들이 먼저 단정하고 엄숙한 자세를 익혀 방자하고 게으른 지경에 이르지 않고 마음이 안정되어 이치가 밝아지기를 바란 것일 뿐입니다. 정자는 무적(無適)의 적(適)을 간다는 뜻의 지(之)와 왕(往)으로 풀이하여 글자 그대로 음독하였습니다. 『논어』에서는 무적(無適)[21]의 적(適)을 오로지 한다는 전(專)과 주로 한다는 주(主)의 뜻으로 풀이하여 '적(的)'으로 음독하였습니다. 그 음과 뜻이 모두 같지 않으므로 이것으로 저것을 밝히는 것은 옳지 않습니다. 자세하게 고찰해보면, 정자의 말씀은 단지 지수해서 안정되어 내달려 나가지 않는다는 뜻일 뿐이라는 것을 알 수 있습니다. 지수해서 안정되어 내달려 나가지 않는 것이 곧 주일(主一)이며 주일이 곧 경입니다. 단지 돌려가면서 서로 해석한 것이지, 무적(無適)의 밖에 따로 주일이 있거나 주일의 밖에 또 따로 경(敬)이 있는 것은 아닙니다.

　昨者經由, 幸獲一見. 別又數月, 豈勝馳情! 令叔, 來承書獲審, 比日秋冷, 德履佳勝爲慰. 熹比幸粗遣, 無足言. 長泰令兄, 幸得同事相去不遠, 亦時相見也. 跋語殊犯不韙, 更勤刻畫, 爲愧盆深耳. 示喩主敬之說, 先賢之意, 蓋以學者不知持守, 身心散漫, 無緣見得義理分明, 故欲其先且習爲端莊整肅, 不致放肆怠墮, 庶幾心定而理明耳. 程子無適之適訓之訓往, 而讀如字. 論語無適之適訓專訓主, 而讀如的. 其音義皆不同, 不當以此而明彼. 細考之, 可見程子之云, 只是持守得定, 不馳騖走作之意耳. 持守得定, 而不馳騖走作, 卽是主一, 主一卽是敬. 只是展轉相解, 非無適之外別有主一, 主一之外又別有敬也.

---

21) 『論語』「里仁 10」. "子曰 : 君子之於天下也, 無適也, 無莫也, 義之與比. 주자주 : 適, 專主也."

❀ "장태의 그대 형"은 방약수를 말한다. 주자가 장주를 다스릴 때 약수는 장태의 주부(主簿)였기 때문에 "같은 일"이라고 한 것이다. 경이란 글자의 뜻을 논의한 것은 그 마음이 안정된 이후에 이치가 밝아지기를 바란 것이니 명도선생과 육자의 뜻에 부합한다.

長泰令兄, 謂若水也. 朱子守漳時, 若水主長泰簿, 故云同事. 論敬字意, 謂欲其心定而後理明, 合於大程子及陸子之意.

두문경22)에게 답하다[答竇文卿] 123)

보내주신 서신에서 학문에 나아가는데 게을리 하지 않는 그대의 뜻을 알 수 있었으니 매우 좋습니다. 다만 스스로 의심할 줄 모른다는 점을 가지고 곧 변론만 하고 실행할 수 없는 것보다 현명하다고 말하는 것은 마치 깊은 곳에 빠져있으면서도 높은 곳에 있다고 생각하여 더 나아지기를 구하지 않는 병폐와 같으니, 또한 아직 자신을 한정하는 것을 면하지 못한 것입니다. 저들은 공허한 말로 억지로 변론을 지어내지만, 우리들은 실제 본 것으로 의심을 하니 본래 서로 위상이 다른 것입니다. 진실로 저들처럼 미심쩍은 일을 하면서 이치를 탐구하는 데 게을러서는 안 되며, 또한 일괄적으로 저들이 모두 공허한 말을 한다고 보아서 그들에게 실제적인 깨달음이 전혀 없다고 미리 간주해서도 안 됩니다. 안자께서는 능하면서도 능하지 않은 사람에게 묻고 학식이 많으면서도 적은 사람에게 물었으니, 어찌 일찍이 자신은 옳고 남은 그르다 하면서 스스로 진보하지 않는 자리를 편안히 여긴 적이 있었습니까? 정선생님이 "의심이 없는 곳에서 의심을 내야 크게 진보할 수 있다"24)고 하셨으

---

22) 두종주(竇從周)를 말하는데, 진강부(鎭江府) 단양현(丹陽縣) 출신이다.
23) 『朱熹集』 권59-20, 1186(57세).
24) **[翼增]** 횡거의 설은 『近思錄』 제3권에 보인다. 여기서 '정선생'이라고 한 것은 의심

니, 이런 점은 깊이 유념해야 합니다.

그대가 날마다 사서(四書)를 암송하며 때때로 성찰한다는 사실을 알게 되었으니, 이러한 뜻은 매우 좋습니다. 다만 무슨 까닭으로 전혀 의심하는 바가 없는지 모르겠습니다. 아마도 단지 처음부터 읽어나가면서 단락마다 사색하고 완미하지 않았기 때문에 의심할 곳을 보지 못한 듯합니다. 만일 과연 이와 같다면, 하나의 책을 볼 때 단락마다 사색하고 반복해서 완미하여 그 책이 끝나기를 기다린 뒤에 따로 다른 책으로 바꾸는 것이 더 낫습니다. 『근사록』은 근세 배우는 자들의 학문 규모와 병폐를 친절하게 말하고 있으니 아울러 볼 수 있다면 좋을 것입니다. 공근(公謹)에게 아직 서신을 부치지는 못했지만 서로 보자는 의사를 귀찮게 보내고 있습니다. 그는 여동래(呂東萊)를 좇아 『좌전』을 읽었으니 마땅히 인물의 정황과 상태에 대해 자세하게 알고 있어야 하는데, 지금 이처럼 일을 못하고 있는 것은 어째서인가요? 노덕장(路德章)도 아마 그 관직을 편안하게 여기지 않고 자못 윗사람과 아랫사람을 탓하면서 자기에 대해서만은 관대해지는 생각이 있으니, 이 모두 학문에 힘을 쓰지 않아 생긴 것입니다. 우리는 이런 점을 보면서 진정으로 통렬하게 스스로 경계하고 반성하여 진실되게 공부해야 합니다.

辱書, 知進學不倦之意, 甚善, 甚善! 但自以不能致疑, 便謂賢於辨論而不能行者, 似有臨深爲高, 不求進益之病, 亦未免爲自畫也. 彼以空言生釁, 我以實見致疑, 自不相妨. 固不當以似彼爲嫌而倦於探討, 亦不當一槪視彼皆爲空言, 而逆料其全無實見也. 顔子以能問不能, 以多問寡, 曷嘗敢是己非人, 而自安於不進之地哉? 程先生說於不疑處有疑, 方是長進, 此不可不深念也.

知日誦四書, 時時省察, 此意甚善. 但不知何故, 都無所疑. 恐只是從

스럽다.

頭讀過, 不曾逐段思索玩味, 所以不見疑處. 若果如此, 則不若且看一
書, 逐段思索, 反復玩味, 俟其畢而別換一書之爲愈也. 近思錄說得近
世學者規模, 病痛親切, 更能兼看亦佳也. 公謹未及附書, 相見煩致意.
渠從呂東萊讀左傳, 宜其於人情物態, 見得曲折, 今乃如此不解事, 何
耶? 德章似亦不安其官, 頗有責上責下而中自恕之意, 皆是學問不用力
處. 吾輩觀此, 眞當痛自警省, 實下工夫也.

⬤ 두문경은 순희 병오년(1186)에 주자를 가서 보았는데, 이때에 그의
나이가 이미 50이었으며 주자는 57세였다. 두문경과의 문답은 모두 만
년에 속한다. 두문경이 날마다 사서를 암송하였는데 그가 오직 하나의
글을 읽기를 주자가 바란 것은 육자의 독서 방법과 합치된다.

　文卿以淳熙丙午往見朱子, 是年已五十, 而朱子則五十七歲也. 凡與
文卿問答, 皆屬晚年. 文卿日誦四書, 而朱子欲其專讀一書, 合於陸子
讀書之法.

두문경에게 답하다[答竇文卿] 2[25)]

학문을 하는 요령은 다만 착실하게 조존하고 찬찬히 체인하여 자신
의 몸과 마음에서 이해하는 데 있습니다. 경솔히 자신을 드러내어[26)] 다
른 사람들의 변론을 야기시켜서 헛되이 응답하는 데 시간을 허비하여
내면을 향한 공부를 분산시키는 것을 절실하게 경계해야 합니다.

　爲學之要, 只在著實操存, 密切體認, 自己身心上理會. 切忌輕自表
襮, 引惹外人辨論, 枉費酬應, 分却向裏工夫.

---

25) 『朱熹集』 권59-21, 1186(57세).
26) [節補] 밖으로 드러낸다는 의미이다.

⊛ 이 서신은 자기에게 절실히 하는 공부의 핵심을 가장 잘 파악하고 있으니, 온전하게 육자의 견해와 서로 부합한다.

此書最得切己用功之要, 全與陸子相合.

두문경에게 답하다[答竇文卿] 327)

보내 주신 서신에서 말씀하신 학문의 어려움은 어찌 오늘날만의 문제이겠습니까? 우리들은 다만 날마다 지수하고 성찰하는 공부를 더하면서 강론하고 토론하는 학업을 폐하지 않으며, 오로지 옛 사람들이 자신을 위해 학문하던 것을 본보기로 삼고 오늘날 사람들이 남을 위해 학문하는 것을 깊이 경계한다면 평생의 뜻을 저버리는 일이 없을 것입니다.

示喩問學之難, 豈獨今日? 吾黨但當日加持守省察之功, 而不廢講誦討論之業, 專以古人之爲己者爲師, 而深以今人之爲人者爲戒, 則庶乎其無負平生之志矣.

⊛ "지키고 성찰하는" 경우는 "날마다 더한다"고 말했고, "강론하고 토론하는" 경우는 단지 "그만두지 않는다"고 말했으니 공부에 대한 경중의 마땅함이 육자와 부합한다.

持守省察, 則云日加, 講誦討論, 但云不廢, 輕重之宜, 合於陸子.

---

27)『朱熹集』권59−22, 1186(57세).

이처겸28)에게 답하다[答李處謙]29)

어제 멀리서 찾아 오셨지만 뵙지 못한 것을 매우 한스럽게 생각합니다. 남겨 두신 서신을 읽고서야 그대께서 뜻을 지니고 있음을 더욱 알 수 있었으니 덕을 쌓은 집안30)에 많은 인재들이 있음을 또한 거듭 기쁘게 생각합니다. 대개 학문을 하는 데는 마땅히 마음을 조존하고 주일하는 것을 우선해야 하지만 치지와 역행 또한 어느 하나라도 폐해서는 안 됩니다. 비록 이미 하나의 장점을 가지고 있더라도 그것을 믿고서 다른 것을 경시하면서 그 교만하고 이기려는 사사로움을 길러서는 안 됩니다. 하물며 그 장점이 있는지 없는지31)에 대해 애당초 확정할 수 없는 경우에는 어떻겠습니까? 무릇 일상생활 가운데 이러한 병통을 알아서 제거하고자 한다면 제거하고자 하는 이 마음이 곧 능히 없앨 수 있는 치료약입니다. 다만 굳게 지켜서 항상 스스로 경계하고 깨어 있어야지, 반드시 망령된 뜻으로 미루어 구하면서 이 평이한 방법을 버리고 따로 오묘한 해법을 찾을 필요는 없습니다.

　昨辱遠訪, 深以不獲一見爲恨. 及得所留書而讀之, 益知賢者之有志, 慶閥之多才, 又重以爲喜也. 大抵爲學, 當以存主爲先, 而致知力行, 亦不可以偏廢. 縱使已有一長, 未可遂恃以輕彼, 而長其驕吝克伐之私. 況其有無之實, 又初未可定乎! 凡日用間, 知此一病而欲去之, 則卽此欲去之心, 便是能去之樂. 但當堅守, 常自警覺, 不必妄意推求, 必欲舍此拙法而別求妙解也.

---

28) 이장조(李壯祖) : 자는 처겸(處謙)이고, 이수약과 함께 과거에 합격하였다.
29) 『朱熹集』 권59－27, 1188(59세).
30) 【翼增】 덕행을 쌓은 집안을 말한다.
　　【標補】 처겸이 핑조와 상조의 형제이기 때문에 그렇게 말한 것이다.
31) 【刊補】 장점이 있는 것과 없는 것을 말한다.

⚫ 이처겸의 형은 이수약(守約)인데 만년에 주자를 모셨으며 주자는 여러 후손들에게 가르침을 남겼는데, 주자가 돌아가신지 12년 후 비로소 진사가 되었다. 이처겸은 또 그의 막내 동생이다. 만년에 진서산(眞西山)[32]에게서 천거를 받았는데 더욱 훗날의 일이었다. 학문할 때 "조존하고 주일하는" 것을 우선하는 것은 육자가 중시한 "먼저 큰 것을 세운다"[33]는 설과 부합하고, 또 "항상 스스로 경계하고 깨어 있으려" 하는 것은 육자가 중시한 "방심(放心)을 구한다"는 뜻이다.

處謙之兄守約, 晚事朱子, 朱子留訓諸孫, 朱子沒後十二年, 始成進士. 而處謙又其季弟也. 晚受眞西山薦, 則益後矣. 謂爲學以存主爲先, 合於陸子所主先立乎大之說. 又欲其常自警覺, 卽陸子所主求放心意也.

유복지[34]에게 답하다[答劉復之][35]

몸이 더욱 쇠약해졌습니다. 벗과 반복해서 강론하고 싶었지만 바깥 일로 어수선해서 바람대로 할 수가 없습니다. 그대 같은 분과는 또 거리가 멀어 조만간 서로 만날 수 없는 것이 유감입니다. 그러나 이 일은 전적으로 사람들 스스로 힘을 쓰는데 달려 있으니, 비록 매일 사우들을 가까이 하더라도 스스로 공부하여 중단되지 않도록 해야 비로소 들어갈 곳이 있게 될 것입니다. 학문에 들어갈 곳을 얻게 되면 도리어 때에 따라 마음을 노닐어도 저절로 서로 방해되지 않을 것이니, 비록 과거에 응시한다고 해도 또한 그것에 얽매이지 않을 것입니다.

---

32) 진덕수(眞德秀, 1178~1235) : 자는 경원(景元) 또는 경희(景希), 시호는 문충(文忠)이며, 포성(浦城) 출신이다. 1199년에 진사(進士)가 되었다. 소정(紹定)연간에 지정사(知政事)가 되었다.
33) 『陸九淵集』 권34 「語錄 上」.
34) 【節補】 유복지는 장악(長樂) 출신으로 호는 존암(存庵)이다.
35) 『朱熹集』 권59-28, 1195(66세).

衰朽益甚. 思與朋友反復講論, 而外事紛擾, 不能如願. 如復之者, 又相去之遠, 不得早晩相見爲恨. 然此事全在當人自家著力, 雖日親師友, 亦須自做功夫, 不令間斷, 方有入處. 得箇入處, 却隨時游心, 自不相妨, 雖應科擧, 亦自不爲科擧所累也.

● "몸이 매우 쇠약해졌다"는 것으로 보아 주자 만년 때임이 분명하다. "학문에 들어갈 곳을 얻었다"는 것은 육자가 사람들로 하여금 먼저 대의를 보게 한 방법과 같다.

衰朽益甚, 自是晩年. 得箇入處, 卽陸子令人先見大意之法.

양자순36)에게 답하다[答楊子順] 237)

보내주신 서신에서 학문하는 대의를 논하신 것은 이미 바른 뜻을 얻으신 듯합니다. 그러나 그대가 본래 스스로 이해해서 말한 것은 비슷하게 말하기는 도리어 어렵지 않지만 그것을 실제적으로 체득하지 못한다면 그렇게 말한 것은 모두 쓸데없는 말이며 아무런 도움이 되지 않을 뿐입니다. 또 나중 서신에 나오는 맹자의 설을 살펴보니 앞선 서신에서 "의리를 강명하는 것을 함양하고 배양하는 터전으로 여긴다"고 말씀하신 것은 아직 정밀하지 못한 듯합니다. 이 곳에서도 오히려 아직 정밀하지 못하였다면 본령 공부도 또한 그와 같음을 면치 못할 것입니다. 맹자가 "반드시 일삼는 것이 있어야 한다"고 말한 것은 곧 "의를 쌓는다"는 위 문장을 이어서 말해야 맥락이 통하니, '경'이라는 글자 뜻의 유래가 없지만 반복해서 읽어 보면 저절로 깨닫게 되므로 주석할 필요가 없습니다. 명도가 도리어 이 네 구절을 빌어 '경'이라는 글자로 옮겨서 설명하는

---

36) 양이정(楊履正)을 말하는데, 천주(泉州) 진강현(晉江縣) 출신이다.
37) 『朱熹集』 권59－30, 1188(59세).

것[38]은 이 문장의 의미를 풀이한 것이 아니며, 이천선생의 설이 맹자 본문의 뜻을 파악한 것[39]보다 못합니다. 그러나 '정(正)'이라는 글자를 '조장한다'는 것으로 풀이한 것은 또한 타당하지 못합니다. 다른 곳에서도 "효과를 기대하는 것이 지나쳐서 마침내 조장하기에 이른다"고 말한 것을 기억하는데 이 말이 도리어 본의에 약간 가깝긴 하지만 오히려 미진한 데가 있습니다. 만약 본문의 맥락을 분명하게 깨닫고『집주』를 상세하게 고찰해서 그 곡절을 궁구하며 자세하게 인식한다면 맹자가 당시에 생각을 정해서 말을 지은 것에 한 글자도 유래가 없는 것이 없다는 것을 알게 될 것이니, 천착하고 견강부회하며 심력을 헛되이 소비해서 도리어 전혀 무관하게 되도록 할 필요는 없습니다.

來書所論爲學大意, 似已得之. 但賢者本自會說, 說得相似, 却不爲難, 只恐體之未實, 卽此所說, 皆是空言, 不濟事耳. 又以後書孟子之說考之, 卽前書所謂講明義理, 以爲涵養培植之地者, 似若未精. 此處尙且未精, 則其本領工夫, 恐未免亦類此也. 孟子所云必有事焉, 乃承上文集義而言, 語脈通貫, 卽無敬字意思來歷, 但反覆讀之, 便自見得, 不假注釋矣. 明道之語, 却是借此四句, 移在敬字上說, 非解此章文義, 不若伊川先生爲得本文之意. 然其解正字卽是助長, 則亦未安. 記得一處說正之之甚, 遂至於助長, 此語却差近, 然猶有所未盡也. 若看得本文意脉分明, 而詳考集註以究其曲折, 子細識認, 見得孟子當時立意造語, 無一字無來歷, 不用穿鑿附會, 枉費心力, 而轉無交涉矣.

🌀 양자순과 양지지(楊至之)[40]는 같은 시기에 좇아 배우기 시작했는

---

38)『二程遺書』권15−186. "必有事焉, 謂必有所事是敬也. 勿正, 正之爲言輕. 勿忘是敬也. 正之之甚, 遂至於助長."

39)『二程遺書』권15−55. "必有事焉, 有事於此一作敬也. 勿正者 若思此而曰善, 然後爲之, 是正也. 勿忘, 則是必有事也. 勿助長, 則是勿正也. 後言之漸重, 須默識取主一之意."

데 양지지가 채원정의 사위인 것으로 보아 배우기 시작한 것은 반드시 주자 만년 때이다. 그런데 이 서신에서 실천을 중시하는 것은 육자의 가르침과 부합한다.

子順與楊至之同時從學, 至之爲元定壻, 則從學必在晚年. 而此書重 踐履, 與陸子之敎合.

양자순에게 답하다[答楊子順] 341)

보내주신 서신의 여러 조목이 매우 좋습니다. "자기를 이겨 예로 돌아가는" 공부는 다만 말씀하신 것처럼 착실하게 노력하여 오래되면 자연히 효과를 보겠지만, 만약 이렇게 쓸데없는 말만 한다면 아무 일도 이룰 수 없을 것입니다. 천하가 인에 돌아간다는 것도 대략 그 효과를 말한 것이지, 천하의 모두가 나의 인을 알게 할 수 있다는 것은 아닙니다. 그러나 말을 만약 그와 같이 할 수 있다면 비록 천하가 아무리 크다 할지라도 또한 다른 의견이 없을 뿐입니다. 다른 사람들이 칭찬하거나 칭찬하지 않는 것은 진실로 자기에게 급한 것이 아닙니다. 그렇지만 그 효과가 반드시 이에 이르게 되는 것은, 마치 음식을 먹으면 배가 부르고 술을 마시면 취하게 되는 것처럼 당연한 이치입니다. 천하가 모두 나의 인 가운데로 돌아갔다는 것은 지나치게 마음을 써서 과장되게 말한 것입니다. 서신에서 하신 말씀의 경우 분노 외에도 의심하고 막는 생각까지 더해져 있으니 자못 비루하다고까지 느껴졌습니다. 이것은 기질이 본래 빼어나거나 넓지도 못한데다가 또 학문한 지 얼마 되지 않다 보니 확고하게 힘을 얻지 못해서 그럴 수밖에 없는 것입니다. 지금은

---

40) 양지(楊至)를 말하는데, 진강(晉江) 출신이다. 송나라 때 진강은 천주(泉州)에 속해있었기 때문에 『朱子語類』에서는 천주 사람이라고 되어 있다.
41) 『朱熹集』 권59-31, 1197(68세).

우선 다른 것은 논하지 말고 다만 공자께서 "뗏목을 타겠다"42)고 탄식을 하시면서 유독 자로만이 따라올 수 있다고 인정하자 자로가 듣고는 기뻐했던 것에 대해 논해야 합니다. 우선 이러한 곳에서는 성현의 기상이 어떠한가를 보아야 합니다. 세상에서 허다하게 떠드는 것들이 마치 수많은 모기떼가 미친 듯이 소리 내며 날아다니는 것과 같은데 어떻게 성현의 마음43)을 이해할 수 있겠습니까? 만약 그러한 것들44)을 내치지 못한다면 다시 어떻게 자기를 이겨 예로 돌아가는 것을 말할 수 있겠습니까? 곧 아무런 관련도 없게 될 것입니다. 양지지(楊至之)가 거칠고 소략하여 그대처럼 세밀하지는 못하지만 이러한 점은 도리어 더 나은 듯하니,45) 서로 절차탁마하는 것이 좋겠습니다.

요사이 『의례』 편집이 대략 완성되었지만 갑작스레 자세히 알릴 겨를이 없었습니다. 또한 그대가 아직 스스로 헤어날 용기를 낼 수 없어 한 번 와서 함께 교정할 수 없는 것이 아쉬울 따름입니다.

所喻數條皆善. 如克己復禮工夫, 只是如此著實用力, 久之自然見效, 若只如此做閑話說過, 則不濟事矣. 天下歸仁, 亦是畧以其效言之, 非是便能使天下皆知吾之仁也. 但言若能如此, 則雖天下之大, 亦無異詞耳. 人稱不稱, 固非已之所急. 但其效自必至此, 如食而飽, 飮而醉, 亦固然之理也. 云天下皆歸吾仁之中, 卽是太作意, 說得張皇了. 至於書中所說, 則悁忿之外, 加以猜防意思, 殊覺鄙陋. 此是氣質本不高明寬廣, 又學問日淺, 未有得力處, 所以不免如此. 今且未論其他, 只夫子乘桴之歎, 獨許子路之能從, 而子路聞之, 果以爲喜. 且看此等處, 聖賢氣象是如何? 世間許多紛紛擾擾, 如千百蚊蚋, 鼓發狂鬧, 何嘗入得他胸

---

42) 『論語』 「公冶長」.
43) 【刊補】 그는 성현을 가리킨다.
44) 【記疑】 분노하고 의심하고 막는 것을 가리킨다.
45) 【箚疑】 양지지가 거칠고 소략해서 비록 자순이 세밀한 것에 미치지 못하지만, 이런 곳에서는 도리어 지지가 자순보다 더 낫다.

次耶? 若此等處放不下, 更說甚克己復禮? 直是無交涉也. 至之粗疎,
不如子順細密, 然此等處, 却似打得過, 正好相切磋也.

儀禮, 此間所編已畧定, 便遽未暇詳報. 亦恨賢者未能勇於自拔, 不
能一來, 共加刊訂耳.

🈯 이 서신 끝머리에 『의례』를 편찬한 일이 언급된 것으로 보아 주
자의 가장 만년 때 일이다. 그리고 "쓸데없는 말"이 "도움이 되지 않는
다"고 생각한 것은 육자의 가르침과 부합한다. 천하가 인에 돌아간다는
것을 논할 때는 마땅히 "모두 나의 인 가운데로 돌아간다"고 생각해야
옳다. 대개 하루 동안 과연 자기를 이겨 예로 돌아가면 자연히 백성들
을 같은 형제로 여기고 만물을 나의 동료로 여길 수 있게 된다.46) 만약
천하가 모두 그 인에 참여한다고 말한다면 곧 진실로 장황해질 뿐이다.
우선 공자께서 번지를 가르치시면서 "인자는 어려운 것을 먼저하고 얻
는 것을 나중에 한다"47)고 말씀하신 것은 안연에게 홀로 효과를 계교하
라고 가르치신 것과는 상응하지 않는다.

此書末有編儀禮, 是最晚年事. 然以閒話爲不濟事, 合於陸子之敎.
至論天下歸仁, 則當作皆歸吾仁之中爲是. 蓋一日之間, 果能克己復禮,
自然民同胞, 物同與. 若云天下皆與其仁, 乃誠張皇耳. 且夫子敎樊遲,
謂仁者, 又難而後獲, 不應敎顏淵獨計功效也.

---

46) 『正蒙』「西銘」.
47) 『論語』「雍也」.

오두남48)에게 답하다[答吳斗南]49)

산 속에 살면서 오랫동안 그대의 덕 의로움에 대해 들었고 또 저술하신 것이 매우 많다는 것을 알았지만, 매번 그대를 자주 보고서 그 책을 다 읽지 못하는 것을 한스럽게 생각하였습니다. 이런 상황에서도 은혜로운 질문을 주시고, 또 함께 『고역』과 『간오』50) 두 책을 보내주셨습니다. 그러므로 제게 보내주신 뜻이 매우 정성스럽고 두터워 보잘 것 없는 제가 감당하기 어려웠습니다. 최근에 봄 날씨가 화창하여 글 쓰는 데 도움이 되었으리라 생각됩니다. 만복을 누리시기를 바랍니다. 두 책을 거듭 보아도 손 댈 데가 없으니, 지극히 정밀하고 넓다고 할 만합니다. 제 생각에 여전히 아뢰고자 하는 것이 있어도 마침 길을 떠나기 위해 행장을 차리느라 바빠 모두 피력할 수 없어서 별지에 대략 한두 가지만 적어 보내니, 다시 답신을 보내주시기를 바랍니다. 다른 책도 허락하셔서 모두 부쳐주신다면, 이보다 다행스러운 일은 없을 것입니다. 그렇지만 「홍범」과 「시락」이란 두 가지 논의51)는 더욱 빨리 얻고 싶습니다. 혹 아직 자세히 살피지 못한 다른 책도 먼저 얻었으면 매우 다행이겠습니다.

보내주신 서신에서 또 "그 잃어버린 마음을 거둘 방법을 생각하지만 어디로부터 들어갈지 그 길을 찾지 못하고 있는 것이 걱정이다"고 했는데, 여기에서 그대의 뜻은 또 옛사람의 위기지학에 마음을 두어 말로만 읊조리는 계획을 하지 않으려고 하는 것을 알 수 있으니, 영민하지 않은 제가 더욱 경탄하는 바입니다. 일찍이 "오늘날 사람들이 닭이나 개는 찾을 줄 알면서 잃어버린 마음을 찾을 줄 모르는 것이 크게 미혹된

---

48) 오인걸(吳仁傑)이다. 문집에는 인걸(人傑)로 되어 있다. 자는 두남(斗南), 자호는 두은(蠹隱), 곤산(崑山 : 江蘇) 출신이다.

49) 『朱熹集』 권59-36, 1190(61세).

50) 【節補】『漢書刊誤』를 말한다.

51) 【翼增】『洪範辨圖』 1권과 『樂舞新書』 2권을 말한다.

것이다”고 생각했습니다. 그러나 진실로 잃어버린 줄을 알아서 찾고자 한다면, 바로 찾을 줄 아는 경우에 한결같은 마음으로 깨어있게 되니, 이것은 굳이 따로 들어갈 곳을 찾지 않더라도 마음의 본체와 작용[體用] 전체가 이미 그곳에 있는 것입니다. 이것을 통해 지경(持敬)으로써 그 본체를 보존하고 궁리(窮理)로써 그 작용을 지극히 한다면 날마다 불어나 장차 그만두고자 해도 그만둘 수 없게 될 것입니다. 게다가 그대의 현명함으로 여기에 생각을 더한다면, 그 넓은 견문과 상세한 참고 또한 어디를 간들 궁리의 영역이 아니겠습니까? 만약 그렇지 않다면 이것은 바로 완물상지일 뿐입니다. 진실로 그대가 이렇게 하는 것을 달갑게 여기지 않을 줄은 알지만 어리석은 저로서는 그대를 위해 염려하지 않을 수 없습니다.

저를 인정하신 정성에 감격하여 감히 저의 고루함을 숨기지 않았으니, 살펴보시기를 엎드려 바랍니다. 급하게 남쪽으로 떠나니 서로 더욱 더 멀어지게 되었습니다. 오직 거듭 자애하시기를 바랍니다. 자주 조정에 부름을 받더라도 때때로 서신을 보내시어 저를 위로해주시기를 매우 바랍니다.

竊伏山間, 久聞德義, 且知著述甚富, 每以未得亟見其人, 而盡讀其書爲恨. 兹辱惠問, 并寄古易刊誤二書, 所以見屬之意, 甚勤且厚, 非熹淺陋之所能堪也. 比日春和, 敬惟撫字有相, 尊履萬福. 二書三復不能去手, 可謂極精博矣. 鄙意尙有欲奉扣者, 適此治行之冗, 未能盡布, 別紙略見一二, 幸復有以告之. 他書蒙許, 盡以見寄, 何幸如之. 但洪範詩樂二論, 尤欲早得之. 或其餘未能悉辦, 且先得此, 幸甚! 幸甚!

來書又謂方思所以收其放心, 而患其未有以自入, 此見高明之志, 又將有意於古人爲己之學, 不但爲言語誦說之計而已, 區區不敏, 尤所敬歎. 蓋竊嘗謂今之人, 知求雞犬而不知求其放心, 固爲大惑. 然苟知其放而欲求之, 則卽此知求之處, 一念悚然, 是亦不待別求入處, 而此心體用之全已在是矣. 由是而持敬以存其體, 窮理以致其用, 則其日增月益, 自將有欲罷而不能者. 矧以執事之明而加意焉, 則其見聞之博, 參考之詳, 亦何適而非窮理之地哉? 如其不然, 則是直爲玩物喪志而已. 固知賢者不屑爲此, 然熹之愚, 不得不爲執事者慮之也.

感見與之勤, 不敢隱其固陋, 伏惟察焉. 旦夕南去, 相望盆遠. 惟幾以時自愛. 巫膺召用, 時時書來, 慰此窮寂, 千萬之望!

⬤ "급하게 남쪽으로 떠난다"는 것은 장주로 떠난 일을 말하니 주자 60세(1189) 때의 일이다. 이 서신에서 "방심(放心)을 구할 줄 안다면" "마음의 체용이 온전히 있게 된다"고 했으니 육자의 설명과 매우 부합된다. 두 번째 서신에서는 토지측량을 언급하고 있으니, 주자 61세(1190) 때 장주의 지사로 있을 때다.

旦夕南去, 將之漳州, 朱子六十歲時也. 此書謂知求放心, 則心之體用全在, 甚合於陸子之說. 其第二書論及經界, 則六十一歲守漳時也.

오두남에게 답하다[答吳斗南] 252)

인편을 통해 소식을 받으니 감격하고 위로됨이 헤아릴 수 없습니다. 최근 이미 해가 바뀌었는데, 이처럼 편안하고 형통하시니 많은 행복을 거듭 받으시리라 생각됩니다. 제가 이곳을 다스리고 있는데, 이미 해를 넘기면서 질병이 찾아들어 하루도 좋은 날이 없습니다. 사록을 구하였으나 얻지 못하고, 토지를 측량하는 역할만을 부여받았습니다. 뒤에 조그만 일도 할 수 없어서 서너 달을 잠시 기다려 다시 물러나기를 아뢰었습니다. 세상사가 너무 힘드니 물러나서 시골에 머물면서 여생을 쉬

---

52) 『朱熹集』 권59-38, 1191(62세).

게 하는 것만 못한 것 같습니다. 다른 사람의 일은 다시 제 힘이 미칠 수 있는 것이 아닙니다. 매번 공자가 주공을 꿈꾸지 못한 것을 탄식한 대목을 읽게 되면, 비탄을 금할 길이 없게 됩니다. 교대자를 기다려 벼슬자리를 바꿀 수 있게 되었고, 이미 임기도 끝나간다고 하니, 매우 위안이 됩니다. 서로를 알아주는 여러 친구들이 누구인지 모르겠습니다. "솥 속에 먹을 것이 있으니," 마땅히 갈 곳에 삼가야 하며, "내 아내에게 병이 있으니,"53) 곧 허물이 없게 될 뿐입니다. 이전에 부치신 여러 서신들을 아직 자세하게 살피지 못했지만, 여러 유학자들의 설명 중 믿기에 충분하지 않은 부분은 마땅히 잘 살펴 가리고 선택해야 잘못이 없을 것 같습니다. 지금 부치신 이 서신을 한 번 보았습니다. 독서가 적어서 그 논의를 자세히 살필 수 없다는 것이 한스러울 뿐입니다. 그렇지만 한두 곳 의심나는 부분이 있지만, 휴가가 끝나 많은 일을 해야 하고 또 인편이 빨리 가고자 하여 조목조목 아뢸 겨를이 없습니다. 임시로 한두 가지를 별지에 적어 보내니 조목조목 비답해주시기를 바랍니다. 최근 「동한토강격」의 시기를 보니 『통감』의 날짜와 같지 않았습니다. 또 심괄의 『몽계필담』54)에 실려 있는 「주부전」이 인용한 「천작」이란 시의 경우, 지금 범화의 판본으로 간행된 책55)을 보니 다르게 되어있습니다. 이전 서신에서 물으셨던 것을 기억하시는지요? 지금 서신 끝에 있으니, 함께 알려주시기를 바랍니다.

이언평(李彦平)이 알고 있는 조안자(趙顔子)는 어떤 사람입니까? 영가(永嘉) 조언소(趙彦昭) 아닙니까? 그가 학문을 논한 것의 대의는 매우 훌륭합니다. 그렇지만 아마도 궁리 공부에는 아직 이르지 못한 것이 있으

---

53) 앞의 인용구절과 지금 인용구절 모두 『周易』 「鼎卦」에 나오는 말이다.
54) 『夢溪筆談』은 심괄(沈括)이 지은 26권의 책을 말한다. 이 책은 인문과학에서부터 자연과학에 이르기까지 폭넓은 주제를 다루고 있어서, 송나라 시대까지 중국인의 사유에 대해 많은 것을 전해준다.
55) [翼增] 『後漢書』를 말한다. 앞에 나온 「朱浮傳」도 이 책에 실려 있는 열전들 중 하나다.

니, 또한 단지 어두운 길을 가는 것과 같을 뿐이어서 끝내 높은 곳에 올라 오묘한 곳을 보아 직접 성현의 경지에 들어갈 수는 없을 것입니다. 정씨형제 문하의 여러 유학자들의 사적을 모아 편집하려고 했지만, 최근에도 아직 작업을 하고 있어 완성하지 못했습니다. 지금 소무에서 간행한 판본인 『연원록』이 바로 이것입니다. 당시에 편집이 아직 완성되지 않았지만 후배들이 베껴 이것을 유포시켰으니, 이 점을 매우 한스럽게 생각하고 있습니다. 이것을 본 적이 있는지요? 그렇지만 이와 같은 공부도 또한 아직 할 필요가 없습니다. 최근에 이천선생의 말씀을 깊이 고찰해보았는데 문인 중에는 아마도 정통을 물려받은 자가 없는 듯합니다. 이 일은 반드시 생각해보아야 하는 문제로 아침에 밭을 갈고 저녁에 수확하는 것처럼 쉽게 할 수 있는 것이 아닙니다. 마음이 한가한 상태를 견디지 못하는 것은 역시 큰 문제인데, 그것은 바로 평소에 기억하고 토론하면서 마음을 방치해두었기 때문입니다. 옛사람이 '완물상지(玩物喪旨)'56)하는 것을 깊이 경계하는 것도 바로 이런 이유에서입니다. 앞으로 우선 오직 근본적인 학문에만 마음을 다해야 하겠다고 하셨는데 그 뜻이 매우 좋습니다. 지금 사람들은 자신이 잘하는 부분에 빠져서 결코 상대의 말을 듣고 이를 믿고 따르려는 마음을 내지 않으려고 합니다.

불학이 우리 유학과 비록 비슷한 곳이 있기는 하지만 이른바 "모습은 같지만 마음은 다르며 옳은 듯하면서 그르다"고 한 것이니 살피지 않아서는 안 됩니다. 명도선생께서 "구절구절이 같고 일마다 합치된다. 그러나 같지는 않다"고 한 것이 진실로 의미가 있는 말이니, 구체적으로 보지 않았으면 어떻게 감히 이렇게 판단하겠습니까? 공자의 순하성문에서 말한 "도를 듣는다"고 할 때의 듣는다는 것은 다만 보고 듣고 연구하여 스스로 터득한다는 것을 말하는 것이고, 그 도는 군신과 부자가

---

56) 『書經』 「旅獒」.

일상생활 가운데서 늘 행하는 당연한 이치이지, 현묘하고 기특하여 예측할 수 없는 것이 아닙니다. 그것은 석씨가 말한 "환히 크게 깨달으면 온 몸에 땀이 흐른다"고 한 말과 같은 것입니다. 지금 다시 힘을 쏟을 곳을 따로 찾을 것 없이, 다만 경(敬)을 지켜 이치를 궁구하면 됩니다. '참전의형'57)에 대해서 지금 사람들은 대부분 잘못 말하고 있기 때문에 매번 석씨의 주장으로 흐르는 것입니다. 이전 성인께서는 "이것을 말함에 있어 다만 말은 반드시 충성스럽고 미덥게 하며, 행동은 반드시 돈독하고 공경히 하여 생각마다 잊지 않고 곳곳에서 늘 이 두 가지 일을 보는 듯이 하여 마음에서 벗어나지 않게 함을 말하였으니, 이는 마치 국그릇에서도 요임금을 보고 담에서도 요임금을 본다58)고 말한 것과 같은 것이다"고 하셨으니, 그것이 어찌 나의 마음으로 도리어 나의 마음을 보아 별도로 한 물건을 만들어 몸 밖에 있게 한 것이겠습니까? 의도적으로 생각지도 않고 의도적으로 하지도 않는 것은 심체(心體)의 본연이 아직 사물에 감응하지 않았을 때의 일이니, 이런 본령이 있다면 감응하여 마침내 천하의 일에 통할 수 있습니다. 그러나 아마도 말씀하신 것과는 같지 않을 듯합니다.

"선불교에서 깨달아 들어가는 방법은 마음이 생각하는 길을 끊으면59) 천리가 모두 드러난다"고 말하셨는데, 이것은 더욱 그렇지 않습니다. 마음이 생각하는 것이 올바른 경우가 곧 천리여서 유행하고 운용하는 매 경우마다 천리가 드러나지 않은 경우가 없으니, 어찌 마음의 생각이 끊어져야만 천리가 드러나는 것이겠습니까? 또 그들이 말한 천리란 어떤 것입니까? 인(仁)·의(義)·예(禮)·지(智)가 어찌 천리 아니겠습니까? 군신(君臣)·부자(父子)·형제(兄弟)·부부(夫婦)·붕우(朋友)가 어찌 천리 아니

---

57) 『論語』「衛靈公」 5장.
58) 【標補】『後漢書』「李固傳」에 보인다.
59) 【翼增】 사사로운 뜻으로 알려고 추구하지 않으면 저절로 체득하게 된다는 선불교의 말이다.

겠습니까? 만약 불교도들이 진실로 천리를 보았다면, 어찌 반드시 이와 같이 도리를 어지럽히며 일체의 것을 절멸시켜서 그 본마음을 혼미하게 만들고도 스스로 알지 못할 수 있겠습니까? 대개 이런 것들이 모두 최근 시대가 사설에 빠졌기 때문에 생기는 커다란 병통이니, 뜻밖에 그대도 세속의 작태를 벗어버리지 못하고 이렇게 말하고 계시는군요.

왕자합(王子合)에게로 가는 인편이 서신을 빨리 쓰라고 재촉하여 급하게 이렇게 쓰지만, 손의 통증이 다시 생겨서 하고 싶은 말을 다하지 못했습니다. 언제쯤이나 직접 뵙고 이 마음을 쏟아 놓을 수 있을런지요? 정말 길이 머니 오직 자애하기를 바랄 뿐입니다.

便中奉告, 感慰亡量. 比已改歲, 竊惟履此泰亨, 倍膺多祉. 熹承攝於此, 忽已踰年, 疾病侵凌, 無一日好況. 請祠不遂, 經界之役得請, 後時不可擧手, 少須三五月, 卽復告歸矣. 世路艱棘, 不若歸臥田里, 以休餘年. 及人之事, 非復吾力之所及矣. 每誦先聖不夢周公之嘆, 未嘗不慨然也. 承受代改秩, 亦旣有期, 甚以爲慰. 不知諸公相知者爲誰? 鼎之有實, 宜謹所之, 我仇有疾, 乃無尤耳.

前寄諸書, 竟未得細考, 然疑諸儒之說, 有不足信據者, 要當審擇而遴取之, 乃無誤耳. 今此所寄, 却得一觀. 恨讀書少, 未能有以上下其論. 然亦有一二疑處, 假開多事, 便人行速, 未暇一一奉扣. 姑錄一二, 別紙奉呈, 幸一一批報. 頃見東漢討羌檄日辰, 與通監長曆不同. 又沈存中筆談所載, 朱浮傳引天作詩, 目今范書印本亦異. 不記前書曾奉問否? 今亦見紙尾, 幸倂喩及也.

李彦平所見趙顏子, 不知何人? 莫是永嘉趙彦昭否? 其所論學, 大意甚佳. 然恐於窮理功夫有所未至, 則亦只冥行, 終不能升堂睹奧, 直入聖賢之域也. 袞集程門諸公行事, 頃年亦嘗爲之而未就. 今邵武印本所謂淵源錄者是也. 當時編集未成, 而爲後生傳出, 致此流布, 心甚恨之. 不知曾見之否? 然此等功夫亦未須作. 比來深考程先生之言, 其門人恐未有承當得此衣鉢者. 此事儘須商量, 未易以朝耕而暮穫也. 心不耐閒, 亦是大病, 此乃平時記憶討論, 慣却心路. 古人所以深戒玩物喪志, 政爲此也. 此後且當盡心一意根本之學, 此意甚善. 今人陷於所長, 決不能發此聽信身心也.

佛學之與吾儒, 雖有略相似處, 然正所謂貌同心異, 似是而非者, 不可不審. 明道先生所謂句句同, 事事合, 然而不同者, 眞是有味, 非是見得親切, 如何敢如此判斷耶? 聖門所謂聞道, 聞只是見聞玩索, 而自得之之謂. 道只是君臣父子, 日用常行當然之理, 非有玄妙奇特不可測知, 如釋氏所云豁然大悟通身汗出之說也. 如今更不可別求用力處, 只是持敬以窮理而已. 參前倚衡, 今人多錯說了, 故每流於釋氏之說. 先聖言此, 只是說言必忠信, 行必篤敬, 念念不忘, 到處常若見此兩事, 不離心目之間耳. 如言見堯於羹, 見堯於墙, 豈是以我之心, 還見我心別爲一物, 而在身外耶? 無思無爲, 是心體本然, 未感於物時事, 有此本領, 則感而遂通天下之故矣, 恐亦非如所論之云云也.

所云禪學悟入, 乃是心思路絕, 天理盡見, 此尤不然. 心思之正, 便是天理, 流行運用, 無非天理之發見, 豈待心思路絕而後天理乃見耶? 且所謂天理復是何物? 仁義禮智, 豈不是天理? 君臣父子兄弟夫婦朋友, 豈不是天理? 若使釋氏果見天理, 則亦何必如此悖亂, 殄滅一切, 昏迷其本心而不自知耶? 凡此皆近世淪陷邪說之大病, 不謂明者亦未能免俗而有此言也.

子合, 便人督書甚速, 草草布此, 手痛復作, 不能究所欲言. 何時面談倒此胸臆? 正遠, 唯千萬自愛爲禱.

● 서신의 첫머리에서 "토지를 측량하는 역할을 얻었다"고 했으니 이때는 주자 나이 61세(1190)이다. "완물상지를 깊이 경계하고" 또 "근본적인 학문에 한결같이 뜻을 둔다"고 했으니, 육자의 논의와 부합한다. 불교에 대해 변론하는 것은 모름지기 이 편처럼 인륜에 대해 말했으니,

곧 그들에게는 의지할 만한 터전이 없다는 것이다. "불교와 우리 유학" 이하의 구절들은 모두 『주자전서』에 함께 수록되어 있다.

首云經界得請, 是年六十一歲矣. 深戒玩物喪志而一意根本之學, 與陸子之論合. 凡與釋氏辯者, 須如此篇, 就人倫說, 彼乃無依附之地. 自佛學之與吾儒句以下, 並載入朱子全書.

오두남에게 답하다[答吳斗南] 3⁶⁰⁾

보내주신 사당에 대한 논의⁶¹⁾는 전적으로 "주공의 사당에 곡례를 올린다"는 조목에 대한 좌씨의 설명⁶²⁾을 따르고 있으나 이와 같이 안배하는 것이 어떤 경전적 근거가 있는지 모르겠습니다. 가령 고조 이하 모두를 열묘에 모시는 경우 이미 온당하지 않는 바가 있고, 또 모두 서쪽을 윗자리로 여기는 것도 당을 같이 하나 방을 달리하는 후한의 제도여서 소목의 구분이 없으니 이미 옛 법이 아닙니다. 가령 『강도집례』⁶³⁾에 실려 있는 손육(孫毓)의 설명의 경우라면 믿을 수 있는 것 같습니다. 보여주신 예전의 『태묘도』와 근사하지만 누가 이것을 정했는지는 모르겠습니다. 그렇지만 그 그림도 또한 사당을 동쪽으로 두고 북쪽을 소(昭)로 남쪽을 목(穆)으로 하고 있으니 이것은 방 안에 합사하는 제사의 위(位)지 사당의 제도는 아닙니다. "주나라에는 제곡의 묘가 있었다"고 하지만 『예서』에는 이런 문장이 없을 뿐만 아니라 『좌전』에도 이런 설명이 없으니 함부로 판단하기 어려울 듯합니다. 희조⁶⁴⁾는 단지 후직에만 비견

---

60) 『朱熹集』 권59-39, 1191(62세).

61) [翼增] 오두남은 『禘祫綿蕝』라는 책 2권을 지었는데, 아마도 이 책을 가리키는 것 같다.

62) [翼增] 『春秋左氏傳』 「襄王 12」에 실려 있는 좌구명의 해석을 말한다.

63) [標補] 수나라 양제가 주(周)·한(漢) 이래 예제와 그에 대한 선유들의 논의를 모으도록 한 120권의 책을 말한다.

할 수 있지 제곡과는 비견할 수 없습니다. 만일 이와 같이 견강부회하신다면 보잘 것 없는 저도 모두 믿을 수 없는데, 하물며 예에 조회에 깊은 조정의 여러 현인들도 감히 그대의 설에 따라 고치려고 하겠습니까?

『초목소』의 경우 힘을 많이 쓰셨지만, 그중 난혜(蘭惠)에 대한 설명은 특히 분명하지 않습니다. 고인들이 연못의 난초라고 부른 것은 지금의 난초가 아닙니다. (연못의 난초는 이곳에도 있는데, 뾰족한 잎, 모난 줄기, 자주색 가지로 이루어져 있어 홍경선이 말한 난초와 같으니, 이와 같다면 결코 지금의 난초는 아닐 것입니다.) 유차장(劉次莊)65) 이래로 사람들이 말한 것은 곧 지금의 난초이지 옛날의 난초는 아닙니다. 지금 그것을 함께 인용하고 있어 맺고 끊는 맛이 없고 단지 '휴원'66)이란 두 글자만을 논하고 있으나 자세함을 결여하고 있는 것 같습니다. 이른바 혜초라는 것도 난초로 추론하고 있으니, 옛날의 혜초의 경우는 진장기의 설명과 같아야 옳다고 할 수 있는 것입니다. 황산곡67)의 설명과 같은 경우 이것은 지금의 혜초이지 옛날의 혜초는 아닌 듯합니다. 이와 같은 경우는 마땅히 배격하여야 공부의 효과를 볼 수가 있을 것입니다. 지금 모든 논의가 이처럼 느슨하게 되어 크게 엉성한 듯합니다. '도독(荼毒)'은 요초(蓼草)에 속하기 때문에(『시』「재삼」편), 시인은 근초와 함께 병칭했던 것입니다. 근초(菫草)는 오두이니 먼저 쓰고 나중에 단 것은 아닙니다. 또 도독이라 한 것은 씀바귀(荼)에 독이 있어서 그런 것입니다. 지금 사람들도 그것을 이용해 계곡에서 물고기를 잡고 있으니, 씀바귀가 그런 종류라면 마땅히 독이 있을 것이므로 쓴 상추라고 생각할 수는 없을 것입니다. "달고 달구나"

---

64) 송태조 조광윤(趙匡胤)의 고조인 조조(趙朓)를 추조하여 희조(僖祖)라고 하였다.

65) 유차장 : 자는 중수(中叟)이고, 장사(長沙) 출신이다. 숭녕(崇寧)연간에 어사가 되었다. 글씨를 잘 썼다.

66) **[翼增]** 『離騷』의 주석에 보면 50무를 '휴(畦)'라고 하고, 20무를 '원(畹)'이라고 되어 있다.

67) 황정견(黃庭堅, 1045~1105) : 자는 노직(魯直)이고, 호는 산곡도인(山谷道人)이다. 소식의 제자로 글씨와 문장이 유명하다.

라고 한 것은 시인이 주나라 언덕의 비옥함을 말하는 것입니다. 옛 왕
실에 대한 슬픔은 『주역』의 "귀신을 싣고 있음"[68]이나, 『시』의 "뿌리
없는 양"[69]과 같으니, 씀바귀가 실제로 단 것은 아니었습니다. 제가 독
서한 것이 매우 적으나, 이와 같은 것들을 보고 의심이 없을 수 없는 것
이 매우 많으니 아마도 이 책도 자세함이 적은 것 같습니다.

만약 학문하는 것에 논한다면 고증은 이미 말단적인 부분에 해당하
는데, 더구나 이것은 또 고증 가운데에서도 말단에 해당하는 것입니다.
아마도 굳이 여기에서 다시 생각할 필요가 없을 듯하니, 우선 몸과 마
음을 수습하여 내면으로 향해 공부를 한다면 그대와 같이 현명한 사람
으로서는 틀림없이 어느 경지에 이를 수 있을 것입니다. 만약 마침내
자신이 잘하는 부분에만 빠져 스스로 돌아올 줄 모른다면, 어리석은 저
로서는 그대를 위해 안타깝게 생각합니다.

인편이 있어 답신을 보내니 경도되었다는 것을 알지 못하더라도 허
물치 마십시오. 남과 북에서 서로 바라보니 뵐 날이 언젠지 모르겠지만,
자중하시기를 바라고 저의 정성스러운 말에 부합되도록 하십시오

所示廟議, 乃全用左氏臨於周廟一條爲說, 然不知似此安排, 有何經
據? 如高祖以下通爲禰廟, 已非所安, 又皆以西爲上, 乃後漢同堂異室
之制, 無復左昭右穆之分, 非古法也. 若如江都集禮所載孫毓之說, 却
似可信. 而所示舊太廟圖近之, 不知是誰所定. 但其圖, 又以廟皆東向,
而以北爲昭, 南爲穆, 乃是室中祫祭之位, 而非廟制耳. 周有帝嚳廟, 禮
書並無此文, 左傳亦無此說, 似難臆斷. 況僖祖只可比后稷, 又與帝嚳
不相似. 如此牽合, 如熹之陋, 固不敢盡信, 況朝廷諸賢, 皆深於禮者,
恐亦未敢便依此改作也.

草木疏用力多矣, 然其說蘭蕙殊不分明. 蓋古人所說似澤蘭者, 非今

---

68) 【節補】『周易』「睽卦」.
69) 【節補】『詩』「賓之初筵」.

之蘭. (澤蘭此中有之, 尖葉方莖紫節, 正如洪慶善說若蘭草, 似此則決非今之蘭矣)
自劉次莊以下所說, 乃今之蘭, 而非古之蘭也. 今並引之而無結斷, 却
只辨得畦畹二字, 似欠子細. 又所謂蕙, 以蘭推之, 則古之蕙, 恐當如陳
藏器說乃是. 若山谷說, 乃今之蕙而亦非古之蕙也. 此等處, 正當揩擊,
乃見功夫. 今皆如此放過, 似亦太草草矣. 茶毒是蓼屬, (見詩疏載芟篇)
故詩人與菫並稱. 菫乃烏頭, 非先苦而後甘也. 又云茶毒, 蓋茶有毒. 今
人用以藥溪取魚, 茶是其類, 則宜亦有毒, 而不得爲苦荁矣. 如薺如飴,
乃詩人甚言周原之美. 舊室之悲, 如易之載鬼, 詩之童羖, 非茶實能甘
也. 熹讀書最少, 然見此類不能無疑者尚多, 則恐此書亦更少子細也.

若論爲學, 則考證已是末流, 況此又考證之末流. 恐自此不須更留意,
却且收拾身心, 向裏做些工夫, 以左右之明, 其必有所至矣. 若遂困於
所長, 而不知所以自反, 則熹之愚, 竊爲賢者惜之也.

因便奉報, 不覺傾倒, 勿過! 勿過! 南北相望, 未知見日, 千萬珍重,
以副願言.

⊙ 서신 말미에 "남과 북에서 서로 바라본다"고 했으니, 아마도 장주
에 갔을 때일 것이다. 주자가 오두남에게 보내는 세 서신은 모두 만년
에 속한다. 고증은 지엽적인 것이니 뜻을 두지 말아야 하며, 또 몸과 마
음을 안으로 향하도록 수습해야 한다고 했으니 이것은 사람들을 가르
치던 육자의 방법에 부합된다. 육자는 일찍이 "하나라도 알지 못하는
것을 부끄러워하는데, 부끄러움은 그런 부끄러움이 아니다"[70]라고 했
으니 바로 이것을 말하는 것이다.

書末云南北相望, 蓋去漳時也. 朱子與斗南三書, 俱在晚年. 謂考證
是末流, 不須留意, 且收拾身心向裏, 合於陸子敎人之法. 陸子嘗謂恥
一物之不知, 恥非其恥, 正謂此也.

---

70) 『陸九淵集』 권1 「與邵叔宜」.

보한경[71]에게 답하다[答輔漢卿] 2[72]

근황은 어떠십니까? 양관[73]에서 만날 기약을 잃었으니 뒤에 별도로 서로 만날 수 있을지 모르겠습니다. 독서할 때 이미 재미가 있으면 저절로 멈출 수 없을 것입니다. 최근에 이전에 지은 여러 글[74]을 살펴보니 그 안에는 아직 명료하게 말하지 못한 곳이 있습니다. 이처럼 더하거나 삭제할 곳을 보면서 의리가 무궁하다는 것을 깊이 느끼고 있습니다.

近況如何? 旣失楊館之期, 後來別有相聚處否? 讀書旣有味, 想見自住不得. 近看舊作諸書, 其間有說未透處. 見此略加刊削, 深覺義理之無窮也.

⦿ 보한경은 경원당금 때 와서 배웠으니, 이 서신도 또한 이전에 지은 여러 글이 아직 명료하지 않다고 말하고 있다.

漢卿於黨禁時來學, 此書却亦言舊作諸書未透.

보한경에게 답하다[答輔漢卿] 6[75]

시험 결과가 좋지 못한 것은 시절이 이렇기 때문입니다. 세상 돌아가는 것을 보건대 또한 편안하게 앉아서 밥 먹을 수 있다는 것만으로도 이미 행복한 일이니, 어찌 다른 바람이 있겠습니까? 가을바람이 선선할 때 방문하신다는 서신을 받으니 너무나 반갑습니다. 이 도리에 관한 공

---

71) 보광(輔廣)을 말하는데, 가흥부(嘉興府) 숭덕현(崇德縣) 출신이다.
72) 『朱熹集』 권59-41, 1194(65세).
73) 【箚疑】 주자가 만나기로 약속한 곳이다.
74) 【箚疑】 주자의 경서에 대한 주석을 가리키는 것 같다.
75) 『朱熹集』 권59-45, 1199(70세).

부는 본래 중단하는 때가 있어서는 안 되는 것이니, 눈앞에 강습할 사람이 없더라도 자신에게서 사색하고 체인하며 지수하고 성찰하여 스스로 잠시도 헛되게 보내서는 안 됩니다. 이렇게 공부를 쌓아나가다 보면 그 안에 분명히 크게 의심나는 부분도 있을 것이고 크게 깨달음을 얻는 부분도 있을 것이니, 어느 날 서로 만나 그 내용을 보여준다면 마치 황하와 양자강이 터지듯이 다시는 막히는 일이 없을 것입니다. 지금 『사치사표』[76]를 인편에 부쳐 보내니 열 번째 제자로 하여금 서신을 부치고 다시 한두 가지 일을 처리하라고 했습니다. 그와 만나면 반드시 말하는 것이 있을 것이니 만약 의심스러워 마땅히 생각해보아야 할 것이 있다면 또한 그와 해결하기를 바랍니다.

이전에 『박고도』[77]를 빌려주시기를 허락하였기에 매우 그것을 보고 싶었습니다. 그렇지만 거듭 지체되니 언제 올 수 있겠습니까?[78] 다시 한 번 생각해주십시오.

省闈不利, 亦是時節如此. 看此火色, 且得安坐喫飯, 已是幸事, 豈可別有冀望耶? 承許秋涼相訪. 此箇道理功夫, 本不可有間斷時節, 目下雖無人講貫, 自己分上思索體認, 持守省察, 自不可頃刻虛度. 如此積累功夫, 則其間必有所大疑, 亦必有所大悟. 一旦相聚, 覿面相呈, 如決江河, 更無凝滯矣. 今以謝致仕表附便去, 令十弟分付投下, 及更料理一二事. 渠相見必自說及, 恐有可疑合商量處, 亦望與之剖決也.

昨承許借博古圖, 甚欲見之. 但重滯如何得來? 可更試爲籌度也.

🈳 지수와 성찰 공부 중에 크게 의심나는 부분에서 큰 깨달음을 구한

---

76) 『朱熹集』 권85-59 「致仕謝表」.
77) **[翼增]** 섭숭의(聶崇義)가 지은 삼대의 옛 기물을 그려 놓은 책이다.
78) **[箚疑]** 에는 "『博古圖』가 커서 가지고 오기가 어렵다는 의미이다"로 되어 있는데, 실제 의미는 이와 다르다.

다고 했으니 육자의 가르침이다. 서신 말미에 『사치사표』를 붙인다고
했으니, 이해 주자의 나이는 이미 70세(1199)였다.

　於持守省察中求大疑大悟, 陸子之敎也. 書末寄謝致仕表, 朱子是年
已七十矣.

진사성79)에게 답하다[答陳思誠]80)

　학문하는 뜻과 사우에게 들은 것을 가슴에 새겨두고 잊지 않는다는
서신을 받으니 매우 위로되고 매우 반갑습니다. 그러나 이 학문81)은 근
세에 이른바 정당하지 못한 학문으로서 배척당하는 것입니다. 예전에는
비록 혹 그것을 좋아했더라도 지금은 또한 숨기고 도망치기에도 겨를
이 없습니다. 그런데 그대 집안의 문벌과 명성으로 장차 이 세상에 나
아가 무언가 해보려고 하면서 마침내 거기에 뜻을 두셨으니, 어찌 그리
도 기호가 유별나십니까? 대개 명실(名實)과 의리(義利), 위기(爲己)와 위
인(爲人)에 대한 구분은 엽정칙(葉正則)의 말이 맞습니다. 다만 그 해야
하는 것에 대해서는 마땅히 진실로 힘을 쏟을 곳이 있어야 하고, 그 하
지 않아야 하는 것에 대해서는 깊이 성찰하여 일찍 경계하고 미리 멀리
하여야 합니다. 그것이 바로 이른바 징험의 실제니, 그렇지 않다면 헛된
명성을 가지고 도로 향한다고 하더라도 실제로는 스스로 세상 사람들
이 하는 수준에서 벗어날 수 없을 것이니, 그것은 또한 군자가 취하지
않는 것입니다. 정성스런 후의를 입고 경솔히 이처럼 마음을 드러내 보
았는데 그러하다고 여기실지 모르겠습니다. 그렇지만 다른 사람들에게

---

79) 진경사(陳景思) : 자는 사성(思誠)이고, 익양(弋陽) 출신이다. 승상 진강백(陳康伯)의
　　손자이다. 음직으로 관직에 나아가 환장각(煥章閣)대제 · 태부경(太府卿) · 하관시랑(夏
　　官侍郎) 등을 역임하였다.
80) 『朱熹集』 권59－47, 1195(66세).
81) 경원당금에 의해 금지된 도학(道學)을 말한다.

는 이 내용을 말하지 않기를 또한 매우 바랍니다.

承喩爲學之意, 與其所聞於師友, 而服膺弗失者, 甚慰! 甚幸! 然此乃
近世所謂詭僞之學, 而斥去之者. 向來雖或好之, 今亦隱諱遁逃之不暇.
以賢者之門地聲迹, 蓋將進爲於斯世者, 而乃有意於此, 何嗜好之異耶?
夫名實義利爲己爲人之判, 正則之言是也. 但其所爲者, 要當眞實有用
力處, 所不爲者, 要當深自省察, 蚤戒而預遠之, 是乃所謂徵驗之實. 不
然, 則提空名以鄕道, 而實無以自拔於流俗之所爲, 則亦君子之不取也.
苟意之勤, 率易布此, 不識以爲然否? 然勿以語人, 又千萬之懇也.

☯ "정당하지 못한 학문"이나 "숨기고 도망치기"라고 말한 것으로 보
아 이 서신은 아마도 경원당금 때 쓰인 것이다. 주자의 말이 실천을 중
시하고 있으니 육자와 부합된다.

詭僞之學, 隱諱遁逃, 蓋禁僞學時也. 語重踐履, 合於陸子.

진재경[82]에게 답하다[答陳才卿] 5[83]

보내주신 서신을 상세히 읽어보고는 일상생활의 공부가 그처럼 정진
했음을 알게 되어 더욱 기쁩니다. 만약 이 마음과 이 이치가 진실로 자
신에게 있다는 것을 안다면 "참전의형"[84]이 되어 자연히 버릴 수 없을
것이니, 그렇게 되면 구하지 않아도 얻을 것이고 잡지 않아도 보존될
것입니다. 격물치지도 이미 알고 있는 것을 가지고 미루어서 아직 모르

---

82) 진문울(陳文蔚, 1154~1239)를 말한다. 극재(克齋)선생이라고 불렸으며 신주(信州)
　상요현(上饒縣) 출신이다. 여대아의 소개로 주희에게 배웠다. 저서에 『극재집』이 있다.
83) 『朱熹集』 권59－54, 1195(66세).
84) 『論語』「衛靈公」5장. 앞의 주석에 나온다.

는 것에 미치는 것이니, 이것은 다만 하나의 뿌리지 원래 두 가지 공부가 있는 것은 아닙니다.

詳來示, 知日用功夫, 精進如此, 尤以爲喜. 若知此心此理, 端的在我, 則參前倚衡, 自有不容捨者, 亦不待求而得, 不待操而存矣. 格物致知, 亦是因其所已知者, 推之以及其所未知, 只是一本, 元無兩樣工夫也.

● 주자의 「옥산강의」는 소희 5년(1194), 주자 나이 65세 때 이루어진다. 진재경에 보내는 두 번째 서신이 이 일을 언급하고 있는데, 지금의 서신은 진재경에게 보내는 다섯 번째 서신이니 경원당금을 언급하고 있는 것으로 보아 주자 만년에 이루어졌다는 것은 의심의 여지가 없다. 논의하고 있는 것이 모두 심학(心學)이니 "마음을 보존해서 진실로 기를 수만 있다면 사세가 어찌 막을 수 있겠는가!"라는 설명과 부합된다. 여섯 번째, 일곱 번째 그리고 여덟 번째 서신도 그 뜻은 모두 마찬가지다.

朱子玉山講義, 在紹熙五年, 時年六十五矣. 與才卿第二書卽及之, 此與才卿第五書也. 第七書, 卽及黨禁, 其爲晚年無疑. 所論皆心學, 與陸子所謂是心之存, 苟得其養, 勢豈能遏之說合. 第六七八書, 意並同.

진재경에게 답하다[答陳才卿] 6[85)

새 시가 매우 좋습니다. 소강절의 포부는 쉽게 볼 수 없으니 반드시 구체적인 생활에서 공부해야만 합니다. 만약 그런 시에 의해 그를 배우려고 한다면 아마 그것은 자신과 무관한 일일 것입니다.

---

85) 『朱熹集』 권59-55, 1195(66세).

新詩甚佳. 康節胸懷, 未易窺測, 須更於實地加工. 若只就之乎者也
上學他, 恐無交涉也.

진재경에게 답하다[答陳才卿] 7[86)

저는 예전처럼 그럭저럭 살고 있습니다. 다만 늙고 더욱 쇠약해져 제
자신에게서 힘을 얻은 곳이 없으며, 벗들의 공부 역시 단절되는 경우가
많아 이를 근심하던 참이었습니다. 그런데 갑자기 이렇게 세상이 어지
러워서 마침내 모두 오래 머물 계획을 감히 세우지 못하니 하늘의 뜻이
어떠한지 모르겠습니다.

熹碌碌如昨. 但年老益衰, 己分上自未有得力處, 朋友工夫, 亦多間
斷, 方以爲憂. 而忽此紛紛, 遂皆不敢爲久留計, 未知天意果何如也.

진재경에게 답하다[答陳才卿] 8[87)

주부(主簿)께서 임소에 부임한다고 전해 들었는데,[88] 어느 때에 돌아
올 수 있습니까? 관직의 교대를 기다리는 동안 독서와 학문에 힘쓰는
일은 진정으로 작은 일이 아닙니다. 저는 금년에 각기병으로 이전보다
훨씬 심하게 피폐해지고, 기가 가득 차는 바람에 의자에 기댈 수도 없
습니다. 이런 이유로 『예서』를 정돈하지 못하였고, 또한 향후의 병세가
어떠할지 보아서 만약 『예서』를 부탁할 일이 있게 되면[89] 곧 부쳐드리

---

86) 『朱熹集』 권59-56, 1197(68세).
87) 『朱熹集』 권59-57, 1197(68세).
88) 【節補】 전(傳)은 부(傅)의 오자인 듯하다. 부(傅)가 성인 주부(主簿)다.

겠습니다. 『예서』는 하나의 큰 일이니 강론하지 않을 수 없습니다. 하지만 또한 반드시 의리(義理)를 분명히 보아서 남은 힘이 있을 때 그것에 미치도록 한다면, 매우 좋을 것입니다. 그렇지 않다면 다만 정신을 피폐하게 하고 학문의 실제에 보탬이 없을 것입니다.

傳簿赴部, 何時可歸? 待次之間, 且勉其讀書爲學, 亦非細事也. 熹今年足疾爲害, 甚於常年, 氣全滿, 凭几不得. 緣此禮書不得整頓, 且看向後病勢又如何, 若有可奉煩者, 卽奉寄也. 禮書是一大事, 不可不講. 然亦須看得義理分明, 有餘力時及之乃佳. 不然, 徒弊精神, 無補於學問之實也.

⊛ 『예서』를 편수한 것은 가장 만년의 일이다. 하지만 스스로 『예서』를 편수하는데 모름지기 남은 힘으로 그것에 미친다고 하였으니, 이는 육자의 가르침과 합치된다.

修禮書是最晚年事. 然自謂修書須餘力及之, 合於陸子之敎矣.

진재경에게 답하다[答陳才卿] 12[90)]

여정숙(余正叔)[91)]과 이별한 뒤에 서신이 왔는데 다시 의문점이 있어서 이미 상세히 적어 보냈습니다. 여정숙에게 부탁하여 그대에게 서신을 전하니 이것에 의지하여 일상생활의 공부를 해야 하며, 다시 의심하는 사려를 하여 공허하게 말하는 데 힘쓰면서 세월을 보내지는 말아야 합니다.

---

89) 【箚疑】『예서』를 서로 부탁할 수 있음을 말한다.
90) 『朱熹集』 권59－61, 1188(59세).
91) 여대아(余大雅)를 말한다. 신주(信州) 상요현(上饒縣) 출신이다.

正叔別後, 書來復有疑問, 已詳報之. 託其轉寄才卿, 可便依此作日
用功夫, 不須更生疑慮, 空費談說, 過却光陰也.

● 진재경에게 준 일곱 번째 서신에서 이미 경원당금을 언급하였다.
열두 번째 서신 이하의 4수가 만년이라는 것은 의심할 여지가 없다. 공
허한 말을 경계하고 몸과 마음이 순일하기를 바란 것은 모두 육자의 가
르침과 부합한다.

　　與才卿第七首, 已及黨禁. 自第十二書以下四首, 晚年無疑. 戒空談,
欲身心純一, 皆合於陸子之敎.

진재경에게 답하다[答陳才卿] 13[92]

　　그곳에서 서로 모이면 자제 가운데 말할 만한 사람이 몇이나 있는지
요? 여기 역시 때때로 벗들이 왕래하지만, 몸과 마음이 순일하고 공부
가 단절되지 않는 사람을 얻기 어려울 뿐입니다.

　　彼中相聚, 子弟幾人有可告語者否? 此亦時有朋友往來, 但難得身心
純一, 功夫不間斷耳.

진재경에게 답하다[答陳才卿] 14[93]

　　보내주신 서신에서 성의(誠意)의 설은 예전의 견해가 옳습니다. 지난
날의 『장구(章句)』는 과도하게 사색하여 도리어 본지를 잃었기에 지금

---

92) 『朱熹集』 권59-62, 1188(59세).
93) 『朱熹集』 권59-63, 1189(60세).

이미 그것을 수정하였습니다. 여정숙과 서자융은 서로 모여 며칠을 보내면서 많은 강론을 하였는데 재경 홀로 이곳에 없는 것이 매우 안타깝습니다. 모든 책은 두 형94)의 처소에 모두 원본이 있으니, 돌아오는 날에 반드시 함께 보고서 의심이 있으면 상세하게 말해주십시오. 소강절의 글95)은 이미 보았습니다. 저도 또한 그 설을 다 궁구할 수는 없었습니다. 다만 『계몽[易學啓蒙]』에 실린 소강절의 글은 『역』에 대해 밝힌 것이 있기 때문이며, 그것은 따로 일가의 학문을 이뤘습니다. 계통이 근래 그 대강을 엮어 간행하고자 하니 얼마 안가면 반드시 그것을 보게 될 것입니다. 그러나 또한 깊이 탐구할 필요는 없습니다.

所喩誠意之說, 只舊來所見爲是. 昨來章句, 却是思索過當, 反失本旨, 今已改之矣. 正叔子融相聚累日, 多得講論, 甚恨才卿獨不在此也. 諸書二兄處皆有本, 歸日必同觀, 有疑幸詳諭及. 康節文字, 亦已見之. 熹亦不能盡究其說. 只啓蒙所載, 爲有發於易, 他則別成一家之學. 季通近編出梗槪, 欲刊行, 旦夕必見之. 然亦不必深究也.

⬤ 이 서신은 지난날 만든 성의(誠意) 『장구(章句)』가 본지를 잃었으며 다만 예전의 견해가 옳다는 것을 말하고 있다. 열다섯 번째 서신에서 또한 "예전의 글은 매우 쓸모없다"고 하였으니, 주자는 『대학』과 『중용』에 대해 만년에 이르러서도 여전히 이처럼 정견(定見)이 없었다. 그러나 지금 사람은 마음이 좁아 그것을 좋아하니, 비록 주소(註疏)와 고본(古本)이라 하더라도 학관에서 반포된 학령을 모두 믿으려 하지 않으니 어찌 지나치지 않은가? 소강절의 글 또한 깊이 탐구할 필요가 없다고 말한 것은 잡박한 학문이 도움이 되지 않음을 깊이 알았기 때문이다.

此書謂昨來誠意章句失本旨, 只舊來所見爲是. 第十五書又謂舊書太

---

94) 【箚疑】 정숙과 자융을 말한다.
95) 【箚疑】 강절의 문집을 전체적으로 말한 것이다.

穴, 蓋朱子於學庸直至晚年, 尙無定見如此. 而今人銖銖而守之, 雖註
疏古本, 功令頒在學官者, 俱不敢信, 豈不過哉? 謂康節書亦不必深究,
蓋深知博雜之無益矣.

진재경에게 답하다[答陳才卿] 15[96]

저는 매우 쇠약하고 늙었습니다. 다행히 다시 외사(外祠)의 녹봉을 편
안하게 누리게 되어서 매우 경사스럽게 여깁니다. 다만 그대로 하여금 어
지러운 꿈을 꾸게 한 것[97]은 부끄러움이 없지 않을 뿐입니다. 『대학장
구』와 『혹문』을 근래 다시 대략 수정하였는데, 대지(大旨)는 다르지 않
고 다만 점점 정밀함을 더했을 뿐입니다. 『중용』 역시 또 산정하고자
하니, 옛 글은 너무 쓸모없기 때문입니다. 사태를 만날 때 진정 싫어하
는 바가 있어서는 안 됩니다. 하지만 이 마음을 개방하고 트이게 하여
막히는 바가 없고자 한다고 하셨는데, 이런 일은 도리어 억지로 안배해
서는 안 되는 것이니 개방하는 데 뜻을 두면 오히려 병통을 이룹니다.
다만 일정한 학문과정을 지켜서 이렇게 하기를 오래하면 순수하게 익
숙해져서 자연히 트이게 될 것이니, 매우 훌륭한 일일 것입니다. 서자융
이 "도를 즐기는 마음에서 향기가 난다"고 말한 곳은 매우 통쾌합니다.
다만 또한 예전의 병폐[98] 속으로 굴러 들어가는 듯합니다.

熹衰晚甚. 幸復安外祠之祿, 深以自慶. 但使賢者爲亂夢, 不無愧耳.
大學章句或問, 比復略修, 大旨不殊, 但稍加精約耳. 中庸亦更欲刪定,

---

96) 『朱熹集』 권59-64, 1189(60세).
97) **[箚疑]** 아마 선생이 당대에 등용되는 꿈을 재경이 꾸고서 언급한 바가 있으므로 이
　런 말을 한 것이다.
98) **[標補]** 고원한 말과 헛된 견해의 병폐.

大抵舊書太宂也. 遇事固不當有所厭. 然謂欲放令此心疏豁, 無所執滯,
此却恐硬差排不得, 著意開放, 却成病痛. 但且守常程, 久之純熟, 自然
疏豁乃佳耳. 子融說得樂意生香處, 甚痛快. 但恐又轉入舊腔裏也.

여정숙에게 답하다[答余正叔] 199)

　보내주신 서신에서 이미 남김없이 말씀하셨습니다. 전날 논의한 것
은 바로 경(敬)과 의(義)의 공부 가운데 하나라도 없앨 수 없다는 것입니
다. 저 오로지 의를 모으는 데 힘쓰고 경을 주로 할 줄 모르는 사람은
진정 교만하고 급박한 병폐가 있으니, 이 경우 의(義)라는 것도 아마 올
바른 의가 아닙니다. 하지만 오로지 경을 주로 하는 일만 말하고 일상
생활에서 염려가 일어나는 곳에 나아가 공사(公私)와 의리(義利)의 소재
를 분별하여 취하고 버리는 기미를 결정할 줄 모른다면, 또한 혼미하고
어지러운 상태를 벗어나지 못하게 될 것이니, 이른바 경(敬)이란 것도
올바른 경이 아닙니다. 또한 이른바 ‘의를 모은다’는 것은 바로 저쪽에
서 사사로운 물욕을 간파하고 이쪽에서 올바른 천리를 인식하고자 하
는 것입니다. 모든 경우에서 이처럼 체찰(體察)하지 않음이 없어서 손이
닿는 곳마다 곧 의리와 이익이 양편100)으로 갈라지게 되면, 천리가 날
로 분명해져서 이른바 물욕의 유혹 또한 통렬하게 단절되기를 기다리
지 않아도 자연히 무너지는 것입니다. 그 본령의 경우에는 진정 경을
위주로 합니다. 다만 의를 모은 효과를 얻어서 이욕의 가림을 제거할
수 있다면, 경에 더욱 도움이 될 것입니다. 이리하면 뜻을 두어 안배하
기를 기다리지 않더라도 혼미하고 어지러운 병폐가 없을 것이니, 사상
채가 “마땅히 하지 않을 일을 제거하면 경공부를 하는데 효과가 있을

---

99) 『朱熹集』 권59－66, 1188(59세).
100) 【記疑】 의(義)와 이(利)를 가리킨다.

것이다”라고 말한 것은 그 뜻이 아마 이것을 말하는 것 같습니다.

그대는 본래 의심하고 늘어지는 병폐가 있으며, 지금 여기서 논의한 바도 여전히 이러한 문제에 빠져 있습니다. 아마 당시에 제 논의가 매우 분명하지 못하여 이러한 결과를 부른 것 같습니다. 그러므로 지금 다시 이와 같이 분석해서 보내어, 그대가 나의 뜻은 경을 버리고 의를 논하며 근본을 버리고 말단을 좇는 것이 아니며 바로 두 곳에서 힘을 써서 서로 도움이 되고자 하는 것이라는 것을 알도록 하였습니다. 바로 “경과 의를 함께 지니면 곧 위로 천덕에 이른다”101)고 정자가 말한 것과 같은 것은 이러한 공부로부터 생기는 것일 뿐입니다. 지금 또한 다시 의심을 내고 따로 생각을 지어서는 안 됩니다. 다만 이것에 의지하여 진실로 공부하기를 청합니다. 그렇게 오래 멀리 공부하면 순수하고 익숙해져서 곧 저절로 깨닫게 됩니다.

전날에 지은 세 편의 시 가운데 맨 앞 편에서 공부를 계획하여 문자에 순서를 정하는 것은 커다란 병근이며, 그 아래에서도 또한 적실하게 공부하여 힘을 얻은 곳을 보지 못하였습니다. 뒤의 두 편에서도 또한 말을 실천하는 효과를 볼 수 없고, 단지 공허한 말만 이루었으니 더욱 공자의 문하[聖門]에서 크게 금하는 바를 범한 격입니다. 그것은 대개 모두 평일에 탑을 올라가지 않고 탑 꼭대기의 상륜(相輪)에 대해 말하곤 하였기 때문에102) 생각이 이렇게 된 것이니, 모름지기 용맹하고 결단력 있으며 진실하게 공부해서 이러한 병폐를 힘써 구해야지 예전처럼 흘러가는 대로 세월을 헛되게 보내서는 안 됩니다.

示喩已悉. 前日所論, 正爲敬義工夫不可偏廢. 彼專務集義而不知主敬者, 固有虛驕急迫之病, 而所謂義者, 或非其義. 然專言主敬, 而不知就日用間念慮起處, 分別其公私義利之所在, 而決取舍之幾焉, 則恐亦

---

101) 『二程遺書』 권5-30.
102) 『二程遺書』 권1-21.

未免於昏憒雜擾, 而所謂敬者有非其敬矣. 且所謂集義, 正是要得看破那邊物欲之私, 却來這下認得天理之正. 事事物物, 頭頭處處, 無不如此體察, 觸手便作兩片, 則天理日見分明, 所謂物欲之誘, 亦不待痛加遏絶而自然破矣. 若其本領, 則固當以敬爲主. 但更得集義之功以袪利欲之蔽, 則於敬益有助. 蓋有不待著意安排, 而無昏憒雜擾之病, 上蔡所謂去却不合做底事, 則於用敬有功, 恐其意亦謂此也.

正叔本有遲疑支蔓之病. 今此所論, 依舊墮在此中. 恐亦是當時鄙論, 不甚分明, 致得如此. 故今復如此剖析將去, 使正叔知得鄙意, 不是舍敬談義, 去本逐末, 正欲兩處用功, 交相爲助. 正如程子所謂敬義夾持, 直上達天德, 自此者耳. 今亦不須更生疑慮, 別作商量. 但請依此寔下工夫. 久遠純熟, 便自見得也.

前日三詩, 首篇計功程字, 是大病根, 而其下亦未見的實用功得力之處. 後二篇亦未見踐言之効, 只是成虛說, 尤犯聖門大禁. 大槪皆是平日對塔說相輪慣了, 意思致得如此, 須是勇猛決烈, 實下功夫, 力捄此病, 不可似前泛泛悠悠, 虛度時日也.

◉ 이 서신에서 "반드시 의심하지 말고 이것에 의지하여 공부하라"고 한 말은 진재경에게 보낸 열두 번째 서신에도 보인다. 열두 번째 서신도 주자 만년의 것이며 이 서신 역시 만년의 것이다. 그러므로 경과 근본을 중시하고 헛된 말을 경계한 것은 육자의 뜻과 합치한다.

此書所謂不必疑慮, 依此用功語, 見與才卿第十二書. 彼爲朱子晩年, 則此亦晩年矣. 然重敬重本, 深以虛說爲戒, 與陸子意合.

여정숙에게 답하다[答余正叔] 2[103]

보내 주신 서신에서 일용 공부에 대해 깨우쳐 주신 것이 바라던 것에 크게 부응합니다. 그러나 앞서 논한 것에는 일찍이 전적으로 생각을 종식시키고자 한 적이 없고[104] 다만 한결같이 서책만을 의지해서는 안 된다고 여겼기에, 조금씩 마음을 비우고서[105] 자기에게 절실히 하는데 힘쓰고 있습니다. 그러나 특별한 사태가 없을 때가 더욱 근본이 있는 곳이니, 게으르고 어수선하게 해서는 안 됩니다. 그래서 또 그러한 상태에 나아가서도 지키고 길러, 주재하는 것을 확립하려고 한 것인데, 사실 그것은 마음을 일깨우고 경계하며 동정을 관통하는 것입니다. 그러나 특별한 일이 없을 때 곧바로 이렇게 지키고 기르며, 특별한 일이 있을 때는 곧 옳고 그른 것과 취하고 버릴 것이 있게 되어서 안을 곧게 하는 것과 밖을 바르게 하는 것의 구별이 생기는 것이지, 동정을 확연하게 둘로 나눈 것이 아닙니다. 상채의 설명[106]이 이와 같으니, 그 말이 매우 긴요하고 절실합니다. 그와 같이 경계하고 깨우친다면 오래되면 반드시 힘을 얻을 것입니다. 부디 일상생활과 『논어』에 힘을 써서 이해하도록 할 수 있다면, 다른 책은 어렵지 않게 읽게 될 것입니다.

示諭日用工夫, 甚副所望. 然前者所論, 未嘗欲專求息念, 但以爲不可一向專靠書冊, 故稍稍放敎虛閒, 務要親切自己. 然其無事之時, 尤是本根所在, 不可昏惰雜擾. 故又欲就此便加持養, 立箇主宰, 其實只是一箇提撕警策, 通貫動靜. 但是無事時, 只是一直如此持養, 有事處, 便有是非取舍, 所以有直內方外之別, 非以動靜眞爲判然二物也. 上蔡

---

103) 『朱熹集』 권59-67, 1188(59세).
104) [記疑] 사념(思念)을 그만두는 것을 말한다.
105) [記疑] 염려를 놓아두고 이 마음을 비우고 한가하게 하는 것이다.
106) [記疑] 성성법(惺惺法)을 말한다. 惺惺法은 사량좌가 경공부를 규정한 용어로 『上蔡語錄』 권2-36 「경시상성성법(敬是常惺惺法)」에서 나온 말이다.

之說, 便是如此, 亦甚要切. 但如此警覺, 久遠須得力爾. 千萬且於日用
間及論語中著力, 令有箇會通處, 卽他書亦不難讀爾.

⚫ 육자가 호달재에게 답한 서신에서 "동정에 마음을 달리한다면 두
개의 마음이 있게 된다"[107]고 말하였다. 이 서신에서 자기에게 절실하
게 하고 마음을 안으로 향하며 동정을 관통하는 것에 대해 논한 것은
육자의 설과 서로 부합한다. 다만 정숙이 자로 삼은 글자는 이천과 같
다. 이천은 주자가 가장 받드는 분인데, 문하의 사람이 이천의 자를 범
하여도 고쳐 피하도록 하지 않는 것은 왜 그런가? 여정숙과 여방숙 형
제는 모두 주자가 남강에 부임하러 연산을 지날 때 배웠으므로 그들이
학문한 것은 모두 주자 만년 때이다. 서자융에게 답하는 서신 말미를
자세히 보라.[108]

　　陸子答胡達材書云若動靜異心, 是有二心也. 此書所論切己近裏, 通
貫動靜, 與陸子說相合. 惟正叔爲字與伊川同. 伊川爲朱子所極尊奉者,
乃門人犯其字而不敎之改避, 何也? 正叔方叔兄弟, 俱以朱子赴南康任
過鉛山時從學, 其問學俱在朱子晚年. 詳見答徐子融書跋尾.

조공보[109]에게 답하다[答趙恭父] 1[110]

보내주신 서신에서 학문하는 뜻을 들을 수 있었으니 진실로 매우 다
행입니다. 매우 상세하게 논하신 조목을 보니 그것들은 모두 배우는 사

---

107) 지금의 『陸九淵集』 권4 「與胡達材」에는 이러한 구절이 없고, 다음 편지인 「與潘文
　　叔」에 나온다.
108) 『朱熹集』 권58-26 「答徐子融 4」, 1165(66세). "前書所論方叔之說, 大槪已是."
109) 조사공(趙師㣏)을 말하는데, 1190년에 진사가 되고, 『朱子語類』에서는 공부(恭父)
　　이외에도 공보(共甫)나 공보(恭甫)라고도 불리고 있다.
110) 『朱熹集』 권59-70, 1190(61세).

람들의 공통된 걱정거리[111]이지만 몸소 힘을 써보지 않고서는 알 수 없습니다. 대개 경 공부를 주로 해서 중단되지 않도록 하되, 다만 일상생활에서 항상 스스로 일깨워서 게으르지 않게 한다면 오래 지나서는 자연히 큰 진전이 있을 것입니다.

惠書得聞爲學之志, 固已甚幸. 又觀所論條目甚詳, 皆學者通患, 顧非親曾用力, 不能知耳. 大抵只是主敬工夫, 不致得間斷, 但日用間常自提撕, 勿令昏惰則久久自長進矣.

❀ 조공보에게 답하는 두 번째 서신은 『예서』를 편수한 것을 언급하고 있으니 분명 주자 만년 때이다. "일상생활에서 스스로를 일깨운다"는 것은 육자의 견해와 부합된다.
恭父第二書, 卽及修禮書, 自是朱子晚年. 日用常自提撕, 與陸子合.

조공보에게 답하다[答趙恭父] 2[112]

보여주신 여러 설들은 모두 정밀하게 마음을 쓴 것이 보입니다. 그러나 깨달은 것이 모두 지나치게 고원해서 온당하지 않으니, 만약 한결같이 이처럼 말한다면 저만 경전을 이해할 수 없을 뿐만 아니라 비록 성현이라도 입도 열지 못할 것이니, 이런 말들은 모두 쓸데없는 것들입니다. 또 "일상생활에서 빛을 본 듯하여 나도 모르게 희열을 느꼈다"고 했는데 이것은 또한 좋은 소식이 아닙니다.[113] 우선 마땅히 평이하고 실

---

111) [箚疑] 공보가 논한 조목 가운데 자기의 병통을 논한 곳이 있어서 이렇게 말한 것이다.
112) 『朱熹集』 권59-71, 1197(68세).
113) [翼增] 빛을 본 듯하다는 것은 불교에서 말한 "번득이는 것이 눈앞에 있다"고 말한 것과 같기 때문에 이렇게 평가한 것이다.

제적이며 명백한 곳에 나아가 도리의 옳고 그름을 보아야 하니, 이렇게 하는 것이 오래되면 자연히 밝아지고 평온해져서 막힘이 없을 것입니다. 『의례』의 글이 좋은데 조치도114)가 한 편115)에 대해 이미 주소를 실었으니,116) 다른 날 여러 편에 대해서도 모두 이것을 따라야 합니다. 혹 덧붙인 글117) 가운데 이해하기 어려운 것은 또한 마땅히 주소를 덧붙여야 합니다. 조치도가 돌아간다고 하니 저를 매우 우울하게 합니다. 그간의 일은 그 사람이 말해 줄 것이니 자세하게 언급하지는 않겠습니다. 그가 학문하는 실마리에 대해서는 잘못 인식하지는 않았지만 성실하게 쌓은 공부가 없으니, 모든 일을 서로 권면하는 것이 좋겠습니다.

所示諸說, 備見用意之精. 然看得皆過高, 不平穩, 若一向如此說, 卽非唯令人解經不得, 雖聖賢亦無開口處, 凡有言語, 皆爲剩物矣. 又說日用間似見光景, 不覺喜悅, 此亦非好消息, 且宜就平實明白處, 看道理是非, 久之自然開明安穩, 無凝滯也. 儀禮文字却好, 致道一篇已入注疏, 他時諸篇, 皆當放此. 或所附之文, 有難曉者, 亦當附以注疏也. 致道告歸, 甚令人作惡. 此間事渠能言之, 更不縷縷. 渠認得門路却不錯, 但恐未有勤懇積累工夫, 凡百更相勸勉爲佳耳.

● 호달재118)가 스스로 "신명이 위에도 있고 곁에도 있는 듯하다"고 말하자 육자가 망령된 견해라고 배척했으니,119) 곧 마음을 크게 해치는 것이니 주자의 이 서신의 뜻과 같다.

---

114) 조사하(趙師夏, 1190년 진사가 됨)를 말하는데, 제거(提擧)를 역임했으며 주자의 사위이다.
115) 【箚疑】 치도가 『의례』 한 편을 편찬한 것을 말한다.
116) 【節補】 치도가 편한 한 편에 주소(註疏)를 덧붙여 실은 것을 말한다.
117) 【節補】 각 편 아래 덧붙인 전기(傳記)를 말한다.
118) 호공(胡拱): 자는 달재(達材)이며, 동절(東浙) 출신이다. 육구연의 문인이다.
119) 『陸九淵集』 권4 「與胡達材」. "所謂若有神明在上在左右, 乃是妄見."

胡達材自謂若有神明在上在左右, 陸子斥爲妄見, 乃害心之大者, 與
朱子此書意同.

주붕손에게 답하다[答朱朋孫][120]

긴 서신으로 가르침을 내려주시니 후의를 입은 것이 두텁습니다. 학문하는 뜻을 논의하신 것에서 또한 그대의 뜻이 품고 있는 것을 보기에 충분했습니다.

무릇 학문이란 독서를 말하는 것이 아닙니다. 그러나 독서하지 않으면 학문하는 방법을 알 수 없습니다. 그러므로 독서하는 자들은 전일하게 하는 것을 귀하게 여기고 방대하게 보는 것만을 귀하게 여기지 않습니다. 대개 전일해야 그 의미를 알아서 그 쓰임을 얻을 수 있습니다. 한갓 방대하게만 하면 도리어 혼란스럽고 깊이가 없는 것에 고군분투하게 되어 깨닫는 바가 없게 됩니다. 지금 하루아침에 여덟 권의 책을 읽게 되면, 아득하여 그 요점을 깨닫지 못하는 것이 어찌 이상한 일이겠습니까? 바라건대 우선 한 권의 책을 푹 젖어들어 흡족하도록 정밀하게 읽어서 성학의 실제적인 공부 순서를 찾고 마음에서 이해되기를 기다리시기 바랍니다. 그래서 서책 외에 별도로 실제 공부를 하면 더욱 쉬워져서[121] 조금씩 나아갈 수 있으니 한 자, 한 치씩 얻는 것이 비록 양이 적기는 해도 그것이 모두 나의 것이 될 것입니다.

정사수 어른을 위해 사당을 세우려는 것은 매우 좋습니다. 그러나 쇠약하고 병들어 그런 생각을 감당해낼 수 없을 듯하여 자세한 곡절을 이미 여정보에게 알렸으니, 살펴주시길 바랍니다.

---

120) 『朱熹集』 권60-1, 1195(66세).
121) 【箚疑】에서는 '갱역(更易)'을 다른 책으로 바꾼다는 의미로 해석하고 있지만, 실제
　　의미는 이와 다르다.

長書垂示, 尤荷不鄙. 所論爲學之意, 又足以見雅志之所存也.

夫學, 非讀書之謂. 然不讀書, 又無以知爲學之方. 故讀之者, 貴專而不貴博. 蓋惟專, 爲能知其意而得其用. 徒博, 則反苦於雜亂淺略, 而無所得也. 今一旦而讀八書, 則其茫然而不得其要也, 豈足怪哉? 願且致精一書, 優柔厭飫, 以求聖學功夫次第之實, 俟其心通意解. 書冊之外, 別有實下功夫處, 然後更易而少進焉, 則得尺得寸, 雖少而皆爲吾有矣.

欲爲沙隨程丈立祠, 甚善. 但衰病不堪思慮, 曲折已報余正父矣, 幸察之.

❈ 서신 말미에서 "쇠약하고 병들어 감당할 수 없다"고 했으니 분명 주자 만년 때이다. 그런데 "서책 바깥에 별도로 실제 공부하는 곳이 있다"고 말했으니 모두 육자의 견해와 부합된다.

末云衰病不堪, 自是晚年. 然謂書冊之外, 別有實下功夫處, 全與陸子合.

주순인[122]에게 답하다[答周純仁] 1[123]

올해 들어 요즘 논란거리들은 점차 진정되어 가는 듯합니다. 어제 또 조정에서 관직에 제수된 사람들은 본래 오도(吾道)에 중요한 인물[124]이 되기에 부족하지만 귀양 간 옛 친구들에게 혹 관심을 보이고 있는 사람도 있다고 들었습니다.[125] 그러나 다만 자기의 분수를 지켜 마땅히 문

---

122) 주박(周樸) : 자는 순인(純仁)이다.

123) 『朱熹集』 권60-2, 1198(69세).

124) 【記疑】 새로 관직에 제수된 사람이 능히 대현이 아니므로 진실로 오도에 영향을 끼칠 수 없다.

125) 【刊補】 새로 관직에 제수된 사람이 혹 좌천된 옛 친구를 염려한다는 의미이다. 생각건대 반자선에게 답하는 서신에서 주순인이 매우 염려스럽고, 채계통이 멀리 귀양 가

을 닫고 꿋꿋이 앉아서 그들이 하는 바를 살펴야지, 절대로 이 때문에 망령된 생각을 일으켜서 한갓 어수선하기만 해 손실만 있고 이익이 없게 해서는 안 됩니다.

책을 사려고 했는데 뜻하지 않게 제 자식이 과거 시험장에 나아가 돌아오지 않으니, 이미 아는 사람에게 구입해두도록 했습니다. 오는 사람에게 부치시되, 권수는 별지에 있으니 스스로 점검할 수 있을 것입니다. 한가해서 특별한 일이 없을 때는 진실로 출입을 신중하게 해야 합니다.126) 그러나 또한 한꺼번에 많은 책을 읽을 수도 없으면서 이처럼 특별히 사람을 시켜 수고롭게 왕래하게 하는 것은 역시 일을 줄이지 못하는 것이라고 생각됩니다. 처한 환경에 적응하고 안주하는 병통은 또한 마치 열성(熱性)을 지닌 약을 많이 복용해서 또한 사람의 혈기를 한쪽으로 치우치게 하여 화평하지 못하게 만드는 것과 같으니, 이는 건강을 보전하는 방법이 아닐 뿐만 아니라 마음을 기르는 방법도 아닙니다. 제 생각에는 다시 더 깊이 스스로 반성해서 몸과 마음을 수습한 뒤에 점차로 내면으로 향하게 하여 조용히 물러나려는 생각이 이기게 하고 가볍게 요동치는 기운이 사그라지게 한다면, 마음을 다스리고 기를 기르며 세상에 처신하고 사물을 응접하는 것이 자연히 편안해져서 일시에 크게 발전하여 다시는 전날처럼 안팎의 걱정이 없게 될 것입니다.

年來時論, 似亦漸平. 昨日又聞廟堂一番除拜, 固不足爲吾道之重輕, 然於故舊或昺能垂意. 但在自己分上, 只合閉門堅坐, 聽其所爲, 切不可因此便起妄念, 徒爾紛紜, 有損無益也.

所欲買書, 偶小兒赴銓未歸, 已爲託相識置到. 付之來人, 數在別紙, 可自檢點. 閑中無事, 固宜謹出. 然想亦不能一倂讀得許多, 似此專人

서 마음이 안 좋은데 갑자기 그 소식을 들었다고 말하고 있으니 대개 주순인은 정사(丁巳)년에 귀양을 가게 됐다.

126) 【記疑】 그 출입을 신중히 한다는 뜻이다. 조사경(趙士敬)은 '근출(謹出)'이라는 글자가 '독서(讀書)'라는 글자를 잘못 쓴 것이 아닌가 의심하는데, 그의 설이 적절하다.

往來勞費, 亦是未能省事. 隨寓而安之病, 又如多服燥熱藥, 亦使人血氣偏勝, 不得和平, 不但非所以衛生, 亦非所以養心. 竊恐更須深自思省, 收拾身心, 漸令向裏, 令寧靜閑退之意勝, 而飛揚躁擾之氣消, 則治心養氣, 處世接物, 自然安穩, 一時長進, 無復前日內外之患矣.

● 시론이 점차 안정되어 갔다는 표현으로 보아 분명 만년에 당금을 당했던 때이다. "몸과 마음을 수습하여 점차 내면으로 향하게 한다"라는 표현은 육자와 부합된다.

時論漸平, 自是晩年黨禁之時. 收拾身心, 漸令向裏等語, 與陸子合.

주남중[127]에게 답하다[答周南仲] 1[128]

지난해 아호사[129]에서 비록 일찍이 한 번 만나 뵈었어도 병치레가 잦아 정성스레 나머지 논의를 할 수 없었지만, 훗날 황제의 질문에 답하는 글[130]을 볼 수 있었는데 시대의 병폐를 정확히 지적하고 있으니 매우 탄복하면서도 거리가 멀어 모여서 강론하여 들을 수 없는 것이 매우 한스럽습니다. 이제 그대의 서신을 받고 또 채계통을 보니, 두 사람 모두 교유하며 절차탁마하는 이익을 말할 수 있게 되어 매우 위안이 되었습니다. 최근에 눈이 내려 추워졌지만, 그대에게 만복이 깃들길 바랍니다.

저의 완고하고 둔한 학문을 늦게나마 스스로 믿게 되었습니다. 매번 당대의 도학이 분열되어 위로는 불교와 노자에게로 빠져 들고, 아래로는 관중과 상앙의 학문으로 흘러가는 것을 근심하였지만, 배우는 사람

---

127) **[翼增]** 주남중은 평강(平江) 사람으로 엽적(葉適)에게 배웠다. 과거에 급제하여 지주 교수(池州敎授)가 되었다.
128) 『朱熹集』 권60-4.
129) **[箚疑]** 아호사에서 여조겸 육구연과 서로 만났던 때를 말한다.
130) **[標補]** 『葉水心集』「南仲墓誌」편에 엽적이 황제의 질문에 답한 대책문이 나온다.

들은 이미 제각기 가깝고 먼저 들어간 것을 위주로 하고 또 고상한 것을 좋아하며 빨리 이루고자 하는 마음으로 달려가니, 앞서 간 자들은 이미 자신을 그르쳐서 마침내 자신을 속이게 되고 뒤에 가는 자들은 이미 거기에 속고 다시 다른 사람을 속입니다. 그래서 문장이 교묘할수록 변설은 더욱 공교해져서 그 해로움이 더욱 심하니, 현명한 자가 아니고서는 누가 옛 것을 버리고 새로운 것을 도모할 수 있겠습니까?

　보내오신 서신에서 의심나는 부분을 물어 주시니 매우 다행입니다. 대개 성현의 말씀은 이미 명백하고 진실 되어 도리를 다 말했습니다. 읽는 사람들은 다만 마음을 비우고 한 생각으로 순서에 따라 자세하게 읽으며 구절 안에서 한 글자도 통하지 않는 부분이 없게 한다면 그 도리에 대해서 조금이라도 살피지 않은 것이 없게 될 것입니다. 절대 다른 사람에게 큰 소리로 말하여 서로 속이기를 마치 구방고(九方皐)[131]가 말의 관상을 볼 때[132] 했던 말처럼 망령되게 언어 밖의 세계로 달려가서는 안 됩니다. 방빈왕(方賓王)은 매번 서신을 보내 올 때마다 도리를 말하는데 모두 귀착할 곳이 있었는데, 그와 함께 어울린다니 좋은 벗을 두었다고 하겠습니다. 아마 지금쯤 이미 가화로 돌아갔을 것입니다. 주숙근(周叔謹)의 가는 편에 급히 이 서신을 부치느라 할 말을 다 할 수가 없었습니다. 진정 갈 길이 머니 부디 자중자애하시기를 바랍니다.

　往歲, 湖寺雖嘗獲一面, 而病冗不能款扣餘論, 後乃得見廷對之文, 切中時病, 深以歎服, 益恨相去之遠, 不得會聚以講所聞也. 玆辱惠書, 又見季通, 具道遊從切磋之益, 深以爲慰. 比日雪寒, 德履佳福.

　熹鈍頑之學, 晚方自信. 每病當世道術分裂, 上者入於佛老, 下者流

---

131) 춘추시대 사람이다. 당시 최고의 말 감정가였던 백락(伯樂)의 친구로, 그도 또한 말을 잘 감정하였다. 秦나라 목공(穆公)과 얽힌 일화가 있다.

132) **[翼增]** 이것은 정미한 것을 얻으면 그 거친 것을 버린다는 것을 말한다. 이것은 과장된 말로 서로에게 과시하며 마침내 언어와 일상적인 법도 바깥으로 나아가게 된다는 것을 말하는 것이다.

於管商, 學者旣各以其所近, 便先入者爲主, 而又驅之以其好高欲速之心, 是以前者旣以自誤, 而遂以自欺, 後者旣爲所欺, 而復以欺人. 文字愈工, 辨說愈巧, 而其爲害愈甚, 不有明者, 孰能舍其舊而新是謀哉?

來喩許以所疑下詢, 幸甚. 大抵聖賢之言, 已是明白眞實, 說盡道理. 讀者但能虛心一意, 循序致詳, 使其句內無一字之不通, 則其道理無一毫之不察矣. 切不可爲人大言相詫, 如九方皐相馬之說者, 而妄意馳逐於言語之外也. 方賓王每書說得道理儘有歸著, 知與遊從, 可謂得友. 恐今已歸嘉禾也. 周叔謹行, 草草附此, 不能究所言. 政遠, 切祈珍重.

🔅 주자 자신이 "늦게나마 스스로 믿게 되었다"고 말한 것으로 보아 분명 만년 때의 일이다. 주숙근 또한 주자 만년 때 따라서 배웠던 사람이다. "문장이 더욱 매끄러워졌다"에 걸친 세 구절은 육자 두 형제의 「아호시」의 침자(沈字) 두 글자[133]와 부합한다.

---

133) 육구령.
　　　孩提知愛長知欽 어려서는 (자연히 부모를) 사랑할 줄 알고, 커서는 (형님을) 공경
　　　　　　　　　　　　할줄 아니
　　　古聖相傳只此心 옛 성인이 서로 전한 것은 다만 이 마음일 뿐이로다.
　　　大抵有基方築室 대저 기초가 있어야 바야흐로 집을 짓나니,
　　　未聞無址忽成岑 터전도 없이 갑자기 높은 누각 올렸단 말을 들은 적이 없네.
　　　留情傳註翻榛塞 (경전의) 주석에 뜻을 두면 도리어 (성현의) 길이 막히고
　　　著意精微轉陸沈 정밀하고 미묘한 것 다 밝히려 하면 점점 더 빠져드네.
　　　珍重友朋相切琢 진귀한 벗과 더불어 서로 갈고 닦으니
　　　須知至樂在於今 반드시 알지니, 지극한 즐거움이 지금 있다는 것을.

　　　육구연.
　　　墟墓興哀 宗廟欽, 황폐한 무덤에도 슬픔이 솟아오르고, 종묘에서 자연히 경건한 것,
　　　斯人千古 不磨心. 이는 사람마다 가진 천고(千古) 동안 갈지 않은 마음이라네.
　　　涓流滴 到滄溟水, 졸졸 흐르는 물이 모여서 푸른 바다의 물에 이르고
　　　拳石崇 成泰華岑. 자갈들이 높이 쌓여서 태산과 화악의 봉우리를 이루네.
　　　易簡工夫 終久大, 간략한 공부는 끝내 오래 가서 크게 되나
　　　支離事業 竟浮沈. 지리한 사업은 결국 떴다 가라 앉았다 할 뿐이니
　　　欲知 自下升高處, 낮은 데서 높은 곳에 오르는 것을 알고자 하거든
　　　眞僞 先須辨只今 참과 거짓을 반드시 지금 가려야 합니다.

自云晚方自信, 自是晚年. 周叔謹亦晚年從學者. 文字愈工三句, 與
二陸鵞湖詩沈字二語合.

주남중에게 답하다[答周南仲] 2[134)

보내주신 서신에서 말씀하신 교학상장[135)의 뜻은 더욱 저의 기대에
부응합니다. 다만 학문을 하는 순서는 반드시 먼저 자신부터 성숙하게
한 다음에 남을 성숙하게 할 수 있는 것입니다. 반복해서 보내주신 서
신을 읽어보니 자신에게 오히려 부족한 것이 있는 듯하니, 우선 내면을
향해 공부하는 것만 못할 것 같습니다. 이 마음과 이 도리는 원래 끊어
지거나 결합이 있는 것이 아니니, 성현이 남기신 가르침이 모두 서책에
갖추어져 있습니다. 만약 진실로 공부하려는 뜻이 있다면 어찌 의심하
고 기다릴 수 있습니까? 어찌 비교하고 안배할 수 있습니까? 다만 오늘
부터 시작하여 어느 곳 어디서든지 각성하고 수습하며 어느 때 무슨 일
이든지 연구하고 토론하여 다만 하루 사이에 서너 번 정돈하고 서너 가
지 일을 이해하면 날이 갈수록 축적되어 저절로 익숙해지고 저절로 밝
게 될 것입니다. 만약 이처럼 목적을 세워 갑자기 눈앞에 두고 도리어
앞뒤로 배회하면서 과감하게 앞으로 나아가고 진실되게 착수하려 하지
않는다면 유유히 흐르는 저 세월이 어찌 사람을 기다려주려고 하겠습
니까? 다만 자신을 속이는 결과가 되어 마침내 믿을 수 있는 학문의 힘
을 얻을 곳이 없게 될까 두렵습니다.
　하군과 정군을 부를 수 있다고 하니 매우 잘 되었습니다. 보내주신
서신에 대해서는 이미 답신을 했습니다.

---

134) 『朱熹集』 권60-5, 1196(67세).
135) [節補] 「學記」의 말이다.

承喩敎學相長之意, 尤副所望. 但爲學之序, 必先成己, 然後可以成物. 反復來示, 似於自己分上, 未免猶有所闕, 恐不若且更向裏用工也. 此心此理, 元無間斷虧欠. 聖賢遺訓, 具在方冊, 若果有意, 何用遲疑等待? 何用準擬安排? 只從今日爲始, 隨處提撕, 隨處收拾, 隨時體究, 隨事討論, 但使一日之間, 整頓得三五次, 理會得三五事, 則日積月累, 自然純熟, 自然光明矣. 若只如此立得箇題目, 頓在面前, 又却低徊前却, 不肯果決向前眞實下手, 則悠悠歲月, 豈肯待人? 恐不免但爲自欺自誣之流, 而終無得力可恃之地也.

何程二君, 能招致之, 甚善! 甚善! 來書已報之矣.

🥤 주남중(南仲)은 황문숙(黃文叔)의 사위이다. 황문숙은 경원 원년(1195)에 주자와 서신을 교환하였으니 주남중은 오히려 그 뒤라고 할 수 있다. 주자가 주남중에게 보내는 첫 번째 서신의 경우 "늙어서야 자신을 믿게 되었다"고 말하고 서신 말미에는 "주숙근이 가니 이것을 부친다"고 했는데 주숙근은 주자가 장주의 지사로 있었던 만년에 때 그를 섬겼으니 주남중에게 보내는 서신은 모두 주자 만년에 쓰인 것이다. 이 두 번째 서신에서는 내면으로 향하는 공부를 해서 상황마다 마음을 분발시키고 수습하려고 했다고 하니 전적으로 육자가 중시했던 "방심(放心)을 구한다"는 가르침에 부합된다.

南仲, 黃文叔之壻. 文叔以慶元元年始通書朱子, 則南仲尙在其後. 朱子與南仲第一書, 卽云晚方自信, 書末云叔謹行, 附此, 叔謹晚事朱子於守漳時, 故與南仲書亦皆晚年. 而此又第二書也, 中欲其向裏用功, 隨處提撕收拾, 全合於陸子所主求放心之旨.

맹량부136)에게 답하다[答孟良夫]137)

보내주신 서신에서 말씀하신 학문하는 뜻은 매우 좋습니다. 다만 이천선생의 가르침은 경건함을 우선으로 삼았으니 이것은 긴요하고 절실한 말입니다. 만약 그 부분에서 근본을 세우지 못한다면 곧 독서하고 일에 응접하며 생각하고 계산하는 것이 단지 어지럽게 되어 끝내 귀착할 곳이 없게 됩니다. 만약 여기에서 힘을 쓸 수 있다면 동정 간에 어느 상황이든 학문이 되지 않는 것이 없을 것입니다. 여러 서책이 있어서 오무실(吳茂實)138)로 하여금 학교에 보내 여러 학생들과 함께 보라고 부탁했으니 그대가 한 번 가서 보면 마땅히 도움이 될 것입니다. 듣자하니 요직에 있는 사람 중에 그대를 천거하는 사람이 있다고 하던데 공론이 없어지지 않았음을 충분히 알 수 있어 매우 위로가 됩니다. 그러나 다시 그 근본을 깊이 하여 등용될 때를 기다렸으면 하는 것이 곧 저의 바람입니다.

示喩爲學之意, 甚善. 但伊洛垂訓, 以持敬爲先, 此要切之語. 若不於此處立得根本, 卽讀書應事, 思惟計度, 徒成紛擾, 卒無歸宿之地. 若能於此用力, 則動靜之間, 無適而不爲學矣. 有書數冊, 託茂實送學中, 與諸生共之, 能往一觀, 當有益也. 聞當路有奉薦者, 足見公論之不泯, 甚慰. 然更深其本以須時用, 乃所望耳.

● 서신에서 오무실로 하여금 학교에 책을 보내라고 언급한 것은 주자가 남강의 지사로 있을 때의 일이니 이때 그의 나이 51세나 52세였다. 경(敬)을 근본으로 삼지 않는다면 글을 읽고 일에 응접하는 것에 귀착할

---

136) 맹유(孟猷) : 자는 양보(良甫)이다. 엽적의 문인이다. 저서에 『孟侍郎集』이 있다.
137) 『朱熹集』 권60-8, 1180(51세).
138) 오영(吳英)을 말한다.

곳이 없게 된다고 했으니, "먼저 그 큰 것에 서야 한다"는 육자의 뜻과
같은 것이다.

書中及吳茂實送書學中, 蓋守南康時事, 亦五十一二歲也. 不以敬爲
根本, 即讀書應事無歸宿之所, 與陸子先立乎大意同.

허생에게 답하다[答許生]139)

지난해 설상선(薛象先)140)이 이곳을 지날 때 그대의 어진 덕과 훌륭한
명성을 자주 말했지만 움직일 수 없어서 서로 만나볼 기회가 없다는 것
을 매우 한스럽게 생각하였습니다. 서신 한 통을 받고 되풀이하여 읽어
보니 도를 구하고 학문으로 향하는 그 마음을 더욱 볼 수 있어 매우 다
행이라고 여겼습니다. 그러나 선배들을 추켜올리면서 저를 대단한 인물
에 비긴 것은 받아들일 수가 없습니다. 그대가 과거에 응시하여 벼슬을
구하는 것과 좋은 평판을 얻고 좋은 일을 할 수 있는 학문에 대해서는
배울 것이 없다고 여겨 의리(義理)를 강론하여 자신을 수양하고 남을 다
스리는 방법을 구하고자 하니, 참으로 지향하는 것이 잘못되지 않았습
니다. 저 천지 사이에 꽉 차 있는 도의 체용(體用)에 대해 옛날의 성인께
서는 이미 그것을 깊이 아시고서 후세 사람들이 그것을 이해하지 못할
까 염려하셨습니다. 그래서 학설을 세우고 교훈을 준 것이 근본에서 말
단까지 이르렀으니, 후세 사람들에게 일깨워주고 가르쳐주신 것이 모두
갖추어지지 않은 바가 없었습니다. 배우는 자들이 바로 그 책을 충분하

---

139) 『朱熹集』 권60-9, 1193(64세).
140) 설숙사(薛叔似): 자는 상선(象先)이며, 영가(永嘉) 출신이다. 설계선의 조카이다. 엽
　　적과 교유를 하였다. 태학(太學)에서 공부하였고, 음보로 벼슬하여, 비서감(祕書監)·
　　권호부시랑(權戶部侍郎)·제거태사국(提擧太史局)·추밀도승지(樞密都承旨)·지공주
　　(知贛州)·여주(廬州)·병부상서(兵部尙書)·선무사(宣撫使) 등을 역임하였다. 시호는
　　처음에 공익(恭翼), 다음에 문절(文節)로 바뀌었다.

게 읽고 그 의미를 정밀하게 찾아서 자신의 마음에서 고찰하여 그 실상을 구하고, 사물에서 참고하여 그 귀착점을 징험한다면 일상생활을 하는 사이에 읊조리고 생각하고 일에 응하고 사물을 응접하는 것이 어느 것 하나 자기에게 절실하지 않은 것이 없게 될 것입니다. 보내주신 서신에서 "독서할 때는 문장의 뜻을 따르게 되고, 이치를 탐구하면 개인적인 의견에 빠져서 자기에게 절실한 실제의 공부가 되지 않는다"고 하셨는데, 저는 무슨 말인지 모르겠습니다. 세상이 쇠퇴해지고 도가 미약해지자 이론(異論)이 벌떼처럼 일어나더니 근래에는 거짓된 불교를 빌어서 공맹의 실상을 어지럽히는 것이 있습니다. 그 법은 제일 먼저 글을 읽고 이치를 궁구하는 것을 크게 금하고 늘 배우는 자들로 하여금 아득하여 알 수 없는 곳에 마음을 두게 하여, 요행히 하루아침에 황홀함을 홀로 본 뒤에 자득했다고 여기고자 합니다. 대개 그들 스스로는 알았다고 하지만 그들의 용모와 말하는 것, 그리고 자기를 수양하고 남을 다스리는 실제를 살펴보면 성현의 학문과는 크게 차이가 납니다. 그런데도 그대는 그 말에 미혹되어 잊을 수 없는 것이 아닙니까? 글을 읽을 때 문장의 의미를 찾지 않고, 이치를 탐구할 때 전혀 자기의 의견이 없는 것은 바로 근래 석씨가 말하는 화두를 본다는 것입니다. 세속의 글에 『대혜어록』이라는 것이 있는데 설명이 매우 자세합니다. 한 번 가져다가 보면 그들의 내력을 알 수 있을 것입니다. 만약 유가와 석씨의 오묘한 경지는 본래 같다고 말하는 것은 저들이 은혜를 등지고 의를 해치고 풍속을 훼손시키고 가르침을 무너뜨리는 것이며 성현이 매우 불안해하게 여기는 점입니다. 저들이 도를 깨닫고 나서는 마침내 그 덧없는 것을 더욱 확신하고 편안하게 처신하게 되니, 다른 것을 구할 필요도 없이 사정과 시비가 이미 여기에서 뚜렷하게 구별됩니다. 또 말하기를 "사람들이 모두 보고 잘못이라고 하는 경우는 있어도 볼 수도 들을 수도 없는 경우에 속이는 경우는 있을 수 없다"고 하셨습니다. 대저 『중용』의 말은 바로 도체(道體)가 유행하여 애초부터 끊임이 없어서 이루지 못함이 없다고 한 것이니, 계신공구란 홀로 은미한 경우에 삼가고 두려워하지만 그 드러난 곳은 소홀히 하라는 것을 말하는 것은 아닙니다. 가령 보내주신 서신과 같다면 사람들이 함께 보는 경우에는 끊어짐이 많아질 것입니다. 그리고는 존양하기를 빠르지도 느리지도 않게 하라고 말씀하시니 저는 이것이 고원한 것을 좋아해서 급속히 이루려는 것이 심한 것이 아닌가 걱정됩니다. 가령 『맹자』에서 말한 "의로움이 엄습해서 취해진 것이 아니다"[141]라고 한 경우는 문장의 뜻이 본래 분명하지만 지금 배우는 자들은 일찍이 세밀히 살피지 않고, 단지 구전된 것에 근거하여 서로 학설을 이어서, 마침내 이 구절의 의미가 자리를 잃게 만들었습니다.[142] 아마 배우는 자들 10명 중 2,3명[143] 정도는 그럴 것입니다. 이미 물으신 것에 수고를 다했기에 제 뜻을 다하지 않을 수 없었으나, 아직 그 곡절을 상세히 살필 겨를이 없었기에 깊이 살펴보시기를 바라니, 옳고 그름에 대해서는 답신을 기다립니다.

최근에 부사(富沙)에 들려서 진안(陳安)의 사인을 만났는데 전각을 세워 책을 소장하는 일에 대해 말하면서 기문[144]을 위탁받았지만 그 자세한 내막을 알지는 못합니다. 지금 장원선(張元善)[145]과 채계통의 서신을 받고서야 자초지종을 자세히 알게 되었습니다. 우연히 수일동안 각기병이 갑자기 생겨 음식을 먹을 수가 없고 우측 어깨도 통증이 있어 심지어 직접 붓을 잡을 수가 없으며 병들어 누워 정신이 혼미하기에 구술로 이렇게 적어 보냈습니다. 교대 기간이 멀지 않지만 다른 날 병이 생길

---

141) 『孟子』「公孫丑 上」.

142) 【箚疑】 '시안실소(施安失所)'는 맹자의 설명을 잘 설명하는 것[施安]이 그 문맥을 잃었다[失所]는 의미다.

143) 【箚疑】 원문은 '二五'라고 되어 있으나 '二三'이 옳다.

144) 【箚疑】 「鄂州稽古閣記」를 가리킨다.

145) 첨체인(詹體仁, 1143~1206): 원래는 장체인(張體仁)이었지만, 성이 첨(詹)으로 바뀜. 자는 원선(元善), 포성(浦城) 출신이다. 1163년에 진사가 되었고, 태상시승(太常侍丞)·절서상평제거(浙西常平提擧)·호광총령(湖廣總領)·사농소경(司農少卿)·복주지부(福州知府) 등을 역임했다.

수도 있다는 것을 알아서 엉성하게나마 기문을 완성했으니, 설상선(薛象先)을 통해 교대자에게 전달해야 합니다. 혹 같은 관직자 중 그 일을 마칠 수 있는 자가 있겠지만, 저의 문장이 비루하고 논의가 같지 않아서 반드시 사용하지 않을 수도 있을지 모릅니다.

　去歲, 薛象先過此, 極道左右賢德, 令聞之美, 甚恨踜伏無因緣相見. 今者乃承惠書一通, 反復讀之, 益見所以求道鄕學之意, 深以爲幸. 至於稱引前輩, 比擬非倫, 則有所不敢當也. 左右以應擧覓官美名好事之學爲不足學, 而欲講乎義理, 以求修己治人之方, 固已不繆於所趨矣. 夫道之體用, 盈於天地之間, 古先聖人旣深得之, 而慮後世之不能以達此. 於是立言垂敎, 自本至末, 所以提撕誨飭於後人者, 無所不備. 學者正當熟讀其書, 精求其義, 考之吾心, 以求其實, 參之事物, 以驗其歸, 則日用之間, 諷誦思存, 應務接物, 無一事之不切於己矣. 來喩乃謂讀書逐於文義, 玩索墮於意見, 而非所以爲切己之實, 則愚有所不知其說也. 世衰道微, 異論蠭起, 近年以來, 乃有假佛釋之似, 以亂孔孟之實者. 其法首以讀書窮理爲大禁, 常欲學者注其心於茫昧不可知之地, 以僥倖一旦恍然獨見, 然後爲得. 蓋亦有自謂得之者矣, 而察其容貌辭氣之間, 修己治人之際, 乃與聖賢之學, 有大不相似者. 左右於此, 無乃亦惑其說而未能忘耶? 夫讀書不求文義, 玩索都無意見, 此正近年釋氏所謂看話頭者. 世俗書有所謂大慧語錄者, 其說甚詳. 試取一觀, 則其來曆見矣. 若曰儒釋之妙, 本自一同, 則凡彼之所以賊恩害義, 傷風壞敎, 聖賢之所大不安者. 彼旣悟道之後, 乃益信其爲幻妄, 而處之愈安, 則亦不待他求, 而邪正是非, 已判然於此矣. 又如所謂寧有人皆得見之過, 無或有不睹不聞之欺. 夫中庸之言, 正所謂道體流行, 初無間斷, 是以無所不致, 其戒懼非謂獨戒懼乎隱微, 而忽略其顯著也. 若如來喩, 則人所共見之處, 間斷多矣. 而曰循是存養, 不疾不徐, 吾恐其未免爲好高欲速之尤者也. 至如孟子所謂非義襲而取之, 文義本自分明, 而今學

者未嘗細考, 但據口耳相承, 以至施安失所者, 蓋十人而二五也. 既勤
下問, 不敢不盡其愚, 然亦未暇詳究其曲折, 幸深察之, 當否俟報也.

近至富沙, 見陳安舍人, 說及建閣藏書事, 欲以記文見委而未得其詳.
今收張卿元善蔡兄季通書, 備見首末. 偶數日脚氣發作, 不能飮食, 而
右臂亦痛, 至不能親執筆, 憊臥支離, 口占布此. 知代期不遠, 他日病
起, 草得記成, 當因薛卿轉達代者. 或同官中必有能竟其事者, 但恐文
詞鄙俚, 議論不同, 未必可用耳.

◉ 허중응[146]이 기문을 지어주기를 원했는데, 이때 악주의 교수로 있
던 때다. 이때에는 육자가 이미 형문에서 죽었기 때문에 주자에게서 기
문(「鄂州州學稽古閣記」)을 구했던 것이다. 서신에서 "글을 읽고 이치를 궁
구하는 것을 크게 금한다"는 것은 육자를 가리킨다. 그렇지만 육자의
가르침은 강학과 실천 두 가지를 모두 아울러 중시하였기에 사람들이
책을 읽는 것을 금한 적이 없다. 오직 포현도에게는 "실천하여 몸소 행
하는 것에 힘쓰지 않고 전적으로 독서와 강론에만 힘쓴다면 반드시 인
의를 막아버리는 데 이르게 될 것이다"라는 말이 있었지만, 육자는 이
미 괴이한 주장이라고 나무란 적이 있었으니 독서를 금지했다고 육자
를 의심해서는 안 될 것이다. 또한 허중응이 현재 경전과 서책들을 사
들여서 계고각을 건립하려고 하였을 때 주자는 그가 독서를 금지하는
가르침에 빠져 있다고 하였으니, 기문을 구한 뜻과 어찌 합치될 수 있
겠는가? 그러므로 나는 항상 두 선생이 서로를 의심했던 이유는 모두
두 선생의 문인들의 지론이 너무 지나쳤고 전해들은 것이 잘못되었기
때문이며, 두 학파의 배움과 가르침은 실제로 서로를 비난했던 말과는
같지 않다고 말했었던 것이다.

許中應求作記, 是作鄂州敎授時. 是時陸子已卒於荊門, 故求記於朱

---

146) 허중응 : 자는 성보(成甫)이고, 동양(東陽 : 지금의 절강성) 출신이다. 효종 순희(淳熙)
    11년(1184)에 진사가 되었다.

子. 書中所謂以讀書窮理爲大禁者, 意指陸子. 然陸子之教, 講明踐履二者並重, 從未禁人讀書. 惟包顯道有不務實踐躬行, 而專於讀書講論, 必至充塞仁義之語, 然陸子已訶爲怪, 不得以禁讀書疑陸子也. 且中應現在買經買書, 建稽古閣, 乃謂其溺於禁讀書之教, 毋乃與求記之意刺謬而不合乎? 余故謂兩先生之所以相疑者, 皆由其門人持論之過與傳聞之誤, 而兩家之學與教, 實不如彼此互譏之辭也.

유군방에게 답하다[答劉君房] 2[147]

보내주신 『역』을 읽는 방법은 매우 훌륭합니다. 이 책은 본래 복서를 위해 지어졌는데, 그 말은 모두 상수(象數)에 의거해서 길흉을 판단하는 것이었으나 지금은 그 방법이 이미 전해지지 않고 있습니다. 여러 유가들이 상수(象數)를 이야기할 때는 한결같이 모두 지나치게 천착하고 의리를 말할 때는 또 지나치게 산만해서, 『주역』은 더욱더 읽기 어렵습니다. 이것이 『본의』와 『계몽』이 지어진 까닭입니다. 그렇지만 『본의』는 아직 책이 되지 않았을 때 다른 사람이 훔쳐서 출간하였고 다시 간행된 것도 이것을 베껴서 된 것이니 눈에 띄는 오류가 있을 것입니다. 『계몽』은 본래 배우는 자들로 하여금 『대전(大傳)』이 말한 괘획(卦畫)과 시수(蓍數)를 살피게 하여 지나치게 헛된 설명을 짓지 않도록 하기 위한 것이었습니다. 그런데 지금 살펴보니 『하도』, 『낙서』를 논의한 경우에는 군더더기 말이 있음을 면하지 못하였습니다. 요컨대 이 책은 진실로 읽기 어려운 책이니, 『시』, 『서』, 『논어』, 『맹자』가 명백하고 알기 쉬운 것만 못합니다. 이것이 위학(僞學)으로 지목된 저의 소견이니 그대는 어떻게 생각하는지 모르겠습니다.

---

147) 『朱熹集』 권60−24, 1195(66세).

所喩讀易, 甚善. 此書本爲卜筮而作, 其言皆依象數以斷吉凶, 今其
法已不傳. 諸儒之言象數者例皆穿鑿, 言義理者又太汗漫, 故其書爲難
讀. 此本義啓蒙所以作也. 然本義未能成書, 而爲人竊出, 再行模印, 有
誤觀覽. 啓蒙本欲學者且就大傳所言卦畫蓍數推尋, 不須過爲浮說. 而
自今觀之, 如論河圖洛書, 亦未免有剩語. 要之, 此書眞是難讀, 不若詩
書論孟之明白而易曉也. 此是僞學見識, 不審明者以爲如何?

⊙ 스스로를 "위학(僞學)"으로 칭하니 아마도 당금(黨禁)의 때, 주자의
가장 만년에 쓰인 것이다. 그렇지만 "『본의』는 아직 책이 되지 않았을
때 다른 사람이 훔쳐서 출간하였다"고 했고, 『계몽』이 『하도』, 『낙
서』를 논할 때 오히려 군더더기 말이 있는 것 같다고 한 것은 주자가
자신이 지은 저술들에 대해 죽을 때까지 확정된 견해라고 생각하지 않
았던 것을 말하는데, 후학들은 마침내 그가 쓴 한 글자라도 감히 달라
서도 안 된다고 하니 이런 사람들이 어찌 주자를 잘 배운 자라고 할 수
있겠는가!

自稱僞學, 蓋黨禁之時, 最晩年也. 然尙云本義未能成書, 而爲人竊
出, 啓蒙論河洛猶有剩語, 是朱子於已所著述, 終身未嘗以爲定解, 而
後人遂欲一字不敢異同, 豈善學朱子者哉!

증무택에게 답하다[答曾無擇]148)

보내주신 의의(疑義)에 대해 모두 이미 답신을 보냈습니다. 그렇지만
대부분 외부에서 보아 아직 학문에 들어가는 곳이 있지 않는 것 같으니,
반드시 마음을 비우고 사려를 고요하게 하여 성현들의 말씀을 내면의

---

148) 『朱熹集』 권60−25.

절실한 곳으로부터 보아야 아마도 의미를 터득하게 되어 헛된 말이 되지 않을 것입니다. 그렇지 않으면 이처럼 범범하고 애매한 말은 일에 조금도 도움이 되지 않아 끝내는 지속적으로 힘을 쓸 수가 없게 될 것입니다.

所示疑義, 俱已報去. 但覺得多是在外邊看, 未有箇入門處, 須更虛心靜慮, 將聖賢言語, 從裏面親切處看出來, 庶幾見得意味, 不爲空言. 不然似此泛濫含糊, 無益於事, 終久不得力也.

● 증무택은 증무의[149]를 따르던 사람인데 여자약이 여릉에 유배되었을 때 비로소 두 사람은 서신으로 주자로부터 배웠으니 이것은 주자의 가장 만년의 일이다. "성현들의 말씀을 내면으로부터 보아야한다"고 답했으니, 또한 학문은 "방심(放心)을 구하는" 것이란 뜻이다.

無擇爲無疑輩從, 並因子約謫廬陵時, 始各以書來問學, 朱子最晚年也. 答以聖賢言語, 須從裏面看出, 亦學問求放心之意.

증무의에게 답하다[答曾無疑][150]

어제 그대의 서신을 받고 저의 답신이 엉성했다는 것을 알고 비로소 부끄럽게 생각하고 있습니다. 불현듯 거듭 알려주시니 더욱 정성스런 후의를 입었습니다. 최근의 서늘한 가을에 하시는 것마다 복되시니 매우 위안이 됩니다. 시권을 보여주시니 더욱 후의가 두터운 뜻을 알겠습니다. 되풀이해서 읽은 뒤에 그 정밀하고 아름답고 기발하여 따를 수

---

149) 증삼이(曾三異, 1156~1236)를 말하는데 길주(吉州) 출신이다. 태사령(太社令)을 지냈으며 증삼빙(曾三聘)의 동생이다.
150) 『朱熹集』 권60-26, 1195(66세).

없는 점에 감탄하였고, 또 큰소리를 치거나 험악한 말로써 세상 사람들에게 던지지 않은 점에 거듭 감탄하였습니다. 그러나 학문하는 뜻에 대해 말씀하신 부분을 보니 뜻하는 것이 시문에만 그치지 않는 것 같던데, 특히 그것은 보잘 것 없는 제가 듣고 싶었던 것입니다. 다만 그대의 고상한 뜻이 우선 대충 한 번 학문의 영역을 엿보고자 하여 저것이 이것보다 낫다고[151] 생각하는 것인지, 아니면 장차 용감하게 옛 습관을 고쳐서 진실로 한 걸음에 도에 이르고자 하는 것인지 모르겠습니다. 전자의 경우라면 보잘 것 없는 제가 감히 알고 싶은 바가 아니고, 후자의 경우라면 보내주신 서신의 말씀이 진실로 좋지 않은 것은 아니지만 그렇게 도를 구하고자 한다면 아마도 빈 말이 되지 않을까 염려됩니다. 대개 사람이 학문을 하는 것은 마땅히 무엇을 위해서 학문을 해야 하는지를 알아야 하고, 또 무엇에 종사하여야 학문이 될 수 있는지를 알아야 합니다. 그런 뒤에 그 순서에 따라 부지런히 노력하여 반드시 그런 마음 외에는 다시 다른 생각이 없게 하고, 옛 습관 중에 능한 것과 그렇지 못한 것, 세속의 헐뜯음과 칭찬, 자신이 출세하느냐 못하느냐에 대한 생각을 조금도 마음속에 들이지 않아야 거의 가깝게 될 것입니다. 이것은 진실로 쉽게 글로는 다 말씀드릴 수 없는 것인데 보내주신 말씀을 보니 또한 앞으로 찾아주실 예정이더군요. 만약 직접 뵙고 말씀드리게 된다면 저의 속마음을 다 드러낼 수 있을 것입니다. 보잘 것 없는 제가 위학(僞學)의 금령에 저촉되었으니, 그대가 세상에 나아가 명성을 취하는 데 이점이 못 됩니다. 다시 바라건대 출발하기 전에 잘 살펴 처신하여 뒷날의 후회를 남기지 말도록 하십시오. 이것이 저의 바람입니다.

　昨承枉書, 奉報草草, 方以爲愧. 忽辱再告, 益荷眷勤! 且審比日涼秋, 起處佳福, 足以爲慰. 詩卷寵示, 尤紉不鄙之意. 三復以還, 旣歎其

---

151) 【記疑】 저것은 학문(學問)을 가리키고, 이것은 시문(詩文)을 가리킨다.

精麗警拔之不可及, 又重歎其不爲大言險語, 以投世俗之耳目也. 然承諭及爲學之意, 則似所志又有不止於此者, 此尤區區所樂聞. 但未知雅意, 姑欲粗一闖其藩籬, 而爲彼善於此之計耶? 抑將勇革舊習, 而眞欲一蹴以至道也? 如前之說, 則非區區所敢知, 如後之說, 則如來喩之云, 固非不善, 然欲自是以求道, 則恐亦未免爲空言也. 大率人之爲學, 當知其何所爲而爲學, 又知其何所事而可以爲學, 然後循其次第, 勉勉而用力焉, 必使此心之外更無異念, 而舊習之能否, 世俗之毁譽, 身計之通塞, 自無一毫入於其心, 然後乃可幾耳. 此固未易以毫楮, 旣而承見語, 亦將有枉顧之期矣. 儻得面論, 庶竭鄙懷. 顧此迂闊, 干觸科禁, 實非賢者進取之利, 更冀審處於未動之前, 毋使貽後日之悔焉. 乃所願也.

　　🔅 "무엇을 위해서 학문을 해야 하는지"라는 것은 육자가 말한 "마음을 보존한다[存心]"는 것과 "방심을 구한다[求放心]"는 것이다. "옛 습관 중에 능한 것과 그렇지 못한 것, 세속의 헐뜯음과 칭찬, 자신이 출세하느냐 못하느냐"에 대한 생각이 조금이라도 마음에 들어오지 않게 해야 한다는 것은 육자가 백록동에서 의로움과 이로움에 대해 변론했던 강의와 같은 것이다. 서신 말미에 "위학(僞學)의 금령에 저촉된다"는 것은 위학자들을 등록했던 명부를 가리켜 말한 것이니, 이것은 주자 나이 68세(1197) 이후의 일이다. 또 주자가 증무의에게 답하는 여섯 번째 서신은 "여자약이 서신을 보낼 때마다 반드시 증무의를 훌륭하다고 칭찬한다"고 되어있는데, 대개 여자약이 강서에 유배되었을 때 증무의는 여자약의 소개로 주자를 배우러 온 것이니 이때 주자의 나이는 70세(1199)였다.

　　何所爲而爲學, 卽陸子所謂存心求放心也. 舊習能否, 世俗毁譽, 身計通塞, 一毫不入於心, 卽陸子白鹿講義喩義喩利之辨也. 末云干觸科禁, 指僞學著籍言, 是朱子六十八歲以後時. 又朱子答無疑第六書云, 子約書來, 必盛稱無疑. 蓋子約謫江西時, 無疑因子約來問學也, 時朱子年七十矣.

증무의에게 답하다[答曾無疑] 2[152]

　수고스럽게도 서신을 보내주시니 진실로 위안이 됩니다. 보내주신 가르침을 반복해서 읽어보니 이미 그대가 무엇을 지향하고 있는지 알게 되었는데, 보잘 것 없는 저의 의문점을 감히 숨길 수는 없습니다. 일찍이 들으니 맹자께서 "사람이 금수와 다른 것이 그 차이가 얼마 되지 않는데, 일반 사람들은 그 얼마 안 되는 것을 버리고 군자는 그것을 보존한다"[153]고 하셨는데, 이것이 군자가 배우려는 이유입니다. 그러나 그것을 보존하고자 한다면 반드시 그것이 무엇인지를 알아야 그것을 보존할 수 있는 것이고, 알고 나서는 보존하기를 또 반드시 부지런히 하고 조금도 게을리 하지 않아야 거기에 가깝게 될 것입니다. 이것은 군자가 학문을 하는 방법으로서, 종신토록 이에 힘쓰되 오직 조금이라도 미진한 점이 있을까 걱정하면서 조금이라도 그 마음을 둘로 하지 않는 바입니다. 지금 그대가 스스로 학문에 본원이 없고 마음이 늘 복잡하다고 했는데, 그것은 또한 일찍이 여기에 힘을 쓴 적이 없다는 것을 자각하여 그런 것이 아니겠습니까? 이러한 점에 대해 그대가 스스로 아는 것은 분명합니다. 그렇지만 그대는 또한 본래 가지고 있는 것에 따라 순서대로 익히고자 하면 또한 길은 달라도 귀착점은 같다고 하셨는데, 그대가 말한 본래 가지고 있는 것이 무엇인지, 어떻게 순서대로 익히는 것인지, 무엇이 다른 길인지 또 같은 귀착점은 어떻게 누가 되지 않을 수 있는지 모르겠습니다. 또 비록 옛 습관을 잊지 않아도 학문의 누가 되지 않는다고 하였는데, 오늘날의 새로운 학문이 어떤 것인지, 예전의 오래된 학문이 어떻게 누가 되지 않을 수 있는지 모르겠습니다. 이렇게 말한 것은 비단 어리석은 제가 이해하지 못한 것일 뿐만 아니라, 생각건대 그대의 마음도 어느 것이 같고 다른지 어느 것이 옳고 그른지

---

152) 『朱熹集』 권60−27, 1195(66세).
153) 『孟子』「離婁 下」.

를 분별할 수 없을 것입니다. 그대가 한번 생각해보십시오. 그렇습니까? 안그렇습니까? 진실로 그렇다면 우선 앞에서 인용한 맹자의 말씀을 위주로 널리 옛 성현이 남기신 가르침을 고찰하여 참고하면서 징험한다면 사람이 학문을 하는 목적과 그 학문하는 방법을 굳이 밖에서 구하지 않더라도 나에게서 얻어질 것입니다. 이전의 이른바 "본래 갖고 있다" "동일하게 귀착된다"고 한 것에 대해 비로소 알 수 있게 되고, 옛날의 오랜 습관은 참으로 배울 것이 못 되고 지금 새로 배우는 것에 누(累)만 된다는 것을 알게 될 것입니다. 사람이 학문하는 데에는 반드시 먼저 이것을 알아서 취사선택을 정할 줄 안 뒤에 그 공부의 이점과 병폐를 말할 수 있을 것입니다. 만약 그렇지 않고 단지 논설만 내세운다면 다 공허한 말로 귀착할 곳이 없게 되어서 일상의 일에 아무런 도움이 되지 않을 것입니다. 허자춘(許子春)154)과 유계장(劉季章)의 소식은 여기에서도 듣고 있습니다만, 비록 그들이 그 후 나아진 것이 어떤지는 아직 알 수 없다고 할지라도, 만일 잘 취하신다면 또한 마땅히 도움이 될 수 있을 것입니다. 그대는 이미 세상에 쓰여지지 않고 있으니, 단지 자기 분수상의 공부만 있을 뿐입니다. 만약 문호가 분명하고 단서가 정당하다는 것을 깨달아 실제로 기력을 쓴다면 마침내 하늘에서 내려 주신 떳떳한 본성의 중요함을 저버리지 않게 될 것입니다.

이 밖의 자질구레한 사소한 지식들은 바로 무게를 잴 필요도 없는 것입니다. 그대가 어디에 뜻을 두고 있는지 모르겠습니다.

辱書, 良以爲慰. 而反復來喩, 已得雅志之所存, 則區區所疑, 亦不敢隱也. 蓋嘗聞之孟子之言曰, 人之所以異於禽獸者幾希, 庶民去之, 君子存之. 此君子所爲而學也. 然欲存此, 則必有以識此之爲何物, 而後有以存之. 旣識之, 則所以存之者, 又必勉勉孜孜而不少懈焉, 然後乃

---

154) 허자춘 : 자는 경양(景陽)이다.

可幾也. 此君子之所以爲學者, 而終身勉焉, 唯恐一毫之不盡, 而不敢少貳其心者也. 今足下自謂學無本原, 心常駁雜, 豈亦自覺其未嘗用力於此而然耶? 此其自知亦明矣. 然又欲因其固有而循習之, 則亦可以殊塗而同歸, 則未知足下所謂固有者爲何物, 又如何而循習之? 與何者爲殊塗, 又同歸於何許也? 又謂雖舊習之未忘, 而未嘗爲學之累, 則又未知今之新者爲何學? 而昔之舊者, 若何而能不爲之累也? 凡此所云, 竊恐非獨熹之愚, 有所不解, 意者足下之心, 亦未必能別其孰爲同異, 而孰爲是非也. 足下幸試思之, 其然乎? 其不然乎? 如其果然, 則願姑以前者所引孟子之言爲主, 而博考古昔聖賢之遺訓以參驗之, 則夫人之所爲而學, 與其所以學者, 不待外求而得之於我. 向之所謂固有所謂同歸者, 始爲有以識之, 而知昔之舊者眞不足爲, 而果有累乎今日之新矣. 人之爲學, 必其有以先識乎此, 而知取舍之所定, 然後其功夫利病可得而言. 如其不然, 徒爲論說, 皆是空言, 無下落處, 無所補於事也. 景陽季章於此, 皆嘗有聞, 雖未知其後來所進如何, 然苟善取之, 亦當有以爲助矣. 吾人旣不見用於世, 只有自己分上一段功夫. 若見得門戶分明, 端緖正當, 實用得些子氣力, 乃可以不負降衷秉彝之重.

此外瑣瑣, 一知半解, 正不足爲重輕也. 不審明者亦有意乎?

🈯 "군자는 그것을 보존한다"는 것은 이 본연의 양심을 보존한다는 것일 뿐이니 맹자의 말을 중심으로 삼고 있으니 육자의 학문이다. 주자가 증무의에게 보낸 여러 서신들은 모두 심학으로 귀착하니 대개 만년에 주자의 견해는 실제로 육자와 같다.

君子存之, 存此本然之良心而已, 以孟子之言爲主, 陸子之學也. 朱子與無疑數書, 並歸到心學, 蓋晩年所見, 實與陸子同.

증무의에게 답하다[答曾無疑] 3[155]

보내주신 서신에서 말한 공부 방법은 진실로 그 핵심을 터득한 것입니다. 그러나 단지 이와 같이 하고 만다면『논어』는 다만 이 두 조목[156]만 남겨두고 그 나머지는 모두 삭제해야 합니다. 성인은 사람을 가르칠 때, 널리 배우고 깊이 질문하며 신중하게 생각하고 밝게 분별하여 독실하게 행동하라 했습니다. 크고 작은 이치와 정밀하고 거친 이치에 대해 강론하지 않은 바가 없은 뒤에야 가슴 속의 빛이 밝아져서 통하지 않는 바가 없게 되고 실천과 행실이 진실되지 않음이 없게 됩니다. 이와 같이 먼저 한계를 세우고 미리 혐의를 두어 스스로 장애가 되어서는 안 될 듯합니다.

示喩爲學之方, 固得其要. 然若只如此便了, 則論語只須存此兩條, 其餘皆可以削去矣. 聖人敎人, 博學審問謹思明辨而篤行之. 蓋於理之巨細精粗, 無所不講, 然後胸次光輝明徹, 無所不通, 踐履服行, 無非眞實. 似不當如此先立界限, 預設嫌疑以自障礙也.

증무의에게 답하다[答曾無疑] 4[157]

"성인이 기쁨과 분노의 감정으로 그 뜻을 움직인다"고 하는 것은 진실로 불가합니다. 그런데 만일 "전혀 움직이는 바가 없다"고 한다면 성인의 마음은 목석과 같아서 기쁨과 분노가 밖으로 드러나는 경우는 단

---

155) 『朱熹集』 권60-28, 1195(66세).
156) [箚疑] 무의가 거론한『論語』의 두 조목이다. 뒤의 서신으로 살펴보면, 유자(有子)
  의 효제(孝悌)와 증자(曾子)의 충서(忠恕)가 두 조목이다.
157) 『朱熹集』 권60-29, 1195(66세).

지 허위가 될 뿐입니다. 어찌 이런 이치가 있겠습니까? 이러한 곳에서
는 모름지기 존양하고 체험하여 스스로 이런 공부를 한다면 마땅히 스
스로 보게 될 것이니, 천박한 지식으로 단정 짓기 어려울 것입니다.

謂聖人以喜怒動其志, 固爲不可. 若謂都無所動, 則是聖人心如木石,
而喜怒之見於外者, 特爲僞耳. 豈有是理哉? 此等處須是存養體驗, 自
做得些工夫, 當自見之, 難以淺識懸斷也.

왕재신에게 답하다[答王才臣]158)

보내주신 서신이 자세하여 그대의 뜻을 두루 보았습니다. 다만 독서
하고 궁리하는 과정에서 터득한 것과 의심한 것에 대해 아직 가르침이
없었지만, 그대가 장점과 단점을 비교하는 것을 보면 남을 그르다 하고
자신을 옳다 하는 뜻이 실제로 많습니다. 만일 과연 의리의 귀착에 대
해 터득하였다면 아마도 다시는 이러한 병폐가 생기지는 않아야 할 것
입니다. 그대는 이 점에 대해 어떻게 생각하십니까? 진실로 취하는 바
가 있다면 이 점은 잠시 놓아두고 서로 의심하는 바를 진실로 강론하게
된다면 천만 다행이겠습니다. 증무의로부터 서신이 왔는데 그 핵심이
그대와 또한 서로 비슷하니, 이미 상세하게 답변하였습니다. 혹 한번 보
고서 한마디 말로 그 득실을 말해도 좋습니다. 육영(六詠)을 구하는 일은
감히 잊을 바가 아닙니다. 진실로 근년에 예학가의 글을 모아서 순서를
매기는데, 단서는 자못 많지만 쇠약하고 병든 나머지 정력이 소진해감
에 언급할 겨를이 없었으며, 또한 급한 일이 아니라고 생각했기에 감히
그 일을 적어 폐를 끼치지 않을 뿐입니다.

---

158) 『朱熹集』 권60-36, 1200(71세).

격재(格齋)라는 큰 글자는 매우 좋은 제목159)인데, 다만 그것을 채우는 것이 어떠한지 모르겠습니다. 글자를 베끼는 것은 어려운 일이 아닙니다. 마침 하루 이틀 추위가 심한데다 쇠약하고 병든 것으로 인해 가벼이 움직일 수 없습니다. 향후 날씨가 맑고 따뜻하면 시험삼아 해보고 보내드리겠습니다. 왕림하겠다는 뜻을 받들게 되어 더욱 저를 천하게 여기지 않는 후의를 입게 되니, 만일 만나서 대면하게 된다면 피차 술을 마시며 의심스런 바를 판결한다면 얼마나 다행이겠습니까? 조만간 바라건대 때에 맞게 전력하여 진실로 마음 쓰는 곳이 있게 해야 서로 합치는 날에 토론할 것이 있을 것입니다. 양자직[楊方]의 시는 매우 좋은데, 남용이란 시편은 더욱 남은 묘미가 있어서 그 뒤에 제사(題辭)를 적어160) 서신을 통해 다행히 알립니다.

來喩縷縷, 備見雅志. 然於讀書窮理, 所得所疑, 未有以見敎者, 而較短量長, 非人是己之意實多. 若果有得於義理之歸, 恐不應更有此病也. 明者思之, 以爲如何? 苟有取焉, 則願置此, 而姑相與實講所疑, 乃千萬之幸. 無疑書來, 其大指與左右亦相似, 已詳報之. 或因過目, 併以一言論其得失可也. 六詠之需, 非敢忘也. 實以年來纂次禮家文字, 頭項頗多, 衰病之餘, 精力向盡, 無暇可及, 亦覺未是急務, 故不敢以奉凂爾.

格齋大字, 此却好箇題目, 顧未知所以充之者如何? 寫字, 亦非所難. 適此兩日寒甚, 衰病拘攣, 不可輕動. 向後晴暖, 當試爲之, 以奉寄也. 承有枉顧之意, 尤荷不鄙. 若得會面, 彼此傾倒, 以判所疑, 何幸如之! 未間, 千萬及時專力, 使有箇端的用心處, 庶幾合幷之日, 有可討論也. 子直詩甚佳, 南容之篇, 尤有餘味, 已輒爲題其後, 因書幸以報之也.

---

159) 【箚疑】 격(格)이란 글자를 가리킨다.
　　　【問目】 이것은 격물(格物)이라고 할 때의 격(格)이다.
160) 『朱熹集』 권84−56 「跋楊子直賦王拒絶句」.

● 증무의가 학문을 배우고 『예서』를 모아 순서를 매긴 일은 모두
주자의 가장 만년 때이다. 그가 때에 맞게 전력하여 진실로 마음쓰는
곳이 있기를 바란 것은 모두 마음을 안으로 향하라는 말로서, 간이한
것을 추구하고 지리한 것을 멀리한 것이다.

　無疑從學, 及纂次禮書, 並是最晩年. 欲其及時專力, 有端的用心處,
皆近裏之言, 趨易簡而去支離也.

도주경161)에게 답하다[答度周卿]162)

　요즈음 근황은 어떻습니까? 독서하고 도를 탐구하는 일에 또한 자못
새로운 성과가 있는지요? 세월은 흘러가기 쉽고 의리는 밝히기 어렵습
니다. 다만 일상생활에서 때와 곳에 따라 이 마음을 일깨워 밖으로 나
가지 않게 해야 합니다. 그러는 가운데 일에 따라 이치를 보며 강구하
고 사색하여 반복하여 침잠한다면 성현의 가르침에 대해 점차 묵묵히
들어맞는 곳이 있을 것입니다. 그러면 자연히 천도와 성명이 진실로 이
몸 밖에 있지 않으며, 우리의 이른바 배움이란 이것을 버리고서 따로
힘쓸 곳이 없음을 깨달을 것입니다. 그대의 서신을 받고 붓 가는 대로
쓰니 저도 모르게 글이 길어졌는데, 절대 남에게 말하지 마십시오.

　比來爲況如何? 讀書探道, 亦頗有新功否耶? 歲月易得, 義理難明.
但於日用之間, 隨時隨處, 提撕此心, 勿令放逸, 而於其中, 隨事觀理,
講求思索, 沈潛反復, 庶於聖賢之敎, 漸有默相契處. 則自然見得天理
性命, 眞不外乎此身, 而吾之所謂學者, 舍是無有別用力處. 因書信筆,
不覺縷縷, 切勿爲外人道也.

---

161) 도정(度正) : 자는 주경(周卿), 또는 성선(性善). 합주(合州) 출신이다.
162) 『朱熹集』 권60－37, 1197(68세).

◉ 도주경은 당금 때에 처음으로 주자에게 와서 배웠으니, 『별집』의 유덕수에게 보내는 서신에 보인다.[163] 그런데 이 서신의 마지막 구절에서 "절대 남에게 말하지 마십시오"라고 부탁한 것 또한 위학(偽學)을 금할 때이니 주자의 가장 만년이다. 그러므로 "때에 따라 이 마음을 일깨우고 밖으로 나가지 않게 해야 합니다"라고 한 몇 마디 말은 방심(放心)을 구하는 데 주력하는 육자의 방법과 전적으로 합치한다.

周卿以黨禁時, 始來從學, 見別集與劉德修書. 而此書末句, 囑以勿爲外人道, 亦是僞學禁嚴時, 蓋朱子最晚年也. 而所論隨時提醒此心, 勿令放逸數語, 全與陸子專主求放心之法合.

서숭보[164]에게 답하다[答徐崇父][165]

일상생활의 공부는 우선 이렇게 비춰 보아서 끊어지지 않도록 해야 합니다. 그러기를 오래하여 푹 젖어들면 저절로 깨닫는 곳이 있게 되니, 또한 따로 목표를 세워 공부과정을 계획해서는 안 됩니다. 오만과 불경(敖惰)[166]의 설은 인용하신 것처럼 맹자가 "안석에 기대어 누은 것"[167]과 같은 것이니, 그것을 당연하다 여겼으면 이미 의미를 파악한 것인데 하필 그것이 본지가 아니라고 의심[168]하십니까? 맹자뿐만 아니라 공자

---

163) 『朱熹別集』 권1-30, 「劉德脩 11」.
164) 서교(徐僑) : 자는 숭부(崇父), 호는 의재(毅齋), 시호는 문청(文淸). 무주(婺州) 의오(義烏) 출신이다. 처음에는 여동래에게 수업을 받았다.
165) 『朱熹集』 권60-40, 1195(66세).
166) 『大學章句』 8장에 있는 말로서, 오만함에서 나온 불경(不敬)함을 말함.
　　[刊補] 숭보는 『大學』의 전(傳) 8장에 있는 오타(敖惰)에 대해 질문하였다.
167) 『孟子』 「公孫丑 下」에 나오는 구절로서, 맹자가 제나라를 떠날 때 이를 말리려는 사람을 상대하지 않고 안석에 기대어 누운 일을 말한다.
168) **[記疑]** 숭보는 안석에 기대어 누운 일에 대해 그럴 만하다고 여기고서 또 오타(敖惰)가 성인이 본래 가진 성품이 아니라고 의심하였으니, 이는 오만하고 불경해야 하면 오만하고 불경한 것이 당연한 본성이라는 것을 알지 못한 것이다.

가 "비파를 가져다 노래 부르신 것"169)과 같은 것도 또한 이러한 종류입니다. 다만 『대학』의 뜻은 사람이 이 점에 대해 한결같이 치우치면서도 비춰보지 않는 것을 걱정한 것입니다. 지금은 마땅히 이 중요한 곳을 간파하고 올바른 뜻170)을 알아 그것을 수용하고 성찰해야지, 쓸데없는 곳을 향해 사색을 낭비할 필요가 없습니다. 자안(子顔)이 때때로 왕래하니 매우 좋습니다. 재경이 의탁한 집을 얻은 것은 매우 잘된 일입니다. 그 사람은 뜻을 세워 움직이면 도리를 간파하는 것이 또한 자세하니 조용히 강론하는 것이 매우 좋습니다.

日用功夫, 且得如此照管, 莫令間斷. 久之浹洽, 自有見處, 亦不須別立標的, 便計工程也. 敎惰之說, 如所引孟子隱几而臥, 而以爲當然, 則已得之矣, 何必疑其非本旨耶? 不但孟子如孔子取瑟而歌, 亦是此類. 但大學之意, 却是恐人於此一向偏却, 更不照管. 今當看此重處, 識取正意, 受用省察, 不必向閒慢處枉費思索也. 子顔時時往來, 甚佳. 才卿得託門館, 甚善. 其人有立作, 看得道理亦子細, 儘好從容講論也.

❀ 서문청은 순희 14년(1187)에 진사로 천거되었으니 주자는 이때 이미 58세였다. 또한 관직을 제수받은 뒤 수업하였으니 반드시 60세 이상이다. 그러므로 문청에게 가르치는 내용에서 "따로 목표를 세워서는 안 된다"고 하고 또한 독서할 때 "마땅히 이 중요한 점을 간파하고 올바른 뜻을 알아 그것을 수용하고 성찰해야 한다"고 한 것은 모두 육자와 부합한다.

徐文淸擧淳熙十四年進士, 朱子時已年五十八. 又除官而後受業, 必在六十歲以上. 而所以敎文淸者, 謂不須別立標準, 又謂讀書當看此重處, 識取正意, 受用省察, 並與陸子合.

---

169) 『論語』 「양화」에 나오는 얘기로서, 공자가 배알하기를 청한 유비(孺悲)에게 병들었다고 거절한 뒤 그 사람이 가기도 전에 비파를 가져다 노래 부른 것을 말한다.
170) 【箚疑】 오만하고 불경해야 하면 오만하고 불경한 올바른 뜻을 말한다.

권7

반자선[1]에게 답하다[答潘子善] 3[2]

"먼저 표준을 세우는 것을 삼가라"는 것은 맹자께서 말씀하신 "미리 효과를 기대하지 말라"[3]는 것과 같은 것입니다. 배우는 자들은 진실로 성인을 표준으로 삼아야 하겠지만 어떻게 매일 성인과 견주며 자신의 수준을 헤아릴 수 있겠습니까? 안자의 위연한 탄식을 보면 높고 견고하며 우러러보고 황홀한 경지[4]를 공부하려 한 것이 아니라 도리어 박문약례하는 공부로 나아가고 있다는 것을 알 수 있습니다.

---

1) 반시거(潘時擧) : 자는 자선(子善). 태주(台州) 천태현(天台縣) 출신이다. 1193년부터 주희에게 배웠다.
2) 『朱熹集』 권60-44, 1195(66세).
3) 『孟子』「公孫丑 上」 2장. "必有事焉而勿正, 心勿忘, 勿助長也."
4) 『論語』「子罕」.

忌先立標準, 如孟子所謂勿正者. 學者固當以聖人爲標準, 然豈可日日比並而較量之乎? 觀顏子喟然之嘆, 不於堅高瞻忽處用功, 却就博文約禮進步則可見矣.

● "먼저 표준을 세우는 것을 삼가라"는 것은 육자가 "먼저 정본을 세워서는 안 된다"라고 말한 것과 같다. 주자는 여기에 이르러서야 비로소 육자의 설을 따른 것이다. 자선에게 답하는 두 번째 서신에서는 자신이 늙었음을 언급하고 있으니, 이 세 번째 서신은 당연히 시기적으로 더 나중에 있었다.

忌先立標準, 卽陸子所謂不可先立定本也. 朱子至是始從其說. 答子善第二書, 卽及告老, 此第三, 當更在後.

반자선에게 답하다[答潘子善] 5⁵⁾

학문하는 취지에 대해 논의하신 것이 매우 좋습니다. 하지만 오로지 정좌에만 힘쓰려 한다면 그 쪽으로만 치우치지 않을까 걱정이 되니, 단지 이 마음을 비워서 동하든 정하든지 간에 때와 장소에 상관없이 삼가고 두려워하는 노력을 다하지 않음이 없으면 자연히 주재하는 것이 분명해지고 의리가 밝게 드러날 것입니다. 그러나 '계근공구'라는 네 글자에만 집착한다면 이미 무겁게 자신을 억누르고 있는 것입니다. 요컨대 단지 자연스럽게⁶⁾ 일깨워서 스스로를 깨어있게 하는 것이 바로 공부입니다. 보내주신 몇 조목에 대해서는 지금 각각 답을 드렸으니 더욱 상세하게 되었을 것입니다. 논의하신 『맹자』와 『대학』의 '정심'에 대해서 양경중이 어떻게 말했는지 모르겠으니, (어떻게 해서 두 설⁷⁾이 서로 비슷한지

---

5) 『朱熹集』 권60-46, 1197(68세).
6) 【箚疑】 '가볍게'라는 뜻이다.

요? 어떻게 해서 이 네 가지[8] 감정이 있으면 마음이 바르게 되지 않는지요?) 다시 물어봐야 합니다. 반드시 그의 설[9]을 다 말씀하셔야 비로소 판단할 수 있으니 다시는 자기 생각에 따라 남의 말을 억측해서는 안 됩니다.

주순인(純仁)은 매우 염려됩니다.[10] 여기서는 채계통이 멀리 귀양가서 마음이 안 좋은데다가 갑자기 그 소식을 들으니 그 화가 채계통에 대한 것보다 더 심하여 사람으로 하여금 잊을 수 없게 합니다. 그리고 이곳에서는 근래 새 학교를 바꿔서 다시 승방을 만들고 성현의 진흙상[11]을 부수고 대들보를 끊어버리니 제 마음을 아프게 합니다. 저 성현도 이런 재앙이 닥치는 때를 만나는 것을 면하지 못하는데 하물며 우리들 같은 경우야 어찌 말할 것이 있겠습니까!

봄날 정사에는 그래도 몇몇의 벗이 있었지만 근래에는 대부분 흩어져서 겨우 한 두 명만 남았으나 학업에 정진할 만한 자는 있지 않고, 또한 나이 많은 사람 중에서 저들을 이끌어 줄 사람이 없기 때문에 공부가 자못 순서가 없으니 여러 벗들이 동숙중(董叔重)을 매우 그리워하고 있습니다.

所論爲學之意, 甚善. 然欲專務靜坐, 又恐墮落那一邊去, 只是虛著此心, 隨動隨靜, 無時無處, 不致其戒謹恐懼之力, 則自然主宰分明, 義理昭著矣. 然著箇戒謹恐懼四字, 已是壓得重了. 要之, 只是略綽提撕, 令自省覺, 便是工夫也. 所示數條, 今各奉答, 可更詳之. 所論孟子大學說正心處, 不知敬仲如何說, (如何是二說相似處? 如何是有此四者, 心便不正.) 可更扣之. 須盡彼說, 方可判斷, 未可更以己意障斷他人話頭.

純仁可念, 此間方爲季通遠謫作惡, 忽又聞此, 其禍乃更甚於季通, 使人不能忘懷. 然此中近日改移新學, 復爲僧坊, 塑象摧毀, 要脊斷折,

---

7) [箚疑]『孟子』와『大學』에서 '정심'에 대해 말한 것이다.
8) [箚疑] 이것은『大學』正心장에 있는 네 가지이다.
9) [記疑] 경중(敬仲)의 설을 의미한다.
10) [記疑] 주순인도 귀양 가 있었기 때문에 염려한 것이다.
11) [翼增] 진흙을 이겨 상을 만들고 역대의 성현을 존경하고 제사지내는 것을 말한다.

令人痛心. 彼聖賢者, 尤不免遭此厄會, 況如我輩, 何足道哉!

精舍春間有朋友數人, 近多散去, 僅存一二, 未有精進可望者, 亦緣無長上在彼倡率, 功夫殊無次第, 諸友頗思董叔重也.

🪷 이 서신의 후반부에서 채계통이 변방으로 유배간 것을 언급하고 있는 것으로 보아 아마도 주자의 가장 만년 때일 것이다. 그러나 "일깨우는 것"과 "깨어있게 하는 것"을 공부로 논의한 것은 장구의 논의를 따라가지 못한다. 육자가 제갈성지(諸葛誠之)에게 보내는 서신에서는 다음과 같이 말하고 있다. "옛 사람들은 스스로 자만하지 않고 자기를 이겨 경계하고 삼갔으니, 보이지 않는 곳에서 삼가고 들리지 않는 곳에서 두려워해서 선을 택해 이익을 구하기를 마치 미치지 못하는 것처럼 하는 것이 곧 실천하는 일상적 방법이다. 진실로 그와 같아야 질곡과 함정으로 나아가는 것이 아니지 않는가? 『중용』에서는 '들리지 않는 곳에서 두려워한다'는 것을 말했고 『대학』에서는 '두려워하는 것이 있으면 그 마음이 바르게 될 수 없다'고 말했으니 이것을 분별해야 한다."12) "마음을 보존하는 곳"을 말한 것은 곧 실천[踐履]하는 것인데, 이 서신을 보면 친절하다는 것을 알 수 있으니 단지 여유롭게 이끌어 주는 것만이 아니다. 그리고 "반성하여 깨닫는 것이 공부이다"라고 말한 경우 큰 핵심은 이미 서로 부합된다.

此書後半語及季通謫戍, 蓋朱子最晚年也. 然所論以提撕省覺爲工夫, 不及於章句. 陸子與諸葛誠之書云古人不自滿假, 克自抑畏, 戒謹不覩, 恐懼不聞, 取善求益, 如恐不及者, 乃其踐履之常也. 誠若此者, 非如桎梏陷阱然也? 中庸言恐懼乎其所不聞, 而大學言有所恐懼, 則不得其正, 此其辨也. 說存心處卽是踐履, 視此書更覺親切, 亦不但畧綽提撕已也. 然謂省覺便是工夫, 則大指固已相合.

---

12) 『陸九淵集』 권4 「與諸葛誠之」.

반자선에게 답하다[答潘子善] 6[13]

학문하는 공부에 대해 말씀하신 것이 또한 매우 타당하고 치밀해서 매우 기쁘지만 더욱 노력하기를 바랍니다. 양경중(楊敬仲)은 그 사람됨이 대범하고 담박하며 성실하니 당연히 아끼고 공경할 만하지만, 그의 주장과 생각이 우리와는 별개입니다.[14] 또 자신에 대한 믿음이 이미 독실하여 다시 함께 변론할 수는 없으니, 굳이 두려워 할 필요는 없습니다.

所論爲學工夫, 亦甚穩密, 尤以爲喜, 更切勉力, 乃所望也. 楊敬仲其人簡淡誠慤, 自可愛敬, 而其論議見識, 自是一般. 又自信已篤, 不可復與辨論, 正不必徒爲嘵嘵也.

⊛ 양경중의 주장에는 지나치게 고원한 잘못이 있지만 주자는 그 사람을 "자연스레 아끼고 공경할 만하다"라고 했는데, 저 진건의 무리들은 하나도 아는 것이 없으면서 곧 감히 방자하게 거리끼는 것이 없으니 왜 그러한가?

敬仲議論, 有失之過高者, 然朱子謂其人自可愛敬, 彼陳建輩一無所知, 乃敢肆無忌憚, 何耶?

반자선에게 답하다[答潘子善] 9[15]

보내주신 서신에서 말한 주일(主一) 공부는 매우 훌륭하지만 더욱 노력하시기를 바랍니다. 『서설』에 대해서는 지금 답신을 드리도록 하겠습

---

13) 『朱熹集』 권60-47, 1197(68세).
14) [記疑] 우리 학문이 아니라는 것을 의미한다.
15) 『朱熹集』 권60-50, 1198(69세).

니다. 작년에 팔월에 책을 이미 황암(黃巖)16)에게 부쳤는데 무슨 이유로 도착하지 않았는지 모르겠습니다. 그러나 그대가 본 것이 모두 거칠고 얕아 보이니, 다시 장차 그 사이의 수많은 의미를 깊이 사유해야 비로소 도움이 될 수 있을 것입니다.

『의례』를 배우려는 뜻은 매우 좋습니다. 하지만 그 일은 두서가 자못 많으니, 힘이 부쳐 모든 내용을 망라하지 못할까 염려됩니다. 지금은 우선 『시경』을 읽다가 훗날 편찬한 책17)이 완성된 뒤에 배워도 늦지 않을 것입니다. 책을 비록 다 읽었다고 해도18) 다시 복습해야 하니, 『대학』, 『논어』, 『맹자』, 『중용』과 같은 책은 반드시 복습하는 것을 쉬지 않고 되풀이해서 무르익도록 해야 좋을 것입니다. 『춘추』라는 경전은 이전에는 감히 쉽사리 배우는 사람들에게 읽도록 할 수 없었는데, 지금 또한 점차 『춘추』와 세 주석서(삼전)를 읽으면서도 우선 역사책을 보는 공부에 직면해서는 당장 좋고 나쁨의 도리를 천착해서 말할 필요는 없으니 오랫동안 각별히 생각한다면 역시 똑같은 일이 될 것입니다. 『의례』의 「공식례」를 지금 아직 부치지 못했지만 이미 공숙(公叔)19)과 치도(致道)에게는 뜻하는 바를 알렸습니다. 여자약이 죽어 마음이 매우 애통한데 지금 채계통도 유배지에서 죽었으니 매우 안타깝기만 하니, 눈앞에 대화할 사람이 없음을 느끼게 됩니다.

所喻主一功夫, 甚善, 千萬更加勉力爲佳. 書說今宜報去. 去歲卷子, 八月間已寄往黃巖矣, 不知何故未到. 然大抵看得似皆疎淺, 更且玩索其間曲折意味, 方有得力處也.

學禮之意, 甚善. 然此事頭緖頗多, 恐精力短, 包羅不得. 今可且讀詩,

---

16) 지명임. 지금의 강서성 구강시(九江市)이다.
17) [記疑] 『儀禮通解』를 가리킨다.
18) [記疑]에서는 책을 읽는 상황을 포괄적으로 말한 것으로 이해하고 있는 반면 [翼增]에서는 『상서』라고 직접적으로 언급하고 있다.
19) 오송년(吳松年) : 자는 공숙(公叔)이다.

俟他日所編書成, 學之未晩. 書雖讀了, 亦更宜溫習, 如大學語孟中庸, 則
須循環不住溫習, 令其爛熟爲佳. 春秋一經, 從前不敢容易令學者看, 今
恐亦可漸讀正經及三傳, 且當看史功夫, 未要便穿鑿說褒貶道理, 久之却
別商量, 亦是一事也. 公食禮至今未寄來, 已報公叔致道趣之矣. 子約之
亡, 深可傷痛, 此間蔡季通亦死貶所, 尤可惜, 目前便覺無人說得話也.

🔵 여자약과 채계통이 죽은 때는 주자 나이 이미 칠십 세였다. 이 서
신에서는 '주일'공부를 중시하였고, 또 『의례』를 공부하는 데는 두서가
많으니 갑자기 공부를 해서는 안 된다고 말하고 있는 것은 모두 '지리'
함을 버리고 '이간'하는 데로 나아가는 것이다. 또 『춘추』를 공부할 때
는 도리에 천착해서 설명할 필요가 없다고 했으니 또한 이전에 전적으
로 훈고에 치중했던 견해와는 같지 않다.

呂蔡之卒, 朱子年已七十. 此書重主一功夫, 又謂學禮頭緒多, 不令
遽學, 皆去支離而趨易簡. 又謂學春秋未要穿鑿說道理, 亦與從前專事
訓詁之見不同.

임덕구[20]에게 답하다[答林德久] 2[21]

수렴에 대한 가르침에서 도를 굳세게 믿고 있음을 알 수 있습니다만
박문(博文)과 약례(約禮)가 상호 밑거름이 되어야 진보할 수 있는 법입니
다. 독서법은 또 반드시 전일해야 하니, 오래되면 자연히 효과를 볼 것
입니다. 세월을 보내는 것으로는 빠른 효과를 기대하기 어렵습니다.

『대학』은 돌아온 뒤에[22] 정리할 겨를이 없었습니다. 논저 등의 일은

---

20) 임지(林至): 자는 덕구(德久)이며, 가흥부(嘉興府) 화정현(華亭縣) 출신이다. 비서랑
(秘書郎)을 지냈다.
21) 『朱熹集』 권61-2, 1194(65세).

대부분 붕우들이 변론하면서 서로 힘써 연마하다 보면 설명이 세밀하게 되는 것입니다. 그런데 지금 아무런 일이 없을 때에 스스로 글을 쓴 것 중에는 도리어 제대로 이치를 탐구하지 못한 곳이 있어서, 여가가 있을 때 시험삼아 추기를 만들었습니다.

전에 논했던 것을 기록하여 인편을 통해 보여주신다면 곧 정리하는 데 이용할 수 있을 것입니다. 지난번 옥산의 학교에 있을 때 여러 사람들과 말했던 내용을 사마재(司馬宰)가 사람을 시켜서 적어왔습니다. 당시에는 격렬하게 토론할 사람이 없어서 말이 시원스럽지 못했는데, 돌아와서 우연히 붕우 한 사람과 말을 하다가 그가 깨우치지 못한 것에 의거해서 반복하여 일깨워주게 되자 마침내 말을 상세하게 다 할 수 있게 되었습니다. 그래서 두 차례에 걸쳐 말한 것까지 기록하여 알려 드리는 것이니, 한 번 가져다가 보시면 혹 사색하는 데 도움이 될 것입니다.

收斂之喩, 足見信道之勇, 然須博約相資, 方有進步處. 而讀書之法, 又只是要專一, 久自見功. 難以歲月期速效也.

大學, 歸來不暇整理. 蓋此等多因朋友辨論間彼此切磨, 說得細密. 今無事時, 自作文字, 却有搜索不到處, 因暇試爲追記.

前日所論, 便中示及, 或便可用也. 昨在玉山學中, 與諸生說話, 司馬宰令人錄來, 當時無人劇論, 說得不痛快. 歸來偶與一朋友說, 因其未喩, 反復曉譬, 却說得詳盡. 因幷兩次所言, 錄以報之. 試取一觀, 或有助於思索也.

⬤ 「옥산강의」는 소희 5년(1194) 때 쓴 것이니, 이때 주자 나이는 65세였다. 이 서신의 머리말은 "수렴(收斂)"의 설을 취하고 있는데 곧 "방심(放心)을 구한다"는 것이다. 또 "독서할 때 전일함을 귀하게 여기니, 오

---

22) 【節補】 1194년에 파직되어 돌아온 때를 가리킨다.

래되면 자연히 효과를 볼 것이다”라고 한 것은 육자가 주제도[23)]에게 독서를 가르칠 때 “억지로 탐색해서는 안 되니, 오래되면 자연히 통하게 된다”[24)]고 말한 뜻과 바로 같은 것이다.

玉山講義在紹熙五年作, 朱子時年六十五歲. 此書首取收斂之說, 卽所謂求放心也. 又謂讀書貴專, 久自見功, 與陸子敎朱濟道讀書謂不可强探力索, 久之自通意正相同.

임덕구에게 답하다[答林德久] 3[25)]

「전기(殿記)」[26)]의 경우 바로 병 때문에 생각이 어둡고 막혀서 제대로 밝힐 수 없었던 것이 부끄럽습니다. 사원의 서신이 왔는데, 한두 가지 의심나는 곳에 대해서는 이미 답신을 보냈습니다. 아마 다시 온당하지 못한 곳이 있다면 거듭 생각해서 돌에 새기지 않아야 할 것입니다. 팽귀년(彭龜年)에게 보낸 서신에 대해 유념해주셔서 고맙습니다. 그 분이 떠난 것은 매우 애석합니다.[27)] 지금 조정 밖은 그래도 여러 사람들이 서로 도와 그다지 잘못된 일은 없지만, 조정의 방책에 대해 외부에서는 그 깊이를 알 길이 없다보니 저를 근심스럽게 합니다.

말씀하신 일상생활의 공부는 저의 기대에 매우 위로가 됩니다. 다만 “한 번 힘을 기울이면 곧 일이 많아짐을 느낀다”고 했는데 그 말은 옳지 않은 듯합니다. 이 마음을 잡아 보존함과 놓아 잃는 것은 순식간에 일어

---

23) 주부(朱桴): 자는 제도(濟道)이고, 강서 금계(金谿) 출신이다.
24) 『陸九淵集』 권11 「與朱濟道」. 원문에는 “久當自通”라고 되어 있다.
25) 『朱熹集』 권61－3, 1194(65세).
26) 【箚疑】「信州學大成殿記」를 가리킨다.
27) 【箚補】『宋史』에 의하면 1194년 12월에 이부시랑(吏部侍郎) 팽귀년(彭龜年)이 상소하여 한탁주(韓侂胄)의 죄를 논했다가 파직되어 강릉부지사(江陵府知事)로 떠났다고 하였다.

나는 것이어서 본래 대단히 힘을 쓸 필요가 없습니다. 그러나 또 힘을 쓰지 않아서도 안 되니, 이런 식으로 오래하다 보면 자연히 효과를 볼 것입니다. 만약 그대의 말씀대로라면 오래지 않아 틀림없이 별도로 지름길을 구하려고 하지는 않을까 염려가 됩니다. 이치를 궁구하는 것도 다른 방법이 있는 것이 아닙니다. 다만 일상생활 중에 글을 읽고 일을 응접하는 곳에서 매사를 이해하는 것이 바로 그것이니, 비록 큰 이익은 없는 것 같지만 또한 축적하여 오래한 뒤에는 자기도 모르게 거기에 푹 젖어 통하게 될 것이니, 빨리하고자 해서는 되는 일이 아닙니다.

殿記正以病思昏塞, 不能有所發明爲愧. 斯遠書來, 疑一兩處, 已報之矣. 恐更有未安, 且更商量, 未可便入石也. 彭書荷留意, 此公之去, 深爲可惜. 今外廷尙得諸人扶持, 未至甚有過事, 但本根之慮, 外間無由知其深淺, 令人憂歎耳.

所喩日用功夫, 甚慰所望. 但云一著力, 便覺多事, 此恐未然. 此心操舍存亡只在瞬息間, 本不須大段著力. 然又不可不著力, 如此久之, 自然見效. 若如此論, 竊恐非晩定, 須別求捷徑矣. 窮理亦無它法. 只日間讀書應事處, 每事理會便是, 雖若無大頭段增益, 然亦只是積累久後, 不覺自浹洽貫通, 正欲速不得也.

❀ "팽공이 떠났다"고 할 때 팽공은 귀년을 가리키며, 대개 경원 원년(1195), 주자 나이 66세 때의 일이다. 존심(存心)의 논의는 친절하며 궁리(窮理)도 사태를 만나서 이해하는 것으로 말하고 있으니, 육자가 말한 "사람의 실정과 사태의 추세에서 공부하라"는 뜻과 서로 부합되어서 이전에 전적으로 서책에 의지해야 한다는 견해와는 다른 것이다.

彭之去, 指龜年, 蓋慶元元年, 朱子年六十六歲時也. 存心之論親切, 窮理就遇事理會言, 亦與陸子所謂人情事勢上用功意相合, 與從前專倚書冊之見不同.

임덕구에게 답하다[答林德久] 5[28]

새 집이 완성되기는 했지만 대나무가 아직 무성하지 못하여 배우는 자들이 머무는 데 불편함이 많습니다. 그러나 올해는 바로 과거시험이 있는 해라서 찾아오는 사람도 적을 뿐만 아니라 병중이라 무기력해서 사람들과 적극적으로 토론하지 못하니, 찾아주신다는 뜻을 어길 수 밖에 없다고 깊이 느낍니다.

의심스러운 부분을 물은 두 별지에 대해서는 각각 이미 답변을 드렸습니다. 귀신에 대한 설명의 경우 이처럼 성현들의 여러 설명들을 깊이 음미하시기를 오래하면 저절로 분명해질 것이니, 천착해서 억지로 견해를 만드실 필요는 없을 것 같습니다. 경을 지킨다고 한 것은 진실로 말씀하신대로니, 그것이 가장 긴요하고 절실한 곳입니다. 큰 병을 앓고 난 뒤에 또 눈마저 어두워 독서하지 못하고 우두커니 종일토록 앉아 있었는데, 이것에 매우 맛이 있었습니다. 경계에 관한 설에서 또한 오행[29]이 본성 가운데에서 각기 체단(體段)을 갖는다는 것을 알아 뒤섞이지 않게 분변해야지, 감응하기 전에 전혀 분별이 없다가 사물에 감응한 뒤에야 분별이 있다고 말해서는 안 됩니다. 이천선생이 "텅비고 넓은 아무런 조짐이 없다"[30]고 한 단락을 보면 알 수 있을 것입니다.

왕덕수(王德脩)[31]가 죽은 것은 매우 아까운 일입니다. 비록 그가 강론한 것이 아직 정미하지 않다고 할지라도 그는 소박하고 성실한 사람이어서 지금은 이런 사람을 얻기가 어렵습니다.

---

28) 『朱熹集』 권61-5.
29) 「玉山講義」에 근거해 볼 때, 여기서의 오행은 인(仁)·의(義)·예(禮)·지(智)·신(信)을 말한다.
30) 『二程遺書』 권15-78. "沖漠無朕萬象森我已貝"에서 모든 이치가 미발에 갖추어져 있다는 뜻이다.
31) 왕시민(王時敏)을 말하는데, 신주(信州) 상요현(上饒縣) 출신이다.

新齋雖就, 而竹木未成陰, 學者居之多不安. 然今歲適有科擧之累, 來者亦無多人, 又病中無氣力, 不能與人劇論, 甚覺負其來意也.

疑義兩紙, 各已奉報. 鬼神之說, 只且如此涵泳聖賢諸說, 久自分明, 不必穿鑿彊作見解也. 持敬之云, 誠如所喩, 此是最緊切處. 大病之餘, 又苦目昏, 讀書不得, 兀坐終日, 於此甚有味也. 界限之說, 亦是要見得 五行之在性中, 各有體段, 要得分辨不雜, 不可說未感時都無分別, 感 物後方有分別也. 觀程先生沖漠無朕一段可見矣.

德脩王丈逝去, 甚可惜. 雖其所講未甚精到, 然朴厚誠實, 今亦難得 此等人也.

🦏 "새 집"은 죽림정사를 가리킨다. "여러 설명들을 깊이 음미하시기 를 오래하면 저절로 분명해진다"는 것은 육자가 독서에 대해 "여유롭게 읊조려서 그것을 젖어들게 한다면 지금까지의 의혹된 곳은 저절로 얼 음이 녹아 흩어지듯이 할 것이다"32)라는 뜻과 정확히 같은 것이다. "독 서하지 못하고 우두커니 앉아 있었는데, 맛이 있었다"는 것은 주자가 "방심(放心)을 구하는 것"을 학문으로 여긴 것이다.

新齋, 指竹林精舍也. 涵泳諸說, 久自分明, 與陸子論讀書謂優游諷 詠, 使之浹洽, 則向來疑惑處, 自當渙然氷釋意正相同. 讀書不得, 兀坐 有味, 卽以求放心爲學問也.

임덕구에게 답하다[答林德久] 6³³⁾

보여주신 의의(疑義)에 대해서는 각각 그 뒤에 저의 말을 붙여놓았습 니다. 요즘 지난날에 강론했던 것들이 본원의 공부가 매우 부족하다고

---

32) 『陸九淵集』 권11 「與朱濟道」.
33) 『朱熹集』 권61-6, 1195(66세).

느끼고 있습니다. 그 사이에 복주의 학관을 위해 기문을 하나 지었는데, 이런 뜻을 드러냈습니다. 베껴서 부치려고 했으나 사원[徐文卿]을 통해 집에서 온 서신을 빨리 부치고자 해서, 아직 하지 못하고 뒤의 인편을 기다리고 있습니다.

『중용장구』는 이미 판각하였으나 아직 한두 곳을 고쳐야 합니다.『혹문』은 아직 마치지 못했기 때문에 아직 공표하고 싶지 않아 한두 달을 기다려야 될 것 같습니다. 대저 날마다 응접하는 일에 시달려 공부를 전일하게 하지 못했는데 지금 또 눈마저 어두워 더욱 정력을 소모하고 있습니다. 하늘의 뜻은 무엇인지 모르겠습니다. 한쪽 눈만 남겨두어 작은 문자라도 마무리해서 후세에 남겨주도록 했으니, 이것도 하나의 일일 것입니다. 지금 왼쪽 눈은 이미 치료할 수 없게 되었고, 점차로 오른쪽 눈까지도 영향이 미칩니다.

所示疑義, 各附鄙說於其後. 近覺向來所論, 於本原上甚欠工夫. 間爲福州學官作一記, 發此意. 欲寫奉寄, 以斯遠亟欲附家報, 未能辦, 俟後便也.

中庸章句已刻成, 尙欲脩一兩處. 以或問未罷, 亦未欲出, 次第更一兩月可了. 大抵日困應接, 不得專一工夫, 今又目盲, 尤費力爾. 不知天意如何? 且留得一隻眼, 了些文字, 以遺後來, 亦是一事. 今左目已不可治, 而又頗侵右目矣.

⬤ "복주의 학관을 위해 기문을 하나 지었다"는 것은 「복주주학경사각기」를 말한다. 기문은 소희 4년(1193), 주자 나이 64세 때 쓰인 것이다. 그 설명은 육자의 논의와 전적으로 부합된다. 믿을만하구나! 만년의 정론의 훌륭함이여! 기문은 뒤에 보인다.[34]

---

34) 이 책 권8 「복주주학경사기」를 참조하기 바람.

임덕구의 질문 : 이천선생은 "마음은 천덕(天德)을 갖추고 있지만 마음에 다하지 못한 곳이 있다면 곧 천덕도 다하지 못한 곳이 있게 되니, 무엇으로 성(性)과 천(天)을 알 수 있겠는가?"[35]라고 했는데, 선생님의 「진심(盡心)」 제1장은 "성을 안 연후에 마음을 다할 수 있다"고 하였으니, 여러 선생들의 논의와 다른 것 같습니다.[36] 가령 맹자가 사람들을 가르칠 때 모두 마음에서 공부하라고 했는데, 먼저 성(性)을 아는 것으로부터 시작한다면 마땅히 어느 곳에서 실제로 공부해야 하는지 모르겠습니다. 감히 가르침을 알려주십시오.

대답 : 문장의 흐름으로 보면 "마음을 다한 자는 그 성(性)을 안다"라는 말은 사람들이 그 마음을 다할 수 있었던 까닭은 그들이 자신의 성(性)을 알았기 때문임을 말하고 있습니다. 대개 "마음을 다한다[盡心]"는 것과 "마음을 보존한다[存心]"는 것은 다른 것입니다. 존심(存心)은 잡아 보존해서[37] 잃어버린 것을 구하는 일이니 배우는 자가 처음에 힘을 써야할 곳입니다. 진심(盡心)은 완전히 이치를 궁구해서 환히 관통한 것을 말하는 것입니다. 이른바 "성을 안다[知性]"는 것은 이치를 궁구하는 일입니다. 모름지기 이치를 궁구해야 비로소 성(性)을 알 수 있습니다. 성(性)을 다하게 되면, 그 마음을 다할 수 있는 것입니다.

爲福州學官作一記, 蓋福州州學經史閣記也. 記作於紹熙四年, 朱子年六十四. 其說與陸子之論全相合. 信乎, 晚年定論之善也! 記文見後.

德久問云, 伊川曰, 心具天德, 心有不盡處, 便是天德處未能盡, 何緣知性知天? 而先生盡心第一章, 以謂知性而後能盡心, 與諸先生議論不同. 如孟子教人, 皆從心上用功, 不知先自知性始, 當從何處實下工夫? 敢告指教.

---

35) 『二程遺書』 권5-27.
36) 맹자는 진심→진성이라면, 주자는 진성→진심을 주장한다.
37) '마음을 잡으면 보존된다'는 취지를 지닌 '조즉존(操卽存)'의 공부를 가리킨다.

答云, 以文勢觀之, 盡其心者, 知其性也, 言人之所以能盡其心者, 以其知其性故也. 蓋盡心與存心不同. 存心, 卽操存求放之事, 是學者初用力處. 盡心, 則窮理之至, 廓然貫通之謂. 所謂知性, 卽窮理之事也. 須是窮理方能知性. 性之盡, 則能盡其心矣.

🈺 『대전집』이 싣고 있는 임덕구에게 보내는 네 번째와 다섯 번째 서신은 모두 "새 집과 대나무"를 언급하고 있으니 아마도 주자가 문인들과 죽림정사에서 강학할 때, 즉 주자 나이 69세(1198)에 쓰인 것 같다. 이 여섯 번째 서신은 존심(存心)을 "배우는 자가 처음에 힘을 써야할 곳"이라고 여기고 있으니 양명선생의 이해와 같지만38) 지금의 『집주』와는 다른 것이다. 그런즉 『집주』의 정본에는 진실로 아직 개정하지 못한 것이 있다.39) 임덕구에게 보내는 여덟 번째 서신은 경원당금(慶元黨禁)의 일을 말하고 있으니 확실히 주자 만년의 말이라고 할 수 있다.

大全集所載, 與林德久第四第五書, 俱及新齋竹木, 蓋與門人講學竹林精舍時, 朱子年六十九矣. 此第六書也, 然以存心爲學者初用力處, 與陽明先生之解同, 而與今集註異. 則集註定本, 固有未及改正者也. 其與德久第八書, 卽說到黨禁事, 蓋確爲晚年之語.

임덕구에게 답하다[答林德久] 740)

별지에서 경(敬)이 곧 인(仁)을 구하는 요체라고 논하신 것은 매우 좋

---

38) 『傳習錄』192.
39) 『孟子集註』에서는 지성(知性)을 물격(物格) 진실(盡心)을 지지(知至)로 보고 있다. 이는 지성→진심의 순서를 인정하는 것이다. 이불이 잘못 본 것이다.
40) 『朱熹集』권61−7, 1196(67세).

습니다. 이른바 마음에 사욕이 없는 것이 곧 인의 전체라고 한 것도 옳은 말씀입니다. 반드시 이것을 알아서 본래의 생의(生意)와 화락하고 활발한 기상이 있어야만 비로소 얻었다고 할 수 있습니다. 안자가 그 즐거움을 고치지 않은 것은 바로 공부가 지극하게 되고 난 뒤에 자연히 즐거운 곳이 있어서 빈부나 귀천과 전혀 상관되지 않았기 때문이니, 당연히 그 즐거움을 고칠 수가 없었습니다. 어진 사람은 장수하고 지혜로운 사람은 즐거워하는 것도 공부가 그 정도에 이르면 자연히 그런 효험이 있는 것입니다. 보내주신 서신의 내용에 큰 문제는 없지만 말뜻이 마침내 구체적이거나 생동감이 없으니, 더 함양하고 탐구하여 다시 인(仁)과 지(智)의 실제적인 부분에서 공부하기를 오래하면 저절로 알 수 있을 것입니다. 『유실소문』의 경우 아직 전체 책을 보지는 못했지만 아마도 진장방(陳長方)[41]이 기록한 것일 것입니다. 이런 것에는 또 『진택기선록』[42]이란 것이 있으니 곧 회군(淮郡)에서 간행한 판본입니다. 생각건대 이미 그것을 가지고 있었던 것 같은데, 그 안의 논의는 의심할 만한 부분이 또한 많았습니다.

　別紙所論敬爲求仁之要, 此論甚善. 所謂心無私欲, 卽是仁之全體, 亦是也. 但須識得此處, 便有本來生意, 融融洩洩氣象, 乃爲得之耳. 顏子不改其樂, 是它功夫到後自有樂處, 與貧富貴賤了不相關, 自是改它不得. 仁智壽樂, 亦是功夫到此, 自然有此效驗. 來喻雖亦無病, 然語意終未親切活絡, 更宜涵養玩索, 更於仁智實處下工夫, 則久當自見矣. 酉室所聞, 未見全書, 恐是陳長方所記. 此只有震澤記善錄, 乃淮郡印本. 想已有之, 其間議論亦多可疑也.

---

41) 진장방(1108~1148) : 자는 제지(齊之). 유실(唯室)선생이라 부른다. 소흥 9년(1138)에 진사가 되었다. 저서에 『唯室集』이 있으나 소실되었다.
42) 【劄疑】『酉室所聞』이나 『震澤記善錄』은 모두 이천선생과 명도선생의 언행을 기록한 서책이다.

🌑 "자연히 즐거운 곳이 있다"는 것은 분명하지 않게 말한 것이다. 공자와 안연이 즐거워한 것은 단지 덕을 이루어 마음이 편안해지고 날로 아름다워져서 천을 즐기고 명을 알 수 있었던 것일 뿐이다. 대저 섞어서 말하게 되면 단지 후학들의 의심만을 낳게 될 것이다. 그렇지만 "함양하고 탐색한다"는 것으로 가르친 것은 마음을 다스리는 학문과 서로 부합되는 것이다.

自有樂處, 亦說得不分明. 孔顔樂處, 只是作德心逸日休, 能樂天而知命耳. 凡作含混語, 徒生後學之疑. 然教以涵養玩索, 與治心之學相合.

임덕구에게 답하다[答林德久] 9[43)

보직 발령이 나기를 기다리는 시간에 충분히 학문을 할 수 있다는 것은 잘못된 계획이 아닙니다. 요컨대 벼슬하는 것은 다만 선부(選部)의 주의(注擬)를 따라야 하는 것이니, 이것은 일반 사람들이 모두 하는 일입니다. 그런데 지금 사람들은 당제(堂除)[44]를 구하는 데 익숙해져 있어서 그것이 잘못되었다는 것을 깨닫지 못합니다. 그래서 뜻있는 선비들조차 그 속에서 머리를 숙여 다른 사람에게 마음대로 부려지니, 이것은 후세 사람들에게 경계가 되어야 할 일입니다. 일이 없을 때에 정좌(靜坐)하고 일이 있을 때에 응수(應酬)하여 어느 때 어느 곳에서든 자기의 몸과 마음을 운용하지 않는 것이 없더라도 다만 항상 스스로 일깨워 마음이 일에 끌려서 함께 가지 않도록 하는 것이 곧 공부니, 사물이 왔을 때에 어찌 막연하게 응하지 않는 것이 옳다고 하겠습니까? 의심나는 부분에 대

---

43) 『朱熹集』 권61-9, 1198(69세).

44) 당제(堂除)란 송나라 때의 관리 임용법 중 하나다. 경관(京官)은 일반적으로 이부(吏部)를 통해 선발하는데, 특별히 공로가 있는 사람이면 중서성(中書省)의 정사당(政事堂)에서 직접 상주하여 선발한다. 당제는 바로 정사당에서 직접 임용하는 것을 말한다.

해서는 이미 대략 개인적인 의견을 써서 그 뒤에 설명해놓았지만 온당
치 못한 부분이 있을까 하여 다시 의견을 주고받기를 바랍니다. 아마도
마음을 쓴 것이 정밀하지 못한 듯하니, 그대가 상세하게 분석해서 논파
하도록 하십시오.

보한경[輔廣]은 매우 얻기 힘든 사람이니, 서로 만나기도 어려우리라
생각이 드는군요. 정사(精舍)에는 지난 가을부터 한 사람도 남지 않아 텅
비었으니, 또한 일을 줄일 수 있어서 다행입니다. 지금은 다시 찾아오는
사람들이 제법 있지만, 그래도 역시 많지 않고 또한 탁월하여 장래를 그
려볼 만한 사람을 아직 보지 못하였습니다. 오직 강서에 살던 오필대(吳
必大)는 몇 년 동안 함께 어울렸는데 다른 사람보다도 명민하기 때문에
완전하게 사고하여 이치를 탐구하였습니다. 그는 주현(州縣)에서 벼슬살
이하면서 무슨 일이든지 백성들에게 그 은택이 미치게 하고서도 자신을
지키는 것이 굳세고 곧아서 시류에 굽히지 않았습니다. 얻기가 매우 어
려운 사람인데 지금 불행히 단명하여 죽었으니 매우 가슴이 아픕니다.

待次閑中, 足得爲學, 未爲失計. 要之, 仕宦只合從選部注擬, 是家常
茶飯. 今人干堂慣了, 不覺其非. 故有志之士, 亦不免俯首其間, 爲人所
前却, 此可爲後來之戒也. 無事靜坐, 有事應酬, 隨時處, 無非自己身心
運用, 但常自提撕, 不與俱往, 便是功夫, 事物之來, 豈以漠然不應爲是
耶? 疑義已略用己意說釋其後, 恐有未安, 更望反復. 大抵似用意未精,
齟嚼可破也.

漢卿甚不易得, 想亦難得相聚也. 齋中自去秋後, 空無一人, 亦幸省
事. 今復頗有來者, 然亦不多, 目前未見卓然可望也. 唯江西吳必大伯
豐者, 相從累年, 明敏過人, 儘能思索. 從事州縣, 隨事有以及民, 而自
守勁正, 不爲時勢所屈. 甚不易得, 今乃不幸短命而死, 甚可傷悼耳.

🏵 이른바 "항상 스스로 일깨워 마음이 일에 끌려서 함께 가지 않도

록 하는 것이 곧 공부다”라는 것은 육자가 사람들로 하여금 “방심(放心)
을 구하라”고 한 설명과 부합된다. 오백풍은 경원 3년(1197)에 죽었으니,
이때 주자의 나이는 68세였다.

所云常自提撕, 不與俱往, 便是工夫, 與陸子敎人求放心之說合. 吳
伯豐卒在慶元三年, 朱子年六十八矣.

엄시형45)에게 답하다[答嚴時亨] 246)

문목(問目)에 대해서는 각각 비답을 해서 보냈으니 자세히 살펴보십
시오. 『예서』는 근래 대략 강목(綱目)을 완성했지만 소(疏)와 의(義) 등 잡
서에 대한 공부가 아직도 많이 있으니, 살아있는 동안 이 일을 끝낼 수
있을지 모르겠습니다. 그때 가서 만약 그대를 위시한 여러 붕우들이 가
까이에서 도와주기만 한다면 책을 완성할 시기가 있을 것입니다. 절중
(浙中)에 있는 붕우 몇 사람들이 또한 그 전모를 알기는 하지만 괴롭게
도 모일 수가 없습니다. 만날 날이 없으니, 자중자애하시기 바랍니다.
다시 몸에 절실한 의리(義理)가 있는 곳에서 착실하게 한 걸음씩 밟아간
다면 이 몸을 지키는 것이 애쓰지 않아도 견고해질 것입니다.

問目各已批出, 請更詳之. 禮書近方略成綱目, 但疏義雜書中, 功夫
尙多, 不知餘年能了此事否? 當時若得時亨諸友在近相助, 當亦汗靑有
期也. 浙中朋友數人, 亦知首尾, 亦苦不得相聚, 未有見日, 千萬自愛.
更於義理切身處, 著實進得一步, 則所以守此身者, 不待勉而固矣.

---

45) 엄세문(嚴世文)을 말하는데, 임강군(臨江軍) 신유현(新喩縣) 출신이다. 은거하여 벼
　슬살이를 하지 않았다.

46) 『朱熹集』 권61－16, 1196(67세).

⬤ 『예서』를 정비한 것은 주자의 가장 만년의 일이다. 엄시형을 가르친 것이 단지 "몸에 절실한 의리(義理)가 있는 곳에서 착실하게 한 걸음씩 나아간다"는 것이니, 이미 이전에 넓힘에 힘썼던 뜻을 모두 고친 것이다.

修禮書, 是最晚年事. 而所以敎時亨者, 止令於義理切身處實進一步, 已盡改從前務博之意矣.

증경건[47]에게 답하다[答曾景建] [48]

보내주신 서신의 문사(文詞)는 환히 트였고 필력은 강건하여 선대의 훌륭한 유법이 있으니, 거듭 읽어도 싫증이 나지 않습니다. 독서하여 도를 구하는 뜻을 논한 것도 그 올바름을 잃지 않았습니다. 근세의 공허하여 간편함이 없는 폐단이 생겼다고 비난하신 것도 다 그들의 치명적인 해로움을 간파한 것으로 그 역시 일반사람의 상식으로는 도달할 수 있는 바가 아닙니다. 그러나 문자를 쓰는 것은 자신의 뜻을 전달하고자 하는 것일 뿐이니, 만약 그 고상하고 오묘한 것을 다하였다고 하더라도 이치에 얻는 것이 전혀 없다면 내 몸에 무슨 보탬이 되겠으며, 이 세상에 무슨 쓸모가 있겠습니까? 지난날 선배들은 대개 그 타고난 자질이 남보다 특출하다 보니 우연히 그것을 잘했던 것이지 전적으로 그것만을 힘쓰지는 않았습니다. 그래서 그대 집안과 사인공이 왕형공(王荊公)에게 "글자의 경우 새로 말을 만들거나 전인을 모방할 필요가 없으니, 맹자(孟子)와 한자(韓子)의 문장이 아무리 고상하여도 반드시 그와 같을 필요는 없다"[49]고 하였는데, 하물며 또 성현의 도통(道統)과 정전(正傳)으

---

47) 증극(曾極, ?~1221?) : 자는 경건(景建), 호는 운소(雲巢)이다. 무주(撫州) 임천현(臨川縣) 출신이다.

48) 『朱熹集』 권61―23, 1196(67세).

49) 曾鞏의 「與王介甫第一書」에 나온다. 이 글은 증공이 구양수의 관점을 적어서 왕안석에게 보낸 글이다. 글이 자연스러워야 함을 말한다. 사인은 구양수를 말한다.

로 경전에 보이는 것 중에 애당초 한 마디로 그것을 언급한 적이 없는 데 있어서이겠습니까? 글을 읽는다는 것은 진실로 우리들이 그만둘 수 없는 일입니다. 그러나 고금의 성현께서 하신 말씀과 가르침을 보니, 또한 애당초 효제와 충신, 그리고 몸과 마음을 수렴하는 것을 우선으로 삼지 않은 적이 없습니다. 그런 후에 일상생활에 나아가 옛날의 가르침을 참고하고 그것을 반복하여 궁구해서 그 이치가 있는 곳을 찾아야만, 우리 마음은 허명(虛明)하고 확 트여 털끝만큼도 다하지 않음이 없게 될 것입니다. 그 결과 뜻이 성실해지고 마음이 바르게 되며, 몸이 닦여졌고 그것을 미루어 남을 다스리는 등 무엇을 하든 그 올바름을 얻지 않음이 없었습니다. 만약 다만 범범하게 널리 보고 개괄적으로 논하여, 이렇게 하는 것이 학문 아닌 것이 없으며, 이렇게 하는 것이 도 아닌 것이 없다고 한다면 아마도 귀착할 곳이 없을 것이니, 받아들일 수도 없게 되어서 도리어 본심을 가리키고 단서를 강론하는 자들의 웃음거리가 될까 염려스럽습니다. 제 생각은 이와 같으니 부디 생각하시어 온당하지 못한 점이 있거든 다시 알려 주시면 매우 고맙겠습니다.

그대가 적어 보여주신, 선대부 사직공(司直公)이 기록하신 양귀산(楊龜山)선생의 말은 이전에는 본 적이 없지만 다른 말로 미루어 보면 그것이 진실로 양귀산에게서 나온 것을 의심할 바 없음을 알 수 있습니다. 보여주신 아름다운 시편은 구법(句法)이 고상하고 간결하여 또한 세상 사람들이 따라갈 수 있는 바가 아닙니다. 다만 세상에 대한 분노가 너무 심하니, 공손히 말하는 방법은 아닌 것 같습니다. 천만 번 삼가기를 더욱 바라마지 않습니다.

辱書, 文詞通暢, 筆力快健, 蔚然有先世遺法, 三復令人亹亹不倦. 所論讀書求道之意, 亦爲不失其正. 所詆近世空無簡便之弊, 又皆中其要害, 亦非常人見識所能到也. 然文字之設, 要以達吾之意而已, 政使極其高妙, 而於理無得焉, 則亦何所益於吾身? 而何所用於斯世? 鄕來前

輩, 蓋其天資超異, 偶自能之, 未必專以是爲務也. 故公家舍人公謂王
荊公曰, 文字不必造語, 及摹擬前人, 孟韓文雖高, 不必似之也, 況又聖
賢道統正傳, 見於經傳者, 初無一言之及乎此. 至於讀書, 則固吾事之
不可已者. 然觀古今聖賢立言垂訓, 亦未始不以孝弟忠信收斂身心爲
先務. 然後卽吾日用之間, 參以往訓之指, 反覆推窮, 以求其理之所在,
使吾方寸之間, 虛明洞徹, 無毫髮之不盡. 然後意誠心正身修, 而推以
治人, 無往而不得其正者. 若但泛然博觀, 而槪論以爲如是而無非學,
如是而無非道, 則吾恐其無所歸宿, 不得受用, 而反爲彼之指本心講端
緖者所笑矣. 鄙見如此, 幸試思之, 有所未安, 復以見告, 甚幸! 甚幸!

錄示先大父司直公所記龜山先生語, 前此所未見, 然以其他語推之,
知其誠出於龜山無疑也. 所示佳篇, 句法高簡, 亦非世俗所及. 然憤世
太過, 恐非遜言之道. 千萬謹之, 尤所願望.

ⓐ 이 서신이 논의하고 있는 것은 분명 덕성(德性)을 먼저하고 문학(問
學)을 뒤로 하며, 간이(簡易)함을 중시하고 지리(支離)함을 경계하는 것이
니 전적으로 육자의 설명을 이용하고 있다. 그 연대를 살펴보면 서신
중에 양귀산의 말을 언급하고 있는 것이 네 번째 서신과 마찬가지다.
세 번째, 네 번째 그리고 다섯 번째 서신들은 모두 채계통이 유배당한
일을 언급하고 있으니, 아마도 주자 나이 69세 때에 쓰인 것이다. "본심
을 가리키고 단서를 강론한다"고 했는데 이런 두 말로 부자연을 비난한
것이 있으니 이것은 맹자의 설명임은 논의할 필요가 없다.

此書所論, 分明先德性而後問學, 重簡易而戒支離, 全用陸子之說.
考其年歲, 則書中及歸山語, 與第四書同. 而第三第四第五三書, 皆及
季通貶謫事, 蓋朱子是年六十久歲矣. 指本心講端緖, 有以此二語譏傳
子淵者, 然此乃孟子之說, 不可議也.

증경건에게 답하다[答曾景建] 25[50)

인편으로 보내주신 서신을 통해 그대가 이전에 두루 살펴보고 자신에게 돌이켜 구한 공부를 한 경위를 잘 알게 되었으며, 또한 주일(主一)과 궁리(窮理)로써 귀결처를 얻은 것은 매우 기쁩니다. 요즘 가을 날씨가 맑아서 실천하는 바가 더욱 좋아질 것이니, 이 일[51)에 종사한다면 또한 더욱 맛이 있을 것입니다. 하지만 두 가지 일은 알기는 매우 쉽지만 행하는 것은 실로 어려우며, 행하는 것은 매우 쉽지만 그것을 지키는 일은 더욱 어렵습니다. 주일의 공부는 본디 항상 절실하게 마음을 일깨워서 중단되지 않게 하는 것이며, 궁리의 일은 또한 조심스런 마음으로 번거로움을 참는데 있습니다. 성현이 남긴 책을 처음부터 순서대로 독서하고 일상의 명백한 곳에 나아가 음미하되 다독(多讀)해서는 안 되며, 단지 상세하고 익숙하게 독서하면 저절로 생각의 실마리를 볼 수 있습니다. 만약 고원한 것에 힘쓰고 책을 대충 훑어보며 깨닫는다면 또한 예전의 청담(淸談)[52)을 벗어나지 못할 것이니, 쉬고자 하지만 도리어 시끄럽게 됩니다.

그대가 시군(柴君)에게 보낸 서신은 매우 좋습니다. 그가 어떻게 생각하는지요? 오늘날 사람들은 아직 이러한 점을 말하지 못하고 있습니다. 이단의 폐단은 자신에게서 들어가야 할 길을 잃게 만들어 공부를 못하게 하는 데 있습니다. 이단에 미혹되어 빠진 자들은 본디 말할 것도 없지만, 분개하면서 이단의 배척을 자기소임으로 삼는 사람도 또한 밖으로 탐하면서 안으로 비우는 병폐[53)를 아직 벗어나지 못하여 단지 왁자지껄할 뿐이니 이래서야 어찌 다른 사람을 일깨울 수 있겠습니까? 다시

---

50)『朱熹集』권61−24, 1196(67세).

51) [刊補] 이 일은 곧 주일과 궁리다.

52) [節補] 청담과 같으며, 경건의 구습(舊習)이다.

53) [記疑] 밖으로 오랑캐를 물리치면서 안으로 그 나라는 비우는 것으로써 밖으로 이단을 물리치면서 안으로 공부가 부족한 것을 비유한 것이다.

생각해보십시오. 자기 분수에서 진실로 자기에게 절실한 공부를 할 수 있다면 이런 일들에 대해서는 진정 돌볼 겨를이 없습니다.

便中辱書, 備知向來徧參反求始末, 而又深以主一窮理得所歸宿爲喜. 比日秋淸, 計所履益佳勝, 從事於斯, 亦當益有味矣. 然二事知之甚易, 而爲之實難, 爲之甚易, 而守之爲尤難. 主一之功, 固須常切提撕, 不令間斷, 窮理之事, 又在細心耐煩. 將聖賢遺書從頭循序, 就平實明白處玩味, 不須貪多, 但要詳熟, 自然見得意緖. 若騖於高遠, 涉獵領解, 則又不免如向來之淸話, 欲求休歇而反成躁亂也.
示及與柴君書, 甚善. 不知渠以爲如何? 今人亦未說到此 異端之弊, 自是已分上差却入路, 欠却功夫. 其迷溺者固無足道, 其慨然以攘斥爲己任者, 又未免有外貪內虛之患, 亦徒爲譊譊而已, 若之何而能喩諸人哉? 幸更思之 若於己分上, 眞實下得切己功夫, 則於此等亦有所不暇矣.

⊙ 앎을 쉽다 여기고 행위를 어렵게 생각하며 "주일의 공부는 항상 절실하게 마음을 일깨운다" "이치를 궁구하는 일은 많기를 탐해서는 안 된다"고 한 것은 분명 온전히 육자의 설과 합치된다.
以知爲易, 以行爲難, 主一之功, 常切提撕, 窮理之事, 不須貪多, 分明全合於陸子之說.

증경건에게 답하다[答曾景建] 454)

이전에 보내주신 서신을 읽고, 채계통이 간다고 하기에 일찍이 몇 자 적어 보냅니다. 논의하신 주일의 공부는 매우 좋습니다. 다만 독서할 때

---

54)『朱熹集』권61－26, 1197(68세).

모름지기 힘을 헤아려 조금씩 보면서 익숙하게 반복하며 단지 문장의 뜻에 의거하여 명백한 곳을 찾아야만 자연히 맛이 있는 것입니다. 온 힘을 들이고 억지로 생각하여 구할수록 멀어지는 데 있는 것이 아닙니다.

선덕(先德)이 베낀 귀산의 말은 다른 책으로 고찰해보니 거짓되지는 않습니다. 그러나 예전에 기록한 「잡설」 몇 조목에는 미치지 못하였으니, 반드시 또한 이소원이 교정한 바가 있을것입니다. 물어보신 두 조목의 '삼성(三省)'의 일과 관련하여 저의 뜻은 이와 같습니다. 뒷 문단에서 언급한 것 역시 괴이한 논의라고 할 만합니다. 지금 이미 그 잘못을 알았으니 곧바로 그것을 놓아두어 함께 논변해서는 안 됩니다. 또한 스스로 자신을 이해하는 공부를 해야 합니다. 과거의 학문이란 그대에게는 여분의 일입니다. 다만 그대의 집에 문장의 큰 스승이 있는데 어째서 배우지 않고 다른 사람의 좋지 못한 점55)을 배우십니까? 한결같이 이와 같이 한다면 의론이 옳지 않을 뿐만 아니라 문장 역시 경박해져 맛이 없게 될 것입니다. 『이아』56)는 자세하게 볼 겨를이 없었지만 이런 일에 역시 한가하게 시간을 낭비해서는 안 됩니다.

前此辱書, 蔡季通行曾附數字奉報矣. 所論主一之功, 甚善. 但讀書須更量力, 少看而熟復之, 只依文意, 尋箇明白處去, 自然有味. 不在極力苦思, 轉求轉遠也.

先德所抄龜山語, 以它書考之, 不妄. 然却不及向來所記雜說數條, 必是又有李蕭遠所定也. 所問兩條三省事, 鄙意正如此. 後段之云, 亦可謂怪論矣. 今旣知其繆, 便直置之, 不須與辨. 且自理會已分功夫可也. 科擧之學, 在賢者爲餘事. 但公家自有文章大宗師, 何故不學而學它人不好處? 一向如此, 不惟議論不正, 當倂與文章, 亦成澆薄無餘味

---

55) [刊補] 천박한 시문(時文)을 말한다. 경건이 과거의 학문에 뜻을 두기 때문에 말한 것이다.
56) [節補] 경건이 『爾雅』를 교정하여 선생에게 가르침을 구하였다.

矣. 爾雅未暇細看, 然此等亦未須閑費日力也.

(繪) 주일의 공부를 좋다고 하고 또한 독서할 때 "문장의 뜻에 의거하여 명백한 곳을 찾아나간다"고 하면서 "온 힘을 기울이고 억지로 생각"하는 것을 경계한 것은 육자가 사람들에게 독서할 때 "또한 문장의 뜻이 분명하도록 정독하여 쉽게 이해되는 구절을 일삼아 읊조리고 젖어 들기를 오래하면 확 풀리게 될 것이니, 억지로 탐구하고 힘써 탐색해서는 안 된다"[57]고 한 말과 전적으로 부합한다. 채계통이 간 것은 도주로 귀양갈 때이다.

以主一之功爲善, 又謂讀書只依文義, 尋明白處去, 而戒其極力苦思, 與陸子敎人讀書, 且精讀文義分明, 事節易曉者, 諷詠浹洽, 久當渙然, 不可强探力索等語全相合. 季通之行, 卽謫道州時也.

장원덕[58]에게 답하다[答張元德] 159)

보내주신 서신을 자세히 읽어 보고 학문에 나아가는 그대의 뜻이 게으르지 않음을 알게 되어 매우 위안이 됩니다. 독서할 때는 많이 읽기를 탐내는 일을 가장 꺼립니다. 오직 조금씩 해야만 정밀하고 익숙하기 쉬우니, 학문하면서 힘을 얻는 곳은 바로 여기에 있습니다. "영글지 않으면 피만도 못하다"[60]는 말은 빈 말이 아닙니다.

『대학』 등의 책에 대해 근래 개정한 곳이 많은데 적어 보낼 겨를이

---

57) 『陸九淵集』 권11 「與朱濟道」.
58) 장흡(張洽, 1161~1237) : 자는 원덕(元德), 호는 주일(主一), 시호는 문헌(文憲)이다. 임강군(臨江軍) 청강현(淸江縣) 출신이다. 직보장각(直寶章閣)을 역임했다.
59) 『朱熹集』 권62-1, 1190(61세).
60) 『孟子』 「告子 下」에 나오는 구절로 『孟子』 본문에는 "孟子曰, 五穀者, 種之美者也, 苟爲不熟, 不如荑稗, 夫仁亦在乎熟之而已矣"로 되어 있다.

없군요. 또한 아직 정돈하지 못한 『논어』와 『맹자』 두 책의 경우, 그것을 성급하게 출간한 것이 매우 한스럽습니다. 요새 일이 비록 많지는 않지만 또한 하루 종일 분주하기만 합니다. 잠시라도 문자를 볼 겨를을 얻으면, 시간을 아껴야 한다는 것을 절실히 느끼고 있습니다. 『통서』의 태극의 취지에 대해서는 마땅히 마음을 비우고 익숙하게 완미해야 비로소 제 설명[61]에서 한 글자도 바꿀 곳이 없음을 알게 될 것이니, 설령 염계가 다시 태어나더라도 또한 반드시 빙그레 웃을 것입니다. 만일 그대의 논의와 같다면 이른바 고요함이란 네 가지의 밖에 따로 있게 되어 서로 관계하지 않으니, 그럴 수 있습니까? 안자가 공자의 깊은 뜻을 밝힌 것은 한 가지 일로 말할 수 없습니다. 왜냐하면 공자의 전체와 대용은 하나하나 안자의 신상에서 발현되지 않은 것이 없기 때문입니다.

細讀來書, 知進學之意不倦, 甚慰. 讀書切忌貪多. 唯少則易以精熟, 而學問得力處, 正在於此. 苟爲不熟, 不如稊稗, 非虛語也.

大學等書, 近多改定處, 未暇錄寄. 亦有未及整頓者, 如論孟兩書, 甚恨其出之早也. 此間事雖不多, 然亦終日擾擾, 少得暇看文字, 甚覺歲月之可惜也. 通書太極之旨, 更宜虛心熟玩, 乃見鄙說一字不可易處, 政使濂溪復生, 亦必莞爾而笑也. 若如所論, 則所謂靜者, 別在四者之外, 而不相管矣, 而可乎? 顏子所以發聖人之蘊, 恐不可以一事言. 蓋聖人全體大用, 無不一一於顏子身上發見也.

⊛ 독서할 때 조금씩 읽기를 힘쓰고 많이 읽으려 하지 않는 것은 이미 간이(簡易)의 가르침을 추구하는 것이다. 장원덕은 기유년(1189)에 비로소 주자에게 배우기 시작하였으니 『별집』의 항백원에게 보내는 서신에 보인다.[62] 『대학』에 대해 "근래 개정한 곳이 많다"고 하고 또한 『논

---

61) 【刊補】『通書』「太極圖說解」를 가리킨다.

62) 『朱熹別集』 4-14 「向伯元」. "臨江張洽秀才迂道相訪, 後生有志, 不甚易得." 원문

어』와 『맹자』를 "성급하게 출간했다"고 한탄하고 있으니, 오늘날 세상에서 통용되는 것은 개정본인지 아니면 원본인지 모르겠다.

讀書務少不務多, 已趨簡易之敎矣. 元德以己酉歲始從學, 見別集與項佰元書. 是年朱子年已六十, 凡與元德書, 皆係晩年. 謂大學近多改定, 又恨論孟出之太早, 不知今之行世者, 是改本, 抑是原本也.

장원덕에게 답하다[答張元德] 2[63)]

서신에서 오고 싶어도 그럴 수 없다는 뜻을 보여주셨는데, 이러한 상황은 진실로 어찌 할 수가 없습니다. 다만 세월은 지나가는 것이니, 비록 스승과 벗을 가까이 할 수는 없더라도 역시 스스로 공부과정을 만들어 생각을 가라앉히고 묵묵히 궁구하여 가슴속이 확 트이게 해서 도리를 깨달아 전혀 의심이나 장애가 없게 되어야 비로소 실천하는 공부에 대해서 진보가 있을 것입니다. 만약 이와 같이 그럭저럭 한가하게 시간만 보낸다면 진실로 애석합니다. 보여 주신 여러 말씀들은 아직 숨겨진 도리를 발견하지 못한 것 같으니, 비록 이미 각각 그 뒤에 주석은 달았지만 이렇게 강학하는 것은 커다란 이익이 없을 것 같습니다. 방에 이름을 붙인 뜻[64)]은 매우 좋습니다. 하지만 착실하게 공부를 해야지 이렇게 표방하는 곳을 세워서는 안 됩니다. 비록 이렇게 표방하는 일이 크게 해 될 것은 없지만 또한 곧 마음씀이 얕다는 것을 보여주는 것이니, 만약 착실하게 공부한다면 자연히 이런 급하지 않은 일에 신경 쓸 겨를이 없게 될 것입니다.

『대학』은 이미 간행하였으므로 지금 한 권을 보냅니다. 비록 아직 정

에는 項伯元이 아니라 向伯元으로 되어 있다.

63) 『朱熹集』 권62－2, 1190(61세).

64) **[翼增]** 원덕은 자기 방에다 주일(主一)이란 이름을 붙였다.

본은 아니지만 예전 것보다 조금 더 낫습니다. 임장에서 간행한 네 선생님의 네 경전65)에 대해서는 각각 한 권을 보냅니다. 그 뒷부분에 각기 발문이 있어서 독서하는 방법을 볼 수 있으니 자세하게 살펴보십시오.

문의하신 『역』의 수는 강학에서 급한 내용은 아니지만 그대의 생각이 아직 정미하지 못하다는 점을 보여주므로, 다시 생각해보는 것이 좋을 것입니다. 만약 이것66)처럼 스스로 하나의 문호를 깨달았다면 결단코 스스로 확신해야지 이천이나 횡거의 설이 어떠한지 물을 필요가 전혀 없습니다. 만약 예전 사람의 설이 이미 분명하다면 이 책은 지어지지 않을 것인데, 바로 말하는 것이 너무 지리하고 또 말하지 않는 것이 너무 간략하기 때문에 부득이 지은 것입니다.

『공씨잡설』을 베낀 지 오래되어 이제 동봉해서 돌려보냅니다.67) 그 사이에 대부분의 시간을 강린기(江鄰幾)68)의 『가우잡지』를 베끼는 것으로 보냈습니다.

示喩欲來未能之意, 此固無可如何. 但日月侵尋, 縱不得親師友, 亦須自作工程, 潛思默究, 令胸中明徹, 見得道理, 都無疑礙, 方是於踐履功夫有進步處. 若只如此悠悠閑過了, 誠可惜耳. 所示諸說, 似未尋着縫罅, 雖已各注其後, 然只如此講學, 恐未有深益也. 名齋之意, 甚善. 然着實用功, 不須如此安立標榜處. 雖亦未有大害, 然亦便見用心淺處, 若實做得功夫, 是當自無暇及此等不急之務也.

大學近已刊行, 今附去一本. 雖未是定本, 然亦稍勝於舊也. 臨漳四子四經, 各往一本. 其後各有跋語, 可見讀之之法, 請詳之.

所問易數, 雖非講學所急, 然亦見用意未精, 且更推尋爲佳. 若如此

---

65) 사서 간행을 말한다.

66) 【節補】이것은 『啓蒙』을 말한다.

67) 【節疑】베껴 쓴 것이 이미 오래되어 이제 그 원본을 돌려주는 것을 말한다.

68) 강휴복(江休夏, 1005~1060) : 자는 린기(鄰幾)이고, 개봉(開封) 진류(陳留) 출신이다. 저서에 『唐宜鑒』과 『春秋世論』이 있다.

自見得一門戶, 決須自信得及, 正不必問伊川橫渠說如何也. 若前人說
已分明, 則此書不作矣. 正爲說者太支離, 不說者又太簡略, 所以不得
已而作.

孔氏雜說寫了多時, 今附還. 其間多是抄出江鄰幾嘉祐雜志也.

⊛ "착실하게 공부하다" "표방처를 세워서는 안 된다"고 한 말은 모
두 육자의 가르침과 부합된다. 임장의 네 선생이라고 운운한 것은 주자
가 장주지사로 있으면서 예전에 판각한 책이다. 장주 지사를 지낸 때는
이미 주자 나이 61세 때이며, 이 책은 또 그 뒤이다.

着實用功, 不須安立標榜, 俱與陸子之敎合. 稱臨漳四子云云, 蓋守
漳舊刻之書. 守漳時已六十一, 此書則又在後.

장원덕에게 답하다[答張元德] 4[69)

형양의 부고[70)를 이미 들어 매우 상심이 되었습니다. 그러나 정권을
쥔 자들이 우리를 공격하는 일이 그치지 않고 있습니다.[71) 지금은 비록
그런 정도이지만 또한 다시 관직을 추탈하고 가둬두는 일이 생겨 당대
의 선한 사람들이 차례로 다 목숨을 부지하지 못할까 염려됩니다. 우리
들이 한가로운 때 강학하는 것은 진실로 아름다운 일이지만 또한 예측
할 수 없는 일이 생기지나 않을까 염려되니, 그대가 팽자수(彭子壽)에게
권하는 것이 어떻겠습니까? 저는 다행히 이미 사록을 얻었으니[72) 조금

---

69) 『朱熹集』 권62－4, 1196(67세).
70) 【記疑】 조여우(趙女愚)가 귀양을 당해 형주(衡州)에 이르렀는데, 주수(州守)에 의해
    핍박을 당해 마땅한 죽음을 얻지 못했다.
71) 【翼增】 부고가 들리자 원래 관직을 회복시키자는 조서를 올렸는데, 중서사인(中書使
    人)인 오종(吳宗)이 또 지난 일을 들먹이면서 돌려보낸 것이다.
72) 【節補】 을묘년 12월에 주희는 이전처럼 비각수찬궁(秘閣修撰宮)의 사록을 얻으려고

편히 지낼 수 있습니다.

　요새 배우는 자들과 강론할 때 횡거의 "암송해야 한다"[73]는 말이 가장 빠른 길이라는 것을 깨달았습니다. 그것은 대개 의리를 깨닫는 것이 어떠한지에 대해 논의하기 전에 우선 이 마음을 수습해서 귀착처가 있게 해야 잘못되지 않을 것입니다. 그러나 또한 반드시 전일하게 연마하여 한 권의 책을 완전하게 이해하고 익숙해져서 암기하지 않은 것이 없게 된 다음에 다른 책으로 바꾸어야 도움이 될 것입니다. 만약 차례로 외기만 하고 정밀하게 연구하지 않으면 헛되이 시간만 소비한 공부가 될 것입니다. 모름지기 모두 완전하게 이해한 뒤에 또 이렇게 복습해야 좋습니다. 『역전』에서 말하고 있는 것에는 매우 기억하기 어려운 부분이 있습니다. 대개 경전의 글 뜻은 본래 관대하고 공평한데 『전』에서 말하고 있는 것은 이끌어 세우지도 못하고 꿰뚫지도 못하니, 반드시 『역』 이외의 것에 대해서 따로 의미를 생각하면서 읽어야 비로소 지극한 의미를 깨달을 수 있습니다. 평소 매번 중요한 부분에 대해서는 항목별로 베껴내서 따로 한 권의 책으로 엮으려고 했지만 그렇게 할 틈이 없었습니다. 대개 책을 읽어서 의미를 찾는 것은 간략하게 볼지언정 자세하게 보지 않으며, 대강대강 볼지언정 세밀하게 보지 말아야 비로소 여유가 있을 것입니다. (자세하게 보면 문장이 조각나고, 세밀하게 보면 문장에 구애되기 때문이다.) 구·엄·담군[74]은 요즘 본 것이 또 어떻습니까? 이 말로 서로 권면하기를 더욱 바랍니다. 다만 읽고 있는 책에 대해서는 경문과 주석을 전체적으로 꿰어서 사무치도록 기억해야 의미를 생각하여 찾을 수 있을 것입니다. 만약 그렇게 하지 않고 범범하게 잡다한 학설을 보면서 한갓 시간만 허비한다면 결코 도움이 되지 않을 것입니다.

상소를 올렸다.

73) 【記疑】 장횡거(張橫渠)는 "사람들에게 독서를 가르칠 때 반드시 암송하도록 해야 한다"고 말했다.

74) 【記疑】 구(歐)는 구양희(歐陽希)의 손자를, 엄(嚴)은 엄시형(嚴時亨)을 가리키지만, 담군(譚君)은 누구를 가리키는지 모르겠다.

신법에 대해 논의하신 것은 대개 또한 그와 같습니다. 그러나 왕안석(王安石)이 세속을 이길 수 있다고 말한 것은 또한 그런 의도를 먼저 품고서 여러 현인들을 억누르려 했던 것이 아니라, 단지 이치를 분명하게 보지 못하고 마음을 넓게 쓰지 못해서 그런 지경에 이른 것입니다. 만약 명도선생과 당대의 여러 현인들이 근원에 대해 그와 함께 숙고해서 마음속에서 의리를 분명하게 깨닫도록 했다면, 수많은 인욕과 객기를 자연히 드러낼 수 없고75) 그것들을 고치지 못할까 걱정하지도 않았을 것입니다. 만약 그들과 함께 일을 도모하려고 하지 않았고 세속을 이기려는 욕심을 살피지 않은 것도 진실로 선함을 다하지 못한 곳76)이 있으니, 그렇다면 또한 천하의 공정함이 될 수 없어서 자연히 치우친 설로 빠져들었던 것입니다.

최근 조승상[조여우]께서 여러 사람들이 신법에 대해 논의한 상소를 편찬한 여러 권을 보았습니다. 그 말이 비록 많지 않은 것은 아니지만 진실로 그 병폐의 근원을 알고 그 정곡을 적중한 것은 자못 적었으니, 저들이 세속의 쓸데없는 말이라고 생각했던 것에 미혹되지는 않았지만 고려할 만하지는 못했습니다. 먼 조상을 합사하는 사당에 대한 일에 대해서는 당시 의견들이 조정을 가득 메웠는데, 이 중 많은 것은 수천 글자에 달했지만 개보[왕안석]와 대적해서 시비를 겨룰 수 있는 한마디의 말도 없었습니다. 그러나 지금 사람들은 단지 개보가 말했던 것을 보고서는 곧 옳지 않다고 생각하고 개보를 배척했던 자들이 곧 옳다고 생각하기 때문에 한갓 다투어 변론하면서도 천하의 논의를 마침내 하나로 결정지을 수 없습니다. 이 설명은 매우 길기 때문에 직접 만나서 논의하지 않고서는 쉽사리 궁구하지 못할 것입니다.

---

75) 【箚疑】 인욕과 객기를 드러낼 곳이 없음을 말한 것이다.
76) 【箚疑】 당시의 여러 현인들은 형공에 대해 더불어 일을 도모할 수 없다고 생각했으며 형공이 이기고자 했던 세속에 대해서도 살피지 않았으니, 또한 선함을 다하지 못하였다. 이기고자 했던 세속은 신법에 대해 논쟁했던 사람들을 가리킨다.

衡陽之訃, 想已聞之, 深足傷歎. 然當路攻擊, 意殊未已. 今雖如此, 亦恐更有追削禁錮之類, 而一時善類, 次第皆不可保. 吾輩閑中講學, 固爲美事, 然亦恐有不可測者, 此方深以爲懼, 而賢者乃以勸彭丈, 何也? 熹幸已得祠, 差可自安.

近與學者講論, 尤覺橫渠成誦之說, 最爲徑捷. 蓋未論看得義理如何, 且是收得此心有歸著處, 不至走作. 然亦須是專一精研, 使一書通透爛熟, 都無記不起處, 方可別換一書, 乃爲有益. 若但輪流通念, 而覈之不精, 則亦未免枉費工夫也. 須是都透後, 又却如此溫習, 乃爲佳耳. 所說易傳, 極有難記當處. 蓋經之文意, 本自寬平, 今傳却太詳密, 便非本意, 所以只擧經文, 則傳之所言, 提挈不起, 穿貫不來, 須是於易之外, 別作一意思讀之, 方得其極. 尋常每欲將緊要處, 逐項抄出, 別爲一書, 而未暇. 大抵讀書求義, 寧略毋詳, 寧踈毋密, 始有餘地也. (詳故碎, 密故拘) 歐嚴譚君, 近來看得又如何? 更望以此相勉. 但於所讀之書, 經文注脚, 記得首尾通貫浹洽, 方有可玩繹處. 如其不然, 泛觀雜論, 徒費日月, 決無所益也. 所論新法, 大槪亦是如此. 然介甫所謂勝流俗者, 亦非先立此意以壓諸賢, 只是見理不明, 用心不廣, 故至於此. 若得明道先生與一時諸賢, 向源頭與之商量, 令其胸中見得義理分明, 許多人欲客氣自無處著, 亦不患其不改矣. 若便以不可與有爲待之, 而不察其所欲勝之流俗, 亦眞有未盡善處, 則亦非所以爲天下之公, 而自陷於一偏之說矣.

頃見趙丞相所編諸公奏議論新法者, 自有數卷. 其言雖不爲不多, 然眞能識其病根, 而中其要害者殊少, 無惑乎彼之以爲流俗之浮言, 而不足恤也. 至如祧廟一事, 當時發言盈庭, 多者累數千字, 而無一言可以的當與介甫爭是非者. 但今人只見介甫所言, 便以爲非, 排介甫者, 便以爲是, 所以徒爲競辨, 而不能使天下之論卒定於一也. 此說甚長, 非面論未易究.

Ⓞ "형양의 부고"는 조승상이 영주 지방에서 죽은 것을 말한다. 당시 주자의 나이는 67세였다. 말이 무겁고 마음을 수습해서 "범범하게 논의하고 잡스럽게 보는 것"을 경계한 것은 모두 육자의 견해와 부합된다. 그가 형공에 대해 논한 것은 매우 공평하고 타당했으니 육자의 「형공사당기(荊公祠堂記)」의 내용과 다르지 않다.

衡陽之訃, 謂趙丞相卒於永州. 時朱子六十七歲矣. 語重收心, 而戒泛論雜觀, 全合於陸子. 其論荊公甚爲平允, 與陸子荊公祠堂記無異.

장원덕에게 답하다[答張元德] 6[77]

"의와 도에 짝한다"에 대한 설명은 도무지 이해할 수 없습니다. 대개 독서하는 것은 모름지기 마음을 비우고 고요하게 생각하여 문장의 뜻에 의거해서 구절의 맥락을 규명함으로써 이 구절이 어떤 의도를 나타내는지 그리고 무엇을 말하는지를 파악한 후, 대략 지금 사람들의 말을 사용해서 한두 글자를 배치도 하고 바꿔보기도 하여 옛사람의 뜻을 말해서 먼저 자기 마음에서 분명하게 하여, 마치 옛사람과 마주 보고 얘기하는 것처럼 하며 서로 대답하는 것이 한 마디 말이나 한 글자도 서로 인정하지 않음이 없게 해야 하고, 그 밖에는 전혀 쓸데없는 말을 하지 않아야 비로소 들어갈 곳을 얻게 될 것입니다. 지금처럼 본문의 내용을 버리고 제멋대로 근거 없는 말로 설렁설렁 말하다가 처음에 어떤 화두로 이런 말을 하게 되었는지조차 모두 잊어버릴까 염려되는데, 그것이 배우는 사람들의 가장 큰 병폐입니다. 그래서 정선생께서 "책을 말로만 설명하는 것은 옛 의미가 아니어서 사람들로 하여금 경박하게 만든다. 한대의 유학자 동중서가 장막을 치고 강의하고 암송한다 하였

---

77) 『朱熹集』 권62-6, 1197(68세).

던 것78)은 반드시 책을 말로만 설명하는 것이 아니었다"79)고 말하였고, 또 "『논어해』를 지은 것은 이미 군더더기이다"80)고 하고, 또 모공이 『시경』을 강의한 것을 두고 "유학자의 기상"81)이 있다고 하셨는데, 이런 부분들을 살펴보면 그 의미를 알 수 있을 것입니다. 지금 "도와 의에 짝한다"는 대목을 설명하면서 도리어 『맹자』를 통해 무엇이 의이고 도이며 기인지 그리고 어떠한 것이 짝하는 것인지를 이해하지 못하고, 한결같이 없애버리고 단지 '도' 자만을 이야기하고 있으니 이미 진상을 파악할 수 없습니다. 또 '도' 자를 '행(行)'이라는 글자로 풀어서 더욱 서로 무관하게 되었으니, 말을 많이 하면 할수록 이치는 더욱 멀어졌습니다. 지금은 우선 무엇이 의인지를 이해하고, '의'라는 글자의 측면에서 무엇이 도인지를 미루어 내고, 도와 의의 같은 점과 차이점은 어떠한 것인지, 어떻게 해야 기가 그것과 짝이 될 수 있으며 짝한다는 것은 또 무슨 뜻인지를 추론해 보아야 합니다. (마침 『집주』를 검토해보니 거의 분명하게 말을 해놓았는데, 일찍이 자세히 읽어보셨는지 모르겠습니다.) 다만 이 몇 글자를 분명하게 이해한다면, 맹자의 생각을 분명하게 알 수 있을 것입니다. 그리고 정자가 '텅비고 넓은 기상'82)이라고 말한 것도 그 안에 있는 것이지, 애당초 서로 다른 말이 아닙니다. 여자약이 말한 것도 맹자의 뜻과 달라짐을 면치 못합니다. 이렇게 지리해서 도리어 관련이 없게 된다면 진실로 손을 말아 쥐어 쳐들고 총채를 세우는 선가(禪家)들83)의 비

---

78) 【節補】 자신의 채소밭에 눈길을 주지 않았다.

79) 『二程遺書』 권15-174.

80) 『二程外書』 권5-7. '論語孟子只剩'라고만 되어 있음.

81) 【節補】『遺書』에서는 한나라 이래로 오직 대모공(大毛公)·동중서(董仲舒)·양웅(楊雄) 이 세 명만이 유학자의 기상에 가깝다고 말하고 있다. 유원승(劉元承)의 기록에 보인다.

82) 『二程遺書』 권15-78.

83) 【節補】 퇴계의 말에 따르면, 선가에서 언어와 문자를 사용하지 않고 손을 말아서 들어 보이거나 총채[拂子]를 세워 보여 줌으로써 사람들로 하여금 깨우치고 세속의 티끌을 제거하도록 하는 것을 말한다.

웃음거리가 되지나 않을까 염려됩니다. '시습(時習)' '솔성(率性)' '연비어약[鳶魚]'을 말씀하신 다른 논의에 대해서는 지금 논의할 겨를이 없고 논의해도 또한 도움이 되지 않을 것입니다. 우선 "의와 도에 짝한다"에 대해서 분명하게 이해하면 서신으로 빨리 알려 주십시오

配義與道之說, 殊不可曉. 大抵讀書須且虛心靜慮, 依傍文義, 推尋句脉, 看定此句指意, 是說何事, 略用今人言語, 襯貼替換一兩字, 說得古人意思出來, 先敎自家心裏分明歷落, 如與古人對面說話, 彼此對答, 無一言一字不相肯可, 此外都無閑雜說話, 方是得箇入處. 怕見如此棄却本文, 肆爲浮說, 說得郞當, 都忘了從初因甚話頭說得到此, 此最學者之大病也. 故程先生有說書非古意, 轉使人薄, 漢儒下帷講誦, 未必是說書. 又說作論語解, 已是剩了. 又以毛公說詩爲有儒者氣象, 觀此等處, 其意蓋可見. 今說配義與道, 却不就孟子上理會如何是義, 如何是道, 如何是氣, 如何地配, 便一鄕掉開了, 只單說箇道字, 已是無捉摸處, 又將道字訓作行字, 尤無交涉, 說得愈多, 去理愈遠矣. 今合且理會如何是義? 却就義字上推如何是道? 道與義同異如何? 如何又要氣來配它? 配字又是何意? (適檢集註, 說得儘分明了, 不知曾子細看否?) 只此數字分明, 卽孟子意思分明可見, 而程子所謂沖漠氣象亦在其中, 初非有二說也. 子約所說, 亦未免向別處去. 如此支離, 轉無交涉, 却恐不免眞爲擎拳豎拂者所笑矣. 其它所論時習率性鳶魚等說, 今皆未暇論, 論得亦未有益. 可且理會此配義與道令分明, 便中早報及也.

● 장원덕은 주자 만년 때 따라 배웠던 사람인데, 지금 또 여자약과 책에 대해 논의하였다면 여자약이 강서 지방으로 귀양갔을 때이니 주자의 나이는 69세였다. 이 서신에서 책에 대해 논의하는 것이 도움이 되지 않는다고 생각한 것은 이전에 육자에게 강학하지 않는다고 책망했던 말과는 전혀 같지 않다.

元德以朱子晩年從學, 今又與呂子約說書, 則子約謫江西時, 朱子年六十九矣. 此書以說書爲無益, 與從前責陸子不講學之說, 判然不同.

장원덕에게 답하다[答張元德] 784)

장원덕의 질문 :『논어혹문』과 『맹자혹문』은 정유년(1177) 판본이니, 나중에 개정한 판본은 어떠합니까?

답변 :『논어집주』와 『맹자집주』에는 나중에 개정한 부분이 많아서 마침내 『혹문』과는 매우 일치하지 않게 되었고, 또 『혹문』을 수정할 시간이 없어서 외부로 전하지 않았습니다. 지금 우선 경전의 본문을 완미하다가 일치하지 않는 곳이 있으면 집주를 참고해서 더욱 사색하는 것이 더 좋으니, 아직 확정되지 않은 이 책85)을 믿어 옳다고 여겨서는 안 됩니다.

元德問云, 語孟或問, 乃丁酉本, 不知後來改定如何?
答云, 論孟集注, 後來改定處多, 遂與或問不甚相應, 又無功夫修得或問, 故不曾傳出. 今莫若且就正經上玩味, 有未適處, 參考集注, 更有思索爲佳, 不可恃此未定之書, 便以爲是也.

⬤ 주자 자신도 "아직 확정되지 않은 이 책을 믿고서 옳다고 여기지 말라"고 했는데 후대 사람들은 한 글자도 감히 의심을 하지 않는 것은 무슨 이유인가?

朱子自云不可恃此未定之書, 便以爲是, 而後人一字不敢致疑, 何耶?

---

84)『朱熹集』권62-7, 1197(68세).
85) 【箚疑】『或問』을 말한다.

감길보[86]에게 답하다[答甘吉甫][87]

이곳의 형편은 다행히 평소와 같습니다. 다만 벗들이 감히 머무르지 못하고 대부분 이미 떠나갔으니, 또한 시대 상황을 따를 수밖에 없는 처지입니다.[88] 보내 주신 설에 대해서는 이제야 제 의견을 보냅니다. 대체로 깨달은 것이 아직 마음에 젖어들지 않아서 말에 막힌 부분이 많으니, 우선 조금의 분량만 읽고서[89] 마음을 가라앉히고 거듭 음미하는 공부에 더욱 힘써야 할 것입니다.

此間爲況, 幸亦如常. 但朋友自不敢住, 多已引去, 亦隨時之義也. 所示之說, 今却附還. 大抵看得未甚浹洽, 言多窒礙, 且宜少讀, 而益加潛心反復玩味之功也.

● "벗들이 감히 머무르지 못하였다"는 표현을 보면 분명 당금을 당한 때이다. 분량을 적게 읽고 "더욱 마음을 가라앉히고 음미하는데 힘써야 한다"는 표현은 육자와 부합된다.

朋友不敢住, 自是黨禁之時. 以少讀書爲宜, 而益加潛心玩味, 合於陸子.

---

86) 감절(甘節) : 자는 길부(吉父) · 길보(吉甫)이고, 무주(撫州) 임천현(臨川縣) 출신이다.
87) 『朱熹集』 권62−10, 1197(68세).
88) 【箚疑】 화를 당할까 두려워서 떠나갔기 때문에 이렇게 말했다.
89) 【刊補】 배우는 과정을 적게 한다는 말과 같다.

왕진보90)에게 답하다[答王晉輔] 191)

학문을 하는 것은 대개 우선 몸과 마음을 수습하는 것을 근본으로 삼은 다음에 다시 성현의 말씀을 처음부터 익숙하게 읽어서 글자마다 해석하고 구절마다 자세하게 보며 단락마다 반복하여 마음을 비우고 자신의 역량을 헤아려 우선 문장의 의미를 알아야 하는 것이지, 자기의 소견대로 함부로 근거 없는 주장을 해서는 안 됩니다.

爲學大槪, 且以收拾身心爲本, 更將聖賢之言, 從頭熟讀, 逐字訓釋, 逐句消詳, 逐段反復, 虛心量力, 且要曉得句下文意, 未可便肆己見妄起浮論也.

● 왕진보가 주자를 따라 배운 때는 여자약이 죽은 뒤다. 자약은 주자보다 일년 먼저 죽었으니, 주자의 가장 만년 때의 글이다. 그렇지만 진보에게 보낸 여러 통의 서신은 모두 육자의 가르침과 부합된다.

晉輔從朱子學時, 呂子約已沒矣. 子約先朱子一歲卒, 蓋朱子最晚年也. 然所與晉輔數書, 俱與陸子之敎合.

왕진보에게 답하다[答王晉輔] 392)

지난 가을과 겨울 이래로 지금 새해에 이르기까지 세 번이나 서신을 보내주셨으나 답신할 만한 인편이 없었습니다. 무의라는 사람93)이 와서

---

90) 왕현(王峴)을 말하는데 자는 진보(晉輔)이다. 여조검을 통해서 주희와 관계를 맺었다. 주희의 문집을 출판하고자 하였다.
91) 『朱熹集』 권62-14, 1197(68세).
92) 『朱熹集』 권62-16, 1198(69세).
93) **[翼增]** 증삼이(曾三異)를 가리킨다.

또 그대의 질문을 받으니 더욱 위안이 됩니다. 방문한 후 이미 한 해가 지나갔지만, 철마다 추모해야 하는 효를 너무나 훌륭하게 실천하시고 있다는 점에 대해 멀리서 감동하고 있습니다. 제가 병이 더욱 깊어진 것은 더 말할 것이 없습니다.

앞 서신에서 논한 고자의 말에 대해서는 그런 의논들을 마음에 담아 둘 것이 없을뿐더러 쉽게 그들과 변론할 필요도 없습니다. 우선 자신이 성현께서 이미 하신 말씀을 이해하여 그 뜻이 어디에 있는지를 찾아서 오래도록 정밀하고 익숙하게 하면 자연히 시비를 알아서 남에게 묻지 않아도 될 것입니다. 『태극』과 『서명』94)은 결코 확장할 필요가 없으니, 세상에는 이미 판본이 있기 때문입니다.95) 이렇게 쓸데없이 길어서는 일에 도움이 되지 않을 뿐만 아니라 어쩌면 서로에게 누가 될 수도 있습니다. 서시랑(徐侍郞)96)이 간행하고자 하는 책은 유감스럽게도 아직 보지 못했습니다. 그러나 그런 것을 또한 꼭 볼 것은 없습니다. 왜냐하면 단지 사람을 혼란스럽게 할 뿐이기 때문입니다. 우선 착실하게 내면을 향해서 매우 가깝고도 명백한 실제적인 데에서 이해해야만 곧 남을 그르치지 않을 것입니다. 요즘 여러 서신들을 보면, 남강의 판본이 완성된 후에 개정한 사람이 없었으니, 검은 점으로 표시한 부분이 어떤 판본인지 모르겠습니다. 단지 그 사이에 대동소이한 곳을 보면 자세하게 유계장(劉季章)에게 자문하여 그 득실을 참고하면 곧 알 수 있을 것입니다. 만약 의심나는 곳이 있다면 가르침을 보내주시기를 절실히 바라니 마땅히 상호 교감하여 답신을 보내도록 하겠습니다. 장남헌의 서신들은 대부분 아직 손을 뗄 수가 없었는데도 불행히도 세상에 나왔으니 어떤 것은 살피지도 못했는데 계속 유포되고 있어서 저는 무척 개탄하고 있습니다. 그래서 이전에 그의 서신들을 교정하여 달리 정본을 만들었습

---

94) 【箚疑】주자가 주석을 단 『太極圖說』과 「西銘」을 가리킨다.
95) 【箚疑】『太極圖說』과 「西銘」의 구본을 가리킨다.
96) 서교(徐僑)를 말하는데, 자는 숭부(崇父)인 듯하다.

니다. 대개 이것은 그가 남긴 뜻을 미룬 것이지, 감히 사견으로 취사선택한 것이 아닙니다. 대우(大愚)[97]의 설명은 같이 보면 좋지만, 그 규모도 너무 광활해서 본래 경전의 원문을 익숙하게 맛보는 것이 좋은 것만 못합니다.

무의라는 사람이 온 지 수일이지만 날씨가 추워서 글을 쓸 수 없는데 그 사람이 오래 시중들 수가 없어서 입으로 나오는 대로 써서 아마도 뜻을 다할 수 없는 것 같습니다. 길이 머니 슬픔을 절제하여 스스로를 아끼시기를 바랍니다.

自去秋冬, 及此開正, 三辱枉書, 皆無便可報. 無疑人來, 又承惠問, 尤以爲慰. 訊後已復改歲. 遠惟感時追慕孝履支勝. 熹病益深, 無可言者.

前書所論告子之說, 此等議論, 不須置意中, 亦不須容易與之辨論. 且只自家理會聖賢之所已言, 而求其旨意之所在, 久之精熟, 自然見得是非, 不著問人矣. 大學已領, 便中却欲更求十數本, 可以分及同志也. 太極西銘切不須廣, 蓋世間已自有本. 爲此冗長, 無益於事, 或能相累耳. 徐侍郎所欲鏤版之書, 恨未之見, 然此等亦不必看, 徒亂人耳. 且著實向裏, 就切近明白實處理會, 便不誤人也. 此間諸書, 南康板本成後, 亦無甚人修改處, 不知有黑點子者是何本也? 只看其間有大同小異處, 子細咨問季章, 參考得失, 便自見得. 若有所疑, 切冀見諭, 當爲契勘奉報也. 南軒之書, 多未斷手, 而不幸卽世, 而或者不察, 一例流傳, 使人不能無遺恨. 所以前此爲之刊削, 別爲定本. 蓋推本其遺意, 非敢以私見輒有去取也. 如大愚之說, 兼看亦佳, 但其規模亦太闊遠, 不若且就本經文義上, 爛熟咀嚼之爲愈也.

無疑人到多日, 偶以雪寒不能作書, 而其人不能久候, 口占布此, 殊不盡意. 正遠, 千萬節哀自愛.

---

97) 【箚疑】 여조겸(呂祖謙)의 별호다.

❸ 증무의가 주자에게서 배운 것은 주자 나이 69세(1198) 때의 일이고, 이 서신은 "무의라는 사람이 왔다"고 말하고 있으니 만년에 쓰인 것이다. 변론을 경계하고 착실하게 내면으로 향하기에 힘써야 한다고 하니 전적으로 육자의 가르침과 부합된다.

曾無疑問學在朱子六十九歲, 此書言無疑人到, 自是晚年. 戒其辯論, 而勉其著實向裏, 全與陸子之教合.

왕진보에게 답하다[答王晉輔] 4[98)]

거듭 보내주신 서신을 받으니, 후의를 입은 것이 매우 두텁습니다. 실로 많은 병 때문에 일을 하기가 두려워 감히 글을 쓰지 못하고 있었습니다. 그래서 이보다 앞서 감히 말씀을 따르지 못했던 것인데, 지금 어쩔 수가 없이 갑자기 몇 글자를 『행장』의 끝에 붙여서 조금이나마 저의 생각을 드러냈습니다. 그러나 아마도 이미 속을 너무 드러냈다는 것을 느끼니, 절대로 남에게 보여주지 말라고 이르십시오. 그것은 서로에게 편안하지 않을 듯하니, 단순하게 죄지은 사람이 해를 입는 것 때문만은 아닙니다.

예전에 여자약(呂子約)이 매번 그대의 향학열이 매우 아름답다고 말하곤 했지만, 제 생각에는 실제에 힘을 쓰는 정신이 명성을 매우 좋아하는 것만 못하고, 도를 배우려는 정신이 문장을 짓는 데 쏟는 힘보다 못하지 않나 염려됩니다. 이것도 향당(鄕黨)에서 숭상하는 유풍(流風)에서 온 폐단인데 그 유래가 오래되었으니, 그대가 벗어나지 못하는 것은 당연합니다. 지금부터 다시 자신에게 돌이켜 성찰하여 앞의 둘 중에서 선택하여 어느 것을 천천히 하고 어느 것을 서둘러야 할 것인지를 살펴서

---

98) 『朱熹集』 권62-17, 1198(69세).

선후를 정해야 합니다. 그런 뒤 우선 옛 습관을 버리고 『대학』, 『논어』, 『맹자』, 『중용』과 같은 여러 성현의 말을 가져다가 아침저녁으로 읽어서 정밀하게 생각하고 힘써 행하여 차례대로 넓혀서 도의(道義)의 실제를 마음으로 좋아하고 자신에게 채운다면 자연히 외부의 것을 흠모함이 없어질 것이고, 부모를 드러나게 하며 명성을 드날릴 것도 틀림없이 전에 하던 것과는 다른 점이 있을 것입니다. 단지 명성과 지위를 높이고 언어를 아름답게 꾸미고, 명예를 과시하고자 하여 조급하게 돌이나 나무에 이름 새기는 것을 일삼는다면 이것은 단지 늙은 저의 수치일 뿐만 아니라 여자약이 평소에 그대에게 기대했던 것으로 보더라도 저승에서 매우 불만스러워 할 것입니다. 제 글에 대해 깨우쳐 주신 경우, 무엇 때문에 이렇게 상세한 것인지요? 이미 유계장에게 부탁하여 말을 해 놓았습니다. 이것이 어찌 재앙을 실어다가 서로에게 보내는 정도일 뿐이겠습니까?

荐承委喩, 極荷不鄙. 實以多病畏事, 不敢作文字. 以故前此不敢聞命, 今不獲已, 輒以數字附於行狀之末, 少見鄙意. 然已覺太露筋骨, 切告勿以示人. 恐彼此不穩便, 非獨罪戾之蹤爲有害也.

向來子約每言鄕學之意, 甚美. 然於愚意, 竊恐務實之意, 未若好名之多, 學道之志, 未若爲文之力. 此亦鄕黨習尙流風之弊, 其所從來也遠, 宜賢者之未免也. 自今以往, 更願反躬自省, 以擇乎二者之間, 察其孰緩孰急, 以爲先後. 姑屛舊習, 而取凡聖賢之言, 若大學, 若論孟, 若中庸者, 朝夕讀之, 精思力行, 以序而廣, 使道義之實, 有以悅於心而充諸己, 則將無慕於外, 而所以顯親揚名者, 必有以異乎前日之爲矣. 若但以名位之爲尊, 言語之爲麗, 聞譽之爲誇, 而汲汲乎伐石攻木以爲事, 則是非獨老拙羞之, 抑子約平生所望於賢者, 亦將大不滿於泉下. 所喩鄙文, 何乃爲此曲折? 已託劉季章言之. 此豈止載禍相餉而已耶?

⊕ 여자약이 죽었을 때 주자의 나이는 이미 70세였다. 그래서 왕진보를 가르쳤던 방법은 전적으로 육자의 설과 부합된다.

子約泉下, 朱子已七十矣. 所以敎晉輔者, 全與陸子說合.

두인중[99]과 양중[100]에게 답하다[答杜仁仲·良仲] 1[101]

예전부터 형제의 명성을 듣고 한 번 만나보기를 원했던 것이 오래되었습니다. 중간에 겨우 양중의 얼굴만 보고 인중과는 여전히 어긋나서 지금까지 이르게 되니 유감입니다. 그런데 저에게 물어주시고 또 저를 찾아오신다는 서신을 받으니, 그 마음이 아주 후하십니다. 그러나 의리(義理)는 내 몸 밖에 있는 것이 아니니, 다만 자신에 돌이켜 힘써 구하여 관습적인 생활로 중단되는 바가 없게 한다면 얻지 못할 이치가 없을 것입니다. 맹자께서 "돌아가 구하면 남은 스승이 있을 것이다"[102]라고 한 것이 바로 이것입니다. 더욱 노력하여 기대에 부응하기를 바랍니다. 훗날 자득하게 되면 비록 서로 멀리 떨어져 있기는 해도 한 집에서 지내는 것과 다를 바가 없을 것입니다.

自頃聞昆仲之名, 而願得一見, 久矣. 中間僅得識良仲之面, 而於仁仲尙復差池, 至今爲恨. 玆者乃承不鄙致問, 許以來辱, 此意厚矣. 然理義不外於吾身, 但能反躬力索, 毋使因循有所間斷, 則無不得之理. 孟子所謂歸而求之有餘師者, 此也. 願益勉旃, 以副此望. 異時有以自得之, 則雖相望之遠, 亦不異於合堂同席而居矣.

두인중에게 답하다[答杜仁仲] 2[103]

보내주신 서신에서 말씀하신 학문하는 뜻이 매우 좋습니다. 잡으면 보존되고 놓아두면 잃는 것 외에 별도로 힘을 쓸 곳이 없으니, 다만 늘 절실하게 마음을 일깨워서 효과를 따지지 말기를 오래하면 저절로 힘을 얻을 수 있을 것입니다. 이치는 진실로 치우침과 바름, 통함과 막힘으로 말할 수 없지만 기품이 이미 다르기에, 곧 기가 치우친 것은 곧 이치의 치우친 것을 얻고 기가 막힌 것은 곧 이치와 서로 단절되니, 이치가 사람에게 있어 또한 치우침과 막힘이 없을 수가 없습니다. 횡거선생이 빛을 받는 것에는 큼과 작음, 어두움과 밝음이 있지만 비추는 것은 다르지 않다고 논의하였는데,[104] 이 설명이 매우 자세하니 시험삼아 살펴보십시오. 인심(人心)과 도심(道心)은 다름이 없을 수 없는 것도 또한 이와 마찬가지이니, 또한 의심하지 마십시오. 단지 마음을 정밀하게 하고 한결같이 하는 것이 긴요하게 힘쓸 곳입니다.

혼백(魂魄)에 대한 설명은 매우 자세합니다. 양전(梁琭)의 서신 안에서도 이것을 논의하고 있어서,[105] 이미 답신을 보냈으니 한번 얻어서 보십시오. 보내주신 가르침의 득실도 또한 이미 그 답신 중에 갖추어져 있을 것입니다.

示喩爲學之意, 甚善. 操存舍亡, 此外無著力處, 但常切提撕, 勿計功效, 久當自得力耳. 理固不可以偏正通塞言, 然氣稟旣殊, 則氣之偏者, 便只得理之偏, 氣之塞者, 便自與理相隔, 是理之在人, 亦不能無偏塞也. 橫渠論受光有大小昏明, 而照納不二, 其說甚備, 可試考之. 人心道心不能無異, 亦是如此, 然亦不須致疑. 但惟精惟一是著力要切處耳.

---

103)『朱熹集』권62-20, 1191(62세).
104)『正蒙』「誠明」.
105)『朱熹集』권44-42「答梁文叔 4」.

魂魄之說, 極詳密矣. 文叔書中亦論此, 已答之, 可取一觀. 來喩得
失, 亦已具其中也.

🌑 첫 번째 서신에서 "의리(義理)는 내 몸 밖에 있는 것이 아니다"라
고 한 것은 육자가 이른바 "눈은 저절로 밝고, 귀는 저절로 밝으며, 아
버지를 섬길 때 저절로 효성스럽고, 형을 섬길 때 저절로 공경한다"는
것이다. 두 번째 서신에서 "잡으면 보존되고 놓아두면 잃는 것 외에 별
도로 힘을 쓸 곳이 없다"는 것은 육자가 강조했던 "방심(放心)을 구한다
는 것"과 "먼저 그 큰 것에 선다"는 것이다. 주자가 두관도에게 보낸 서
신에서 "치도가 돌아가려고 해서 급하게 이 글을 부칩니다. 그렇지만
그대가 양중과 인중을 아직 한 번도 보지 않았으니"106)라고 말했으니,
생각건대 조치도107)는 주자의 손녀사위이기에 주자를 가장 만년에 섬
겼다. 치도가 돌아갈 때 아직 두씨 삼형제를 보지 못했으니, 인중이 주
자를 섬긴 것이 반드시 더욱 만년에 해당한다고 할 수 있다.

第一書理義不外吾身, 即陸子所謂目自明, 耳自聰, 事父自能孝, 事
兄自能弟也. 第二書謂操存舍亡, 外無著力處, 即陸子所主求放心先立
乎大也. 朱子與杜貫道書, 謂致道歸, 草草附此, 但賢者與良仲仁仲未
得一見, 按趙致道爲朱子孫壻, 事朱子最晚年. 而致道歸時, 尙未見三
杜, 則仁仲事朱子, 必尤晚矣.

---

106) 『朱熹集』 권62-26 「答杜貫道」.
107) 조사하(趙師夏) : 자는 치도(致道), 호는 원암(遠庵)이다. 1190년에 진사가 되어, 조봉
　　대부(朝奉大夫)를 역임하였다. 주희의 장남인 주숙의 딸과 결혼하였다.

두인중에게 답하다[答杜仁仲] 3[108]

문숙의 서신을 받아보니 훌륭한 재질을 갖추고 있음을 말하고 있는데도, 한 번 보지 못한 것이 안타깝습니다. 이에 그대의 서신을 받으니 최근에 얻는 것이 매우 훌륭하다는 것을 듣고 기뻤으며, 보내주신 서신에서 피력하신 학문하는 뜻이 매우 좋습니다. 만약 과연 단서를 보게 되어 늘 절실하게 일깨워서 조금도 자신을 용서하지 않는다면, 기질의 어둡고 약함은 문제될 바가 아닙니다. 천만 번 노력하여 조금이라도 기대에 부응하십시오.

得文叔書, 具道才質之美, 恨未一見. 茲辱惠書, 喜聞比日所獲佳勝, 示喩爲學之意, 甚善. 若果見得端緖, 常切提撕, 不少自恕, 則氣質昏弱非所病矣. 千萬勉旃, 少副所望.

🔵 육자는 "학문은 진실로 끝이 없지만 단서와 득실의 경우는 반드시 일찍 변별해야 한다"고 했지만, 주자는 처음에 이 설명을 긍정하지 않았다가 지금에야 합일한 것이다. 문숙도 또한 만년에 주자로부터 묻고 배웠다.

陸子謂學問固無窮已, 然端緖得失, 則當早辨, 朱子初不然其說, 至是乃合一矣. 文叔亦晚年問學者.

두인중에게 답하다[答杜仁仲] 4[109]

양중이 말한 '경(敬)'자 공부는 매우 좋습니다. 무릇 성현의 말씀은 다

동정을 관통합니다. 예를 들어 "그 방심(放心)을 구한다"고 하는 말은 눈썹을 모으고 눈을 감고서 이 마음을 사수하여 나가도록 하는 것이 아니고, 단지 측은지심과 수오지심과 같은 올바른 마음을 깨달아서 동정 사이에 제멋대로 달아나는 일이 없도록 하는 것일 뿐입니다. "기품에는 치우침이 있지만 이치의 온전한 모습에는 애초에 차이가 없다"고 하신 것은 또한 명도선생의 생각을 파악하신 것입니다. 또한 "혼탁하다고 해도 물이 아니라고 해서는 안 된다"고 하신 것도 또한 이런 뜻입니다.110) 그렇지만 '신(神)'을 곧 '이치[理]'라고 하신 것은 아마도 그렇지 않은 것 같으니, 거듭 생각해보시는 것이 마땅할 것 같습니다. 그대가 논한 "아침에 도를 들으면 저녁에 죽어도 좋다"111)고 한 것은 제 생각에는 두 분 선생의 말씀이 애당초 별로 다르지 않다는 것을 볼 수 있습니다. 도는 곧 사물의 당연하여 바뀔 수 없는 이치니, 만약 그것을 간파하게 되면 살든지 죽든지 모두 적절한 자리가 있습니다. 사는 것은 진실로 원하는 것이지만 죽는다고 해도 해될 것은 없습니다.

　　良仲示喩敬字工夫, 甚善. 凡聖賢之言, 皆貫動靜. 如云求其放心, 亦不是閉眉合眼, 死守此心, 不令放出也, 只是要識得此心之正, 如惻隱羞惡之類, 於動靜間都無走失耳. 所論氣稟有偏, 而理之統體未嘗有異, 亦得之明道. 又謂不可以濁者不爲水, 亦是此意也. 但謂神卽是理, 却恐未然, 更宜思之. 仁仲所論朝聞夕死, 則愚意見得二先生之說, 初不甚異. 蓋道卽事物當然不易之理, 若見得破, 卽隨生隨死, 皆有所處. 生固所欲, 死亦無害也.

　　● 이 서신의 앞머리 일단을 보니 『중용장구』가 고요할 때 보존하고 움직일 때 살핀다고 나눈 것이 잘못되었다는 것과 신독의 공부는 어느

---

110) 『二程遺書』 권1-56.
111) 『論語』 「里仁」.

때든지 해야만 한다는 것을 알 수 있다. 이와 같이 "아침에 도를 들으면 저녁에 죽어도 좋다"는 구절을 해석한 것은 매우 옳지만, 『집주』가 왜 "살았을 때는 따르고 죽어서는 편안해한다"는 주장을 하였는지 모르겠다.

觀此書首一段, 則知中庸章句分靜存動察之誤, 而愼獨之功, 無時不然矣. 如此解朝聞夕死甚是, 不知集註何以只作生順死安說.

두인중에게 답하다[答杜仁仲] 5[112]

양중이 앞 서신에서 논한 몇 조목은 다 좋습니다. 다만 다시 노력하여 연구하고 음미하기를 오래하면 자연히 보는 것이 명백하고 실천이 여유로워서 안배하는 데 시간을 뺏기지 않을 것입니다. 그대는 대개 묻기를 간절하게 하고 가까이에서 생각하는 학문에 뜻을 두고 있는 사람이지만 또한 그렇게 하지 못하고 있으니, 다시 문(文)으로써 지식을 넓혀야 비로소 진보하게 될 것입니다.

良仲前書所論數條, 皆善. 但更勉力硏究玩味, 久之自然見處明白, 踐履從容, 不費安排. 仁仲蓋有意於切問近思之學者, 然亦便如此不得, 更須博之以文, 始有進步處耳.

● 다섯 서신들은 모두 마음을 채찍질하여 내면으로 향하게 해야 함을 말하고 있으니 육자와 부합된다. 단지 이 서신에는 "문으로 넓힌다[博文]"는 가르침이 있으니 조금 차이가 나는 것 같다. '박문(博文)'은 진실로 폐할 수 없는 것이나, 무엇을 '문'으로 생각하는지 혹은 어떻게 해야 넓힐 수 있다는 것인지 모르겠다.

---

112) 『朱熹集』 권62-23, 1191(62세).

五書俱鞭迫向裏, 與陸子合. 惟此書有博文之訓, 似乎小異. 博文固
不可廢, 但不知以何者爲文, 又如何博之耳.

두관도[113]에게 답하다[答杜貫道][114]

독서의 과정을 정한 것은 매우 좋지만, 사려를 지나치도록 힘들게 해
서는 안 됩니다. 다만 마음을 비우고 생각을 여유롭게 하며 때때로 이
치를 완미하는 일을 오래하면 자연히 도리의 의미를 알게 될 것입니다.
지수할 때도 또한 의도적인 생각으로 안배해서는 안 되며, 다만 이와
같이 여유롭게 해야 합니다. 산만하다고 느끼는 즉시 곧 마음이 일깨워
지는 것이며, 곧 저절로 그 마음이 항상 여기에 있게 됩니다.

讀書課程, 甚善, 但思慮亦不可過苦. 但虛心游意, 時時玩索, 久之,
當自見縫罅意味. 持守亦不著意安排, 但亦只且如此從容. 纔覺散漫,
卽便提撕, 卽自常在此矣.

⊙ 두관도가 주자를 따라 배운 것은 가장 만년의 일이다. "일깨운다"
는 설명은 "방심(放心)을 구한다"는 것에 부합된다.
貫道從學最晩. 提撕之說, 合於求放心.

---

113) 두관도(杜貫道) : 자는 관도(貫道)이나 이름은 알려져 있지 않다. 태주(台州) 황암현
(黃岩縣) 출신이다.
114) 『朱熹集』 권62－25, 1194(65세).

이회숙[115]에게 답하다[答李晦叔] 2[116]

"지경하고 독서하여 안팎으로 힘을 쓴다"고 논의하셨는데, 절실하게
실제적인 공부를 해야지 단지 공허한 말만 해서는 안 됩니다. 안과 밖
은 또한 두 가지가 아니니, 다만 이것은 취하고 저것은 버려서는 안 됩
니다. 그 실제는 서로 쓰임이 되는 것이니 다만 하나의 일일 뿐입니다.
일단 본성이라고 말하였으면 이는 곧 사람이 부여받은 것을 가지고 말
하는 것이니, 그 이치가 곧 기(氣)와 합한 것입니다. 다만 곧바로 그 본
성만을 가리킬 경우는 기(氣) 안에 별도의 한 물건이 있음을 보아야 옳
으니 섞어서 말해서는 안 됩니다. 강덕공(江德功)은 사물의 본성이 본래
악하다고 했는데, 어찌 이런 이치가 있겠습니까? 보내주신 가르침은 이
미 핵심을 얻었습니다. 다시 간절하게 함양하는 것이 좋겠습니다.

所論持敬讀書表裏用力, 切須實下功夫, 不可徒爲虛說. 然表裏亦非
二事, 但不可取此而舍彼耳. 其實互相爲用, 只是一事. 纔說性字, 便是
以人所受而言, 此理便與氣合了. 但直指其性, 則於氣中又須見得別是
一物, 始得, 不可混幷說也. 江掾所言物性本惡, 安有是理? 來諭已得之
矣. 更切涵養爲佳耳.

⚫ "본성이라고 말하면 기와 합한 것"이라는 말은 본성이란 글자를
가장 투철하게 말한 것이다. 명도선생이 "본성이라고 말하면 곧 이미
본성이 아니게 된다"[117]고 말한 것은 헛된 설명이 아니다. 다시 간절하
게 함양해야 한다는 것은 육자가 사람들을 가르치는 방법과 부합된다.

纔說性, 便與氣合, 講性字最透. 明道所謂纔說性, 便已不是性也, 不

---

115) 이휘(李輝) : 자는 회숙(晦叔)이고, 건창(建昌) 출신이다. 주희의 문인이다.
116) 『朱熹集』 권62-37, 1195(66세).
117) 『二程遺書』 권1-56.

爲虛說. 更切涵養, 合於陸子敎人之法.

이회숙에게 답하다[答李晦叔] 3[118)

　지경과 독서는 다만 한 가지 일이지만 안과 밖에서 각각 힘을 써야 합니다. 만약 한쪽으로 치우치게 되면 곧 공부를 한 적이 없다는 것으로 생각됩니다. 지금은 우선 날마다 착실하게 공부를 해나가야지 난이도를 비교하여 득실을 계산해서는 안 됩니다. 그렇게 되면 단지 분란만 일으켜 공부를 이루지 못하고 도리어 공부에 피해를 끼치게 됩니다. 반드시 일상생활하는 가운데에서 본심에 의리가 있는 것만 보고 다른 것이 있는 것은 보지 않아야 힘을 얻는 곳이 있을 것입니다.

　문의하신 「제례」에 대해서는 각각에 대해 저의 의견을 답변으로 보내니 다시 살펴보시기 바랍니다. 듣기에 호조(戶曹)에서는 많은 사람들이 『예』를 배우는데 당나라 사람들의 논의를 말한다고 하니, 시험삼아 물어보고 검토하시면 좋을 것입니다. 강법연[江默][119)은 청렴하여 곤궁을 견디면서 학문에 힘을 쓰니 흔히 얻을 수 있는 사람은 아닙니다. 사람들의 소견이 또한 다 같을 수는 없지만 한쪽만 고집한 채 융통성이 없이 경솔하게 저술하고 있으니, 그것이 바로 매우 불편한 것일 뿐입니다.

　持敬讀書, 只是一事, 而表裏各用力耳. 若有所偏, 便疑都不曾做工夫. 今且逐日著實做將去, 未須比量難易, 計較得失, 徒然紛擾. 不濟事, 反害事. 要令日用之間, 只見本心義理, 都不見有它物, 方有得力處耳.

　所問祭禮, 各以所見報去, 可更詳之. 聞戶曹多學禮, 說唐人議論, 可

---

118) 『朱熹集』 권62-38, 1195(66세).
119) 【刊補】 강(江)씨 성을 가지고 법조(法曹)의 아전으로 있던 자인데, 아마도 강덕공(江德功)을 가리키는 것 같다.

試扣之, 可檢看也. 江法掾清苦力學, 不可多得. 人之所見, 要亦未能盡同, 但偏執不通, 輕於述作, 此爲大不便耳.

🔵 "지경과 독서는 다만 한 가지 일이다"라는 것은 존덕성과 도문학이 나누어져 둘이 될 수 없다는 것이니, 육자의 설명과 부합되는 것이다. 이회숙은 남강사람인데, 원래 주자가 남강의 지사로 있을 때부터 그로부터 배웠으며 서신으로 질문을 왕래하였으니, 마땅히 그 후의 일이고 이 서신이 주자 만년에 쓰인 것임에 의심의 여지가 없다.

持敬讀書, 只是一事, 則尊德性道問學, 不分爲二, 合於陸子之說矣. 晦叔, 南康人, 自是朱子作守時始從學, 書問往來, 又當在後, 其爲晚年無疑.

이회숙에게 답하다[答李晦叔] 6[120]

질문 : 저는 이전에 "살과 피부가 모이고 근육과 뼈가 묶인다"[121]는 두 구절을 인용하면서 생각하기에 이것은 여동래(呂東萊)가 말한 "마음을 잡아 보존하면 혈기가 자신의 길을 따라 어지럽지 않고, 마음을 수렴하면 정신이 안에서 지켜져서 들뜨지 않는다"는 것도 바로 이런 뜻이라고 생각하였습니다. 선생님께서는 비답을 달아 가르치면서 말하기를 "이 설은 옳지만 반드시 두 구절로 나누어 볼 필요는 없다"고 하셨습니다. 그래서 제가 생각해보니 중첩되는 곳이 있다는 것을 보지 못하였던 것 같습니다.

답변 : 이와 같은 것은 단지 한가한 이야기일 뿐이니 다시 주석을 달려고 해서 심력을 헛되이 낭비하는 데 힘을 쓸 필요는 없을 것입니다.

---

120) 『朱熹集』 권62-42, 1195(66세).
121) 『禮記集說』 권137.

질문: 선생님께서는 또 비답을 달아 가르치면서 "이것은 단지 나아간 것을 수습하는 일순간의 일이기에, 단지 하나의 '잡는다[操]'는 글자도 이미 군더더기일 뿐이니 이와 같이 안배하는 데 뜻을 두어서는 안 된다"고 하셨습니다. 제가 생각하기에 마음의 존망과 출입은 단지 사람이 잡고 버림이 어떠한지에 달려있을 뿐입니다. 그렇지만 성인은 마음을 잡지 않아도 항상 보존되고, 중인들의 경우 잡은 다음에야 보존되는 것입니다. 선생님께서 "다만 마음을 잡는다는 말은 이미 군더더기일 뿐이다"고 하신 말씀의 의미를 오랫동안 모르고 있었는데, 근래에 양귀산이 "나이 일흔에 마음에 하고자 하는 바를 따른다"고 한 뜻을 풀이하면서 "성인께서는 편안히 법도에 맞으시므로 굳이 마음을 잡는 것을 일삼지 않는다"[122]고 한 것을 보고서야 비로소 선생님께서 가르치신 뜻은 이미 보존하고 있는 자를 위한 것임을 깨달았습니다. 만약 마음을 잃어버리지 않을 수 없다면 진실로 잡지 않아서는 안 되겠지만 너무 의도적으로 안배하는 것은 바로 조장하는 것이 되겠습니다. 선생님은 어떻게 생각하시는지 모르겠습니다.

답변: 이것은 매우 절실한 부분입니다. 그러나 양귀산의 말도 그런 뜻이 아닙니다. 반드시 마음에 돌이켜서 잃어버렸거나 수렴할 때 이를 체험한다면 마음을 잡는 그 순간에 보존될 것이니, 다만 공부를 계속하여 끊어지지 않게 해야 합니다.

질문: 제가 일찍이 배우는 자들은 모름지기 이 마음을 단정하고 조용한 가운데 항상 보존하도록 해서 조금이라도 그 사이에 사사로운 뜻이 끼어들지 않도록 해야 마음 속에는 주재가 있게 되어 산만하게 함부로 날뛰지 않게 될 것이라고 생각했습니다. 허령하지만 모든 것을 꿰뚫는 마음의 본체의 경우, 반드시 나날이 의리와 서로 친하도록 하고 자신의 사사로움을 이긴다면, 그런 후에 마음의 본체는 알 수 있는 것입니다.

---

122) 『論孟精義』 권2.

답변: 쓸데없이 안배한 많은 것들을 중지하며, 쓸데없는 말들을 없애고 다만 잡으면 보존된다는 한 구절이 어떠한지를 보아야 할 것이니, 또한 거듭 주석을 달아서는 안 됩니다.

晦叔問云, 輝曩者因擧肌膚之會, 筋骸之束兩句, 竊意謂與東萊所謂操存則氣血循軌而不亂, 收歛則精神內守而不浮, 正是此意. 先生批誨云, 此說是也, 然不必作兩句看. 輝因思之, 未見有重疊處.

答云, 此等處只是閑說, 不須著力更下注脚, 枉費心力.

又云, 先生又批誨云, 此處只是放去收來頃刻間事, 只一操字, 已是多了, 不須如此著意安排也. 輝竊謂心之存亡出入, 特繫於人之操舍如何耳. 但聖人則不操而常存, 衆人則操之而後存也. 先生云只一操字已是多了, 輝久而未喩, 近者看龜山解七十而從心所欲之義, 謂聖人從容中道, 無事乎操, 然後始悟先生批誨之意, 正是爲已存者設. 若心不能無放, 則固不可不操, 但太著意安排, 是助長也. 未審先生以爲如何?

答云, 此是至親切處. 龜山之說, 亦不謂此. 須反之於心, 只就放去收來時體看. 只此操時當處便存, 只要功夫接續不令間斷耳.

又問云, 輝竊嘗謂學者, 却須當常存此心於端莊靜一之中, 毋使一毫私意雜乎其間, 則方寸之間, 自有主宰, 不致散漫走作. 而虛靈洞徹之本體, 則又須是日與義理相親, 克去已私, 然後心之本體, 可得而識.

答云, 罷却許多閑安排, 除却許多閑言語, 只看操則存一句是如何, 亦不可重疊更下注脚.

❀ "쓸데없는 안배를 중지하며, 쓸데없는 말들을 없애고 다만 '잡으면 보존된다'는 한 구절을 보라"는 것은 전적으로 육자의 가르침이다.

罷却閑安排, 除却閑言語, 只看操則存一句, 全是陸子之敎.

여국수[123)에게 답하다[答余國秀] 1[124)

이른바 "내면을 향한다"[125)는 것은 다만 외면으로부터 이해하여 자기 일에 간여하지 않고 남이 알아주기를 바라서는 안 된다는 것을 말할 뿐입니다. 학문의 공부는 안과 밖, 몸과 마음의 간격도 없고, 거침과 세밀함, 은미함과 드러남의 구분도 없습니다. 처음에 우선 큰 강령을 지켜서 제멋대로 하지 않게 하고, 늘 절실하게 일깨워 점차로 더 엄밀하게 해야 합니다. 그런 다음 성현의 책을 읽되 구절마다 글자마다 하나씩 이해하면서 처음부터 끝까지 가야지 가려 읽어서는 안 됩니다. 이런 식으로 오래 하면 자연히 이치를 깨닫는 것이 분명해지고 마음을 지키는 것이 순수하고 익숙하게 될 것입니다. 지금 이 책[126)을 보니, 대개 착실하게 지킨 적도 없으면서 갑자기 순수하고 익숙해지는 공효를 구하고, 순서에 따라 강구한 적도 없으면서 지극히 정미한 깊이에 힘을 쓰니, 말은 비슷해보이지만 과거공부를 하는 것과 마찬가지여서 자기에게는 전혀 관련이 없습니다. 이것은 바로 내면을 향하지 않아서 초래된 병통입니다. 아래의 몇 단락도 이런 병통입니다.

所謂貼裏者, 但謂不可向外理會, 不干己事及求知於人之類耳. 若學問之功, 則無內外身心之間, 無粗細隱顯之分. 初時且要大綱持守, 勿令放逸, 而常切提撕, 漸加嚴密. 更讀聖賢之書, 逐句逐字, 一一理會, 從頭至尾, 不要揀擇. 如此久之, 自當見得分明, 守得純熟矣. 今看此冊, 大抵不曾著實持守, 而遽責純熟之功, 不曾循序講究, 而務極精微之蘊, 正使說得相似, 只與做擧業一般, 於己分上全無干涉. 此, 正不貼

---

123) 여송걸(余宋傑)을 말하는데, 남강군(南康軍) 건창현(建昌縣) 출신이다.
124) 『朱熹集』 권62-43, 1194(65세).
125) 【記疑】 내면을 향하는 것과 같으며, 옛말이다.
126) 【節補】 국수가 질문한 책자다.

裏之病也. 以下數段, 皆是此病.

⊛ 여와 이가 똑같이 질문하는 책을 작성한 것은 여국수와 이경자[127]가 동시에 학문을 배웠기 때문이다. 이경자는 소희 2년(1191)에 학문을 배웠는데 이때 주자 나이는 62세다. 이 서신에서 답변한 내용은 육자의 설과 완전히 똑같다.

余李同作問冊, 蓋國秀與李敬子同時從學也. 敬子以紹熙二年從學, 朱子年六十二矣. 而此書所答, 與陸子說全相同.

이계선에게 답하다[答李繼善] 1[128]

이전에 비록 얼굴을 마주한 적은 없지만 그대의 서신을 받아보고 부탁한 일이 이루어진 것을 알았는데, 보내주신 서신에서 하신 말씀의 글기운이 격앙되어 있고 마음의 기상이 간절하고 확고하니 거듭 읽고서 두려웠습니다. 서는 그대 가문[129]의 뛰어난 후손이 대대로 인재가 모자라지 않음을 기뻐하고 있습니다.

보내주신 서신의 몇 조목은 이미 힘을 쓰는 실마리를 얻었습니다. 이일에 다른 기술은 없으며, 다만 이미 힘을 쓴 곳에서 더 공부하되 반복하면서 순수하고 익숙하게 하면 저절로 별도로 깨닫는 경우가 있을 것이니 다른 것을 구할 겨를이 없습니다.

前此雖未識面, 然辱惠書, 知託事契, 而來書所喩, 辭氣激昂, 意象懇

---

127) 이번(李燔): 자는 경자(敬子), 호는 홍재(弘齋), 시호는 문정(文定)이다. 남강군(南康軍) 건창현(建昌縣) 출신이다.
128) 『朱熹集』 권63-3, 1198(69세).
129) 【劄疑】 계선은 경자의 조카이므로 말한 것이다.

確, 三復竦然. 竊喜公家後來之秀, 世不乏人也.

所喩數條, 已得用力之端. 此事無它巧, 但就己用力處更著功夫, 反復純熟, 自當別有見處, 無假它求也.

☯ 이문정[130]의 일은 주자 최만년이며, 이계선[131]은 또 이문정의 조카이므로 반드시 더 늦은 시기이다. 그러므로 계선에게 한 말은 육자의 설과 부합된다. "이미 힘을 쓴 곳에서 더 공부한다" "저절로 깨달음이 있을 것이니 다른 데서 구할 겨를이 없다"고 한 것은 오직 독서와 강론에 힘쓰는 태도와 다른 것이다.

文定事朱子最晚, 繼善又文定從子, 必尤晚矣. 而所以告繼善者, 與陸子之說合. 就已用力處更着功夫, 自當有見, 不待它求, 異於專事讀書講論者矣.

이계선에게 답하다[答李繼善] 2[132]

보내주신 의의(疑義)에 대해서는 각각 왼쪽에 제 견해를 붙였습니다. 보내 온 말씀은 매우 정밀하지만, 사색에 너무 힘을 들이면 마음이 수고로워서 병이 생길 것이며 분석을 너무 번거롭게 하면 기가 엷어져서 맛이 적어질 것이니, 이 모두 함양과 실천의 공부에 방해가 될 뿐입니다. 그 밖의 곡절은 이경자[李㷍]와 원사[133]가 반드시 말할 것입니다. 오늘은 병이 나서 붓을 잡기가 매우 어려워 할 말을 다하지 못합니다.

---

130) 이번(李燔)을 말한다.
131) 이효술(李孝述) : 자는 계선(繼善)이며, 이번(李燔)의 종자(從子)이다.
132) 『朱熹集』 권63－4, 1198(69세).
133) [翼增] 채념성(蔡念成)을 가리킨다.

所示疑義, 各以所見附於左方矣. 來喩甚精到, 但思之過苦, 恐心勞
而生疾, 析之太繁, 恐氣薄而少味, 皆有害乎涵養踐行之功耳. 其餘曲
折, 敬子元思必能言. 今日疾作, 執筆甚艱, 不容盡布.

⊛ 과도한 사색을 경계하고 실천과 함양을 중시한 것은 육자와 부합
된다.

戒思索之過, 而重踐履涵養, 合於陸子.

이계선에게 답하다[答李繼善] 3[134]

그 동안 비통하여 진실로 감당하기가 쉽지 않았습니다. 보내신 조목
에 대해서는 이미 모두 답신을 올렸으니 다시 참고해보시기 바랍니다.
이경자[李燔]가 학업을 지향하는 그대의 뜻이 아름답다고 매번 칭찬하
였는데 만나 볼 수 없는 것이 매우 안타깝습니다. 그러나 하늘이 나에
게 부여한 것은 이 마음에서 벗어나지 않으며, 성현이 남긴 가르침은
모두 책에 실려 있습니다. 진실로 뜻을 가다듬어 온 힘을 다해 여기에
종사하면 역시 같은 집에 사는 것과 다를 것이 없을 것입니다. 노력하
시기 바랍니다.

中間期慘, 諒不易堪. 所示條目, 悉已奉報矣, 幸更參考之. 敬子每稱賢者
志業之美, 甚恨無由相見. 然天所賦予, 不外此心, 而聖賢遺訓, 具在方冊.
苟能厲志而悉力以從事焉, 亦不異乎合堂同席而居矣. 千萬勉旃!

⊛ 이경자가 매번 칭찬했다고 운운하였으니, 이계선이 주자에게 학

---

134) 『朱熹集』 권63-5, 1198(69세).

문을 배운 것은 이문정의 뒤라는 것을 알 수 있다. 그러므로 "하늘이 나에게 부여한 것은 이 마음에서 벗어나지 않는다"고 한 말에서 그가 심학을 중시했다는 것을 알 수 있다.

敬子每稱云云, 知繼善從學在文定之後. 然所謂天所賦予, 不外此心, 知心學之重矣.

감도사에게 답하다[答甘道士]135)

'집을 지어 책을 저장한다'고 말씀하셨는데, 이런 일은 또한 헛되이 마음의 힘을 낭비할 것입니다. 이는 우선 정좌를 배워 여유롭게 옛 책을 읽으면서 세속의 먼지와 때에 물든 마음을 씻어내 비로소 진정으로 귀착점이 있게 되는 것보다 못할 뿐입니다.

所云築室藏書, 此亦恐枉費心力. 不如且學靜坐, 閑讀舊書, 滌去世俗塵垢之心, 始爲眞有所歸宿耳.

⏺ 이 서신은 비록 감도사에게 답변하는 말과 관련이 있지만 서책을 줄이고 심학을 중시한 것은 매우 자신에게 절실한 것이며, 진도사에게 답변한 것136) 또한 그러하다.

此書雖係答道士之言, 然略書冊而重心學, 甚爲切己, 答陳道士亦然.

---

135) 『朱熹集』 권63-7, 1198(69세).
136) 『朱熹集』 권63-8 「答陳道士」, 1198(69세).

환아부[137)에게 보내다[與晏亞夫] 1[138)

나는 지난해에 대궐에 갔다가 50일이 못되어서 파직되었습니다. 파직되기 하루 전에 북관에서 범문숙(范文叔)을 전송하였는데 집에 온 지 얼마 안 되어 유덕수(劉德修)[139)도 파직되어 돌아왔다는 말을 들었습니다. 유판원(游判院)[140)은 서로 만났지만 터놓고 다정하게 이야기하지도 못하고 헤어졌습니다. 근래에 외직에 보임되었다는 말을 들었는데 지금은 어디에 있는지 모르겠습니다. 진실로 촉땅의 배우는 자들[141)은 뛰어난 인물이 많습니다. 그대는 헤어진 이후에 학문의 진전이 어떠한지요? 지난번에 보니 마음의 기운이 자못 많이 격앙되어 있어서 심지가 아직 매우 안정되지 아니하였습니다. 이런 상황에서는 모름지기 일상 생활 속에서 지경 공부를 더욱더 열심히 하고, 바로 여기[142)에서 본래 명덕의 본체가 움직임과 고요함이 한결같다는 것을 깨닫기를 기다리면 비로소 학문에 들어가는 곳이 있게 될 것입니다.

기주의 강 교수 인편을 통해 이 서신을 부치고 조 태수에게 전해주라고 부탁하였습니다. 거리가 멀어 많은 얘기를 할 수 없으니, 오직 덕을 닦고 자중자애하시기 바랍니다.

熹去歲到闕, 不及五旬而罷. 罷前一日, 送范文叔於北關, 歸家未久, 已聞劉德修亦罷歸矣. 游判院相見, 不及款而別. 近亦聞其補外, 不知今在何許? 信蜀士之多奇也. 亞夫別後, 進學如何? 向見意氣頗多激昂,

---

137) 환연(晏淵) : 자는 아부(亞夫), 호는 연당(蓮塘)이다. 부주(涪州) 부릉현(涪陵縣) 출신이다. 저서에 『孟子註』가 있다.
138) 『朱熹集』 권63−9, 1195(66세).
139) 유광조(劉光祖, 1142~1222) : 자는 덕수(德修), 호는 후계(后溪) 또는 산당(山堂)이다. 간주(簡州) 양안현(陽安縣)에서 태어나 덕청현(德淸縣)에서 살았다. 저서에 『鶴林詞』가 있다.
140) 【翼增】 중홍(仲鴻)을 가리키며 자는 자정(子正)이다.
141) 【記疑】 범문숙 · 유덕수 · 유판원 · 환아부 모두 촉땅의 사람들이다.
142) 【記疑】 '여기에서'는 지경공부를 말한다.

而心志未甚凝定. 此須更於日用之間, 益加持敬工夫, 直待於此見得本
來明德之體, 動靜如一, 方是有入頭處也.

因夔州江敎授便人附此, 託趙守轉致. 地遠不能多談, 唯千萬進德自
愛而已.

🌑 유덕수는 당금으로 파직되었는데, 이는 주자 최만년의 일이다. 서
신에서 논의한 내용 역시 심학을 중시하고 있으니, 만년에는 전적으로
육자와 부합했기 때문이다.

劉德修以黨禁罷官, 此朱子最晚年事. 書中所論, 亦重心學, 蓋晚年
全合於陸子也.

엽인보에게 답하다[答葉仁父] 1[143)

그대의 말뜻은 잘 알아들었습니다. 다만 제가 평생 깨달은 이치는,
사람이 이 몸을 갖게 되면 사람이 되는 이치가 생명과 더불어 생기는데
이는 곧 하늘이 부여한 것이지 사람의 힘으로 할 수 있는 것은 아니라
는 것입니다. 그러므로 무릇 사람이 된 자는 마땅히 그 이치를 강구하
고 밝혀서 이를 삼가 지켜야지 어둡게 하거나 버려서는 안 됩니다. 만
일 몸 밖에 일로서 영광과 시듦, 기쁨과 근심은 일체 하늘이 하는 대로
따라야지 사심을 써서는 안 됩니다. 그 스스로 이르는 경우라도 또한
올바른 것을 선택하여 받아들여야 하며, 그 이르지 않는 것은 구해서
될 리가 없습니다. 이는 평생 발판으로 삼을 준칙이니 조금이라도 변경
할 수 없습니다. 공자와 맹자가 말한 것은 지극히 분명합니다. 제가 일
찍이 스승과 벗을 통하여 다행히 그 이치를 깨달았으므로, 늘 이러한

---

143) 『朱熹集』 권63-14, 1197(68세).

입장을 가지고 스스로 노력하였으며 또한 감히 이러한 입장으로 남을 응대하지 않을 수 없었습니다. 그래서 평생 남에게 알려지기를 구한 적도 없었고, 친구를 위해 알려지기를 구하려고도 하지 않았습니다. 오직 그 한 두 사람이 혹 늙고 가난하며 곤란과 재액으로 제대로 살아갈 수 없게 되었을 경우, 이것을 말한 적도 있었겠지만 이것도 겨우 있는 정도에 불과했었습니다. 그대의 경우는 학문에 대하여 아직 노력해야 하며, 또 심하게 가난하고 늙었으며 오랫동안 고난과 재액을 겪은 것도 아닙니다. 그러므로 그대가 앞서 여러 번 하신 말씀은 모두 제가 듣고 싶었던 내용이 아니었습니다. 지금 위학의 금지령이 내렸기 때문에 그 말을 다하고 싶지 않으니, 그대 또한 말없이 이해할 수 있을 것입니다. 하지만 지금 서신 내용도 비록 이전보다는 약간 다른 것 같으나 끝내 나의 뜻을 다 알지 못한 것 같아서 하는 수 없이 다 말하게 되었습니다. 그대가 이런 점을 살피고 생각하면 좋겠습니다. 한밤중에 일어나 통렬하게 스스로 성찰해서 혹 분연히 한 번 떨치고 일어나 종전에 3,40년 동안 보고 들으면서 물들었던 습관에서 모두 벗어날 수 있다면, 진정 통쾌하지 않겠습니까? 진정 통쾌하지 않겠습니까?

　他喩已悉. 但平生所聞, 人有此身, 便有所以爲人之理, 與生俱生, 乃天之所付, 而非人力之所能爲也. 所以凡爲人者, 只合講明此理而謹守之, 不可昏棄. 若乃身外之事, 榮悴休戚, 卽當一切聽天所爲, 而無容心焉. 其自至者, 亦擇其可而受之, 其不至者, 則無求之之理也. 此是終身立脚地位, 不可分寸移易. 孔孟所說, 極是分明. 區區早從師友, 幸見得此理, 故嘗以此自勉, 亦不敢不以此待人. 所以平生未嘗求知於人, 亦不欲爲朋友求知. 唯其一二, 或以貧老困厄, 不得其所, 則嘗言之, 然亦絶無而僅有也. 如吾友者, 於學尙可以勉, 而亦未爲甚貧且老, 而困厄之久者. 故前此累承喩及, 皆非區區所欲聞. 而以方有詭僞之禁, 故不欲盡其言, 亦意賢者當默曉也. 而今所喩, 雖若小異於前, 似終未悉鄙

意, 故不得已而索言之. 幸試思之. 中夜以興, 痛自省察, 或能奮然一
躍, 盡脫從前三四十年見聞染習之陋, 不亦快哉? 不亦快哉?

⑳ 위학의 금지는 주자 만년의 일이다. 서신에서 말한 내용은 육자가
백록동에서 행한 의리의 분변과 동백우144)에게 답한 서신의 뜻과 부합
된다.

禁僞是最晚之年. 書中所云, 合於陸子鹿洞義利之辯, 及答童伯虞書意.

손경보145)에게 답하다[答孫敬甫] 3146)

저는 집에 돌아와서147) 대충 마음을 달랬지만, 이번 여름에 병을 앓
아 매우 괴로워서 나이를 빌미로 사직하려 했지만 바라는 대로 되지 않
았으며, 눈이 더욱 보이지 않아서 책도 볼 수 없으니 자못 괴롭기만 할
뿐입니다.

보내 주신 서신에서 말씀하신 학문하는 뜻은 매우 좋고 좋습니다. 다
만 '경'이라는 한 글자는 학문의 강령이니 반드시 여기에 뜻을 두어 의
지할 바가 있도록 하여 치지와 역행을 하는 바탕으로 삼아야 좋을 것입
니다. 지난번 『대학』에서 고친 부분은 매우 중요한 것은 아니므로 지금
되는대로 한 부를 보내지만 근래 깨달은 것 또한 친절하지 못한 부분이
많으니, 의리가 무궁해서 쉽사리 얕은 견해로는 헤아릴 수 없음을 알게
되었습니다. 천태산에 있는 친구 가운데 주부인 조사공이 매우 훌륭합
니다. 선성(宣城)지방에도 함께 학문할 만한 사람이 있는지요?

---

144) 동백우(童伯雨, 1144~?) : 자는 비경(蜚卿)이고, 건영부(建寧府) 구영현(甌寧縣) 출신
　　이다. 저서에 『四書訓誨』가 있다.
145) 손자수(孫自修)를 말하는데, 그는 영국부(寧國府) 선성현(宣城縣) 출신이다.
146) 『朱熹集』 권63 - 19, 1195(66세).
147) 【節補】 갑인년 국사를 그만둔 것을 말한다.

熹歸來粗遣, 但今夏一病, 狼狽殊甚, 辭職請老, 皆未得如所欲, 加以盲廢, 不可觀書, 頗以爲撓耳.

示喩爲學之意, 甚善! 甚善! 但敬之一字, 乃學之綱領, 須更於此加意, 使有所據依, 以爲致知力行之地乃佳耳. 大學向來改處無甚緊要, 今謾往一本, 近看覺得亦多未親切處, 乃知義理亡窮, 未易以淺見窺測也. 天台朋友有趙師邺主簿者, 尤佳. 宣城亦有可與共學者否耶?

● "나이를 빌미로 사직하려 했다"는 것은 가장 만년 때의 일이다. 경을 중시한다고 논한 것은 매우 자신에게 절실히 하기 때문이다. 『대학』 개정본에 대해 스스로 "많은 부분이 친절하지 못하다"고 말하고 있는데, 지금 세상에 유행하는 것은 어떤 판본인지 모르겠다.

辭職請老, 俱是最晚年事. 所論重敬, 甚爲切己. 大學改本, 仍自謂多未親切, 不知今行世者, 是何本也?

손경보에게 답하다[答孫敬甫] 4[148]

제가 쇠약하고 병이 들어서 연례적으로 봄여름마다 한 번씩 발병합니다. 올해 발병이 더딘 것은 이 쇠약하고 연로한 몸이 점차 죽고자 하는 것이니 또한 괴이할 것도 없습니다. 사록관 직책에 대한 청이 다행히 받아들여졌다 해도 시론이 흉흉해서 편안하리라는 기약이 없으니 미천한 저도 아마 안녕을 보장할 수가 없을 것 같습니다만, 잠시라도 내 마음에 부끄러움이 없게 하면 되는 것이지 달리 슬기로운 생각으로써 화를 피해 평안할 수 있는 것[149]이 아닙니다.

보내주신 서신에서 "가슴 속에 은미한 병으로 인해 마음을 보존하지

---

148) 『朱熹集』 권63-20, 1196(67세).
149) [記疑] 화를 피해 평안하려는 것을 말한다.

않을 수 없는 것임을 알았습니다"고 하신 그 뜻이 매우 좋습니다. 요컨대 지경과 치지는 실제로는 서로 발하게 해주지만 경이 항상 으뜸이 됩니다. 거하는 곳이 이미 넓다면 향하는 곳도 평탄하여 큰 길이 아님이 없을 것입니다. 성현이 하시는 일은 비록 한 마디로 쉽게 말할 수는 없지만, 대부분 아마도 여기에서 벗어나지는 않을 것입니다. 근년에 병이 많아서 문을 닫아걸고 한가롭게 있는 중에 이 의미를 자못 명확하게 깨달았기에 기꺼이 친구에게 알리는 것입니다. '지선'의 의미에 대해 논의하신 것이 매우 좋으며, 끝머리의 '열문'에 대한 장150)은 더욱 힘이 있습니다. 육상산의 학문과 같은 경우는 근년에 있어서 일종의 천박하고 치우친 의논 중에서도 진실로 뛰어난 점이 있어서 천박하고 치우친 논의와 짝할 정도는 아닙니다.151) 그 무리들이 전하고 익힌 것도 또한 그 몸을 닦고 집안을 다스려서 정사에 시행할 만하지만, 단지 그 핵심적인 가르침은 본래 선불교에서 왔다는 것은 속일 수가 없습니다. 당시 조문원(晁文元)152)과 진충숙(陳忠肅)153)과 같은 이들은 분명히 죄를 자백하고 착실하게 향유하여 또한 자연히 힘을 얻게 되었으므로 그처럼 꺼리고 감추려고 이름과 성을 바꿀 필요는 없으니, 남을 속이고자 하면 남은 속이지 못하고 다만 자기를 속여서 성실하지 못한 지경으로 빠지게 되는 것입니다. 그러나 우리들은 반드시 그와 같다는 것을 알아서 미혹되지 말아야 합니다. 만약 우리 학문에 대해 과연 깨달은 것이 있다고 해도 저들의 말은 못으로 박고 아교로 붙여서 일체를 거짓으로 붙여놓은

---

150) 【箚疑】『大學』「止善」에 있는 '전왕불망(前王不忘)'이라는 시를 가리킨다.
151) 【記疑】육구연의 학문이 진실로 뛰어나기 때문에, 천박하고 치우친 논의들이 벗으로 삼을 수 있는 것이 아니다.
152) 조형(晁逈, 948~1031) : 자는 명원(明遠), 시호는 문원(文元)이고, 단주(澶州) 청봉(清丰) 출신이다. 조씨 가문은 대대로 장서가로 이름이 알려졌는데, 조형에 이르러서는 대략 24,000여 권의 책을 소장하였다. 저서에 『翰林集』, 『道院集』, 『法藏碎金錄』, 『耆智余書』, 『昭德新編』 등이 있다.
153) 진관(陳瓘, 1057~1124) : 자는 옥중(瑩中), 호는 료옹(了翁)이고, 남검주(南劍州) 사현(沙縣) 출신이다. 송 휘종(徽宗) 때 사간(司諫)이 되었다. 저서에 『了齋集』과 『約論』 등이 있다.

것이니, 자연히 풀어지고 흩어져서 수습할 수 없습니다. 절대로 그들과 변론하다가 서로 엉클어져 다투는 공손치 못한 빌미를 일으켜 도리어 변장자가 기회를 얻는 결과가 되게 하지 말아야 합니다. 젊었을 때 선불교의 글을 읽기 좋아하였는데 고로(杲老)154)가 장시랑155)[張九成]에게 준 서신을 보니, "그대는 이미 선불교의 칼자루를 손에 넣었으니 근본은 그대로 두고 겉만 바꿔서 도리어 유학자들의 언어를 사용하여 사대부들에게 설파하여 앞으로의 배우는 자들을 이끌어 주십시오"라고 말하였습니다. (그 서신의 대의가 이와 같습니다. 지금 그 말을 다 기억하지는 못합니다.) 그 후 장공이 경전을 해석한 글을 보니 한결같이 그런 책략을 사용했습니다. 다만 치밀하게 숨기지 못해 탄로 난 부분이 많으니, 읽는 사람이 한 번 보면 곧 그 출처를 알게 되니 순전히 유가에 기탁했다고 생각하기 어려웠습니다. 그런데 근래의 경우는 방법이 더욱 정밀해지고 설명이 더욱 교묘해서 나타났다 숨겨졌다 하면서 순식간에156) 만 가지로 변하니 거의 분별할 수 없습니다. 그러나 그 무리들은 스스로 헛수고만 할 뿐 끝내 남을 속일 수 없음을 알게 될 것입니다. 다만 고로의 글은 근래 불교 경전에서 인쇄된 판본을 보면 그런 말이 없는데 그 무리들이 이미 비루함을 알고서 몰래 삭제한 듯하니, 사람들의 집안에는 반드시 참고할 만한 옛 판본이 있을 것이지만 뜻하지 않게도 찾을만한 시간이 없었습니다. 근래 강서에 있는 한 후배의 서신을 받아 보니 다음의 두 마디 말이 있었습니다. "눈을 껌벅이고 팔을 걷어 부치고 본심

---

154) 대혜(大慧, 1089~1163) : 자는 담해(曇海), 호는 묘희(妙喜)·운문(雲門), 시호는 보각선사(普覺禪師)이다. 선주(宣州) 출신이다. 제자로는 사대부인 장구성(張九成) 등이 있다. 정쟁(政爭)에 휘말려 형산(衡山)에 유배되었다. 훗날 효종의 귀의(歸依)를 받았으며, 대혜선사(大慧禪師)라는 호를 받았다. 간화선의 독창적인 전개로 사상계에 큰 영향을 끼쳤다.
155) 장구성(張九成, 1092~1159) : 자는 자소(子韶), 호는 무구거사(無垢居士)·횡포거사(橫浦居士)이다. 전당(錢塘)출신이다. 양시(楊時)에게서 배우고, 1132년 진사에 일등으로 합격하여, 예부시랑 형부시랑을 역임하였으나, 진회(秦檜)의 뜻을 거슬려 귀양을 갔다가, 진회가 죽자 복권되어 온주지사를 지냈다. 저작에 『橫浦集』이 있다.
156) 【箚疑】 잠깐 던져지는 모습을 가리킨다.

을 가리키며, 수염을 흩날리고 이를 갈면서 단서를 말한다”고 하였는데
이것 또한 그 학문을 향해 나아가는 병에 심하게 걸린 것입니다. 그러
나 이미 경계를 시켰으니 우선 스스로를 밝히는데 힘쓰고 그와 경솔하
게 논의하지 마십시오. 붓 가는 대로 쓰다 보니 나도 모르게 이렇게 장
황해졌는데 절대로 경솔히 다른 사람에게 보여서 마복파가 두계량을
책망했던 것157)처럼 되지 않게 하십시오.158)

‘태극’설에 대해 논의하신 것은 옳은 듯합니다. 그러나 그 뜻을 바로
일상생활 속에서 터득하여 스스로 온전히 함양하기를 돈독히 해야 실
제로 향유할 수 있는 것입니다. 그렇지 않게 되면 다만 빈말일 뿐이어
서 도리어 눈을 부릅뜨고 이를 가는 저들에게159) 비웃음을 받게 될 것
입니다. 절대로 깊이 경계하고 소홀히 여겨서는 안 됩니다. 남강지역의
『논어』와 『맹자』는 나중에 개정한 판본인데, 근래 읽어보니 오히려 고
쳐야 할 부분이 있어도 아직 손을 대지 못하고 있습니다. 의리는 무궁
해서 오래 음미하면 할수록 더욱 설명이 부족한 부분이 있다는 것을 깨
닫습니다. 그런데도 눈앞에 닥친 일 때문에 사람들은 당면하고서도 지
나쳐 버리고 맙니다.160) 『대학』에도 고친 부분이 여럿 있는데 아직 기
록할 겨를이 없었습니다. 지금 단지 교정한 『시전』 한 부와 아울러 새
로 간행한 『중용』 한 부를, 지금 인쇄한 『이정집』에 들어 있는 제례 부
분과 함께 보냅니다. 부쳐주신 종이는 마침 여분이 없습니다. 『시』와
『중용』은 곧 예전에 완성된 것161)을 산 것이라 종이가 좋지 못하지만,

---

157) 마원(馬援)이 조카인 마엄(馬嚴)과 마돈(馬敦)을 훈계한 내용이다. 두계량이 호협심
　　과 의협심이 많아 다른 사람을 걱정해 주지만 그를 흉내내다가는 경박한 자가 된다는
　　것이다.
158) 【箚疑】 마복파(馬伏波)가 비단 계량(季良)만을 책망한 것이 아니라, 그 형의 아들로 인
　　해 한 말이[因其兄子而語] 계량에게까지 미쳐서 끝내 화를 불렀다. 선생의 뜻은 아마도
　　벗들을 서로 경계하려고 했던 말이 선불교에까지 미쳐 화를 부를까봐 염려하신 것이다.
159) 【記疑】 선불교를 공부하는 자들의 기량이다.
160) 【箚疑】 이런 일에 대면해서 실수한다는 것을 말한다.
161) 【箚疑】 예전에 인쇄를 마친 것을 가리킨다.

또한 뒤적이는 데는 괜찮을 것입니다. 훼손된 목판으로 책을 찍은 일이 최근에 조금 완화되었다는 것은 어떤 일을 말씀하신건가요? 바쳤던 책 자가 훼손되었다고 해도 공이 없다고는 말할 수 없으니, 이미 사람들의 마음에 깊이 새겨져서 훼손한 것은 단지 외부적인 것뿐입니다.

'음보'에 대해 물으신 것은 사실상 대처하기가 어렵습니다. 그러나 '관년'과 '실년'에 대한 설162)은 조정에서도 또한 분명히 알고 있습니다. 그래서 근년에 '실년에 벼슬을 그만둔다'는 것을 내세운 자가 있었는데 조정에서는 '관년이 차지 않았다'는 것을 이유로 기각하였으니, 기한 전에 해당관행에 잘 알아보았는지 모르겠습니다.

熹衰病, 年例春夏須一發. 今年發遲者, 此衰年老態欲死之漸, 亦不足怪也. 祠官雖幸得請, 然時論洶洶, 未有寧息之期, 賤迹蓋未可保, 然姑使無愧於吾心則可已, 他非智慮所能避也.

所喻因胸次隱微之病, 而知心之不可不存, 此意甚善. 要之, 持敬致知, 實交相發, 而敬爲主. 所居旣廣, 則所向坦然, 無非大路. 聖賢事業, 雖未易以一言盡, 然其大槪, 似恐不出此也. 年來多病杜門, 間中見得此意頗端的, 故樂以告朋友也. 所論至善之意甚善, 其終烈文一章, 尤有力. 如陸氏之學, 則在近年一種浮淺頗僻議論中, 固自卓然, 非其儔匹. 其徒傳習, 亦有能修其身, 能治其家, 以施之政事之間者, 但其宗旨本自禪學中來, 不可揜諱. 當時若只如晁文元陳忠肅諸人, 分明招認, 著實受用, 亦自有得力處, 不必如此隱諱遮藏, 改名換姓, 欲以欺人, 而人不可欺, 徒以自欺, 而自陷於不誠之域也. 然在吾輩, 須但知其如此, 而勿爲所惑. 若於吾學果有所見, 則彼之言, 釘釘膠粘, 一切假合處, 自

---

162) 관년은 과거 볼 때나 관직에 있을 때 적어 넣는 나이이고 실년은 실제의 태어난 나이이다. 홍매(洪邁)에 따르면 일반 사대부 자제들은 과거볼 기회를 더 얻기 위해서 관년을 실년보다 적게 쓰고, 높은 관료 자제들은 일찍 관료명부에 들고자 관년을 실년보다 높게 썼다고 한다.

然解拆破散, 收拾不來矣. 切勿與辨, 以起其紛拏不遜之端, 而反爲卞莊子所乘也. 少時喜讀禪學文字, 見杲老與張侍郎書云左右旣得此欛柄入手, 便可改頭換面, 却用儒家言語, 說向士大夫, 接引後來學者. (其大意如此. 今不盡記其語矣) 後見張公經解文字, 一用此策. 但其遮藏不密, 漏露處多, 故讀之者一見便知其所自來, 難以純自託於儒者. 若近年, 則其爲術益精, 爲說浸巧, 抛閃出沒, 頃刻萬變, 而幾不可辨矣. 然自明者觀之, 亦見其徒爾自勞, 而卒不足以欺人也. 但杲老之書, 近見藏中印本, 却無此語, 疑是其徒已知其陋, 而陰削去之, 然人家必有舊本可考, 偶未暇尋訪也. 近得江西一後生書, 有兩語. 云瞑目扼腕而指本心, 奮髯切齒而談端緖, 此亦甚中其鄕學之病. 然亦已戒之, 姑務自明, 毋輕議彼矣. 信筆不覺縷縷, 切勿輕以示人, 又如馬伏波之譏杜季也.

所論太極之說, 亦爲得之. 然此意直是要得日用之間, 厚自完養, 方有實受用處. 不然, 則只是空言, 而反爲彼瞑目切齒者所笑矣. 切宜深戒, 不可忽也. 南康語孟是後來所定本, 然比讀之, 尙有合改定處, 未及下手. 義理無窮, 玩之愈久, 愈覺有說不到處. 然又只是目前事, 人自當面蹉過也. 大學亦有刪定數處, 未暇錄去. 今只校得詩傳一本, 幷新刻中庸一本, 與印到程書祭禮幷往. 所寄楮券, 適足無餘. 詩及中庸, 乃買見成者, 故紙不佳, 然亦不閔翻閱也. 毁板事, 近復差緩, 未知何謂? 然進卷之毁, 不可謂無功, 但已入人心深, 所毁者, 抑其外耳.

所詢蔭補事, 實難處. 然官年實年之說, 朝廷亦明知之. 故近年有引實年乞休致者, 而朝廷以官年未滿却之, 不知亦可前期審之於省曹否耶?

⊛ 주자 만년의 학문과 다른 사람을 가르치는 것은 모두 육자의 설을 사용하였다. 그러나 그 의론은 끊임없이 비난하는 것으로 대개 남을 이기려는 마음이 이처럼 해로웠다. 이미 그 무리들이 전하고 익힌 것도 또한 그 몸을 닦고 집안을 다스려서 정사에 시행할 만 하다고 말해놓고 또 핵심적인 가르침이 본래 선불교에서 왔다고 말하고 있는데, 우리 유가의

학문이 몸을 닦고 집안을 다스리는 것과 정사에 관한 것 외 다시 어떤 일이 있는 것인지 나는 모르겠다. 또 인륜을 등한히 하는 선불교라는 것이 또한 몸을 닦고 집안을 다스리며 정사를 시행하는 것인지 모르겠다. 그런 의론은 변론할 필요도 없이 사람마다 그 옳고 그름을 능히 알 수 있는 것이다. 육자가 살아있을 때 주자는 그가 표리가 한결같음이 실로 다른 사람보다 뛰어났다고 탄복했다가, 그가 이미 죽었을 때 주자는 그가 자기도 속이고 남도 속였다고 비난하였다. 내가 볼 때, 육자는 조금도 속이는 것이 없었다. 그런데도 그의 말을 이용해서 그 사람을 비난하고 있으니 바로 자기를 속이고 남도 속이는 경우는 육자에 해당하지 않는다. 주자는 평생 묘희[대혜 종고를 공부하고 유가를 스승으로 섬겼으며163) 황벽164)을 존숭하였으니 선불교에 깊이 빠져 있었다. 육자는 평생 불교와 도교를 지금까지 빌리지도 않았고 또한 지금까지 물들지도 않았으니, 반드시 잔인하게 고의로 날조해서 공연히 선불교라고 매도했으니 과부에게 장가든 자가 까닭 없이 장인을 치는 격이다.165) 이것은 나의 공평한 논의이니, 배우는 자들이 두 분의 전집을 읽어 본다면 누가 선불교고 누가 선불교가 아닌지를 알 수 있을 것이다. ‘본래 마음’을 가리키는 데서 ‘단서’를 말한 것은 맹자의 가르침인데 여기에 무슨 병폐가 있는가? “눈을 껌벅이며 팔을 걷어 부치고, 수염을 흩날리고 이를 간다”는 것은 다만 자연의 무리가 과격하게 말했기 때문에 한 말일 뿐이다. 대혜

---

163) 유가(惟可)는 주자가 이통에게 배울 때, 머물 던 곳의 승려이다.

164) 희운(希運, ?~850) : 당나라의 선승(禪僧)으로 시호는 단제(斷際), 복건성(福建省) 출신이다. 황벽(黃檗) 단제선사(斷際禪師)로 알려졌다. 어려서 홍주(洪州) 황벽산에 들어가 승려가 되었으며, 백장선사(百丈禪師) 회해(懷海)의 지도를 받고 깨달음을 얻었다. 나중에 종릉(鍾陵)의 용흥사(龍興寺)와 완릉(宛陵)의 개원사(開元寺)에도 머무르면서 찾아드는 학인들을 맞았으나 황벽산에서 최후를 마쳤다. 그래서 황벽희운이라고도 부른다. 문하에 중국 임제종의 개조인 임제 의현(義玄)이 있다. 문집으로는 『黃檗山斷際禪師傳心法要』가 남아 있다.

165) 후한대 제오륜(第五倫)이 장인을 쳤다고 비난을 받았는데, 실제로 장인은 없다고 한 데서 유래한 말이다. 까닭없이 남의 비방을 받음을 말한다.

종고의 말을 장자소가 인용했는지는 알 수 없다. 만약 육자를 기롱하려 했다면 조금도 관계없는 것이다. 그러나 손경보를 가르치면서 "일상생활 속에서 스스로 온전히 함양하기를 돈독히 하며, 그렇지 않게 되면 모두 빈말이 되고 맙니다"는 것은 모두 육자가 학문하는 방법이며 가르치는 방법이니, 주자가 이전에 남을 가르칠 때 먼저 독서하고 강론하는 것을 이치를 궁구하는 방법으로 여긴 것과는 다르다. 그 논의는 물과 기름처럼 서로를 들이지 않지만 그 학문은 부절처럼 서로 합치된다는 것을 어찌 믿지 않겠는가?

朱子晚年爲學, 與所以敎人, 皆用陸子之說. 而其議論, 則詆之不已, 蓋勝心之爲害如此. 旣云其徒傳習, 亦能修其身, 齊其家, 以施之政事之間, 又云宗旨本自禪學, 吾不知吾儒之學, 修身齊家及政事之外更有何事? 又不知禪學之外人倫者, 亦能修身齊家施於政事否? 此等議論, 蓋不待辯析, 而人人能知其得失者也. 陸子存日, 則服其表裏如一, 實有以過人者, 及其旣歿, 則詆其爲自欺欺人. 以吾觀之, 陸子毫無欺處. 而用其言, 而詆其人, 正恐自欺欺人不在陸子也. 朱子生平參妙喜師惟可尊黃檗, 沈潛於禪學. 陸子生平與僧道從不假借, 亦從無沾染, 乃必深文曲筆, 坐以禪學, 是誣娶寡女者搗婦翁也. 此吾平心之論, 學者第取兩家全集讀之, 卽可知其孰爲禪, 孰爲非禪. 至於指本心, 談端緖, 孟子之敎也, 此有何病? 瞑目扼腕, 奮髥切齒, 特子淵輩言之過激耳. 呆老語, 在張子韶或用之未可知. 若以譏陸子, 則毫無干涉也. 然敎敬甫日用之間, 厚自涵養, 不然則皆爲空言, 皆陸子所以爲學, 與所以敎, 非朱子從前所以敎人, 先以讀書講論爲窮理之法也. 所謂其論則冰炭不相入, 其學則符節相合, 詎不信夫!

손인보166)에게 답하다[答孫仁甫] 1167)

아직 그대의 얼굴을 본 적이 없지만 보내주신 서신은 제게 큰 영광이니, 어찌 그대가 저와 강론한 적이 있다고 저의 말을 취한 것이겠습니까? 매우 부끄럽고 또 감격한 것을 말로 다 할 수 없습니다.

그대가 논한바 지금 세상에는 학문을 강론하는 선비가 많을수록 성인의 도가 더욱 이지러진다고 한 것은 지극히 절실한 논리입니다. 그러나 굳이 왕도가 행하여지지 않더라도 천하의 다스림을 즉시 기다릴 수 있다고 한 말을 보면, 아마 그대가 강론한 학문은 성인의 학문이 아닌 것 같으니, 학문을 강론하는 선비가 많을수록 성인의 도는 더욱 이지러지는 것은 괴이할 것이 없겠습니다. 대개 하늘이 만물을 탄생시킬 때에 곧바로 성품이 부여되어 있으므로 방촌(方寸) 밖에 안 되는 마음에 온갖 선(善)이 충족되어 있으니, 성인은 오로지 거기에 대하여 사람들에게 그 본체를 온전히 잘 기르고 작용에 베풂을 잘 발휘하여 먼저 자신을 완성시키고 그런 다음에 상대에게 미치도록 가르치는 데에 지나지 않습니다. 그래서 성인의 시대는 이미 멀어졌어도 만세 이후에서 그 말을 답습하고 있는 것인데 그 범위에서 나온 것은 정통을 얻은 것이 되지만 거기에서 벗어난 것은 노자와 불교의 공허한 사상으로 떨어지고, 거기에도 못 미치는 자는 관중·안영·신불해·상앙처럼 되고 오히려 학문을 강론하는 자로 자처하려고 드니 너무도 잘못된 것입니다. 그러니 정도(正道)가 이지러지는 것이 당연하지 않습니까? 그대가 근래의 서신에서 논한 바, 단서가 있는 것 같다고 한 것은 한가한 날 서로 논평을 하여 보면 마땅히 정론(定論)이 있을 것으로 여겨지니 오래도록 방황하지 말기를 바랍니다.

인편이 돌아가므로 병들고 게으른 저는 이만 씁니다.

---

166) 손자임(孫自任)을 말하는데, 손자수(孫自修)의 형이다.
167) 『朱熹集』 권63-23, 1195(66세).

未見顔色, 辱書甚寵, 豈以賢兄嘗有講論之舊, 而有取於其言耶? 甚愧且感, 不勝言也.

所論今世講學之士愈衆, 而聖人之道愈隳, 此切至之論也. 然又有謂不必王道之行, 而天下之治可立而待者, 則恐賢者所講之學, 非聖人之學, 亦無怪其講者愈衆而道愈隳也. 大抵天之生物, 便有常性, 方寸之間, 萬善皆足. 聖人於此, 不過敎人保養發揮, 先成諸己而後及於物耳. 故聖人已遠, 而萬世之下, 祖述其言, 能出於此者, 乃謂得其正統. 其過之者, 則爲墮於佛老之空虛. 其不及乎此者, 則爲管晏, 爲申商. 又其每下者, 則不自知其淪於盜賊之行, 而猶欲自託於講學, 其亦誤矣. 道之隳也, 不亦宜乎! 賢兄近書所論, 似有端緒, 想暇日相與評之, 固宜漸有定論, 母爲久此佷佷也.

便還, 病倦草草.

🦶 손인보는 손경보의 동생이다. 경보의 여러 서신들은 모두 경원당금 때에 쓰인 것이다. 손인보는 형에게서 배웠으니 반드시 더욱 주자 만년의 때의 일이다. 그리고 "방촌(方寸) 밖에 안 되는 마음에 온갖 선(善)이 충족되어 있어서 성인이 사람들을 가르칠 때 온전히 잘 기르고 잘 발휘하도록 하는 데 불과하다"고 논한 것은 모두 전적으로 육자의 설을 이용한 것이다.

仁甫爲敬甫之弟. 敬甫諸書, 俱在黨禁時. 仁甫因兄問學, 必尤在晚年矣. 然所論方寸之間, 萬善皆足, 聖人敎人不過保養發揮, 皆全用陸子之說也.

손인보에게 답하다[答孫仁甫] 2[168]

글을 받고서 그 내용을 반복하여 검토하니, 그대는 남보다 지나치게 영특한 기개가 있지만 하학(下學)을 달갑게 여기지 않는 생각이 있으니 그래가지고서는 덕으로 들어가는 계제(階梯)가 될 수 없음을 알겠습니다. 무릇 사람이 영특한 기계가 없으면 진실로 수준 낮은 것을 편하게 여기므로 형이상학을 말할 수가 없으나, 만약 영특한 기계가 있기는 한지만 이를 통제하지 못한다면 도리어 이것에 부려져 학문에 뜻을 두지 않을 수 있으니 이것은 배우는 자들의 공통된 근심입니다. 그래서 옛사람이 교육을 베푼 경우, 그들은 쇄소(灑掃)·응대(應對)·진퇴(進退)의 절차와 예악(禮樂)·사어(射御)·서수(書數)의 글에서 반드시 마음을 억제하고 머리를 숙이게 하여 거기에 종사해서 조금도 소홀히 할 수 없게 만든 것입니다. 그렇게 된 후에야 침착하지 못하고 굽힐 줄 모르는 기개가 사라져 덕에 들어가는 계단이 밟게 될 것입니다. 그러나 지금 이미 그런 것이 없으면 오직 글을 읽는 한 가지 일만이 그래도 몸과 마음을 단속하는 도움이 되는 것입니다. 그러나 차례에 따라 삼감을 다하지 않으면 유익함이 없습니다. 그래서 지금 그대를 위해 생각하여 보면 우선 일상생활 속에서 하학의 공부를 다하여 독서하며 궁리하는 한편, 과정을 세밀하게 세워 번거로움을 참고 착실하게 다져서 속히 이해하려고 서둘지 말고, 마음을 잡아 두고 몸가짐을 잘 지켜야 합니다. 그렇게 하면 때와 장소에 따라 심신이 수렴됨을 깨닫게 될 것이니, 작은 공을 생각하지 말고 이렇게 쌓아가면서 3~5년 동안 공부를 하게 되면 마음이 점점 길들여지고 근본이 대충 확립되어 의거할 만한 바탕이 있게 되지만 그렇지 않으면 아마도 마침내 그 기개에 의해 부려져 성취할 수 없게 될 것입니다. 질문하신 순과 동한의 두 가지 일은 일시에 붓이 가는

---

168) 『朱熹集』 권63-24, 1195(66세).

대로 언급한 것이지 생각하고 생각하다가 터득하지 못하여 분통이 쌓여서 발한 것은 아닌 듯합니다. 여자약에게 보낸 서신에 대해 답신을 받아보셨는지요? 그의 설명이 어떤지 모르겠습니다. 나중에 서신으로 대략이나마 알려주시기 바랍니다.

奉告反復其詞, 又知賢者英邁之氣, 有以告人, 而慮其不屑於下學, 且將無以爲入德之階也. 夫人無英氣, 固安於卑陋而不足以語上. 其或有之而無以制之, 則又反爲所使而不肯遜志於學, 此學者之通患也. 所以古人設敎, 自洒掃應對, 進退之節, 禮樂射御書數之文, 必皆使之抑心下首以從事於其間, 而不敢忽, 然後可以消磨其飛揚倔强之氣, 而爲入德之階. 今旣皆無此矣, 則唯有讀書一事, 尙可以爲攝伏身心之助, 然不循序而致謹焉, 則亦未有益也. 故今爲賢者計, 且當就日用間, 致其下學之功, 讀書窮理, 則細立課程, 耐煩著實, 而勿求速解, 操存持守, 則隨時隨處, 省覺收斂, 而毋計近功, 如此積累, 做得三五年工夫, 庶幾心意漸馴, 根本粗立, 而有可據之地. 不然, 終恐徒爲此氣所使, 而不得有所就也. 只如所問舜及東漢二事, 想亦出於一時信筆之所及, 非思之不得, 積其憤悱而後發也. 所與子約書, 曾得其報否? 不知其說云何? 後便略報及也.

◉ 독서궁리와 조존지수를 논하는 곳은 모두 육자와 부합된다. 육자의 『전서』에 모두 갖추어져 있으니 참고할 수 있다.

論讀書窮理, 及操存持守處, 皆與陸子合. 陸子全書具在, 可考也.

여정보에게 답하다[答余正甫]169)

보내주신 서신에서 서로 인정하여 주는 뜻이 매우 두텁고, 뜻을 진술한 수준이 매우 높아서 세 번이나 반복해 읽으면서 감탄스러워 무어라고 해야 할지 모르겠습니다. 그러나 나는 일찍이 천하의 이치는 만 가지로 다르지만 그 귀결은 하나뿐이지 두세 가지가 허용되지 않는다고 여겼습니다. 하나의 이치를 알면 말과 행동하는 중에 비록 같지 않는 것이 있어도 하나가 되는 그 자체에는 해가 될 것이 없을 것이나, 그 하나의 이치를 알지 못하고 억지로 같게 하려고 하면 오히려 두셋이 됨을 면치 못할 것인데 더구나 그 두셋을 가지고 이치가 진실로 그런 것으로 여겨서 같을 필요가 없다고 한다면 그 천 리만큼 어긋나는 결과는 아마 발걸음을 옮기기도 전에 이미 문과 뜰 앞에서부터 엇갈리게 될 것입니다. 그래서 명도선생은 "경(經)으로 해석함에 같지 않은 곳이 있는 것은 무방하나 긴요한 곳에서는 같지 않을 수가 없다"170)고 하였으니 그 말이 음미할 만합니다.

보여주신 『중용』, 『대학』에 대한 여러 가지 논리에서 진실로 부지런하게 노력한 것을 볼 수 있습니다. 그러나 그대는 나를 어리석다고 여기지 않고 천 리나 되는 먼 곳에서 서신을 보내어 강학의 단서를 시도하려고 하면서 먼저 협박조로 "이는 같을 수가 없으니 같으면 앞으로 형서(荊舒)171)처럼 되어서 천하에 화를 끼칠 것이다"라고 하니, 내가 어떻게 말할 수 있겠습니까? 우선 그 전과 같이 들은 것을 되풀이 하는 것이니 그대가 혹시라도 뜻을 두고 왕복하게 되면 장차 계속하여 진전이 있게 될 것입니다.

---

169) 『朱熹集』 권63−25, 1194(65세).
170) 『近思錄』 권3−32.
171) 【記疑】 왕안석(王安石)을 말한다.

辱書, 相與之義甚厚, 而陳義又甚高, 三復感歎, 不知所言. 然嘗竊謂天下之理萬殊, 然其歸則一而已矣, 不容有二三也. 知所謂一, 則言行之間, 雖有不同, 不害其爲一. 不知其一而强同之, 猶不免於二三, 況遂以二三者, 爲理之固然而不必同, 則其爲千里之謬, 將不俟擧足而已迷錯於庭戶間矣. 故明道先生有言, 解經有不同處不妨, 但緊要處不可不同耳. 此言有味也.

所示中庸大學諸論, 固足以見用功之勤者. 然足下不以僕爲愚, 方且千里移書, 以開講學之端. 而先有以脅之曰, 是不可同, 同卽且爲荊舒以禍天下. 則僕尚何言哉? 姑誦其所聞如前者, 足下儻有意而往復焉, 則猶將繼此以進也.

⊛ 공자는 "하나로 관통한다"고, 맹자는 "도는 하나일 뿐이다"라고 염계선생은 "하나가 요체다"[172]라고, 그리고 육자는 "마음은 하나의 마음이고, 이치는 하나의 이치다. 합당함에 이르면 하나로 돌아가고 뜻을 정미하게 하면 둘이 없게 되니, 이 마음, 이 이치는 실제로 둘이 있음을 용납하지 않는다"[173]고 말했는데도, 주자는 매번 육자를 비난하며 "자정은 단지 사람들로 하여금 하나를 구하도록 한다"고 했지만 지금 서신에서는 "천하의 이치는 그 귀결이 하나일 뿐이다"라고 말하고 있으니, 어찌 이에 이르러 자신의 잘못을 깨우친 것 아니겠는가? 「여정보에게 답함」이란 제목의 두 번째와 세 번째 서신은 『예서』를 편찬하는 것을 언급하고 있고, 네 번째 서신은 "좋지 않은 것은 삭제해야 한다"고 했으니, 모두 가장 만년에 쓰인 것이다.

孔子言一以貫之, 孟子言道一而已, 周子言一爲要, 陸子言心, 一心也. 理, 一理也. 至當歸一, 精義無二, 此心此理, 實不容有二, 而朱子每譏陸子, 謂子靜只要人求箇一, 今此書乃謂天下之理, 其歸則一, 豈

---

172) 『通書』「聖學」.
173) 『陸九淵集』 권1 「與曾宅之」.

非至是而乃悟耶? 答正甫第二三書, 卽及編禮書, 第四書卽云無狀黜削, 皆最晚年也.

공중지[174]에게 답하다[答鞏仲至] 2[175]

저는 쇠약하고 병들어 경련이 나는 것이 날마다 심해집니다. 죽음과 삶, 수명의 길고 짧음은 본래 미리 생각할 수 없는 것이지만, 죽기 전에 옮겨갈 수 없다는 것이 또한 저를 참담하게 할 뿐입니다. 늙었다는 것을 알리는 상소문을 아직도 주군(州郡)에서는 올리려 하고 있지 않습니다. 비록 측은히 여김을 받고는 있지만 재앙에 걸려들고 싶지 않을 뿐입니다. 그렇지만 제 마음은 이미 정해져 다시 돌아볼 게 없는데도 이곳에 머물러야 하니 저를 몹시도 번거롭게 할 뿐입니다.

여자약의 자제들이 최근에 서신을 써서 말하기를 "작년에 명초[176]에 커다란 화재가 나서 그 관이 거의 화를 당할 뻔 했으나 다행히도 무사할 수 있었습니다"라고 했습니다. 자약의 자제들이 두터이 장사지낸[177] 이유를 알지 못하겠지만 왕시발(汪時發)의 서신을 받으니 자못 마음에 들지 않는 뜻이 있습니다. 자세한 사정이 어떤지 모르겠습니다. 숙창[178] 이 나이가 많도록 크게 진전이 없는 것은 전날에 밖으로 향하는 뜻이 너무 많아 발판이 견실하지 못하기 때문입니다. "단표[179]를 가볍게 버린다"는 글귀는 사람으로 하여금 깊이 반성하게 합니다. 다만 참 즐거

---

174) 공풍(鞏豐) : 자는 중지(仲至), 호는 율재(栗齋)이고, 무주(婺州) 무의현(武義縣) 출신이다. 1184년 진사가 되었다.

175) 『朱熹集』 권64－2, 1199(70세).

176) 【箚疑】 여조겸(呂祖謙)의 장지(葬地)가 있던 산 이름이다.

177) 【箚疑】 여조겸을 장사지낸 일에 마음이 편하지 않다는 것을 뜻한다.

178) 【記疑】 반숙창(潘叔昌)을 말한다.

179) 안회가 즐긴 한 광주리의 밥과 한 표주박의 마실 물.

움의 소재를 모르면 비록 버리지 않으려고 하여도 될 수가 없을 것이니
거기에 별도로 힘을 기울여야 믿을 수 있는 것입니다.

熹衰病拘攣, 日甚一日. 死生長短, 本所不計, 但未死之前, 轉動不
得, 亦令人無況耳. 告老之章, 州郡未肯騰奏. 雖荷其見憐, 不欲使觸禍
機. 然鄙心已決, 無所復顧, 爲此宿留, 令人腹煩耳.

子約子弟, 近得書云, 歲前明招大火, 其柩幾不免, 幸而獲全. 却不知
其厚葬之說, 但得汪時發書, 似頗有所不快意, 不知曲折如何也. 叔昌老
不長進, 亦是前日向外意多, 脚根不牢實耳. 輕棄簞瓢之句, 令人深省.
顧未知眞樂所在, 則欲不棄而不可得, 此須別有箇著力處, 乃足恃耳.

❀ "늙었다는 것을 알리는 상소문"은 60세에 상주한 상소문과 관련
되는데, 70세에 비로소 허락을 받는다. 지금 여자약의 운구에 대해 언급
하고 있으니 주자 나이 70세 때이다. 서신 중에 반숙창이 "밖으로 향하
는 뜻이 너무 많아 발판이 견실하지 못하다"고 말하고 있으니, 대개 주
자 만년의 논의는 모두 안으로 향하여 자신에게 힘쓰는 것이었다.

告老之章, 係六十九歲所上, 七十歲始得請. 今及子約柩, 則七十歲
矣. 書中言叔昌向外意多, 脚根不牢, 蓋晚年之論, 皆近裏着己也.

이호고에게 답하다[答李好古]180)

지난번에 육산정(陸刪定)181)을 만나보고 들은 것이 어떻습니까? 만약
그 말이 옳다고 여기면 마땅히 그 말을 가지고 마음을 전일하게 하고
뜻을 다하면 아마 얻어짐이 있을 것이니, 굳이 다른 학설을 끌어들여서

---

180) 『朱熹集』 권64-48, 1183(54세).
181) 육구연이 일찍이 칙령소(勅令所)의 산정관(刪定官)을 지냈기에 이렇게 말하는 것이다.

그 뜻이 나누어지게 하여서는 안 됩니다. 만약 의심난 곳이 있으면 마
땅히 그 쪽에 나아가 헤아려보아야지 갑자기 지금까지 받아들였던 것
을 버리고 멀리서 구하는 것은 옳지 않습니다. 동쪽에서 물어보고 서쪽
에서 듣고 하면서 의혹을 일으켜 입으로 말하고 귀로 듣기만 하며, 공
연히 가지와 잎사귀만 키우게 되면 학문의 실제에는 도움이 없을 것이
니 그대가 그렇게 하는 것은 원하지 않습니다. 그래서 질문에는 감히
대답을 않는 것입니다.

向來見陸刪定所聞如何? 若以爲然, 當用其言專心致志, 庶幾可以有
得, 不當復引他說, 以分其志. 若有所疑, 亦當且就此處商量, 不當遽舍
所受而遠求也. 東問西聽, 以致惶惑, 徒資口耳, 空長枝葉, 而無益於學
問之實. 不願賢者爲之, 是以有問而未敢對也.

⬤ 이 서신이 논하는 것도 또한 진실하다. 육자는 계묘년(1183) 겨울에
칙국산정관으로 이임하였고, 병오년(1186) 겨울 비로소 감승으로 이임하
였다. 이 서신은 "산정"이라고 말하고 있으니, 갑신년(1184)과 을사년
(1185) 사이의 서신이며 이때 주자의 나이는 55세나 56세였다.

此書所論亦允. 陸子以癸卯年冬遷勅局刪定官, 至丙午冬始遷監丞.
此書稱刪定, 蓋甲辰乙巳年間書, 朱子年五十五六歲.

호남 제공들에게 보내는 중화를 논한 첫 번째 서신[與湖南諸公論中和第一書]182)

『중용』에 나오는 이발(已發)과 미발(未發)의 뜻에 대해 이전에는 이 마
음이 유행하는 본체라고 알았다가 이천선생이 "무릇 마음이라는 것은

---

182) 『朱熹集』 권64−55, 1169(40세).

다 이발을 가리켜서 말한 것이다"[183]라고 한 말로 인해 마침내 마음을
'이발'이라고 하였습니다. 그러나 이천선생의 글을 보면 부합하지 않는
곳이 많아 다시 생각해보고서, 예전의 설명이 마음과 본성의 명명이 잘
못됐을 뿐만 아니라 일상생활 속의 공부도 전혀 본령이 없었다는 것을
알게 되었습니다. 잘못된 것은 글 뜻뿐만이 아니었습니다.『문집』과『유
서』의 여러 학설을 살펴보니, 모두 사려가 아직 싹트지 않고 사물이 아
직 이르지 않을 때를 희노애락(喜怒哀樂)의 미발이라고 여긴 것 같습니다.
이때가 바로 고요하여 움직이지 않는 이 마음의 본체이며 천명지성(天命
之性)이 여기에 갖춰져 있습니다. 그것은 과불급이 없고 치우치거나 기울
지 않기 때문에 중(中)이라고 합니다. 그것이 천하의 일에 감응하여 마침
내 통하게 되면 희노애락의 본성이 발하여 마음의 작용을 볼 수 있게 됩
니다. 그것이 중절하지 않음이 없고 어그러진 바가 없기 때문에 화(和)라
고 합니다. 이것은 마음의 올바름과 성정의 덕이 그러한 것입니다. 그렇
지만 미발의 전(前)은 찾을 수 없고 이미 느낀 뒤에는 안배할 수 없습니
다. 다만 평상시 장경(莊敬)한 함양 공부가 지극해져서 이것을 어지럽히
는 사사로운 인욕이 없다면, 그 미발의 상태는 명경지수와 같고 발한 상
태는 중절하지 않은 바가 없습니다. 이것이 바로 일상생활 속의 본령 공
부인 것입니다. 그리고 일에 따라 성찰하고 사물에 나아가 미루어 밝히
는 것에서도 반드시 이것을 근본으로 삼으니, 이발의 때에 그것을 본다
면 미발의 전에 갖춰져 있다는 점을 진실로 묵묵히 알 수 있습니다. 그래
서 이천선생이 소계명(蘇季明)[184]에게 답한 글에서 반복하며 논변한 것이
지극히 상세하고 치밀하였는데도 마침내는 경(敬)으로 말한 것에 불과하
였으며, 또 "경을 하여 마음을 잃어버리지 않으면 곧 중이다"[185]고 하였

---

183)『伊川文集』5「與呂大臨論中書」.
184) 소병(蘇昞) : 자는 계명(季明)이고, 무공(武功) 출신이다. 처음에는 장재에게 배웠다
   가 나중에 두 정씨를 사사했다. 원우 말년에 여진백(呂晉伯)의 추천에 의해 태상박사
   (太常博士)가 되었다가 원우당적(元祐黨籍)에 들어가 요주(饒州)에 유배되어 죽었다.
185)『二程遺書』 권6-9.

고, "도에 들어가는 데에는 경만한 것이 없는데 치지를 함에는 경에 있지 않음이 없다"186)고 하였고, "함양을 하려면 반드시 경을 하여야 하고, 학문을 진척시키는 것은 치지에 달려 있다"187)고 하였던 것은 모두 이 때문이었습니다. 지난번에 강론하고 사색할 때 곧바로 마음을 이발이라고 여겼으며 일상생활 속의 공부의 경우도 단지 단서를 살펴 아는 것을 최초로 착수할 곳으로 삼았습니다. 그래서 평상시 함양하는 일단의 공부를 결여해서 제 마음이 동요하여 깊고 순일한 맛이 없게 되고, 그 언어와 일로 드러난 것도 항상 급박하고 경박하여 여유 있고 깊은 풍모가 다시는 없게 되었습니다. 본 것이 한 번 잘못되어 그 해로움이 이런 지경에 이르렀으니 살피지 않을 수 없습니다.

이천선생이 "무릇 마음이란 것은 다 이발을 가리켜 말한 것이다"라고 했는데 이것은 곧 적자(赤子)의 마음을 가리켜 말한 것이니, "무릇 마음이란 것"이라고 한 것은 그 설이 잘못되었으므로 선생 스스로 타당하지 않다고 여겨 다시 수정하였습니다. 진실로 이미 고친 말에 집착하여 선생의 여러 설명들이 잘못되었다고 모두 의심해서는 안 되고, 또 온당하지 않다고 해서 선생이 가리켰던 것이 다르다는 것을 궁구하지 않아서도 안 됩니다. 그대들은 어떻게 생각하지 모르겠습니다.

中庸未發已發之義, 前此認得此心流行之體, 又因程子凡言心者, 皆指已發而言, 遂目心爲已發. 然觀程子之書, 多所不合, 因復思之, 乃知前日之說, 非惟心性之名命之不當, 而日用功夫全無本領. 蓋所失者, 不但文義之間而已. 按文集遺書諸說, 似皆以思慮未萌, 事物未至之時, 爲喜怒哀樂之未發. 當此之時, 卽是此心寂然不動之體, 而天命之性, 當體具焉. 以其無過不及, 不偏不倚, 故謂之中. 及其感而遂通天下之故, 則喜怒哀樂之性發焉, 而心之用可見. 以其無不中節, 無所乖戾, 故

---

186) 『二程遺書』 권3-98.
187) 『二程遺書』 권18-28.

謂之和. 此則人心之正, 而情性之德然也. 然未發之前, 不可尋覓, 已覺
之後, 不容安排. 但平日莊敬涵養之功至, 而無人欲之私以亂之, 則其
未發也, 鏡明水止, 而其發也, 無不中節矣. 此是日用本領工夫. 至於隨
事省察, 卽物推明, 亦必以是爲本, 而於已發之際觀之, 則其具於未發
之前者, 固可嘿識. 故程子之答蘇季明, 反復論辨, 極於詳密, 而卒之不
過以敬爲言, 又曰敬而無失, 卽所以中, 又曰入道莫如敬, 未有致知而
不在敬者, 又曰涵養須是敬, 進學則在致知, 蓋爲此也. 向來講論思索,
直以心爲已發, 而日用功夫, 亦止以察識端倪, 爲最初下手處. 以故闕
却平日涵養一段工夫, 使人胸中擾擾無深潛純一之味, 而其發之言語
事爲之間, 亦常急迫浮露, 無復雍容深厚之風. 蓋所見一差, 其害乃至
於此, 不可以不審也.

程子所謂凡言心者, 皆指已發而言, 此乃指赤子之心而言, 而謂凡言
心者, 則其爲說之誤, 故又自以爲未當, 而復正之. 固不可以執其已改
之言, 而盡疑諸說之誤, 又不可遂以爲未當, 而不究所指之殊也. 不審
諸君子以爲如何?

⊛ "호남의 제공들"은 모두 장남헌의 문인이다. 장남헌이 이미 죽은
뒤 주자는 그의 문인들과 강론하였으니 또한 주자 만년 때의 일이다.
"평상시의 함양공부"란 "먼저 그 큰 것에 선다"는 것이니, 곧 "그 방심
(放心)을 구한다"는 것이다. 그렇지만 "학문을 진척시키는 것은 치지에
달려 있다"는 것은 학문에 나아가려면 마땅히 그것에 순서가 있다는 것
을 알아야 한다고 말하는 것일 뿐이다. 그러므로 "학문을 한다[爲學]"고
하지 않고 "학문을 진척시킨다[進學]"고 한 것이니, 『대학』에서 말한
"근본을 아는 것이 곧 앎의 지극함이다"와 같은 것이다. 주자는 "사물
의 이치를 궁구해서 이르는 것"을 "치지"로 잘못 생각하여 이천선생의
"진척시킨다[進]"는 글자의 뜻에 분명히 미치지 못한 것이다. 그런데도
스스로 이천선생의 뜻을 빌려서 「보전」을 지었다고 말하니, 이천선생의

뜻이 결단코 이와 같지 않았다는 것을 알지 못한 것이다. 만약 명도선생이었다면 "궁리"를 "앎의 일"로 여겨서는 안 된다고 분명하게 말했을 것이다.

湖南諸公, 蓋皆南軒門人. 南軒旣沒, 而朱子與其門人講論, 亦晚年事也. 平日涵養, 卽所謂先立乎大, 卽所謂求其放心. 然進學在致知, 謂進之當知其有序耳. 故不曰爲學曰進學, 卽大學所謂知本卽知之至也. 朱子誤以窮至事物之理爲致知, 於程子進字未及分明. 因自謂竊程子之意以作補傳, 不知伊川之意並不如是. 若明道先生, 則明言不可將窮理作知之事矣.

어떤 사람에게 답하다[答或人] 1[188]

명도선생과 이천선생이 논한 경(敬)이란 글자는 반드시 동정을 아울러 보아야만 합니다. 아무 일이 없을 때 자신의 마음을 게으르지 않게 보존하는 것이 진실로 경입니다. 또한 외물과 관계할 때 어지럽지 않는 것도 또한 경입니다. 그러므로 "불경함이 없도록 하며, 너의 생각을 엄정하게 하라"[189]고 말했으며 "생각할 때도 경하고, 일을 할 때도 경하라"고 말했으니, 어찌 반드시 마음을 수렴해서 좌선하는 것을 경이라고 일컬을 수 있겠습니까? 예와 악은 반드시 서로를 필요로 하니, 이른바 악이라는 것은 마음 속에서 일이 없어 저절로 화락함을 말하는 것일 뿐이지 열려한다는 한 가지 길에 뜻을 두어서 화락하고자 하는 것은 아닙니다. 그렇지만 마음 속에 일이 없어지는 것은 경이 아니라면 할 수 없는 일입니다. 그러므로 이천선생은 "경하면 자연히 화락한다"고 말했고, 또한 염계선생도 "예가 우선이고 악은 다음이다"[190]라고 말했던 것이

---

188) 『朱熹集』 권64−58.
189) 『禮記』 「曲禮上」.

니, 이런 말은 볼만한 것이 있습니다. 자득한 후에 반드시 열려질 수 있으니, 그렇지 않다면 단지 이런 말을 지키고 있는 것일 뿐입니다. 이미 자득하였다면 자연히 마음과 이치가 부합되어 예법에 구속되지 않아도 저절로 절도에 맞게 됩니다. 만일 이와 같을 수 없다면 아직 자득하지 못한 것이 있는 것입니다. 법도를 지키는 사람이 있지만, 이 사람도 또한 이미 자득하였기에 반드시 열려져야 한다는 것을 말하는 것은 아닙니다. "극기복례(克己復禮)"191)란 진실로 쉬운 일이 아닙니다. 안자가 힘을 쓴 곳은 비고, 듣고, 말하고, 행동하는 것이 예에 맞는지 그렇지 않은지에 있었으니, 그 본심을 얻어서 조금의 일도 없었다고 바로 말해서는 안 될 것입니다. 이것이 "어려운 것을 먼저하고 얻는 것을 뒤로 하였던"192) 이유 아니겠습니까? 지금 말하는 것은 매우 쉽고 행동하기가 어렵다는 것을 고초로 여기고 있으니, 또한 이러한 점을 고찰하지 않고 있을 뿐입니다.

二先生所論敬字, 須該貫動靜看. 方其無事, 而存主不懈者, 固敬也. 及其酬酢不亂者, 亦敬也. 故曰毋不敬, 儼若思, 又曰事思敬, 執事敬, 豈必以攝心坐禪而謂之敬哉? 禮樂固必相須, 然所謂樂者, 亦不過謂胸中無事而自和樂耳, 非是著意放開一路, 而欲其和樂也. 然欲胸中無事, 非敬不能. 故程子曰敬則自然和樂, 而周子亦以爲禮先而樂後, 此可見也. 則自得後, 須放開, 不然却只是守此言. 旣自得之, 則自然心與理會, 不爲禮法所拘, 而自中節. 若未能如此, 則是未有所得. 纔方是守法之人, 爾亦非謂旣自得之, 又却須放開也. 克己復禮, 固非易事. 然顔子用力, 乃在於視聽言動, 禮與非禮之間, 未敢便道得其本心, 而了無一事也. 此其所以先難而後獲歟? 今言之甚易而苦其行之之難, 亦不考諸此而已矣.

---

190) 『通書』「禮樂」第13.
191) 『論語』「顔淵」.
192) 『論語』「雍也」.

❀ 이 서신은 전적으로 경(敬)을 논하고 있으니 또한 심학이다. 맹자는 "먼저 큰 것에 서야 한다"고 말했는데, 큰 것에 어떻게 설 수 있는가? 또한 경일 뿐이다. 서신의 제목은 소주에 따르면 '여정보에게 보냄'이라고 되어 있으니, 또한 주자 만년의 논의다. 왜냐하면 정보는 주자와 함께 『예서』를 편찬했던 사람이기 때문이다.

此書專論敬, 亦心學也. 孟子所謂先立乎大, 何以立之? 亦敬而已矣. 題依小註作與余正甫, 則亦晚年之論, 蓋正甫乃同編禮書者也.

어떤 사람에게 답하다[答或人] 8[193]

이전 현인들의 주해에 대한 학설이 아무리 많아도 도리어 경전의 뜻에는 밝지가 못합니다. 그러나 그 근원이 깊고 지류가 멀리 가며 기상이 차분한 것만은 사실상 성현의 은미한 뜻과 은연중 부합합니다. 그런데 지금은 비록 간결하게 하려고 노력은 하였으나 자세히 관찰하면 도리어 천박한 기상이 있는데다가 정밀하게 탐구하지 못하고 익숙하게 함양하지 못하여 말과 구절 사이가 거칠어서 이치에 통하지 않는 곳이 많이 있음을 느끼게 됩니다. 윤화정이 일찍이 "경문은 비록 암송하며 전하면서도 강해로 인하여 수준이 낮아진다"고 말하였는데 이 말은 매우 의미 있는 것입니다. 근래에 비로소 그런 의미를 알았으니 만약 다시 수년 동안의 한가함을 얻게 되면 반드시 죽기 전에 한가한 속에서 다시금 도태시킬 수 있을 것이니, 그렇게 되면 아마 안으로의 함양과 밖으로의 도태가 모두 진보되어서 평소의 사우에 대해 가르침을 저버리지 않을 것 같기는 한데 다만 그런 날이 다시 없을까 걱정입니다. 양귀산의 논리는 함축에 뜻을 두었으나 다하지 못한 것 같으며, 마침내

---

193) 『朱熹集』 권64-63.

가차(假借)와 기탁(寄託)하는 말을 많이 하여 매우 사람의 마음을 불쾌하게 합니다. 성현의 말씀은 본래 사람들이 쉽게 깨닫도록 하였으나 그중에 절로 함축된 것이 있습니다.

前賢之說, 雖或煩冗, 反晦經旨, 然其源深流遠, 氣象從容, 實與聖賢微意, 泯然默契. 今雖務爲簡潔, 然細觀之, 覺得却有淺迫氣象, 而玩索未精, 涵養不熟, 言句之間, 粗率而礙理處, 却多有之. 尹和靖嘗言, 經雖以誦說而傳, 亦以講解而陋. 此言深有味也, 近方見此意思. 若更得數年, 閑放未死, 當更於閑靜中陶汰之, 庶幾內外俱進, 不負平日師友之訓, 但恐無復此日耳. 龜山立言, 却似有意於含蓄而不盡, 遂多假借寄託之語, 殊不快人意. 聖賢之言, 則本是欲人易曉, 而其中自然有含蓄耳.

☯ 수년 동안 죽지 않을 수 있기를 바라고, 또 "그런 날이 없을까 두렵다"고 말한 것으로 보아, 주자 만년에 쓰인 서신이다. 강학하여 생긴 누추함에 대해 말한 윤화정의 말을 인용하면서 "근래에 비로소 그런 의미를 알았다"고 말하고 있으니, 주자의 생각은 이미 구설과는 달라져서 육자와 부합되고 있다.

欲得數年未死, 又云恐無此日, 自是晩年. 引和靖言講解之陋, 謂近方見得此意, 已異於舊說, 而合於陸子矣.

어떤 사람에게 답하다[答或人] 10[194]

이와 같은 것이 병통이 된다는 것을 안다면 곧 이처럼 약을 써서는

---

194) 『朱熹集』 권64-65.

안 될 것입니다. 만일 무슨 이유로 이와 같게 되었는지를 다시 물어보
신다면, 나귀를 타고 있으면서도 나귀를 찾는 격195)이니, 단지 한 바탕
의 쓸데없는 말을 한 것이 될 것입니다. 성(誠)과 경(敬)은 진실로 궁리가
아니면 할 수 없는 것이지만, 한결같이 이와 같이 연루되어 앞의 것을
말하기만 한다면 아마도 일용사의 공부에 실패할 것입니다. 문(文)으로
넓히고 예로 요약하는 공부는 배우는 자들이 처음에 두 가지의 공부로
이해하여 각각의 경우에 힘을 다하기를 오래하면 효과를 볼 수 있고 두
공부가 서로 도움이 되어 하나의 공부가 될 것입니다. 만일 두 공부를
서로 의존하게 해서 서로 핑계를 대게 한다면 이 두 공부는 지체되어
모두 순서를 이룰 수 없게 될 것입니다. 그리고 이른 바 '넓히는 공부'
란 막연히 광범위하게 보고 많은 것을 기억하며 다양한 풍문을 수집해
서 많이 읽은 것으로 다른 사람들을 이기려는 것196)을 말하는 것이 아
니니, 이것도 또한 알지 않으면 안 됩니다.

　　知得如此是病, 卽便不如此是藥. 若更問何由得如此, 則是騎驢覓驢,
只成一場閑說話矣. 誠敬, 固非窮理不能, 然一向如此牽連, 說過前頭,
却恐蹉過脚下工夫也. 博文約禮, 學者之初須作兩般理會, 而各盡其力,
則久之見得功效, 却能交相爲助, 而打成一片. 若合下便要兩相倚靠,
互相推託, 則彼此擔閣, 都不成次第矣. 然所謂博, 非泛然廣覽雜記, 掇
拾異聞, 以讀多取勝之謂, 此又不可不知.

　　⏺ "한결같이 연루되어 궁리만을 말한다면, 아마도 일용사의 공부에
실패할 것이다"라고 말한 것은 육자의 실천의 가르침에 부합된다. "문
(文)으로 넓히는 공부는 많이 읽은 것으로 다른 사람을 이기려는 것이

---

195) 【劄疑】『傳燈錄』에 나오는 말로 나귀란 불성을 상징하는 것이다. 다시 말해 이미 우
　　리는 불성을 가지고 있기 때문에 이것을 확인하면 바로 부처가 된다는 것이다.
196) 【節補】독서를 많이 한 것으로 다른 사람을 이기려고 함을 가리킨다.

아니다"라고 말한 것은 지리함에 대한 육자의 경계와 부합된다. 이 「어떤 이에게 답함」 중 열 번째 서신은 제목에 붙어 있는 주석에 의거하면 「유공도에게 답함」라고 되어 있으니, 주자 만년의 논의다. 유공도[197]는 유자징을 따르던 학생이었는데, 유자징의 소개로 주자에게 배우러 왔던 사람이다.

謂一向牽連說窮理, 恐蹉過脚下工夫, 合於陸子踐履之敎. 謂博文非讀多取勝, 合於陸子支離之戒. 此或人十條, 若依題註作答劉公度, 則亦晚年之論. 蓋公度爲子澄輩從, 因子澄而來學者也.

유공도에게 답하다[答劉公度][198]

보내주신 서신을 보면 호상(湖湘)[199]에서 졸업하지 못한 것을 깊이 한탄하고 있으니 그것으로 도에 뜻을 둔 것이 돈독함을 알 수 있습니다. 그러나 지난번에 자신의 명성을 팔아먹기 위한 것이라는 오해를 받을까 하여 입학 신청을 늦추었다는 것은 지나치게 용감하지 못한 것입니다. 그 사람들은 명예를 구한다고 하더라도 나는 강학만을 하게 되면 그들이 어떻게 나를 더럽힐 수 있겠습니까? 공자 제자 3천 명이 어찌 다 확실하게 도를 구하기 위하여 왔겠습니까? 만약에 스스로 찾아가는 것을 의심스럽게 여긴다면 안자나 증자와 같은 무리도 공자의 문하생이 되는 것을 달갑게 여기지 않았을 것이니 그대의 생각은 어찌 잘못된 것이 아니겠습니까? 경(敬)을 위주로 해야 한다고 한 말은 진실로 배우는 자에 절실한 일입니다. 그러나 역시 강학하여 이치를 궁리하는 공부

---

197) 유맹용(劉孟容)이다. 자는 공도(公度)이다. 군수(郡守)를 역임했으며 융흥부(隆興府) 출신이다.
198) 『朱熹集』 권53-66.
199) 여기서 호상(湖湘)은 장식(張栻)을 가리킨다.

를 해서 세상의 도리를 차례로 분명하게 알아야만 그렇게 힘을 기울일 수 있는 것입니다. 만약 성현의 말씀을 소홀히 하여 일찍이 한 구절과 한 글자를 자세하게 이해하지 아니하여 도리를 전혀 분명하게 보지 못한 상태라면 어떻게 억지로 경을 위주로 하는 공부를 완성할 수 있겠습니까? 이른 아침에 마음을 가지런히 하고 경을 추구하는 것처럼 하면서 이치의 소재를 구할 수 있다는 그대의 말은 아마도 수고롭기만 하고 도움이 없을 것입니다. 옛사람의 학문은 황급하게 쫓기는 때에도 그 마음을 버리지 않았는데 지금은 이른 아침에서만 구하려고 하니 그밖의 시간에는 무슨 일을 한단 말입니까?

논의하신 염계선생이 깨달은 곳도 아마 그렇지 않은 것 같습니다. 염계선생이 깨달은 곳은 바로 이단들과 같지 않은 것이므로, 말을 하시고 가르침을 내릴 때 이처럼 구절구절마다 착실하였던 것입니다. 만일 이처럼 논의하신다면 깨달은 곳은 같은데, 자신은 공정하지만 상대방은 사사롭고, 자신은 크지만 상대방은 작을 뿐입니다. 장차 이미 공정함과 사사로움, 큼과 작음의 다름이 있다면 그 같다고 하는 것은 또한 무슨 일입니까? 대저 이런 것 모두는 아직 갑자기 논의하기는 쉽지 않을 것입니다.

요컨대 마음을 가라앉히고 뜻을 순하게 하여 우선 글을 읽고 강학하는 데에 자세히 힘을 써서 오래되면 자연 보이는 것이 있을 것입니다. 의리(義理)는 세밀한 것이므로 차분하지 않은 마음으로서는 제대로 볼 수가 없으며 언뜻 보면 지극히 번쇄한 것 같지만, 오래되어 익숙하게 통하면 마치 벼리 줄을 들면 그물눈이 펼쳐지는 것처럼 자연히 힘이 적게 되는 것을 느끼게 될 것입니다. 지난번에 일을 논한 글을 보았더니 강령이 매우 분명하지 않았었는데 지금에 와서야 그 병통이 여기에 있음을 알았습니다. 참담하게 언급한 것이니 살펴보시기 바랍니다.

來書深以不得卒業於湖湘爲恨, 此見志道之篤. 然往者以銜鬻之嫌,

而緩於請益, 亦太不勇矣. 彼自干名, 我自講學, 彼亦安能浼我耶? 三千
之徒, 豈皆確然爲道而來? 若以自附爲嫌, 則顏曾之流, 亦且不屑於孔
氏之門矣, 豈不誤哉! 所論主敬之說, 固學者之切務, 然此亦要得講學
窮理之功, 見得世間道理, 曆曆分明, 方肯如此著力. 若於聖賢之言有
所忽略, 不曾逐句逐字, 子細理會, 見得道理都未分明, 却如何捺生硬
做得成? 如所謂齋心致敬於平旦之頃, 以求理之所在者, 亦恐徒勞而無
補也. 古人之學, 欲其造次顚沛之不離, 今乃獨求之平旦之頃, 則其他
時節是勾當甚事耶?

所論濂溪見處, 亦恐未然. 濂溪所見, 正爲與異端不同, 故立言垂敎,
句句著實如此. 若如此論, 卽是所見一般, 但此公而彼私, 此大而彼小
耳. 且旣有公私大小之不同, 則其所同者又何事耶? 凡此皆恐未易遽論.

要當降心遜志, 且就讀書講學上子細用功, 久之自有見處也. 義理細
密, 直是使麤心看不得, 乍看極似繁碎, 久之純熟貫通, 則綱擧目張, 有
自然省力處. 向見論事文字, 綱領不甚分明, 今乃知其病之在此也. 僭
易及之, 千萬照亮.

⦿ 보낸 서신에서 "호상(湖湘)에서 졸업하지 못한 것을 한탄하고 있
다"고 했으니, 장남헌이 이미 죽은 뒤, 주자 나이 50세(1179) 이후의 논의
다. 서신 안에는 유공도가 "경공부만을 위주로 한다"고 말하자 궁리하
고 강학하라는 말을 하고 있는데, 강학과 실천은 진실로 육자가 아울러
중시했던 것이다.

來書以不得卒業於湖湘爲恨, 自是南軒旣卒, 朱子五十歲以後之論.
書中因公度專言主敬, 故進之以窮理講學, 然講明與踐履, 固亦陸子所
並重也.

어떤 사람에게 답하다[答或人]200)

학문하는 차례를 말씀하신 서신은 제 기대에 부합하니 매우 위안이 됩니다. 과연 그것만 충족시키면 성현의 문호에 참으로 나아갈 수 있을 것입니다. 요즘 배우는 자들은 대다수가 외부로 달려가기 때문에 이 마음의 오묘함이 만사의 근본임을 모릅니다. 그 안다고 하는 자는 다만 눈썹을 치켜세우고 눈을 부릅뜨고서 꾸짖으며 문득 "이것이 양심이니 본성은 착하지 않음이 없다"고 말합니다. 그러나 만약 조존하고 실천하며 강구하고 체험할 줄도 모르면서, 눈썹을 치켜세우고 눈을 부릅뜨는 것은 곧 사의고 인욕일 뿐입니다. 그래서 자신감이 돈독할수록 그 광망(狂妄)함은 더욱 심하니 그런 점을 깊이 살펴서 멀리 피하지 않을 수 없습니다.

示喩爲學次第, 甚慰所望. 果能充此, 聖賢門戶, 眞可策而進矣. 近世學者, 多是向外走作, 不知此心之妙, 是爲萬事根本. 其知之者, 又只是撑眉努眼, 喝罵將去, 便謂只此是良心本性, 無有不善. 却不知道若不操存踐履, 講究體驗, 則只此撑眉努眼, 便是私意人欲. 自信愈篤, 則其狂妄愈甚, 此不可不深察而遠避之也.

⦿ "마음을 만사의 근본으로 본다"는 것은 이미 육자의 해석과 부합되는 것이다. "눈을 부릅뜬다"고 말한 것은 아마도 부자연을 가리키고 있는 것처럼 보인다. 그렇지만 육자의 가르침도 강학과 실천이 그 두 가지 대강이므로 바로 이 서신이 말하는 것과 서로 부합된다. 곧 그의 문하의 선비들도 또한 이것에 힘써서 사람마다 자립할 수 있었으니 또한 단순히 눈을 부릅떴다고 말한 것에만 의존했던 것은 아니다. 이 서

---

200) 『朱熹集』 권64-67.

신도 또한 주자 나이 56세(1185) 때 쓰인 것이다.

　以心爲萬事根本, 已合於陸子之解. 撑眉云云, 似指傳子淵. 然陸子
之教, 講明踐履, 乃其兩大綱, 正與此書所云相合. 卽其門下士, 亦皆兢
兢於此, 故人人能自立, 並非徒倚撑眉云云也. 此亦五十六歲時作.

옥산강의[玉山講義]201)

　선생이 말하셨다. 제가 이곳에 와서 학교가 새로 정비되고 영지(靈芝)
의 상서로움이 있음을 보고서, 교화를 베풀고 학문을 일으켜 사람을 일
깨우려는 현명한 읍장(邑長)202)의 아름다운 뜻을 알게 되니 기쁘기 그지
없습니다. 또한 특별히 강좌를 개설하여 여러분에게 말하도록 하셨으
니, 비록 그 일을 감당할 수는 없지만 제가 들은 바를 역시 여러분에게
말하지 않을 수 없습니다. "예전의 학자는 자신을 위하고 지금의 학자
는 남을 위한다"고 들었습니다. 그러므로 성현이 사람에게 가르치신 학
문하는 방법은 사람들이 언어를 지어내고 글을 조작하여 단지 과거와
작록의 계책으로 삼게 한 것이 아닙니다. 모름지기 격물(格物)·치지(致
知)·성의(誠意)·정심(正心)·수신(修身)하고 그것을 미루어 제가(齊家)·
치국(治國)하여 평천하(平天下)할 수 있어야 비로소 정당한 학문입니다.
여러분은 이것을 일삼아 노력하고 아침저녁으로 이것을 강명하면 반드
시 깊이 깨닫는 점이 있을 것입니다. 그렇지 않다면 또한 의심을 가져
야만 합니다. 얼마 뒤 서로 만나서 생각을 교환할 수 있기를 바랍니다.
피차 모두 유익할 것입니다. 이때 정공(程珙)203)이 일어나 청하여 말하

---

201) 『朱熹集』 권74-18.
202) 【箚疑】 소희 갑인년에 선생이 쫓겨나서 옥산(玉山)에 이르렀을 때 읍장이 여러 학생
　　에게 강설할 것을 요청하였는데 선생은 사양하였다. 그러다가 현의 학교에 손님의 자
　　리로 나아갔을 때 배우는 사람의 요청으로 도(道)를 밝히게 된 것이며, 선생은 읍장에
　　게 강의 한 편을 새겨서 세상에 전할 것을 요구하였다.

였다. "『논어』에서는 대부분 인(仁)을 말하였는데 『맹자』는 도리어 인과 의를 겸하여 말하였습니다. 생각건대 공자께서는 원기를 말하고 맹자는 음양을 말한 것이니, 인은 본체요 의는 작용인 듯합니다."

선생이 말하셨다. 공자와 맹자의 말씀에는 같은 점도 있고 다른 점도 있어서 진실로 강론해야 하지만, 지금은 무엇이 인이고 무엇이 의인지 이해해야 합니다. 이 두 글자를 깨달아 의리가 분명해지면 비로소 자기 분수 상에 힘쓸 곳이 있게 되니, 그런 이후에야 공자와 맹자의 말씀에 담겨 있는 같고 다른 점을 논의할 수 있습니다. 만일 자기 분수 상에 원래 공부가 없음을 깨닫지 못한다면 말하는 것이 비록 정교하더라도 일에 무슨 이익이 있겠습니까? 또한 어떻게 인과 의 두 글자의 도리를 말하겠습니까? 무릇 하늘이 만물을 생성할 때 각각 하나의 본성을 부여하는데, 본성은 하나의 사물로 있는 것이 아니라 단지 나에게 있는 하나의 도리일 뿐입니다. 그러므로 본성이 본체가 되는 근거는 단지 인·의·예·지신 다섯 글자이니, 천하의 도리는 여기에서 벗어나지 않습니다. 한문공이 "사람의 본성이 되는 것은 다섯이다"라고 하였으니, 그 설이 가장 옳습니다. 도리어 후세에 본성을 말하는 경우는 불노(佛老)와 뒤섞어 말하기 때문에 본성을 지각(知覺)과 심의(心意)로 간주하게 되니, 성현이 말한 본성이란 글자의 본래 뜻이 아닙니다. 다섯 가지 가운데 이른바 신(信)은 진실하여 거짓이 없는 도리이니, 가령 인·의·예·지 모두 진실하여 거짓이 없는 것입니다. 그러므로 신(信)자는 더 말할 필요가 없으며, 단지 인·의·예·지 네 자는 그 사이에 각기 분별이 있으므로 분별하지 않을 수 없습니다. 인이란 온화하고 자애로운 도리, 의란 절단하고 재단하는 도리, 예는 공경하고 절제하는 도리, 지는 옳고 그름을 분별하는 도리입니다. 이 네 가지는 사람의 마음에 갖추어져 있으니 곧 본성의 본체입니다. 아직 발동하지 않았을 때는 막연하여 볼 수 있

---

203) **【翼增】** 자는 중벽(仲璧)이며 요주(饒州) 덕흥(德興) 출신이다.

는 형상이 없다가 그것이 발동하여 작용하면 인은 측은, 의는 수오, 예는 공경, 지는 시비의 마음이 됩니다. 사태를 따라 발현함에 각기 고유한 통로가 있어 서로 섞이지 않는 것이 이른바 감정입니다. 그러므로 맹자가 "측은한 마음은 인의 단서이다. 수오의 마음은 의의 단서이다. 공경하는 마음은 예의 단서이다. 시비의 마음은 지의 단서이다"라고 한 말에서 '단서'라고 한 것은 사물이 안에 있어 볼 수 없다가 반드시 그 단서가 밖으로 드러난 이후에 찾을 수 있는 것과 같습니다. 하나의 마음 속에는 인·의·예·지가 각기 경계가 있고, 그 감정과 본성, 본체와 작용 또한 각기 분별이 있으므로 모름지기 분명하게 깨친 이후에 이 네 가지 속에 나아가면 저절로 인과 의 두 글자가 커다란 경계임을 깨닫게 될 것입니다. 가령 천지가 조화하고 사계절이 흘러가는 것이 사실 하나의 음과 하나의 양에 불과할 뿐인 것과 같습니다. 이 점을 분명하게 깨친 다음에 여기에 나아가면, 또한 인이란 글자가 생명의 의사이며 네 가지 속을 두루 관통한다는 점을 저절로 깨달을 수 있습니다. 인은 본래 인의 본체입니다. 의는 인의 절단입니다. 예는 인의 절문입니다. 지는 인의 분별입니다. 마치 봄의 생기가 네 계절을 관통하는 것과 같습니다. 봄은 생명의 생명입니다. 여름은 생명의 성장입니다. 가을은 생명의 거둠입니다. 겨울은 생명의 저장입니다. 그러므로 정자가 "사덕의 으뜸은 오상의 인과 같다. 치우치게 말하면 하나의 일이요, 포괄적으로 말하면 네 가지를 포함한다"[204]고 하신 것이 바로 이를 말합니다. 공자가 단지 인을 말한 것은 그 오로지게 말하는 측면에서 말한 것입니다. 그러므로 단지 인을 말했지만 인·의·예·지가 그 속에 있습니다. 맹자가 아울러 의를 말한 것은 그 두루 말하는 측면에서 말한 것입니다. 하지만 역시 공자가 말한 것 밖에서 하나의 '의'란 글을 붙여 넣은 것이 아니며, 단지 하나의 이치 가운데서 분별해나온 것일 뿐입니다. 아울러

---

204) 『伊川易傳』「乾卦·象傳」.

예와 지를 말한 것도 이와 같습니다. 예란 또한 인의 나타남이며 지란 또한 의의 저장입니다. 하지만 인이란 한 글자는 네 가지의 가운데에서 유행하지 않는 경우가 없습니다. 만약 본체와 작용을 논의한다면 역시 두 가지 설이 있습니다. 인이 마음에 보존되어 의가 밖에 드러나는 측면에서 말한다면, 인이란 사람의 마음이요 의란 사람의 길이 되니 인의는 서로 본체와 작용이 됩니다. 인을 측은에 대응시키고 의를 수오에 대응시켜서 말하면, 하나의 이치 속에 나아가고 또한 미발과 이발을 서로 본체와 작용으로 삼는 것입니다. 만일 익숙하게 인식하고 투철하게 간파한다면, 밝게 비추고 관통205)해서 자유자재로 돌아다니면서 통하지 않는 곳이 없으며 일상생활의 모든 행위가 공부하는 곳206)이 아닌 것이 없습니다.

정공이 또 요청하고 말하였다. "삼대 이전에는 단지 중(中)과 극(極)을 말하였는데 공자 문하의 문답에서 인(仁)만을 말한 것은 어째서입니까?"

선생이 말하셨다. 중(中)과 극(極)을 말한 것에 대해 지금 사람들은 대개 그 글의 뜻을 잘못 이해하고 있는데, 지금 또한 일일이 상세하게 말할 겨를은 없습니다. 다만 공자 문하에 이르러 비로소 인이란 글자를 말하게 된 것은 여러 성현들이 서로 전하던 것이 이에 이르러 비로소 점점 친절하게 말한 것일 뿐입니다. 공자가 요·순보다 현명하다는 것은 이런 점에서도 그 일단을 볼 수 있습니다. 그런데 인이란 한 글자는 모름지기 자기의 분수 상에서 실제 공부해야 비로소 얻을 수 있습니다. 만약 단지 이처럼 허둥지둥 말해버리면 일하는데 무익합니다.

맹자가 성선을 말한 부분에서 "말하면 반드시 요·순을 칭한다"고 한 장207)을 선생이 인용하면서 말하셨다. 이른바 본성에 대해서는 이미 잠시 말하였습니다. 이제 다시 하나의 일로 그것을 비유하면, 하늘이 이

---

205) 【箚疑】 영롱(玲瓏)은 비추는 것이요 천항(穿亢)은 관통하는 것이다.
206) 『孟子』「盡心 上」.
207) 『孟子』「滕文公 上」.

사람을 낳는 것은 조정이 이 관리에게 명하는 것과 같으며, 사람이 이 본성을 갖는 것은 관리가 이 직분을 갖는 것과 같습니다. 조정이 명한 직분은 법을 실행하고 백성을 다스리게 하지 않는 것이 없으니 어찌 선하지 않음이 있겠습니까? 하늘이 이 사람을 낳을 때 인·의·예·지의 이치를 부여하지 않은 경우가 없으니 또한 어찌 일찍이 선하지 않음이 있겠습니까? 다만 이 사람을 낳고자 하면 반드시 기가 있은 다음에야 이것이 모여서 사람의 바탕을 이룰 수 있습니다. 그런데 기라는 것은 맑고 탁하며 어둡고 밝은 차이가 있으니, 그 맑고 밝은 기를 받고 물욕의 얽매임이 없으면 성인이 됩니다. 그 맑고 밝은 기를 받았으되 순수하게 완전하지 못하면 조금이나마 물욕의 얽매임이 있는 상황을 벗어나지 못하지만 능히 그것을 제거할 수 있으면 현인이 됩니다. 그 어둡고 탁한 기를 받고 또한 물욕에게 가려져서 그것을 제거하지 못하면 어리석고 못난 사람이 됩니다. 이 모두 기품과 물욕이 하는 것이며 본성의 선은 같지 않은 적이 없습니다. 요·순이 태어날 때 받은 본성 또한 이와 같을 뿐입니다. 다만 그들의 기품이 맑고 밝아서 저절로 물욕의 가림이 없었기 때문에 요·순이 된 것이니, 애초에 본성의 본분 밖으로 덧붙인 바가 있는 것이 아닙니다. 그러므로 학자가 성선을 알면 요·순의 성스러움이 억지로 된 것이 아니라는 점을 알게 됩니다. 요·순이 되는 경지를 알면 곧 성선의 규모를 알 수 있습니다. 우리 일상생활에서 인욕을 제거하고 천리를 회복하는 일은 모두 우리 본분 안의 당연한 일이니 그 형세가 매우 순조롭고 어려움이 없습니다. 이것은 맹자가 먼저 문공[등문공]을 위해 말하고 또 요·순을 칭하여 그것을 실증한 까닭입니다. 다만 전국 시대에 성학이 밝지 않아 천하 사람은 단지 공리를 구해야만 한다는 점을 알고 자기 본성이 본래 선하다는 점과 성현의 경지를 구할 수 있음을 알지 못하였습니다. 이런 설을 듣는 사람은 믿지 않을 뿐만 아니라 때때로 그 사이에 다시는 의심을 하지도 않습니다. 문공[등문공]의 경우는 비록 아직 모두 믿을 수는 없었지만 이미 의심하는 바가 있었으니, 이는 함께 선에 나아갈 수 있는 맹아입니다. 맹자는 그래서 그가 갔다가 다시 왔을 때 그를 맞이하면서 "세자는 제 말을 의심하십니까?"라고 했으며, 또 "무릇 도는 하나일 뿐입니다"라고 고하였습니다. 예나 지금이나 성인과 어리석은 자는 이 하나의 본성을 같이 갖고 있으니 천하에 진정 두개의 도가 있을 수 없습니다. 다만 독실하게 믿고 힘써 행하면 천하의 이치는 비록 지극히 어렵지만 오히려 반드시 도달할 수 있습니다. 하물며 선은 곧 사람이 본래 가지고 있는 것이니 그것을 행하는 것이 쉽지 않겠습니까? 하지만 혹 기품이 어둡고 물욕이 굳건하면 그 형세가 비록 순조롭고 쉬워도 또한 모름지기 용맹하게 힘을 쓰고 통절하게 공부한 다음에야 그 처음을 회복할 수 있습니다. 그러므로 맹자 또한 "만약 약이 쓰지 않으면 그 병은 낫지 않는다"[208)는 『상서』의 말을 인용하였습니다.[209] 단지 만약 한가하게 지내면서 마치 일하지 않는 듯이 일을 한다면 비록 본래 매우 쉽더라도 도리어 지극히 어려워질 것입니다. 이 장의 말은 비록 매우 간략하지만 자세한 사정을 반복하여 학자를 일깨우는 점에서 가장 친절합니다. 여러분은 마땅히 익숙하게 읽고 깊이 생각하며 반복하고 완미하여 일상생활에 나가 착실하게 공부해야 비로소 얻을 수 있습니다. 『중용』에서 말한 "덕성을 존숭한다"는 것은 바로 이것을 말합니다. 하지만 성현은 사람을 가르칠 때 처음부터 근본과 말단에 대해 차례대로 순서가 있어서 정밀하고 거칠며 크고 작은 어느 부분에 대해서도 혹 버리는 바가 없습니다. 그러므로 덕성을 존숭하자마자 곧 묻고 배우는 일단의 일이 있게 되니 비록 각자 공부하더라도 또한 판연히 갈라지는 두 가지 일은 아닙니다. 『중용』은 말합니다. "위대하도다. 성인의 도여! 넓고 가득히 만물을 발육시키며, 그 위대함이 하늘에까지 이른다. 넉넉히 위대하도다. 예의는 삼백 가지요, 위의는 삼천 가지구나. 그 사람을 기다린 다음에야

---

208) 『書經』「說命 上」.
209) 『孟子』「滕文公 上」.

행해질 수 있다. 그러므로 진실로 지극한 덕이 아니라면 지극한 도는 이뤄지지 않는다. 그러므로 군자는 덕성을 존중하고, 묻고 배우는 길을 따르며 광대함을 이루고 정미함을 다하며 고명함에 이르러 중용을 따르고 옛 것을 익혀 새 것을 알며 두터움을 돈독히 하여 예를 숭상한다.”210) 도의 본체됨은 그 크기가 밖이 없고 그 작기가 안이 없어서 하나의 사물도 있지 않은 경우가 없습니다. 그러므로 군자의 학문은 이미 덕성을 존숭하여 그 크기를 온전히 하면 곧 모름지기 묻고 배우는 길을 따라서 그 작음을 다 하는 것입니다. 『중용』에서 “광대함을 이루고 고명함에 이르며 옛 것을 익히며 두터움을 돈독히 한다”211)라고 한 것은 모두 덕성을 존숭하는 공부입니다. 『중용』에서 “정미함을 다하고 중용을 따르고 새 것을 알며 예를 숭상한다”212)고 한 것은 모두 묻고 배우는 길을 따르는 일입니다. 학자는 여기에서 진실로 덕성을 존숭하는 일을 위주로 삼지만 묻고 배우는 길을 따르는 것에 대해서도 그 힘을 다하지 않을 수 없습니다. 모름지기 그 두 가지가 서로 키워주고 서로 발명케 하면, 자연히 두루 통하여 도체의 온전함에 흠결처가 없게 됩니다. 오늘날 학자들은 마음이 좁고 오래 지속할 수 없기 때문에, 그들이 학문할 때 조금의 뜬소문이나 견문이 있으면 곧바로 스스로 그것이 절대적으로 옳다고 주장하면서 두루 고찰하고 반복해서 체험할 줄 모릅니다. 간략함을 힘쓰는 자들은 이미 방자하여 공허한 이단의 학문213)을 행하고, 공리에 급급한 자들은 또한 비근한 유속214)에 빠지고 있습니다. 이러한 현상은 오늘날의 커다란 폐단이므로 학자들은 더욱 경계하지 않을 수 없습니다. 또 제 기억에 일찍이 왕단명(汪端明)215)을 보았는데,

---

210) 『中庸』 27장.
211) 위의 책, 같은 곳.
212) 위의 책, 같은 곳.
213) 【節補】 육상산의 학문(陸學)을 가리킨다.
214) 【節補】 절동지역의 학문(浙學)을 가리킨다.
215) 왕응진(汪応辰)을 말한다. 효종 때 단명전학사(端明殿學士)를 지냈다.

그는 어릴 적부터 문장으로 여러 선비 가운데 최고라서 지위와 명성이 높게 되었지만 일찍이 조금이라도 자만하는 기색이 없었으며, 날마다 스승과 벗, 선배와 박식한 사람의 예전 말과 행위를 자신의 일로 삼았습니다. 말년에 이르러서는 덕행이 완성되어 근세의 유명한 경(卿) 가운데 그러한 경지에 미칠 수 있는 사람이 없었습니다. 이에 이 나라 사람과 여러분이 아는 것은 그 노인네의 행위뿐입니다. 그의 유풍이 아직 멀지 않습니다. 또 가령 이 현에 사는 대부와 당대의 명문 가문 중에서 선철(先哲)이신 온국 문정공[司馬光]은 성덕과 대업으로 만세의 스승이 되었으며, 그가 지으신 『자치통감』 등의 서적은 학자에게 더욱 도움이 되었습니다. 충결공(忠潔公)216)은 천자의 북녘 순행을 따라갔을 때 신하의 절개를 굳게 지키고 거짓된 명령에 물들지 않았으며 또한 충의로 당대에 명성이 높았으니, 여러분 역시 그의 서적을 읽고 그의 풍모217)에 대해 들었습니다. 지금부터 제 말을 깊이 성찰하여 성현의 위대한 학문에 대해 힘쓸 바가 있게 된다면 견문한 바와 조그만 선도 모두 본받을 만하게 되니, 하물며 마을의 선각자와 당대 현인과 군자의 도의나 절개는 어떻겠습니까? 『시경』에서 "큰 산을 우러르며 큰 길을 간다네"218)라고 하였으니, 원컨대 여러분들은 유의하여 현명한 대부가 가르쳐서 완성시키려는 뜻에 부합해야지 오늘의 강론을 단지 헛말이 되게 하지 않는 것이 저의 소망입니다.

先生曰, 熹此來, 得觀學校鼎新, 又有靈芝之瑞, 足見賢宰承流宣化, 興學誨人之美意, 不勝慰喜. 又承特設講座, 俾爲諸君誦說, 雖不敢當, 然區區所聞, 亦不得不爲諸君言之. 蓋聞古之學者爲己, 今之學者爲人. 故聖賢教人爲學, 非是使人綴緝言語, 造作文辭, 但爲科名爵祿之計.

---

216) 【箚疑】 사마박(司馬朴)은 사마광(司馬光)의 손자이다.
217) 【箚疑】 책은 온공을 가리키며 풍모는 충결공을 가리킨다.
218) 『詩經』「小雅」 '거할(車舝)'.

須是格物致知誠意正心修身，而推之以至於齊家治國，可以平治天下，方是正當學問. 諸君肄業于此, 朝夕講明於此, 必已深有所得. 不然, 亦須有疑. 今日幸得相會, 正好商量. 彼此之間, 皆當有益. 時有程珙起而請曰, 論語多是說仁, 孟子却兼說仁義. 意者夫子說元氣, 孟子說陰陽, 仁恐是體, 義恐是用.

先生曰, 孔孟之言, 有同有異, 固所當講, 然今且當理會何者爲仁, 何者爲義. 曉此兩字, 義理分明, 方於自己分上有用力處, 然後孔孟之言, 有同異處, 可得而論. 如其不曉自己分上元無工夫, 說得雖工, 何益於事? 且道如何說箇仁義二字底道理. 大凡天之生物, 各付一性, 性非有物, 只是一箇道理之在我者耳. 故性之所以爲體, 只是仁義禮智信五字, 天下道理不出於此. 韓文公云人之所以爲性者五, 其說最爲得之. 却爲後世之言性者, 多雜佛老而言, 所以將性字作知覺心意看了, 非聖賢所說性字本指也. 五者之中, 所謂信者, 是箇眞實無妄底道理, 如仁義禮智, 皆眞實而無妄者也. 故信字更不須說, 只仁義禮智四字, 於中各有分別, 不可不辨. 蓋仁則是箇溫和慈愛底道理, 義則是箇斷制裁割底道理, 禮則是箇恭敬撙節底道理, 智則是箇分別是非底道理. 凡此四者, 具於人心, 乃是性之本體. 方其未發, 漠然無形象之可見, 及其發而爲用, 則仁者爲惻隱, 義者爲羞惡, 禮者爲恭敬, 智者爲是非. 隨事發見, 各有苗脉, 不相殽亂, 所謂情也. 故孟子曰, 惻隱之心, 仁之端也. 羞惡之心, 義之端也. 恭敬之心, 禮之端也. 是非之心, 智之端也. 謂之端者, 猶有物在中而不可見, 必因其端緒發見於外, 然後可得而尋也. 蓋一心之中, 仁義禮智, 各有界限, 而其性情體用, 又自各有分別. 須是見得分明, 然後就此四者之中, 又自見得仁義兩字是箇大界限. 如天地造化, 四序流行, 而其實不過於一陰一陽而已. 於此見得分明, 然後就此, 又自見得仁字是箇生底意思, 通貫周流於四者之中. 仁, 固仁之本體也. 義, 則仁之斷制也. 禮, 則仁之節文也. 智, 則仁之分別也. 正如春之生氣, 貫徹四時. 春, 則生之生也. 夏, 則生之長也. 秋, 則生之收也. 冬,則生之藏也. 故程子謂四德之元, 猶五常之仁. 偏言則一事, 專言則包四者, 正謂此也. 孔子只言仁, 以其專言者言之也. 故但言仁, 而仁義禮智, 皆在其中. 孟子兼言義, 以其偏言者言之也. 然亦不是于孔子所言之外, 添入一箇義字. 但於一理之中, 分別出來耳. 其又兼言禮智, 亦是如此. 蓋禮, 又是仁之著, 智又是義之藏. 而仁之一字, 未嘗不流行乎四者之中也. 若論體用, 亦有兩說. 蓋以仁存於心, 而義形於外言之, 則曰, 仁人心也, 義人路也, 而以仁義相爲體用. 若以仁對惻隱, 義對羞惡而言, 則就其一理之中, 又以未發已發, 相爲體用. 若認得熟, 看得透, 則玲瓏穿穴, 縱橫顛倒, 無處不通, 而日用之間, 行著習察, 無不是著功夫處矣.

珙又請曰, 三代以前, 只是說中說極, 至孔門答問, 說著便是仁, 何也?

先生曰, 說中說極, 今人多錯會了他文義, 今亦未暇一一詳說. 但至孔門方說仁字, 則是列聖相傳, 到此方漸次說親切處爾. 夫子所以賢於堯舜, 於此亦可見其一端也. 然仁之一字, 須更於自己分上, 實下功夫始得. 若只如此草草說過, 無益於事也.

先生因舉孟子道性善, 言必稱堯舜一章, 而遂言曰, 所謂性者, 適固已言之矣. 今復以一事譬之. 天之生此人, 如朝廷之命此官, 人之有此性, 如官之有此職. 朝廷所命之職, 無非使之行法治民, 豈有不善? 天之生此人, 無不與之以仁義禮智之理, 亦何嘗有不善? 但欲生此物, 必須有氣, 然後此物有以聚而成質. 而氣之爲物, 有淸濁昏明之不同, 禀其淸明之氣, 而無物欲之累, 則爲聖. 禀其淸明而未純全, 則未免微有物欲之累, 而能克以去之, 則爲賢. 禀其昏濁之氣, 又爲物欲之所蔽, 而不能去, 則爲愚爲不肖. 是皆氣禀物欲之所爲, 而性之善, 未嘗不同也. 堯舜之生, 所受之性, 亦如是耳. 但以其氣禀淸明, 自無物欲之蔽, 故爲堯舜, 初非有所增益於性分之外也. 故學者知性善, 則知堯舜之聖, 非是強爲. 識得堯舜做處, 則便識得性善底規模樣子. 而凡吾日用之間, 所以去人慾復天理者, 皆吾分內當然之事, 其勢至順而無難. 此, 孟子所以首爲文公言之, 而又稱堯舜以實之也. 但當戰國之時, 聖學不明, 天下之人, 但知功利之可求, 而不知己性之本善, 聖賢之可學. 聞是說者, 非惟不信, 往往亦不復致疑於其間. 若文公, 則雖未能盡信, 而已能有所疑矣, 是其可與進善之萌芽也. 孟子故於其去而復來, 迎而謂之曰, 世子疑吾言乎? 而又告之曰, 夫道一而已矣. 蓋古今聖愚, 同此一性, 則天下固不容有二道. 但在篤信力行, 則天下之理, 雖有至難, 猶必可至. 況善乃人之所本有, 而爲之不難乎? 然或氣禀昏愚, 而物欲深固, 則其勢雖順且易, 亦須勇猛著力痛切加功, 然後可以復於其初. 故孟子又引商書之言曰, 若藥弗瞑眩, 厥疾弗瘳. 若但悠悠, 似做不做, 則雖本甚易, 而反爲至難矣. 此章之言, 雖甚簡約, 然其反復曲折, 開曉學者, 最爲深切. 諸君更宜熟讀深思, 反復玩味, 就日用間, 著實下功夫始得. 中庸所謂尊德性者, 正謂此也. 然聖賢教人, 始於本末, 循循有序, 精粗巨細, 無有或遺. 故纔尊德性, 便有箇道問學一段事, 雖當各自加功, 然亦不是判然兩事也. 中庸曰, 大哉, 聖人之道. 洋洋乎發育萬物, 峻極于天. 優優大哉. 禮儀三百, 威儀三千. 待其人然後行. 故曰苟不至德, 至道不凝焉. 是故君子尊德性而道問學, 致廣大而盡精微, 極高明而道中庸, 溫故而知新, 敦厚以崇禮. 蓋道之爲體, 其大無外, 其小無內, 無一物之不在焉. 故君子之學, 既能尊德性以全其大, 便須道問學以盡其小. 其曰致廣大, 極高明, 溫故而敦厚, 則皆尊德性之功也. 其曰盡精微, 道中庸, 知新而崇禮, 則皆道問學之事也. 學者於此固當以尊德性爲主, 然於道問學, 亦不可不盡其力. 要當使之有以交相滋益, 互相發明, 則自然該貫通達, 而於道體之全, 無欠闕處矣. 今時學者, 心量窄狹, 不耐持久, 故其爲學, 略有些少影響見聞, 便自主張以爲至是, 不能遍觀博考, 反復參驗. 其務爲簡約者, 既蕩而爲異學之空虛, 其急於功利者, 又溺而爲流俗之卑近. 此爲今日之大弊, 學者尤不可以不戒. 熹又記得昔日曾參見端明汪公, 見其自少, 卽以文章冠多士, 致通顯, 而未嘗少有自滿之色, 日以師友前輩多識前言往行爲事. 及其晚年, 德成行尊, 則自近世名卿, 鮮有能及之者. 乃是此邦之人, 諸君識之, 丈人行耳. 其遺風餘烈, 尙未遠也. 又如縣大夫, 當代名家, 自其先正溫國文正公, 以盛德大業爲百世師, 所著資治通鑑等書, 尤有補於學者. 至忠潔公扈從北狩, 固守臣節, 不汚僞命, 又以忠義聞於當世, 諸君蓋亦讀其書, 而聞其風矣. 自今以往, 儻能深察愚言於聖賢大學有用力處, 則凡所見所聞, 寸長片善, 皆可師法, 而況於其鄕之先達與當世賢人君子之道義風節乎? 詩曰高山仰止, 景行行止. 願諸君留意, 以副賢大夫敎誨作成之意, 毋使今日之講, 徒爲空言, 則區區之望也.

● 사마충결219)의 손자가 옥산의 수령이 된 것은 주자의 「발충결공첩」에 따르면 소희 5년(1194)이니, 이해 주자는 나이 65세로서 음력 11월에 옥산을 지나갔다. 영종이 즉위하고 장사로부터 부름을 받아 이곳을 지나간 것이니, 이 강의는 확실히 만년 때이다. 성선을 말하고 덕성을 존숭하는 일을 중시한 것은 육자의 가르침과 부합된다. 다만 글의 번거로움이 덜어지지 않아 간명하고 친절한 백록동강의에 못 미칠 뿐이다.

司馬忠潔之孫爲玉山令, 據朱子跋忠潔公帖, 則紹熙五年也, 是年朱子年六十五, 以仲冬之月過玉山. 蓋寧宗卽位, 由長沙被召而過此也, 此講義確爲晚年. 而歸重於道性善, 尊德性, 與陸子之敎合. 惟辭繁不殺, 不及鹿洞講義之簡明親切耳.

---

219) 사마박(司馬朴) : 자는 문계(文季)이고, 사마광의 종손이다. 우부원외랑(虞部員外郎).
병부시랑(兵部侍郎) 등을 역임했다. 금에 끌려갔으나 벼슬을 사양했다. 시호가 충결
(忠潔)이다.

권8

중용장구서[中庸章句序][1]

『중용』은 왜 지었는가? 자사자께서 도학의 전함을 잃을까 걱정해서 지은 것이다. 상고의 성신이 하늘을 계승하여 표준을 세움으로부터 도통이 전해지는 것에 유래가 있게 되었다. 경전에 보이는 표현으로 "진실로 그 중(中)을 잡으라"는 것은 요가 순에게 전수해주신 것이며, "인심은 위태롭고 도심은 은미하니, 정밀하고 한결같이 해야 진실로 그 중을 잡을 수 있다"는 것은 순이 우에게 전수해준 것이다. 요의 한 마디 말이 지극하고 다 한 것이지만, 순이 다시 세 마디 말을 더한 것은 요의 한 마디 말은 반드시 이와 같이 한 뒤에야 이룰 수 있음을 밝혔기 때문이다. 일찍이 논하건대, 마음의 허령지각은 하나일 뿐이다. 그런데 인심과

---

1) 『朱熹集』 권76-20.

도심의 다름이 있다고 한 것은, 혹 형기의 사사로움에서 나오고 혹 성명의 올바름에서 근원하여 지각한 것이 같지 않기 때문이다. 그러므로 혹은 위태로워 편안치 못하고, 혹은 미묘하여 보기가 어렵다. 그러나 이 형기를 가지고 있지 않은 사람이 없으므로 비록 아주 뛰어난 자라도 인심이 없을 수 없고, 또한 이 성명을 가지고 있지 않은 사람이 없으므로 비록 아주 어리석은 자라도 도심이 없을 수 없으니, 이 두 가지가 마음에 섞여 있어서 다스릴 방법을 알지 못한다면 위태로운 것은 더욱 위태로워지고 은미한 것은 더욱 은미해져서 천리의 공정함이 끝내 저 인욕의 사사로움을 이기지 못할 것이다. 정밀하게 한다는 것은 두 가지의 사이를 살펴 섞이지 않게 하는 것이다. 한결같이 한다는 것은 본심의 올바름을 지켜 떠나지 않게 하는 것이다. 여기에 종사하여 조금의 쉼도 없이 반드시 도심으로 하여금 자기 몸의 주인이 되게 하고 인심이 매번 명령을 듣게 하면, 위태로운 것은 편안하게 되고 은미한 것은 드러나게 되어 동정과 운위에 저절로 과불급의 잘못이 없게 될 것이다. 요·순·우는 천하의 큰 성인이며, 천하를 서로 전해준 것은 천하의 큰 일이다. 천하의 큰 성인으로 천하의 큰 일을 행하셨지만 그들이 주고받을 때 정녕 알려준 것이 이와 같음을 지나지 않았으니, 천하의 이치에 어찌 이보다 더한 것이 있겠는가? 이로부터 성현이 서로 계승하였으니, 성탕·문왕·무왕 같은 군주와 고요·이윤·부열·주공·소공 같은 신하들이 이미 모두 이것으로써 도통의 전함을 이었다. 우리 공부자의 경우 비록 그 지위를 얻지 못하였지만, 가신 성인을 잇고 오는 후학들을 열어 준 것은 그 공적이 도리어 요·순보다 뛰어남이 있다. 그러나 이때를 맞아 보고서 안 사람 가운데 오직 안씨와 증씨의 전함이 그 종지를 얻었고 증씨가 두 번째 전하면서 다시 부자의 손자인 자사를 얻었지만, 성인과의 거리가 멀어서 이단이 일어났다. 자사는 오래될수록 더욱 그 참됨을 잃을까 두려워하였다. 이에 요·순 이래로 서로 전해온 뜻을 미루어 근본하며 평소에 아버지와 같은 스승에게 들은 말씀으로 질정하고 다시 풀어내서 이 책을 지어 후세의 배우는 자들을 가르쳤다. 깊이 걱정했기 때문에 간절하게 말하였고, 멀리 염려했기 때문에 자세하게 설명했다. '천명'과 '솔성'을 말한 것은 곧 '도심'을 말한 것이며, '택선'과 '고집'을 말한 것은 곧 '정일'을 말한 것이며, '군자'와 '시중'을 말한 것은 '집중'을 말한 것이다. 세상이 서로 떨어짐이 천여 년이 되지만, 그 말이 다르지 않는 것이 부절을 합치하는 것과 같다. 옛 성인들의 책에서 두루 간추려서, 강유를 끌어 잡으면 깊은 내용을 열어 보여 준 것이 이것처럼 분명하고 다한 것은 있지 않다. 이로부터 또다시 전하여 맹씨를 얻고 능히 이 책을 미루어 밝혀서 옛 성인의 전통을 이었다. 그러나 그가 죽고 나서는 마침내 그 전함을 잃었고 우리 도가 의지하고 붙어 있는 것은 언어문자의 사이를 넘어서지 못하니, 이단의 말은 날로 새로워지고 성대해지며 노자와 불교의 무리가 출현함에 이르러서는 더욱 이치와 근사하기 때문에 크게 참됨을 어지럽혔다. 그러나 다행히도 이 책이 없어지지 않았다. 그러므로 정부자 형제가 출현하여 상고한 것이 있게 되어 천년 동안 전해지지 않던 단서를 이었고, 근거한 바가 있어 도가와 불가의 옳은 것 같은 그름을 배척하였다. 자사의 공이 이보다 크다지만, 정부자가 없었다면 또한 그 말을 인하여 그 마음을 얻지 못하였을 것이다. 애석하도다! 그 말한 것이 전해지지 못하고, 무릇 석씨[石塾]가 모아 기록한 것은 겨우 그 문인들이 기록한 것에서 나왔다. 이 때문에 대의는 비록 분명하지만 은미한 뜻은 분석되지 못하였고, 그 문인들이 스스로 학설로 삼은 경우는 비록 자못 상세하고 발명한 바가 많았지만, 그 스승의 말씀을 저버리고 도가와 불교에 빠진 사람도 있었다.

　나는 이른 나이 때부터 일찍이 받아 읽고, 적이 의심하여 침잠해서 반복하기를 여러 해 동안 하였다. 하루아침에 홀연히 그 핵심을 터득한 것이 있는 듯하자, 마침내 감히 여러 설들을 모아 적합한 것을 가려내어 이미 『장구』 한 책을 확정하고 후세의 군자를 기다린다. 한두 명의 동지와 다시 석씨[石塾]의 책을 취해 번잡하고 혼란한 것을 삭제하고

『집략』이라 이름하고, 또 일찍이 논변하여 취사한 뜻을 모아 별도로 『혹문』을 만들어 그 뒤에 덧붙였다. 그런 다음에서야 이 책의 뜻이 가지마다 나뉘지고 마디마다 풀려서 맥락이 관통하며 상세하고 간략함이 서로 유래하고 크고 작음이 모두 들려져서, 모든 학설의 동이와 득실이 또한 곡진히 통하고 사방으로 통해 각각 그 취지를 다하게 된다. 비록 도통을 전하는 것에 대해 감히 망령되이 의논할 수는 없으나, 처음 배우는 선비가 혹 여기에서 취함이 있으면 또한 먼 곳에 가고 높은 곳에 오르는데 조금이나마 도움이 될 것이다.

순희 기유년(1189) 춘삼월 무신일에 신안 주희가 서를 쓰다.

中庸何爲而作也? 子思子憂道學之失其傳而作也. 蓋自上古聖神, 繼天立極, 而道統之傳, 有自來矣. 其見於經, 則允執厥中者, 堯之所以授舜也, 人心惟危, 道心惟微, 惟精惟一, 允執厥中者, 舜之所以授禹也. 堯之一言, 至矣盡矣, 而舜復益之以三言者, 則所以明夫堯之一言, 必如是而後可庶幾也. 蓋嘗論之, 心之虛靈知覺, 一而已矣. 而以爲有人心道心之異者, 則以其或生於形氣之私, 或原於性命之正, 而所以爲知覺者不同. 是以或危殆而不安, 或微妙而難見耳. 然人莫不有是形, 故雖上智不能無人心, 亦莫不有是性, 故雖下愚不能無道心, 二者雜於方寸之間, 而不知所以治之, 則危者愈危, 微者愈微, 而天理之公, 卒無以勝夫人欲之私矣. 精, 則察夫二者之間而不雜也. 一, 則守其本心之正而不離也. 從事於斯, 無少間斷, 必使道心常爲一身之主, 而人心每聽命焉, 則危者安, 微者著, 而動靜云爲, 自無過不及之差矣. 夫堯舜禹, 天下之大聖也, 以天下相傳, 天下之大事也. 以天下之大聖, 行天下之大事, 而其授受之際, 丁寧告戒, 不過如此, 則天下之理, 豈有以加於此哉? 自是以來, 聖賢相承, 若成湯文武之爲君, 皐陶伊傅周召之爲臣, 旣皆以此而接夫道統之傳. 若吾夫子, 則雖不得其位, 而所以繼往聖, 開來學, 其功反有賢於堯舜者. 然當是時, 見而知之者, 惟顏氏曾氏之傳得其宗, 及曾氏之再

傳, 而復得夫子之孫子思, 則去聖遠而異端起矣. 子思懼夫愈久而愈失
其眞也. 於是推本堯舜以來相傳之意, 質以平日所聞父師之言, 更互演
繹, 作爲此書, 以詔後之學者. 蓋其憂之也深, 故其言之也切, 其慮之也
遠, 故其說之也詳. 其曰天命率性, 則道心之謂也. 其曰擇善固執, 則精
一之謂也. 其曰君子時中, 則執中之謂也. 世之相後, 千有餘年, 而其言
之不異, 如合符節. 歷選前聖之書, 所以提挈綱維, 開示蘊奧, 未有若是
其明且盡者也. 自是而又再傳以得孟氏, 爲能推明是書, 以承先聖之統.
及其沒而遂失其傳焉, 則吾道之所寄, 不越乎言語文字之間, 而異端之
說, 日新月盛, 以至於老佛之徒出, 則彌近理而大亂眞矣. 然而尙幸此書
之不泯. 故程夫子兄弟者出, 得有所考, 以續夫千載不傳之緒, 得有所
據, 以斥夫二家似是之非. 蓋子思之功, 於是爲大, 而微程夫子, 則亦莫
能因其說而得其心也. 惜乎! 其所以爲說者不傳, 而凡石氏之所輯錄, 僅
出於其門人之所記. 是以大義雖明, 而微言未析, 至其門人所自爲說, 則
雖頗詳盡, 而多所發明, 然倍其師說, 而淫於老佛者, 亦有之矣.

熹自蚤歲, 卽嘗受讀, 而竊疑之, 沉潛反復, 蓋亦有年. 一旦恍然似有
以得其要領者, 然後乃敢會衆說而折其中, 旣爲定著章句一篇, 以竢後
之君子. 而一二同志, 復取石氏書, 刪其繁亂, 名以輯略, 且記所嘗論辨
取舍之意, 別爲或問, 以附其後. 然後此書之旨, 支分節解, 脉絡貫通,
詳略相因, 巨細畢擧, 而凡諸說之同異得失, 亦得以曲暢旁通, 而各極
其趣. 雖於道統之傳, 不敢妄議, 然初學之士, 或有取焉, 則亦庶乎行遠
升高之一助云爾! 淳熙己酉春三月戊申, 新安朱熹序.

🔵 기유년(1189)은 주자 나이 육십세 때이다. 그런데 『중용』에 서를 쓴
까닭은 모두 심학에 근본했기 때문이다. 그렇다면 육구연과 왕양명을
심학이라고 의심했던 자들이 깨달을 수 있을 것이다.

己酉歲, 朱子年六十. 而所以序中庸者, 悉本於心學. 然則以心學疑
陸王者, 可以悟矣.

경주학기[瓊州學記]2)

옛날 성왕이 백성의 군사가 되어 관직을 세우고 직분을 나누어 기르고 다스렸다. 백성을 교화하는 그 조목은 "어버이와 자식 사이에는 친함이 있고, 군주와 신하 사이에는 의가 있고, 부부 사이에는 구별이 있고, 어른과 어린아이 사이에는 질서가 있고, 벗 사이에는 믿음이 있다"는 다섯 가지일 뿐이다. 대개 백성에게 이 몸이 있으면 반드시 이 다섯 가지가 있으니 하루라도 떠나 있을 수가 없다. 이 마음이 있으면 반드시 이 다섯 가지의 이치가 있으니 하루라도 떠나 있어서는 안 된다. 그러므로 성왕의 가르침은 그들이 본래 가지고 있는 것을 가지고서 그들을 잘 인도해서, 곧 그들로 하여금 그 처음을 잊지 않도록 계도한 것이다. 그러나 그들이 그 길을 따르면서도 알지 못하고 오래되어 무너질까 염려해서, 그 때문에 백성 가운데 뛰어난 자를 선발하고 학교에 모이게 하여 스승된 유자로 관련 맺게 하니, 『시경』과 『서경』으로 계발시켜주고 『예기』와 『악기』로 성취시켜 주었다. 무릇 이 이치를 밝히고 지켜서 잃지 않으며 이 가르침을 전하여 끝없이 베풀어지게 하는 까닭은, 대개 또한 그들에게 본래 가지고 있는 것을 발명하게 하는 것이 아님이 없으니 처음부터 외면에 힘쓸 것이 있지 않기 때문이다. 무릇 이와 같기 때문에 그 가르침이 쉽게 밝아지고, 그 학문이 쉽게 이루어지고, 그 시행됨이 멀다고 이르지 않음이 없고 미미해도 교화되지 않음이 없었다. 이것은 선왕의 교화의 윤택이 성대해서 후세 사람들이 능히 미칠 수 있는 것이 아니다.

순희 9년(1182), 경주 지역을 관할하는 장락(長樂) 한벽(韓壁)3)이 이미 그 주의 학교를 새롭게 하고 그림을 보내어 기(記)를 청하면서 말하였다. "우리 주는 중국에서 서남쪽으로 만리나 떨어지고, 날 덥고 물이 붉은

---

2) 『朱熹集』 권79-4.
3) 한벽 : 자는 정옥(廷玉)이다.

(지역) 너머에 있어 그 백성들 중 선비가 될 수 있는 사람이 이미 적은데
다가, 요행히 있더라도 그들이 암송하고 글을 짓는 공부가 북쪽 지역의
학자보다 앞설 수는 없습니다. 그러므로 그들의 공명과 업적은 마침내
당세에 스스로 알릴 수가 없으니 저는 그것을 슬퍼했습니다. 지금 공당
과 서실을 이미 수리했지만, 여전히 흥기시킬 바를 알지 못할까 두렵습
니다. 그러므로 바라건대 알려주신다면 우리들은 아마도 덕을 진작시킬
수 있을 것입니다.”

삼가 생각해보니 국가의 가르치고 배우는 뜻은 넓고 이 사람들이 감
화를 입는 날이 깊은데도 오히려 한벽이 염려하는 바가 있다. 옛날에
가르쳤던 것이 본래 가지고 있는 것으로써 인도하지 않고 단지 외면적
인 것으로만 강제하니 그와 같이 어려워진 것이 아니겠는가!

그래서 옛날에 들은 것을 책으로 만들어서 알려주어 경주의 선비들로
하여금 학문하는 방법이 몸과 마음이 본래 갖고 있는 것에서 벗어나지
않는다는 것을 알게 해서 하루라도 거기에 노력을 하도록 합니다. (그렇게
되면) 그들의 덕이 이뤄지고 덕행이 이뤄지고 천하의 이치에 대해 의심할
바가 없어서 장차 어려운 일이 없을 것이니, 이른바 공명과 업적이라고
하는 것들은 그 근본이 이미 여기에 있는 것이다. 저 문장을 암기하는
말단적인 것과 같은 경우는 급히 해야 할 우리 일이 아니니 또한 어찌
경중을 가릴 것이 되겠는가? 아아! 경주의 선비들은 여기에 힘쓸지어다!
“하늘이 뭇 백성을 낳으니 사물이 있으면 법칙이 있고, 백성이 가지는
떳떳한 성품은 아름다운 덕을 좋아한다네”4)라는 것이 어찌 옛날과 지금
에 차이가 있으며 멀고 가까움의 다름이 있겠는가? 이 지방에서 한벽의
업적은 기념할 것이 많아서 이미 연몰 정자5)의 돌에 새겨놓았으니 따로
쓰지 않는다.6) 그리고 이 일의 규모와 공정 또한 한벽이 나에게 쓰라고

---

4) 『詩經』「大雅」.
5) 【箚疑】지락정(知樂亭)을 말한다.
6) 『朱熹集』 권79-5 「環州知樂亭記」.

부탁한 뜻이 아니므로 또한 생략하고 논하지 않는다.

　이해, 때는 "현익섭제격(玄黓攝提格)[임인년]"7) 겨울 10월 경신일 선교랑직비각 주희가 기록하다.

　昔者聖王作民君師, 設官分職, 以長以治. 而其教民之目, 則曰父子有親, 君臣有義, 夫婦有別, 長幼有序, 朋友有信五者而已. 蓋民有是身, 則必有是五者, 而不能以一日離也. 有是心, 則必有是五者之理, 而不可以一日離也. 是以聖王之教, 因其固有, 還以導之, 使不忘乎其初. 然又慮其由而不知, 無以久而不壞也, 則爲之擇其民之秀者, 羣之以學校, 而聯之以師儒, 開之以詩書, 而成之以禮樂. 凡所以使之明是理而守之不失, 傳是教而施之無窮者, 蓋亦莫非因其固有而發明之, 而未始有所務於外也. 夫如是, 是以其教易明, 其學易成, 而其施之之博, 至於無遠之不曁, 而無微之不化. 此先王教化之澤所以爲盛, 而非後世所能及.

　淳熙九年, 瓊管帥守長樂韓侯壁, 旣新其州之學, 而使以圖來請記, 曰吾州在中國西南萬里, 炎天漲海之外, 其民之能爲士者旣少, 幸而有之, 其記誦文詞之習, 又不能有以先於北方之學者, 故其功名事業, 遂無以自白於當世, 僕竊悲之. 今其公堂序室, 則旣修矣, 然尙懼其未能知所興起也, 是以願有謁焉, 吾子其有以振德之.

　熹竊惟國家敎學之意, 不爲不廣, 斯人蒙化之日, 不爲不深, 然猶有如侯之所慮者, 豈前日之所以教者, 未嘗導之以其身心之所固有, 而徒强之以其外, 是以若彼其難與! 因爲之書其所聞于古者以告之, 使瓊之士, 知夫所以爲學者, 不外於身心之所固有, 而用其一日之力焉. 則其德成行修, 而無所疑於天下之理, 將無難者, 而凡所謂功名事業云者,

---

7) 고대의 도량형을 표기하는 방법으로, 간지(干支)는 다음과 같이 표기한다. 십간(十干)의 경우는 甲=閼逢, 乙=旃蒙, 丙=柔兆, 丁=强, 戊=著雍, 己=屠維, 庚=上章, 辛=重光, 壬=玄黓, 癸=昭陽로 표기한다. 십이지(十二支)의 경우는 子=困敦, 丑=赤奮若, 寅=攝提格, 卯=單閼, 辰=執徐, 巳=大荒落, 午=敦, 未=協洽, 申=涒灘, 酉=作, 戌=掩茂, 亥=大淵獻로 표기한다.

其本已在是矣. 若彼記誦文詞之末, 則非吾事之所急, 而又何足爲輕重乎? 嗚呼! 瓊士勉旃! 天生烝民, 有物有則, 民之秉彛, 好是懿德, 是豈有古今之間, 遠近之殊哉? 侯於是邦, 政多可紀, 已具刻於池亭之石, 因不復書. 而是役之面埶功程, 又非侯所以屬筆之意也, 亦略不論著云.

是年, 歲在玄黓攝提格, 冬十月庚申, 宣敎郎直祕閣朱熹記.

 ⊛ 이 기록에서는 배움을 "몸과 마음에 본래 있는 것"이며 문장과 글을 기억하고 암송하는 것은 급한 것이 아니라고 여기니, 진실로 이미 육자의 설에 거의 부합한다. '현익섭제격'이라 했으니, 때는 임인년이며, 이때 주자 나이 53세(1182)였다.

此記以學爲身心固有, 而記誦文辭則非所急, 固已盡合於陸子之說矣. 玄黓攝提格, 歲在壬寅也, 是歲朱子五十三歲.

장주용암현학기[漳州龍巖縣學記]8)

장주 용암의 현학은 어느 해인가 설치되었으나 그 뒤 빈번히 옮겨져서, 마침내 폐허가 된지 30여 년이 지났다. 그러자 어떤 지방장관이 처음으로 다시 지으려고 했지만 교대되어 떠났기에 완성할 수 없었다. 온릉의 증비(曾秘)가 그 임무를 이어받아 전관이 했던 것을 이어서 완성하였다. 대개 몇 동의 집·전당·문과 지붕을 지어 선생과 제자들의 집으로 하나라도 갖추지 않은 것이 없게 되었다. 순희 9년(1182) 모월 모일에 여러 학생들을 거느리고 이전 성인들과 선생들에게 제사를 지내고 서신을 써서 기문을 구하면서 말하기를 "가르침을 얻고자 합니다"라고 했다.

나는 용암이 현의 후미진 곳이고 양월9)의 사이에 있어서 풍속이 낡

---

8) 『朱熹集』 권79-6.
9) 【箚疑】 용암현(龍巖縣)은 광동성(廣東省)에 인접해 있던 복건성(福建省)의 현을 가

고 빈궁한 곳이라고 들었다. 이곳의 선비된 자들은, 비록 총명하고 순박하며 재주가 뛰어난 자질을 가지고 있다고 할지라도, 성현의 학문으로 개도되지 못했다. 그러므로 현으로 승격된 이래로 지금 수백 년 동안 도의와 업적으로 시대를 풍미했던 사람이 있었다는 것을 아직 듣지 못했으니, 어찌 그 재질이 부족해서 그랬겠는가? 혹여 관리된 자도 그들을 흥기시키지 못했다. 지금 두 사람이 서로 이어서 이곳을 거듭 교화하려고 하고 있고, 깊이 학문을 일으켜 백성들을 교화하는 것을 자신들의 임무로 삼고 있으니 그 뜻이 이미 아름답다고 할 수 있다. 또 증비는 일찍이 나의 친구 석자중과 허순지를 따라 배웠으니, 반드시 자신들이 들은 것으로 그곳 백성들을 선도할 것이니 이 용암의 선비들은 아마도 나아질 것이다! 그 때문에 나는 그 본말을 적어서 여러 학생들에게 알려주면서 말하고자 한다. 이른바 성현의 학문이란 것은 알기 어렵고 행하기 어려운 일이 아니니, 효·제·충·신·예·의·염·취로 자신을 수양하며, 스승을 구하고 친구를 얻어서 『시』를 외고 『서』를 읽어서 사물의 이치를 궁구할 따름이다. 대개 이 두 단서가 너희 학생들이 알지 못하고 행하지 못할 것이겠는가! 단지 일용의 생활에 쫓겨 돌아볼 겨를이 없고 과거시험을 위한 학습에 유혹되어 미치지 못했기 때문이다. 대저 구구하게 목전의 가까운 이익을 쫓아 자신에게 진정으로 귀한 것을 잊는 사람은 이미 진실로 망가진 사람이니, 하물며 그 쫓는 바가 반드시 구할 수 없는 것임에 있어서랴! 너희 학생들은 이미 한 일을 따라 살펴보고서도, 어찌 분개하면서 이런 마음을 되돌려 구하여 내가 말한 것에 전일하게 힘을 쏟지 않는 것인가! 만일 우리가 효·제·충·신·예·의·염·취의 행실에 나날이 독실하게 한다면 자신은 수양되지 않음이 없게 될 것이며, 스승을 구하고 친구를 얻어서 『시』를 외고 『서』를 읽는 것을 나날이 깊이 한다면 이치들 중 얻지 못하는 것이 없

리키며, 민월(閩越)과 남월(南越) 사이에 있었다. 여기서 민월은 복건성을 가리키고, 남월은 광동성을 가리킨다.

게 될 것이다. 자신으로부터 가문으로, 가문으로부터 국가로 마침내 천하에 이르기까지 어떠한 곳이든지 합당하지 않은 바가 없을 것이니, 진실로 일세에 도의와 업적을 휘날리기를 반드시 구하지 않더라도, 뿌리가 깊어서 가지가 무성하고 실질이 커서 명성도 넓을 것은 자연히 가릴 수가 없게 될 것이다. 아! 이런 설명이 어찌 증비가 두세 명의 자신의 학생들에게만 할 것이겠는가! 그 학생들은 더욱더 나의 말로 서로 권면해야 할 것이다. 서신에서 말한 가르침과 배움이 각각 절반이라는 말도,10) 증비가 일찍이 깊이 생각한 것이니 그도 또한 이것으로 힘쓰고 있다고 할 수 있다!

순희 10년(1183) 2월 갑인에 신안의 주희가 적다.

漳州龍巖縣學, 某年置, 其後遷徙不常, 遂以廢壞, 蓋三十有餘年. 而丞某君某, 始復營建, 迫代去, 不克就. 溫陵曾君祕, 來嗣其職, 乃因其緒而成之. 凡爲屋若干楹, 殿堂門廡, 師生之舍, 無一不具. 淳熙九年, 某月某日, 旣率其諸生, 以奠菜于先聖先師, 而以書來求記, 且曰願有教也.

予聞龍巖爲縣斗辟, 介於兩越之間, 俗故窮陋. 其爲士者, 雖或負聰明樸茂之姿, 而莫有開之以聖賢之學. 是以自其爲縣以來, 今數百年, 未聞有以道義功業顯於時者, 豈其材之不足哉? 殆爲吏者, 未有以興起之也. 今二君相繼貳令於此, 乃能深以興學化民爲己任, 其志旣美矣. 而曾君又嘗從吾友石許諸君遊, 是必能誦其所聞以先後之者, 此邑之士, 其庶幾乎! 乃爲之書其本末, 而因以告其諸生曰夫所謂聖賢之學者, 非有難知難能之事也, 孝弟忠信禮義廉恥, 以修其身, 而求師取友, 頌詩讀書, 以窮事物之理而已. 蓋二端者, 豈二三子之所不知不能哉! 特怵迫於俯仰衣食之資, 而不暇顧, 誘奪於場屋雕篆之習, 而不及爲爾.

---

10) 【箚疑】 제자들을 가르치는 것과 스스로 공부하는 것을 어느 한쪽도 치우치지 않고 수행한다는 의미다.

夫狥區區目前近小之利, 而忘其所貴於己者, 固已悖矣, 況其所狥又未
必果可求也? 二三子循己事而觀之, 則曷若慨然反是心以求之, 而一用
其力於吾之所謂者乎? 使吾孝弟忠信禮義廉恥之行日篤, 而身無不修
也, 求師取友, 頌詩讀書之趣日深, 而理無不得也. 則自身而家, 自家而
國, 以達於天下, 將無所處而不當, 固不必求道義功烈之顯於時, 而根
深末茂, 實大聲閎, 將有自然不可揜者矣. 嗚呼! 是說也, 曾君蓋亦嘗爲
二三子言之乎? 二三子其益以吾言相與勉焉. 而書所謂斅學半者, 又曾
君所宜深念也, 其亦由是而勉旃哉!

　十年二月甲寅新安朱熹記.

　🈳 만약 반드시 사물의 이치를 궁구하고자 한다면 아마도 사람들이
모두 할 수 있는 것이 아닐 것이다. 그렇지만 성현의 학문이란 것은 알
기 어렵고 행하기 어려운 일이 아니라고 했으니, 점점 이간(易簡)의 공부
로 나아가고 있다고 할 수 있다. 실천을 앞세우고 앎을 뒤로하는 것은
육자가 실천을 강조했던 뜻에 부합된다. 순희 10년(1183)은 주자 나이 54
세였으니, 아마도 의리와 이익에 대한 육자의 설명을 듣고서 이를 끌어
다가 말한 것 같다.

　若必欲窮事物之理, 恐非人人所能. 然謂聖賢之學者, 非有難知難能
之事也, 則漸趨於易簡矣. 先行後知, 亦合於陸子重踐履之意. 淳熙十
年, 朱子年五十四歲. 蓋已聞陸子義利之說, 而引伸言之也.

소주주학염계선생사기[韶州州學濂溪先生祠記]11)

　진나라와 한나라 이래 도가 천하에 밝혀지지 않아 선비들이 학문하

---

11) 『朱熹集』 권79-9.

는 방법을 알지 못했다. 천(天)을 이야기하는 자는 인(人)을 버리고 있어서 쓸모가 없고, 인(人)을 이야기하는 자는 천(天)에 미치지 않아 근본이 없었다. 오로지 하학(下學)에만 힘쓰는 자는 상달(上達)할 줄을 몰라 형기(形器)에만 매몰되었고, 상달만을 기필하던 자는 하학에 힘쓰지 않아 공허한 데로 빠졌다. 자신을 다스리는 데 뛰어났던 자는 혹 다른 사람에게 미치지 못했고, 세속을 따라 공명에 나아간 자는 또한 아직 그 근본으로부터 미루지 못하고 있었다. 이와 같기에 천리는 어두워지고 인욕이 번성하였으며 도학이 전해지지 않아 이단이 일어나게 되었으니, 사람들 중 사사로운 지식을 끼고서 일세의 공명을 추구하는 사람들은 늙어 죽지 않으면 그치지 않으니, 끝내 그것이 잘못되었다는 것을 깨닫지 못한다.

송나라가 흥했을 때 구의(九疑) 아래 용릉(舂陵)의 폐허에 염계선생이 태어난 후 천리는 밝아졌고 도학은 전해져 다시 이어졌다. 태극·음양 그리고 오행의 깊은 의미를 밝혔기에12) 중정(中正)과 인의를 실천하려는 천하 사람들은 그것들이 어디로부터 유래하였는지를 알 수 있게 되었다. 성학(聖學)에 요체가 있음을 말해서13) 하학(下學)하는 자들이 사사로움을 이겨 예를 실천하여 상달(上達)로 길러질 수 있음을 알게 되었다. 그리고 천하에 근본이 있음을 밝혀서 다스림을 말하는 자들이 마음을 성실하게 하고 자신을 단정하게 하면 천하에 등용될 수 있다는 것을 알게 되었다. 그가 위로는 천년 전의 공맹의 학통을 잇고 아래로는 백년 전 명도와 이천선생의 학맥을 열었던 것의 맥락은 분명하고 그 규모도 크고 멀다고 할 수 있다. 이 때문에 인욕은 억제되어 함부로 날뛸 수 없게 되었고, 이단들은 회피되어 내키는 대로 날뛸 수 없게 되었다. 아마도 맹자가 죽은 후 여러 유가들이 학문을 전한 순서를 헤아려보고 흥성시키고 창시하고 정돈하고 통일한 공로를 따진다면 진실로 염계선생보

---

12) 【節補】 주돈이(周敦頤)의 『太極圖說』을 가리킨다.
13) 【節補】 주돈이의 『通書』 중 「聖學」 편을 가리킨다.

다 더 높은 공로를 지닌 자들은 없었다고 할 수 있다.

염계선생은 희령 연간(1068~1077)에 광남동로제점형옥공사가 되어 소주(韶州)를 다스렸는데, 억울함을 씻어주고 백성들에게 은택을 베풀어 그 선정의 조짐이 시행될 수 있었지만 병으로 세상을 떠나고 말았다. 1170년 지사 주순원(周舜元)이 선생의 남겨진 공훈을 우러르며 개탄하고 한탄하며 주학 강당의 동쪽에 처음으로 사당을 만들어 하남의 이정선생을 배사하였다. 13년 뒤에 교수 요덕명(廖德明)이 부임해서 옛 사당이 매우 훼손되었으며 향을 바치는 의식도 게을러 행해지지 않은 것을 보고 증축해서 새롭게 만들려고 생각하였다. 다음해 옛 사당에 세 동의 집을 짓고 초상을 엄정하게 진설하니 선현들의 위패에 질서가 있게 되었다. 초하루와 보름에는 여러 학생들을 이끌고 배알하였다. 봄과 가을에는 좋은 날을 정해서 삼헌의 예로 예배하면서도 아직도 완전하지 않다고 생각하였다. 그래서 어느 날 세 선생의 글을 얻어서 여러 학생들에게 주면서 이 책을 익숙하게 읽고 세밀하게 생각해서 힘써 행한다면 그 나아감이 이 당에 오를 수 있을 것이며 몸소 맛보는 것과 다르지 않을 것이라고 말했다. 또 다음에 서신으로 내게 알리기를 "소주는 옛날의 유명한 군이며, 선비들에게는 정성스러움이 많고 헛됨과 화려함이 적어서 함께 선에 나아갈 만한 자가 많으니, 이곳에는 장문헌(張文獻)[14]과 여양공(余襄公)[15]의 유풍이 있기 때문입니다. 그렇지만 이전 현인들이 이미 오래되어 그 뒤를 열어줄 선생과 군주의 가르침이 아직 없으니, 비록 일세를 풍미한 대현[16]이 이 땅에 부임했다고 할지라도, 옷을 걷어 올리고 학업을 청해서 그 학문의 전해짐을 이을 수 있었던 자가 있다는 것을 아직 듣지 못했습니다. 이것이 바로 주순후 지사가 부지런히 했던 것이자, 제가 그 뒤를 이어서 감히 게으를 수 없었던 것입니다. 지금은

---

14) 【箚疑】 이름은 구령(九齡)이다.
15) 【箚疑】 이름은 정(靖)이다.
16) 【箚疑】 염계(濂溪)선생 주돈이(周敦頤)를 가리킨다.

이미 일을 마쳤고 저도 또한 교대자를 기다려 가려고 합니다. 선생님께서 다행히도 한 마디의 말을 주신다면 아마도 주 지사의 뜻을 마침내 이룰 수 있을 것이니, 이것이 또한 제가 바라는 바이자 여러 학생들이 원하는 것입니다"라고 했다. 요덕명은 일찍이 나에게서 배웠던 자이기에 사양할 수 없어서 곧바로 염계선생이 도학을 밝히신 공을 논하고 지어서 소주 사람들에게 보여, 그들이 이것으로 힘을 쓰는 방법을 알도록 하였고, 아울러 그들이 학교를 흥기시킨 본말이 이와 같음을 기록하여 후학들로 하여금 참고하도록 하였다.

순희 10년 계묘년(1183) 오월 정묘에 신안의 주희가 적다.

秦漢以來, 道不明於天下, 而士不知所以爲學. 言天者, 遺人而無用. 語人者, 不及天而無本. 專下學者, 不知上達而滯於形器, 必上達者, 不務下學而溺于空虛. 優於治己者, 或不足以及人. 而隨世以就功名者, 又未必自其本而推之也. 夫如是, 是以天理不明而人欲熾, 道學不傳而異端起, 人挾其私智, 以馳騖於一世者, 不至於老死則不止, 而終亦莫悟其非也.

宋興, 九疑之下, 春陵之墟, 有濂溪先生者作, 然後天理明而道學之傳復續. 蓋有以闡夫太極陰陽五行之奧, 而天下之爲中正仁義者, 得以知其所自來. 言聖學之有要, 而下學者知勝私復禮之可以馴致於上達. 明天下之有本, 而言治者知誠心端身之可以擧而措之於天下. 其所以上接洙泗千歲之統, 下啓河洛百世之傳者, 脉絡分明, 而規模宏遠矣. 是以人欲自是有所制而不得肆, 異端自是有所避而不得騁. 蓋自孟氏旣沒, 而歷選諸儒受授之次, 以論其興復開創, 汎掃平一之功, 信未有高焉者也.

先生熙寧中, 嘗爲廣南東路提點刑獄公事, 而治於韶, 洗冤澤物, 其兆足以行矣, 而以疾去. 乾道庚寅, 知州事周侯舜元, 仰止遺烈, 慨然永懷, 始作祠堂於州學講堂之東序, 而以河南二程先生配焉. 後十有三年,

敎授廖君德明至, 視故祠頗已摧剝, 而香火之奉亦惰弗供, 乃謀增廣而
作新之. 明年卽其故處, 爲屋三楹, 像設儼然, 烈坐有序. 月旦望, 率諸
生拜謁. 歲春秋, 釋奠之明日, 則以三獻之禮禮焉, 而猶以爲未也. 則又
日取三先生之書, 以授諸生曰熟讀精思而力行之, 則其進而登此堂也,
不異乎親炙之矣. 又明年, 以書來告曰詔故名郡, 士多愿慤, 少浮華, 可
與進于善者, 蓋有張文獻余襄公之遺風焉. 然前賢旣遠, 而未有先生君
子之敎, 以啓迪於其後, 雖有名世大賢來官其地, 亦未聞有能摳衣請業,
而得其學之傳者. 此周侯之所爲惓惓焉者, 而德明所以奉承於後而不
敢怠也. 今旣訖事, 而德明亦將終更以去矣. 夫子幸而予之一言, 庶幾
乎有以卒成周侯之志, 是亦德明之願, 而諸生之幸也. 廖君嘗以其學講
於熹者, 因不獲辭, 而輒爲論著先生唱明道學之功, 以視詔人使因是而
知所以用力之方, 又記其興作本末如此, 使來者有考焉.

淳熙十年癸卯歲五月丁卯, 新安朱熹記.

● 이 기문은 주자(周子)의 학문을 논하고 있는데, 공평하고 통달해서
궁리와 격물의 설에 연연하지 않고 있으니, 이때 주자 나이 54세였다.

此記論周子之學, 平正通達, 不規規於窮理格物之說, 是年朱子五十
四歲.

형주석고서원기[衡州石鼓書院記]17)

형주 석고산은 증강과 상강이 만나는 곳에 있어 강의 흐름이 허리띠
처럼 휘돌아 형주에서 가장 아름다운 곳이므로, 이곳에 당나라 원화 연
간에 세워진 서원이 있는데 이곳 사람인 이관(李寬)이 만든 것이다. 국초

---

17) 『朱熹集』 권79-17.

에 나라로부터 사액을 받았고, 그 후에 다시 동쪽으로 조금 옮겨져서 주학이 되었으니, 서원의 유적은 이곳에서 폐해져 다시 수리되지 못했다. 순희 12년(1185) 부사인 동양의 반치덕(潘時德)[18]이 옛 터를 기반으로 여러 채의 집을 짓고 옛 현판을 달아 사방의 선비, 학문에 뜻을 두어 과거공부를 달갑게 여기지 않은 선비들이 머물기를 기다렸으나 뜻을 이루지 못하고 죽고 말았다. 지금의 부사인 성도의 자연 송약수(宋若水)는 이 일에 근거해서 더 확충하였다. 그는 별도로 이층 건물을 건립하여 이전 성인들과 선생들의 초상을 받들었는데, 국자감이나 본 지역의 여러 주들에서 간행한 약간의 서책들을 모으고 현이나 군으로 하여금 훌륭한 선비들을 가려서 파견하여 충원하도록 하였다. 그래서 연수(連帥) 임률(林栗)[19] 그리고 소후(蘇詡)[20]나 관감(管鑑)[21]과 같은 부사, 형의 지사인 설백선(薛伯宣) 등이 모두 자금을 모으고 공전을 갈라서 그 노력을 도왔는데, 이러기를 수 년이 지나서 마침내 낙성식을 하게 되었다. 이에 송자연이 서신을 통해 "이 사실을 기록하여 후인에게 알리고, 또한 학자를 가르칠 수 있기를 바랍니다"라고 했다. 나는 전대에 상서(庠序)의 가르침이 닦이지 않아 선비들이 배울 곳이 없어서 종종 서로 아름다운 곳을 골라 정사를 세워 모여서 강습할 수 있는 장소로 삼아야 한다고 생각했다. 그러자 정치를 담당한 자들이 이것을 도와 아름답게 만들었는데, 이 석고산·악록·백록동과 같은 유가 바로 이것이다. 본국이 경

---

18) 치가 아니라 時임. 반시덕(潘時德) : 자는 자선(子善)이다.

19) 임률(林栗) : 자는 황중(黃中), 시호는 간숙(簡肅)이다. 복청현 출신이다. 소흥 12년 (1142)에 진사가 되었다. 순희 15년(1188) 임률이 병부시랑을 제수 받았을 때 주희도 병부낭관이 되었는데, 두 사람의 학문적 견해가 서로 합치되지 않았다. 마침내 임률이 주희를 탄핵하기에 이르렀다.

20) 소후(蘇詡) : 소괄(蘇适)의 손자이고 소주(蘇籀)의 아들이다. 순희 6년(1179)에 균주 (筠州) 지사가 되었다. 일찍이 집안에서 간직해오던 『欒城集』을 판각하고 「欒城集跋」 을 지었다.

21) 관감(管鑑) : 자는 명중(明仲)이다. 용천(龍泉) 출신이며, 임천(臨川)으로 이주하였다. 저서로는 『養拙堂詞』가 있다.

력·희령 시기에 번성하여 학교의 학관이 천하에 두루 퍼져 이전 처사들의 정사는 쓸모가 없게 되어서 그 옛 자취가 황폐해진 것도 또한 추세가 그런 것이다. 옛 것을 좋아해서 도모하려는 현자가 없다면 그 누가 이것을 삼가 보존할 수 있겠는가!

지금 군현의 학관은 박사와 제자원을 두었으나 그들은 모두 덕행과 도예의 바탕을 살핀 적이 없었으며, 단지 그들이 가르치고 배운 것은 모두 세속의 서책들과 과거를 위한 공부라서 사람들로 하여금 이익을 보게 하고 의리를 보지 못하도록 하니 위기(爲己) 공부에 뜻을 둔 선비들은 모두 그것을 말하기를 부끄러워했다. 그러므로 항상 조용하고 맑고 넓은 곳을 골라서 자신이 배운 바를 함께 강론하려고 해도 그럴 수 없는데, 이것이 바로 이 두 분이 개탄하여 이런 임무에 발분하여 그 번다함을 꺼리지 않는 이유니, 단지 정사의 옛 자취가 황폐해진 것을 차마 보지 못하기 때문만은 아니다. 특별히 이 때문에 그 본말을 기록해 오는 사람에게 알려주어 이 두 분이 무엇을 생각했는지를 알게 하여 오늘날 학교에서 과거공부만을 일삼는 뜻으로 어지럽게 하지 않도록 하려는 것이다. 또한 풍속을 교화함이 정치의 관건이기 때문에 오늘날 학교에서 과거공부만을 해서 그 폐해가 장차 이루 말할 수 없게 된 것에 대해 편안히 여겨서는 안 되는데도 그 폐해를 구하지도 않고 있음을 알도록 하려는 것이다. 만약 여러 학생들이 배우는 이유가 오늘날 사람들이 말한 것과 같지 않다면 옛날 나의 친구 장경부가 저 악록에 대해 기록한 것22)에서 말한 것이 매우 자세하니 참고하기 바란다. 생각건대 하학(下學)의 공부에 아직 궁구하지 않는 것이 있어서 그 말을 암송하는 사람은 공부를 하는 방법을 알지 못하여 그 실질을 밟지 못하는데, 그렇지만 지금도 그 밖의 것23)을 구하려고 하는가! 장경부도 또한 "미발

---

22) 【節疑】 장식(張栻)이 지은 「潭州嶽麓書院記」를 가리킨다.
23) 【節補】 장식이 「潭州嶽麓書院記」에서 학문에 대해 말한 것 이외에서 학문의 방법을 찾고 있는 실정을 말한다.

의 전에 그 온전함을 기르고 장차 발할 때 그 기미를 살펴서, 선하다면 그것을 확충하고 악하다면 그것을 제거해야 한다"고 했으니, 이와 같을 뿐인데 어찌 나의 말을 기다릴 필요가 있겠는가!

순희 14년 정미(1187) 여름 4월 초하루, 신안의 주희가 적다.

衡州石鼓山, 據烝湘之會, 江流環帶, 最爲一郡佳處, 故有書院, 起唐元和間, 州人李寬之所爲. 至國初時, 嘗賜勅額, 其後乃復稍徙而東以爲州學, 則書院之迹, 於此遂廢而不復修矣. 淳熙十二年, 部使者東陽潘侯時德, 始因舊址, 列屋數間, 牓以故額, 將以俟四方之士, 有志於學而不屑於課試之業者居之, 未竟而去. 今使者成都宋侯若水子淵, 又因其故而益廣之. 別建重屋, 以奉先聖先師之象, 且摹國子監及本道諸州印書若干種若干卷, 而俾縣郡擇遣修士以充入之. 蓋連帥林侯栗, 諸使者蘇侯詡管侯鑑, 衡守薛侯伯宣, 皆奉金齋, 割公田以佐其役, 踰年而後, 落其成焉. 於是宋侯以書來曰願記其實, 以詔後人, 且有以幸敎其學者, 則所望也. 予惟前代庠序之敎不修, 士病無所於學, 往往相與擇勝地, 立精舍, 以爲羣居講習之所. 而爲政者乃或就而褒美之, 若此山, 若嶽麓, 若白鹿洞之類是也. 逮至本朝慶曆熙寧之盛, 學校之官, 遂徧天下, 而前日處士之廬無所用, 則其舊迹之蕪廢, 亦其勢然也. 不有好古圖舊之賢, 孰能謹而存之哉!

抑今郡縣之學官, 置博士弟子員, 皆未嘗考其德行道藝之素, 其所授受, 又皆世俗之書, 進取之業, 使人見利而不見義, 士之有志於爲己者, 蓋羞言之. 是以常欲別求燕閒淸曠之地, 以共講其所聞而不可得, 此二公所以慨然發憤於斯役, 而不敢憚其煩, 蓋非獨不忍其舊迹之蕪廢而已也. 特爲之記其本末, 以告來者使知二公之志所以然者, 而毋以今日學校科擧之意亂焉. 又以風曉在位, 使知今日學校科擧之敎, 其害將有不可勝言者, 不可以是爲適然, 而莫之救也. 若諸生之所以學, 而非若今人之所謂, 則昔者吾友張子敬夫, 所以記夫嶽麓者, 語之詳矣. 顧於

下學之功, 有所未究, 是以誦其言者, 不知所以從事之方, 而無以蹈其
實, 然今亦何以他求爲哉! 亦曰養其全於未發之前, 察其幾於將發之際,
善則擴而充之, 惡則克而去之, 其如此而已矣. 又何俟於予言哉!

　　十四年丁未歲夏四月朔, 新安朱熹記.

　　🈳 주자는 학문을 논할 때 힘쓰기를 반드시 궁리와 격물로 우선시했
다. 이 기문의 끝에 나오는 네 구절의 경우『중용』의 본지를 얻어서 지
리한 병폐가 없다. 이때 주자의 나이는 58세였다. 그가 학교와 과거의
폐단을 논할 때 "사람들로 하여금 이익을 보게 하고 의리를 보지 못하
도록 한다"는 말은 육자가 백록동에서 했던 강의에 근거해서 미루어 말
한 것이다.

　　朱子論學, 務必先以窮理格物. 若此記末四語, 得中庸本旨, 無支離
之病矣, 是朱子年五十有八. 其論學校科擧之弊, 使人見利而不見義,
亦因陸子白鹿洞講義而推言之也.

덕안부응성현상채사선생사기[德安府應城縣上蔡謝先生祠記]24)

　　응성 현학에는 사상채선생의 사당이 있는데, 지금 현령인 건안의 유
병(劉炳)25)이 만든 것이다. 선생의 이름은 양좌, 자는 현도이며 하남의
이정선생의 문하에서 공부했다. 처음에 선생은 해박함을 자랑으로 여겨
강론할 때 두루 전해져온 기록들을 인용하고 심지어는 어떤 경우 책을
전체 다 외우기까지 하였다. 그러자 명도선생은 웃으면서 "그대는 외물
에 집착하여 뜻을 잃어버린 사람이라고 할 만하다"고 말했다.26) 선생은

---

24)『朱熹集』권80-4.
25) 유병(劉炳) : 자는 도중(韜仲)이다. 스스로 유연옹(悠然翁)이라 칭하였고, 세상에서는
　　그를 목당(睦堂)선생이라 불렀다. 유약(劉爚)의 아우이다.

이 말을 듣고 망연자실하여 얼굴이 붉어지고 땀이 흘러내려 마치 몸 둘 곳이 없는 듯 하였으며,[27] 이후로 자신이 즐기던 학문을 버리고 명도선생에게서 배우게 되었다. 선생의 사람됨은 영명하고 과단성 있어서 힘써 행함에는 게으르지 않았고, 극기복례하여 매일 해야 될 과제를 가지고 있었다. 이천선생도 일찍이 그가 묻기를 절실히 하고 가까운데서 생각하는 공부를 한다고 인정했으며, 지금도 그가 지은 『논어설』과 문인들이 기록한 『유어』[28]가 세상에 유통되고 있다. 가령 '생의(生意)'로 '인(仁)'을 논하고[29] '실리(實理)'로 '성(誠)'을 논하며,[30] '상성성(常惺惺)'으로 '경(敬)'을 논하고[31] '구시(求是)'로 '궁리(窮理)'를 논한 경우[32]를 보면, 그 의미가 모두 정밀하고 합당하였고 궁리와 거경을 덕에 들어가는 문으로 지목한 것은 이정선생이 사람들을 가르치는 방법들 중 가장 큰 핵심을 얻었다고 할 수 있다. 건중정국 시기[33]에 황제에 대한 대책이 합치되지 않아 서국[34]에 벼슬을 얻었다. 뒤에 다시 주현의 담당관으로 벼슬을 옮겨서 더욱더 관직이 낮아졌지만 자신을 잊고 처신하는 것이 드넓어서 조금이라도 꺾인 적이 없었는데, 이 와중에 응성이라는 이 마을의 담당관을 지냈던 것이다. 남양의 호문정이 전학사자행부로서 이곳을 지났지만 감히 그의 임무를 따지지 못했고, 단지 소개를 받아 제자의 예로 알현했을 뿐이다. 호문정[胡安國]이 선생의 관청을 들어서니 병졸과 아전들이 마당에 서 있는 것이 마치 흙이나 나무로 만든 인형처럼 흔들림이 없이 서 있어서 숙연하게 공경하는 마음을 일으켰고, 호문정(胡文

---

26) 『二程遺書』 권3-17.
27) 『二程外書』 권12-46.
28) 『上蔡語錄』을 말한다.
29) 『上蔡語錄』 권1-6.
30) 『上蔡語錄』 권2-34.
31) 『上蔡語錄』 권2-36.
32) 『上蔡語錄』 권2-5.
33) 【箚疑】 휘종(徽宗)의 재위 기간을 가리킨다.
34) 書局이 아니라 監局이다.

定)은 이때부터 선생에게서 배우기 시작했다. 그 당시에 선생을 방문한 선비들은 모두 선생의 말이 넓고 자유로워 사람들을 잘 계발시킨다고 칭송했다. 지금 선생의 글을 읽으니 마치 선생을 직접 보고 있는 것 같다는 생각이 든다. 그렇지만 선생이 돌아가신 후 유정부(游定夫)[35]선생이 선생의 묘소에 기록한 것이 있지만 전쟁과 혼란의 와중에 두 분의 글은 모두 보이지 않게 되었다. 응성에서는 난리가 더욱 심해서 잡초가 우거진 폐허가 되어 선생이 베푸신 가르침에 대해 전할 수 있는 사람이 다시 없게 되었다. 유군이 내게 와서 그 유적을 물어서 제영(題詠)[36]을 겨우 얻어서 수십 자를 새긴 것에 그칠 따름이니 이 때문에 크게 탄식하며 만약 선생의 남기신 공적을 이 고을에 세우지 않는다면 뒤의 군자로서 책임을 다하지 않을 수 없다고 생각하였다. 이에 이미 그 학교를 새롭게 정비하여 강당의 동쪽에 위패를 세우고 제사를 지낸다.

천리를 멀다 않고 서신을 써서 글을 구하기에 이에 기록한다. 나는 어렸을 때부터 망령되이 학문에 뜻을 두었는데 선생의 말에 의지해서 그 취지를 드러냈으며, 선생의 평생의 삶은 모두 고매하고 탁월하여 사람들을 흥기시키게 한다. 병들고 나이 들어 선생의 가르침이 하루아침에 소멸되어 전하지 못할까 소스라치게 두렵기만 하였다. 이때 유군의 청이 나의 마음에도 적잖이 부합되는 것이 있어서 사양하지 않고 이처럼 기록하여 학자들에게 보여주도록 한 것이다.

소희 신해년(1191) 겨울 10월 병자일 초하룻날 아침, 신안의 주희가 적는다.

應城縣學, 上蔡謝公先生之祠, 今縣令建安劉炳之所爲也. 先生名良

---

35) 유조(游酢, 1053~1123) : 자는 정부(定夫), 시호는 문숙(文肅)이다. 건주(建州) 건양현(建陽縣) 출신이다. 치산(廌山)선생 또는 광평(廣平)선생이라 부른다. 정호에게 학문을 배웠다. 후대 사람들이 편집한 『游馬山先生集』과 『游定夫先生集』 등이 있다.
36) 제목을 내어서 시를 쓰는 것을 말한다.

佐, 字顯道, 學於河南程夫子兄弟之門. 初頗以該洽自多, 講貫之間, 旁引傳記, 至或終篇成誦. 夫子笑曰子可謂玩物喪志矣. 先生聞之, 爽然自失, 面熱汗下, 若無所容, 乃盡棄其所學而學焉. 然其爲人, 英果明決, 强力不倦, 克己復禮, 日有程課. 夫子蓋嘗許其有切問近思之功, 所著論語說, 及門人所記遺語, 皆行於世. 如以生意論仁, 以實理論誠, 以常惺論敬, 以求是論窮理, 其命理皆精當, 而直指窮理居敬爲入德之門, 則於夫子教人之法, 又最爲得其綱領. 建中靖國中詔對不合, 得官書局, 後復轉徙州縣, 沈淪卑冗, 以沒其身, 而處之浩然, 未嘗少挫, 中間嘗宰是邑. 南陽胡文定公以典學使者行部, 過之不敢問以職事, 顧因紹介, 請以弟子禮見. 入門, 見卒吏植立庭中, 如土木偶, 肅然起敬, 遂棄學焉. 其同時及門之士, 亦皆稱其言論閎肆, 善啓發人. 今讀其書, 尙可想見也. 然先生之沒, 游公定夫先生實識其墓, 而喪亂之餘, 兩家文字皆不可見. 應城寇暴尤劇, 莽爲丘墟, 其條教設施, 固無復有傳者. 劉君之來訪其遺跡, 僅得題詠, 留刻數十字而已, 爲之慨然永歎, 以爲先生之遺烈不建於此邦, 後之君子不得不任其責. 於是旣新其學, 乃卽講堂之東偏, 設位而祠焉.

千里致書, 求文以記. 熹自少時妄意爲學, 卽賴先生之言以發其趣, 而平生行事, 又皆高邁卓絶, 使人興起. 衰病零落, 凜然常懼其一旦泯滅而無傳也. 劉君之請, 乃適有會於予心者, 於是不辭而記之如此, 以示其學者云.

紹熙辛亥冬十月丙子朔旦, 新安朱熹記.

🌑 먼저 제시된 "외물에 집착하여 뜻을 잃어버린다"37)는 한 구절은 상채의 후회하는 심을 복잡한 내막을 서술하고 있다. 주자는 이에 박학함과 강론함으로는 학문을 이야기하기에 충분하지 않다고 깊이 믿고

---

37) 『書經』「旅獒」.

있었던 것이다.

首提玩物喪志一段, 將上蔡愧悔神情, 曲折寫出. 朱子於是蓋深信博洽講貫之不足以言學矣.

상주의흥현학기[常州宜興縣學記]38)

소희 5년 12월에 의흥현은 새로 학교를 수리하여 완성하였다. 다음해 지현사승의랑 괄창(括蒼) 고상노(高商老)39)가 서신으로 학기를 써달라고 부탁하였다. 그리고 그의 학문을 모범으로 삼은 학생인 적공랑 손정순(孫庭詢) · 공사 소기(邵機) 등 수십 명이 또 그 일을 아뢰어 고하였다. "우리 마을의 학문은 오랫동안 폐지되어 다스려지지 않았습니다. 지금의 현명한 태수께서 오시고서야 이 일에 뜻을 두었습니다. 하지만 현의 가난 때문에 갑자기 그 비용을 댈 수 없었으니, 이에 그 심하게 부서진 곳을 조금씩 수리하고 그 심하게 이지러진 곳을 빨리 보수하였습니다. 또한 한전 5천 이랑에서 나온 수확물을 징수하여 곳간을 채우고 긴 교량을 개설하여 세내었으며, 세입 70여 만금을 거기에 보태었습니다. 스승을 세워 제자들은 법도에 따라 시험을 치루고 날마다 가서 교유하니, 몸소 강론하여 도덕과 성명의 의미로 그들을 열어주고 『시경』 · 『서경』 · 『예경』 · 『악경』의 문장으로 그들을 넓혀주어 선비가 학문하는 방식을 알게 하자 과거와 문자 밖에서 뛰어난 바가 있게 되었습니다. 이에 현 사람과 학생들이 흠모할 바를 알게 되었습니다. 마을에 사는 현명한 사대부들도 자제들을 데리고 와서 듣게 하는데, 자리 아래에서 서로 가르쳐주고 서로 격려하지 않는 경우가 없었으며 스스로 자신들이 너무 늦

---

38) 『朱熹集』 권80-14.
39) 고상노(高商老) : 괄창 출신이고, 육구연의 문인이다. 진사가 되어 무주(撫州) 수령을 역임하였다.

게 가르침을 듣게 되었음을 안타까워하였습니다. 물러나서는 서로 출연금을 내고 재물로써 그 일을 도와 공사의 힘을 합치니 거의 7백 만냥의 돈을 얻을 수 있었습니다. 그리하여 학교의 안팎이 환하게 일신하였습니다. 본채·벽돌길40)·문·곁채 가운데 어느 것도 엄격하게 갖추지 않은 바가 없으며 예법에 따라 예기를 진설하였으니, 모두 법도에 맞는 것이었습니다. 이 학교와 관련해서 고군은 비단 그가 회계처리하고 건물을 세운 일이 기록할 만한 가치가 있을 뿐만 아니라 그가 가르치는 내용이 오늘날 벼슬아치가 미칠 수 있는 경지가 아니었으므로, 마을의 인재와 풍속이 진정 그에게 의지하였습니다. 선생님께서 이러한 사실을 적어서 후대 사람에게 영원히 알려주는 것이 저희들의 소망입니다.”

나는 회계에서 고군을 잠시 보고서 그의 현명함을 알았는데, 지금 그의 정치와 교화가 사람들에게 베풀어진 것이 또한 이와 같이 효과를 이루었다고 듣게 되니 진정 즐겁게 그를 위해 글을 쓸 만하다. 하물며 마을의 부형과 자제가 고군의 가르침을 따라 흥기하는 바가 있어 모두 자신을 위하는 고인의 학문에 종사할 줄 알아, 박식을 자랑하고 화려함을 다투는 습속에 급급해하면서 유행을 좇고 대대로 지위를 취하려 하지 않는다는 점이 또한 내가 깊이 감탄하는 것이며 더욱 즐겁게 남에게 고할 바이다. 이에 그 말을 모두 기록하여 후세의 군자가 고찰할 수 있게 한다. 또한 고군은 이 마을에서 일찍이 사직의 신위를 새롭게 만들고 그 옆에 바람과 비, 천둥의 신을 만들어서 제사일을 엄격히 하였으며, 오래된 도랑을 뚫고 고인 물을 트이게 하여 가뭄과 장마를 막았고, 사창을 지어 남은 곡식을 저장하여 흉작에 대비하였다. 그가 신을 섬기고 백성을 다스린 방식은 대개 자신이 배운 바를 실행한 것으로서 모두 지극한 정성과 간절한 연민의 마음에서 나온 것이다. 그러므로 명령이 나오면 사람들이 그것을 믿고 따르니, 왜냐하면 읽고 설명하는 상

---

40) 【節補】 문에서 방까지 이르는 벽돌길이다.

태에 이른 다음에 명령으로 가르치는 것을 기다리지 않기 때문이다. 아, 현명하도다.

경원 원년(1195) 봄 3월 경신, 조청랑제거남경홍경궁 신안 주희가 적는다.

紹熙五年十二月宜興縣新修學成. 明年, 知縣事承議郞括蒼高君商老, 以書來請記. 而其學之師生迪功郞孫庭詢, 貢士邵機等數十人, 又疏其事以來告曰吾邑之學, 久廢不治. 自今明府之來, 卽有意焉. 而縣貧不能遽給其費, 乃稍葺其所甚敝, 亟補其所甚缺. 且籍閒田五千畝以豐其廩, 斥長橋僦金, 歲入七十餘萬, 以附益之. 爲置師弟子員課試如法, 而又日往遊焉, 躬爲講論, 開之以道德性命之指, 博之以詩書禮樂之文, 使其知士之所以學, 蓋有卓然科擧文字之外者. 於是縣人學子知所鄕慕. 至於里居士大夫之賢者, 亦携子弟來聽, 席下無不更相告語, 更相勉勵, 而自恨其聞之之晚也. 退而相與出捐金, 齋以佐其役, 合公私之力, 得錢幾七百萬. 而學之內外, 煥然一新. 堂涂門廡, 靡不嚴備, 象設禮器, 皆應圖法. 蓋高君之於是學, 非獨其經理興築之緖爲可書, 而其所以教者, 則非今世之爲吏者所能及, 而邑之人材風俗, 實有賴焉. 幸夫子之悉書之, 以告來者於無窮, 則諸生之望也.

予頃得高君於會稽而知其賢, 今乃聞其政教之施於人者, 又有成效如此, 故已樂爲之書矣. 而況邑之父兄子弟, 能率高君之教, 而有所興起, 皆知從事於古人爲已之學, 而不汲汲乎誇多鬪靡之習, 以追時好而取世資, 則又予之所深歎, 而尤樂取以告人者也. 乃爲悉記其語, 使後之君子有考焉. 抑高君之於此邑, 嘗新其社稷之位, 而并作風雨雷師於其側, 以嚴祀事, 穿故瀆, 疏積水, 以防旱潦, 作社倉, 儲羨粟, 以備凶荒. 其所以事神治民者, 類能行其所學, 而皆出於至誠懇惻之意. 是以言出而其人信從之, 蓋不待至於誦說之間, 然後以言教也. 嗚呼! 賢哉!

慶元元年春三月庚申, 朝請郞提擧南京鴻慶宮新安朱熹記.

🔅 고상노는 육자의 문인이다. 주자의 이 기록은 그의 정치와 학문을 매우 칭찬하면서 읽고 설명하는 명령의 가르침을 기다리지 않는다고 하였다. 그렇다면 주자와 육자의 가르침에 부합되지 않음이 있다고 말한 것은 잘못이 아닌가? 주자가 이 기록을 지은 것은 나이 66세 때이다.

高商老爲陸子門人. 朱子此記, 乃亟稱其政與學, 謂不待誦說言敎. 然則謂朱陸之敎有不合者, 豈非謬哉? 朱子作此記, 年六十六矣.

건창군진사제명기[建昌軍進士題名記][41]

건창군은 강서의 한 도에 근거하고 있으며 동남 지역의 중요처이다. 그 지역은 산이 높고 물이 맑으며 그 백성은 기운이 강직하고 자질이 굳세다. 그 선비들은 경술·논의·문장으로써 큰 명성을 이루었으니, 가령 직강 이공,[42] 증서한림 증공 형제[43]의 경우는 소위 더욱 뛰어난 인물들이다. 그 외 시문의 재주에 몸을 던져 과거에서 높은 성적으로 급제하여 높은 벼슬에 오른 사람 또한 현세에 끊어지지 않고 있다. 이 전에는 그 이름을 드러내 후세에 전한 이가 없었다. 요 근래 마을의 선배들이 그 모자람을 문제로 여겨 그 무리를 이끌고 국초부터 지금까지의 상황을 고찰하여 몇 사람을 얻게 되니, 장차 연마한 돌에다 그 내용을 새겨 군에 있는 모든 학교의 강당 위에 두어서 후배들이 뒤이어 그곳에 적혀지기를 기다렸다. 그리고 이원길(利元吉)[44]·등약례(鄧約禮)[45]

---

41) 『朱熹集』 권80−17.

42) 【箚疑】 이름은 구(覯)이다.

43) 【箚疑】 증공(曾鞏), 증조(曾肇)를 가리킨다.

44) 이원길(李元吉) : 자는 문백(文伯)이고, 정강(盯江) 출신이다. 육구연의 뛰어난 제자이다. 만년 때 육구연의 자식인 지지(持之)가 스승으로 섬기려고 했으나, 이원길은 감당할 수 없다고 사양하였다.

45) 자는 문범(文範)이고, 우강(盱江) 출신이다. 육구연의 문인이다. 순회 5년에 진사가 되었고, 덕화현승(德化縣丞)·온주교수(溫州教授) 등을 역임하였다.

는 서신을 보내 말하였다. "오늘날 사람을 가르치고 선비를 취하는 방법은 진정 옛날과 다른 점이 있지만, 그 취하려고 하는 마음은 또한 본디 있었습니다. 이를 통해 다행히 얻게 된 선비가 혹 연마하고 분투하여 스스로 세상에 드러날 수 없다면 진실로 그 가르친 방법의 옳고 그름을 논할 필요가 없으며, 우리가 그 취함을 받으려는 뜻을 짊어진 까닭에 대해서는 이미 다 말하지 못하겠습니다. 지금 우리가 서로 이끌며 이런 일을 하는 것은 감히 그것을 자랑하려는 것이 아니라 그것을 거울로 삼고자 한 것입니다. 나라사람과 선비들은 모두 당신의 한 마디 말을 얻어 가장 으뜸으로 그것을 실행하고자 하며, 뒤이어 적히고자 하는 사람들은 서로 함께 그것을 읽고 경계할 바를 압니다." 나는 이 서신을 여러 번 읽고서 탄식하면서 말했습니다. 두 군자의 말은 참으로 아름답지만 가르치는 방법의 옳고 그름을 논하지 않으면 선비를 취하는 뜻을 알 수 없으며, 자신을 반성하고 스스로 구하여 자신에게 귀중한 것을 얻지 않으면 또한 그 가르치는 방법의 옳고 그름을 논의하기에 아직 부족합니다. 옛 사람은 덕행과 도예(道藝)로 백성을 가르쳤으며, 현명한 사람과 능력 있는 사람을 등용하는 경우 그 방법이 갖춰져 있었고 뜻이 깊었습니다. 오늘날의 방법은 그렇지 않아서 상세하게 가르치고 자세하게 취하며 반복해서 가려내어 두세 번에 이르면서도 그 갖춰진 것은 쓸모없는 헛말을 넘어서지 않을 뿐입니다. 그 뜻을 깊이 구하여 비록 그 쓰임에 의지할 바가 있어도 그는 단지 쓸모없는 헛말을 하면 자신의 작록을 구할 수 있다고 알고 있으니, 어느 겨를에 내가 그를 취하는 까닭과 그 뜻이 어떠한지 다시 생각할 수 있겠습니까? 두 군자께서는 일찍이 학문을 받은 바가 있어서 자신에게 귀중한 것을 얻은 분인데, 어찌 그분들의 설명을 미루어 밝혀 마을의 후진에게 고하고, 그들로 하여금 이로써 감동하고 분발토록 하여 옛 사람이 가르치는 방법을 구해 마음을 다하도록 하지 않습니까? 진실로 그 마음을 다하여 이것을 깨달아야 합니다. 그런 뒤 오늘날 선비를 취하는 뜻이 비록 모두 이것에서 벗어나지 않는다고 하더라도, 우리가 그 뜻에 부합하는 방식이 마땅히 어느 날이건 이것에 있지 않아서는 안 된다는 점을 알게 될 것입니다. 이렇게 되면 지금 사람에게 부끄럽지 않을 뿐만 아니라 옛 사람에게도 부끄럽지 않으니, 단지 관리에게만 부끄럽지 않을 뿐만이 아닙니다. 저 문자와 명성이 드높은 사람을 보더라도 오히려 달갑게 여기지 않는 점이 있을 것이니, 하물며 의롭지 못하고서 부유하고 귀한 사람은 말할 게 있겠습니까? 나는 글을 촉탁한 뜻을 감당하기에 부족하다고 생각하여 잠시 이 설을 적어 두 군자에게 돌려보내면서 부형과 자제와 더불어 그것을 평가하기 바라오니 어떠한지요?"

경원 원년(1195) 가을 8월 병인일에 신안의 주희가 적는다.

建昌之爲郡, 據江西一道, 東南上游. 其地山高而水淸, 其民氣剛而材武. 其士多以經術論議文章, 致大名. 如直講李公, 中書翰林曾公兄弟, 尤所謂傑然者也. 其他能以詞藝致身, 取高科而登顯仕者, 亦不絶於當世. 前此, 乃未有以著其名氏, 而傳於後世者. 比年以來, 鄕之先達, 始病其闕, 乃率其徒, 考自國初以至今日, 得若干人, 且將龝石刻之, 寘諸郡學講堂之上, 以俟來者之嗣書焉. 而利君元吉鄧君約禮以書來云今日敎人取士之法, 誠有異於古者, 然其所以取之之意, 則亦固有在也. 顧士之由此而幸得之者, 乃或不能刮磨奮勵, 以自見於斯世, 則亦不必論其敎法之是非, 而吾之所以負其見取之意者, 已不勝言矣. 故今吾徒相率爲此, 非敢以爲夸, 乃欲以爲鑒. 邦人士子, 咸願得子之一言, 冠其顚以發之, 庶乎嗣而書者, 相與讀之而知所警也. 予三復其書, 而爲之唱然曰, 二君子之言誠美矣, 然不論夫敎法之是非, 則無以識其取士之本意, 不反身以自求, 而得其有貴於己者, 則又未足以議其敎法之是非也. 夫古之人, 敎民以德行道藝, 而興其賢者能者, 其法備而意深矣. 今之爲法不然, 其敎之之詳, 取之之審, 反復澄汰, 至于再三, 而其具不越乎無用之空言而已. 深求其意, 雖或亦將有賴於其用, 然彼知但爲無用之空言, 而便足以要吾之爵祿, 則又何暇復思吾之所以取彼者, 其意爲如何哉? 二君子蓋嘗有所受學, 而得其所貴於己者矣, 盍亦推明其說, 以告夫鄕之後進, 使之因是感發, 以求古人之所以敎者而盡心乎? 誠盡其心而有得乎此, 然後知今日取士之意, 雖或不皆出此, 而吾之所以副其意者, 自當無日而不在乎此也. 是則不惟無愧於今人, 而亦且無愧乎古, 不惟無愧於一官. 而視彼文字聲名之盛者, 猶將有所不屑, 況乎不義而富且貴者, 其又何足道哉? 顧予不足以當其屬筆之意, 姑記是說, 以復於二君子, 幸與父兄子弟評之, 以爲如何也.

慶元元年秋八月丙寅, 新安朱熹記.

🌕 이원길은 남성사람으로 소희 원년(1190)에 진사가 되었다. 등약례는 남성사람으로 순희 5년(1178)에 진사가 되었다. 두 사람 모두 육자의 문인이므로 ‘학문을 받은 바가 있다’고 말한 것이다. 이때 육자가 이미 돌아가신지 4년이 되었으므로 주자에게 글을 촉탁하였다. 그런데 주자는 단지 두 군자가 육자에게 받은 학문의 설을 미루어 밝혀서 마을의 후진에게 고하기를 바랐을 뿐 그 받은 학문의 오류를 논박하여 따로 입론한 적이 없다. 그러므로 육자와 주자 만년의 논의는 진실로 같지 않은 바가 없다. 이때 주자 나이 66세였다.

利元吉, 南城人, 紹熙元年進士. 鄧約禮, 南城人, 淳熙五年進士. 二人皆陸子門人, 故曰有所受學. 是時陸子已卒四年, 故屬筆於朱子. 而朱子止欲二君推明所受之學之說, 以告鄕之後進, 未嘗駁其所受之學之誤, 而別立論. 則陸朱晩年之論, 信乎其無不同也. 是年朱子六十六歲.

복주주학경사각기[福州州學經史閣記]46)

복주 지역의 학문은 동남 지방에서 가장 성대하여 제자원이 항상 수백 명이었다. 근래 이후 교양에 법도가 없고 스승과 제자가 길거리 사람처럼 막연히 서로 쳐다보기만 하므로 풍속이 날로 쇠퇴하고 선비의 기개는 일어나지 않으니, 어른들이 근심을 하지만 능히 구제할 방법이 없다. 소희 4년(1193), 지금 임공(臨邛)현의 교수였던 상준손(常濬孫)47)이 비로소 와서 이미 매일 여러 학생들에게 나아가 옛 성현의 가르치고 배우는 의미를 알려주었다. 또 그것을 위해 부엌 음식을 정비하고 제사드리는 곳을 수리해서 그 거처를 편히 한 다음에, 그 출입의 방비48)를 삼가고 시험의 법을 엄하게 하며 아침저녁으로 그 사이에, 가르치고 이끌기를 게을리 하지 않았다. 그러므로 배우는 자들이 앞 다투어 권면하자 비로소 상군이 우리 스승이 됨을 알았고 상군이 여러 학생들을 보기를 또한 가엾게 여겼으니, 오직 그들이 학문에 나아가기를 스스로 힘쓸 수 없을까 걱정하였다. 그러므로 일찍이 읽을 수 있는 책도 없고 학업이 넓어지지 않을 것을 장차 병통으로 여길까 염려하여, 또 그것을 위해 서책을 더욱 마련하였으니 예전의 책과 합쳐 약간의 분량이 되었다. 옛 어서각(御書閣)에 보관한 다음 다시 다락방을 마련해서 보관하고, 서신으로써 그 일을 기록하기를 요청하고 "가르쳐 주십시오"라는 여러 학생들의 뜻을 전했다.

옛날의 학문은 다른 것이 아니라, 덕을 밝히고 백성을 새롭게 해서 각각 지극한 선에 머무르는 것을 구하는 것일 뿐이라고 나는 생각한다. 무릇 밝혀지는 덕과 머물러야하는 선을 어찌 밖에서 구해지기를 기다리겠는가? 그것이 나에게 있다는 것을 알고서 경으로써 보존하면 또한

---

46) 『朱熹集』 권80−19.
47) 자는 정경(鄭卿), 상동(尙同)의 손자이다.
48) 【箚疑】 여러 학생들이 출입하는 것을 말한다.

된다. 옛 학문에서 반드시 독서를 말했던 까닭은 천지·음양·사물의 이치, 수신·제가·치국·평천하의 도, 그리고 성현의 언행과 예와 지금의 득실과 예악의 명물도수, 아래로는 경제의 원류와 군대와 사법의 법제까지 내 마음 안에 있지 않은 것이 없지만 정미하고 거친 것을 구별할 수 없는 것이 있기 때문이다. 만약 여러 책들의 문장을 살피고 이리저리 깊이 생각해서 그 까닭을 구하지 않는다면 또한 밝은 덕의 체용의 온전함을 밝혀서 지극한 선의 정미함의 극치에 머무를 수 없게 된다. 그러나 성인의 학문이 전해지지 않은 때부터 세상의 선비들은 학문에 근본이 있음을 알지 못하고 오직 독서를 하니 책에서 구하는 것이 암송·훈고·문장을 넘어서지 못하고, 명성만을 구하고 이록만을 간구할 뿐이다. 그러므로 천하의 책은 더욱 많아지지만 이치는 더욱 어두워지고, 배우는 자들이 일삼는 것은 더욱 근면해지지만 마음은 더욱 잃어버리고, 문장은 더욱 아름답고 논의는 더욱 고원하지만 그 덕업과 사공의 결실은 더욱 옛사람에게 미칠 수 없다. 그러나 책의 죄가 아니라, 읽는 사람들이 학문에 근본이 있음을 알지 못하여 이를 실천할 수 있는 바탕이 없기 때문입니다. 지금 보건대 상군이 교수가 되어 이미 옛사람이 가르치고 배우던 뜻을 열었고 그런 다음 책을 쌓아서 학문의 취지를 넓히고, 누각을 세워 엄히 받들어 지킨다면 또한 아마도 본말에 차례가 있을 것이다. 내가 비록 말을 한다고 해서 어찌 여기에 힘을 더할 수 있겠는가? 그러나 그만둘 수 없어 한마디를 한다면 또한 이처럼 말하겠다. "우선 여러분들이 무릇 학문하는 근본을 알아 밖에서 구하려고 기다리는 사람이 없도록 해서 조존과 지수하는 노력을 다하도록 하고, 자기 마음을 청명하고 순일하게 해서 진실로 독서를 할 수 있는 경지가 있고 난 뒤 그 규모를 넓게 하고 그 법도를 세밀하게 하며 선후본말의 차례를 지켜서 누각 안에 보관된 책을 크게 완미하도록 하십시오 그렇게 한다면 무릇 천하의 이치를 반드시 상세한 것까지 다 밝혀서 하나로써 꿰뚫을 수 있습니다. 다른 때에 여러 가지 일들을 처리할 때 또한 장차 근본이 있어서 다함이 없을 것입니다." 그 일에 대해 서문을 지어서 서책과 함께 보내니 여러분들은 노력하십시오! 무릇 누각을 세우는 일은 경원 초 원년 오월 신축일에 시작해서 칠월 무술일에 완료되었다. 재목과 벽돌의 품팔이 비용이 사백만 전 남짓 되었다. 상군이 이미 그 가솔들을 이끌고 짐과 급료를 들여서 일을 시작했고 사수(師守)인 첨체인(詹體仁)과 사자(使者)인 조상지(趙像之)[49]·허지신(許知新)이 모두 비용을 댔다. 이웃 군의 지사인 조귀(趙璝)와 12읍의 장인 진공(陳玒) 등이 또한 힘써 도움을 줬고, 공사를 감독할 사람은 학교에서 선출된 선비 양성중(楊誠中)과 장안인(張安仁)·소공소(蕭孔昭)였다. 이해 9월 정해일에 조봉대부 제거남경홍경궁 신안 주회가 적는다.

　福州之學, 在東南爲最盛, 弟子員常數百人. 比年以來, 敎養無法, 師生相視漠然如路人, 以故風俗日衰, 士氣不作, 長老憂之, 而不能有以救也. 紹熙四年, 今敎授臨邛常君濬孫始至, 旣日進諸生, 而告之以古昔聖賢敎學之意. 又爲之飭廚饌, 葺齋館, 以寧其居, 然後謹其出入之防, 嚴其課程之法, 朝夕其間, 訓誘不倦. 於是學者競勸, 始知常君之爲吾師, 而常君之視諸生, 亦閔閔焉, 唯恐其不能自勉以進於學也. 故嘗慮其無書可讀, 而業將病於不廣, 則又爲之益置書史, 合舊爲若干卷. 庋故御書閣之後, 更爲重屋以藏之, 而以書來請記其事, 且致其諸生之意曰願有以敎之也.

　予惟古之學者無他, 明德新民, 求各止於至善而已. 夫其所明之德, 所至之善, 豈有待於外求哉? 識其在我, 而敬以存之, 其亦可矣. 其所以必曰讀書云者, 則以天地陰陽事物之理, 修身事親, 齊家及國, 以至於平治天下之道, 與凡聖賢之言行, 古今之得失, 禮樂之名數, 下而至於食貨之源流, 兵刑之法制, 是亦莫非吾之度內, 有不可得而精粗者. 若

---

49) 조상지(趙像之, 1128~1202) : 자는 민칙(民則)이고, 송나라 종실이다. 소흥 18년(1148)에 진사가 되었고, 장식과 주회에게 수학하였다.

非考諸載籍之文, 沈潛參伍以求其故, 則亦無以明夫明德體用之全, 而
止其至善精微之極也. 然自聖學不傳, 世之爲士者, 不知學之有本而唯
書之讀, 則其所以求於書, 不越乎記誦訓詁文詞之間, 以釣聲名, 干祿
利而已. 是以天下之書愈多, 而理愈昧, 學者之事愈勤, 而心愈放, 詞章
愈麗, 論議愈高, 而其德業事功之實, 愈無以逮乎古人. 然非書之罪也,
讀者不知學之有本, 而無以爲之地也. 今觀常君之爲教, 旣開之以古人
敎學之意, 而後爲之儲書以博其問辨之趣, 建閣以致其奉守之嚴, 則亦
庶乎本末之有序矣. 予雖有言, 又何以加於此哉? 然無已而有一焉, 則
亦曰姑使二三子者, 知夫爲學之本, 有無待於外求者, 而因以致其操存
持守之力, 使吾方寸之間淸明純一, 眞有以爲讀書之地, 而後宏其規,
密其度, 循其先後本末之序, 以大玩乎閣中之藏. 則夫天下之理, 其必
有以盡其纖悉, 而一以貫之. 異時所以措諸事業者, 亦將有本而無窮矣.
因序其事, 而幷書以遺之, 二三子其勉之哉! 凡閣之役, 始于慶元初元
五月辛丑, 而成於七月之戊戌. 材甓傭食之費, 爲錢四百萬有奇. 則常
君旣率其屬, 輸俸入以首事, 而帥守詹侯體仁使者趙侯像之許侯知新
咸有以資之. 至於旁之守趙侯伯(瓚)十二邑之長陳君狂等, 亦以其力來
助, 而董其役者, 學之選士楊誠中張安仁蕭孔昭也. 是歲九月丁亥, 朝
奉大夫提擧南京鴻慶宮新安朱熹記.

경원 원년(1195)은 주자 나이 66세 때이다. 그가 이 기를 작성한 것
은 곧 암기하는 지엽적인 것에 전념하지 말고 학문하는 근본을 중시하
는 데로 돌아간 것이니 어찌 주자 만년의 정론이 아니겠는가? 주자가
임덕구에게 보내는 서신에서 "근래 지난번에 논의했던 것에 본원에 대
한 공부가 매우 결여되었다는 것을 깨달았습니다. 잠시 복주의 학관에
기 한편을 지으면서 이 뜻을 내보였습니다"라고 했는데, 서신에서 말한
기문이 곧 이 기문이다. 이 기문에서 논한 내용은 완전히 육자의 설과
부합된다. 주자의 학문은 만년에 육자와 부합되었다는 것은 오직 이 기

문이 더욱 확실한 증거가 되니, 저 근거 없이 잘못 떠드는 자들의 그 입을 잠재울 수 있을 것이다.

慶元元年, 朱子年六十六. 其爲此記, 乃不專爲記誦之末, 而歸重於爲學之本, 豈非晚年定論? 朱子與林德久書云近覺向來所論, 於本元上甚欠工夫, 間爲福州學官作一記, 發此意, 卽此記也. 此記所論, 全與陸子說合. 朱子之學, 晚年合於陸子, 惟此記尤爲確証, 彼道聽而塗說者, 可以息其喙矣!

발금계육주부백록동서당강의후[跋金谿陸主簿白鹿洞書堂講義後]50)

순희 연간 신축년 봄 2월, 육자정이 금계에서 왔는데, 그 무리 주극가(朱克家)51) · 육린지(陸麟之) · 주청수(周淸叟)52) · 웅감(熊鑑)53) · 노겸형(路謙亨)54) · 서훈(胥訓)55)이 실제로 따라 왔다. 10월 정해일에 나는 서원의 벗들과 여러 학생들과 더불어 백록서당에 도착해서 배우는 사람들을 경계해 줄 한마디를 청했는데, 자정이 이미 후의를 베풀었는데다 은혜롭게 허락해주었다. 그가 의미를 발명하고 설명하는 방식이 또한 간절하고 명백해서 학자들의 은미하고 고치기 어려운 병폐를 절실하게 진단하니, 대개 듣는 사람들이 두려워하며 마음을 움직이지 않을 수 없었다. 나는 오히려 육자정의 말이 오래되면 혹 잊어버릴까 두려워서 다시 자정에게 책에 적어주기를 청하고서 받아서 간직하였다. 무릇 뜻을 같이

---

50) 『朱熹集』 권81 — 54.
51) 자는 간숙(幹叔), 무주(撫州) 금계(金溪) 출신이다. 육구연의 문인이다.
52) 자는 염부(廉夫) 금계(金溪) 출신이다. 육구서(陸九敍)의 사위이다.
53) 육구연의 문인이다.
54) 언빈(彦彬)이라고도 한다. 육구연의 문인이다.
55) 서훈(胥訓): 자는 필선(必先)이고, 금계(金溪) 출신이다. 육구연의 제자로, 육구연과 동서지간이다.

하는 우리들은 여기에서 몸을 돌이켜 깊이 살핀다면, 덕에 들어가는 방법에서 미혹되지 않을 것이다.

신안 주희가 적는다.

淳熙辛丑春二月, 陸兄子靜來自金谿, 其徒朱克家陸麟之周淸叟熊鑑路謙亨·胥訓實從. 十月丁亥, 熹率寮友諸生, 與俱至於白鹿書堂, 請得一言以警學者, 子靜旣不鄙而惠許之. 至其所以發明敷暢, 則又懇到明白, 而皆有以切中學者隱微深錮之病, 蓋聽者莫不竦然動心焉. 熹猶懼其久而或忘之也, 復請子靜筆之於簡而受藏之. 凡我同志, 於此反身而深察之, 則庶乎其可以不迷於入德之方矣.

新安朱熹識.

● 이불 주석 : 육자의 『연보』에서는 이렇게 기록되어 있다. "당시 원회가 남강의 지사로 있을 때, 선생과 함께 배를 띄우고 즐기면서 '우주가 생겨난 이래 이미 이 계산이 있는데도, 게다가 이런 반가운 손님도 있다니요!'라고 말하면서 선생께 백록동서원의 강석에 오르기를 청하였다. 선생께서는 '군자는 의로움에 밝고, 소인은 이로움에 밝다'는 한 장을 강론하기를 마치고서, 곧 강석에서 내려왔다. 주자는 '저는 마땅히 여러분들과 함께 지켜서 육선생의 가르침을 잊지 않겠습니다'라고 말하였다. 또 '내가 여기에 있으면서 일찍이 그 경지를 말하지 못했으니 이 부끄러움을 무슨 말로 할 수 있겠는가?'라고 말하였다. 곧 선생께 그 말씀을 적어주기를 청하자, 선생께서는 강의를 적어서 주니, 바로 그 강의를 돌에 새겼다. 선생께서는 다음과 같이 말씀하셨다. '당시 강의에서 술회한 것이 정신을 다 발명하지는 못했지만, 당시 설명한 것이 통쾌해서 눈물을 흘리는 사람도 있었다. 원회는 깊이 감동을 받았다. 날씨가 약간 서늘했지만, 땀이 흘러 부채질을 하였다.' 원회는 또 양도부[56]에게 '일찍이 육자정의 의리에 대한 설명을 본 적이 있느냐?'라고 물었다. (양

도부는) '아직 없습니다'[57]라고 대답했다. 이것은 자정이 남강에 왔을 때 내가 말씀해주기를 청한 글인데, 의리에 대해 분명하게 말했으니 이 설명이 좋다. 예컨대 다음과 같이 말하였다. '지금 사람들은 단지 책을 읽는 것은 이익 때문이다. 가령 글을 이해하고 나면 또 관직을 구하려 하고 관직을 얻은 다음에는 또 더 높은 관직에 오르려고 하는 것을 젊어서부터 늙을 때까지 정수리에서부터 발뒤꿈치에 이르기까지 하는 것은 단지 이익을 추구하려는 것에 지나지 않다.' 말하는 것이 통쾌하여 눈물을 흘리는 사람도 있었다."[58]

주자가 발문을 제목단 것이 이와 같고, 주자가 도부에게 말한 것이 또한 이와 같으니, (주자가 육자정에게) 매우 경도되었다고 말할 수 있다. 이 모임 이후로 주자는 다른 사람에게 학문에 대해 말할 때는, 반드시 뜻을 세우고 반드시 의리를 분별해서 몸을 돌이켜 깊이 살피라고 말했는데 어찌 거짓말이었겠는가! 평소 '무극'의 변론으로써 (이론의) 같고 다름을 진술했지만, 학문을 논의하는 경우는 대부분 육자를 의지해서 "방심을 찾는다"는 것으로 핵심을 삼았으니, (주자) 만년에 (육자와) 같아진 것이 아니라고 말할 수 있겠는가! 오늘날의 주자를 존숭하는 것에 잘못 부화뇌동하는 자들은 육자를 마치 물과 기름의 관계처럼 보니 매우 잘못되었다.

按, 陸子年譜云時元晦爲南康守, 與先生泛舟樂, 曰自有宇宙以來, 已有此溪山, 還有此佳客否? 乃請先生登白鹿洞書院講席. 先生講君子喩於義, 小人喩於利一章畢, 乃離席. 言曰熹當與諸生共守, 以無忘陸先生之訓. 再三云熹在此, 不曾說到這裏, 負愧何言? 乃復請先生書其說, 先生書講義授之, 尋以此講義刻于石. 先生云講義述於當時, 發明精神不盡, 當時說得來痛快, 至有流涕者. 元晦深感動. 天氣微冷, 而汗出揮扇. 元晦又與楊道夫云曾見陸子靜義利之說否? 曰末也. 曰這是子

---

56) 양도부 : 자는 중우(仲愚)이고, 건녕(建寧)출신이다.
57) 말(末)이 아니라 미(未)가 옳다.
58) 『陸九淵集』 권36 「年譜」.

靜來南康, 熹請說書, 却說得這義利分明, 是說得好. 如云今人只讀書
便是利. 如取解後, 又要得官, 得官後, 又要改官, 自少至老, 自頂至踵,
無非爲利. 說得來痛快, 至有流涕者. 朱子之題跋如此, 朱與道夫言又
如此, 亦可謂傾倒之至矣. 自此會而後, 朱子與人言學, 必言立志, 必言
辨義利, 反身深察, 豈虛語哉! 尋以無極之辨, 致啓異同, 而論學則悉依
陸子, 以求放心爲要訣, 可謂非晚同哉! 今之謬附於尊朱者, 視陸子如
水火, 悖亦甚矣.

서유자징소편증자후[書劉子澄所編曾子後]59)

　우측의 『증자』라는 책 7편은 내편이 1편, 외편과 잡편이 각각 3편으
로 이루어져 있는데, 나의 친구 청강의 유청지가 모아서 기록한 것이다.
　옛날 공자가 죽었을 때 문인들 중 오직 증자만이 그 가르침을 얻었기에
그 뒤 공자의 손자 자사·악정자춘(樂正子春)·공명의(公明儀)의 무리들이
그에게서 배웠지만, 자사만이 그 가르침을 얻어 맹자에게 전했다. 그러므
로 증자의 언행은 『논어』와 『맹자』 및 다른 전기에 잡다하게 보이는 것이
많지만 모두 흩어져 있어 일가의 말이 되지 않았다. 세상에 전해지는 『증
자』라는 책은 유독 『대대례』의 10편을 취해서 충당하고 있다. 여기에 나오
는 언어의 기상은 『논어』와 『맹자』 그리고 『예기』의 「단궁」 등이 기재하
고 있는 것을 보면 차이가 매우 심하다. 유자징이 이것을 문제로 여겨 이
책을 편집해서 학자들에게 전했는데, 정미하고 거칠며 순수하고 잡박한 것
사이에 더욱더 뜻을 다했다. 아! 유자징 같은 사람은 진실로 배우기를 좋아
하는 사람이라고 할 만한 사람이구나! 그래서 내가 고찰해보니 증자의 사
람됨은 돈후하고 질박해서 그 학문은 몸소 행하는 것을 위주로 하였기에

---

59) 『朱熹集』 권81−59.

그가 오랫동안 노력한 뒤에 "하나로 관통한다"[60]는 오묘한 가르침을 들을 수 있었던 것이다. 그렇지만 증자가 평생토록 스스로를 지킨 것은 일찍이 효성스럽고 공경하며 믿음직하고 양보하는 가르침으로부터 떠나지 않았고 행동을 통제하여 자신을 세우는 데는 오직 부귀를 가볍게 여기고, 가난하고 천함에도 도를 지켰으며, 다른 사람이 알아주기를 구하지 않음을 크게 여겼다. 그러므로 그를 따라 배운 자들은 비록 들은 바가 매우 낮다고 할지라도 돈후하고 깨끗한 사람이 되지 않을 수 없었고, 비록 기억한 것이 매우 성기다고 할지라도 또한 반드시 일상생활에 몸소 행함을 절실히 하는 내실이 있었던 것이다. 그래서 비록 이 책에 그 이상의 것을 덧붙이려고 하여도 반드시 이런 말과 같은 후에야 스스로 그 사이에 의탁할 수 있을 것이다. 그렇다면 『증자』라는 책 7편을 구별해 나눠 비록 내편·외편·잡편의 차이가 있다고 할지라도, 그 큰 취지는 배우는 자들에게 크게 유익함이 있으니 이것은 다른 책이 미칠 수 있는 바가 아니다. 독자들이 진실로 그 큼을 지향하면서 반드시 그 작음을 삼가고, 그 얕은 것을 편력하면서 점점 그 깊은 것을 바랄 수 있다면, 아마도 단계를 뛰어넘는 병폐가 없어서 나날이 새로워지는 공부가 있을 수 있을 것이다.

순희 8년(1181) 9월 정축일, 신안의 주희가 삼가 적는다.

右曾子書七篇, 其內篇一, 外篇雜篇各三, 吾友淸江劉淸之子澄所集錄也.

昔孔子歿, 門人唯曾氏爲得其傳, 其後孔子之孫子思樂正子春公明儀之徒, 皆從之學, 而子思又得其傳以授孟軻. 故其言行, 雜見於論語孟氏書及他傳記者爲多, 然皆散出, 不成一家之言. 而世傳曾子書者, 乃獨取大戴禮之十篇以充之. 其言語氣象, 視論孟檀弓等篇所載, 相去遠甚. 子澄蓋病其然, 因輯此書以傳學者, 而於其精粗純駁之際, 尤致

---

60) 『論語』 「里仁」.

意焉. 於戲! 若子澄者, 其可謂嗜學也已! 然熹嘗考之, 竊以謂曾子之爲人, 敦厚質實, 而其學專以躬行爲主, 故其眞積力久, 而得以聞乎一以貫之之妙. 然其所以自守而終身者, 則固未嘗離乎孝敬信讓之規, 而其制行立身, 又專以輕富貴安貧賤不求人知爲大. 是以從之游者, 所聞雖或甚淺, 亦不失爲謹厚修潔之人, 所記雖或甚疏, 亦必有以切於日用躬行之實. 蓋雖或附而益之, 要亦必爲如是之言, 然後得以自託於其間也. 然則是七篇者, 等而別之, 雖有內外雜篇之殊, 而其大致皆爲有益於學者, 非他書所及也. 讀者誠能志其大而必謹其小, 曆其淺而徐望其深, 則庶乎其無躐等之病, 而有日新之功矣.

淳熙八年九月丁丑, 新安朱熹謹記.

❀ 전적으로 몸소 행하는 것을 위주로 하였기에 '일관'의 가르침을 들을 수 있었으니 진실로 행함은 앎에 앞서 있는 것이고 육자가 전적으로 실천에 힘쓴 것은 그가 그 요체를 얻었다는 것을 말해준다. 순희 8년(1181)에 주자 나이 52세였다.

專以躬行爲主, 故得以聞一貫, 則信乎行在知之先, 而陸子專務踐履爲得其要矣. 淳熙八年, 朱子年五十二.

서이천선생여방도보첩후[書伊川先生與方道輔帖後]61)

이천선생은 덕성이 엄중하여 사람들과 가볍게 교제하지 않았다. 지금 선생이 방도보62)의 부자형제와의 관계에서 이처럼 정성스러운 것을 보니, 방도보의 현명함을 알 수 있다.

---

61) 『朱熹集』 권82-58.
62) 방원안(方元寀): 자는 도보(道輔)이고, 보전(莆田) 출신이다. 정이와 함께 공부하였다. 정호가 행장을 지었다.

나는 일찍이 이전의 여러 서첩을 보고 그것을 여산의 백록동에 새겨
놓았다. 방도보의 증손인 장태주부 임도 또한 자신이 가지고 있던 여러
서첩을 아울러 집에 베껴 새겨놓았는데, 틈을 내어 내게 보여주며 그
서첩의 후문을 구했다. 비록 이천선생이 지은 것은 내가 감히 알 수 있
는 바가 아니지만, "과거에 응하고 밭을 간다"63)는 말을 보면 안팎으로
버리고 취하는 경중을 결정할 수 있고 "궤를 사고 구슬을 돌려준다"는
비유64)를 살펴보니 독서하여 도를 구하는 요체가 여기에 있지 저기에
있지 않음을 알 수 있다. 이미 스스로 애써서 권말에 글을 써서 방군에
게 보내어 그 씨족의 부형과 자제들이 함께 힘쓰도록 하였다.

소희 개원년(1190) 맹추 7일 신안의 주희.

伊川先生, 德性嚴重, 不輕與人接. 今觀其於方公父子兄弟之間, 眷
眷如此, 則方公之賢可知矣.

熹舊嘗得前數帖, 刻之廬山白鹿洞. 公之曾孫長泰主簿壬, 又幷其所
藏數帖, 模刻於家, 間以視熹, 求書其後. 雖先生之所以書者, 有非熹之
所敢知, 然觀於應學耕田之語, 可以決內外取舍之輕重, 察於買櫝還珠
之諭, 可以知讀書求道之要, 在此而不在彼也. 旣以自厲, 又書卷尾以
屬方君, 使與其族之父兄子弟相與勉焉.

紹熙改元孟秋七日, 新安朱熹.

🟢 주자의 말이 내면으로 향하여 자신에게 절실한 데로 나아가니, 이
때 주자 나이 61세였다.

語趨於近裡切己, 時朱子年六十一也.

---

63) 『文集』 13-9 「與方元寀手帖」.
64) 『近思錄』 「爲學」. 원래는 『韓非子』에 나옴. 경전은 도를 싣는 것이니 궤가 구슬을
   간직하는 도구인 것과 같다. 경전을 다루면서 도를 빠뜨리는 것은 궤를 사고 그 구슬
   은 돌려주는 것과 같다.

발유자징여주노숙첩[跋劉子澄與朱魯叔帖]65)

죽은 친구 유자징(劉子澄)이 손수 쓴 필적을 보니 눈물이 흐른다. 마땅히 자신에게 절실한 문자를 보고 의리(義利)의 차이를 분별하라는 그의 말은 당신이 천박하게 되지 않기를 기약하는 것이니, 그대는 항상 힘써야 할 것이다!

단양 주희가 임장군의 재에서, 소희 경술년(1190) 한겨울 11일에 쓴다.

觀亡友劉君子澄手墨, 爲之隕涕. 其言當看切己文字, 分別義利之間, 所以期吾魯叔者爲不淺矣, 魯叔尚勉旃哉!

丹陽朱熹仲晦父書於臨漳郡齋, 紹熙庚戌中冬十一日.

⊙ "자신에게 절실한 문자를 보아 의리(義利)를 분별한다"는 말은 유자징이 한 말로서 모두 육자와 부합되는데 주자도 이 말을 취했다. 이때 주자 나이 61세였다.

看切己文字, 分別義利, 子澄所言, 悉合於陸子, 而朱子取之. 是年年六十一矣.

발서래숙귀사당시[跋徐來叔歸師堂詩]66)

동안(同安) 지역의 서래숙은 맹자가 조교에게 한 말을 취해67) 그 당을 '귀사'라고 지었는데, 어떤 관직을 가진 대윤성(戴尹成)이 그것을 기억하

---

65) 『朱熹集』 권82-66.
66) 『朱熹集』 권83-7.
67) 『孟子』「告子 下」 2장. "曰夫道若大路然, 豈難知哉. 人病不求耳, 子歸而求之, 有餘師"에서 귀(歸)와 사(師)를 취한 것이다.

고 있었다. 서래숙이 내게 보여주면서 "한 마디의 말로 설명해주십시오"라고 부탁했다. 나는 맹자의 말은 자신에게 돌이켜 구하지 못하고 외부에서 스승을 찾으려고 전적으로 애쓰는 사람을 위한 것이라고 생각한다. 무릇 도는 비록 큰 길과 같지만 빼어난 지혜를 가진 사람과 태어날 때부터 아는 사람의 자질이 아니라면 어찌 스승과 벗에 의지하지 않고 홀로 얻을 수 있겠는가? 마땅히 그 단서를 밝힐 수 있은 후에야 여러 스승을 얻을 수 있을 뿐이다. 서래숙은 나의 말로 생각해보면, 아마도 헛되이 '귀사'라는 이름을 짓지는 않을 것이다.

소희 임자년(1192) 10월 회경절일[68]에 신안의 주희가 쓴다.

同安徐君來叔取孟子語曹交之言, 名其堂曰歸師, 某官戴君尹成旣記之矣. 來叔復以示予, 曰願得一言以發明之. 予謂孟子之言正爲不知反求諸身而專務求師於外者設耳. 夫道, 雖若大路, 然非上智生知之質, 亦豈能不藉師友而獨得之哉? 要當有以發其端倪, 然後有餘師者, 可得而求耳. 來叔其以予言思之, 庶乎其不虛爲此名也.

紹熙壬子十月會慶節日, 新安朱熹書.

🌀 "돌아가서 구하면 많은 스승이 있을 것이다"는 것은 "만물은 모두 나에게 갖추어져 있다"는 맹자의 말이나 "네 눈은 저절로 밝게 보고, 네 귀는 저절로 밝게 듣는다"는 육자의 말과 같다. "그 단예를 드러낸다"는 것은 곧 육자의 먼저 대의를 보아야 한다는 가르침이다. 소희 임자년(1192)은 주자 나이 63세 때다.

歸求有餘師, 卽孟子所謂萬物皆備於我, 陸子所謂汝目自明, 汝耳自聰也. 發其端倪, 卽陸子欲令先見大意之敎也. 紹熙壬子, 朱子年六十三歲.

---

68) 【箚疑】 회경절일(會慶節日)은 효종의 탄신일을 말한다.

발덕본소장남헌주일잠[跋德本所藏南軒主一箴]69)

‘경(敬)’이란 한 글자에 대해 학자들이 만약 실제로 그 힘을 쓰면 비록 이천선생의 두 마디의 가르침70)도 군더더기 말로 여겨질 것이다. 만일 그렇지 않으면 말이 많아질수록 마음은 더욱 복잡해져서, ‘경(敬)’을 망가뜨리는 것이 더욱 심해질 것이다. 장경부의 잠을 외우는 자는 마땅히 이 뜻을 알아야만 할 것이다.

경원 기미년(1199) 초복 운곡 노인이 쓴다.

敬之一字, 學者若能實用其力, 則雖程子兩言之訓, 猶爲剩語. 如其不然, 則言愈多, 心愈雜, 而所以病乎敬者益深矣. 誦敬夫之箴者, 要當以識此意云.

慶元己未初伏, 雲谷老人書.

🈪 이것은 주자가 70세에 제목을 단 것인데, “말이 많고 마음이 복잡해지면 경을 망가뜨리게 된다”고 말하면서 지리함을 후회하고 간이함으로 돌아가고 있음을 알 수 있으니, 육자와 부합된다.

此朱子七十歲所題. 謂言多心雜則病乎敬, 乃悔支離而歸簡易, 合於陸子.

---

69) 『朱熹集』 권84-46.
70) 『易傳』 卷1에 나오는 ‘경이직내(敬以直內), 의이방외(義以方外)’를 가리킨다.

제육자수교수문71) [祭陸子壽敎授文]72)

학문은 사적인 주장이 아니고 오직 도를 구하는 것이다. 만일 마음을 정성스럽게 하여 선을 선택한다면 비록 순서가 다르더라도 같이 흘러가게 될 것이다. 나와 형은 어렸을 때 같이 교유한 적이 없었다. 일생 동안 두 번 보았지만 서로 마음이 끌려 얽히게 되었다. 생각건대 이전 아호에서가 실제로 처음 만난 곳이라고 할 수 있다. 형은 수레를 몰아 오셔서 세 사람이 만나게 되었는데,73) 형은 동생과 같이 와서 새로 지은 글을 나에게 보여주었으니 뜻이 정성스러워 남기는 것이 없었다. 세상의 학문이 지리한 것을 싫어하고 쉽고 간략한 규모를 새롭게 하였다. 형은 내가 들은 것이 낮고 구차한 것을 보시고 마음 속으로 의심해서 편하지 않았다. 처음에는 마음 속으로 밝게 들었지만 끝내는 논의하는 중에 어지러워졌다. 나는 형이 변론으로 갑자기 굴복하지 않을 것이라고 생각했지만, 또한 형이 반드시 돌아가서 깊이 생각해보실 것이라는 것을 알았다. 마침내 머뭇거리며 안절부절 못하고 망설이면서 이리저리 왔다갔다 하는 중에 이별한지 얼마 되지 않아 형이 서신을 보내 이전 설명이 아직 정해지지 않았음을 살피면서 "그대의 말은 마음에 품을 만한다"고 하셨다. 내가 관직을 사양하려고 했지만 허락을 받지 못하고 참도좌(驂道佐)의 승재(僧齋)에 머물고 있을 때 형은 수레를 이끌고 가르쳐 주려고 오셨는데,74) 서로 극진히 논의하여 의심함이 없게 되었다. 이로부터 도는 합치되고 뜻은 같아졌으니, 어찌 바람이 흘러 구름이 흩어져서 한 번은 서쪽으로 가고 한 번은 동쪽으로 가는 것 같겠는가? 세월

---

71) 육구령(陸九齡)은 1169년 진사가 되고, 계양군(桂陽軍) 교수가 되었다가, 홍국군(興國軍) 교수가 된다.

72) 『朱熹集』 권87−17.

73) 【箚疑】 1175년 아호에서 주자가 육자수와 그의 동생 육자정과 만난 것을 말한다.

74) 【箚疑】 1178년 사직 명령을 기다리며 주자가 신주(信州) 옥산(玉山)에 있는 숭수승사 (崇壽僧舍)에 머물고 있을 때 육자수가 내방한다.

을 보내면서 헤어져 살고 있어 단지 서신 두 통만을 주고받았다. 형이
이곳을 오기를 기다렸지만, 혹 제 마음에 만족하지 못하고 있는 것 같
았다. 내 사람이 형이 병상에 있다고 해서, 급히 서신으로 문안을 드리
고 아울러 약을 가지고 가게 하였다. 아직 갔던 심부름꾼이 돌아오지도
않았는데, 들려오는 소식이 이다지도 상서롭지 않은가? 놀라서 소리를
지르고 눈물이 떨어지니 제 소매를 타고 흐른다. 아 슬프구나! 올해는
용의 해도 뱀의 해도 아닌데,[75] 어찌 유독 현인이 아름답지 않게 되어
우리 유자들 중에서 수차례 탄식할 만한 일이 생기는가? 생각건대 형의
덕은 그중 더욱 순수하고 엄하며 중정해서 사악함이 없었다. 겸손한 마
음으로 선을 따르니 어찌 조금이라도 교만하고 인색한 사사로움이 있
었겠는가? 아 슬프구나! 형은 이미 갔는데, 이 마음은 아직 형을 생각하
고 있다. 분명히 도의가 앞에 있는 듯한 경지에 있지만[76] 이제 몸이 말
을 듣지 않고 정신이 혼미함을 느끼니, 그 누가 나의 마음을 드러내주
고 아플 때 애통히 울어주며 멀리서 서신을 써주고 이 한 잔을 권해주
겠는가!

學匪私說, 惟道是求. 苟誠心而擇善, 雖異序以同流. 如我與兄, 少不
並遊. 蓋一生而再見, 遂傾倒以綢繆. 念昔鵝湖之下, 實云識面之初. 兄
命駕而鼎來, 載季氏而與俱, 出新篇以示我, 意懇懇而無餘. 厭世學之
支離, 新易簡之規模. 顧予聞之淺陋, 中獨疑而未安. 始聽瑩於胸次, 卒
紛繳於談端. 徐度兄之不可遽以辯屈, 又知兄必將返而深觀. 遂逡巡而
旋返, 悵猶豫而盤旋, 別來幾時, 兄以書來, 審前說之未定, 曰子言之可
懷. 逮予辭官而未獲, 停驂道左之僧齋, 兄乃枉車而來敎, 相與極論而
無猜. 自是以還, 道合志同, 何風流而雲散, 乃一西而一東? 蓋曠歲以索

<hr>

75) 【箚疑】『한서(漢書)』「정현전(鄭玄傳)」에 신(辰) 년과 사(巳) 년에 죽음을 예언하는
　　구절이 나오는데, 신(辰) 년은 '용(龍)'으로, 사(巳) 년은 바로 '사(蛇)'로 상징되어 있다.
76) 『論語』「衛靈公」.

居, 僅尺書之兩通. 期杖屨之肯顧, 或未滿乎予衷. 屬者乃聞兄病在床, 亟函書而問訊, 幷裹藥而携將. 曾往使之未返, 何來音之不祥? 驚失聲而隕涕, 沾予袂以淋浪! 嗚呼哀哉! 今茲之歲, 非龍非蛇, 何獨賢人之不淑, 屢興吾黨之深嗟? 惟兄德之尤粹, 儼中正而無邪. 至其降心以從善, 又豈有一毫驕吝之私耶? 嗚呼哀哉! 兄則已矣, 此心實存. 烔然參倚, 可覺惰昏, 孰泄予衷, 一慟寢門, 緘辭千里, 侑此一尊!

🌑 복재 육자수가 죽었을 때 "최근에 자정의 학문을 매우 분명하게 알았다"고 말했는데, 형제의 학문이 같았기 때문이다. 그리고 주자는 육자수를 제사지내는 글에서 "도는 합치되고 뜻은 같아졌다"고 했는데, 이미 육자수와 같다면 어찌 육자정과 달라지겠는가? 지금『고정연원록』을 개정한 사람은 육자수의 (주자와의) 같음에 근거해서 육자정을 입증할 수 없으므로 도리어 육자정의 (주자와의) 다름에 구별해서 아울러 육자수를 제거하려고 하니, 잘못됨이 또한 너무 심하구나!

復齋之卒, 謂比來見得子靜之學甚明, 是兄弟之學同也. 而朱子祭子壽文, 謂道合志同, 旣與子壽同, 豈與子靜異乎? 今之改考亭淵源錄者, 不能因子壽之同以証子靜, 反因別子靜之異, 而倂去子壽, 謬亦甚矣!

조립지77) 묘표[曹立之墓表]78)

순희 을미년(1175) 나는 신주의 아호로 가는 여백공을 전송하였고, 강서의 육자수와 그의 동생 육자정 그리고 유자징 등 여러 사람들이 방문해서 함께 배운 바를 논하였는데, 매우 즐거웠다. 육자수 형제는 배우는 자들에 대해 인정하는 경우가 적었는데, 간간히 유독 내게 여간(餘干)의

---

77) 조건(曹建): 자는 입지(立之)이고, 여간(餘干) 출신이다. 육구연을 따르다가 주희를 따랐다.
78)『朱熹集』권90-4.

조립지의 사람됨에 대해 말해주면서 "입지가 그대가 쓴 것을 많이 보았고, 그대와 장경부를 한 번 만나보기를 깊이 원하고 있습니다"라고 말했다. 5년 뒤 내가 남강의 지사로 있을 때, 입지는 진짜로 나를 방문했는데, 그의 용모를 보고 그의 말을 듣고서야 그가 위기(爲己)의 학문에 힘쓰고 있음을 알았고 육자수 형제가 그 당시 나를 속이지 않았다는 것을 믿을 수 있었다. 나는 그가 이곳에 머물기를 원했고, 입지도 또한 허락을 했지만 그렇게 되지 못했다. 내가 임기를 마치고 떠날 때 간청한 백록동서원의 사액 건을 법에 따라 시행하라는 교지가 있었다. 오군(吳郡)의 군수인 전자언(錢子言)이 내가 이 일에 정성스러웠기 때문에 서둘러 서신을 써서 누구를 스승으로 삼을만한가를 물었다. 그래서 나는 입지라고 알려주자, 자언은 듣고서 매우 기뻐했다. 자언이 서신의 예를 갖추고 심부름꾼을 시켜서 여간으로 가서 입지의 집에 이르러 스승이 돼달라고 청했지만 입지는 병이 들어 갈 수가 없었다. 순희 10년(1183) 2월 신해에 입지는 마침내 일어나지 못했는데, 그의 나이 37세였다. 육자정이 서신을 보내 위문을 하면서, 입지는 죽을 때도 그 말은 도를 명확히 지향하고 있는 것이 평상시와 조금도 다르지 않았다고 말했는데, 서로 깊이 탄식하며 애석해했다. 아! 우리 도가 쇠해짐이 오래되었구나. 최근에 경부·자수·백공이 모두 왕성한 나이에 세상을 떠났고, 뒷일을 이어서 종사할 만한 후학들도 많이 요절하였는데, 오늘은 또 우리 입지를 잃어서 육자정과 나는 서로를 위문하게 된 것이지, 어찌 한 때 사사로이 교유했기 때문에 그런 것이겠는가!

입지의 이름은 건(建)이고, 그 조상들은 금릉으로부터 옮겨왔는데, 이때가 입지의 8대조였다. 입지의 아버지 천명(天明)에 와서야 비로소 유학을 공부하였다. 입지는 어려서 영명하여 하루에 수천 마디의 말을 외웠고, 젊었을 때는 스스로를 격려할 줄 알았고, 고문과 금문을 배웠는데 모두 볼만한 것이 있었다. 하루는 하남 정씨의 책을 얻어 읽고서 비로소 성현의 학문을 알고 항상 마음에 두게 되었다. 그리고 자신이 공부

한 것을 모두 버리고 여러 경전들을 깊이 사유했으며 당시의 선생들을
두루 방문해서 도를 밝힐 수 있는 사람이 있다면 그에게서 배웠다. 장
경부가 호상에서 도를 강론한다는 것을 듣고, 가고자하였으나 이루지는
못했다. 사수 정씨가 학문이 고졸하고 행실이 높다고 알려준 사람이 있
자, 입지는 그를 찾아가 배워 그 취지를 얻었다. 이미 또 육씨 형제만이
마음이 얻는 바를 학문으로 여긴다는 사실과 그 학설이 문자와 언어로
미칠 수 있는 것이 아님을 듣고는 그들을 찾아가서 학문을 배웠고 오랜
뒤에 마침내 얻은 것이 있었다. 육자수는 그를 매우 인정했지만, 입지는
감히 자족하지 않았다. 또 서신을 써서 장경부에게 자신의 뜻을 논했는
데, 경부는 서신을 열고는 기뻐하면서 "이 사람은 진실로 함께 배울 수
있는 사람이다"라고 말했다. 그렇지만 경부가 갑자기 죽어 입지는 끝내
그를 볼 수 없었다. 입지는 뒤에 남강에 이르러 경부의 유문을 얻어서
그 학문의 시작과 끝이 달성한 바를 고찰하고 탄식하며 "내 평생 학문
에 대해 듣고서 그 취지를 궁구하지 않는 것이 없었는데, 지금 이후로
는 정론이 생겼으니 의심치 않을 것이다"라고 말했다. 이로부터 궁리는
더욱 정치해지고 자신을 돌이킴은 더욱 절실해져서, 붕우들과 강습할
때도 반드시 그 얻은 것으로 알려주었다. 그의 글에는 "학문에는 반드
시 도를 아는 것보다 귀한 것이 없지만, 도는 한 번 들어서 깨우치거나
한 번에 비약적으로 들어갈 수 있는 것이 아니다. 하학(下學)의 원칙을
따라 궁리 공부를 더하여, 얕은 곳에서 깊은 곳으로, 비근한 곳에서 먼
곳으로 나아간다면, 아마도 가능할 것이다. 지금 반드시 한순간의 깨달
음을 먼저 기약해서 모든 일을 폐기하고 그것을 따르게 된다면 아직 깨
닫기도 전에 낭패가 매우 심할까 걱정되는데, 하물며 낮은 것을 경시하
고 높은 곳을 쫓아서 요행히도 자득할 수 없는 사람에 있어서겠는가!"
라고 되어 있다. 이것이 그가 나이 들어 힘을 썼던 목적이자 절차였다.
올해 정월 초하루에 자신의 병을 어찌할 수 없다는 것을 알자, 입지는
창문에 "죽기 전에는 자신을 방기해서는 안 된다"고 썼으니, 선을 지향

하고 허물을 고치는 것이 이처럼 더욱 독실하였다. 죽는 날 일어나 의관을 바로하고 평상시처럼 단정히 앉아서, 자신의 동생 정(廷)에게 "내가 비록 병이 중하지만 학문은 더욱 나아졌으니, 이 마음은 밝고 맑아서 조금의 때도 없다. 이와 같이 죽는다면 아마 천명을 이야기할 수 있을 것이다"라고 말했다. 말을 마치자 곧 눕고는 애석하게도 죽어버렸다. 아! 입지가 불행히도 일찍 죽어 자신의 뜻을 마치지 못했지만, 그가 스스로를 세운 것이 이런 경지에 이르렀으니 이것이 어찌 다른 사람이 미칠 수 있는 것이겠는가!

입지는 부모를 효로 섬겨서 콩과 물과 같이 보잘것없는 것으로 봉양을 해도 즐거움이 가득 했다. 자신의 동생을 아낌이 매우 지극했고 그와 더불어 서로를 닦기를 마치 엄한 스승이나 친구와 같이 했다. 누이가 시집을 가서 죽자 누이의 아이를 길러서 성인으로 키웠다. 다른 사람과 교제할 때 공경했으며 마음을 다했다. 진실로 마음에 편치 않은 것이 있다면 비록 스승의 설명이라도 굽혀서 따르지 않았고 반드시 반복해서 올바른 데로 귀착한 이후에야 그만두었는데, 나에 대해서도 바로잡음이 더욱 절실하였다. 다른 사람에게 급한 어려움이 있음을 보면 두루 보살피며 자신의 힘을 다하여서, 비록 자신이 가난하고 병들었다고 해도 그것을 생각하지도 않았다. 자신의 서재에 '무망(無妄)'이라고 써놓고, 하루 종일 문을 닫고 나가지 않아 마을 사람들 중 그의 얼굴을 보지 못한 사람이 있을 정도였다. 일상생활에서 스스로를 반성하여 조금이라도 허물이 있다면 곧 책에 써놓았다. 또한 경학을 토론할 때도 얻은 것이 있다면 그것도 모두 기록해두었다. 그래서 그에게는 글이 매우 많은데, 병이 들었을 때 그것들을 가져다 태우려고 했는데, 그의 동생이 차마하지 못했다. 입지가 죽은 후 그의 책 상자를 보니 이미 반이 없어졌다. 그의 논의가 정해진 이후 지은 것을 모아보니 모두 10권이었고, 그 나머지도 대개 전할 만한 것이었으나, 입지의 유의를 생각해서 감히 내놓지 않았다. 입지는 일찍이 부인을 얻었으나 그녀가 시어머니를 기쁘게 하지 않고 가르쳤지만 따르지 않자 내쫓았기 때문에, 자식이 없었다. 이에 그의 동생 정은 어머니의 명령으로 종족의 아들인 원을 세워서 후사로 삼았고 만춘향(萬春鄕) 지역의 밤 밭 선영의 오른쪽에 입지의 장례를 치렀으며, 또 입지의 유문 여러 편과 그의 친구 조백역(趙伯域)이 쓴 행장을 가지고 수백 리를 멀다 않고 찾아와 명문을 청했다. 나는 입지와 서로 만난 것이 매우 늦었지만 그를 아는 것이 깊고 그를 바라보는 것이 두터워 그의 죽음을 슬퍼해서 수차례 눈물을 흘렸는데, 내가 어찌 이 청을 따르지 않겠는가! 입지는 이미 장례를 치러서 무덤 속에는 기록할 수 없으니, 그 사적을 적어 묘 위에 표를 쓰고, 이어서 "오봉[胡宏]은 '배움에는 넓기를 바라되 잡다하기를 바라지 말고, 간략하기를 바라되 구차하기를 바라지 말라'79)는 말을 하였으니, 믿을 만한 말이다"고 했다. 입지와 같은 사람은 넓지만 잡다하지 않고, 간략하지만 구차하지 않아서, 만일 하늘이 수명을 빌려주어서 그 힘을 다하도록 했다면 아마도 도를 전하게 되었을 것이다. 아! 그런데 지금 단명하여 죽었구나! 어찌 슬프지 않겠는가?

이해(1183) 오월 을유에 신안의 주희가 쓴다.

淳熙乙未歲, 予送呂伯恭至信之鵝湖, 而江西陸子壽及弟子靜與劉子澄諸人, 皆來相與講其所聞, 甚樂. 子壽昆弟於學者少所稱許, 間獨爲予道餘干曹立之之爲人, 且曰立之多得君所爲書, 甚欲一見君與張敬夫也. 後五年, 予守南康, 立之果來, 目其貌, 耳其言, 知其嘗從事於爲己之學, 而信子壽昆弟之不予欺也. 欲留與居, 而立之有宿諾, 不果. 及予受代以去, 而所請白鹿洞書院賜額, 有旨施行如章. 郡守吳郡錢侯子言, 以予之惓惓於是也, 亟以書來, 問孰可爲師者. 予因以立之告, 子言聞之欣然. 具書禮授使者, 走餘干, 踵立之之門以請, 而立之病不能

---

79) 『知言』「仲尼」.

行矣. 十年二月辛亥, 竟不起, 年方三十有七. 子靜以書來相弔, 具道立
之將死, 其言焗然在道, 不少異於平日, 相與深歎惜之. 嗚呼! 吾道之衰
久矣. 比年以來敬夫子壽伯恭皆以盛年相繼淪謝, 而後進之可冀以嗣
事於方來者, 亦多夭沒, 今又失吾立之, 然則子靜與予之相弔也, 豈徒
以遊好之私情也哉!

　　立之名建, 其先自金陵來徙, 至立之八世矣. 立之父諱天明, 始爲儒.
立之幼穎悟, 日誦數千言. 少長, 知自刻厲, 學古今文, 皆可觀. 一日得
河南程氏書讀之, 始知聖賢之學, 爲有在也. 則慨然盡棄其所爲者, 而
大覃思於諸經, 歷訪當世儒先, 有能明其道者, 將就學焉. 聞張敬夫講
道湖湘, 欲往見之, 不能致. 有告以沙隨程氏學古行高者, 卽往從之, 得
其指歸. 旣又聞陸氏兄弟獨以心之所得者爲學, 其說有非文字言語之
所及者, 則又往受其學, 久而若有得焉. 子壽蓋深許之, 而立之未敢以
自足也. 則又寓書以講於張氏, 敬夫發書亦喜曰是眞可與共學矣! 然敬
夫尋沒, 立之竟不得見. 後至南康, 乃盡得其遺文, 以考其爲學始終之
致, 於是喟然歎曰吾平生於學, 無所聞而不究其歸者, 而今而後, 乃有
定論而不疑矣. 自是窮理益精, 反躬益切, 而於朋友講習之際, 亦必以
其所得者告之. 蓋其書有曰學必貴於知道, 而道非一聞可悟, 一超可入
也. 循下學之則, 加窮理之工, 由淺而深, 由近而遠, 則庶乎其可矣. 今
必先期於一悟, 而遂至於棄百事以趨之, 則吾恐未悟之間, 狼狽已甚,
又況忽下趨高, 未有幸而得之者耶! 此其晚歲用力之標的程度也. 今歲
元日, 知病之不可爲矣, 猶書其牖曰未死之前, 不可自棄. 遷善改過, 自
是愈篤. 死之日, 起正衣冠, 危坐如平日, 語其弟廷曰吾雖甚病, 而學益
進, 此心瑩潔, 無復纖翳. 如是而死, 庶其可以言命矣. 語訖就枕未安而
沒. 嗚呼! 立之雖不幸蚤死, 不卒其志, 然所以自樹立者至此, 亦豈他人
所及哉?

　　立之事親孝, 菽水之養, 驩如也. 愛其弟甚至, 與相切磋, 如嚴師友.
姊嫁而卒, 撫其孤以有成. 與人交, 敬而忠. 苟心所未安, 雖師說不曲

從, 必反復以歸於是而後已, 其於予規正尤切也. 視人有急難, 周之必
盡其力, 雖貧病不計. 榜其齋曰無妄, 杜門終日, 里巷有不識其面者. 日
用間自省, 小有過差, 卽書之冊. 其討論經學有得, 亦悉記之. 及爲他文
甚衆, 病中欲擧而焚之, 廷弗忍. 旣沒, 而視諸篋, 則已亡其半矣. 乃裒
自論定以來所作, 得十餘卷, 其他猶多可傳者, 顧以立之遺意, 弗敢出
也. 立之嘗娶婦, 不悅於姑, 敎之不從而去, 故卒無子. 至是, 廷以母命,
立宗人之子愿爲後, 而葬立之萬春鄕栗田原先塋之右, 且以立之遺文
數篇, 及其友成志郎趙君伯域之狀, 不遠數百里來請銘. 予於立之相得
雖晚, 而知之深, 望之厚, 哀其死而屢出涕焉, 其可以無從乎? 立之已
葬, 不及識於壙中, 乃書其事, 使以表於墓上, 又系之曰胡子有言, 學欲
博, 不欲雜, 欲約, 不欲陋, 信哉! 如立之者, 博而不雜, 約而不陋, 使天
假之年, 以盡其力, 則庶幾乎. 嗚呼! 今短命而死矣! 豈不可哀也哉!
　　是歲五月乙酉, 新安朱熹述.

　　🦎 주자와 육자 사이의 동이(同異)의 불화 가운데 입지의 묘표는 그중
한 가지 일이지만, 이것들은 모두 문인들의 견해일 뿐 두 선생은 일찍
이 달랐던 적이 없었다. 주자가 육자에게 보낸 서신에서 입지의 묘표에
대해 말하자, 포현도는 옳지 않다고 여겼지만, 육자는 답서에서 좋다고
여겼다.80) 아마도 현도는 "한순간의 깨달음을 먼저 기약한다"는 등의
말이 육자가 모든 일을 버리고 고원한 것을 추구한다고 비난하는 것으
로 여겼던 것 같다. 그렇지만 육자의 가르침은 전혀 이와 같지 않다. 육
자는 스스로 인정·사세·물리에서 공부해야 한다고 말했기 때문에 주
자의 말을 기뻐했던 것이다. "한순간의 깨달음을 먼저 기약한다"는 등
의 말은 주자가 만년에 수차례 말했던 것인데, 「발서래숙귀사당시」에서
말한 "단서를 드러낸다"고 한 것과 건양의 선비들과 학문에 대해 답했

---

80) 『陸九淵集』 권7 「與朱元晦」. "立之墓表亦好, 但敍履歷, 亦未得實處."

던 서신에서 "반드시 이런 사태를 보고 나서야 때때로 익힐 수 있다"고
한 것과 같은 것이 모두 이런 뜻이다. 대개 육자가 "본심을 밝힌다"고
한 것은 모두 맹자로부터 유래한 것인데, 주자는 이때에는 아직 그것을
몰랐던 것 같다.

이 묘표는 순희 10년(1183)에 쓰인 것인데, 이때 주자 나이 54세였다.
이때는 아직 '무극'에 대해 논변하지 않았기에, 뜻도 또한 화평하다. 그
러므로 제갈성지에게 보내는 서신에서 "불화가 어디로부터 유래하는
가?"라고 하면서 문인들이 논변에 힘쓰는 것을 매우 괴이하게 여겼던
것을 보면, 두 사람의 불화는 이른바 흘러 다니는 말을 듣고서 불신하
게 된 것이라고 할 수 있다.

朱陸異同之釁, 立之墓表, 亦其一事, 然皆門人之見耳, 兩先生未嘗
異也. 朱子與陸子書, 謂立之墓表, 包顯道不以爲然, 而陸子答書, 直以
爲好. 蓋顯道疑先期一悟等語, 爲譏陸子而棄百事以趨之. 則陸子之敎,
並不如是, 陸子自謂在人情事勢物理上做工夫, 故亦喜其語也. 且先期
一悟等語, 朱子晚歲蓋屢言之. 如跋徐來叔歸師堂詩所云發其端倪, 答
建陽士人問學, 謂須先見那物事, 方能時習, 皆是此意. 蓋陸子所謂發
明本心, 實本孟子, 而朱子此時猶未之知耳.

此表作於淳熙十年, 朱子年五十四歲. 是時未辨無極, 意亦和平. 故與諸葛
誠之書謂釁何由起, 而深怪門人之競辨者, 所謂聞流言而不信也.

서산선생이공묘표[西山先生李公墓表]81)

서산선생 이공82)은 귀산선생 양문정공의 문인이다. 귀산은 하남정씨
에게서 이미 학문을 받았는데, 돌아와서는 그 설을 동남지역 사람들에게

---

81) 1185(56세).
82) 이욱(李郁) : 자는 광조(光祖), 호는 서산(西山)이다.

가르쳐주자 일시에 배우는 자들이 화합하며 그곳으로 달려갔다. 귀산은 매번 그들에게 고하였다. "요·순 이전에는 전적이 아직 갖추어져 있지 못하였지만 당시에 성현이 그처럼 많았다. 주나라 말기 이래로 진한을 거쳐 지금에 이르기까지 글은 많아서 그 수를 헤아릴 수 없기에 이르렀다. 하지만 천백 년 동안에 안연과 증자 같은 한 사람을 구하고 싶어도 그럴 수가 없다. 그러므로 도가 전승되는 수단은 진정 글에 있지 않으며, 옛 성현이 성현되는 까닭은 그들의 마음씀에 그럴만한 이유가 있기 때문이다." 이공이 여항(餘杭) 지역에서 귀산선생을 뵈었을 때 선생은 이공에게 고하여 또 말하셨다. "학자는 마땅히 고인의 학문이 어디에 마음을 썼는지, 그리고 학문이 장차 무엇에 쓰이는 것인지 알아야만 한다. 만약 공자 문하의 학문은 인일 뿐이라고 한다면 무슨 행위를 인이라고 하는가? 만약 인은 사람의 마음83)이라고 한다면 무엇을 사람의 마음이라 하는가?" 이공은 그 말씀을 받고 물러나서 그 주장의 의미를 구해 스승에게 나아가 자기 생각을 던질수록 더욱 합치하지 않았다. 이에 홀로 『논어』와 『맹자』의 책을 취하여 읽었는데, 아침저녁으로 게으르지 않게 18년을 보내고 나서야 의문이 풀리면서 깨달음이 있는 듯하였다.

西山先生李公者, 龜山先生楊文靖公之門人也. 龜山旣受學於河南程氏, 歸以其說教授東南, 一時學者翕然趨之. 而龜山每告之曰, 唐虞以前, 載籍未具, 而當是之時, 聖賢若彼其多也. 晚周以來, 下歷秦漢, 以迄於今, 文字之多, 至不可以數計. 然曠千百年, 欲求一人如顏曾者, 而不可得. 則是道之所以傳, 固不在於文字, 而古之聖賢所以爲聖賢者, 其用心必有在矣. 及李公請見於餘杭, 則其告之亦曰, 學者當知古人之學, 何所用心, 學之, 將以何用. 若曰, 孔門之學, 仁而已, 則何爲而謂之仁? 若曰, 仁人心也. 則何者而謂之人心耶? 李公受言, 退求其說以

---

83) 『孟子』 「告子 上」.

進, 愈投而愈不合. 於是獨取論語孟子之書, 而伏讀之, 蚤夜不懈, 十有
八年, 然後渙然若有得也.

🐢 이 글은 순희 12년에 작성되었으니, 이때 주자 나이 56세였다. '도
의 전승이 글에 있지 않다'고 한 말은 육자가 "나는 곧 한 글자도 모르
니, 또한 나를 당당한 한 사람으로 만들어야 한다"고 말한 뜻이다. 주자
는 50세 이전에는 이런 논의를 결코 글로 표현하지 않았다.

此文作於淳熙十二年, 朱子是五十六歲. 謂道之傳不在於文字, 則陸
子所謂我卽不識一字, 亦須還我堂堂的一個人也. 朱子五十歲前, 此等
議論, 必不入之文字矣.

팽자수84)에게 답하다[答彭子壽]85)

중간에 소절(召節)86)이 있다고 전해 듣고서 보니 그것이 좋은 뜻이 아
니라고87) 의심하였는데, 그러지 않으니88) 기쁩니다. 당신의 서신을 받
아보고서 또한 그대의 부임89) 이래 통치에 순서가 있게 되었음을 알게
되니 더욱 위안이 됩니다. 하지만 시세로 헤아려보면 또한 결단코 오래
지속할 수 없음90)을 알 수 있었는데, 과연 이미 봉사(奉祠)의 명령이 있
다고 듣게 되었습니다. 하지만 글을 볼 수 없으니91) 아마 조정에서 내려

---

84) 팽귀년(彭龜年, 1142~1206) : 자는 자수(子壽), 호는 지당(止堂)이고, 장식의 문인이
　　다. 시호는 충숙(忠肅). 임강군(臨江軍) 청강현(淸江縣) 출신이다. 1169년에 진사가 되
　　었고, 이부시랑(吏部侍郞)을 역임했다. 저서에 『止堂集』이 있다.
85) 『朱熹別集』 권3-14 1195(66세).
86) 【箚疑】 부르는 명령이다.
87) 【箚疑】 그 병권(兵權)을 빼앗으려는 것이지 등용하려는 뜻이 아님을 말한다.
88) 【箚疑】 부르지 않은 것을 말한다.
89) 【箚疑】 자수는 이때 강릉부(江陵府) 호북(湖北)을 담당하는 안무사(按撫使)였다.
90) 【箚疑】 번진(藩鎭)에서 오래할 수 없음을 말한다.
91) 【箚疑】 탄핵을 논하는 글을 말한다.

올 것입니다. 이 일은 그대에게 중요한 점이 없습니다. 다만 닭이 울고 개가 짖듯이 서로 으르렁대는 상황이 날마다 심하니 그 형세에 반드시 크게 처분[92]이 있을 것이며, 그 화가 높은 벼슬아치에 그치지는 않을 것입니다.[93] 이러한 까닭으로 아직 석연할 수 없으니 어찌 해야 합니까?

저는 이번 여름에 한번 병이 들어 거의 죽을 뻔해서 급히 의관을 벗어 걸겠다는 사직의 요청을 올리고 아울러 가까운 직책을 사임하였습니다. 임금의 두터운 은혜를 입어 아직 허락을 받지 못했지만 장차 허락을 받고자 합니다. 작년에 일찍이 추릉(萩陵)[94]을 논의한 자들은 다 모두 죄를 얻었으니, 저 스스로 망령되어 혼자 죄에서 벗어날 수 없다고 생각하여 마침내 저 자신을 탄핵하는 글을 올렸습니다. 아마 지금쯤 이미 저를 보내라는 명령이 있을 텐데 땅이 멀어 곧 듣지 못하고 있을 뿐입니다.

한가하게 독서하면 도리어 맛이 있습니다. 그러나 한쪽 눈이 이미 보이지 않고 나머지 한쪽 눈 또한 날로 혼미해져서 책을 펴서 보기가 아주 어렵습니다. 이 때문에 한가로이 앉아 있으니 도리어 조용히 함양하는 공부를 할 수 있어서 비로소 이전의 문자상에 힘을 지나치게 많이 쏟은 것이 또한 하나의 병폐임을 알게 되었습니다. 대개 사태에 응하려면 먼저 궁리해야 하며, 궁리하고자 하면 또한 모름지기 마음의 본원을 공평하고 분명하게 길러야만 비로소 기미를 볼 수 있고 번거롭고 혼란스러운 것을 가려내어 조금의 잘못도 없게 할 수 있습니다. 만일 다만 이렇게 종일 분주하게 뛰어다닌다면 어떻게 사리를 분명하게 볼 수 있겠습니까? 정부자께서 "학문은 앎을 지극히 하는 것보다 앞서는 것이 없으며"[95] 또한 "앎을 지극히 하면서 경하지 않는 경우는 없다"[96]고 말한 것은 바로 이 때문입니다. 주렴계의 여러 책은 또한 대부분 이러한 뜻을 밝히고 있

---

92) 【箚疑】 형살(刑殺)되는 바가 있음을 말한다.
93) 【箚疑】 국가의 멸망을 뜻한다.
94) 【箚疑】 효종의 능(陵)이다.
95) 『二程遺書』 권18-18.
96) 『二程遺書』 권3-98.

습니다. 그대가 질문하신 뜻을 다만 이러한 설로써 미루어 본다면 그 병을 얻게 된 원인과 약 쓰는 방법을 모두 알 수 있을 것입니다.

굳건하게 멀리 부쳐주시니 진정 노쇠한 저를 도우려는 뜻을 받았습니다. 차 50병을 격식을 부리지 않고 심부름꾼에게 돌려보내니 중요하지 않은 용도에나마 도움이 되었으면 합니다. 때를 등진 것[97]이 가소로운 것은 대개 이와 같습니다. 향림[98]이 돌아가셨는데, 그의 입장에서는 늙은 나이였으니까 본디 유감이 없겠지만 후배들은 이러한 전형을 상실하였으니 또한 저절로 한스럽습니다. 배를 몰아 월지역을 경유하였는지요? 그런 얘기를 들었는지요? 한번의 남행을 피하기는 어려울 듯한데 산길을 넘는 일을 면할 수 있으면 다행이겠습니다. 무헌(戊獻)과는 서로 만나기로 약속했지만, 저의 행적은 이미 스스로 보장하지 못하고 또한 여러 현자들을 깊이 근심하고 있습니다. 여름의 병은 이로 인해 심해졌습니다. 그 사이 다행히도 조금 안정되었는데 지금 또 다시 일어나니 어찌해야 합니까?

中間傳有召節, 固疑其非美意已, 乃不然, 方以爲喜. 及承惠書, 又知開府以來經理次第, 尤以爲慰. 然以時勢料之, 亦決知其不能久, 旣而果聞已有奉祠之命矣. 却不見有文字, 想又從中而下也. 此在高明, 無所輕重. 但鳴吠狺狺, 日甚一日, 其勢必須大有處分, 其禍不止於搢紳而已也. 想以此故, 亦未能釋然, 奈何? 奈何?

某今夏一病幾死, 亟上挂冠之請, 并辭近職. 蒙上厚恩, 未卽聽許, 將欲受之. 而去歲曾議莄陵者, 例皆獲罪, 自惟狂妄, 不應獨免, 遂以自劾章上. 計今已有行遣, 顧地遠未卽聞耳.

閒中讀書却有味. 但目已偏盲, 其未盲者, 亦日益昏, 披閱頗艱耳. 緣此閒坐, 却有恬養功夫, 始知前此文字上用力太多, 亦是一病. 蓋欲應

---

97) **[翼增]** 차를 따는 시절을 놓친 것이다.
98) **[箭疑]** 향자인(向子諲)이다.

事, 先須窮理, 而欲窮理, 又須養得心地本原, 虛靜明澈, 方能察見幾微, 剖析煩亂, 而無所差錯. 若只如此終日馳鶩, 何緣見得事理分明? 程夫子所謂學莫先於致知, 又謂未有致知而不在敬者, 正爲此也. 濂溪諸書, 亦多是發此意. 下問之意, 但以此說推之, 則其受病之原, 與夫用藥之方, 皆可見矣.

雄附遠寄, 良荷扶衰之意. 茶五十觔, 漫附回使, 以供粗用. 背時可笑, 大率如此也. 藤林逝去, 在渠高年固無憾, 但後輩失此典刑, 亦自可恨也. 舟御不經於越否? 亦聞之否? 度不免一南轅, 得免踰嶠幸也. 茂獻必相會, 賤迹旣不自保, 又深爲諸賢憂之. 夏中之病, 由此增劇. 中間幸小定, 今又復作, 人謀不可及矣. 奈何? 奈何?

🈯 산릉[99]에 대해 망령되이 논의한 것으로 자신을 탄핵한 것은 경원 원년(1195)이며 이때 주자의 나이는 66세다. 서신에서 "마음의 본원을 공평하고 분명하게 길러야만 비로소 기미를 볼 수 있다"고 한 말은 육자가 학문의 글과 과거의 글로 담은 뜻과 부합한다. 육자의 글은 말한다. "물욕이 덮어서 한 터럭이라도 마음 속에 근거한 채 이치를 밝히는 데 급급하다면 이치가 과연 이러한 방식으로 밝혀지겠는가?"

以妄議山陵自劾, 在慶元元年, 是年六十六歲. 書中謂養得心地本原, 虛靜明澈, 方能察見幾微, 與陸子則以學文程文意合. 陸子文云, 物欲之蔽, 豪據乎其中, 而汲汲於明理, 理果可以如是而明之乎?

팽자수에게 답하다[答彭子壽] 2[100]

장원덕(張元德)의 서신을 받고서 삼가 그대가 이미 예장(豫章)에 머문

99)『朱熹集』권15-6「山陸議狀」.
100)『朱熹別集』권3-15, 1195(66세).

다101)는 소식을 들었는데 지금은 그 곳에서 여장을 푸셨겠군요. 급히 돌아가 한번 응접하려고 생각했지만 어쩔 수 없었습니다. 그러나 이로부터 문을 닫고 잠시 정신집중을 쉬게 하면서 더욱 마음에 익숙해질 수 있다면 마침내 대업을 찾을 수 있을 것이니, 어찌 하늘의 뜻이 이것을 가지고 그대를 연마시켜 완성시키고자 하려는 것이 아님을 알 수 있겠습니까? 바라건대 더욱 이에 힘을 기울여 기대에 보답하시길 바랍니다. 영능(零陵)102)을 지나갔는데 편안할 수 있었는지요? 다시 서신 하나가 있으니 보내주시기 바라며, 잘 전달되었으면 좋겠습니다.

得張元德書, 竊聞大旆已次豫章. 今當稅駕里門矣. 乍歸想一番接應, 有不能免者. 然自此杜門, 少休神觀, 益得玩心, 卒究大業, 安知天意不以是玉汝於成乎? 願益勉旃, 以慰期望. 零陵經由, 頗得從容否? 復有一書, 幸爲致遺, 得不浮沈, 乃幸.

● 여기서 팽자수는 한탁주103)로부터 파직당하고 예장에 돌아왔을 때를 논한다. "정신집중을 쉬게 하면서 더욱 마음에 익숙해진다"는 말은 모두 자기에게 절실한 것이며, 이때 주자는 66세였다.

此子壽論韓侂胄罷歸預章時也. 少休神觀, 益得玩心, 語皆切己, 時朱子六十六矣.

---

101) 【節補】아마 자수가 병진년(1196)에 파직되고 집으로 돌아오는 때인 듯하다.
102) 호남성의 소(瀟)와 상(湘)강이 만나는 지역.
103) 한탁주(韓侂胄, ?~1207) : 하남성(河南省) 안양(安陽) 출신이다. 영종 옹립에 공이 있어 그 외척으로서 정계에 등장하였고, 우승상(右丞相) 조여우(趙汝愚)와 대립하였다. 조여우가 추천하는 주자가 자신의 죄상을 상주하자 주희의 학파를 위학(僞學)이라고 하여 추방하고 경원당금(慶元黨禁)을 일으켰다.

손계화104)에게 답하다[答孫季和]105)

　보내주신 서신이 매우 정성스럽고 상세해서, 학문하는 차례를 자세히 알 수가 있으니 마음에 매우 위안이 됩니다. 무릇 배우는 자 가운데 오로지 마음을 지키는 일에 힘을 쓰는 사람은 이치를 보는 것이 대개 분명하지 못하고 오로지 강학에 힘쓰는 사람은 또한 근본으로 삼을 만한 자리가 없으니, 그대처럼 여러 선을 두루 갖추고서 한 편에 치우치지 않는 사람은 적습니다. 더욱 바라건대 마음을 비우고 이치를 완미하여 너그럽게 지내면서 끝내 원대한 업을 이룰 수 있다면 매우 다행이겠습니다.

　來喩諄悉, 備詳爲學次第, 甚慰所懷. 大抵學者, 專務持守者, 見理多不明, 專務講學者, 又無地以爲之本, 能如賢者兼集衆善, 不倚於一偏者, 或寡矣. 更望虛心玩理, 寬以居之, 卒究遠大之業, 幸甚!

　🕮 손계화는 주자가 절동의 차와 소금을 관장하는 제거(提擧)로 있을 때 학문을 배웠으니, 이때 주자는 53세였다. 이 서신은 마땅히 더 뒤에 있어야 하며, 항평보106)에게 답한 서신과 뜻이 동일하다.

　季和以朱子提擧浙東茶鹽時從學, 時朱子五十三歲. 此書當更在後, 與答項平甫書意同.

---

104) 손응시(孫應時, 1154~1206) : 촉호(燭湖)선생이라 불렸으며, 소흥부(紹興府) 여요현(餘姚縣) 출신이다. 판군(判軍)을 역임했다.
105) 『朱熹別集』 권3－18, 1183(54세).
106) 항세안(項世安) : 자는 평보(平甫) 또는 평보(平父), 호는 평암(平庵)이다. 강릉부(江陵府) 강릉현(江陵縣) 출신이다. 지주(知州)를 역임했다.

손계화에게 답하다[答孫季和]107)

저는 노쇠하고 병이 많은 것이 전보다 더욱 심해졌습니다. 지금 두 발이 무거워서 다시 움직일 수 없게 된지 이미 두세 달이나 되었습니다. 추측컨대 기혈이 이미 쇠하여 다시 완전히 건강해질 리는 없으니, 단지 아직 죽지 않고 삶이 길어짐을 다행으로 생각할 뿐입니다. 그러나 세상의 도가 이와 같아서 냄새 맡고 맛보는 감각이 시들어지고 해를 보는 것이 갈수록 드물어지니 또한 어찌 오래도록 살 수 있겠습니까? (오래 전부터 노령으로 퇴직하려고 했지만, 지금에서야 뜻을 이루게 되었습니다. 감히 스스로 청하지도 못하고 외군에서도 저를 보증하지도 못하는데도 한 장의 공문서를 얻어 또 보내려고 하는데, 어떤 사람은 화를 당할까 염려했지만 돌아볼 겨를이 없었습니다.)

서신 말미에 "강설할 만한 것이 없다"고 하신 말씀은 개탄할 만하니, 이 말을 다시는 다른 사람들에게 언급하지 말아야 합니다. 그렇지만 지금까지 스스로 하신 공부는 어떠신지 모르겠습니다. 자못 시문에 뜻을 두셨던 것 같은데, 이 또한 시간을 낭비하는 것 같아 염려가 됩니다. 이렇게 노쇠해진 오늘에 이르러서야 비로소 후회하며 지난날의 나태함을 뉘우쳐서 지금 더욱 노력해보려 하지만 남은 세월이 얼마 되지 않습니다. 이를 마땅히 경계로 삼아야지 배워서는 안 될 것입니다.

某衰老多病, 益甚於前. 今兩足拘重, 不復能動, 已兩三月矣. 度氣血已衰, 無完健之理, 只得未死, 且爾引日已爲幸矣. 然世道如此, 臭味凋落, 日見稀少, 亦何用久生爲也? (久欲告老, 今方及格. 不敢自請, 而外郡不爲保奏, 只得一申省狀, 亦且發去, 或者恐觸禍機, 然不暇顧也.)

紙尾無可講說之云, 可爲慨歎, 此固無復可以及人. 但不知年來, 自己分上功夫又如何? 頗似留意於詩文, 此亦恐虛度光陰也. 有如衰朽,

---

107)『朱熹別集』권3-21, 1199(70세).

至於今日, 乃始追悔, 恨向來之懶惰, 今欲加功, 而日子鋪排已不遍矣.
此當以爲戒, 而不可學也.

🔘 이해 주자는 69세였기 때문에 스스로 주를 달면서 "오래 전부터
노령으로 퇴직하려 했지만 지금에서야 비로소 뜻을 이룰 수 있었다"고
말하였다. 손계화에게 자기 측면의 공부를 힘쓰도록 권면하고 시문에
뜻을 두는 것을 시간을 낭비하는 것으로 생각했으니 완전히 육자의 견
해와 부합한다.

是年朱子六十九歲, 故自註云久欲告老, 今方及格也. 勉季和用自己
分上功夫, 而以留意詩文爲虛度光陰, 全合於陸子.

정중징에게 답하다[答丁仲澄]108)

보내주신 서신에서 배운 것이 자신의 삶과 위배되는 것이 매우 근심
이 된다고 하셨는데, 이때문에 근심하신다면 그 근심은 계속 커져만 갈
것입니다. 오직 강학하고 체험하는 곳에서 공부를 해서 나의 마음에 환
히 의심이 없도록 한다면 그것들은 저절로 나의 병통이 되지 않을 것입
니다. 만약 뭇 이치의 밝음을 구하지 않고 한갓 짤막한 말 한마디 지키
는 것에 의지한다면 비록 밤낮으로 근심한다 해도 겨우 빼앗기지나 않
을 뿐 내 마음은 끝내 어지러움을 면하지 못하니, 이것 또한 어찌 말할
가치나 있겠습니까? 바라건대 노형께서는 오로지 성현의 말씀으로 자
신에게 돌이켜 구해보아서 하나하나 깨우쳐 의심이 없도록 하고 여러
날 동안 오래도록 한다면 마땅히 깨달음이 있을 것입니다. 그러나 마음
쓰는 것이 정밀하지 못하고 혹 많은 것을 탐하고 넓히기를 힘쓰며, 혹

---

108)『朱熹別集』권5-27, 1191(62세).

적은 것을 얻고서도 만족해한다면 밝아질 길이 없게 될 것입니다. 최근에 저는 배운 것을 복습하면서 지난날 도달하지 못했던 한두 단락을 얼핏 보다가 스스로 자못 힘이 덜 든다는 것을 느끼고 있습니다. 그렇지만 어둡고 나약한 자질 때문에 지키는 것이 확고하지 못해 더욱 후회만 날이 갈수록 쌓이니, 생각건대 그대의 근심보다 심한 것이 있으니, 의문점을 가지고 방문하신다고 해도 장차 무슨 말로 대답할 수 있을지 모르겠습니다. 그러나 들은 바대로 질정한다면 둘 다 진보하지 않을 수 없을 듯합니다.

이천선생께서는 "함양할 때는 반드시 경을 해야 하고, 학문에 나아가는 것은 앎을 지극하게 하는 데 있다"[109]고 하셨는데, 이 두 마디 말에는 체용(體用)과 본말(本末)이 모두 갖춰지지 않는 것이 없습니다. 진실로 하루 동안의 공부를 한다면 마땅히 그 의미를 깨닫게 될 것입니다. 그렇지 않고 공연히 의심과 후회를 품고 있으면 도움이 되지 않을 뿐만 아니라 도리어 해롭게 될 것입니다. 무릇 함양공부의 경우는 다른 사람이 관여할 수 있는 것이 아니라, 그대의 노력하는 뜻에 달려있을 뿐입니다. 만약 치지의 일이라면 바로 벗들과 강학하는 도움이 있어야 아마도 드러나는 것이 있을 것입니다. 지금 무슨 책을 보고 계시며 무엇을 궁구하고 계신지 모르겠습니다. 사람들과 논변할 경우 속히 이루려고 하지 않고 또 의심을 쌓아두지 않고서 먼저 해야 하는 것과 나중에 해야 하는 것 서둘러야 하는 것과 천천히 해야 하는 것이 적절하게 된다면 매일 나아져서 다함이 없을 것입니다. 서신을 통해서 가르쳐주실 것이 있다면 말을 늘어놓기를 꺼려하지 말아야 하니, 저도 또한 제 견해를 감히 피력하지 않을 수 없을 것입니다. 이전에 보니 선배들이 학문에 뜻을 두고서도 왕왕 망설이는 경우가 있어서 내면으로 매우 깊이 성찰하고 아래 사람에게 묻기를 매우 절실하게 하면서도 일상생활에서

---

109) 『二程遺書』 권18-18.

왕성하게 힘을 쓰려하지 않기 때문에 종신토록 해결되지 않은 의심을
지니고 있었는데, 이것은 경계하여 본받아서는 안 될 것입니다.

　來書深以其學侵畔爲憂, 自是而憂之, 則有不勝其憂者. 惟能於講學
體驗處加工, 使吾胸中洞然無疑, 則彼自不能爲吾疾矣. 若不求衆理之
明, 而徒恃片言之守, 則雖蚤夜憂虞, 僅能不爲所奪, 而吾之胸中, 終未
免於憒憒, 則是亦何足道? 願老兄專以聖賢之言, 反求諸身, 一一曉然
無疑, 積日旣久, 自當有見. 但恐用意不精, 或貪多務廣, 或得少爲足,
則無由明耳. 某比來溫習, 略見日前所未到一二大節, 自頗覺省力. 但
昏弱之資, 執之不固, 尤悔日積, 計有甚於吾友之所患者, 乃承訪以所
疑, 使將何辭以對耶? 然以所聞質之, 則似不可不兩進也.
　程子曰涵養須是敬, 進學則在致知, 此二言者, 體用本末, 無不該備.
誠用一日之功, 當得其趣. 不然, 空抱疑悔, 不惟無益, 反有害矣. 夫涵
養之功, 則非他人所得與, 在賢者加之意而已. 若致知事, 則正須朋友
講習之助, 庶有發明. 不知今見讀何書? 作何究索? 與人論辨, 惟無欲
速, 又無蓄疑, 先後疾徐, 適當其可, 則日進而不窮矣. 因書或有以見
敎, 勿憚辭費, 某亦不敢不盡愚也. 向見前輩有志於學, 而往往猶豫者,
其內省甚深, 下問甚切, 然不肯沛然用力於日用間, 是以終身抱不決之
疑, 此爲可戒而不可爲法也.

　🕉 제목에 대한 주석은 『임장어록』에 보이는데 이때 장주에서 지사
벼슬을 하고 있었으니 나이 61세 때이다. 서신에서 "성현의 말씀으로
자신에게 돌이켜 구해보기를 오래도록 한다면 마땅히 깨달음이 있을
것입니다"라고 말한 것은 곧 육자의 실천의 가르침이다. 대개 천하의
이치는 반드시 행한 다음에 알게 되는 것이다.
　題注見臨漳語錄, 是在漳守時, 年六十一歲. 書中謂以聖賢之言, 反
求諸身, 久當有見, 卽陸子踐履之敎. 蓋天下之理, 必行之而後知之也.

황직경110)에게 답하다[答黃直卿] 18111)

학문할 때는 바로 먼저 근본을 세워야 합니다. 글의 뜻에 대해서는 우선 바른 의미를 말해주고 그 여유로운 마음으로 완미하게 해야지 곧바로 동이(同異)를 조사해서 세밀히 연구하게 해서는 안 되니 아마도 뜻이 급해져서 큰 진보가 어렵게 될 것입니다. 장차 대의를 깨닫고 대략한 두 절목을 들어서 점차 이해해도 아마 늦지 않을 것입니다. 이것이 지난날 정본의 잘못입니다. 지금 다행히도 깨닫고서 번거롭게도 과감하게 고쳤으니 구차하게 비웃음을 피해 도리어 다른 사람을 잘못되게 해서는 안 될 것입니다.

爲學直是先要立本. 文義却可且與說出正意, 令其寬心玩味, 未可便令考校同異, 研究纖密, 恐其意思促迫, 難得長進. 將來見得大意, 畧擧一二節目, 漸次理會, 蓋未晚也. 此是向來定本之誤. 今幸見得, 却煩勇革, 不可苟避譏笑, 却誤人也.

● 『속집』의 황직경에게 보내는 서신은 제1권인데, 대개 모두 만년 때의 것이다. 대개 제1편에서는 "장남헌이 죽었다"라고 말하고 있고 여섯 번째 서신의 처음에서는 위학의 금을 말했으니, 이 서신은 열여덟 번째로 만년 때임을 알 수 있다. 학문하는 방법을 논한 것은 모두 육자의 말과 부합된다. '정본' 두 글자에 대해 진건은 쓰여진 서신을 가리키는 것이 아니라고 생각했다. 그러나 열다섯 번째 서신에서 "지난번에 베낀 『대학』을 스스로 이미 정본이라고 말했습니다. 근래 '혈구'장은 오

히려 세밀하지 못하다는 것을 깨달았습니다"라고 말하고 있다. 그렇다면 '정본' 두 글자는 진실로 서신에서 본래 말한 것을 가리킨다.

續集與直卿書爲第一卷, 大槪皆晚年者. 蓋第一篇卽云南軒之歿, 第六首卽說到僞學之禁, 此書第十八, 其晚可知. 論爲學之法, 俱與陸子之言合. 定本二字, 陳建以爲非指所著之書. 然第十五書云大學向所寫者, 自謂已是定本. 近覺絜矩一章, 尙未細密. 然則定本二字, 固指書本言之也.

황직경에게 답하다[答黃直卿] 61

옛날의 선사 가운데 그 학문이 전승되지 않을까 염려해서 울며 눈물을 흘린 사람이 있었다는데, 뜻밖에도 오늘날 내가 이런 경우를 직접 보게 되었습니다. 앞 서신에서 "항상 깨어 있는 것"을 말씀하셨는데, 그것은 가장 절실한 것입니다. 여러 벗들이 실천하고 지키는 것에 자못 효과를 보았습니까? 예전에 배우는 자들은 이것을 한번 거치면 공부의 허실이 마침내 가려졌으니 도움이 적지 않았습니다.

왕자합(王子合)이 전날 이곳을 들렀는데 그의 행동거지를 보니 또한 어여삐 여길 만합니다. 보지(普之)는 도리어 이와 같을 수 있으니, 흔히 볼 수있는 상황이 아니다. 『예서』의 경우 제가 병이나 보기 겁나, 단지 한가한 글만 봅니다. 원래 세상의 글 가운데 다른 사람들이 잘못 주해한 것도 단지 앞 사람들이 지은 것이 한번 손을 거치면서 곧 다르게 보이는 것이니, 하물며 이 도의 광대하고 정미한 것에서랴! 서로 교유하는 학생들이 자못 학문에 뜻을 둘 수 있습니까? 최근의 답신에 유행하는 학문이 조금 변하여 과거에 응시하는 무리들이 종종 서로 축하한다는데, 그러나 이것이 어찌 중요한 것이나 될 수 있겠습니까?

古之禪宿, 有慮其學之無傳, 而至於感泣流涕者, 不謂今日乃親見此境界也. 前書所說常惺惺, 此是最切要處. 諸朋友行持, 亦頗見功效否? 向來學者得此一番試過, 虛實邃可辨, 殊非小補.

王子合前日過此, 觀其俯仰, 亦可憐也. 普之却能如此, 甚不易得. 禮書病起亦怕看, 却只看得少閑文字. 元來世間文字, 被人錯注解者, 只前人做下, 才隔一手, 便看得別, 而況此道之廣大精微也耶! 諸生相從者, 亦頗能有志否? 近報時學小變, 擧子輩往往相賀, 然此豈足爲重輕耶?

❋ "항상 깨어 있는 것"을 가장 절실하다고 여기는 것은 곧 "방심(放心)을 구하는"방법인데, 이것은 위학으로 몰려 탄압을 받을 때이니 어찌 만년의 정론이 아니겠는가?

以常惺爲切要, 卽求放心之道, 此是僞學禁嚴時, 豈非晩年定論?

황직경에게 답하다[答黃直卿] 63

이곳 정사의 붕우들은 강론에 상당히 두서가 있습니다. 통로[112]는 과연 그대가 말한 바와 같아서[113] 매우 제 마음에 위로가 됩니다. 이와 같은 그를 얻어 도움이 적지 않으니 다른 사람과 견줄 것이 아닙니다. 그러나 그가 이곳에 오고 나서 마침 내가 병 때문에 피곤하고 또 아이들의 질환 때문에 소란하여 그와 크게 곡진한 애기를 나누지 못하였습니다. 통로의 일을 통해 보건대 사람들의 학문이 진보하지 못함은 단지 처음부터 입처(入處)가 없어서 즐길 만한 맛이 있음을 보지 못하기 때문

---

112) 양즙(楊楫, 1142~1213) : 자는 통로(通老)이고 열당(悅堂)선생이라 불렀다. 복주(福州) 장계현(長溪縣) 출신이다.
113) [記疑] 통로가 당시에 직경의 처소에 갔었는데, 직경이 통로의 좋은 점을 말했기 때문에 주자는 이렇게 이야기한 것이다.

입니다. 입처가 없는 까닭은 또 단지 마음을 비우고 뜻을 겸손히 하여 번거로움을 참고서 이해하려고 하지 않기 때문이지, 이 밖에 다시 다른 병폐가 없습니다.

공중지(鞏仲至)를 논한 두 구절을 논한 것은 그의 병폐를 잘 지적하였습니다. 이전에 그와 말해보고서 그가 이와 같다는 것을 괴이하게 여겼습니다. 그가 고심하여 시를 지으려 하나 이른바 시라는 것이 또 이와 같을 뿐이니, 대저 사람이 도리의 근원에 통하지 않으면 만사가 모두 저급해지는 것입니다. 이런 이야기는 갑자기 말할 수 있는 바가 아닙니다. 그대가 저의 두 손자를 오랫동안 수고롭게 가르치고 있는데, 진실로 감히 그들이 향상(向上)하기를 바라지는 않습니다. 다만 그들이 점차 규율의 틀 속에 들어가서 본분에 따라 과거공부하는 수재가 되어 크게 경거망동하지 않으면 만족합니다.

精舍諸友, 講論頗有緒. 通老果如所論, 甚慰人意. 得渠如此, 所助非細, 非他人比也. 但渠到此, 適以病倦, 又以諸幼疾患爲撓, 不得甚與之款曲. 以此知人之學所以不進, 只緣從初無入處, 不見其有可嗜之味. 而所以無入處, 又只是不肯虛心遜志, 耐煩理會, 更無他病也.

所論鞏仲至兩句, 切中其病. 前日與語, 正怪其如此. 渠苦心欲作詩, 而所謂詩者, 又只如此, 大抵人若不透得上頭一關, 則萬事皆低. 此話卒乍說不得也. 二孫久煩敎誨, 固不敢以向上望之. 但得其漸次貼律, 做得依本分擧業秀才, 不至大段狼狽猖獗足矣.

⊛ 주자가 거(鉅)와 균(鈞) 두 손자를 황직경에게 보내 학문을 배우도록 했는데, 이것은 경원당금 때의 일이니 가장 만년의 일이다. "도리의 근원에 통한다"는 "그 본심을 밝힌다"는 육자의 말과 같은 것이다.

朱子遣鉅鈞二孫從直卿, 在禁僞學時, 蓋最晚年也. 透最上一關, 卽陸子所謂發明其本心也.

황직경에게 답하다[答黃直卿] 76

눈병으로 책을 보지 못하나, 이 때문에 도리를 보는 것이 또 점점 간략해
지고 있습니다. 독서를 하지 않으면 곧 도리가 없어지는 것은 아닙니다.
논의한 기품의 병은 진실로 옳습니다. 그렇지만 매우 힘을 쓰면 제거
할 수 있을 것입니다. 최근에 친구들에게 『맹자』「등문공」 첫 장을 설
명했는데 이런 뜻이 있었으니, 다른 날 직접 보고 논의하도록 합시다.

目疾不觀書, 緣此看得道理, 亦漸省約. 不成不讀書後, 便都無道理也.
所論氣稟之病, 固然. 然亦大段着力, 乃能去之. 近日爲朋友說滕文
公首章, 有些意思, 他日相見面論之也.

🌐 "눈병" 운운한 것은 모두 가장 만년의 일이다. 덕성을 존중한다는
가르침을 따르면서 별도로 성선을 말하는 조목의 의미를 추구하고 있
지 않으니, 사실 단지 하나의 이치이기 때문이다.

目疾云云, 皆最晚年之事. 不欲循尊德性之旨, 而別尋一道性善標目,
其實只一理也.

황직경에게 답하다[答黃直卿] 79

독서의 순서를 보여주신 서신은 매우 좋습니다. 그렇지만 선천의 태
극의 뜻을 논한 경우는 매우 성급하다고 느꼈습니다. 일용생활에서 단
지 이 마음을 항상 밝게 해서 일에 따라 이치를 살펴 그것을 배양하면
자연히 반드시 진보하는 곳이 있을 것입니다. 이처럼 협소하고 성급하
다면 앞으로 나아갈 수 없을 것이라고 생각됩니다.

示喩讀書次第, 甚善. 但所論先天太極之義, 覺得大段局促. 日用之
間, 只敎此心常明, 而隨事觀理, 以培養之, 自當有進. 才覺如此狹隘拘
迫, 却恐不能得展拓也.

⚫ "이 마음을 항상 밝게 하고 일에 따라 이치를 살핀다"는 것은 육
자와 부합되지 않은 바가 없다.

此心常明, 隨事觀理, 無不與陸子合.

황직경에게 답하다[答黃直卿] 87

호남에는 경제적인 여유가 좋지 않아서 아직 가보지 못했습니다. 지
금은 토지문제가 해결되지 않았기 때문에 마침내 갈 수 없게 되었습니
다. 이미 자신을 탄핵하는 글을 써서 급하게 사람을 보냈는데, 만일 사
록이라도 얻는다면 또한 다행스럽겠습니다. 생계가 매우 궁핍하지만 운
명이 이와 같기에 단지 인내할 뿐입니다. 서로 방문하기를 바란다고 들
었는데 빨리 왔으면 합니다. 하고 싶은 말이 한두 가지가 아닙니다. 그
곳의 학도가 매우 많음을 알았습니다. 학업 외에 또한 반드시 확실하게
마음 써야 할 곳과 공부하는 순서가 있다는 것을 알도록 일러 주어야
좋을 것입니다. 서(徐)와 엽(葉)은 이곳에 온지 이미 오래되었으나 끝내
구습을 벗어버리지 못하고 있습니다. 근래에 후생들을 보니, 우선 그들
로 하여금 본분에 의거하여 훈고와 문의를 분명히 알도록 하는 것이 급
선무입니다. 이로부터 싫증내지 않고 반복하여 세월이 오래되면 자연히
마음과 이치가 익어져서 힘을 얻는 경우가 있게 되는데, 오늘날 사람들
은 대부분 등급을 뛰어넘고 함부로 지어서 후생을 그르치며 이리저리
서로 속이고 있지만 그 실상은 모두가[114) 이런 사실을 깨닫지 못하고
있습니다. (이런 풍조는 영가 지방이 더 심합니다.)

湖南初且以私計不便, 未可往. 今緣經界住罷, 遂不可往矣. 已草自
劾之章, 旦夕遣人, 若且得祠祿, 亦已幸矣. 生計逼迫非常, 但義命如
此, 只得堅忍耳. 聞欲相訪, 千萬速來. 所欲言者非一. 知彼中學徒甚
盛. 學業外亦須說令知有端的合用心處, 及功夫次第乃佳. 徐葉至此已
久, 終是脫去舊習未得. 近日看得後生, 且是教他依本子認得訓詁文義
分明爲急. 自此反復不厭, 日久月深, 自然心與理會, 有得力處, 今人多
是躐等妄作, 誑誤後生, 輾轉相欺, 其實都曉不得也. (此風永嘉爲甚)

　　⊙ "학업 외에 또한 반드시 마음 써야 할 곳을 알아야 한다"는 것은
처음으로 지리함이 무익함을 깨닫고 자신에게 절실한 공부로 점차 나
아가고 있음을 보여준다. "토지측량가 해결되지 않았던" 것은 아마도
그의 나이 62세(1191) 때의 일이니, 이때 주자는 장주의 지사에서 형호운
부로 제수되었다.115)

　　學業外須令知有合用心處, 此初覺支離之無益, 而漸就切己之功也.
經界住罷, 蓋六十二歲, 由漳守除荊湖運副也.

채계통에게 답하다[答蔡季通]116)

　　『춘추』에서 이해하지 못한 곳에 마음의 힘을 부질없이 허비할 필요
가 없습니다. 우리들은 만년에 마땅히 정신을 아끼고 길러서 심신에 유
익한 공부를 해야 하니, 이런 종류의 일들은 곧 일필로 판단할 뿐 깊이
생각할 필요가 없습니다. 설령 이 책이 노나라 역사의 옛 문장을 공자
께서 기록하신 것이라고 하더라도 나와 무슨 상관이 있겠습니까?『역설

---

114) [記疑] 가르치는 사람과 배우는 사람 모두를 가리킨다.
115) 실제로 제수되지 않았다.
116)『朱熹續集』권2-2.

(易說)』은 돌려받는 대로[117] 보내겠지만 이것 또한 바로 급히 힘쓸 일이 아닙니다.

春秋無理會處, 不須枉費心力. 吾人晚年, 只合愛養精神, 做有益身心工夫, 如此等事, 便可一筆勾斷, 不須起念. 儘敎它是魯史舊文, 聖人筆削, 又干我何事耶? 易說俟取得卽納去, 然亦政自非急務也.

● 주자도 또한 "정신을 아끼고 길러야 한다"는 설명을 했는데, 진건은 정신이라는 말로 육자를 비난했으니, 어찌 잘못된 일이 아니겠는가? 『춘추』에 대해 "나와 무슨 상관이 있느냐?"고 말하는 데 이르렀는데, 이 말은 너무 지나치다. 만일 그의 말과 같다면 공자는 『춘추』를 반드시 지을 필요도 없었고, 또한 형공[왕안석]이 『춘추』를 강의하지 않는 것도 허물이 되지 않았을 것이다. 주자는 평생 오로지 독서로 사람들을 가르쳤는데, 만년에는 『춘추』를 아울렀으면서도 또한 반드시 이해할 필요가 없다고 말했으니, 이것은 이른바 굽은 것을 바로잡으려는 사람은 반드시 바름을 지나친다는 말과 같다. 육자는 태학에 있을 때, 「춘추강의」를 쓴 적이 있다.[118]

朱子亦用愛養精神之說, 而陳建以精神之語詆陸子, 豈不謬哉? 至謂春秋干我何事, 此言亦太過. 果如所云, 則孔子不必作春秋, 而荊公不以進講, 不爲過矣. 朱子生平, 專以讀書敎人, 晚年乃倂春秋亦謂不必理會, 所謂矯枉者必過正也. 陸子在太學, 却有春秋講義.

---

117) 【記疑】 채계통이 역설을 보기를 청하였지만, 역설이 마침 다른 곳에 있었기 때문에 주자는 이렇게 이야기한 것이다.
118) 『陸九淵集』 권23 「大學春秋講義」.

채계통에게 답하다[答蔡季通]

보내주신 서신에서 말한 자신을 반성한다는 뜻은 매우 좋습니다. 그러나 병폐는 여기에 있지 않으니, 마땅히 우선 마음을 보존하고 일을 처리하는 곳에서 통렬히 자신을 성찰하고 바로잡아야 할 것입니다. 저는 떠나가기를 요구했으나 허락받지 못했습니다.119) 그러나 저는 끝내 마음이 편안하지 않으니 헤아려 보건대, 다시 비답(批答)이 없으면 곧 죄를 얻어 쫓김을 당하게 될 것입니다. 이곳 소송관계문서가 근일에 매우 적어서 점점 독서할 만합니다. 그러나 직경이 이미 돌아갔고 복지(復之) 또한 병으로 며칠 동안 매우 파리하여 문자를 의논할 사람이 없기에 전혀 붓을 대지 못하니, 이 일이 끝내 어떻게 될지 모르겠습니다. 만일 이루지 못한다면 아마 천년의 한이 될 것입니다.

所喩自省之意, 甚善. 然恐病不在此, 只合且於存心處事上, 痛自省察矯革也. 某求去未獲. 然賤迹終不能安, 度更不報, 卽以罪譴逐矣. 此間詞訴, 近日却絶少, 漸可讀書. 但直卿旣歸, 復之又病, 數日羸甚, 無人商量, 文字都不得下筆, 此事未知終竟如何? 萬一不就, 恐爲千載之恨也.

⊙ "떠나기를 요구한" 일은 주자가 남강에서 벼슬살이 할 때, 그리고 임장에서 벼슬살이 할 때 두 번 있었다. 그렇지만 복지는 남강에 간 적도 없었고, 주자도 남강에서 또한 이루지 못한 일도 없었다. 장주에 있을 때는 주자가 토지측량을 실행하려고 했지만 결국 이루지 못하였으니, 서신의 내용이 어찌 이 일이겠는가? 장주에 있을 때 주자 나이 61세(1190)였다. "마음을 보존하고 일을 처리하는 곳에서 성찰하는 것"으로

---

119) [記疑] 주자가 남강의 지사로 있을 때인 듯하다.

채계통[120]을 가르치고 있는데, 이것은 육자의 가르침과 부합된다.

求去, 惟在南康與在臨漳二任內有之. 然復之未嘗至南康, 南康亦無不可就之事. 在漳則欲行經界而卒不就, 豈卽此事耶? 在漳時, 年六十一歲. 以存心處事上省察誨季通, 合於陸子之敎.

채계통에게 답하다[答蔡季通]

「악설」은 이미 받았으나 오히려 깊이 이해하지 못한 곳이 있으니, 반드시 만나서 물어야 다 알 것입니다. 「아악설」은 후에 인편을 통해 보여주시기 바랍니다. 호안정(安定)선생의 「녹명보」가 있다고 들었는데, 이것도 또한 적어 보내주시기를 바랍니다. 우연히 신도(新都)의 팔진(八陳) 석각본을 얻어 보내니, 다 보신 후 이것을 돌려보내라고 전해주십시오. 그 설명이 설사룡(薛士龍)의 설명과 어떤 차이가 있는지 아울러 가르쳐주시기 바랍니다. 그리고 『통감』을 구하셨는데, 이 책의 개정본이 아직 확정되지 않았고 이전의 판본은 너무 간략해서 글이라고 할 수도 없습니다.

최근에는 독서가 마음과 눈을 훼손시켜서 정좌하여 자신을 성찰하는 공부가 효과가 있는 것만 못하다고 느끼고 있습니다. 시험삼아 해보시면, 반드시 그 효과를 느끼게 될 것입니다.

樂說已領, 尙有未深解處, 須面扣乃悉耳. 雅樂說, 後便幸示及. 聞有安定鹿鳴譜, 亦望錄寄. 偶得新都八陳石刻本納呈, 看畢, 却告附還. 其說與薛士龍者同異如何, 并告喩. 及需通鑑, 方此修改未定, 舊本太畧, 不成文字也.

---

120) 채원정(蔡元定, 1135~1198) : 시호는 문절(文節)이며 사람들은 그를 서산(西山)선생이라 불렀다. 건녕부(建寧府) 건양현(建陽縣) 출신이다.

近覺讀書, 損耗心目, 不如靜坐, 省察自己爲有功. 幸試爲之, 當覺其
效也.

⬤ 채계통과 음악에 대해 논할 때는 경원당금 때다. 채계통이 유배를
갔는데 오히려 금(琴)의 악보를 논의하고 있으니 아마도 가장 만년의 일
일 것이다. 그렇지만 "독서는 정좌와 성찰 공부가 효과가 있는 것만 못
하다"고 말하고 있으니, 이것이 바로 학문의 도는 방심(放心)을 구하는
데 있다는 것이다.

與季通論樂, 在禁僞學時. 季通被謫, 猶論琴譜, 蓋最晚年也. 然謂讀
書不如靜坐省察有功, 正所謂學問之道在求放心也.

채계통에게 답하다[答蔡季通]

공제(公濟)가 "서산에서의 일상 공부가 어떤가?"라고 물은 질문에 대
해 그대가 정확한 응답이 없는 것으로 보입니다.121) 그의 설이 비록 편
벽되지만 우리들이 자신을 다스림이 이처럼 노망하니, 어찌 쭉정이[稊
稗]122)만도 못한 오곡이 되지 않겠습니까? 이틀간 함께 지냈을 때에 이
점을 말하려 했으나 그럭저럭 지내다보니 틈을 내지 못했고, 또한 몹시
피곤하여 좋은 생각이 없었기에 마침내 언급하지 못했으니, 지금 한번
성찰해보기 바랍니다. 과연 무엇으로 진덕(進德)의 기초를 삼을 것입니
까? 돌아와서 여백공의 서신을 받았는데, 그는 배우는 자란 반드시 마
음을 전일하게 하여 뜻을 이루어 이익을 끊고 근원을 한결같이 해서 마
음을 수렴하여 쌓아야 비로소 마음을 수습할 수 있다고 했습니다. 이

---

121) [記疑] 채계통이 서산(西山)에서 정사(精舍)를 짓고서 수양했기 때문에 공제가 이렇
게 물은 것이다. 원문에서의 '산두(山頭)'란 서산을 말한다.
122) 『孟子』「告子 上」.

말은 매우 합당하여 그대에게 고하지 않을 수 없었습니다.

　公濟山頭日用功夫之問, 見季通未有端的應答. 彼說雖偏, 然吾輩之所以自治者, 如此之鹵莽, 幾何其不爲不如稊稗之五穀耶? 兩日欲奉扣, 因循不暇, 亦苦疲憊, 無好意思, 遂不能及. 今請試加省察. 果以何地爲進德之基也? 歸來又得伯恭書, 云學者須是專心致志, 絶利一源, 凝聚停蓄, 方始收拾得上. 此言甚當, 不敢不以告也.

　🈯 주자는 사람들이 한결같이 서책에 마음을 두도록 가르쳤는데, 일상생활에 어떻게 힘을 얻을 수 있었겠는가? 근본을 버리고 지엽을 찾으면서도, 도리어 다른 사람의 실질적인 것을 실천하는 공부를 쭉정이처럼 여겼는데, 그래서 육자는 주자가 의견에 빠져 함께 이야기하기 힘든 사람이라고 말했던 것이다. 여백공의 이 서신은 주자가 남강지사로 있을 때 붙인 것인데, 이때는 주자 나이 52세(1181)였다. 인용된 백공의 말은 육자와 부합된다.

　朱子敎人一心只奔在書冊上, 日用之間如何得力? 舍本根而尋枝葉, 反以他人踐實之功爲荑稗, 此陸子所謂溺於意見, 難與言也. 呂伯恭此書, 在朱子守南康時所寄, 是時朱子五十二歲. 所取伯恭之言, 與陸子合.

채계통에게 답하다[答蔡季通]

　삼일 동안 열이 나서 혼매하여 무슨 증상인지 모르겠습니다. 약을 여러 가지로 복용했지만 별다른 효과를 보지 못해 정말로 어지럽습니다. 보내주신 "아침에 도를 들으면 저녁에 죽어도 좋다"[123]는 『논어』 구절

---

123) 『論語』 「里仁」.

의 뜻에 대해 탄복하지 않을 수 없었습니다. 그렇지만 나이든 사람의
학문은 반드시 요약(要約)한 경지가 있어야하니, 이것은 『의례』가 미칠
수 있는 것이 아닙니다. "넓음과 은미함[費隱]"124)에 대한 설명은 자세
히 분석해서 말하고 싶지 않은 것은 아니지만, 마침내 애를 써도 억지
로 말할 수 없으며 말하더라도 예전 주석을 벗어나지 못할 뿐이라고 생
각됩니다. 두 글의 개정이 이미 끝난 것 같으니, 일찍 부쳐주시면 다행
이겠습니다.

　　三日來發熱昏冒, 不識何證. 藥物雜進, 殊未見效, 良以爲撓. 所喩朝
聞夕死之意, 不勝歎服. 然老人之學, 要當有要約處, 恐非儀禮之所及
也. 費隱之說, 非不欲剖析言之, 但終覺費力, 强說不行, 不免且仍舊
耳. 二書修改想已了, 幸早寄及.

　🐢 스스로 "나이든 사람의 학문"이라고 했으니 당연히 만년이다. 『예
서』를 수정한 것도 또한 가장 만년의 일이다. 그렇지만 "요약한 경지는
『의례』가 미칠 수 없다"고 했으니, 이미 내면으로 향하는 공부에 부합
되고 있다. "넓음과 은미함의 설에 대해 애를 써도 억지로 말할 수 없으
며 말하더라도 예전 주석과 같다"고 했으니, 예전 주석이 옳은 것이다.
그런데 지금 『중용장구』가 주와 소에 부합되지 않으니, 무슨 이유인가?
　　自云老人之學, 自是晩年. 修禮書, 則最晩年也. 然謂要約處, 非儀禮
之所及, 已合於近裏之功. 費隱費力, 强說不行, 不免且仍舊, 仍舊是
矣. 然今中庸章句與註疏不合, 何耶?

---

124) 『中庸』 12장.

전시랑에게 보내다[與田侍郞]125)

우리들은 오늘날 어떤 일도 할 수 없고, 단지 내면으로 마음을 보존하고 이치를 궁구하여 외인들과 교섭함이 없는데도 또한 위학이라는 가이드라인[僞學之禁]을 면하지 못하니, 보건대 힘쓸 곳이 없습니다. 다만 더욱 급하게 내면 공부를 가까이하여 자신을 편안히 하고 천명을 세워야126) 합니다. 근일에 어떤 것에 마음을 쓰십니까? 서신을 통해 알려주기 바라니, 매우 듣고 싶습니다. 전날 소인들이 먼 곳으로 귀양보내기를 논하는 장소(章疏)를 보고서 곧 면목을 바꾸어 행실을 더럽히고 먼저 자수하여 구차히 모면하고자 했으나 또한 뜻대로 되지 않았으니, 단지 "나의 태현(太玄)"을 지킬 수 있을 뿐입니다.127)

吾輩今日事事做不得, 只有向裏存心窮理, 與外人無交涉, 然亦不免違條礙貫, 看來無着力處. 只有更攢向裏面, 安身立命耳. 不審比日何所用心? 因書及之, 深所欲聞也. 看前日報行章疏, 便要回面汙行, 首身投免, 以不可得, 只得守吾太玄也.

🔵 이 서신도 또한 경원당금 때의 말인데, 그 말이 모두 내면으로 향하고 있다.

此亦黨禁時語, 然語皆近裏.

---

125) 『朱熹續集』 권5-4.
126) 『孟子』 「盡心 上」.
127) 한나라의 양웅(楊雄, B.C. 53~18)이 지은 『法言』 「解嘲」에 나오는 말이다.

여경사[128]에게 답하다[答余景思][129]

한가한 중에 더욱 글을 잘 볼 수 있으니, 마땅히 깊은 맛이 있을 것입니다. 세월은 흘러가기 쉽기에 더욱 힘쓰시기 바랍니다. 만약 단지 늙어보잘것없는 저처럼 이미 늙은 뒤에 깨달음이 있게 되면 세상에 쓰이는 것이 오래될 수 없어서 다시 실행할 가망이 없을 것입니다. 직경이 이미 돌아왔기에 때때로 편안할 것이라고 생각합니다. 그러나 강론할 때 서로의 차이가 없지 않을 듯하니, 마땅히 힘껏 연구해야 할 것이고, 그래도 해결되지 않는 점이 있거든 서신을 통해 언급한다면 감히 저의 생각을 다 말하지 않을 수 없을 것입니다.

閒中益得觀書, 當有深趣. 日月易得, 願益勉旃. 若但如拙者, 旣老而後有聞, 則享用已不能久, 而無復可力之望矣. 直卿旣歸, 想時得從容. 恐講論不能無異同, 正當力究, 有未決者, 因來諭及, 不敢不盡鄙懷也.

❷ 주자 스스로 "이미 늙은 뒤에 깨달음이 있게 되었다"고 말한 것을 보면, 이전의 논의를 스스로 확정된 것이 아니라고 여기고 있는 것이니, 만년의 정론은 마땅히 자세히 고찰할 필요가 있다. 또 스스로 "세상에 쓰이는 것이 오래될 수 없다"고 말한 것을 보면 이것이 가장 만년의 것임을 알 수 있다. 육자가 일찍이 달밤에 개탄하면서 주자에 대해 "태산처럼 높지만 애석하게도 도를 듣지는 못했구나"[130]라고 했는데, 그 당시 사람들은 인정하지 않았었다. 지금 주자가 스스로 "이미 늙은 뒤에 깨달음이 있게 되었다"라고 생각하니, 육자가 이전에 탄식했던 것이 진실로 망령된 것은 아니었다.

---

128) 여원일(余元一) : 자는 경사(景思)이고, 홍화군(興化軍) 선유현(興化軍) 출신이다.
129) 『朱熹續集』 권7−8.
130) 『陸九淵集』 권34 「語錄」. "朱元晦泰山喬嶽, 可惜學不見道, 枉費精神, 遂自耽擱."

朱子自謂旣老而後有聞, 則從前議論, 自爲未定, 晚年定論, 固當細
考也. 又自謂享用已不能久, 則其爲最晚之年可知. 陸子嘗月夜嘅嘆,
謂朱元晦泰山喬嶽, 可惜不聞道, 人頗不以爲然. 今朱子自以爲旣老而
後有聞, 則陸子從前所嘆, 固非妄也.

마기지에게 답하다[答馬奇之]131)

저는 늙고 병들어 아침저녁으로 죽음을 기다리니, 말씀드릴 만한 것
이 없습니다. 보내주신 서신을 자세히 읽어 보니, 이별한 뒤로 학문을
향상시키는 데 게을리 하지 않은 뜻을 상세히 알 수 있었습니다. 세간
의 만사는 잠깐 사이에 변하여 없어지니 가슴 속에 담아 둘 것이 없으
며, 오직 앎을 지극히 하고 힘써 행하며, 몸을 닦고서 죽음을 기다리는
것이 궁극적인 법이 될 뿐입니다. 여정보(余正父)는 박학하고 의지가 강
하니 또한 쉽게 얻을 수 없다. 그에게 부탁한『예서』는 중간에 서로 상
량해보니 합치하지 않는 곳이 많았습니다. 근래 비로소 그가 책을 만든
것을 보면 예전 것과 견주어 별로 고칠 만한 것이 없으니, 이른바 "홀로
서서 남의 도움이 없는 사람"만이 진실로 그럴 수 있을 뿐입니다. 그러
하니 정보가 어찌 남의 도움을 받아들이겠습니까? 요사이 수집한 제가
의 잡설은 아직 그것처럼 좋지 못합니다. 하지만『의례』본문의 단락과
주석은 도리어 매우 명백합니다. 다만 공력이 자못 많이 드는데다 내가
늙고 병들어 정신이 어두우며 벗들이 죽어가니 끝낼 수 없을 뿐입니다.
　때때로 상백(商伯)132)에게 서신을 받아보는데 강론이 정밀하니, 진실

---

131)『朱熹續集』권8-9, 1199(70세).
132) 황호(黃灝) : 자는 상백이고, 도창(都昌) 출신이다. 진사가 되어 융흥부(隆興府) 교
　　수·태상시부(太常寺簿)·태부시승(太府寺丞)·상주지사(常州知事)·제거본로상평
　　(提擧本路常平) 등을 역임하였다. 주희가 남강군지사로 있을 때 제자가 되었고, 경원
　　당금에 해당되었다.

로 가상합니다. 이경자[李火番]는 견고하게 뜻을 갖고 있으니, 더욱 쉽게 얻을 수 없다. 근래에 여러 사람이 모두 이미 돌아갔고, 단지 건창의 이 여(二呂)만 여기에 있으면서 아침저녁으로 강론하여 조금 조리를 갖추었으니, 적적한 제 마음에 위로가 됩니다.

某衰晩疾病, 待盡朝夕, 無足言者. 細讀來示, 備詳別後進學不倦之意. 世間萬事, 須臾變滅, 不足置胸中. 惟有致知力行修身俟死爲究竟法耳. 余正甫博學强志, 亦不易得. 禮書中間, 商量多未合處. 近方見其成編, 比舊無甚改易, 所謂獨立無助者誠然, 然渠亦豈容它人之助也? 此間所集諸家雜說, 未能如彼之好. 然儀禮正經段落注脚, 却差明白. 但功力頗多, 而衰病耗昏, 朋友星散, 不能得了耳.

商伯時時得書, 講論精密, 誠可嘉尚. 李敬子堅苦有志, 尤不易得. 近與諸人皆已歸, 只有建昌二呂在此, 蚤晩講論, 粗有條理, 足慰岑寂也.

🔵 "앎을 지극히 하고 힘써 행하며 몸을 닦고서 죽음을 기다린다"는 것은 주자 만년의 견해가 매우 확정된 것으로서 육자의 가르침과 부합한다. 『예서』를 편찬한 것은 최만년의 일이다.

致知力行, 修身俟死, 晩年所見甚定, 合於陸子之敎. 修禮書, 最晩年事也.

이효술계선문목에게 답하다[答李孝述繼善問目]133)

효술의 질문: 일찍이 마음의 됨됨이를 구하다가 『대학혹문』에서 마음을 논하는 곳에서 매번 허(虛)를 말하고 영(靈)을 말하며, 혹은 허명(虛

---

133) 『朱熹續集』 권10.

明)을 말하고 혹은 신명(神明)을 말하며, 『맹자』진심의 주석에서는 '마음은 사람의 신명'이라 하신 것을 보았습니다. 제 생각에 이것들은 오직 마음의 본체를 가리켜 말한 것입니다. 또『맹자』에서 마음의 존망과 출입이라 하는데, 『집주』에서 마음의 신명불측이라 여기니, 이는 마음의 본체와 작용을 아울러 말하면서 마음이 처음부터 끝까지 반복해서 변모하는 신묘함을 다 드러내고 있습니다. 마음의 본체가 이처럼 영묘하고 그 변모하는 신묘함이 또 이와 같으므로 이 마음이란 존재는 반드시 형체가 갇히지 않으며 거칠고 천한 혈기가 만든 것은 아닙니다. 사람의 한 몸은 신기(神氣)가 모인 바이므로 그것을 신사(神舍)라고 합니다. 사람이면서 이것이 없다면 몸은 허수아비와 같게 되며, 반드시 이것이 있은 뒤에야 정신과 지각이 있어서 살아있는 존재를 이루니, 마음은 또한 몸에서 정밀하고 영한 존재입니다. 이와 같이 볼 수 있는지요? 저는 또 일찍이 마음을 보존하는 방법을 구하다가 이천선생께서 "사람 마음의 주인 노릇이 안정되지 않으면 마치 부서진 집에서 도적을 막는 것과 같다"[134]고 했고, 또 "하나의 물레방아처럼 매번 배우는 자가 주인이 되도록 가르쳤으며 혹은 마음을 세우라"[135]고 하였으며, 또 "사람의 마음을 안정시켜서 그것이 생각해야 될 때 생각하도록 해야 된다"[136]고 하였고, 명도선생도 역시 "사람이 가진 404가지 병은 모두 자신에게 유래하지 않으니, 이 마음은 자신에게서 유래하도록 해야 한다"[137]고 말한 것을 보았습니다. 이를 통해 마음이 비록 살아있는 존재이며 신명하여 헤아리기 어렵지만, 자기 신상의 일이라서 주인되는 바는 내게 있어, 거둔 뒤에 놓아 비하고, 놓아 비한 뒤에 다시 거두어들이니, 자신이 스스로 주재할 수 있음을 깨달은 듯합니다. 다만 스스로 주인이 되지 못

---

134) 『二程遺書』 권1−41.
135) 『二程遺書』 권2 下−18.
136) 『二程遺書』 권18−85.
137) 『二程外書』 권12−51.

할까 걱정할 뿐입니다. 만약 자신이 주장하면 곧 마음은 있고 주장하지 않으면 곧 마음은 달아나며 마음을 찾자마자 마음이 있게 되므로, 배우는 자는 스스로 그것의 주인이 되어 이 마음이 항상 지배를 받게 해야 합니다. 또 일찍이 주인이 되는 실제적인 방법을 구하다 이천이 어떻게 주경(主敬)을 할 뿐인가에 대해 논한 것을 보고서, 또 스스로 주재하려면 모름지기 경(敬)해야 한다는 것을 깨달았습니다. 경이란 마음을 거두고 단속하여 삼가는 것으로서 바로 힘을 써서 주인이 되는 자리이니, 경하지 못하면 곧 마음이 흔들리고 흩어져서 다시 주인이 되지 못합니다. 저 효술은 마음을 보존하는 공부에 대해 이처럼 엉성한 견해를 가지고 있는데 옳은지요?

　주자의 답변 : 이치는 진정 이와 같으니, 모름지기 그 힘을 써야지 단지 좋은 말만하고 말아서는 안되며 또한 그것을 배양해야 합니다. 그런 뒤에 점점 순수하고 익숙해지면 위를 향하여 진보하는 곳이 있게 됩니다.

　질문 :『대학장구』를 보면, "명덕이란 사람이 하늘로부터 받은 것으로서 비어있고 신령하여 어둡지 않으며 뭇 이치를 갖추어 만사에 대응하는 존재다"[138]라고 하였습니다. 제 생각에 사람은 바르고 통하는 기를 얻었기 때문에 마음의 본체가 비어 있으며, 비어 있으므로 신령합니다. 가령 맑은 물, 밝은 불, 빛나는 거울은 모두 본체가 비어있으므로 투명한 것이니, 마음 역시 그러합니다. 염계는 "고요하고 비어 있으면 밝아지고 밝으면 통하게 된다"[139]는 것을 또한 알 것 같습니다. 근래 마음으로 그것을 체험해보고서, 일상생활에서 하나의 일이 마음을 얽어매면 곧 막힘이 생겨서 다시 통쾌하지 않음을 느꼈습니다. 그러므로 비어있으면 신령하고 마음은 비어있고 신령하기 때문에, 마음 속에서 본체가 포함하지 않는 바가 없고 작용이 통하지 않는 곳이 없어서 뭇 이치를

---

138)『大學章句集註』1장 주자 주.

139)『通書』「聖學」.

갖추어 만사에 대응할 수 있는 것입니다. 다만 기품과 물욕의 사사로움이 그것을 어둡게 하여 그 비어있고 신령한 본체를 온전히 하지 못합니다. 그리하여 이 마음 속에 있던 이치가 마침내 가려져서 사물에 응접할 때 모두 사욕에 뒤섞여 완전히 의리의 정대함에서 나오지는 않게 되니, 이는 뭇 이치를 갖추어 만사에 대응할 수 없는 상태입니다. 배우는 자의 학문이란 단지 그 기품과 물욕의 어두움을 제거하여 그 비어있고 신령한 전체를 회복하는 것입니다. 마음이 이미 비어 있고 신령하니, 고요하여 움직이지 않다가 외물과 감응하여 통하는 것은 이른바 '뭇 이치를 갖추어 만사에 대응할 수 있는' 상태를 획득한 것입니다. 그러므로 『대학』의 가르침은 명덕을 밝히는 일을 주로 삼았고, 『장구』와 『혹문』에서 명덕을 말하는 경우 반드시 '비어 있고 신령함[虛靈]'으로 바탕으로 삼았던 것입니다. 거기서 말하는 명덕의 공부란 또한 그 비어 있고 신령한 본체를 온전히 하려는 것에 불과합니다. 존양이란 성인이 가르침을 펴서 사람들이 이 마음의 신령함을 묵묵히 인식해서 단정하고 고요한 가운데 보존케 하는 것입니다. 격물치지란 사람 마음의 신령함이 앎을 갖고 있지 않은 경우가 없으므로 그 겉과 속이 밝아져서 다 알지 못하는 경우가 없고자 하는 것입니다. 성의란 사람의 본심이 지극히 비어 있고 지극히 신령하여 뭇 이치가 다 갖추어 있는데 그것이 사물에 대응하고자 할 경우 모두 이 본 마음에 근거해서 발동하여 다른 것이 섞이는 바가 없는 상태입니다. 정심이란 마음의 본체가 담연히 비어 있고 밝아서 그것이 사물에 순응하려 하지만 동요됨이 없고자 하는 상태입니다. 수신이란 사태에 따라 그것을 성찰하여 당연한 준칙을 살피는 것이니, 마치 비어 있고 신령한 측면에서 말하면 철두철미하게 수많은 공부는 모두 이 마음의 비어 있고 신령함을 온전히 발휘하여 뭇 이치와 융회해서 만사에 대응하고자 하는 것뿐입니다. 이런 면에서 보자면 비어 있고 신령하여 어둡지 않은 것은 곧 마음이 마음 되는 까닭이며 성학의 기본입니다. 옳은지요?

답변 : 위와 같습니다.

질문 : 일찍이 마음이 보존되고 있을 때 신기는 맑고 시원합니다. 이 때에는 보면 반드시 밝게 보이고 들으면 반드시 들리며, 말에 질서가 있고 움직임에 순서가 있으며 사려가 있으면 반드시 전일합니다. 만일 몸이 일삼는 바가 없으면 한 몸 안에서 가령 콧바람이 출입하는 것의 거칠고 가늘며 느리고 급함, 혈맥이 유행하거나 막힘, 조그마한 질병처가 분명해지지 않는 경우가 없는데, 당시에는 혹 술 취했다 깨거나 잠 들었다 깨어나는 것처럼 확연히 온전한 정신이라고 느꼈습니다. 이러한 상태로써 존심을 말할 수 있는지요?
답변 : 이치는 진정 이와 같지만 이처럼 잗달게 공효를 계산해서는 안 됩니다.

질문 : 마음을 잃어버렸을 때 정신이 밖으로 나가도 스스로 알지 못하는 것이 마치 꿈꾸는 일과 같다고 스스로 느낍니다. 마음이 나갔음을 알 수 있게 되자마자 곧 마음은 나가지 않게 됩니다. 마치 꿈이라는 것을 알았을 때는 곧 꿈에서 깨어나 있는 것과 같습니다. 공자께서 "내가 인을 하고자 하면 곧 인이 이른다"[140]고 하신 말도 이러한 뜻인 듯합니다. 그러므로 일상생활에서 그야말로 삼가 마음을 지키고 힘써 점검해야 한다고 생각합니다. 마음을 지키면서 게으름을 피우는 경우가 있을 때 만일 뜻밖에 맹렬히 성찰하면 그 게으를 때의 방심이 저절로 멀리 가지 않으며 또 오래 가지 못합니다. 이처럼 오래 잡아매면, 이 마음은 단지 내면 속에 머물 것입니다. 잠이 오려는 사람은 모름지기 스스로 정신을 일깨워 나가지 못하게 해야 하며, 간혹 정신이 게으를 때 자기도 모르게 앉아서 졸게 되면 또한 스스로 떨쳐 일어나 잠을 용납해서는

---

140) 『論語』「述而」.

안 됩니다. 매번 이와 같이 하면 저절로 잠이 오지 않습니다. 제 생각은
이와 같은데 옳은지요?

　답변 : 옳습니다. 다만 너무 말이 많군요.

　孝述云嘗求夫心之爲物, 竊見大學或問中論心處, 每每言虛言靈, 或
言虛明, 或言神明, 孟子盡心注云, 心者, 人之神明. 竊以爲此等專指心
之本體而言. 又見孟子擧心之存亡出入, 集注以爲心之神明不測, 竊以
爲此兼言心之體用, 而盡其始終, 反覆變態之神. 夫其本體之通靈如此,
而其變態之神妙, 又如此, 則所以爲是物者, 必不囿於形體, 而非粗淺
血氣之爲. 竊疑是人之一身, 神氣所聚, 所以謂之神舍. 人而無此, 則身
與偶人相似, 必有此而後有精神知覺, 做得活物, 恐心又是身上精靈底
物事. 不知可以如此看否? 孝述又嘗求所以存是心者, 竊見伊川言人心
作主不定, 如破屋中禦寇, 又云如一箇翻車, 每每教學者做箇主, 或云
立箇心, 又云人心須要定, 使他思時方思, 乃是. 明道亦云人有四百四
病, 皆不由自家, 則是心須教由自家. 以此似見得心雖是活物, 神明不
測, 然是自家身上物事, 所主在我, 收住後放去, 放去後又復收回, 自家
可以自作主宰. 但患不自做主. 若自家主張着便在, 不主張着便走去,
及才尋求着又在, 故學者須自爲之主, 使此心常有管攝方得. 又嘗求所
以爲主之實, 竊見伊川論如何爲主敬而已矣, 又似見得, 要自做主宰須
是敬. 蓋敬, 便收束得來謹密, 正是着力做主處, 不敬, 便掉放疎散, 不
復做主了. 孝述於存心功夫, 又粗見如此, 不知是否?

　答云理固如此, 須用其力, 不可只做好話說過, 又當有以培養之. 然
後漸次純熟, 向上有進步處.

　孝述又云按大學章句云明德者, 人之所得乎天, 而虛靈不昧, 以具衆
理而應萬事者也. 竊疑人得正且通之氣, 故心體中虛, 虛則靈. 如水之
淸, 火之明, 鑑之光, 皆是體虛, 所以透明, 心亦然. 濂溪云靜虛則明,

明則通, 似亦可見. 近驗之於心, 則日用間覺得一事累心, 便有滯礙, 更不通快. 是以竊恐虛故靈, 心惟虛靈, 所以方寸之內, 體無不包, 用無不通, 能具衆理而應萬事. 但以氣稟物欲之私, 有以昏之, 而不得全其虛靈之本體. 故理之在是者, 遂有所蔽, 而應事接物, 亦皆雜以私欲, 不盡出於義理之正. 是無以具衆理而應萬事矣. 學者之學, 恐只是求去其氣稟物欲之昏, 以復其虛靈之全體. 蓋心旣虛靈, 則寂然不動, 感而遂通, 於所謂具衆理而應萬事者得矣. 是以大學之敎, 以明明德爲主, 章句或問之言明德, 必以虛靈爲質. 其言明德功夫, 又不過欲全其虛靈之體. 言存養, 則曰, 聖人設敎, 使人嘿識此心之靈, 而存之於端莊靜一之中. 言格物致知, 則曰人心之靈莫不有知, 而欲其表裏洞然, 無所不盡. 言誠意, 則曰人之本心至虛至靈, 衆理畢具, 而欲其應物, 皆由此心以發而無所雜. 言正心, 則曰心之本體湛然虛明, 而欲其順應事物, 而無所動. 言修身, 則曰隨事省察之, 以審其當然之則, 似亦主虛靈者爲說, 徹頭徹尾許多功夫, 皆欲全此心之虛靈, 以融會衆理, 酬酢萬事而已. 以此觀之, 恐虛靈不昧, 乃心之所以爲心, 而聖學之基本也. 不知是否?

答云同上.

孝述又云間嘗心存時, 神氣淸爽. 是時, 視必明, 聽必聰, 言則有倫, 動則有序, 有思慮則必專一. 若身無所事, 則一身之內, 如鼻息出入之麤細緩急, 血脉流行間或凝滯者, 而有纖微疾癢之處, 無不分明, 覺得當時別是一般精神, 如醉醒寐覺. 不知可以言存心否?

答云理固如此, 然亦不可如此屑屑計功效也.

孝述又云自覺心放時, 精神出外, 更不自知, 如夢然. 才知得放時, 卽是心便不放了. 如知得夢時, 卽是夢覺. 孔子言我欲仁, 便是仁至, 似亦此意. 故日用間, 覺得直須謹操持, 勤檢點. 蓋操持容有懈時, 若不測地猛省起來, 則其懈時之放, 自不得遠去, 且不得久去. 如此維繫之久, 恐

此心只得住裏面. 如欲睡底人, 須自家打起精神, 不可放倒, 間或精神
倦時, 不覺坐睡, 又自家擺灑起來, 不容睡著. 每每如此, 自是睡不得.
愚見如此, 不知是否?

答云是, 是. 但說太多了.

⊛ 이계선의 질문 네 조목은 마치 육자에서 나온 듯하다. 나정암[141]은
이에 대하여 반드시 본성이 아니라 마음을 말했으므로 선에 가깝다고 여
길 것이며, 청란[142]은 반드시 정신을 희롱하다 선불교에 떨어졌다고 할
것이다. 하지만 주자가 또한 그를 인정하였다. 이계선은 주자 60세 이후
에 학문을 배우기 시작하였으니 어찌 만년의 정론이 아니겠는가?

繼善所問四條, 若出於陸子. 則整菴必以爲言心而近於禪, 淸瀾必以
爲弄精魂而墮禪學矣. 然朱子並許之. 繼善在朱子六十歲後始從學, 豈
非晚年定論?

이효술에게 답하다[答李孝述][143]

효술의 질문 : 지각이 사람의 본래 마음이니 없어질 수 없습니다. 그
러므로 틈을 타 발현할 때 곧바로 밝게 드러나서 외물과 섞이지 않는데,
이때 스스로 본래 마음의 체를 안다면 그 참된 것을 얻는 것입니다. 상
채는 "사람은 반드시 그 참된 마음을 알아야 한다"[144]고 말했는데, 아
마도 이것을 말한 것 같습니다만 이것은 또한 어디에서나 있습니다. 대
개 이 마음은 편안하고 고요한 때에 환히 드러나기도 하고, (예컨대 맹자

---

141) 나흠순(羅欽順) 이 사람에 대해서는 이미 앞에서 언급했다.
142) 진건(陳建) 이 사람에 대해서는 이미 앞에서 언급했다.
143) 『朱熹續集』 권10.
144) 『上蔡語錄』 권2−3.

가 말한 "평단의 기운") 사물에 감응해서 움직일 때에도 드러납니다. (예컨대 맹자가 말한, 사람들이 문득 어린 아이가 장차 우물에 빠지려는 것을 보면 모두 두려워하고 측은하게 여기는 마음이 있게 되는 것이다.) 혹 글을 구하여서 흡족하게 얻게 되고, (이천선생께서 "『논어』와 『맹자』를 읽은 후 그 가운데서 한 두 구절을 얻어 즐거워하는 경우가 있다"고 말씀하신 경우) 혹 강론하다가 홀연히 깨닫게 됩니다. (이자는 맹자가 "하나의 근본"에 대해 극진히 논한 것을 듣고서 마침내 멍하니 한참 있다가 곧 가르침을 받은 경우[145]) 무릇 이것은 아마도 모두 깨우친 곳입니다. 만약 평소 아직 깨우치기 전에, 단지 이미 이 마음이 있다고 여겨서 찾기를 구해 보존하려 한다면 아마도 여기에서 어두워지고 가려져서 실제로 어떤 것인지를 알지 못하게 되니, 반드시 깨달았을 때 비로소 그것이 마음이 되는 까닭을 알게 됩니다. 이미 그것을 안다면 허명하고 어둡지 않는 본체를 가지고 천하고 더럽고 구차한 가운데 미혹되어 빠뜨리기를 즐겨하지 않을 것입니다. 이것은 부지런히 밝음을 구하는 일을 더욱 멈출 수 없으며 그 마음이 드러나는 길이 이미 열려 있어서 저절로 진보처가 있게 되어 망연하게 취지를 알지 못하는 것과는 크게 달라지는 까닭입니다. 그러므로 저는 짐짓 의심을 하고서 『소학』과 『대학』에서 잇고 있는 체계를 깨달았는데, 옳은 것인지요?

주자의 대답 : 논의하신 것이 매우 정밀합니다만 크고 넉넉한 뜻이 적은 듯합니다.

孝述竊謂覺是人之本心, 不容泯沒. 故乘間發見之時, 直是昭著, 不與物雜, 於此而自識其本心之體, 卽得其眞矣. 上蔡謂人須是識其眞心, 竊恐謂此, 然此恐亦隨在而有. 蓋此心或昭著於燕閒靜一之時, (如孟子言平旦之氣.) 或發見於事物感動之際, (如孟子言, 人乍見孺子將入井, 皆有怵惕惻隱之心.) 或求之文字而怡然有得, (如伊川先生所謂有讀論孟後, 其中得一

---

145) 『孟子』「滕文公 上」.

兩句喜者.) 或索之講論而恍然有悟. (如夷子聞孟子極論一本之說, 遂憮然爲間
而受命.) 凡此, 恐皆是覺處. 若素未有覺之前, 但以爲已有是心, 而求以
存之, 恐昏隔在此, 不知實爲何物, 必至覺時, 方始識其所以爲心者. 旣
嘗識之, 則恐不肯甘心, 以其虛明不昧之體, 迷溺於卑汚苟賤之中. 此
所以汲汲求明, 益不能已, 而其心路已開, 亦自有可進步處, 與夫茫然
未識指趣者, 大不侔矣. 故孝述竊疑覺爲小學大學相承之機, 不知是否?
　　答云, 所論甚精, 但覺似少渾厚之意.

　●　생각건대 주자는 육자가 단지 사람들에게 깨닫도록 하기만 했다
고 비난하면서 이 단락에서 또한 "깨달음"을 말하고 있다. 그러나 주자
는 "논의한 것이 매우 정밀하다"고 생각하고 있으니 아마도 만년의 정
론이 이와 같을 것이다. 육자는 사람들에게 먼저 그 본래 마음을 드러
내 밝히라고 하였는데, 대개 인·의·예·지는 내 마음에 본래 있는 것
이며 밖에서부터 녹아 들어온 것이 아니니, 본래 마음이 이욕에 빠졌다
고 해서 하루아침에 성현의 학문으로 가르친다는 것은 도리어 본래 마
음과 서로 어긋나게 하는 듯하다. 그러므로 맹자는 차라리 죽을지언정
혀를 차고 꾸짖으며 발로 밟고 주는 음식을 받지 않으려는 것에서 본래
마음의 선량함을 가리켰고, 예와 의를 분별하지 않고서 만종의 녹을 받
는 것을 본래 마음을 잃은 것이라고 생각했다.146) 대개 육자는 온전히
맹자의 가르침에 의지했기 때문에 반드시 이것을 우선적으로 여겨 사
람마다 스스로 본래 마음을 알게 한 다음에 인·의·예·지가 하늘이
나에게 부여해 준 것이며 나에게 본래 있어서 차마 스스로 버릴 수 없
다는 것을 알도록 하였다. 그렇지 않다면 공부한다는 명칭을 헛되이 사
모하고 힘써 일하려고만 해서 조금이라도 마음의 즐거움을 얻지 못한
다면 장차 그 어려움을 괴로워하여 하게 되지 않고 현실과 동떨어짐을

---

146) 『孟子』「告子 上」.

싫어하여 좋아하지 않을 것이니, 비록 엄한 스승과 도움이 되는 벗이 있어 권면하고 격려한다고 해도 모두 쓰여질 수 없었다. 주자는 이 한 단락에 대해서는 초년에 아직 분명하게 깨우치지 못하였고 연평의 가르침이 또 이끌었지만 발명(發明)하지 못했기 때문에, 그 스승이 이미 돌아가시자 곧 드디어 따로 장구와 훈고의 학문을 해서 위로는 공자의 산정과 찬수를 모방하려 했던 것이다. 나중에는 연평의 행장을 지으면서 후회하는 데 이르렀으니 글을 지음이 지나치게 무겁다.147) 희노애락의 미발을 강론하면서 또한 지난날 이선생[李侗]이 이것을 가장 상세하게 논한 것을 보았지만 나중에 견해가 같지 않다고 해서 드디어 다시 생각을 다하지 않았다. 그가 남강에 있을 때 나이 오십을 넘었다. 그러나 여백공에게 보내는 서신에서는 오히려 "내 마음에서 도덕적으로 중요한 강령들은 확실히 아직까지 크게 벗어나서 포기하지는 않았는데 가끔 사사로운 마음이 생겨 왜 이토록 괴로워하는가 하는 생각을 면치 못합니다"148)라고 말하고 있다. 대개 이때는 오히려 아직 본래 마음을 알지 못해 자득하는 즐거움이 있지 않았기 때문에 이런 말을 한 것이다. 그 다음해에 육자가 의리에 대해 논한 것이 (의리를) 드러내고 널리 전파되는 것을 듣고서 두려워하며 마음을 움직여 뜻을 같이하는 사람들을 이끌고 자신에게 돌이켜 깊이 살폈으니, 육자의 말을 받들어 덕에 들어가는 방법으로 삼은 것이다. 이후로는 배우는 사람들과 학문을 논할 때는 반드시 "방심을 구한다"는 것을 핵심으로 삼았고, 서책과 언어 이외의 것에 대해서도 깨닫고서 따로 마음을 쓰는 곳이 있었다. 노년에 이르러서 비로소 도를 들은 것이 이미 늦었음을 스스로 탄식했고 향유한 것이 오래지 않음을 애석해했으니, 그것을 향유할 줄 알았다면 스스로 괴롭다고 여기지 않았을 것이다.

　무릇 이 책에 실려 있는 것은 모두 고찰할 만하다. 대개 본래 마음을

---

147)『朱熹集』권97-4「延平先生李公行狀」.
148)『朱熹集』권34-34「答呂伯恭 83」, 1180(51세).

잃게 되면 도를 배우는 것을 괴롭게 여기고, 본래 마음을 알게 되면 도를 배우는 것을 향유하였다. 만약 괴롭게 여긴다면 반드시 반도 못하고 그만둘 것이며, 향유하였다면 비록 그만두고 싶어도 그럴 수 없을 것이다. 이 육자가 사람들을 가르치면서 반드시 본래 마음을 드러내라고 한 까닭은 진실로 선가의 돈오와 같지 않고, 또한 주자가 "하루아침에 환히 깨닫게 되면 모든 사물의 겉과 안, 그리고 정밀한 것과 거친 것에 이르지 못함이 없게 되며, 내 마음의 온전한 본체와 커다란 작용이 밝혀지지 않음이 없게 된다"149)고 말한 것과도 같지 않다. 이계선이 이처럼 질문한 것은 또한 깨달은 것이 있기 때문일 것이다. 주자는 매우 정밀하다고 일컬었으니 진실로 이미 육자의 "잃어버린 마음을 구하는" 방법을 순전히 사용하였다. 그러므로 편의 끝머리로 인해서 자세하게 논한 것이다.

按朱子譏陸子只要人悟, 此段亦言悟也. 然朱子以爲所論甚精, 蓋晚年定論如此.

陸子敎人先發明其本心者, 蓋仁義禮智, 吾心固有, 非由外鑠, 而本心爲利欲汩沒, 一旦敎以聖賢之學, 反似與本心相違. 故孟子就寧死不受嘑蹴之食, 指出本心之良, 而以不辨禮義受萬鍾者, 爲失其本心. 蓋陸子全依孟子之敎, 故必以此爲先, 使人人自識其本心, 然後知仁義禮智爲天之所以與我, 我固有之而不忍自棄. 否則, 浮慕爲學之名, 勉强從事, 毫無得心之樂, 將苦其難而不爲, 厭其迂而不屑, 雖有嚴師益友, 勸勉鞭策, 俱無可施矣. 朱子於此一段, 初年未能分明, 延平之敎, 又引而不發, 故其師旣沒, 乃遂別爲章句訓詁之學, 欲上擬孔子之刪定續修, 至追悔延平行狀之作, 爲下筆太重. 講喜怒哀樂未發, 亦以爲向見李先生論此最詳, 後來所見不同, 遂不復致思. 其在南康, 年踰五十矣. 然與

---

149) 『大學章句』「補亡章」.

呂伯恭書尙云大綱固未敢放倒, 不免時有偸心, 以爲何爲自苦如此? 蓋
是時尙未能識其本心, 而無有自得之樂, 故爲此言. 其明年, 聞陸子義
利之論, 發明敷暢, 竦然動心, 率同志者反身深察, 奉其語爲入德之方.
嗣後與學者論學, 必以求放心爲要訣, 而曉然於書冊語言之外, 別有用
心之處. 迨至老年, 始自歎爲聞道已晚, 惜其受用不久, 知其爲受用, 則
不以爲自苦矣.

凡載在是編者, 皆可考也. 蓋失其本心, 則以學道爲苦, 識其本心, 則
以學道爲受用. 以爲苦, 則必半塗而廢, 以爲受用, 則雖欲罷不能. 此陸
子敎人, 所以必發明其本心, 固非如禪家之頓悟, 亦非如朱子所謂一旦
豁然貫通, 而衆物之表裏精粗無不倒, 吾心之全體大用無不明也. 李繼
善此問, 亦庶幾乎有覺. 朱子稱爲甚精, 固已純用陸子求放心之法矣.
故因篇終而詳論之.

경자 288, 360
경전 520
경주 703
『경학기』 368, 369
『경해』 330
계근공구 594
계리 372
계림 350, 351
『계몽』 556, 579, 580
「계사(繫辭)」 130
계수 273, 370, 372, 377
계신공구 576
계장(劉蒴) 69, 93, 345, 346, 353, 358, 362
계통 187, 556
고례 467
고로(杲老) 659
고반룡(高攀龍) 31
고상노(高商老) 721, 724
고악 467
고안 237
『고역』 536
고요 268, 699
고요함 324
고원 327, 328, 464
고응조 383, 384
고자 277, 632
『고정연원록(考亭淵源錄)』 55, 164, 744
『고정주자만년정론』 43
고증 546, 547
고헌성(顧憲成) 31
고후(高侯) 460
「곡례」 176, 270
곤괘 464
공(空) 381
공경 688
공구(恐懼) 230
공근(公謹) 394, 414, 416, 526 → 주개
공도(公度) 66, 93, 340, 345 → 유맹용
공리(功利) 218, 265, 393
공맹 710

공명의(公明儀) 337, 735
공손연(公孫衍) 428
공손홍 211
공숙(公叔) 598
「공식례」 598
『공씨잡설』 621
공안국 489
공연히 663
공영달 486
공자 25, 38, 65, 72, 86, 92, 116, 128, 151, 167,
　　178, 283, 301, 367, 379, 422, 451, 464, 499,
　　503, 534, 539, 591, 609, 619, 654, 670, 682,
　　687, 770, 783
공중지(鞏仲至) 671, 766 → 공풍
공풍(鞏豐) 671
과거공부 448, 512, 648, 715
곽옹(郭雍) 160
곽진(郭津) 441
곽희려 215, 441, 443, 444, 447 → 곽진
『관자』 270
관중(管仲) 72, 79, 198, 390, 568, 665
광남 360
광남동로제점형옥공사 711
광서 252
광종 343
교학상장 571
구방고(九方皐) 569
구방심 583
구양수(歐陽修) 330
구주(九疇) 106, 130
국자학정(國子學正) 401
군거(君擧) 342, 343, 475 → 진부량
궁리(窮理) 163, 283, 486, 521, 522, 537, 602,
　　615, 668, 677, 681, 684, 713, 717, 718, 746,
　　754
권모술수 225
귀년 602
귀산 371, 427, 617, 751 → 양시
균(鈞) 766
균주 241

대원(大原) 297
『대전(大傳)』 133, 579
『대전집』 418, 422
대중(大中) 455
『대학』 86, 88, 105, 131, 145, 146, 164, 166, 212,
　　　 246, 252, 261, 263, 264, 266, 294, 298, 304,
　　　 307, 321, 322, 325, 356, 363, 374, 406, 412,
　　　 420, 445, 447, 470, 472, 473, 479, 485, 496,
　　　 506, 517, 518, 556, 592, 594, 598, 599,
　　　 618~620, 635, 657, 660, 669, 763, 787
『대학장구』 87, 88, 322, 407, 557, 781
『대학해』 258
『대학해의』 244
『대학혹문』 307, 322, 779
대혜(大慧) 659
『대혜어록』 575
덕성(德性) 614
덕수 173 → 유광조
덕수 174, 256, 257, 298 → 등린
덕안부응성현상채사선생사기 717
덕장 257, 258 → 등공
덕종 81, 390
덕화 235
도가 158
도관 319
도교 96, 178
도문 401
도문학(道問學) 32, 42, 246, 482
도부 235, 734
도심(道心) 170, 171, 346, 485, 637, 698~700
도연명 490
『도일편』 42
도정(度正) 590
도주(道州) 187
도주경 590
도체(道體) 390
도학(道學) 216, 217, 322, 427, 568, 710
독서(讀書) 163, 191, 192, 253, 255, 262, 268,
　　　 291, 300, 311, 313, 314, 322, 355, 360, 393,
　　　 404, 405, 417, 419, 422, 432, 434, 468, 472,

488, 492, 494, 506~509, 517, 519, 522, 527,
　　　 565, 578, 590, 592, 600, 604, 615, 616, 618,
　　　 619, 626, 642~645, 650, 667, 668, 754, 767,
　　　 770, 772, 773
독서법 599
독지 424
돈오 190, 377, 408, 790
동래 74, 426, 427, 434, 437, 439, 440 → 여조겸
동래학파(東萊學派) 278
동백우 656
동수(董洙) 296
동숙중(董叔重) 296~301, 595 → 동수
동자(동중서) 357, 358, 385, 390, 626
동지 80
두관도 638, 642
두문경 525, 527, 528
두보 490
두예(杜預) 197, 313
두욱(杜煜) 636
두원개 197, 351 → 두예
두인중 636, 637, 639, 641 → 두지인
두종주(竇從周) 525
두지인(杜知仁) 636
둔괘 463
등공(滕珙) 257
등덕수 256
등덕장 257, 259
등린(滕璘) 256
「등문공」 767
등약례(鄧約禮) 724
등위(鄧尉) 178

<hr>

마기지 778
만년의 정론 284, 301, 328, 605, 765, 777, 786
만인걸(萬人傑) 47, 189, 319
만정순(萬正淳) 189, 281, 314, 318
맹량부 573

ㅅ ———————————————

양간(楊簡) 257
양경중(楊敬仲) 190, 256, 594, 597 → 양간
양귀산(楊龜山) 613, 614, 646, 679 → 양시
양도부 733
양명 26, 481
양문원 365 → 양간
양방(楊方) 194, 589
양시(楊時) 182, 463
양심(良心) 99, 100, 231, 245, 323, 586, 685
양양 437
양웅(楊雄) 506, 776
양의 117, 120
양이정(楊履正) 531
양자순 531~533 → 양이정
양자직 194, 314 → 양방
양전(梁璉) 637
양주 130, 277, 279
양중 636, 639, 641 → 두욱
양즙(楊楫) 172, 765
양지(楊至) 533
양지지(楊至之) 532, 534
양통로 171
『어록』 330
『어류』 40, 41
어묵(語默) 230
언장 416
엄세문(嚴世文) 611
엄시형 611, 612 → 엄세문
여간(餘干) 744
여경사 777 → 여원일
여곤(呂坤) 38
여공저(呂公著) 216
여국수 648, 649 → 여송걸
여남전 245 → 여대림
여대림 245
여대아(余大雅) 554
여대유(余大猷) 497
여도일 198~200
여동래(呂東萊) 64, 68, 70, 203, 252, 258, 278,
　　　387, 413, 414, 418, 424, 440, 526, 645 →

여조겸
여릉 351, 353, 581
여몽 79
여방숙(余方叔) 497, 500, 562 → 여대유
여백공(呂伯恭) 46, 49, 53~55, 57, 374, 448,
　　　744, 773, 774, 789 → 여조겸
여사첨 200
여산(廬山) 58
여송걸(余宋傑) 648
여양공(余襄公) 711
여여숙 314 → 여대림
여원일(余元一) 777
여유량(呂留良) 61
여자약(呂子約) 205, 209, 212, 215, 218, 219,
　　　222, 223, 225, 228, 229, 235, 237, 239, 242,
　　　278, 456, 581, 583, 598, 599, 627, 628, 631,
　　　634~636, 668, 671, 672 → 여조겸
여정보(余正甫) 470, 565, 669
여정보(余正父) 778
여정숙(余正叔) 554, 556, 558, 561, 562 →
　　　여대아
여조겸(呂祖儉) 209, 256
여조겸(呂祖謙) 30, 59, 63, 104, 278, 477, 633
여희철(呂希哲) 216
역(易) 130
『역』 116, 120, 132, 220, 225, 226, 238, 500, 505,
　　　515, 556, 579, 621, 623
『역대전』 106, 107
역사 520
『역설』 193, 314, 471
『역전』 40, 117, 118, 120, 133, 147, 371, 373, 463,
　　　623
역학(易學) 471
『역학계몽』 220, 226, 378
역행(力行) 236, 274, 329, 529
『연보』 468, 733
연비어약 628
『연원록』 540
연평 185, 789
『연평행장』 479

연화주차(延和奏箚) 281
염계 107, 108, 118, 144, 147, 152, 619, 670, 683,
　　710, 781 → 주돈이
엽인보 654
엽적(葉適) 343, 473, 568
엽정칙(葉正則) 343, 473, 474, 477, 550 → 엽적
영(靈) 779
영유(令裕) 456
『예』 226, 255, 644
『예경』 721
『예기』 220, 267, 269, 270, 703, 735
『예도』 470
『예서(禮書)』 267, 271, 434, 553, 554, 563, 611,
　　612, 670, 679, 775, 764
예악(禮樂) 667
예장(豫章) 756
오대년(吳大年) 462 → 오수창
오두남 536, 538, 544, 547 → 오인걸
오무실(吳茂實) 188, 573 → 오영
오문정 42 → 오징
오백풍 319, 321, 324~326, 332~334, 611 →
　　오필대
오봉 748 → 호굉
오소고(吳紹古) 458
오수창(吳壽昌) 462
오안인(吳安仁) 458 → 오소고
오영(吳英) 188, 573
오인걸(吳仁傑) 536
오징(吳澄) 30, 42
오필대(吳必大) 319, 610
오행 118, 120, 710
옥산 115, 600
「옥산강의」 552, 600, 686
온공 233 → 사마광
온언박 76
『옹계록』 38
옹천 384
완물상지(玩物喪旨) 537, 540, 543
완색 383, 384, 428
왕계화 419, 420 → 왕연

왕단명(汪端明) 692 → 왕응진
왕덕수(王德脩) 603 → 왕시민
왕도 74, 218, 388, 476
왕맹 390
왕백(王柏) 30
왕사준 34
왕수인 26
왕숙경 519 → 왕신
왕시민(王時敏) 603
왕신(汪莘) 519
왕안석(王安石) 427, 624, 669, 770
왕양명 32, 42, 702 → 왕수인
왕연(王鉛) 419
왕우(王遇) 225, 455
왕응진(汪応辰) 692
왕자경 450
왕자합(王子合) 225, 243, 244, 455, 542, 764 →
　　왕우
왕재신 588
왕진보 362, 363, 631 → 왕현
왕필 379
왕현(王峴) 631
왕형공(王荊公) 612 → 왕안석
외(畏) 206
요 104, 285, 404, 489, 519, 541, 689, 690, 698,
　　699, 752
요덕명(廖德明) 195, 197, 711
요자회 195 → 요덕명
용기 287
용릉(舂陵) 710
용암 522
용호산 103
우 699
우에 698
우환(憂患) 230
운곡 노인 741
움직임 324
웅감(熊鑑) 732
원기 687
원덕(元德) 618 → 장흡